OSMANLI KARDEŞLER: YİRMİNCİ YÜZYILIN BAŞLARINDA
FİLİSTİN'DE MÜSLÜMANLAR, HIRİSTİYANLAR VE YAHUDİLER

KOÇ ÜNİVERSİTESİ YAYINLARI: 59

Osmanlı Kardeşler

Yirminci Yüzyılın Başlarında Filistin'de Müslümanlar, Hıristiyanlar ve Yahudiler

Michelle U. Campos

Tarih

Çeviri: Mine Yıldırım

Redaksiyon: Pınar Yanardağ

Düzelti: Gizem Ülker

Mizanpaj ve kapak tasarımı: Gökçen Ergüven

Ön iç kapak görseli: Osmanlı Meclis-i Mebusanı üyeleri. Library of Congress LC-B2- 826-12.

Arka iç kapak görseli: Yahudi cemaati ileri gelenlerinden Albert Antébi (sağda ayakta) Birinci Dünya Savaşı sırasında Kızıl Haç tarafından Notre Dame de France'ta düzenlenen bir pazarda, Kudüs, 1917. Library of Congress, LC-M32- 50172-x.

Bu kitabın yazarı, eserin kendi orijinal yaratımı olduğunu ve eserde dile getirilen tüm görüşlerin kendisine ait olduğunu, bunlardan dolayı kendisinden başka kimsenin sorumlu tutulamayacağını; eserde üçüncü şahısların haklarını ihlal edebilecek kısımlar olmadığını kabul eder.

1. Baskı: İstanbul, Mart 2015

Ottoman Borthers: Muslims, Christians, and Jews in Early Twentieth-Century Palestine

© Tüm haklar: Stanford University Press, 2011

© Türkçe yayın hakları: Koç Üniversitesi Yayınları, 2012   Sertifika no: 18318

Baskı: Yılmaz Ofset   Sertifika no: 15878

Nato Caddesi 14/1 Seyrantepe Kâğıthane/İstanbul   +90 212 284 0226

Koç Üniversitesi Yayınları

İstiklal Caddesi No:181 Merkez Han Beyoğlu/İstanbul   +90 212 393 6000

kup@ku.edu.tr • www.kocuniversitypress.com • www.kocuniversitesiyayinlari.com

Koç University Suna Kıraç Library Cataloging-in-Publication Data

Campos, Michelle U. (Michelle Ursula), 1971-

Osmanlı kardeşler : yirminci yüzyılın başlarında Filistin'de müslümanlar, hıristiyanlar ve yahudiler = Ottoman brothers : Muslims, Christians, and Jews in early twentieth-century Palestine / Michelle U. Campos ; İngilizceden çeviren Mine Yıldırım.

pages ; cm.

Includes bibliographical references and index.

ISBN 978-605-5250-45-4

1. Cultural pluralism—Palestine—History--20th century. 2. Group identity--Political aspects—Palestine—History--20th century. 3. Citizenship--Palestine--History--20th century. 4. Palestine--Ethnic relations--History--20th century. 5. Palestine--History--1799-1917. 6. Turkey--Politics and government--1909-1918. I. Yıldırım, Mine. II. Title.

DS125.C3620 2015

Osmanlı Kardeşler

Yirminci Yüzyılın Başlarında Filistin'de
Müslümanlar, Hıristiyanlar ve Yahudiler

MICHELLE U. CAMPOS

İngilizceden Çeviren: Mine Yıldırım

KÜY

Tal ile Noah'a

İÇİNDEKİLER

Teşekkür — 9

Giriş — 11

BİRİNCİ BÖLÜM
Kutsal Hürriyet — 33

İKİNCİ BÖLÜM
Kardeşlik ve Eşitlik — 77

ÜÇÜNCÜ BÖLÜM
Boykotlar ve Seçimler Üzerine — 117

DÖRDÜNCÜ BÖLÜM
Halkın Sözcüsü — 163

BEŞİNCİ BÖLÜM
Müşterek Şehir Mekânları — 203

ALTINCI BÖLÜM
Mozaik İmanın Osmanlıları — 241

YEDİNCİ BÖLÜM
Omletten Yumurta Yapmak — 275

Sonuç — 299

Kaynakça — 307

Dizin — 335

Teşekkür

Başlangıcından bitişine uzun yıllar süren her proje gibi benim kitabım da çok sayıda kurum ve kişinin yardımından faydalandı. Onlara olan borcum muazzamdır.

Bu araştırma projesi İsrail Fulbright Komisyonu, Sosyal Bilimler Araştırma Kurulu (SSRC), Filistin Amerikan Araştırma Merkezi (PARC), Stanford Üniversitesi (Beşeri Bilimler Fakültesi, Uluslararası Çalışmalar Enstitüsü ve Taube Yahudi Çalışmaları Merkezi), Cornell Üniversitesi (Yakın Doğu Çalışmaları Bölümü, Cornell Kadınları Rektörlük Konseyi ve Beşeri Bilimler Topluluğu) ile Florida Üniversitesi Tarih Bölümünden önemli ölçüde destek almıştır. Cornell'deki eski bölüm başkanım Ross Brann ve Florida Üniversitesindeki bölüm başkanım Joe Spillane'a çalışmama seyahat bursu, ders indirimi ve yazma zamanı olarak verdikleri büyük destek için özellikle teşekkür ederim. Bu kitap için yaptığım çalışma İsrail, Filistin, Ürdün, Lübnan, Türkiye, Fransa ve ABD'deki sayısız kütüphaneci ve arşivcinin katkısıyla kolaylaşmıştır; onlara çok değerli destekleri için teşekkür ederim.

Yıllar içinde çalışmam araştırmacı, meslektaş ve arkadaşlarımın katkı ve desteğinden de önemli ölçüde faydalandı: Butrus Abu Manneh, Iris Agmon, Ida Altman, Joel Beinin, Hanna Berman, Johann Büssow, Linda Butler, Holly Case, Sherman Cochran, Brett de Bary, Louis Fishman, Haim Gerber, Eyal Ginio, Magdi Guirguis, Kim Haines-Eitzen, 'Awad Halabi, Jessica Harland-Jacobs, Peter Holquist, Avigail Jacobson, Pieter Judson, Erdem Kabadayı, Reşat Kasaba, Dilek Akyalçın Kaya, Vangelis Kechriotis, Sarah Kovner, Gudrun Krämer, Sheryl Kroen, Jacob Landau, Mark LeVine, Joel Migdal, Montasir al-Qaffash, Richard Roberts, Aron Rodrigue, Avi Rubin, Kent Schull, Samir Seikaly, Seteney Shami, Sarah Stein, Salim Tamari, Baki Tezcan, Patricia Woods ve Mahmud Yazbak. Onlara ayırdıkları zaman, cömertlikleri, anlayışları, referansları ve hassas eleştirilerinden ötürü en içten şükranlarımı sunarım. Ayrıca Israel Gershoni ve Charles Kurzman'a bu çalışmanın yakın okuması ve projeye verdikleri coşkulu destek için teşekkür ederim. Standford Üniversitesi Yayınlarından editörlerim Kate Wahl'e bu projeye inandığı için, keskin gözleri, değerli yorumları için; çok yetenekli asistanı Joa Suorez'e ve baskının çeşitli aşamaları boyunca güler yüzlü, sabırlı ve hünerli bir biçimde yol gösteren Mariana Raykov'a minnettarım.

Hem profesyonel hem de kişisel desteklerini düşünerek, Shana Bernstein, Shira Robinson ve Celka Straughn'a bu proje üstüne yapıcı yorumları ve hayatımın uzun (!) yılları boyunca tüm entelektüel ve duygusal destekleri için gönülden teşekkürler. Celka'ya ayrıca Harvard Kütüphanesi'nden yıllar boyunca çeşitli gazete ve kitapları lütufkâr ve güvenli bir şekilde temin ettiği için de teşekkür ederim.

Son olarak aileme teşekkür etmem uygun olacaktır. Annem Rosita Buendia ve babam Sergia Campos aklın yaşamını destekleyip, benimki her ne kadar hep evden uzaklara götürmüş olsa da hayallerimizi takip etmemiz için özgürlük ve destek sundular. Kardeşlerim Yvonne, Sandra, Suzette, Adam ve Linda uzun çalışma, araştırma ve yazma yılları boyunca moral, maddi ve lojistik destek sundular. Tamir Sorek bu kitabın hatırlamaya aldırış ettiğinden çok daha fazla versiyonunu okudu ve üzerine tartıştı; yorulmaz bir entelektüel denek taşı ve benim çalışmamı ölçülmez derecede güçlendiren kişi oldu. Bunlar için, ama daha da önemlisi metnin dışında, oğullarımızla paylaştığımız zengin yaşam için ona teşekkür ederim.

Giriş

1909 baharında Şlomo Yellin adlı genç, Yahudi bir avukat, Beyrut'taki muteber Osmanlılara toplanma çağrısında bulundu. Eski Kudüs'te doğup büyümüş olan Yellin, aynı zamanda tam bir çokdilli Levantendi: Polonyalı babasıyla Yiddiş, Iraklı annesiyle Arapça, Siyonist büyük ağabeyiyle İbranice, Sefarad Yahudi komşularıyla Ladino konuşur; daha sonra evleneceği kuzenine İngilizce aşk mektupları yazar; Fransızca notlar alırdı. Aynı zamanda, fes takıp takım elbise giyen "Süleyman Efendi" tam bir Osmanlı beyefendisiydi: İstanbul'daki Mekteb-i Sultani'de Osmanlıca, Arapça ve Farsça okumuş; edebiyat, tercüme ve hat sanatı, Osmanlı ve İslam tarihi, hıfzıssıhha, matematik, bilim, felsefe, coğrafya ve Fransız edebiyatı üzerine çalışmıştı. Bir Alman üniversitesindeki kısa görevinin ardından Yellin, Mekteb-i Hukuk-i Sultani'den fıkıh, Osmanlı medeni hukuku ve ceza hukuku, uluslararası ticaret ve denizcilik hukuku diplomalarıyla mezun olmuştu.[1]

O ilkbahar gününde, Yellin'in Türkçe konuşan Osmanlı davetlileri daha çok, Temmuz 1908 Osmanlı devrimini gerçekleştirmiş, yeraltındaki politik parti İttihat ve Terraki Cemiyeti'nin (İTC; diğer adıyla Jön Türklerin) yerel örgütünün üyelerinden oluşuyordu. Yellin, İTC'nin Beyrut örgütünün üyesiydi; daha sonra yazdığı iki risaleyi de "büyük bir beğeniyle" harekete ithaf etmişti. Şüphesiz ki, davetlilerin bir kısmı, Yellin'in daha önce eşitlik, özgürlük ve kardeşlik gibi değerlere olan masonik desteği yüceltmenin yanı sıra, üyelik için de başvurduğu yerel hür mason localarından birine de mensuplardı. Kurumsal bağlantıları ne olursa olsun, kesin olan şuydu ki Yellin'in beyaz yakalı davetlileri *efendiler* ya da kendisi gibi beyefendilerdi—avukatlar, doktorlar, iş adamları, gazeteciler, öğretmenler, kâtipler—ve tıpkı kendisi gibi, "Osmanlı milleti"nin akıbeti hakkında endişelenen ve milletin geleceğine baş koymuş Osmanlılardı.[2]

---

1 CZA A412/29. Şlomo, Arapça ve Osmanlıca belgelerde ismini "Süleyman" olarak imzalamıştır, Şlomo veya Solomon'un Müslüman dilindeki karşılığı. *Efendi*, belli bir sınıfa, eğitime, dünya görüşüne sahip saygın kişi, başka bir deyişle centilmen.

2 CZA A412/13. Yazdığı risalelere örnek, S. Yellin, *Les Capitulations et la juridiction consulaire* ve *Une page d'histoire Turque*.

"Asil Osmanlı milleti," diyerek davetlilerine sesleniyordu Yellin, "bir arada yaşayan ve vatan uğruna tek bir bütün olmuş farklı gruplardan oluşmaktadır." Şöyle devam etmişti:

> Osmanlı İmparatorluğu'nda, farklı halklar birbirine eşittir ve ırklarına göre halkları ayırmak caiz değildir; Türk, Arap, Ermeni ve Yahudi unsurlar birbiriyle kaynaşmıştır, hepsi birbirine bağlıdır ve kutsal vatan için bir bütün olmuşlardır. Milletin her bir parçası "Osmanlı" adını bir şeref ve haysiyet nişanı olarak sahiplenmiştir. Kutsal vatana karşı olan sorumluluğumuz ve [okunamadı] tek hedefimiz olmalı; onun uğruna canımızı vermek için her saniye, her dakika hazır olmalıyız. [...] Şimdi anavatanı, milli eğitimimizin temel dayanağı olarak kalbimizin derinliklerinde tutuyoruz. Vatanın varlığı, milletin varlığına bağlıdır.[3]

Yellin'in anlatısının merkezinde, birinci çoğul kişi, "biz Osmanlılar"—ruhta ve ülküde birleşmiş Osmanlı milleti—yer alıyordu. Yellin'in Osmanlı milliyetçiliği mesafeli ya da resmi değildi; aksine "aziz milletimiz" ve "vatan sevdalısı" gibi tabirlerinde ifadesini bulan, bireysel, kolektif ve devletle olan yakın duygusal ilişkiyi vurguluyordu. Yellin'in Osmanlı milliyetçiliği, ilham ve meşruiyet kaynağı ve kutsallaştırılmış bir biçim olarak dinden faydalanıyordu; hatta pek çok açıdan yeni sivil din olma yolundaydı. Tekrar tekrar "vatan-ı mukaddes"ten bahsediyor ve okuyucularına, geleneksel dini bağlamından koparılıp Osmanlı milliyetçiliği çerçevesinde yeniden anlam kazanmış şehitlik kavramını kullanarak kendilerini vatan için feda etme çağrısı yapıyordu.[4]

Yellin'in Osmanlı milliyetçiliği yeni anayasal düzene ve yeni oluşan emperyal Osmanlı vatandaşlığına da sıkıca bağlıydı. İTC, İstanbul'u "yeniden fethetmeyi" başarmış, mutlakiyetten arındırılmış "kutsal yasanın" bireyi ıslahatçı ve anayasal devlete bağladığı "yeni çağ"ın habercisi olmuştu.[5] Ayrıca Yellin Osmanlı vatandaşlığını, vatandaş bireylerle toplumsal gruplar arasındaki bir sözleşme olarak görüyordu. Diğer bir deyişle, Yellin ve konukları için, aralarındaki din, etnisite ve anadil farklılıklarına rağmen, her biri inançlı ve ibadetinde Osmanlılardı ve im-

---

3 CZA A412/21. "Asil Osmanlı milleti" = *Millet-i Osmaniyye necibe-yi*; "farklı halklar" = *milel-i muhtelife*; "ırka göre ayırma" = *tefrik-i cinsiyet*.

4 "Şehitlik" = *fedaya*. Şehitliğin modern milliyetçilik açısından önemi için bkz. Mosse, *Fallen Soldiers* ve Smith, *National Identity*.

5 "Yeniden fethetme" = *feth-i cedid*. Fetih Osmanlı bağlamında 1453'te Fatih Sultan Mehmet'in İstanbul'u fethine referans vermektedir. Kelime erken döneminde İslamın fetih savaşlarına da referans veren Arapça *feth* (tekil), *fütûh* (çoğul) kelimelerinden türemiştir. İttihat ve Terakki Cemiyeti (İTC) İstanbul'u İslam için değil ama anayasal liberalizm için ikinci defa "fethedişi" dinsel söylemin Osmanlı milliyetçiliğine giriş yaptığı bir başka örnek olmuştur. "Kutsal yasa" = *düstur-u mukaddes*; "anayasal devlet" = *devlet-i meşrute*.

paratorluğun ücra köşelerindeki hemşerilerine sınır, kanun, tarih ve imparatorluk vatandaşlığından gelen karşılıklı sorumluluk ve beklentilerle bağlılardı.

İmparatorluğu mutlakiyetçi bir devletten, bir tür liberal meşruti demokrasiye dönüştüren 1908 Osmanlı devriminin ardından, Şlomo Yellin ve Beyrutlu misafirleri, aziz imparatorluklarının başarılarının ve içinden geçtiği zorlukların hem bizzat ürünleri hem de doğrudan tanıklarıydı. Osmanlı Devleti, bir önceki yüzyıl boyunca, Tanzimat adı verilen pek çok önemli değişiklik ve reformu yürürlüğe koymuştu—devlet bürokrasisini ve yasal sistemi yenilemiş; bayındırlık, eğitim ve kamu işlerinde azimli bir planlamaya girişmiş; farklı milletlerden oluşan halk arasındaki bağlılık ve aidiyet hislerini güçlendirmişti. Yellin'in ve konuklarının modern devlet kurumlarında eğitim görmüş olmaları, devletin resmi dili olan Osmanlı Türkçesi dahil farklı dillerde okur yazar olmalarını sağlamış; inançları, etnisiteleri farklı ve çeşitli bölgelerden gelen bu insanların aralarındaki yakınlığı pekiştirmiş; devlete olan bağlılıklarını ve devlete aidiyetlerini güçlendirmişti.

Aynı zamanda, eğitimleri, okur yazarlıkları ve seyahatleri sayesinde, Osmanlı İmparatorluğu'nun küresel siyasette rolünün azaldığının, eşitsiz bir biçimde küresel ekonominin içine çekildiğinin ve dünyanın dört bir yanında siyasi rüzgarların tersinden estiğinin farkındalardı. Bu nedenle, Yellin ve konukları gibi modern vatandaşlar, bir yandan devrimci vaatlerin ışıltısının tadını çıkarırken, diğer yandan imparatorluğun geleceği hakkında endişeleniyordu: İmparatorluk nasıl ıslah edilecekti? Nasıl Avrupa'ya yetişebilirdi? Devrimlerle, sömürgecilikle ve modern çağın meydan okumalarıyla sarsılan dünyada imparatorluğun rolü ne olacaktı?[6]

Elinizdeki kitap, son İslam imparatorluğunda özgürlük, vatandaşlık ve kamusal hayatın ne anlama geldiğini inceliyor. Geç Osmanlı reform geleneği ve devrim çalışmalarına dayanan bu kitap, çöküş arifesinde imparatorluk vatandaşlığı ve milliyet kavramlarının içeriği ve sınırlarına dair mücadelelere ilişkin yaratıcı bir çalışma. Osmanlı devriminin merkezinde, benim "vatandaşlık temelli Osmanlıcılık" ["civic Ottomanism"] adını verdiğim, tabandan gelen, yeni haklar ve devrimci politik öznellikten gelen yükümlülükler üzerine mücadele eden, bütünleşmiş bir sosyopolitik Osmanlı halkı kimliğini teşvik eden imparatorluk vatandaşlığı projesi yer alıyor. Müslüman, Hıristiyan ve Yahudilerin hep birlikte nasıl imparatorluk vatandaşı olduklarının izini sürerek, Osmanlı milletini yalnızca "hayali" bir cemaat

---

6 Bu on yıl, devrimlerin on yılıydı: 1905'te Rus İmparatorluğu, 1906'da Kaçar İran'ı, 1910 Meksika, 1911'de Çin'de. Devrimlerin karşılaştırmalı bir incelemesi için bkz. Sohrabi "Global Waves" ve Kurzman *Democracy Denied*."

ya da söylemsel açıdan kurulmuş bir imparatorluk cemaati olarak değil; ortak bir toplumsal ve siyasal etkileşim ile mücadele alanı olarak düşünmeye çalışıyorum.[7]

Bu çalışma, çoğunlukla olayların ve durumların gidişatını belirleyen, imparatorluğun başkenti İstanbul ile ondan yüzlerce kilometre güneydeki, apayrı bir dünya olan ama hâlâ imparatorluğun başka bölgelerindeki ve ücra köşelerindeki gelişmelere dikkat kesilen Filistin bölgesi arasında gidip geliyor. Osmanlı tarihinin büyük bir kısmı, genellikle Birinci Dünya Savaşı sonrası milli hatlarla birlikte belirlenmiş belli bir noktasından bakılarak anlatıldı. Bu çalışma ise, imparatorluk alanının ne denli geçirgen olduğunu; askerlere ve metalara ilaveten, insanlar ve fikirlerin de şehir ile kırsal alan, başkent ile vilayetler ve vilayetler arasında hareket ettiğini gösteriyor.

İmparatorluğun tüm dillerinde özgür basının patlamasıyla, politik katılımın mahiyeti ve boyutları önemli ölçüde genişlemiş; devlet bürokrasini ya da vilayetlerin muteber ailelerinin ötesine taşmıştı. Beyaz yakalı ve orta sınıf öğretmenler, din adamları, gazeteciler kamusal alana müdahil olmuştu. Osmanlı tebaası, yeni devrimci haklarını talep etmiş ve Osmanlı *polis*ine imparatorluk vatandaşları olarak giriş yapmışlardı; emperyal politikaların edilgen yararlanıcıları ya da kurbanları konumundan emperyal reformun gidişatını şekillendiren etkin ortaklarına dönüştüklerini gösteriyordu bu.[8] Tüm imparatorluktaki Osmanlılar, hâkim siyasi güçlerin yaydığı devrimci dili, retoriği, sembolleri kavramıştı; aynı zamanda da

---

7 Şaşırtıcı bir şekilde, "Osmanlı milleti" yaratımının bu faal ve dinamik süreci (*millet-i Osmaniyye*) modern Ortadoğu tarihinin kenarında kaldığı kadar geniş anlamda imparatorlukların ve milletlerin tarihinin de kenarında kalmaktadır. Geç Osmanlı tarihi üzerine neredeyse her kitabın, bir 19. yüzyıl projesi olarak emperyal bağlılığın geliştirilmesinden (Osmanlılık veya Osmanlıcılık) bahsetmesi gerçeğine rağmen, Osmanlıcılık büyük ölçüde azımsanmış, ya sadece bir resmi devlet projesi ya da İslamcı veya Türk etnik milliyetçiliğinin çekirdeği olarak düşünülmüştür. Bkz. Masters, *Christians and Jews*; Karpat, *Politicization of Islam*; Mardin, "Some Consideration" ve Canefe, "Turkish Nationalism." Arap ileri gelenleri ve entelektüellerinin çakışan Osmanlı bağlılıkları üzerine birkaç önemli çalışma bu eksikliğe bir ölçüde değinmiştir, fakat Osmanlıcılığın nüfuzu, muhtevası ve gücü hâlâ yeterince anlaşılmamıştır. Arapçılık ve emperyal bağlılığın kesişmesine odaklanmak için bkz. Dawn, "Origins of Arab Nationalism;" R. Halidi, "Ottomanism and Arabism;" Cleveland, *Islam Against the West*; Cleveland, *Making of an Arab Nationalist*; Blake, "Training Arab-Ottoman Bureaucrats" ile Jankowski ve Gershoni'deki katkılar, *Rethinking Nationalism*. Hasan Kayalı haklı olarak, basitçe reddetmek veya karşı çıkmak yerine, Osmanlı emperyal sistemine taşranın "rıza"sına odaklanmak gerektiğini ileri sürmektedir. Kayalı, *Arabs and Young Turks*, 12-3.

8 Son nokta Hannah Arendt'in devrimin *hem* baskıdan kurtulma *hem de* siyasi yaşama katılma özgürlüğü olduğu görüşünü yansıtmaktadır. Arendt, *On Revolution*, 25. Bkz. Bryan Turner'ın aktif ve pasif vatandaşlık ile aşağıdan ve yukarıdan vatandaşlık arasındaki ayrım. Turner, "Islam, Civil Society, and Citizenship."

hem sokakta hem de basında kendi anlam ve karşı anlam dizilerini üretmişlerdi. Osmanlı vatandaşlığını arzuları, stratejileri ve imparatorluğun yeni vatandaşlarının failliğini dikkate alan kitlesel bir toplumsal hareket olarak düşünerek, Osmanlıların, siyasi değişikliğin vaatlerini nasıl dikkate aldıklarını ve bu değişikliğin anlamını şekillendirmek için ne şekillerde etkin katılım gösterdiklerini inceliyorum.[9]

Selanik'ten Kudüs'e ve Bağdat'a kadar her yerde tüm sıradan vatandaşlar yeni siyasi hak ve sorumluluklarını ifa ediyorlardı; siyasi topluluk içindeki etnik ve dini çeşitlilikten kaynaklanan zorlukların üstesinden gelmeyi başarmışlar, imparatorluğun geleceğini ve kendilerinin bu gelecekteki rollerini tartışıyorlardı. Onları meşgul eden soruların başında şunlar geliyordu: "Osmanlı" kime denir ve "Osmanlı milletini" bir arada tutan nedir? Siyasi özgürlük, reform ve oy hakkı ne demektir? "Vatandaş" olmak neyi gerektirir; haklar ve ödevler eşit olarak nasıl dağıtılabilir? Dinin ve etnisitenin; siyasi topluluk ve bu çoketnisiteli, çokdinli ve çokkültürlü İslami imparatorluktaki siyasi icraat için rolü nedir?

"Eşitlik, özgürlük, kardeşlik ve adalet" gibi devrimci sloganların bu tür kamusal ifadelerini ve kamunun bu sloganlarla ilişkilenmesini inceliyorum (Birinci ve İkinci bölüm). Anılar ve gazete haberleri, Osmanlı Filistinlilerinin bu söylemleri Fransız ve İran devrimlerinden kendi imparatorluk ve yerel bağlamlarına hem gündelik hayatta hem de basından nasıl tercüme ettiklerini; sıradan vatandaşların bu fikirleri bireysel ve kolektif amaçları doğrultusunda nasıl uyguladıklarını anlatmaktadır. Aralarında Kudüs ve Beyrut'tan mebusların da yer aldığı, devrimci düşüncenin kaydını tutan entelektüeller, Osmanlı vatandaşlık projesinin hem Batılı hem de İslami özgürlük, adalet, müzakere, kamu yararı ve hesap verebilirlik mefhumlarına dayandığını anlatmaktadır. Bu temalar, basında ve yaygın medyada daha da

---

9 Açıklayıcı olması açısından, vatandaşlığı basitçe siyasi veya yasal durum veya üyeliğin koşulu olarak değil sosyolojik anlamda "bireylerin ve grupların yeni haklar ortaya koyup iddia ettiği veya varolan hakları korumak ve genişletmek için mücadele ettiği pratik" olarak kullanıyorum. Işın ve Wood, der. *Citizenship and Identity*, 4. Ayrıca bkz. Turner, "Contemporary Problems in the Theory of Citizenship" ve der., van Steenbergen, *The Condition of Citizenship*. Bu kitap devrimin kültürel okumalarından ve "halklar sembollerin pasif alıcıları veya tüketicileri ya da sadece "maddi yaratıklar değil, ayrıca sembolik [ve ritüel] üreticileri ve sembol kullanıcılarıdır" diyen siyasal kültürün antropolojik çalışmalarından haberdardır. Farmisano, "The Concept of Political Culture," 419. Devrimin yapısalcı ve kültürelci okumaları arasındaki fark için bkz. Goodwin, "State-Centered Approaches to Social Revolutions" ve Selbin, "Revolution in the Real World." Ayrıca bkz. Hunt, *Politics, Culture and Class*, 72. Bazı güncel çalışmalar da Osmanlı devrimine benzer kökleşmiş yaklaşımı tercih ediyor. Kansu, *Revolution of 1908 in Turkey*; Kansu, *Politics in Post-Revolutionary Turkey*; Brummett, *Image and Imperialism in the Ottoman Revolutionary Press*; Frierson, "Unimagined Communities" ve Watenpaugh, *Being Modern in the Middle East*.

geliştirilmiştir. Örneğin, hürriyet sloganıyla (*hürriyye*) birlikte devrim, köylülerin toprak ağalarına karşı isyanında, Rum-Ortodoks Hıristiyanların, Ermenilerin ve Kudüs'teki Sefarad Yahudi cemaatlerinin dini liderliğine karşı "modern" liderlik ve daha fazla temsil için seferber olmalarında hem bir ilham kaynağı, hem de meşrulaştırma aracı olmuştur.

"Eşitlik ve kardeşlik" gibi devrimci sloganlar, birleşmiş bir Osmanlı tebaa-milletine ait olma ideolojisine dayanıyordu. İmparatorluğun her yerinde olduğu gibi Filistin'de de Müslümanlar, Hıristiyanlar ve Yahudiler Osmanlı milletinin kentsel, bölgesel ve ahdi hükümlerle birbirine bağlı etnik, dini ve dilsel imparatorluk öğelerinden oluştuğu görüşünü benimsemişti. Osmanlılıklarını sokaklarda, kutlamalarda, imparatorluğun tüm dillerinde yazılmış gazete sayfalarında açığa vuruyor ve icra ediyorlardı: Mağrur bir Osmanlı, Kudüs basınına yaptığı açıklamada imparatorluğun değişik etnik ve dini gruplarının "anayasa potasında erimeye" başladığından ve "saf bir külçe olarak Osmanlı milleti"ni oluşturduğundan söz ediyordu. Ayrıca bu vatandaşlığa dayanan Osmanlı milleti fikri hem kan bağı ve toprağa dayanan romantik mefhumlar gibi eski tahayyüllerden, hem de dini ve etnik halk kavramlarından besleniyordu.

Bu kitap, Osmanlı emperyal milletinin genel doğasını ve derin yankılarını resmederek Osmanlı İmparatorluğu'nun dağılmasında etnik milliyetçiliklerin rolüne dair köklü tarihsel anlatılara da meydan okumaktadır.[10] Daha açık söyleyecek olursak, *Osmanlı Kardeşler* imparatorluklarda evrensel kolektif kimliklerin oluşumuna dair asli bir süreç öne sürüyor. Araştırmacılar bugüne dek, imparatorluk vatandaşlığını ve milliyetini kuramlaştırmaktan çekindiler bunun yerine kaçınılmaz kabul edilen anti-emperyal milliyetçiliklere odaklandılar. On dokuzuncu yüzyılda Avrupalı diplomatlar ve seyahat yazarları arasında hâkim olan bir görüşe göre—ki bu görüşe, çok kısa bir zamana kadar tarih kitaplarında yer verilmişti—Osmanlı gibi çok etnik yapı barındıran, çokdinli imparatorluklar "milletlerin zindanı" idi; nihayetinde tebaa halkların doğal milliyetçilikleri sonucunda dağılırlardı ve bizatihi meşru milletler değillerdi.[11] Dahası, Avrupalı devlet idaresinin başlıca bir modeli olarak ulus-devletin ortaya çıkmasıyla, "imparatorluklar" ve "milletler" birbirinin

---

10 Osmanlı vakasındaki milliyetçi yazının eleştirileri için, bkz. Gelvin'in giriş bölümü, *Divided Loyalties*; Kayalı, *Arabs and Young Turks*; Todorova, *Imagining the Balkans* ve Reinkowski, "Late Ottoman Rule over Palestine."

11 Bu argümanın analizi için, bkz. Kasaba, "Dreams of Empire, Dreams of Nations." Andreas Kappeler, aydınlanma yazarlarının sıklıkla Rus İmparatorluğu'nun multietnik yapısına dair yazdıklarını, buna karşın on dokuzuncu yüzyıla gelindiğinde bu imparatorluğun tarihi Rus ve Batılı yazarlarca millileştirildiğini yazmıştır. Kappeler, *Russian Empire*, 8. Ayrıca bkz. King'in Habsburg İmparatorluğu için eleştirileri, *Budweisers into Czechs and Germans*.

tam zıddı olarak tarif ediliyor; üstelik özsel zıtlıkları da kurucu bir unsur olarak görülüyordu.[12]

Başka bir deyişle, yirminci yüzyılın başında imparatorluklar, değişen jeopolitik çevrenin modern koşullarını yerine getirmekten âciz, "bir önceki çağın tortusu" olarak görülüyordu ve bu görüş, emperyal değişimin göz ardı edilmesine ve imparatorluğa bağlılığın anlaşılamamasına neden oldu. Hal böyle iken, "imparatorluğun sonu"na ilişkin karşılaştırmalı çalışmalara adanmış yakın zamanda yayımlanan bir eserde tartışıldığı gibi, imparatorlukla millet arasındaki nesnel ayrımlar oldukça belirsizdir; hatta "imparatorluklar" çoğu zaman "millet" gibi, milletler de imparatorluk gibi davranırlar.[13] Aslında emperyal bir topluluk olarak tahayyül etme, ifade etme ve harekete geçme süreci ciddi bir kavramsal, ideolojik hatta dilsel uğraşın sonucuydu ve bu süreçte Osmanlı "emperyal-milleti," farklı şekillerde de olsa "geleneksel" milliyetçiliği çağrıştıran biçimler ve söylemler benimsemişti.[14]

Emperyal milliyet kavramının geç dönem Osmanlı tecrübesindeki merkeziyetini belirttikten sonra, tüm dinlerden Osmanlı Filistini vatandaşlarının yeni kazanmış oldukları ve o dönemde hâlâ evrilmekte olan vatandaşlık haklarını ifa etme yollarını takip edeceğime (Üçüncü ve Dördüncü bölümler). Osmanlı vatandaşları anayasa ve onları güçlü kılan diğer devrimci "kutsal metinler" üzerine çalışmış, bu metinlere atıfta bulunmuş ve ellerindeki gücü tatbik ve muhafaza etmek için pek çok farklı yola başvurmuşlardır. Bunlardan biri de eski bir Osmanlı vilayeti olan Bosna-Hersek'in Ekim 1908'de Avusturya-Macaristan İmparatorluğu tarafından ilhak edilmesine karşı tüm imparatorlukta örgütlenen ve aylar süren boykota katılmaktı. Boykot, Osmanlı vatanseverliğini ve Osmanlı milletinin birliği fikrini teşvik etmiş; İttihat ve Terakki Cemiyetinin yerel deki örgütlerinin kitlesel politik hareketlenmelerin öncüsü olarak popülerlerliğini pekiştirmişti. Osmanlı vatandaşları 1908 sonbaharında yapılan Osmanlı parlamento seçimleri için hazırlıkları sırasında da birey hakları ile etnik-dini grup (*millet*) hakları arasındaki dengenin bozulduğu bir zamanda, politik temsil ve haklar üzerine düşünüyorlardı. Kudüslüler kentsel düzeyde de imparatorluk vatandaşlığından gelen hakları için harekete geçmiş,

---

12 Fransız entelektüel Alan de Benoist'nın ifade ettiği gibi, "Doğumu ve temelleri çerçevesinde bakıldığında, ulus bir *anti-imparatorluktu.*" De Benoist, "The Idea of Empire," 91. Yirminci yüzyıl boyunca imparatorluk-ulus ayrımının değer yüklü karakterine dair bir tartışma için bkz. Lieven, *Empire*, xvi.

13 Bkz. Esherick, Kayalı ve Van Young, der. *Empire to Nation*, giriş bölümü. Ancak editörler emperyal özneden ulusal vatandaşlara olan sıçramayı da yapıyor (26).

14 Benim çalışmam milliyetçiliğin "retorik" ve "biçim"ine odaklanan sosyolojik kuramlardan etkilenmiştir. Bkz. Calhoun, *Nationalism* ve Brubaker, *Nationalism Reframed*.

emperyal reformlar ve modernleşmeye dair söylemlerle yerel ilerleme ve işbirliği vizyonunu bir araya getirmişlerdi. Ticaret odası ya da hür masonlar locası gibi yerelden yönetilen kurumlar, vatandaşlık temelli Osmanlıcılık iddiasının uygulanmasında önemli alanlar olmuşlardı.

Hal böyle iken, üç kıtaya yayılmış böylesi heterojen bir nüfusun imparatorluk vatandaşlığına geçişinin sorunsuz olması beklenemezdi. Osmanlı imparatorluk vatandaşlığı projesinin karşısındaki en ciddi zorluklardan biri de, halkın vatandaşlığa birbirinden oldukça farklı, çoğu zaman birbirine tamamen zıt anlamlar yüklemiş olmasıydı. Bu tür gerilimlerin başında bütün vatandaşların, din ve etnisitelerinden bağımsız olarak imparatorluk projesinin paydaşları olduğunu kabul eden evrenselleştirici söylem ve vatandaşlık temelli Osmanlıcılık fikri ile bu görüşün sınırları ve zorlukları arasındaki gerilim geliyordu. Elinizdeki kitabın son kısmı (Beşinci, Altıncı ve Yedinci bölümler), imparatorluk haklarının ve yükümlülüklerinin eşitsiz bir biçimde ifa edilmesine ve kamusal suçlamalara ve görev suiistimallerine değinen, birbirinden farklı pek çok "vatandaşlık söylemine" yer vermektedir. Örneğin çokdilli basın, gayri Müslimlerin zorunlu askerliği ya da "açık mektup" gibi basında yer alan konuların tartışıldığı, emperyal vatandaşlığın lehinde *ve* aleyhinde görüşlerin dile getirildiği bir platform oluşturmuştu.

Politik uygulamalar ve kimlik birbirine geçtiğinden, emperyal vatandaşlığa odaklanmak, emperyal çoketnikliliği başka bir gözle görmemizi; imparatorluğun çöküşünün önemli bir nedeni ya da yükselen milliyetçiliklerin işareti olarak görmekten ziyade, emperyal politik katılım, ortak aidiyet ve kimlik üzerinde kurucu bir mücadele olarak düşünmemizi sağlayabilir. Osmanlı imparatorluk vatandaşlığı projesi liberal, cemaatçi, cumhuriyetçi ve etnik vatandaşlık modellerinden öğeler içerirken, her "vatandaşlık söylemi" de emperyal topluluğa, onun (dini, etnik gruplar ve taşradaki) başka topluluklarla ilişkisine, vatandaşlık hak ve ödevlerinin doğasına dair farklı görüşler geliştirmekteydi.[15] Siyonizmin, Arapçılığın ve Filistinli yerelcilik gibi çoğulcu etnik, dini ve bölgesel kimliklerin ve çıkarların yükselmesi, imparatorluk vatandaşlığı ve "Osmanlı milleti"nin sınırlarına ilişkin mücadelelerin ifadesiydi. Başka bir deyişle, savaş öncesi Osmanlı halkının çoğunluğu, imparatorluğun çöküşüne dair senaryolar uydurmak yerine, imparatorluk vatandaşlığının ne anlama geldiğini planlamakla, talep ve iddia etmekle ve gerçekleştirmekle meşguldü.

---

15 Benim düşüncem, Gershon Shafir ve Yoav Peled'in, tek devlet kurgusunda farklı vatandaşlık söylemlerinin etkileşimi hakkındaki derin kuramsal çerçevesinden etkilenmiştir. Shafir and Peled, *Being Israeli*. Çok kültürlü vatandaşlık hakkındaki fikirlerim Kymlicka'ya dayanıyor. Kymlicka, *Multicultural Citizenship*; der. Işın ve Wood, *Citizenship and Identity*.

Birinci Dünya Savaşı öncesindeki farklı Osmanlı "vatandaşlık söylemleri"ni, pratiklerini ve kimliklerini inceleyen elinizdeki kitap, etnik ve dini azınlıkların Osmanlı imparatorluk vatandaşlığı projesine nasıl dahil edildiğini *ve* aynı zamanda nasıl bu projeden hariç tutulduğunu göstermektedir. Osmanlı merkez ile Arap çevreyi giderek (hatta doğaları gereği) daha bağımsız ve çatışmacı olarak öngören hâkim izleklere karşın, bu kitabın amacı taşradaki Arap ve Yahudilerin devleti bertaraf etmesinden ya da gayri meşru kılmasından ziyade, onların imparatorluk devletine etkin katılımını ve devletle olan ilişkilerini anlatmaktır. Son olarak, Filistin'deki farklı dini cemaatlerin toplumsal tarihine yönelik, Arapların ve Yahudilerin yüzyıl başındaki bir aradalığını ve iç içe geçmişliğini gözler önüne seren ilişkisel yaklaşımım, Filistin'deki Arap-Yahudi çatışmasının "vatandaşlık temelli" Osmanlıcılığın vaat ettikleri ile yetersizlikleri arasındaki diyalektik gerilimden kaynaklandığını savunmaktadır.

Osmanlı İmparatorluğu ve Filistin'de Din, Etnisite ve İkisinin Karışımı

Bir zamanlar rakiplerine korku salan, rakiplerinden entelektüel olanlar arasında hayranlık uyandıran ve toprakları genişleyen o ihtişamlı Osmanlı İmparatorluğu, yirminci yüzyılın başlarından itibaren Avrupa devletlerinin "hasta adamı" olmuş; uzunca bir süredir toprak kayıplarından, iktisadi küçülmeden, iç karışıklık ve bölünmeye maruz kalmıştı. Türdeş bir ulus-devlet olarak idealize etmiş ve normalleştirmiş (aynı zamanda, ne hikmetse, denizaşırı toprakları ve halkları fethetmiş) Avrupa için, onlarca dini mezhebe, dile ve etnik gruba ev sahipliği eden Osmanlı İmparatorluğu bir çağ dışılık örneğiydi. 1909 yılının başlarında İstanbul'a gönderilen İngiliz savaş muhabiri G.F. Abbott, soğukkanlılıkla şöyle diyordu: "Osmanlı milleti, çok çeşitli içeriğinden ötürü omlete benzetiliyor. Bu benzetmeyi yapacak damak tadına sahip olanlar, ne yazık ki siyasal olarak yanılıyorlar. Çünkü bu omletin esas öğesi hâlâ eksik: Yüzyıllardır çırpılmasına ve karıştırılmasına rağmen, muhtevası karışmayı reddediyor."[16] Yabancı bir diğer muhabir ise, Osmanlı taabiyetini askerliğe benzetiyordu: "Yunanlar, Ermeniler ve Arnavutlar Türk vatandaşıydı, çünkü öyle olmak zorundalardı."[17]

Aslında bu his, etnik grupların sabit ve değişmez olduğunu varsaymakla kalmayıp aynı zamanda onlara politik bir önem de atfeden deterministik bir etnisite anlayışını yansıtıyordu. Başka bir deyişle, "Türkler," "Araplar," "Bulgarlar" ve "Sırplar" aslen çatışan politik çıkarları temsil eden demografik olarak kapalı

---

16 Abbott, *Turkey in Transition*, 29-30.
17 Aflalo, *Regilding the Crescent*, 31.

gruplar olarak görülüyordu.[18] Sonuç olarak on dokuzuncu yüzyıl boyunca, Büyük Avrupa Güçleri—Avusturya-Macaristan, Büyük Britanya, Fransa, Almanya, İtalya ve Rusya—doğrudan Osmanlı'nın İçişlerine müdahale etmiş, imparatorluğun Güneydoğu Avrupa'daki vilayetlerindeki (bugünkü Yunanistan, Bulgaristan, Romanya ve Balkanlar) Hıristiyan ayrılıkçılığı teşvik ederek "Türkleri Asya'ya geri gönderme"yi amaçlamıştı.[19] Aynı zamanda, imparatorluğun Kuzey Afrika, Kafkasya ve Orta Avrupa'daki toprakları Avrupalılar tarafından doğrudan işgal ediliyordu.

Ancak Osmanlı Devleti için nüfus çeşitliliği, başarılı bir imparatorluk inşasının ürünü ve güçlü bir kanıtıydı. Hanedana adını veren kurucu Osman, Anadolu'daki gücünü, on üçüncü yüzyılın sonlarına doğru, yerel Türki kavimler ve Hıristiyan beylikleriyle yaptığı işbirliği ve kız alıp verme sayesinde sağlamıştı. İmparatorluk Asya, Avrupa ve Afrika'ya yayıldıkça, sonraki sultanlar da farklı halkları devlete dahil etmeyi sürdürdü. İlk Osmanlı alayları arasında, sultanın ordularında savaşan (kutsal savaşçılar adı verilen) Hıristiyan *gaziler*, imparatorluğa hizmet eden ve dönme olmalarına rağmen devlet hizmetinde önemli politik ve askeri pozisyonlara yükselen Hıristiyan gençler (*devşirmeler*) vardı. Bizans'ın başkenti Konstantinopol'ün fethinden sonra, "Fatih" Sultan Mehmet Rum Ortodoks Kilisesi Patriğini himayesine almış, kaçan Bizanslıların yerine şehre Yahudileri getirmişti. On yıllar sonra, 1492'de İspanya Kralı Ferdinand ve Kraliçesi İsabella Yahudi ve Müslümanları İber Yarımadasından sürdüğünde, Sultan II. Bayezid sürgündeki Yahudileri Osmanlı limanlarında karşılamıştı.

Bunları yeniden anlatmaktaki amacım, Osmanlı Devletinin çok-kültürlü bir cennet olduğunu iddia etmek değil; zaten bu tamamen yanlış olurdu. İslami bir imparatorluk olarak Osmanlı İmparatorluğu, Müslüman ve gayri Müslim tebaa arasındaki "kurumsallaşmış farkı" koruyordu ve bu fark, kriz zamanlarında ön plana çıkarılıyor, hatta teşvik ediliyordu.[20] Gayri Müslimler mezheplerine ya da

---

18 Sosyolog Brubaker bunu "grupçuluk" olarak adlandırıyor. Brubaker, "Ethnicity Without Groups," 164. Etnisitenin dinamik bir algılaması için bkz. Barth, "Enduring and Emerging Issues in the Analysis of Ethnicity."

19 1774 Küçük Kaynarca Antlaşmasıyla, Rusya'nın, imparatorluk içindeki Ortodoks Hıristiyanları himayesi tanınmıştır. Fransa, Maruni ve Katolik Hıristiyanlar için benzer bir tanınma elde etmiştir. Büyük Britanya ise Protestanlar ve zaman zaman da Dürzi ve Yahudiler için benzer isteklerde bulunmuştur.

20 Bu terimi "Nancy Reynolds ile Söyleşi" içinde Aron Rodrigue'den alıyorum. Gündelik olarak Osmanlı hiyerarşisi gayri Müslimlerin taabiyetini mahkeme tutanaklarında ve özel vergiyle (*cizye*) işaretliyordu. Bazı araştırmalar İslam mahkemelerinin gayri Müslimleri metinsel olarak farklı şekillerde ikincil konuma koyduğunu göstermektedir. Strauss, "Ottomanisme et 'Ottomanité'" ve al-Qattan, "Litigants and Neighbors."

etnik-dini cemaatlerine göre kabul görüyor, sınıflandırılıyor, vergilendiriliyor, yasallaştırılıyor ya da "işaretleniyordu." Ama aynı zamanda, gayri Müslim cemaatlere kendi kurumlarında ve dini hukuk alanlarında ciddi ölçüde özyönetim ve özerklik bahşedilmişti. Osmanlı İmparatorluğu'ndaki gayri Müslimler, Avrupa'da yaşayıp Hıristiyanlık dışı dinlere mensup olanlardan çok daha iyi durumdaydı.[21] Fenerli Rumlar ya da Ermeni amira sınıfı[22] gibi pek çok gayri Müslim grup devlet işlerinde yüksek mevkilerde görevler alıyordu. Dahası, iktisadi koşulların ve Avrupalı dindarlarla olan ilişkilerin etkisiyle, imparatorluk, özellikle liman şehirlerinde yaşayan Hıristiyan ve Yahudi cemaatler, hızla Batılılaşmaya ve burjuvalaşmaya başlamıştı. Öyle ki, toplamda gayri Müslümlerin sosyoekonomik durumları Müslüman köylülerden ve işçilerden çok daha iyiydi ve istikrarlı bir gelişim sergiliyordu.[23]

Sonuç olarak dini, Osmanlı tarihindeki tek, hatta merkezi ve esas bölücü unsur olarak görmek tarihsel olarak oldukça yanıltıcıdır; sınıf ve statü de din kadar önemlidir. Osmanlı devleti var olduğu süre boyunca, tebaasındaki ve devlet erkânındaki etnik ve dini farklılıklara tamamen faydacı yaklaşmış; başlı başına "kimlik"lerine çok önem vermemiştir. Bir tarihçinin de belirttiği gibi, "Osmanlı devleti ne farklı cemaatleri bir araya getirmeye çalışmış, ne de taammüden tebaasındaki farklılıkları daha da derinleştirecek ayrılık tohumları ekmiştir."[24]

Bu siyasi faydacılık, bir ölçüde demografik gerçeklerden kaynaklanmıştı. Kurulduğu ilk yüzyıllarda Osmanlı İmparatorluğu'nun nüfusunun çoğunluğu gayri Müslimdi ve hanedan Hıristiyan beyliklerini bünyesine dahil ederken faydalı ortaklıklar kurma konusunda oldukça itinalıydı. On altıncı yüzyılda ise, imparatorluktaki Müslüman nüfusun gayri Müslim nüfusa oranı 60'a 40 idi.[25] Yirminci yüzyılın başında, İmparatorluğun çöküş arifesinde, Güneydoğu Avrupa'daki

---

21 Braude ve Lewis, der. *Christians and Jews in the Ottoman Empire.* Mark Cohen da ortaçağ İslam uygarlığının bütünü için benzer bir noktanın altını çizmiştir. Cohen, *Under Crescent and Cross.*

22 Amira unvanı, "emirlerin emiri" anlamına gelen "emîrü'l-ümerâ"dan türemiştir. Osmanlı İmparatorluğu'nda, on sekizinci yüzyıldan itibaren Ermeni toplumunda kullanılan onursal bir unvandır. Genellikle yüksek devlet görevlisi Ermenilere ve bu meyanda sarraflar, barutçubaşılar, hassa mimarları, darphane eminlerine verilen "Amira" unvanı "Paşa" unvanıyla eşdeğerdir—çn.

23 Issawi, "Transformation of the Economic Position of the Millets."

24 Kasaba, "Dreams of Empire, Dreams of Nations," 204-5.

25 O. Barkan, "Essai sur les données statistiques des Registres de recensement dans l'empire Ottoman aux XVe et XVIe siècles," *Journal of the Economic and Social History of the Orient* 1 (1957), 9-36, Kabadayı tarafından alıntılanmıştır, "Inventory for the Ottoman Empire/Turkey, 1500-2000."

önemli toprak kayıpları nedeniyle imparatorluğun Hıristiyan tebaasının büyük bir kısmını kaybetmesinin ardından, hemen hemen 21 milyon nüfusa sahip Osmanlı İmparatorluğu'nun yaklaşık yüzde 25'i gayri Müslimdi (bunun 5,3 milyonunu Hıristiyanlar ve Yahudiler oluşturuyordu).[26] Bu dini karışıma ek olarak, Osmanlı nüfusu, Arnavutlar, Araplar, Ermeniler, Bulgarlar, Kırgızlar, Yunanlar, Yahudiler, Kürtler, Sırplar, Türkler ve topraklarında ikamet eden başka gruplar arasında da, etnik ve dilsel olarak bölünmüştü. Etnik klişeler ve şakalar o zaman da mevcuttu, ancak bu etnik çeşitlilik on dokuzuncu yüzyıla kadar imparatorluğun unsurlarından biriydi.[27]

Bu demografik olgudan ötürü, Osmanlı İmparatorluğu'nun pek çok bölgesinde, özellikle Balkanlarda, Batı ve Doğu Anadolu'da, Cebel-i Lübnan'da ve imparatorluğun pek çok karma şehrinde ve kasabasında, farklı dini ve etnik gruplar bir arada yaşıyorlardı. 1906-7'de, imparatorluğun en büyük şehri olan başkent İstanbul'un nüfusunun yaklaşık yüzde 50'si Müslümanlardan, yüzde 20,4'ü Rum Ortodoks Hıristiyanlardan, yüzde 7'si Ermeni Hıristiyanlardan, yüzde 5,5'i Yahudilerden ve yüzde 15'i Avrupalı yabancılardan oluşuyordu.[28] İmparatorluğun üçüncü büyük şehri Selanik'te ise, Osmanlı birliklerinin geri çekilmesiyle binlerce Yahudi ve Müslümanın şehirden ayrılmasından bir yıl *sonra*, 1913'te yapılan nüfus sayımı şehrin nüfusunun yüzde 38,9'unun Yahudi, yüzde 29,1'inin Müslüman, yüzde 25,3'ünün de Rum olduğunu gösteriyordu.[29]

---

26 Geç Osmanlı İmparatorluğu için nüfus bilgileri herkesin bildiği gibi güvenilmezdir, çünkü bireyler ve cemaatler vergiden ve askerden kaçmak için kendileri ve ailelerini eksik bildirmişlerdir. Sonraki milliyetçi hareketler ve devletler demografik bilgileri kendi politik iddialarını geliştirmek için kullandığından oldukça siyasileşmiştir. Bu rakamsal veriler 1906-1907 *tahririne* dayanıyor. Karpat, *Ottoman Population*, 167-68. Justin McCarthy, Karpat'ın verilerinin kadın ve çocukların az sayılmasından dolayı düzeltilmesi gerektiğini ileri sürmüştür. Karpat'ın kendisi de verilerin yüzde 20 oranında eksik olduğunu belirtmektedir. Karpat, *Studies on Ottoman Social and Political History*.

27 Popüler Karagöz gölge oyunu tiyatro geleneğinde etnik tipler için bkz. Brummett, *Image and Imperialism*, 434n14.

28 Shaw, "Population of Istanbul in the 19th Century." Ne yazık ki nüfus sayım raporları Müslümanların etnik kökenlerini ayırmamaktadır. Bütün nüfus gruplarında kadınların sayısında bir eksik sayım mevcuttur.

29 Nüfus sayımına göre yüzde 6,7 "diğerleri" grubuna aittir. Rena Molho, *Oi Evraioi tis Thessalonikis: Mia idiaiteri koinotita* [Selanik Yahudileri: İstisnai Bir Cemaat] (Atina: Themelio, 2001), 43. Paris Papamichos-Chronakis'e bu referans için teşekkürler.

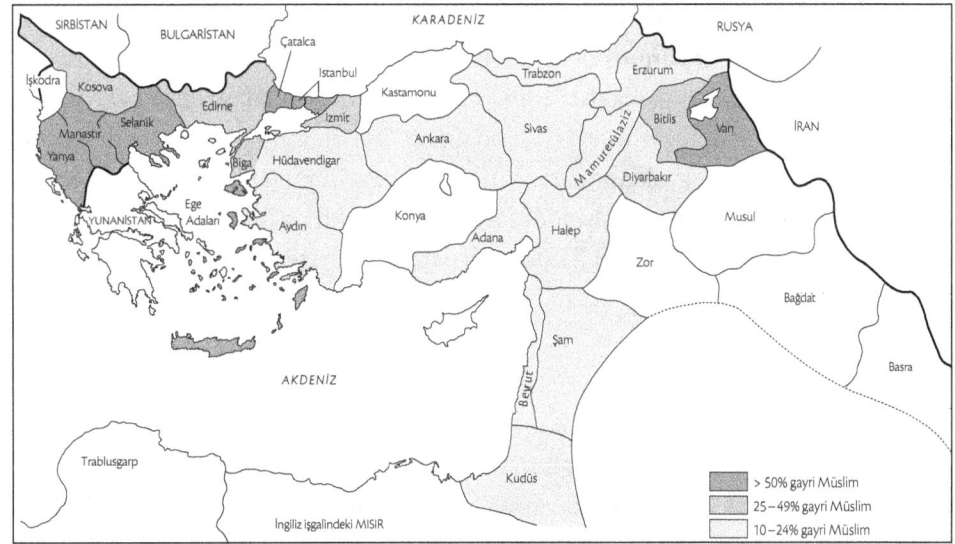

HARİTA 0.1. Osmanlı İmparatorluğu'ndaki Müslüman, Hıristiyan ve Yahudiler, 1895 dolaylarında. Karpat, *Ottoman Population, 1830-1914: Demographic and Social Characteristics.* Madison: University of Wisconsin Press, 1985.

Her bir bölgede Müslümanlar, Hıristiyanlar ve Yahudiler, Osmanlı Devleti'nin düzenlemelerine ek olarak yerleşim düzenleriyle, ekonomik durumlarıyla ve çok çeşitli kültürel etmenlerle de şekillenen, kendilerine özgü ilişkiler geliştiriyordu. Bu karma şehir ve kasabalarda, dini ve etnik gruplar genelde aynı mahallelerde (hatta bazen aynı binada ya da avluda) yaşar, aynı loncaya dahil olur, aynı pazarlarda çalışır ve oralardan alışveriş yapar, ortak işlere girer, aynı kahvelerde zaman geçirir, aynı mahkemelere giderlerdi. Kutsal şahısların ve azizlerin mezarlarını ziyaret etme geleneği, dini mesafeyi kapatmış; Müslüman, Hıristiyan ve Yahudileri şefaat ve dua etmek için bir araya getirmişti.[30] Başka bir deyişle, farklı dini grupların fiziksel olarak birbirine yakın olması, çoğu kez aşinalık, hatta dayanışma kurulmasını sağlamıştı.[31]

Ancak bu yakınlık aynı zamanda çatışma için potansiyel teşkil ediyordu; özellikle salgın ya da savaş gibi kriz zamanlarında cemaatler arası ilişkilerin kırılganlığı ortaya çıkıyordu. Örneğin 1889-90 yıllarında Bağdat'taki kolera salgını şehirde

---

30 Örneğin Selanik'te, Hıristiyan kadınlar kötü ruhları kovmak ve mezarları temiz tutmak amacıyla Yahudi ve Müslüman mezarlıklarına giderdi ve şehrin müslüman nüfusu ayrıldıktan yıllar sonra bile hâlâ Musa Baba türbesini ziyaret edip ondan yardım dilemekteydiler. Mazower, *Salonica*, 80.

31 Örneğin tanıklıklar için bkz. Edib, *House with Wisteria* ve Sciaky, *Farewell to Salonica*. Ayrıca bkz. Kırlı, "The Struggle over Space."

bir Yahudi-Müslüman çatışmasını tetiklemişti. Kıt kaynaklar üzerindeki kavga sürekli bir hal almıştı; tüm dinlerden Osmanlı tebaası gayrimenkuller üzerinde çekişiyor, ekonomik olarak rekabet ediyor, kimi zaman fiziksel olarak da çatışıyordu.[32] On dokuzuncu yüzyılın ortaları boyunca, imparatorluğun Arap vilayetleri cemaatler arası pek çok ayaklanmaya sahne olmuş; gerilim 1860'da Cebel-i Lübnan iç savaşıyla doruğa ulaşmıştı. Osmanlıların cemaatler arası ilişkilere dair sicilinin barışçıl bir bir arada yaşama ya da dizginlenemez şiddetten ibaret olduğunu söylemek imkânsızdı çünkü her iki duruma dair öğeler de mevcuttu. Daha ziyade, Müslümanlar, Hıristiyanlar ve Yahudiler arasındaki ilişkiler, yerel, emperyal ve küresel jeopolitik sorunlardan kaynaklanan politik, ekonomik ve toplumsal etmenlerle doğrudan ilişkiliydi.

Pek çok açıdan Filistin bölgesi, imparatorluğu bütünüyle etkileyen zorlukların vuku bulduğu küçük bir evrendi. Birinin ülkenin güney yarısını ve Beyrut'u, diğerinin kuzey yarıyı yönettiği Kudüs'teki iki ana idari mevki arasında bölünmüş Filistin, kendi hızında ve yerel etmenlerin izin verdiği ölçüde, diğer Osmanlı vilayetlerinde vuku bulan dönüşümlerden nasibini aldı. Filistin, Osmanlı idari reformlarının ve tarımın ticarileşmesi, vilayetlerin ve imparatorluğun dünya ekonomisine katılması, kıyı ticaretinin artması ve toprağın metalaşması gibi on dokuzuncu yüzyılın ekonomik yönelimlerinin de önemli bir parçasıydı. Bu ekonomik değişimler, güçlü ve egemen toprak sahibi sınıfın oluşması, kırsal art bölgelerle bağların kurulması, şehirlerde azınlık tüccar cemaatlerinin doğması gibi pek çok önemli toplumsal değişimi hızlandırdı. Filistinliler de, entelektüel ve ideolojik olarak aynı dini reform, entelektüel huzursuzluk, emperyal, yerel ve cemaatsel özdeşleşme ve dayanışma sorunlarından muzdaripti.

Dolayısıyla o günlerde, Filistin de imparatorluğun herhangi bir bölgesinden farksızdı ve on dokuzuncu yüzyıl boyunca tarihi de benzer örüntülere sahipti. Ama aynı zamanda Filistin'i diğer Osmanlı vilayetleri ve bölgelerinden farklı kılan pek çok etmen de vardı. Dünya çapında bilinen dini bir yer olan Filistin, yüzyıl başında uluslararası merak ve müdahalenin nesnesi haline gelmişti: Misyonerler, hacılar, diplomatlar bölgeye geliyor; pek çoğu uzun süre kalıyor, hatta temelli yerleşiyordu. 1850'lerde Osmanlı toprak yasalarının değişmesiyle, pek çok Hıristiyan dini yerleşimci—Almanlar, Amerikalılar ve İsveçliler—toprak sahibi olmak için bölgeye

---

32 Diğerlerinin yanı sıra, bkz. Makdisi, *The Culture of Sectarianism*; Masters, *Christians and Jews in the Ottoman Arab World*; Dumont, "Jews, Muslims, and Cholera;" der. Braude ve Lewis, *Christians and Jews in the Ottoman Empire*; der., Greene, *Minorities in the Ottoman Empire*; der., Levy, *Jews of the Ottoman Empire* ve Zandi-Sayek, "Orchestrating Difference, Performing Identity."

gelmiş ve yerli halkla yaşamaya başlamıştı. Hem sayısal olarak hem de politik açıdan, Filistin'e olan Yahudi göçü yüzyıllar boyu süren Osmanlı hükmü boyunca, göçmen sayısı çok fazla olmasa da sürekli devam etmiş; on dokuzuncu yüzyılın ikinci yarısında artmıştı. Kutsal Topraklarda yaşamak ve ölmek için gelen dindar Avrupalı Yahudileri, Fransız sömürgeciliğinden kaçan Kuzey Afrikalı Yahudiler ve Yemenli Mesiyanik Yahudilere yeni bir Yahudi göçmen grubu da eklenmişti: Yeni oluşan Avrupa Siyonist hareketinin politik nedenlerle harekete geçmiş yerleşimcileri. Osmanlı İmparatorluğu'nun son yıllarında Filistin'de, Siyonistler ve muhalifleri—Arap Müslümanlar ve Hıristiyanlar ve tabii ki birtakım Yahudiler ve Osmanlılar—arasında tırmanan gerilim hem yerele hem de imparatorluğun tümüne dair sorunların yansımasıydı.

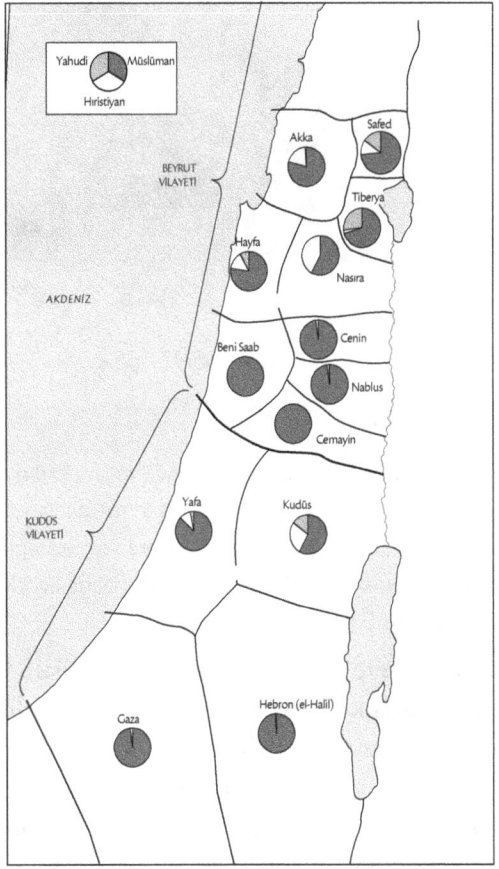

HARİTA 0.2. Osmanlı Filistini'ndeki Müslüman, Hıristiyan ve Yahudiler, yirminci yüzyıl başları. McCarthy, *The Population of Palestine: Population History and Statistics of the Late Ottoman Period and the Mandate.* New York: Columbia University Press, 1990.

ŞEKİL 0.1. Eski Kudüs'te bir sokak. Eski şehir dar, dolambaçlı yolları, kadınların çalıştığı, çene çaldığı ve çocukların oynadığı geniş ev alanının kalbi olan içteki avluları saran sıradan taş bina cepheleriyle karakterize olmuştur. Çoğu binada farklı dinlere ve mezheplere mensup insanların kiracı olması avluyu topluluklar arası yakın ilişkilerin mekânı haline getiriyordu. Library of Congress, Baskı ve Fotoğraf Bölümü (LC-DIG-matpc-00851).

Osmanlı İmparatorluğu'nun diğer vilayetleri gibi, Filistin bölgesi de demografik ve toplumsal açıdan karmaşık bir yapıdaydı. Yirminci yüzyılın başında, Filistin'in nüfusu 700.000 ila 750.000 civarındaydı ve bu nüfusun yüzde 84'lük büyük çoğunluğu Müslüman Araptı. Daha çok şehirlerde, Kudüs'ün, Yafa'nın, Hayfa'nın ve Nasıra'nın kasabalarında ve civar belde ve köylerinde olmak üzere Filistin'i oluşturan iki idari bölgede toplam yaklaşık 72.000 Hıristiyan Arap (toplam nüfusun yüzde 11'i) yaşıyordu. Sonuç olarak, bölgede toplam 30.000 Osmanlı Yahudisi (toplam Osmanlı nüfusunun yüzde 5'i) yaşıyordu; geçici veya kalıcı olarak ikamet eden yabancı Yahudilerin sayısı da 30.000'i buluyordu. Yahudiler, ilk olarak dinlerinde kutsal sayılan dört şehirde (Kudüs, el-Halil, Safed ve Tiberya) ve Yafa ile

Hayfa'nın kıyı şehirlerinde ikamet ediyordu. Ayrıca, 10.000'e yakın Avrupalı Yahudi göçmen de 1878'den itibaren kurulmaya başlanan sayıları yaklaşık kırk civarında olan Siyonist tarım kolonilerinde yaşıyordu.[33]

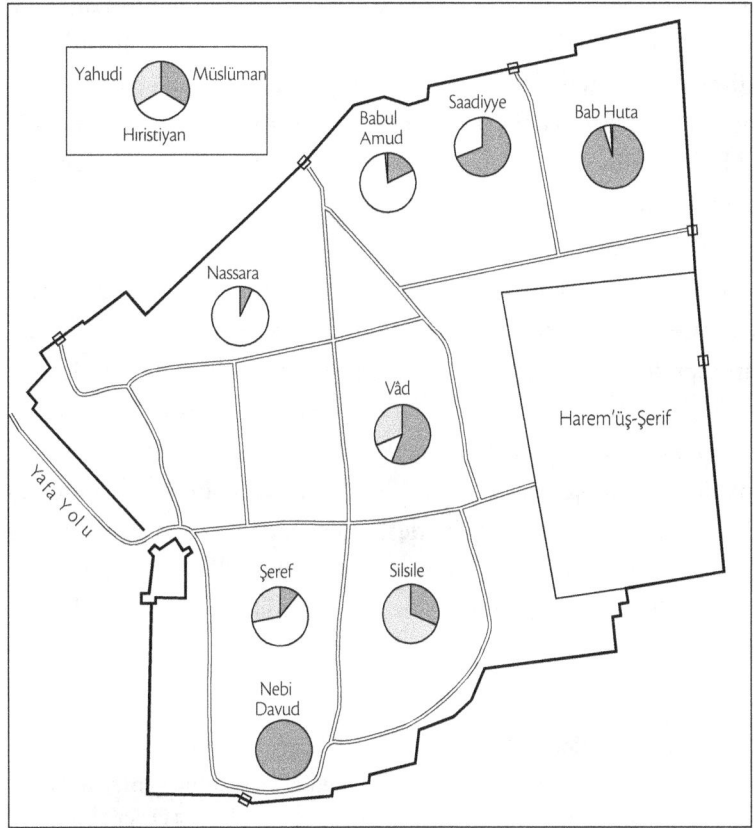

HARİTA 0.3. Eski Kudüs mahallelerindeki nüfusun dağılımı, 1905-6. Schmelz, "The Population of Jerusalem's Urban Neighborhoods According to the Ottoman Census of 1905," *Scripta Hierosolytmitana* 35 (1994).

Güney Filistin'in en önemli iki şehri, Kudüs ve Yafa da heterojen bir demografik yapıdaydı: Osmanlı Kudüs'ünün yüzde 41'ini Yahudi, yüzde 34'ünü Müslüman, yüzde 25'ini Hıristiyan nüfus oluşturuyordu ve buna her üç din için de kutsal olan

---

33 Osmanlı nüfusuna dair benim kullandığım veriler 1.4d tablosundan alınmıştır. Bkz. McCarthy, *Population of Palestine*. Farklı Yahudi kaynaklar Filistin'de yaşayan Osmanlı olmayan yabancı Yahudi sayısını otuz ile altmış bin arasında tahmin etmektedir. Bu kaynakların gerçek veriler ve tanımlı metotlar yerine izlenimlere dayandığı düşünülürse, ben bu aralığın daha düşük kısmını tercih etmekteyim. Siyonist koloniler üstüne bkz. Shilony, *Ha-keren ha-kayemet le-Israel*.

şehri ziyaret eden gayri meskun hacılar, seyyahlar, iş adamları ve göçmenler dahil değildi.[34] 1905 Osmanlı nüfus sayımı kayıtlarına göre, Eski Kudüs Şehri surları dahilindeki mahallelerin yalnızca üçü dini olarak homojen (dini bir grubun en az yüzde 80 yoğunluk göstermesi olarak tanımlanabilir) sayılıyordu; diğer beş mahallede ise iki ya da her üç dinin mensupları ciddi bir karışım sergiliyordu. Beklendiği gibi, en türdeş iki mahalleden biri, Haremü'ş-Şerif'te yer alan Kubbetü's-Sahra'nın doğu girişini çevreleyen, yüzde 95'i Müslüman nüfuslu Bab Hutta mahallesi; diğeri de Kutsal Kabir Kilisesi[35] ve Rum Ortodoks Patrikhanesini çevreleyen, yüzde 93'ü Hıristiyan nüfuslu El-Nasara mahallesidir.

"Eski şehir"in bu yerleşimsel karışımının aksine, dışarıda kalan "yeni şehir" dini ayrışmayı en başından beri ve pek çok durumda açık ve arzulanan bir hedef olarak benimsemiştir. 1850'lerde hayırsever Yahudi toplulukları ve Hıristiyan din kurumları toprak satın almaya ve dindaşlarına münhasır kullanım için mahalleler inşa etmeye; Müslüman zenginlerin önde gelenleri ise surların dışında sülaleleri için evler yapmaya başlamıştı. Sonuçta, kentin dışında kalan mahallelerin yaklaşık yarısı dini olarak homojen yapıdaydı.[36] Bunların pek çoğu kendi içine kapalı, kendine yeten mahallelerdi ki bu da, yerleşimcilerin dışarıyla olan bağlantısını daha da sınırlandırıyordu: Örneğin Aşkenaz Yahudi mahallesi Mea Şerim'in kendine ait sinagogu, mikvesi,[37] din okulları, sarnıçları, manavı ve misafirhanesi vardı.[38] Bu durum Yafa'da daha da belirgin bir hal almıştı.[39]

---

34 Schmelz, "The Population of Jerusalem's Urban Neighborhoods."

35 Eski Kudüs Şehrindeki, Hz. İsa'nın çarmıha gerildiği ve kabrine defnedildiği yer olduğuna inanılan kilise. 4. yüzyıldan bu yana, Hz. İsa'nın yeniden dirileceği yer olmasına inanılması sebebiyle Ortodoks Kilisesi tarafından Yeniden Diriliş Kilisesi olarak da adlandırılır—çn.

36 Schmelz'in verilerine göre Yeni Şehir'in 26 mahallesinden 12'si homojenken geri kalan 14'ü karışıktı. 12 türdeş mahalleden 11'i Yahudi, öteki ise (Mamilla) Hıristiyandı. Yeni Şehir'de gerçekleşen bu ayrıştırma 1918'de Osmanlı hâkimiyeti bitince hızlandı. Dış mahallelerin kurulmasıyla ilgili bkz. Kark, *Jerusalem Neighborhoods*. Kark Yahudi dış mahallelerinin yüzde 84'ünün hayır kuruluşları, inşaat firmaları ve ticari müesseseler tarafından kurulduğunu belirtmektedir.

37 Mikve, Yahudilikte dine mensup olanların zorlu durumların öncesinde ve sonrasında girmesi gerektiğine inanılan havuza verilen addır. Kadınların evlenmeden önce ya da muayyen dönemlerinden sonra, erkeklerin en az bir kere girmesi gerektiğine inanılır—çn.

38 Halper, *Between Redemption and Revival*, 145.

39 Maalesef Yafa'nın Osmanlı nüfus sayım bilgilerine sahip değiliz, ancak 1907 Alman konsolosluğu verileri toplam Yafa nüfusunu 67,363 olarak belirtiyor. Bunun 51,003'ü Müslüman (yüzde 76), 12,360'ı Hıristiyan (yüzde 18) ve 4,000'i Yahudi (yüzde 6). Eliav, *Die Juden Palästinas in der deutschen Politik*. Yafa'da 1880'lerden itibaren yeni (sadece Yahudi) mahallelerin kurulmasıyla ilgili bkz. *Z'az'aei beit Aharon Chelouche*. Mark LeVine'e göre

Bu mekânsal karışım neticesinde, Kudüs'te cemaatsel, etnik ve dini sınırlar ve bağlara dair bir yerel normlar bütünü gelişmişti. Eski Kent'in Müslüman, Hıristiyan ve Yahudi ailelerinin aralarındaki derin bağlardan ve komşuluk ilişkilerinden söz eden bu döneme ait pek çok anıda, farklı dinlerden olanların aynı avluyu nasıl paylaştıkları, dini bayramlarda birbirlerini ziyaret ettikleri, iş ortaklığına girdikleri veya uzun süreli iş adamı-müşteri ilişkisi içinde oldukları anlatılır. Müslüman kızlar, Sefarad Yahudileri komşularından Yahudi İspanyolcası öğreniyorlar; Hıristiyan ve Yahudi müzisyenler Müslümanların düğünlerinde ve bayramlarında sahne alıyorlardı. Her üç din de nazar, kuraklık ve din adamlarının mezarlarını ziyaret etme gibi ortak inançlara ve geleneklere sahipti.[40]

Zaman zaman dini, iktisadi ve siyasi rekabet oluşmuyor değildi; "bir arada yaşamanın" pratik yönü pekâlâ gerilim kaynağı olabiliyordu. Özellikle Hıristiyanlar ve Yahudiler, dini bayramlar ve kutsal mekânlar konusunda hayli sorunlu ilişkilere sahipti. Hıristiyan Arapların kentin sokaklarında Yahudi karşıtı şarkılar söylediği ve Yahudileri, İsa'nın çocuklarının kanını kutsal ayinlerde kullanmakla itham ederek kan iftirasında bulunduğu Paskalya ve Hamursuz Bayramı özellikle tehlikeli zamanlardı.[41] Yahudiler ile Müslümanlar arasında ise tatlarını kaçıracak dini gerilimler yoktu ama bu iki grup arasındaki çatışmalarda ekonomik ve politik etmenlerin rolü büyüktü.[42] Sonuçta, Kudüs'teki Yahudi hahamlar, *Ḥazakah* sistemiyle, bir Yahudiye Müslümanların sahip olduğu bir binada avludaki daireleri kiralama yetkisi vererek "bir arada yaşama"nın etkilerini sınırlandırmayı amaçlamıştı. Yahudi olmayanlarla parasal ilişki içinde olabilecek tek kişi, yetki sahibi

---

1881'den 1909'a kadar Yafa'da kurulan 16 yeni mahalleden 12'si sadece Yahudidir. LeVine, "Overthrowing Geography, Re-Imagining Identities," 76.

40 Tanıklıklar için bkz. Alami, *Palestine Is My Country*; Chelouche, *Parshat ayai*; Eliachar, *Living with Jews*; Kalvarisky, "Relations Between Jews and Arabs Before the War;" al-Sakakini, *Kadha ana ya dunya*; El'azar, *aẒarot be-Yerushalayim ha-'atika*; Yehoshu'a, "Neighborhood Relations in the Turkish Period;" Yehoshu'a, *Ha-bayt ve-ha-rehov bi-Yerushalayim ha-yeshana*; der. Tamari ve Nassar, *El-Kudüs el-'Osmaniyye fil-müzekkirât el-Cevheriyye* ve Elmaliach, "Me-ḥayei ha-Sfaradim." Ayrıca bkz. Tamari, "Jerusalem's Ottoman Modernity;" Halper, *Between Redemption and Revival*, 31-35; Cohen, *Yehudim be-veit ha-mishpat ha-Muslimi* ve Yazbak, "Jewish-Muslim Social and Economic Relations in Haifa."

41 Bkz. Blyth, *When We Lived in Jerusalem*, 312-13 ve Yehoshu'a, *Ha-bayt ve-ha-rehov bi-Yerushalayim ha-yeshana*. 1897'de bir kan iftirası neticesinde İslam mahkemesi Maruni iftiracıyı mahalleden atmıştır. Ha-Va'ad le-hoza'at kitvei Yellin, *Kitvei David Yellin*, 9.

42 Örneğin, Yahudi ağıtçılar Zeytin Dağı'na cenaze yürüyüşleri sırasında Silvan köyünden Müslüman çocuklar tarafından taşlandıklarından şikayet etmişlerdir, bununla birlikte bu eylem uygun "korunma ödemeleri" alındıktan sonra durmuştur. Eliav, *Be-hasut mamlekhet Austria*, 399. Ayrıca bkz. Kark, *Jaffa: A City in Evolution*, 202.

şahıstı ve bu kişi, dairenin kim tarafından kiralanacağına karar verme yetkisine de sahipti.[43]

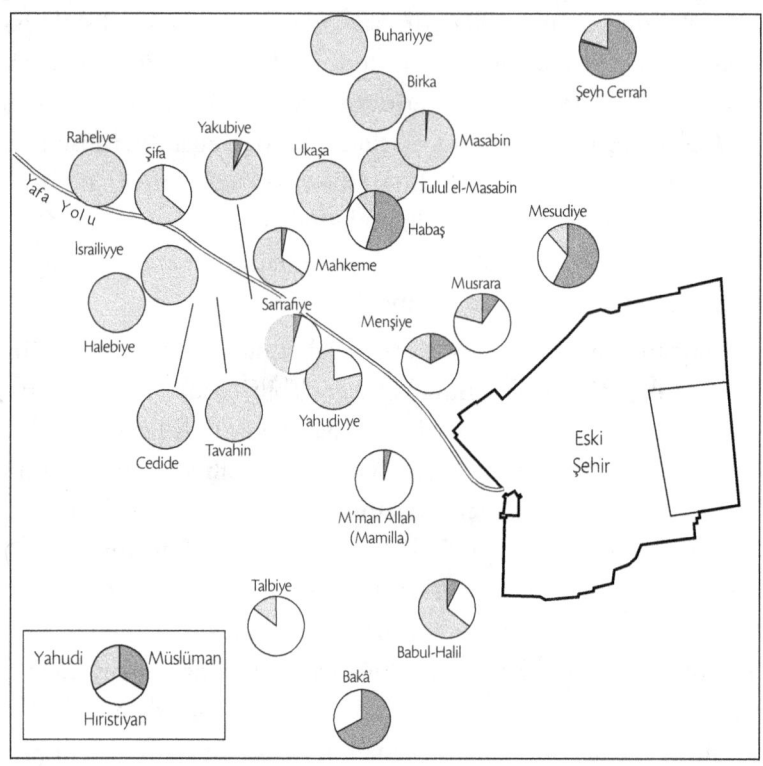

HARİTA 0.4. Kudüs'ün Yeni Şehir mahallesinde nüfus dağılımı, 1905–6. Schmelz, "The Population of Jerusalem's Urban Neighborhoods according to the Ottoman Census of 1905."

Cemaatler arası ilişkilerin bu denli karmaşık olmasının bir diğer nedeni de, anılardan da öğrendiğimiz kadarıyla, din içindeki sınırların cemaat içi sınırlar kadar güçlü olması, hatta kimi zaman onları aşmasıydı. Pek çok anıda, "yerli" Sefaradların ve Mağribi Yahudilerin, Müslüman komşularıyla benzer kültürel, mekânsal ve gündelik pratiklere sahip olduğu; bu benzerliğin de onları "yeni gelen" Aşkenaz Yahudi dindaşlarından farklı kıldığı dile getirilir. Osmanlı İmparatorluğu'nun pek çok farklı kasabasında olduğu gibi Kudüs'te de, Sefarad ve Aşkenaz Yahudileri farklı ana dillere sahipti; farklı sinagoglara ve okullara gider, farklı mahallelerde yaşar ve genelde kendi etnik grupları içinden biriyle evlenirlerdi; Osmanlı hükümeti ve

---

43 Shar'abi, *Ha-yishuv ha-Sfaradi bi-Yerushalayim*, 23; Yehoshu'a, *Habayt ve-ha-rehov bi-Yerushalayim ha-yeshana*, 222; Y. Yellin, *Zichronot le-ben Yerushalayim*, 20. Diğer çalışmalar unvan sahibinin sıklıkla Yahudi olmayanlara kiraya verdiğini, sonuçta Eski Şehir'in karışık avlular ve apartmanlarının ortaya çıktığını kesin olarak belirtmektedir. Örneğin bkz. El'azar, *Hazarot be-Yerushalayim ha-'atika*.

komşularıyla kurdukları ilişkiler de birbirlerinden oldukça farklıydı.[44] 1867'de Kudüs'teki Aşkenaz Yahudilerin, Müslüman muteberlerin ricasıyla, Osmanlı hükümetinden ayrı bir mezhep olarak tanınma, böylelikle de Sefaradların kurumsal ve politik hegemonyasından özerklik talep etmesiyle bu ayrışma tamamlanmıştı.[45]

Aynı şekilde Filistin'deki Hıristiyan cemaati de on altı farklı mezhebe bölünmüştü; bunların çoğunun kendine ait din, eğitim ve yasal kurumları vardı. Hıristiyan mezhepler arasındaki, dini ritüeller ve kutsal ayrıcalıklar üzerinden rekabet efsanevi boyuttaydı; çoğu kez Osmanlı valisi gerilimi azaltmak ve Kutsal Kabir Kilisesindeki yumruklaşmalara son vermek amacıyla müdahale etmek zorunda kalıyordu. Yirminci yüzyılın başında Kudüs'te görev yapmış olan bir Osmanlı valisinin kızı, babasının başka mezheplerden olanları aralarına almayan kilise korosunun itaatsiz oğlanlarıyla ya da bir Patrik'in kilise bekçilerinden birine hediye ettiği minderin durumuyla (farklı mezhepten birinin kilise bekçisine minder veremeyeceğini verirse bunun o gruba ayrıcalık tanımak anlamına geleceği için) ilgili tartışmalarda arabuluculuk ettiğini anlatmaktadır.[46]

Tüm bunlar göz önüne alındığında, tarihi Kudüs, bir araştırmacının dediği gibi, "toplumsal hareketliliğin, etnik çeşitliliğin, karşılıklı bağlılık ve yerel dayanışmalarla yumuşatılan topluluklar arasındaki çatışmaların şehri bugün tanınamaz halde" idi.[47] Sonuç olarak bu kitap, Müslümanları, Hıristiyanları ve Yahudileri (dini anlamda) ya da Yahudileri ve Arapları (etnik-siyasi anlamda) birbirinden yalıtılmış, belirgin sınırlarla birbirlerinden ayrılmış mekânlarda düşünmek yerine; Filistin'deki Müslümanlar, Hıristiyanlar ve Yahudiler arasındaki tarihsel ilişkileri müşterek alanlarda; topluluk ve aidiyet sınırlarının çizildiği, müzakere edildiği, ihlal edildiği ve kaldırıldığı gündelik hayatın gözünden incelemektedir.[48]

---

44 19. Yüzyıl'ın sonunda on dokuz Aşkenaz (Avrupa Yahudisi) dini cemaati ve on iki Sefarad, Mağribi ve Mizraçi cemaati vardı. Doğu yahudileri ve müslümanların yakınlıklarına dair anılar için bkz. Y. Yellin, *Zichronot le-ben Yerushalayim*; Elmaliach, "Me-hayei ha-Sfaradim;" Tidhar, *Be-madim ve-lo be-madim*. Yahuliler arası etnik çatışmalara dair yalın ve acı bir inceleme için bkz. Chelouche, *Parshat ayai*. Aşkenaz-Sefarad evliliklerinin nadirliğine dair bkz. Shar'abi, *Ha-yishuv ha-Sfaradi*, 105; sayfa 129'da dışardan evliliklerin Maskilim ya da "reformcular" arasında daha yaygın olduğunu söylemektedir.

45 Y. Yellin, *Zichronot le-ben Yerushalayim*, 100-106. *Madhhab* (tekil; *madhāhib*, çoğul) Sünni İslamın kabul edilmiş dört mezhebine işaret etmektedir: Hanefi, Hanbeli, Maliki ve Şafi. Bu durum için bkz. Cohen, *Yehudim be-veit ha-mishpat ha-Muslimi*.

46 Ekrem, *Unveiled*.

47 Giriş, der. Tamari, *Jerusalem 1948*, 2.

48 Bu ilişkisel tarih yaklaşımı son yıllarda tarihçiler ve sosyologlar arasında yaygınlaştı. Örneğin Bkz. Lockman, "Railway Workers and Relational History;" Lockman, *Comrades and*

ŞEKİL 0.2. Yafa Caddesi, Kudüs'ün (yeni şehir) dış mahallelerindeki ana bulvar. Dış Kudüs sakinlerine daha temiz ve büyük alanlar, pek çok modern hizmet ve anlayış sunuyordu. Şehrin eski sakinlerinden biri olan Ita Yellin şöyle hatırlıyor: "İnsanın Yafa Caddesi'ne bakan bir penceresi olması çok değerli sayılırdı, çünkü [orası] bütün Kudüs halkına keyifli bir buluşma mekânı, halka açık bir park hizmeti veriyordu. Şabat ve tatillerde, prenslerin ziyaretinde bu cadde binlerce gezgin, Arap, Yahudi, rahip ve her ulustan turistle doluyordu." Zecharia'dan aktarılmıştır, *Jerusalem Neighborhoods*, 2. Library of Congress, Baskı ve Fotoğraf Bölümü (LC-DIG-matpc-06541).

Topluluk aidiyeti, kimlik fikirleri, siyasi pratikler ve beklentiler, Filistin'deki ve Osmanlı İmparatorluğu'nun genelindeki dini ve etnik karışımın toplumsal-iktisadi gerçekliğinden ayrı düşünülemez. Elinizdeki kitap, Osmanlı ve Filistin'in tarihsel manzarasını yeniden çizerken, Müslümanların, Hıristiyanların ve Yahudilerin ne derecede ortak çıkarlara sahip olduklarını, "müşterek vatan"ları için birlikte çalıştıklarını ve hangi noktalarda çıkarlarının ortaklaşıp ayrıldığını gözler önüne seriyor. 1914'e geldiğimizde, Müslümanların, Hıristiyanların ve Yahudilerin birbirleriyle ilişkilerini, yerel, emperyal ve jeopolitik açıdan yeniden şekillendiren bir süreç içine girilmişti. Bu süreç, kendini yerli Yahudileri komşularından, çevrelerinden ve imparatorluktan ayırmaya adamış olan Siyonist hareketin büyümesiyle de aynı zamana denk gelmişti. Ancak en nihayetinde, Filistin'de Yahudilerle Araplar arasındaki ayrılık, Siyonist-Filistinli çatışmasının nedeni değil, bir *sonucuydu*.[49]

Enemies; Kimmerling, "Be'ayot konseptualiot ba-historiografia;" Shafir, *Land, Labor* ve Tamari, "Ishaq al-Shami."

49 Benzer bir argüman için bkz. Shafir, *Land, Labor*.

BİRİNCİ BÖLÜM

Kutsal Hürriyet

1908 yılı temmuz ayının sonlarına doğru, Filistin'in kuzey tepelerindeki kasabalarından biri olan Nabluslu posta memuru yirmi yaşındaki Muhammed İzzet Derveze, Beyrut'taki valilik tarafından yerel mebusa gönderilmiş hayli heyecan verici bir telgraf kaydetti: Osmanlı ordusu birlikleri, imparatorluğun başkenti İstanbul'a doğru ilerliyor, sultandan otuz yıldan fazla bir süredir askıya alınmış anayasayı tekrar yürürlüğe koymasını talep ediyordu. Nabluslular bu haberi büyük bir sevinçle karşılarken, Derveze ve diğer posta memurları kasabanın postanesini devrimci sloganlar taşıyan pankartlarla süslüyordu: "özgürlük, eşitlik, kardeşlik ve adalet."[1]

Kudüs'ün güneyine yaklaşık yüz kilometre uzakta, genç Yahudi bir gazeteci olan Gad Frumkin ise, heyecan verici haberleri komşu Mısır'dan gelen telgraflar üzerinden almıştı. Şüphe ve heyecanla titreyen Frumkin, gayri resmi söylentilerin babasının gazetesi İbranice *Havatselet*'te yayımlanması konusunda hükümetin sansür uygulayıp uygulamadığını aramaya koyuldu. Mevcut bir sansür bulamayınca da, surların ötesinde zengin bir mahalle olan Şeyh Cerrah'da ikamet eden İsmail el-Hüseyni "Bey"in villasına gitmeye karar verdi; ancak eşitlik ve özgürlük gibi baştan çıkarıcı vaatler bu Müslüman seçkinin öğleden sonra uykusunu bölmeye cüret etmesini sağlayabilirdi.[2] Frumkin'in haberleri basma iznini koparmasından bir gün sonra, *Havatselet* okurlarına coşkuyla şöyle sesleniyordu: "Yüce Efendimiz Sultanımızın işlediği hayırların en yücesi. Padişahım çok yaşa!" Ayrıca şehrin geri kalanını gelişen olaylardan haberdar kılmak için şehrin surlarına Arapça bildiriler asıldı.[3]

---

1 Derveze, *Müzekkirât*, 181.
2 Frumkin, *Derekh shofet bi-Yerushalayim*, 145. "Bey" Osmanlı döneminde yüksek statüde, soylu veya üstün başarı göstermiş insanlar için kullanılan bir unvandı.
3 *Havatselet*, 27 Temmuz 1908; *ha-Poel ha-Tsair*, Temmuz-Ağustos 1908.

Bu sırada dünyanın öbür ucunda, New York'ta, genç Hıristiyan mülteci Halil el-Sakakini, Arapça basılan yerel bir gazeteden anayasanın yeniden yürürlüğe gireceğini okumuş ve bunu uğurlu bir işaret olarak değerlendirmişti. On binlerce Osmanlı gibi, el-Sakakini de ülkesini daha serbest diyarlar için terk etmiş; özgürlük ve servetin peşinden gitmişti. Ancak devrim haberleriyle birlikte el-Sakakini önündeki seçenekleri yeniden değerlendirdi ve Kudüs'e dönüp ilerici bir okul, bir gazete ve gençlik kulüpleri kurma hayallerini gerçekleştirmeye karar verdi.[4] Amerika'daki işlerini ayarlayabilmesi ve uzun ve masraflı eve dönüş yolculuğu için gereken parayı bulması birkaç hafta sürdü; ancak eylül ayında el-Sakakini Filistin'e varmıştı.

Her üçü de Filistin'de ve Osmanlı İmparatorluğu'nda gerçekleşmekte olan beklenmedik, geniş çaptaki bu değişikleri Müslüman, Yahudi ve Hıristiyanları derinden etkileyecek bir bütün olarak değerlendiriyordu. Birkaç hafta içinde hem imparatorluk hem de kendi memleketleri geri dönülmez şekilde değişecekti. Yafa'da ikamet eden biri, Beyrut'ta arkadaşına yazdığı mektupta şöyle diyordu: "Türkiye'yi tanımak artık o kadar zor ki, bazen rüyada yaşıyormuşum gibi geliyor."[5] Hiçbir kelime "özgürlük" ya da "hürriyet" (Arapçası *hürriyye*) kadar, Osmanlı tebaasının 1908 devrimine bağladığı hayalleri ve umutları simgeleyemezdi. Seçkin subaylar, memurlar, on yıllar boyunca gizli politik faaliyetler sürdürmüş entelektüellerden, ancak devrimin duyrulmasıyla ilk kez politik olarak faaliyete geçmiş milyonlara kadar, tüm imparatorluktaki Osmanlılar "özgürlüğün" ne menem bir şey olduğuna dair hayli karmaşık, çoğu kez birbirleriyle çelişen görüşlere sahipti.

Aslında "hürriyye" geçmişten kopuşun ve yeni bir dönem vaadinin simgesiydi. Diğer tüm devrimci durumlarda olduğu gibi, Osmanlı *hürriyyesi* ütopyacı ve mesiyanik bir düşünceydi; tarihin akışını "düzeltmek" ve Osmanlı İmparatorluğu'nun tüm dünyada politik, ekonomik ve kültürel liderliğini sağlamak anlamına geliyordu. *Hürriyye* aynı zamanda, İslami ilham kaynaklarıyla ilişkili, hatta bazen onlardan doğan on dokuzuncu yüzyıla özgü politik liberalizm söyleminden besleniyordu. Bu politik liberalizm söyleminin merkezinde, kutsal hükümdar (halife) konumundan milletin iradesine tabi konumuna düşen sultanın meşru görevinin yeniden yapılandırılması yer alıyordu. Ancak ilginçtir ki, devrimin kutsanması ve desteklenmesi arasındaki sınırların bulanıklaşmasıyla, *hürriyye* potansiyel olarak günahkâr bir söylem haline gelmişti.

Ancak bu noktada, devrimin neden ve nereden kaynaklandığını değil; aynı zamanda neden imparatorluğun bizim olduğumuz köşesinde, Filistin'de kazandığı

---

4 Musallam, *Yevmiyat Halil el-Sakakini*.
5 Henri Franck'den Shlomo Yellin'e, 10 Ağustos 1908. CZA, A412/36.

formu ve anlamı kazandığını anlamak için imparatorluğun geneline dönmeli ve daha geniş entelektüel akımlara bakmalıyız.

Devrime Peşrev

Gazetelerin ve telgrafın, bu üç genç adama devrim haberlerini getirmede oynadığı araçsal rol; modern teknoloji ve onunla birlikte gelen yeni fikirler ve alışkanlıklarla imparatorluğun nasıl dönüştüğünün önemli bir işareti. On dokuzuncu yüzyılın ikinci yarısı itibariyle Osmanlı kentleri telgrafla, çatanalarla ve imparatorluğun geneline ve ötesine uzanan demiryollarıyla birbirine bağlanıyordu. Tüm imparatorlukta kentler hayli büyümüş; bölgesel kır göçmenlerinin, yabancı göçmenlerin ve uluslararası sermayesinin çekim merkezi haline gelmişti. Örneğin, 6.000 nüfuslu bir balıkçı kasabası olan Beyrut, yüz yıldan kısa bir sürede, 150.000 ile 200.000 arasında değişen nüfusuyla Doğu Akdeniz'in en büyük liman kentine dönüşmüştü. En büyük ve en önemli Osmanlı kentlerinden olan İstanbul, Selanik, İzmir ve Beyrut şebeke suyuna, elektriğe, şehiriçi tramvaylara sahipti ve bu gelişmeler kent peyzajının düzeltilmesinde, yerel zaman algısının yeniden düzenlenmesinde ve tüketim alışkanlıklarının değişmesinde devrimci etkilere sahipti.[6]

Beyrut'a yakınlığı ve Yafa'nın Doğu Akdeniz kıyısındaki ikinci en önemli liman kenti olması sebebiyle Filistin'in, imparatorluğun geri kalanını şekillendiren kozmopolitizm ve teknolojik moderleşme emarelerinden bihaber olması ya da etkilenmemesi beklenemezdi. İstanbul veya Selanik'ten gönderilen valilerin ve zabitlerin Filistin'i nispeten geri kalmış, başkentin göz alıcı ışıklarının ve havalı gezintilerinin uzağında, taşra olarak gördükleri doğruydu; ancak geç Osmanlı modernitesi bir dereceye kadar da olsa bölgeye ulaşmıştı.[7] 1890'larda kıyı Yafa ile kutsal Kudüs arasında düzenli tren hizmeti başlamıştı ve birkaç yıl içinde de kuzey Filistin'i Şam ile bağlayan meşhur Hicaz Trenyolu hattı açılmıştı. Osmanlı limanlarından, komşu Mısır'dan ve Avrupa'dan Yafa'ya gelen gemiler hacıları, göçmenleri, pazarda satılacak malları ve postaları muntazaman ulaştırıyordu.

Bu teknolojik değişimler, önemli entelektüel gelişmelere de eşlik ediyordu. Tıpkı Şalom Yellin ve Beyrut'taki genç yurtsever dinleyiciler örneğinde olduğu gibi, on dokuzuncu yüzyılın ikinci yarısında hem parasız hem özel eğitime erişim

---

6 Bu şehirlerin tarihi için bkz. Çelik, *Remaking of Istanbul*; Mazower, *Salonica* ve Hanssen, *Fin de Siècle Beirut*; ayrıca Eldem, Goffman ve Masters, *Ottoman City Between East and West*.

7 "Geri kalmış" bölgeler üzerine Osmanlı içi kolonyal söylem için bkz. Deringil, "They Live in a State of Nomadism and Savagery;" Kushner, *Moshel hayiti bi-Yerushalayim* ve Ekrem, *Unveiled*.

beklenmedik bir biçimde kolaylaşmış, bu da okuryazarlığın artmasına, orta sınıfın oluşmasına, çokdilli basın aracılığıyla canlı bir kamusal alanın gelişmesine, sivil toplum kuruluşlarının ortaya çıkmasına, sosyalliğe ve politik katılıma ilişkin yeni fikirlerin doğmasına katkıda bulunmuştu. Kahire, Beyrut, Şam, İstanbul ve (Paris, Berlin, Odesa ve Avrupa'nın diğer yayıncılık merkezlerinin de aralarında bulunduğu) imparatorluğun pek çok farklı köşesinden gazeteler, dergiler ve kitaplar, Filistin'deki kahvehaneler, kütüphaneler ve evlerdeki yerini almıştı.[8] Varlıklı Filistinli ailelerden genç erkekler eğitimlerini sürdürmek için Kahire'ye, Beyrut'a ve İstanbul'a gidiyor; başka yerlerdeki Müslüman, Yahudi ve Hıristiyan aileler de oğullarını kutsal kent Kudüs'e yatılı okullara gönderiyor; bu çocuklar da Filistin'i imparatorluğun geri kalanıyla bütünleştiren fikirler, bağlantılar ve alışkanlıklarla geri dönüyordu. Birinci Dünya Savaşının son yıllarında, aile gezintileri ve piknikler için parklar, "hareketli resimler" (sinemalar), futbol müsabakaları, otomobiller, uçaklar ve Filistin'e gelen her yeni şey, hiçbir yadırgama olmaksızın büyük bir sevinçle karşılanmıştı.[9]

Eğer yirminci yüzyılın başında Filistin ve Osmanlı İmparatorluğu'nda modernite yüzyıl sonu Avrupası'nın bazı öğelerini barındırıyorsa, bu basitçe taklit etmekten ziyade rekabet ruhundan kaynaklanıyordu. Osmanlı yenilikçileri, imparatorluğun Avrupa karşısındaki askeri ve ekonomik gerilemesinin artan yolsuzluk ve kaosla ilişkili olduğunu düşünüyordu. On dokuzuncu yüzyılın ortalarında ise, yenilikçi hükümet mensupları Tanzimat adı verilen iddialı ve geniş kapsamlı bir program hazırladılar. Reformlar, imparatorluğun merkezileşme ve modernleşme yoluyla elden geçirilmesini amaçlıyordu ve birkaç on yıl içinde Osmanlı ordusunda, yargı sisteminde, kırsal kesimin yönetiminde, vergilendirmede ve toprak reformu alanlarında eksik de olsa, ciddi değişikliklere neden olmuştu.[10] Saltanatın *mekaniğine* ilişkin bürokratik reformlara ek olarak, saltanatın *doğasına* ve bizzat sultanın rolüne dair sert eleştiriler ortaya çıkmıştı. Osmanlı ve İslam politik geleneklerinde, sultan yalnızca devlet başkanı değildi, aynı zamanda "Peygamberin vekili," "müminlerin

---

8 Örneğin, Kudüs'teki ünlü Halidi Kütüphanesi'nde kırk beş bin kitap (bini Avrupa dillerinde) ve Birinci Dünya Savaşı öncesine ait Arapça ve Osmanlıca dillerinde birkaç gazetenin arşivi bulunuyor. Ayalon, *Reading Palestine*, 46-49. Mescid-i Aksa kütüphanesinde süreli yayınların daha da geniş bir arşivi olduğu bildirilmiştir.

9 Yüzyıl sonu Kudüs'üne dair enfes bir bakış açısı için bkz. Tamari, "Jerusalem's Ottoman Modernity."

10 Bkz. Davison, *Reform in the Ottoman Empire* ve Sofuoğlu, *Osmanlı Devletinde İslahatlar* Tanzimat reformlarının bir incelemesi için. Bkz. Rogan, *Frontiers of the State*; Hanssen, *Fin de Siècle Beirut*; Makdisi, *Culture of Sectarianism* ve Arap bölgelerine reformların etkileri için Shareef, "Urban Administration in the Late Ottoman Period."

kumandanı" ve "Allah'ın yeryüzündeki gölgesi" kabul ediliyordu. Siyasal makamın kutsal meşruiyetle böylesi iç içe geçmesi, tebaasının sultan-halifeye bağlılığının kaynağı olmuştu. Klasik Osmanlı saltanatı, sultanın adaleti ve düzeni sağlamasına dayanıyordu ve vilayetlerden gelen raporların gözden geçirildiği "şikayet kayıtları" da hükümdar ile tebaa arasındaki sözleşme için önemli bir mekanizmaydı.

Ancak on dokuzuncu yüzyıla gelindiğinde Osmanlı sistemi, hanedan mutlakiyeti ve yozlaşma altında çökmüştü. Dindar ve yeniliğe açık Sultan Abdülmecid tarafından ilan edilen Tanzimat'ın esas metni Gülhane Hatt-ı Şerif-i, yeniliklerin gerekli bir unsuru olarak Osmanlı saltanatındaki ahlaklılığın ve adaletin yeniden tesis edilmesini savunuyordu. Ferman, Müslüman bir hükümdara yakışır, "kamu yararı"nı (*maslahat-ı âmme*) temel alan bir yönetimin nasıl olacağına ilişkin klasik metinleri anımsatıyordu. İmparatorluğun dört bir yanından gelen raporlar da, sultanın çağrısının tebaasında olumlu bir etkiye sahip olduğunu; isyankâr Mısır valisi Mehmed Ali'nin yayılmacı ihtiraslarına, Yunanistan'ın bağımsızlığını kazanmasına ve Avrupalı güçlerin imparatorluğun Hıristiyan tebaasını kışkırtmalarına karşı halkın desteğini kazanmada önemli bir unsur olduğunu gösteriyordu.[11]

1860'ların başında yeni bir sultanın idaresi döneminde, başkentte bir araya gelen ve Genç Osmanlılar olarak bilinen bir grup entelektüel, daha fazla hürriyet ve demokratik yenilik için İslami kutsal kaynaklara ve tarihe dönmeyi savunuyordu. Entelektüel ve eğitimci Ali Suavi ile şair, oyun yazarı ve Rousseau'nun *Toplum Sözleşmesi*'ni Osmanlı Türkçesine tercüme eden Namık Kemal gibi insanlar camilerde vaaz veriyor (özellikle Suavi); yurtiçinde ve daha sonra Avrupa'da (sürgündeyken) mutlakiyeti reddeden, yerine temsil ve istişare (*meşveret*, Arapçası *şura*), halkın egemenliği, hükümdar ile tebaa arasında eşitlik, adalet ve vazgeçilemez haklar gibi prensipleri savunan İslami geleneğe atıfta bulunan muhalif gazeteler yayımlıyorlardı.[12] Namık Kemal, Osmanlı dostlarına "hükümdarların, ulusun kendisini yönetmesi için sadakatle bahşettiği yetkiden başka yönetme yetkisi olmadığını" hatırlatıyor; bu sadakati de İslamiyetin ilk yıllarında Peygamber haleflerinin ettiği sadakat yeminiyle aynı kefeye koyuyordu.[13] Kemal de Suavi de, konumlarını

---

11 Abu Manneh, "Islamic Roots of the Gülhane Rescript."

12 Rahme, "Namık Kemal's Constitutional Ottomanism and Non-Muslims." Ayrıca bkz. Mardin, *Genesis of Young Ottoman Thought*; Kurzman, der., *Modernist Islam*; Mardin, "Some Consideration" ve Tevfik, *Yeni Osmanlılar*. Ayrıca et-Tahtavi, el-Afgani ve 'Abduh'un yazılarında meşrutiyetçilik ile istişare arasındaki ilişki için bkz. Rebhan, *Geschichte und Funktion einiger politischer Termini*, 57-60.

13 Kurzman'dan referans, der., *Modernist Islam*, 145. 1873'te Fas'ın Fes şehri esnafı Fas hanedanına bağlılık yeminini İslam dışı buldukları vergilerin iptali şartına bağlamak istediler. Eickelman ve Salvatore, "Muslim Publics," 4-5.

güçlendirmek için Kuran'daki ayetlere ve hadislere (Muhammed Peygamber'in sözlerine ve fiiliyatlarına ilişkin sözlü gelenekler) gönderme yapıyorlardı.

Jön Türklerin fikirleri, sultan İkinci Abdülhamit'in sadrazamı olan, Osmanlı anayasasının kısa süreli de olsa yürürlüğe konmasını ve 1876'da Osmanlı parlamentosunun kurulmasını sağlayabilmiş Mithat Paşa gibi yenilikçi devlet adamlarını yüreklendiriyordu. Mithat Paşa için, anayasa Osmanlı'nın Magna Carta'sı idi—"keyfi iktidarı ve gaspı kısıtlamayı ve zapt etmeyi"[14] amaçlıyordu. Aslında, anayasa yürürlüğe konmadan önce, ilk versiyonu "milletin âdet ve istidatları bakımından eksik" olduğunu iddia eden sultan tarafından düzeltilmişti. Rusya'nın Nisan 1878'deki askeri saldırısı, sultana anayasayı toptan askıya alma, parlamentoyu feshetme ve imparatorluğu anayasal bir monarşiye dönüştürmeyi hayal eden yenilikçileri hapsetme ve sürgüne göndermek için bahane olmuştu. Ali Suavi, sultanı öldürme teşebbüsü sırasında öldürüldü; Namık Kemal, Ege adalarında ev hapsi sırasında öldü; Mithat Paşa da Arap Yarımadasındaki Taif'te hapsedildi, sultanın emriyle de muhafızları tarafından boğularak öldürüldü.

Bu ciddi mağlubiyete rağmen, Osmanlı yenilikçilerinin fikirleri, anayasal ve parlementer hükümet idealleri Osmanlı ve daha geniş, İslam dünyasında yankılanmaya devam etti. Her ne kadar II. Abdülhamid imparatorluğun hemen her yerinde özgür basını yasakladıysa da, yarı özerk Mısır ve Lübnan, tıpkı Avrupa başkentleri gibi siyasal ihtilafın önemli merkezleri olarak işlev gördüler. Abdullah Nedim, Mustafa Kamil, Veleddin Yakan, Fransız Fatallah Marrash, Edib İshak'ın da aralarında bulunduğu alimler, gazeteciler ve siyasal aktivistler çok sayıda yayın yapmış ve hükümet reformu, kişisel hürriyet ve siyasal meşruiyetin manasına dair tartışmalara girmişlerdir.[15] Yaklaşan İngiliz işgaline ve sarayın artan imtiyazlarına karşı Mısır'da 1881-82 yıllarında meydana gelen Urabi devrimi, genel boykotlar, Kaçar İran'ında 1890'larda özgür basının doğuşu statükoya meydan okumuş ve hem Batılı liberalizmden hem de İslami gelenekten beslenen etkin siyasal yaşama dair yeni modeller ortaya çıkmasını sağlamıştı.[16]

---

14 Ali Haydar Midhat Bey, *Life of Midhat Pasha*, 112. Bu dönemle ilgili daha fazla bilgi için bkz. Devereaux, *First Ottoman Constitutional Period* ve Abu Manneh, "Later Tanzimat and the Ottoman Legacy in the Near Eastern El-Necâtor States."

15 Ramsauer, *Young Turks*; Lewis, "Idea of Freedom in Modern Islamic Political Thought," 273-75; Ayalon, "O tmura ne'ora." Bu dönemin ileri gelenlerinin entelektüel tarihi için bkz. Khuri, *Modern Arab Thought*; Sharabi, *Arab Intellectuals and the West*; Mardin, *Genesis of Young Ottoman Thought*; Cole, *Colonialism and Revolution in the Middle East* ve Hourani, *Arabic Thought in the Liberal Age.*

16 Bkz. Cole, *Colonialism and Revolution in the Middle East* ve Arjomand, *Shadow of God*. Avrupa liberalizmi ile İslam kutsal metinlerinin birleştirilmesine bir örnek olarak Mirza Yusuf

İç yeniliklere ilişkin bu fikirler, on dokuzuncu yüzyılın sonunda Osmanlı İmparatorluğu'nun kırılgan jeopolitik bir konumda olmasına dair artan farkındalıkla da ilgiliydi. Elli yıldan kısa bir sürede imparatorluk Kuzey Afrika ve Avrupa vilayetlerinin çoğunu Avrupalılara kaptırmıştı—Cezayir, Tunus ve Mısır'ı doğrudan askeri işgalle, Romanya, Sırbistan, Bulgaristan, Bosna-Hersek ve Kıbrıs'ı ise büyük güçler tarafından imparatorluğa dayatılan haksız anlaşmalar yoluyla kaybetmişti. Ayrıca 1856 Kırım Savaşına da neden olan muazzam borçlar nedeniyle imparatorluk iflasını ilan etmiş, 1881'de İngilizler ve Fransızlar tarafından yönetilen, Osmanlı gelirlerinin ilk olarak yabancı alacaklılara aktarılmasını, ancak daha sonra (şayet kalırsa) askeriyeye, devlet erkanına, kamu hizmetlerine ve eğitim sistemine aktarılabileceğini hüküm altına alan Düyun-u Umumiye İdaresinin kurulmasını kabul etmişti. Sonuç olarak, on dokuzuncu yüzyılda Osmanlıların imparatorluğun bekası ve refahından endişe etmek için epey nedeni vardı. Bir çağdaş Türkiye tarihçisinin belirttiği gibi, "devlet avcumuzdan kayıp gidiyor" hissi, yüzyıl başında Osmanlı seçkinleri arasında elle tutulur bir hal almıştı.[17]

1890'larda, Avrupalıların sürekli Osmanlı'nın içişlerine karışmasına dair korkular, Hamidiye istibdatına olan muhalefet, bürokratlar, ordu mensupları, entelektüeller, öğrenciler ve hatta sultanın kendi ailesinden uzaklaştırılmış şehzadeler arasında tebellür eden yetersizlik ve yozlaşmayla birleşmişti.[18] Seçkin siyasi ve askeri bir aileden gelen ve o dönemde harp akademisinde öğrenci olan Ali Fuat, kendi kuşağının görüşünü oldukça yerinde bir şekilde ifade ediyordu:

> Günde pek çok kez, şerefine "Padişahım çok yaşa" diyerek bağırdığımız Sultan Abdülhamit'in ihtişamı zamanla kaybolmuştu [...] Duyduğumuza göre, hükümet öyle kötü çalışıyordu ki, yolsuzluk kol geziyordu; memurlar ve çalışanlar maaşlarını alamazken yaldız şeritli sivil polisler ve saray efradı yalnızca maaşlarını almakla kalmayıp, keselerini altınlarla dolduruyordu. Sultana karşı bir zamanlar sarsılmaz olan güvenimizi tamamen kaybetmiştik. Ordunun da kiyafetsizlerin elinde etkisini ve prestijini kaybettiğini görmüştük [...] Ancak kimse "Nereye gidiyoruz? Memleketi nereye götürüyorsunuz?" diye sorma cüretini gösteremiyordu.[19]

Khan Mustashar al-Dawlah, Fransız İnsan ve Yurttaş Hakları Bildirgesi'nin 17 maddesini Kuran ve hadislerle birlikte destekleyerek yaymıştır. Tavakoli-Targhi, "Refashioning Iran," 94.

17 Mango, *Atatürk*, 11.'den alıntılanmıştır.

18 Bkz. Hanioğlu, *Preparation for a Revolution*; Hanioğlu, *Young Turks in Opposition*; Ramsauer, *The Young Turks*; Mardin, *Genesis of Young Ottoman Thought*; Kayalı, *Arabs and Young Turks*, 38-48 ve Kansu, *Revolution of 1908 in Turkey*.

19 Mango, *Atatürk*, 48-9'dan alıntılanmıştır.

Osmanlı İstişare Cemiyeti ve İttihad-ı Osmani gibi muhalif örgütler ile Ermeni Taşnak gibi azınlık örgütleri 1890'larda, İstanbul'da, Kahire'de, Paris'te ve hatta Güney Amerika'daki Osmanlı diasporasında oldukça etkindi. Örgütler ve aktivistler, tasavvur ettikleri imparatorluk türünden (merkezi ya da ademi merkeziyetçi) sultana muhalefetin Avrupa'dan yardım ya da müdahale talep etmeyi içerip içermeyeğine kadar pek çok konuda farklı görüşlere sahipti. Ancak 1902'de Paris'te Birinci Osmanlı Liberaller Kongresi'nin düzenlenmesinde anlaştılar. Bir sonraki yıl, Bulgar milliyetçi Uluslararası Makedon Devrimci Örgütü (IMRO), Osmanlı Avrupası'nın en önemli şehri olan Selanik'e Avrupalı askeri ve civil "danışmanların" getirilmesini sağlamıştı. Aynı zamanda 1905-8 yılları arasındaki ekonomik kriz, giderek pahalılaşan yaşam ve düşen maaşlar, Avrupanın iktisadi olarak nüfuz etmesi yüzünden yerli işçilerin ve sanayinin yerinden edilmesi ve tarımdaki çöküş, hükümete olan muhalefete işçi grevleri, çiftçi isyanları ve vergi ayaklanmalarının yeni bir tabaka olarak ekledi.[20] Tüm bu belirsiz iktisadi durum kırsalda ciddi bir huzursuzluğa neden oldu. Bu nedenlerden ötürü, Aralık 1907'de Paris'te toplanan İkinci Osmanlı Liberalleri Kongresi öncesinde, farklı muhalif gruplar imparatorluğu kurtarabilmek için mevcut hükümeti alaşağı etmeleri gerektiği hususunda hemfikirdi.

Filistin Hürriyye'yi Kutluyor

Bir sonraki yaz, İngiliz ve Rus diplomatların Balkan sorununu kesin olarak "çözmeye (Osmanlı için daha fazla toprak kaybı ve aşağılayıcı daha pek çok kısıtlama anlamına geleceği kesin olan bir çözüm ile)" hazırlandıkları sırada, Makedonya'daki Osmanlı birlikleri yerelindeki Osmanlı otoritelerine karşı ayaklanmış, sultanın bölgedeki en güvenilir generallerinden pek çoğunu katletmişlerdi. Anadolu'dan gönderilen imparatorluk birlikleri isyanı bastıramamış ve 23 Temmuz'da Selanik merkezli İttihat ve Terakki Cemiyeti (İTC) 1876 Anayasası'nı tek taraflı olarak yeniden yürürlüğe koyduğunu açıklamıştı. İsyancı birliklerin başkent İstanbul'a yürüme tehditi karşısında kontrolü toptan kaybetmekten korkan Sultan II. Abdülhamid, ertesi gün anayasayı yeniden yürürlüğe koymuş, yeni parlamentonun oluşması için seçimlerin yapılacağını açıklamış, bireysel özgürlükler ve tüm hükümet organlarının düzenlenmesi gibi geniş çaplı siyasal ve toplumsal yenilikler vaat etmişti.

---

20 Donald Quataert, gıda ve temel tüketim maddelerinin fiyatlarının 1907'de iki kat, odun ve kömür fiyatlarının ise sırasıyla yüzde 250 ve 300 arttığını belirtmektedir. Quataert, "Economic Climate of the 'Young Turk Revolution' in 1908." Ayrıca bkz. Findley, "Economic Bases of Revolution and Repression;" Kansu, *Revolution of 1908 in Turkey*; Karpat, *Politicization of Islam* ve Avrupa dünya pazarına eşitsiz entegrasyona işçilerin direnişinin analizi için Quataert, *Social Disintegration and Popular Resistance in the Ottoman Empire*..

Sultanın "anayasayı bahşettiği" yönündeki haberler, isyankâr ordu birliklerinin merkez üssü olan Selanik'te, daha sonra "Hürriyet" Meydanı adı verilecek Olimpos Meydanında büyük toplaşmalara neden oldu. Kalabalık haberi çoşkuyla karşılamış ve devrime bağlı kalacaklarını taahhüt etmişti. Haberlerin İstanbul'a gelmesi çok sürmedi. Genç yazar Halide Edip Adıvar bu kutlamaları Osmanlı bayrağının kırmızı ve beyazından oluşan, imparatorluğun ve dünyanın dört bir yanına ulaşan bir coşku denizine benzetmişti.[21] İmparatorluk topraklarında veya dışında yaşayıp vatandaşlığa terfi etmiş Osmanlı tebaasından, örneğin, İngilizlerin denetimindeki Sudan ve hatta Brezilya ile Birleşik Devletler'den devrim heyecanını ve devrime olan inancı ifade eden mektuplar ve telgraflar yağıyordu.[22]

Selanik, İstanbul ve diğer yerel merkezlerden gelen dolaysız tepkinin aksine, çevre kent ve kasabalar daha temkinliydi; yerel halk vali ve askeri komutanlardan gelecek tepkiyi gözlüyordu. Doğu Anadolu'da oldukça yoğun ve gergin bir Ermeni nüfusa sahip bir kasaba olan Harput'ta da böylesi bir durum hâkimdi. Arap Yarımadası'nda ise, Mekke'deki en yüksek dini otorite olarak bilinen ve Peygamber'in soyundan gelen Şerif ile hayli yozlaşmış ve baskıcı olan vali, her kim anayasa hakkında konuşursa kırbaçlanacağını resmen ilan etmişti.[23]

Benzer biçimde Kudüs'te, ilk telgrafların ulaşmasının üzerinden ancak yaklaşık iki hafta geçtikten sonra yerel yönetim harekete geçebilmişti. Eski saray kâtiplerinden Vali Ekrem Bey, devrimi teşvik eden ve gerçekleştiren genç subaylardan, entelektüellerden ve memurlardan oldukça farklı bir dünyaya aitti. Modern ordudan ve kamu idaresi okullarından mezun olan pek çoğunun aksine Ekrem Bey, mabeyn kâtibi olarak yetişmişti, bu nedenle mesleki konumunu ve yaşamını doğrudan sultana borçluydu. Ayrıca Ekrem Bey, ev hapsi sırasında ölen, önde gelen Osmanlı liberal düşünürlerinden Namık Kemal'in de oğluydu. Şüphesiz ki, hem mesleki konumu hem de ailesinin akıbeti Ekrem Beye siyasi bekanın daha muhafazakar bir tedbirden geldiğini öğretmişti, bu nedenle haberleri olabildiğince göz ardı edebilmek için elinden geleni yapmıştı.

Kudüs'teki Amerikan Konseyinin bir raporuna göre, "cesur bir efendinin" hükümete karşı bir toplu telgraf eylemi başlatmasıyla sessizlik sona ermişti; bu kişi aynı telgrafta anayasanın yürürlüğe konmasının ardından sultana tebriklerini de

---

21 Devrim kutlamalarının tasviri için bkz. Adıvar, *Memoirs of Halide Edip*; Margulies ve Manakis, *Manastır'da İlân-ı Hürriyet* ve Emiroğlu, *Anadolu'da devrim günleri*.
22 Benzer mektuplar ve raporlar *el-Menâr'da* yayımlanmıştır. Ayrıca bkz. "Anayasanın Amerika'daki Yankıları," *el-İttihadü'l-Osmani*, 30 Eylül 1908.
23 *El-Menâr*, 25 Eylül 1908; *el-İttihadü'l-Osmani*, 3 Ekim 1908. Ayrıca bkz. Kayalı, *Arabs and Young Turks*, 61 ve Kansu, "Some Remarks on the 1908 Revolution."

iletmiş ve yerel yönetimin kutlamalar için halka bir tarih vermeyi reddetmesinden şikayet etmişti. Kısa bir süre içinde vali, "haklarını talep eden Müslüman, Yahudi ve Hıristiyan güruhuyla çevrilmişti."[24] Yerli halkın oluşturduğu bu grup, valinin bu soğuk davranışını İTC'nin merkezi olan Selanik'e şikayet etmiş ve Cemiyet'i, "halkın sevinç gösterilerine mani olmaya çalışan bir valinin ya da memurun, özgürlüğün düşmanı sayılacağı ve kanunları hiçe saydığı, bulunduğu mevkiiyi hak etmediği, karşısında halkın cesurca direneceği ve onlara itiraz edeceği ve barışın sürmesini engelleyecek herhangi bir şeye izin verilmeyeceği" konularında uyarmıştır.[25]

Ancak Ekrem Bey, Dahiliye Nezaretindeki üslerine bir mektup yazarak, kendisine karşı olan suçlamaları reddetmiş; Kudüs'ün önde gelenleri tarafından konuyla ilgili ziyaret edildiğinde (ki haberlerin Kudüs'e ulaşmasının üzerinden on günden fazla bir zaman geçmişti), hemen kutlamalar için hazırlıklara başladığını iddia etmişti. Ekrem Bey, görevini titizlikle icra ettiğini düşünüyordu. "Ben anayasanın duyrulmasını geciktirmedim. Sadrazam'ın telgrafını, halka duyrulması için resmi usule uygun olarak hükümet binasına getirdim. İtiraz ediyorum. Tüm mahalleleri bilgilendirdim. Kudüs gazetelerinde yer almasını sağladım ve anayasanın ilan edilme biçimine dair ayrıntılar sundum. Bir devlet memuru olarak görevimi layıkıyla yerine getirdim."[26] "Bir *Kemalzade* (Kemal'in oğlu) olarak," "kalbindeki sevinci dostlarla paylaştığını" belirtiyordu.

Ekrem Bey savunmasında, İTC'nin yerel şubelerindeki "yoz canileri" ve siyasi rekabet içinde oldukları Yafa valisi vekilini suçluyordu.[27] Ekrem Bey ile (bir keresinde "haşereler" olarak andığı) yerli seçkinler arasındaki kötü ilişkiler, küçük kızı üzerinde o kadar güçlü bir etki bırakmış olmalı ki, Kudüs'te geçirdikleri iki yılı hayli karanlık yıllar olarak anımsıyor, on yıllar sonra bile Kudüs'ü ateş soluyan bir ejderhaya benzetiyordu. Onun gözünde, aşırı çalışan ve takdir edilmeyen bir devlet memuru olarak "hüzün, yobazlık ve pislikten başka bir şey yoktu [...] Kudüs kolay idare edilebilecek bir kent değildi. Sayısız nefreti ve kıskançlığı yatıştırmak zorundaydınız."[28]

---

24 Thomas R. Wallace, ABD Kudüs Konsolosu, Dışişleri Bakanlığı, 12 Ağustos 1908 (10044/60-61 nolu dosya); NACP, Ulusal Arşivler mikrofilm dağıtımı M862, makara 717, Kudüs, numaralı dosya, 1906-10, Dışişleri Bakanlığı merkez dosyaları, kayıt grubu 59.

25 Agy.

26 Ekrem Beyden Rıfat Efendiye Telgraf (İstanbul), 10 Ağustos 1908 (belge 57); İbranice çevirisi üzerine (belge 40), Kushner'de, *Moshel hayiti bi-Yerushalayim*, 190.

27 Agy., 190-2.

28 "To the Minister of Interior" içinde, agy. 194. Ekrem, *Unveiled*, 59 ve 73.

Osmanlı valisi ve Kudüs'ün ileri gelenleri arasındaki kavgaların sonucunda, bu tarihi ana ilişkin Filistin'deki ilk kutlama, idari merkez olan Kudüs'te değil; Kudüs'ün ticari hasmı, kıyı kenti Yafa'da gerçekleşti. 6 Ağustos'ta Ekrem Bey, iki saat süren tren yolculuğuyla Yafa'ya vardı ve hükümet binası ile ordu karargahı arasında toplanmış binlerce vatandaş tarafından, kentteki tüm binaları da süsleyen Osmanlı bayraklarıyla karşılandı.[29] Vali, yürürlüğe konacak yenilikleri içeren imparatorluk hükümlerini yüksek sesle okudu ve dini cemaatlerin temsilcileri de toplulukları adına anayasaya tabii olduklarını belirttiler.

ŞEKİL 1.1. Meşrutiyetin ilanı için Yafa'da toplanan kalabalıklar, Ağustos 1908. Kudüs bölge valisi Ekrem Bey devlet binasının önünde resmi bildiriyi okuyor. Vasıf Cevheriye Fotoğraf Koleksiyonu, Institute for Palestine Studies (Beyrut). Walid Khalidi'nin izniyle basılmıştır, *Before Their Diaspora: A Photographic History of the Palestinians, 1876–1948*, Institute for Palestine Studies.

Aynı günün akşamında Kudüs'e dönen Ekrem Bey, resmi törenin o hafta cumartesi günü öğle vaktinde, Yafa Kapısının yakınındaki kışlalarda yapılacağını açıkladı. Kudüslüler hemen hazırlıklara başlamıştı; resmi binalara, evlere ve dükkanlara Osmanlı bayrakları asıyor, geceleri şehri aydınlatmak için sokaklara ışıklar yerleştiriyorlardı.[30] Ancak halkın sabırsızlanmasıyla, ertesi gün 7 Ağustos'ta ken-

---

29 *Havatselet*, 7 Ağustos 1908.
30 Aksi belirtilmedikçe, detaylar *Havatselet*'ten alınmıştır, 10 Ağustos 1908 ve *Ha-Haşkafa*, 9 Ağustos 1908. Ayrıca *ha-Olam* da kutlamaların yerel bir açıklamasını yayımlamıştır, 14 Ağustos 1908.

diliğinden kutlamalar başladı. Kubbetü's-Sahra'daki öğle namazının ardından, yaklaşık beş bin kişilik bir kalabalık kışlalara doğru yürümeye başlamıştı; ellerinde bayrakları şarkı söylüyorlar, kılıçlarıyla dans ediyorlar, havaya ateş açıyorlardı.[31] Kışlalara vardıklarında, Kudüs kumandanı Rıza Bey "memnuniyet ve gururla kalabalığa bakarak," Osmanlı askerlerini ve mehter takımını yürüyüşlere katılmaları için sokaklara ve pazarlara gönderdi. Bir gözlemcinin aktardığına göre "binlerce insan 'özgürlük, eşitlik, kardeşlik!' diye haykırıyor, Kudüs'teki farklı cemaatlerin insanları 'sevgi ve kardeşlik' şarkıları söylüyordu." Kalabalık gece yarısına dek sokaklarda kutlamaları sürdürdü.

ŞEKİL 1.2. Eski Kudüs'te geçit töreni. Devrim kutlamaları sırasında halk balkonlarda aşağıdan geçenlere hoş kokulu gül suları serpiyor. Arab Studies Society (Kudüs).

Ertesi sabah mehter pazarlarda ve sokaklarda tekrar dolaşmaya başladı; askeri müzikler çalınıyor, milli marşlar söyleniyordu. Onlara tüm kentten yüzlerce kişi eşlik etti; dans ediyorlar, havaya ateş açıyorlar, sokaklara gülsuyu döküyorlar, evlerin balkonlarından ve dükkanlarından çiçekler atıyorlardı. Yalnızca hükümet binaları değil; evler, dükkanlar, depolar Osmanlı bayraklarıyla ve çiçeklerle süslenmişti; her yerde "Sultanımız çok yaşa! Ordumuz çok yaşa! Yaşasın hürriyet! Eşitlik, özgürlük, kardeşlik!" yazan pankartlar vardı.

---

31 Osmanlı'nın yanı sıra "Kudüs" bayrakları da. İzzet Derveze'ye göre, her köy ve kasabanın, hacılar tarafından Nebi Musa (Musa Peygamber) festivaline taşınacak kendi bayrakları vardı. Derveze, *Müzekkirât*, 112.

Kalabalık öğleden önce kararlaştırılan noktada toplanmaya başlamıştı. Basında yer alan haberlere göre, farklı kılıklarda, farklı dinlerden, partilerden, sınıflardan "her tür insan mevcuttu." Basın farklılığın içindeki birlik temasını öne çıkarıyor, "hürriyeti kutlamak için tek yürek olmuşlardı!"[32] diyordu. Kalabalık, kışlanın avlusunu doldurmaya başlayınca, insanlar çatılara ve bitişikteki çitlerin üzerine yığıldılar—yine de binlercesi dışarıda kalmıştı. Bir muhabirin aktardığına göre, kırk bini aşkın Müslüman, Hıristiyan ve Yahudi toplanmıştı; şenliği andıran bu tarihi günün şerefine limonatalar, kahveler, sigaralar dağıtılıyordu.[33]

ŞEKİL 1.3. Kudüs'te resmi tören, Ağustos 1908. Katılanlar arasında devlet memurları, yabancı temsilciler ile Müslüman, Yahudi ve Hıristiyanların ileri gelenleri vardı. Vasıf Cevheriye Fotoğraf Koleksiyonu, Institute for Palestine Studies (Beyrut). Walid Khalidi'nin izniyle basılmıştır, *Before Their Diaspora: A Photographic History of the Palestinians, 1876–1948*, Institute for Palestine Studies.

Vali ve katipleri at arabası ile vardıklarında saat öğlen bir buçuktu; siyah tören kıyafetlerini giymişler, göğüslerinde kalabalığın diğer mensuplarında olduğu gibi, ortadaki kırmızı (üzerinde "Sultanımız çok yaşa! Eşitlik, özgürlük, kardeşlik!" yazan), dıştaki ikisi beyaz (üzerlerinde "Osmanlı ordusu, çok yaşa!" ve "Yaşasın hürriyet" yazan) olmak üzere üç ipek banttan oluşan şeritler taşıyorlardı. Vali ve beraberindekilerin geçmesi için kalabalığın bölünmesinin ardından, vali anayasanın yeniden yürürlüğe konulmasını duyuran resmi bildiriyi yüksek sesle okudu. Bir rivayete göre ise valinin:

---

32 ABD Konsolosluğundan bildirildi: "Çok büyük kalabalıklar toplandı, her ırk ve din birbiriyle uyumlu bir şekilde karışıyor" Wallace, 12 Ağustos 1908.

33 1905 Osmanlı nüfus sayımına göre Kudüs'ün Osmanlı nüfusunun 32.500 olduğu göz önüne alınırsa, 40.000 kutlamacı sayısı istatistik olarak güvenilir olmasa da kutlamaların ölçeği hakkında bir fikir vermektedir.

Rengi soluktu; ayaktakımının onun için vereceği resepiyon canını sıkmıştı. Bildiri okunmuştur, akabinde vali, kendisi için hazırlanmış bir konuşma yapacaktı. Hepsinde baskı döneminin kapandığı, hürriyet ve refah döneminin başladığı duyuruluyordu. Hürriyeti takdir etmesi haricinde, herhangi bir coşku emaresi göstermemişti. Siyasal hürriyetin en bilinen savunucularından olan, kitapları uzun yıllar boyunca yok edilmiş ve ölene kadar hapis yatmış babasının adından [Namık Kemal] söz edilmesi dahi, şevk uyandırmamıştı.[34]

Birkaç on kişinin dışında, kalabalığın resmi bildirinin dilini anlayıp anlamadığı şüpheliydi; Osmanlı Türkçesi ile yazılmıştı, ancak Arapça bazı terimler (en önemlisi *hürriyye*) dinleyicilerin çoğu tarafından anlaşılabiliyordu; resmi bildiri ile bildirinin yaygın şekilde algınlanması arasında asıl bağlantıyı bu terimler sağlamıştı. Bildirinin ardından konuşma yapan Kudüs'ün önde gelen isimlerinden yeni Maarif Nazırı Said el-Hüseyni, bildiriyi Arapçaya tercüme etmiş, "hürriyet" kavramını—hümayunun cömertliği olarak sultan tarafından bahşedilen bir şey olarak tarif etmişti—parlamentonun işleyişini ve parlementer sistemi dinleyiciler için açıklamıştı. "Hürriyet" kelimesinin geçtiği her yerde, kalabalık hep birlikte "yaşasın" diye tezahürat yapıyordu. El-Hüseyni, siyasal değişiklikleri daha sonra çokça tekrar edilecek bir tarzda, kesinlikle imparatorluğun tümünde gerçekleşecek olan iktisadi ve toplumsal canlanmayla ilişkilendirmişti: Yeni okullar açılacak, ticaret canlanacak, hazine dolup taşacak, yeni demiryolları döşenecek, arabalar satın alınacaktı; kalabalık tüm bunları büyük bir sevinçle karşıladı. Daha sonra, iki dilli *Kudüs-ü Şerif* gazetesi Türkçe editörü Abdülselam Kemal ve gazetenin Arapça editörü Şeyh Ali er-Rimavi, basın özgürlüğünden bahsetti.

Bu olayları sultanın doğumgünü, tahta çıkışının yıldönümü ya da yeni bir valinin veya taşrada bir memurun tayininin tesit edilişi gibi diğer resmi imparatorluk kutlamalarını aratmayan izinsiz törenler izledi. Esas kürsünün denetimi yetkilillerdeydi; sultana layık olduğu saygı gösterilmişti, resmi Osmanlı bayrağı (ak hilalli kırmızı bayrak) her yerdeydi; kâtipler, eşraf, ruhani liderler ve konsoloslar törenlerde mevcuttu. Dahası, ruhani liderler dindaşlarının adına anayasayı sembolik olarak kabul ederek, sultan ile tebaası arasında resmi arabulucu olmaya devam edecekti.[35]

Ancak bunun gibi imparatorluğun dört bir yanında gerçekleşen törenler hikâyenin daha başlangıcıydı. 1908 sonbaharında haftalar ve aylar boyunca, imparatorluğun dört bir köşesinde belediyeye ait bahçelerde, merkezi yerlerde ve kahvehanelerde

---

34 Wallace, 12 Ağustos 1908. Şam'dan gelen ordu komutanı Rıza (Ria) Bey, muhtemelen ana dili olan Arapça'yla kalabalığa konuşmuştu.

35 Hamidiye döneminde yansıtılan saltanat sembolizminin bir tasviri için bkz. Deringil, *The Well-Protected Domains*, 20-24.

kendiliğinden gerçekleşen, Osmanlı halkının devrim öncesi gözlemcilerden devrim sonrası katılımcılara dönüşümünü yansıtan toplanmalar gerçekleşiyordu.[36] Bu kendiliğinden kutlamalar Kudüs ve Yafa'da haftalarca sürdü; kuzeydeki Nablus'ta "genç posta memuru İzzet Derveze kendi kasabasında da kutlamalar yapıldığını duyurmuştu."[37] Kapsamı ve tonu bakımından Filistin'deki kutlamalar, imparatorluğun farklı yerlerindeki kutlamalara hayli benziyordu. Örneğin Şam'da 31 Temmuz ile 12 Ağustos arasında beş büyük kutlama gerçekleşmişti; eylül sonunda ise bu sayı yirmi beşe yükselmişti ki İttihat ve Terakki yöneticileri ve kentin önde gelenleri kutlamalara son verme ve normale dönme çağrısı yaptılar.[38] Kudüs basını, tüm imparatorlukta gerçekleşen bu kutlamaların haberlerini güvenilir bir biçimde vermiş, böylece halka Osmanlı İmparatorluğu'nun ücra köşelerine dahi bağlı olduklarını hissettirecek yeknesak bir zaman ve tecrübe hissi yaratmışlardı.

Törenlerin resmi programlarından sapan kutlamalar, karnaval havasında, popülist bir tonda gerçekleşiyordu ve insanlar, hisleri ve yerel adetleriyle daha uyumlu olan gayri resmi bir biçimde kutlamalarını sürdürüyordu. Mehter takımı pazarlarda ve sokaklarda vatanperver müzikler çalarak gün boyu sokaklarda dolaşırken tüm kasaba da şarkılar, davullar ve kahkahalar eşliğinde gece yarısına kadar ayaktaydı—ki bu, pek çok kasabanın elektriğinin olmadığı ve karanlık çöktükten sonra ortalıkta dolaşanların ancak saygınlığından şüphe edilen insanlar olduğu düşünüldüğünde dikkate değer bir olguydu. Erkekler birbirlerinin omuzlarına binmiş, dini bayramlarda ya da toplu kutlamalarda yaptıkları gibi, şakadan kılıç kalkan oynuyorlardı. *El-Kudüs* gazetesi editörü Yuri Habib Hananya gözlemlerini şöyle aktarıyordu: "Tren istasyonunda toplanan fevkalade büyük kalabalık; her yıl Kudüs'te Müslümanlar ve Hıristiyanların düzenlediği, binlerce insanın bir araya geldiği, insanların seslerini topluca yükselttiği, gönüllerinin neşe ile dolduğu ve günlerce süren dini bayram kutlamalarını anımsatıyordu."[39]

Vali Ekrem Beyin o günü anlatışı da, geniş kitleleri yeni devrimi desteklemeye çağıran gazetelerin tasvirlerine benziyor; aşırı coşkulu ve neşeli ruh halini yansıtıyordu:

> Dünyada dini, mezhepsel ve ırksal farklılıkların en çok olduğu yer olan Kudüs kentinde, binlerce farklı dil ve tarzdaki sevinç çığlıkları arşa varıyordu. Konuşmalar yapılıyor, eller çırpılıyordu. Hoş ezgiler çalınıyordu [...] "Memleketim çok yaşa," "Yaşasın hürriyet," "Padişahım çok yaşa" çığlıkları

---

36 Bu ayrım üzerine daha fazla bilgi için bkz. Ozouf, *Festivals and the French Revolution*.
37 Derveze, *Müzekkirât*, 180-81.
38 Saliba, "Wilayat Suriyya," 247-48.
39 *El-Kudüs*, 17 Kasım 1908.

şehrin en ücra köşesinde dahi saatlerce yankılanıyordu. Gece olunca, bütün kâtipleri, şehrin önde gelenlerini ve şehrin yerlilerini resmi makamıma davet ettim [...] ve *Kemalzade* olarak—aralarında memurların da bulunduğu—halka seslendim. Gözyaşları sel oldu ve yüreklerinin en derininden sevinç çığlıkları kopuyordu; kentte hürriyetin bu denli kutsandığı ve onurlandırıldığı ikinci bir yer yoktu.[40]

Kutlamaların ötesinde bu toplanmalar, Osmanlıların, meydana gelmekte olan pek çok değişiklikten haberdar olması, onlar hakkında uzun uzadıya düşünebilmesi ve tartışabilmesi açısından önemli platformlar haline gelmişti. Bazı değişikler şimdiden aşikârdı: İmparatorluğun dört bir yanındaki mahkumlar salıverilmişti; sürgünler evlerine geri dönüyordu; mahut sansür kaldırılmıştı. Ama yine de devrim pek çok açıdan muğlak ve belirsizdi. Otuz yılı aşkın bir süredir Hamid yönetimi, *mutlakiyet, cumhuriyet, dinamit, isyan, adalet, bağımsızlık, anayasa, parlamento* ve *hürriyet* gibi terimleri yasaklayarak, kelimelerin ve fikirlerin gücünü kontrol etmeye çalışmıştı.[41] Şimdi bu devrim anında Osmanlılar, uzun süredir yasaklı olan bu kavramların ve fikirlerin manasını sorgulamada özgürdü. "Hürriyet" ne demekti? "Anayasa" neydi; ya "parlamento"? Sultan-halifenin rolü ne olacaktı? Ve daha önemlisi, eğer devir değişim devriyse, insanların gündelik hayatı nasıl değişecekti?

Kentin önde gelenleri, entelektüeller ve her üç dinin kimliği ifşa edilmeyen temsilcileri, farklı dillerde halka sesleniyorlardı. Bir raporda, kadınlar ve "hatta bir çocuğun" dahi eylemlerde kürsüye çıktıkları belirtiliyordu. Tam bu noktada, devrimci heyecan gerçekleşmekte olan derin yapısal değişimlere dair bir ipucu sağlamışken, kürsüyü ele geçirme ve etraflarını sarmış olan olayları irdeleme iradesi tamamen halkın elindeydi. Öncesinde yasaklanmış olan kavram ve düşüncelerin özgürce ağızdan ağıza dolaştığı bu kendiliğinden toplanmalar, yalnızca sultanın iktidarının sonunun geldiğini simgelemiyordu. Daha önemlisi, devrimin diline ve sembolizminin denetimine ve bu yolla da imparatorluktaki siyasal kültürün sınırlarının tanımlanmasına dair daha geniş bir mücadeleyi temsil ediyordu. Bu iktidar boşluğunda Osmanlılar, devrim sahnesine adım atmış, devrimden beklentilerini dile getirmiş ve bu yeni döneme nasıl dahil olup katılım gösterebileceklerinin hayallerini kurmaya başlamışlardı.

---

40 Ekrem Beyden Rıfat Efendiye Telgraf (İstanbul), 10 Ağustos 1908 (belge 57); İbranice çevirisi üzerine (belge 40), Kushner'de, *Moshel hayiti bi-Yerushalayim*, 190-91.

41 El-Bustânî, *'İbre ve zikra*, 27 ve 31.

Kutsal Hürriyet I: Yeni bir hayat

Devrimin simgesel cephanesinde, Fransız Devriminde ve 1906 İran anayasal devriminde yankılanan "hürriyet, eşitlik, kardeşlik, adalet" (*hürriyye, müsâvât, ikhâ, 'adâlah* tercümesi) devrimci sloganları yer alıyordu.[42] Görüldüğü üzere bu sloganlar, hem halkın içinden gelen bir çığlıktı; hem de bantlar, afişler ve gazetelerle çoğalan bir amblem haline gelmişti. Fransız tarihçi Lynn Hunt, kelimelerin gücünü " dile getirildikleri bağlamda ya da yakında aşina olunacak ifadelere eklenen, devrimci cemaate hitap eden [...]devrimci efsunlar"a[43] benzetmekteydi. Dillerden düşmeyen ve sürekli tekrarlanan ritüeller olma özellikleri sayesinde devrime olan sadakati güçlendirmelerinin yanı sıra, Osmanlılar yeni politik ufuklarıyla uzlaşma sağlama çabasıyla da, bu terimler söylemsel mücadelelerin de merkezi alanları olmuştu.

"Devrim"den söz etmek yerine, basın ya da halk daha ziyade "hürriyet"ten (*hürriyye*) dem vuruyordu. *Hürriyye*nin "gelişi" ya da *hürriyye*den "önce" ya da "sonra" gibi dönemselleştirmeler, bu terimi 1908 devriminin mecaz-ı mürseli haline gelmişti; devrimcilerin gayelerini ve destekçilerinin hayallerini, hatta hasımlarının korkularını özetliyordu.[44] "Hürriyet" basitçe bir siyasal hak sorunu değildi; daha ziyade farklı siyasal, felsefi, toplumsal, kültürel ve hatta metafizik dünya görüşlerinin yer aldığı esnek ve geniş bir paketi temsil ediyordu. Reformcu entelektüellere göre, "hürriyet" aşkın ve ruhani bir değer kazanmıştı. Yazar Edib İshak, 1880'lerde bunu şöyle ifade etmişti: "Ey Hürriyet, yeryüzündeki haşmetin kaynağı, anladık ki sensiz ne başarı mümkün, ne de saadet."[45] Aynı şekilde, "özgürlük ağacı" hürriyet vaatleriyle birbirine bağlanmış bireyler ile cemaat arasındaki kutsal birleşmenin gayesini simgeliyordu. Reformist Refik el-Azm "Suriye ya da Mısır'da, ne zaman Osmanlı bir dosta rastlasam, duygularımızın esiri oluyorduk ve içimizdeki sevinçle birlikte gözyaşlarına boğuluyorduk."[46] Diğer bir deyişle, *hürriyye* bir bakış açısı, bir ideoloji, kişisel bir bağlanma, yakın bir histi—tarihsel bir an ve devrimci bir ideal olarak da, aslında tüm bunların çok daha ötesindeydi.

---

42 "Devrimci örnekler" olarak Fransa ve İran için bkz. Brummett, *Image and Imperialism*, 4. Bölüm ve İran devriminin bazı söylemsel öğeler için bkz. Tavakoli-Targhi, "Refashioning Iran."

43 Hunt, *Politics, Culture, and Class*, 21-23. "Anahtar semboller" ve "sembolik eylemler"in faydalı bir uygulaması için bkz. Gelvin, *Divided Loyalties*, 147.

44 Osmanlı'nın dağılmasında büyük rol oynayan İngiliz aristokrat Mark Sykes, bölgeye yaptığı gezilerde benzer gözlemlerde bulunmuştu. Watenpaugh'un eserinde alıntılanmıştır, "Bourgeois Modernity, Historical Memory, and Imperialism," 35.

45 Khuri'den alıntılanmıştır, *Modern Arab Thought*, 87n48.

46 Fargo'dan alıntılanmıştır, "Arab-Turkish Relations," 3.

ŞEKİL 1.4. "Özgürlük, eşitlik, kardeşlik" devrimci sloganlarını taşıyan kırmızı bir bayrak. Yan sloganlar (dört köşedeki hilallerin içinde) "adalet, düzen, anavatan, varlık/bereket." 17 Aralık 1908'de Osmanlı parlamentosunun açılmasıyla bu bayraklardan binlerce satıldı. Buxton, *Turkey in Revolution*.

Siyasi görüşleri ne olursa olsun Osmanlılar, imparatorluğun yeni bir döneme girmekte olduğunu hemen kavramışlardı.[47] Orta sınıf, kentli, okur yazar Osmanlılar, Batı'nın imparatorluğu çökmüş ve hasta gören eleştirisini benimsemişlerdi ve devrimde imparatorluğun rönesans olma imkânlarını görüyorlardı. Kudüs'te basılan İbranice gazetelerin birinde yayımlanan, "İmparatorluğumuzun Yeniden Doğuşu" başlıklı makalede, genç Yahudi gazeteci Avraham Elmaliach devrimi gerçek anlamda bir başlangıç olarak selamlıyordu. "Vatanımız bir yeniden doğuşun eşiğinde. 30 milyonu aşkın can, yeni bir hayata başladı. Bütün bir millet, imparatorluk hayata dönüyor—

---

47 Bu gözlem Tunaya'da da bulunmaktadır, *Hürriyetin ilânı*, 5; Brummett, *Image and Imperialism* ve Watenpaugh, *Being Modern in the Middle East*.

hür hayata!"⁴⁸ Kahire'deki Yahudi Osmanlı vatanperverlerinden Şumuel Aşkenazi de Ladino gazete *El-Liberal*'de yazdığı yazıda "Çürümüş ve bitap eski Türkiye'nin yerine, yeni ve yenilenmiş bir Türkiye doğdu—'Genç Türkiye'," ⁴⁹ diyordu.

"Yeninin karşısında eski," devrimci dönemde kullanılan zıtlıklardan yalnızca bir tanesiydi; "hasta ve sağlıklı," "karanlık ve aydınlık," "iyi ve kötü" gibi, geçmişin tamamen tersine çevrilmesi ve geçmişten ciddi bir kopuş manasına gelen diğer zıtlıklara da sıklıkla başvuruluyordu. Etkili ve geniş çevrelerce okunan Kahireli İslami modernist aylık dergi *El-Menâr* bu zıtlıkların ne ifade ettiğinin altını çiziyordu: "Geçmiş ile bugün arasındaki fark, gece ile gündüz, aydınlık ile karanlık, adalet ile haksızlık, bilgi ile cehalet ya da güç ile zaafiyet arasındaki fark gibidir."⁵⁰

Aynı zamanda "yeniden doğuş," "diriliş" ve "yenilenme" söylemi, on dokuzuncu yüzyıl Avrupa milliyetçiliğinde sıklıkla tekrar edilen bir unsurdu. Osmanlılar tarafından kullanılması da imparatorluğun Avrupa için marjinal değil, merkezi bir rolü olduğunu kanıtlıyordu.⁵¹ Vatanperver Osmanlılar, imparatorluğun kaybettiği dünyanın en güçlü ülkesi konumunu yeniden kazanmasını hayal ediyorlar ve devrimi imparatorluğun kurtuluşu için mükemmel bir fırsat olarak görüyorlardı. Hıristiyan okulu öğretmeni Kudüslü Eftim Muşabbak aynen böyle düşünüyor ve "[b]u, Osmanlı milletinin gerçekten yaşamaya başladığı gündür. Bugün, bütün diğer milletler bizi kıskanacak ve bugün gökyüzü ve yer ve melekler ve peygamber ve tanrılar Osmanlı milletini kutsayacaktır,"⁵² diyordu. Özgür bir Osmanlı İmparatorluğu yeniden Avrupa ile rekabet edebilecek; nihayet Batı'yı yalnızca ekonomik ve teknolojik olarak yakalayabilmeyi değil, belki de geride bırakmayı başarabilecekti. Bireysel ve milli onuru yeniden tesis edilmiş, özgür bir Osmanlı, Avrupalılar karşısında başını dimdik tutabilecektir."⁵³

---

48 *Ha-Haşkafa*, 7 Ağustos 1908.

49 *El-Liberal*, 29 Ocak 1909. Yahudi İspanyolcası ve İbranice basında, "Türkiye" ve "Ottomanya" Osmanlı İmparatorluğu yerine kullanılıyordu.

50 "Holiday of the Ottoman Nation," *El-Menâr*, 28 Temmuz 1908.

51 Bkz. Hobsbawm, *Nations and Nationalism Since 1780* ve Smith, *National Identity*. 19. Yüzyılın sonunda İran entelektüelleri de Kaçar İranı'nı hastalıklı ilan etmişti. Tavakoli-Targhi, "From Patriotism to Matriotism," 225-26.

52 *El-Kudüs*, Aralık (tarih okunmuyor), 1908.

53 Bu görüş daha önce Namık Kemal tarafından tartışılmıştı. Namık'a göre, istişare düzeni "Avrupayı bize Rusya'ya karşı dikilmiş bir bostan korkuluğu muamelesi yapmaya son verip, bize medeni bir millet gibi davranmaya itecekti." Kurzman tarafından alıntılanmıştır, der., *Modernist Islam*, 147.

Tabii imparatorlukta yaşayan Müslüman liberaller de, devrimi, İslamı bağnaz ve geri bir teokrasi olmakla suçlayan Batılı eleştirmenlere verilmiş nihai bir yanıt olarak görüyordu. *El-Menâr* editörlerinden Trabluslu alim Raşit Rida gibi şahıslar için, devrim tüm dünyaya İslam ile modernitenin aslında pekâlâ bir arada olabileceğini gösterme fırsatıydı. Liberal devrimi gerçekleştirenlerin Müslüman entelektüeller ve subaylar olmasının yanı sıra, bunu fazla kan dökülmeden gerçekleştirmiş olmaları da dünya tarihinde özgün bir başarıydı. İmparatorluğun gayri Müslimleri içinse devrim, imparatorluğu oluşturan siyasi topluluğun nihayet eşit birer unsuru olabilmeleri anlamına geliyordu. İmparatorluğun daha önceki eşitlik bildirgeleri, mevcut toplumsal, hukuki ve siyasi hiyerarşiyi pek değiştirememişti; ancak 1908 bu anlamda farklı olacağını vaat ediyordu.

Bu nedenle tasavvur edilen bu "yeni devir" pek çok açıdan ütopyacı idi. Osmanlı İmparatorluğu'nda, ütopyanın maddi bir boyutu vardı ve *hürriyye*, teknolojik ilerleme, iktisadi refah ve toplumsal reformlara dair kimi zaman somut, kimi zaman belirsiz hayal ve beklentilerin şifresi olmuştu. İktisadi, kültürel ve teknolojik olarak Avrupa'yı yakalayabilmek için iç reformlar elzemdi. İstanbul merkezli bir gazetenin muhabiri, bu düşünceyi raporunda şöyle dile getirmişti: "Bir anda her yerden özgürlük sesleri gelmeye başladı—omuzlardan ağır bir yük, yüreklerden koca bir taş kalkmıştı. Diğer milletler gibi biz de, özgürlüğün tadına varacağız. Kaderimiz kendi ellerimizde; Türkiye nihayet Avrupalı milletler ailesine katılacak ve kalkınma yolunda ilerleyecektir."[54]

Siyasal özgürlük, genel olarak imparatorluğun, ama özellikle Filistin'in iktisadi, teknolojik ve kültürel olarak gelişmesinin önünü açacaktı, hatta bu gelişimin ön koşuluydu. Said el-Hüseyni de konuşmasında yeni okulları, arabaları, demiryollarını yeni düzene bağlıyordu. Yalnız da değildi. Yuri Habib Hananya da *hurriyya* ile maddi ilerlemeyi bağdaştırma konusunda benzer umutlara sahipti: "Ve şimdi, baylar, kendimizi aydınlanmış milletler seviyesine yükseltmemiz gerekir [...] Bu vatanımız, tarımsal, sınai ve ticari ilerleme için de gereklidir."[55]

İmparatorluğun yeni, vaatkâr bir döneme girdiğine dair beklentiler, hiciv basınındaki siyasi karikatürlerde ve kartpostallarda temsil ediliyordu. Osmanlı hiciv basınında, Avrupa'nın yaşlı, kambur, eciş bücüş burunlu sultanla ("Hasta Adam") temsil ettiği imparatorluk imajı, Osmanlı'daki karşılığını, II. Abdülhamid'in imparatorluğun altın devirlerini temsil eden şanlı atalarıyla karşılaştırıldığı tasvir-

---

54 "Türkiye'nin [metinde aynen] Anayasası, *Ha-Olam*'a özel ek 26 Temmuz, İstanbul," Y. Farhi, *Ha-Olam* içinde, 29 Temmuz 1908.

55 *El-Kudüs*, 17 Kasım 1908.

lerde buluyordu: Hanedanın kurucusu Osman, hayat ağacı olarak betimlenirken, Abdülhamid ölüm olarak resmediliyordu. "Kanuni" olarak anılan Muhteşem Süleyman ise, kanunları ihlal eden Abdülhamid'in zıddı olarak betimleniyordu. Bir diğer deyişle, Eski İmparatorluğun sembolü olan Abdülhamid ise Osmanlı karikatür aleminde "bir soytarı, bir karga, bir canavar, bir tiran, acınası yaşlı bir adam, köhne bir kurum, bir gölge"[56] olarak yerini almıştı.

ŞEKİL 1.5. Enver Bey ve "özgürlüğün şafağı." Öndeki iki melek devrimci subay Enver Bey'in gelişini selamlarken, gökteki melek çocuklar Osmanlı anayasasının şehit yazarı Mithat Paşa'nın portresini tutuyor. Aflalo, *Regilding the Crescent*.

Yeni İmparatorluk, fikirleri uğruna canını vermiş on dokuzuncu yüzyıl liberal entelektüelleri ve devrime öncülük etmiş Üçüncü Ordu Tugayı'nın genç ve cesur subayları tarafından temsil ediliyordu. İlk anayasanın yazıcılarından, sürgündeyken boğularak öldürülen ve bu nedenle "hürriyet şehidi" olarak anılan Mithat Paşa'nın yanı sıra Enver Bey, Niyazi Bey ve meşhur devrimci subaylar, her yerde mevcut semboller haline gelmişti. Adlarına kitaplar ithaf ediliyor, şiirler yazılıyor; kartpostallara, anı eşarplarına, seramiklere, tütün kağıtları ve tabakalarına ilham veriyorlardı ve basında yer alan sayısız takdire de konu olmuşlardı.[57] Beyrut ken-

---

56 Brummett, *Image and Imperialism*, 114 ve 130-32. Benzer bir Rus çarını eleştirme ve kutsiyetten arındırma yaklaşımı Figes ve Kolonitskii'de de bulunmaktadır, *Interpreting the Russian Revolution*.

57 Osmanlı reform hareketinin tarihi üzerine makaleler *El-Menâr*'da yayımlanmıştır. *El-Hilâl*, 1 Ocak 1909; *el-İttihadü'l-Osmani*, 1 ve 14 Ekim 1908. Devrim sonucunda üretilen engin

tinde Hürriyet Meydanı'na komşu bir sokağa Niyazi Beyin adını verildi.[58] Devlet adamına yakışır nitelikteki, gayretli, erdem, mücadele ve umudun temsilcisi bu adamlar, olumsuz ve ölümcül sultan imgesinin tamamen zıddıydı.

ŞEKİL 1.5'teki görseldeki kartpostalda görüldüğü gibi, Yeni İmparatorluk "hürriyet şafağı" başlığı ile Britanyalı bir gözlemci tarafından "Genç Türkiye'nin Garibaldi"si olarak adlandırdığı subay Enver Bey tarafından temsil ediliyordu. Resimde (çerçeve içerisinde) Midhat Paşa da resmediliyor ve şehit oluşu siyah kurdele ile gösteriliyordu. Onlara kanatlı melekler eşlik ediyordu ve cennet, bu onurlu şahıslarca aydınlık geleceğe taşınan imparatorluğa gülümsüyordu.

İkinci kartpostalda ise, on dokuzuncu yüzyılın liberal kahramanları (Namık Kemal, Midhat Paşa, Fuat Paşa) zincire vurulmuş "Osmanlı Kadını"na destek verirken, genç subaylardan Enver ve Niyazi prangalarını kırmak için çekiçle dövüyorlardı. Arka plandaki kalabalık takdir ederek izlerken, Yeni İmparatorluğun üzerindeki hayırduaları temsil eden bir melek de gökyüzünden bu olayı yönetiyordu. "Osmanlı Kadını" tekinsiz bir biçimde Fransız devrimci Marianne'i andırıyordu ve şüphesiz ki bu imgeyi kullanan ve yaygınlaştıran Osmanlılar kendilerini bu liberal geleneğin devamı olarak görüyordu.

Bu imgelerde de görüldüğü gibi, hürriyetin temsilcisi ve koruyucusu devrimci gücün ve vaatlerin iki ayağı olarak görülen Osmanlı Ordusu ve İttihat ve Terakki Cemiyetiydi. Devrimin kahramanları ve nasıl gerçekleştiği gazetelerde ve basılı yayınlarda tüm detaylarıyla yer almıştı ve şehrin tüm kahvelerinde ve meydanlarında ağızdan ağıza dolanıyordu. Niyazi Bey, o ciddi haftalara dair kendi yorumunu yayımlamış, o da hızlıca Yunanca, Ermenice, Bulgarca, Fransızca ve İngilizce'ye tercüme edilmişti. Arapça tercümesi diğerleri kadar hızlı olmayınca, Beyrutlu bir gazetenin editörü bu ihmalden yakınmıştı.[59]

Devrimci politik kültürün kurulması ve yaygınlaşması için bir diğer önemli ortam da tiyatro idi. Kazım Beyin *Nasıl Oldu* adlı piyesi de, devrimin Osmanlı milletlerindeki yankılanmasının temel öğelerine dikkat çekiyordu.[60] Oyun, sonbaharda İstanbul'da, sultanın yeni serbest bırakılmış üvey kardeşi Mehmet Reşat'ın gözetiminde, Osmanlı ordusuna kışlık giysi sağlamak için para toplamak amacıyla

---

maddi kültüre etkileyici bir bakış için bkz. Öztuncay, *İkinci Meşrutiyet'in İlânının 100'üncü Yılı*.

58 BOA, DH.MKT 2843/5.

59 *El-İttihadü'l-Osmani*, 24 Eylül 1908. 1909'da Arapça çevirisi *Havatır-ı* [Hatırat-ı] *Niyazi* adıyla yayımlanmıştır.

60 "Nasıl Oldu," Kâzım Nâmi Duru. Töre, *II. Meşrutiyet Tiyatrosu*, 98-99. Oyunun diyaloğu Buxton'dan alıntılanmıştır, *Turkey in Revolution*, 75-84.

sahneye konmuştu; eski mahkûm şehzadelerden ikisi de oyunu izlemeye gelmişti. Oyunun baş kahramanı, genç bir subay olan Behlül (Behlül Osmanlıcada "soylu" anlamına geliyordu) liberallerin gizli örgütüne katılıyordu. Liberal subayların dürtüleri açıkça Osmanlı Devleti'nin âcizliğinden duydukları üzüntüden ("bir zamanlar dünyanın en güçlüsü! [...] şimdiyse—Avrupa'nın en zayıf ülkesi!") ve imparatorluğu anayasal parlamentarizm ile canlandırma arzularından kaynaklanıyordu.

ŞEKİL 1.6. *Osmanlı Devletinin Dirilişi.* Liberal devlet adamları Osmanlı Kadınını destekliyordu ancak onu zincirlerinden kurtaran yine devrimci ordunun kahramanlarıydı. Yukarıdaki meleğin tuttuğu bayrakta şöyle yazıyor: Özgürlük, eşitlik, kardeşlik. Orlando Calumeno Collection and Archives izniyle kullanılmıştır.

Behlül, sultanın ajanlarından, milli çıkar yerine kendi terfilerinin derdine düşmüş açgözlü şahıslardan kaçmayı başarmış, İTC adına etkinliklerini sürdürürken aynı zamanda avukat olmuştu. Bir gün şansı yaver gitmemiş ve sonunda yakalanmıştı. Divanıharpte geçen bir konuşmada, Behlül'ün sultana değil, milletine sadık olduğunu açıkça ortaya koyuyordu.

> Sorgu yargıcı: Nasıl olur da sana böyle iyilikler bahşetmiş sultanına bağlı olmazsın?
>
> Behlül: İyilikleri ajanlara sorun, bana değil! Sultanın şahsıyla hiçbir derdim yok—Ben ülkem için varım, onu yıkmaya çalışan kaplanların karşısındayım. (Alkış sesleri)

Sorgu yargıcı: Peki ya kıymetli Cemiyetiniz—o size ne bahşedecek?

Behlül: Her şey. Anavatanı kurtaracak! (Alkışlar devam eder)

Tam bu esnada, devrimci bir piyade sorgu odasına dalar; mahkûmları serbest bırakır; hâkimleri, ajanları ve sorgu yargıçlarını tutuklar. Oyun, birliklerin devrimi yaymak üzere tepelere yönelmesiyle, "resmi yemin" etmeleriyle ve "'hürriyet' ve 'herkes için kardeşlik' ve 'yaşasın Anayasa!' sözleriyle dolu bir konuşma yapmasıyla sona erer. Oyun, izleyicilerini ordunun Osmanlı milletinin gerçek koruyucusu ve gelecekte nail olunacak refahın ve adaletin öncüsü ("[...] Allah bizi korusun, Allah adaleti sever!") olduğuna ikna etmeyi amaçlıyordu. "Hürriyet için Kurban Edilenler" ve "Hürriyet Savaşçıları" gibi diğer oyunlar da bu temayı öne çıkarıyordu.[61] İTC, ordu ve milletin böylesi içiçe geçmesi, İTC'nin Sidon şubesinin, "anavatanı kurtaran ve Osmanlı halkına anayasal hayatı bahşeden"[62] Enver ve Niyazi şerefine Osmanlı donanmasına iki kruvazör almak için bağış toplamasında da görülebilirdi.

Sultanın kendisi de, yalnızca devlette değil tüm "tebaa"sının aklında ve kalbinde onu gölgeyen İTC'nin artan nüfuzunu ve prestijini istemese de tanımaya ve kabul etmeye zorlanıyordu. Kendisini de örgütle ilişkili göstererek İTC'nin artan popülerliğinden faydalanmaya çalıştığı, başkanlık makamında hak iddia ettiği veya bu makama talip olduğu, ancak sonradan kendisine böyle bir mevkinin müsait olmadığının bildirildiği yönünde raporlar mevcut.[63] Sultanın sembolik olarak alaşağı edilmesi de devrimci popüler kültürde pek çok farklı yolla ifade edilmişti. Örneğin, yeni hürriyet marşı sultanın "Hamidiye" yürüyüşünün yerini almıştı.[64] Bazı kartpostallarda, sultanın sureti Enver ve Niyazi Beylerinkiyle sarılmıştı ve bu sultanı devrimci subayların popüleritesinin altında konumlandırıyor; sultanın kendi başına bir siyasi meşruiyeti olmadığını ortaya koyuyordu. Daha ürkütücü olanı, ŞEKİL 1.7'de gördüğümüz kartpostaldır. Bu kartpostalda Enver ve Niyazi, sultanın yaşlı ve yıpranmış bedenini çağrıştıran iskelet şeklindeki "despotizm" figürünün üzerinden geçiyor; sonunda sultanın İTC'nin, ordunun ve milletin

---

61 Örneğin *Hürriyet Kurbanları ve Hürriyet Fedaileri,* 1908'de İstanbul'da sahnelenen diğer iki oyunun adıydı. Yalçın, *II.Meşrutiyet'te Tiyatro Edebiyatı Tarihi.*

62 "Muharrerey el-vatan ve-mânihey el-umma el-haya el-dustûriyye." *El-İttihadü'l-Osmani,* 8 Ekim 1908. Gazetenin editörü davaya bağış yapanları ulusal adanmışlıkları ve vatansever sadakatları için övmüştür ("al-ghayra al-milliyya wa-al-hamiyya al-wataniyya"). *El-İttihadü'l-Osmani,* 14 Ekim 1908.

63 Aflalo, *Regilding the Crescent,* 114-15 ve Buxton, *Turkey in Revolution,* 99.

64 Sultan'ın haftalık *selamlığında* (geçit töreni ve Cuma namazı) Marş-ı Hürriyet'in Hamidiye Marşı'ndan önce çalındığına dair bir rapor için bkz. Knight, *Turkey.*

iradesine yenik düşeceğini ima ederek 1908 Sonbaharı boyunca popüler basında yer alacak bir duyguyu dile getiriyordu.

ŞEKİL 1.7. Enver ve Niyazi, "vatanı despotluktan kurtaran kahramanlar." Osmanlı kadını bir elinde Osmanlı bayrağını, diğer elinde adaletin terazisini tutuyor. Orlando Calumeno Collection and Archives izniyl kullanılmıştır.

Kutsal Hürriyet II: Baskıdan Müzakere ve Adalete

Sultanın imparatorluğun yalnızca siyasi lideri değil, aynı zamanda, "müminler cemaati"ni yönlendiren halife ya da Peygamber'in vekili olduğu göz önüne alındığında, Abdülhamid imgesinin, devrimci hiciv basınında "Eski İmparatorluk"u temsil eden komik-grotesk bir figür haline gelmesi sultanın otoritesinde büsbütün bir sarsılmaya işaret ediyordu.[65] Bununla beraber, sultanın ilahi vasfı ve sarsılmazlığı Osmanlı Müslüman nüfusunun bazı kesimleri için önem arz ediyordu. *El-Menâr*'da yer alan bir hikâyeye göre, bu kesimler "sultanın yaratılışını, insanlığın yaratılışı"

---

65 Sultan'ın meşruiyetinin dini temeliyle ilgili bilgilendirici bir tartışma için bkz. Karateke, "Legitimizing the Ottoman Sultanate;" Karateke, "Opium for the Subjects?" ve Deringil, "From Ottoman to Turk."

olarak görüyordu ve "onun canı için kendilerini ateşe atmaya hazır"lardı.⁶⁶ Dahası, otuz yılı aşkın saltanatı boyunca sultan, halkın gözünde kendisinin hâyırsever bir padişah ve paternal bir figür olduğu imajını yaratmıştı.⁶⁷

Bu anlamda Osmanlı sultanının ilahi-paternal-siyasi rolleri, dönemin diğer Avrasya imparatorluk hanedanlarında, Habsburglarda ve Romanovlarda da karşılığını bulmuştu. Habsburg hanedanı, İmparator Franz Joseph'in hükümdarlığı gibi geç bir dönemde bile (1848-1916) çoktan yok olmuş olan Kutsal Roma İmparatorluğu'nun koruyucuları olarak "egemen gücün tabiatında kutsal" olduğunu öne sürmüştü; bunu da Corpus Christi Yortusu ve Kutsal Perşembe ayak yıkama törenlerine katılıp, kiliseler, sinegoglar ve camilerdeki dini törenlerde bulunup imparatorluğun dindarlığını gözler önüne sererek gerçekleştirmişti.⁶⁸ Benzer biçimde Rus İmparatorluğu da, taç giyme törenleri, kilise yortuları ve "hükümdarı yücelten ve ona kutsal nitelikler atfetmeyi" amaçlayan "iktidar sahnesini" içine alan seküler kutlamalar aracılığıyla, Bizans imparatorlarının vârisi ve Ortodoks inancının koruyucuları olarak Romanov ailesine olan sadakat hissine dayanıyordu. 1830'larda resmi politika, hükümdarı milletin vücut bulmuş hali ilan etmişti ve çarlara sadakat, yirminci yüzyıl sonrasında da emperyal Rus kimliğinin önemli bir bileşeni olacaktı.⁶⁹

Yeni dönemde Osmanlı sultanına karşı ortaya çıkan eleştiriler, onun şahsının kutsiyetinden arındırılması olmadan anlam ifade edemezdi; ki bu da, makamındaki performansının dini eleştirisiyle mümkün olmuştu. Devrimin ilk aylarında Osmanlılar, sultanın "tiranlık saltanatı"ndan ne denli sorumlu olduğu, devrimcilerin taleplerine yaklaşma dürtüleri ve konumunun meşruiyeti ve doğasına dair sorular etrafındaki farklı görüşlerle boğuşmuşlardı. Başlarda, reformların ne denli köklü olacağı ve devrimin ne kadar süreceği belirsizken, gösterilerde ve bir ölçüye kadar basında, sultanın adı dualarla zikrediliyordu. Örneğin, heyecan dolu bir haberde şöyle deniyordu: "Hayırlı haberler devam ediyor: Gizli polis kaldırıldı—padişahım çok yaşa! Gazete sansürü kaldırıldı—padişahım çok yaşa! Mahkûmlar azad

---

66 Rashid Rida bu tür bir kör bağlılığı, kendi ilahi yöneticilerine Rus köylülerinin çara bağlılığından daha az bağlı olmayan Anadolu'nun köylülerine atfediyor. *El-Menâr*, 28 Temmuz 1908.

67 Sultancı patriyarkal proje üzerine bkz. Özbek, "Philanthropic Activity, Ottoman Patriotism, and the Hamidian Regime," 69-71. İran'ın Kaçar şahı da kendini "baba" ve "çoban" olarak göstermeye çalışmıştır. Tavakoli-Targhi, "From Patriotism to Matriotism."

68 Unowsky, "Reasserting Empire," 34.

69 Wortman, *Scenarios of Power*, 4; Weeks, *Nation and State in Late Imperial Russia*, 11. Ayrıca bkz. Steinwedel, "To Make a Difference."

edildi—padişahım çok yaşa!"[70] Benzer bir biçimde, Brezilya Sao Paulo'da bir kutlamada bir araya gelen Osmanlı göçmenleri konsüle sundukları, 75 cm boyundaki ve yarım metre enindeki dilekçede anayasanın yayımlanmasına izin verdiği için sultana şükranlarını sunuyorlardı. Sultana edilen bu dualar içten olabileceği gibi, basitçe tertiplenmiş, sultana olan sadakatin içselleştirilmeksizin kamusal alanda gösterilen performansı da olabilirdi.[71]

Aynı zamanda, "anayasayı bahşeden" olarak sultanın koşullu konumuna dair ifadelere de rastlamaktayız. "Hürriyetin bahşedicisi" ya da "anayasanın bahşedicisi" olarak sultanın ne şahsı ne de makamı, sabık tebaasından sadakat hak etmiyordu. Daha ziyade Osmanlı vatandaşları vaadedilen yeni düzene odaklanabilmek için sultanın eski icraatlarına dair eleştirilerini askıya almışlardı.[72] Bir başka görüş ise sultanı, Allah'ın amelleri için araç olarak tarif ediyordu—"Anayasa bahşederek ümmetimizi canlandıran muhteşem sultanımıza ilham veren Rabbimize şükürler olsun."[73] Bu bağlamda, imparatorlukta o dönemde en önemli İslami mevkiye sahip Şeyhülislam Cemaleddin Efendinin devrimin hemen ertesindeki rolü çok büyüktü; doğrusu bazı rivayetlere göre şeyhülislam sultandan çok daha üstün görülüyordu. Farklı beyanlara göre, Cemaleddin yeni anayasal düzenin fevkalade bir destekçisiydi ve bizzat kendisi II. Abdülhamid'e anayasanın şeriat kanunları ile uyumlu olduğunu bildirmişti. Halk da, Cemaleddin'in sultana, anayasanın ilan edildiği günün "her şeyhin ve her papazın, her Müslümanın ve her Hıristiyanın, her Osmanlının ve her insanın gönlüne nakşolacağını"[74] söylediğini konuşuyordu. Rivayete göre, onun kişisel müdahalesi sayesinde, sultanın İTC'nin taleplerini kabul etmemesi durumunda dökülecek kan engellenmişti ki bu da, hanedan taraftarlarının, sultanın saray çalışanlarının entrikalarının bir kurbanı olduğu ve otuz üç yıllık saltanatı boyunca liberalizme dair "hakiki" duygularının bastırıldığı yönündeki iddialarını üstü kapalı bir biçimde yalanlıyordu.[75]

Sultanın "hürriyeti bahşeden" olarak görülmesiyle elde ettiği geçici olarak ve ihtiyatlı konumuna rağmen, pek çok gazete haberi sultanın yeni dönemi kutla-

---

70 "Türkiye'nin [metinde aynen] Anayasası," *Ha-Olam*, 29 Temmuz 1908.
71 *El-Menâr*, 25 Eylül 1908. "Padişahım çok yaşa" törensel sözlerinin orduda ve devletteki işlevleri için, bkz. Karateke, *Padişahım çok yaşa!*
72 "Mānih al-dustūr." Bu noktada, sultanı anayasayı bahşeden olarak görmekle yerel halkın Osmanlı İmparatorluğu'nun karakterinin değişeceği beklentisinde olmadıklarını söyleyen Kushner'le tam olarak karşı fikirdeyim. Kushner, *Moshel hayiti bi-Yerushalayim*, 181.
73 *El-Kudüs*, 18 Aralık 1908.
74 Bkz. Buxton, *Turkey in Revolution*, 93; el-Bustânî, *'Ibre ve zikra*, 99.
75 *El-Menâr*, 28 Temmuz 1908.

yan Osmanlılar arasında da gerçek anlamda kutuplaştırıcı bir figür olduğunu gösteriyordu. Aslında liberallerin Abdülhamid'in yeni rejime bağlılığından şüphe duymak için oldukça iyi nedenleri vardı, zira imparatorluk içinde ve dışında "tiran hükümdarlığı" ile nam salmıştı.[76] Kahire'deki halk toplantısında bir araya gelen kalabalık, muhalefet partilerini ve Osmanlı ordusunun kahramanları Enver, Nuri ve Niyazi'yi ve veziri azamı desteklemesiyle bilinen sürgündeki şehzade Damad Sabaheddin'e bir tebrik telgrafı göndermeye karar vermişti. *El-Menâr*'ın editörü Raşid Rida, liberallerin taleplerine razı olduğu için sultana da şükranlarını ileten bir telgraf göndermeyi önerdiğinde, bu önerisine şiddetle karşı çıkılmıştı.[77]

El-Mukattam gazetesindeki bir diğer sıra dışı haberde ise, Şam'daki kutlamalardan birinde dini bir şahsın konuşmasına geleneksel olarak sultana dua ile başlaması üzerine, kalabalığın onu susturduğu ve "otur yerine, otur, bugün sultana dua edilmeyecek. Bugün ne onun tahta çıktığı gün, ne de doğumgünü. Gün, hürriyet günüdür ve "yaşasın hürriyet" diye haykırmayanın canı alınacaktır!" diye bağırdığını aktarıyordu.[78] Bir o kadar sarsıcı olan, Beyrut'taki mahkumiyeti sona eren Jön Türk reformculardan Fuat Paşa da anayasayı heyecanla karşılayan sadık bir halk kitlesi ile bir araya gelmişti. Rivayete göre kalabalığa, anayasa için savaşmanın, "sultanın kendisinin dahi" muhalefetine rağmen elzem olduğunu söylediğinde kalabalık şevkle desteklemişti.[79]

İmparatorluktaki yaygın sansür nedeniyle, 1908 öncesinde sultana karşı bu tür eleştiriler tabu idi; 1908 sonrasında ise sular seller gibiydi. Halka seslenmelerde, yeni özgürleşmiş basında, son otuz üç yılın yarattığı sıkıntılardan şikayetler mebzul olmuştu. Babalar, oğullar, kardeşler birbirlerinden korkar hale gelmiş, komşular birbirlerini ispiyonlamış, herkes düşündüklerini kendisinden bile saklar hale gelmişti.[80] New York'taki Osmanlı ateşesi Münci Bey bile, eylül başında Carnegie Hall'da gerçekleşen ve Başkan Theodore Roosevelt'ten gelen tebrik mektubunun katılımcılara okunduğu toplantıda sultandan "adı anılmayacak olan despot" olarak bahsediyordu. Ziyafetin katılımcıları arasında Osmanlı Türkleri, Yunanlar, Ermeniler ve Araplar

---

76 İmparatorluğa gelen yabancı gezginler, yabancı basın tarafından "Kanlı Sultan" ve "Kızıl Sultan" olarak kötülenmiş olan, sultanın sadizmi hakkında daha nice masallar döndürmekten keyif alıyor gibi görünüyordu. Örnek için bkz. Aflalo, *Regilding the Crescent*, 113.

77 *El-Menâr*, 28 Temmuz 1908.

78 Saliba'da alıntılanmıştır, "Wilayat Suriyya," 246-47.

79 "Dawn of Constitutional Era in Turkey," Ravndal, Beyrut ABD Konsolosu, 17 Ağustos 1908 (dosya 10044/58-59); NACP, Ulusal Arşivler mikrofilm dağıtımı, M862, makara 717, Beyrut, numaralı dosya, 1906-10, Dışişleri Bakanlığı merkez dosyaları, kayıt grubu 59.

80 Örneğin bkz. el-Bustânî, *'İbre ve zikrâ*; *El-Muktataf*, Kasım 1908.

vardı; basında yer alan habere göre, sultanı metheden bir Ermeni konuşmacı, diğer katılımcılar tarafından ıslıklarla yuhalanmıştı.[81] Takip eden aylarda İstanbul'daki bir gazetenin editörü, sultanı itham eden bir şiir yayımlayabilecek kadar kendine güveniyordu: "Sen ne şeytansın, şeytandan bile kötüsün!"[82] Açıkça görülüyor ki, sultanın kutsal ve sarsılmaz konumu devrimle birlikte alaşağı edilmişti.

Kudüs'ün önde gelen Müslüman ailelerinden birine mensup olan ve devrimin patlak verdiği esnada Bourdeaux'da Osmanlı konsolosu olarak görev yapan Ruhi el-Halidi'ye göre ise, Osmanlı devrimini doğuran hanedanın tiranlığından başka bir şey değildi.[83] 1908 sonbaharında, Meclis-i Mebusan'da memleketi Kudüs'ü temsil ettiği zamanlarda, Kahire basınında yer alan makaleler serisinde el-Halidi, Temmuz 1908 olaylarının itaatsizlikten ("*fevrâ*") ziyade meşru bir devrim ("*inkılâb*") olduğunu iddia ediyordu. Pek çok Arap yazarın bu iki kelime ve fenomen arasında ayrım yapmadığına dikkat çeken el-Halidi, aralarındaki esas farkın oldukça büyük olduğunu iddia ediyordu. İsyan, "tahakümden kurtulma ve boyun eğmeme ve meşru bir hükümet kurma" anlamına gelirken, el-Halidi'ye göre "devrim," "bir milletin ilerlemesini sağlar ve onu refah merdiveninde bir basamak daha yukarı taşır" idi. El-Halidi aynı zamanda gerçek bir devrimin basitçe siyasi bir değişimden ibaret olmadığını, değerlerin, adetlerin, düşüncelerin ve dilin değişimi anlamına geldiğini savunmuştu.[84] El-Halidi'nin makalesi, Hamid rejimini uzun süreden beri tenkit eden ama aynı zamanda Osmanlı vatanseveri olan Müslüman bir Osmanlı entelektüelinin siyasi görüşünü yansıtması bakımından önemliydi. Bu makale, Osmanlı vatanseverliğinin ve İslam modernizminin, ne denli imparatorluğun Batılı ve İslam karşıtı eleştirilerine karşı ve onlarla birlikte ortaya çıktığını da ortaya koyuyordu.

Bir devlet memurunun oğlu olan el-Halidi, Kudüs'teki el-Aksa Camisinde esaslı bir İslami eğitimden geçmişti; ama aynı zamanda Kudüs'teki Fransız Yahudileri tarafından kurulmuş Alliance Israelite Universelle okulunda seküler konular üzerine çalışmış; Kudüs ve Beyrut'taki el-Salâhiyye ve el-Sultâniyye okullarında da eğitim görüşmüştü. El-Halidi daha sonra, ilk Meclis-i Mebusan'da hizmet veren

---

81 *New York Times*, 7 Eylül 1908.
82 Kutlu'dan alıntılanmıştır, "Ideological Currents of the Second Constitutional Era," 57.
83 El-Halidi, *(Esbâb) el-İnkılâb el-Osmani ve-Turkiyye el-fetâ*, 3. Biyografik detaylar için bkz. Kasmieh, "Ruhi al-Halidi" ve R. Halidi, *Palestinian Identity*.
84 Kahireli iki dergide de (*El-Hilâl* ve *El-Menâr*) çıkan ve daha sonra da broşür olarak basılan yazının ismi "Osmanlı Devrimi ve Genç Türkiye"ydi. El-Halidi, *(Asbab) İnkılab-ı Osmani*. 20 Ekim 1908 tarihli el yazması versiyonu Kudüs'te Yahudi Ulusal ve Üniversite Kütüphanesi'nde korunmuştur. Aksi belirtilmedikçe alıntılanan sayfa numaraları el yazması versiyonundandır. Bu paragraftaki alıntı 2. sayfadandır.

amcası Yusuf Ziya el-Halidi'nin yanına İstanbul'a gelmiş; her ikisi de başkentten sürülmeden önce, kendisini pan-İslamist ve antikolonyal aktivist Cemaleddin el-Afgani'nin de içinde bulunduğu çevrelere dahil etmişti.

Eğitiminin ve deneyimlerinin neticesi olarak el-Halidi, İslami düşünceyi mazeret bildirmeksizin edinmiş; Batılı düşünceyi de körü körüne taklit etmeden öğrenmişti. Böylece el-Halidi'nin Osmanlı sultanına karşı gerçekleşen devrim için esas gerekçesi, sultanın liberalizmden temellenen doğru İslami prensiplerle yönetmeyi başaramamış olmasıydı. İslami yönetimleri tabiatları gereği baskıcı olarak tanımlayan Avrupalı eleştirmenlerin aksine, el-Halidi, Hamid rejimini karaterize eden tiranlığın eşitlik ve adalet öngören İslami prensiplerden değil; çok daha uzun süredir hâkim olan Asya despotizminden geldiğini kanıtlamaya çalışıyordu. Kısacası, Müslüman dünyasındaki siyasi tiranlık aslen dinden kaynaklanmıyordu; toplumsal ve tarihsel temellere sahipti. El-Halidi "Müslüman hükümdarlar bu tiranlığı Persli imparatorlardan ve Romalı Sezarlardan, Babil'deki nehirlerden ve Mısırlı firavunlardan, Cengiz Han'dan ve Timurlenk'ten devralmıştır." El-Halidi'ye göre, İslam özünde tiranlığa karşıydı, müminler arasında eşitliği getirmiş, bireysel hak ve özgürlükleri korumuş, yabancıları ve azınlıkları daha önce eşi görülmemiş biçimde himaye etmişti. Bu nedenle İslam "demokratik bir yönetimin yolunu yapmış, hukukun üstünlüğünü halka teslim etmiş ve özgürlüklerin bahşedilmesine engel olmamıştır" (3).

Bu iddiasını desteklemek için el-Halidi, İslam tarihine ve yazılı İslam geleneğine başvuruyor; Kuran'ın özellikle 3: 159. ("sert ve taş kalpli olduğun için senin yolundan saptılar") ve 42:38. (" [...] işler karşılıklı müzakereyle görülmelidir") ayetlerinden ve hadislerden yararlanıyordu.[85] Ayrıca, İslamiyet öncesi Mekke'deki tiranlığa dair olanları ve Hz. Muhammed'in bizzat kendisinin tiranlığa son verecek savaşı desteklediği ve bu savaşı dört gözle beklediğine dair hadisleri örnek gösteriyordu.

El-Halidi'ye göre, İslamiyet aslında yeni bir siyasi yönetim biçimi olan halifeliği getirmişti ve bu, İsrail'deki kabilelerden oluşan monarşi modelinden (Beni İsrail) (5) açıkça daha üstündü. İbrani kralların verasetle geçen mutlak iktidarına karşın, ilk dört Müslüman halife halk tarafından, müzakere yoluyla (şura) seçilmişti. Dördüncü halife olan Ali'den sonra, halife olmak için yaşanan iç çekişmeler Müslüman cemaatini bölmüş; Emeviler halifeliği babadan oğula geçen bir monarşiye dönüştürmüştü (MS 660-750). O dönemden sonra (717-720 tarihleri arasında halifelik yapan Ömer Bin Abdülaziz'in oğlunun, babasının ölümünden sonra halifeliği devralmadığı tek

---

85 El-Halidi, daha sonra "halka işlerinde akıl verecek" birinci *aya*nın başlangıcını anlatmaktadır. Bu bölüm, yayıncı tarafından kitap versiyonunda alıntılanmaktadır, Hüseyn Vasfi Rida.

istisnai durumun dışında) Müslüman hükümdarlar yozlaşmaya ve kişisel çıkarlarının peşine düşmeye başlamıştı ve bu durum "öncelikli görevi hanedanın ve hanedan sülalelerinin çıkarlarını" (6) korumak olan Osmanlı hanedanının büyük bir kısmı için de geçerliydi.

El-Halidi ve diğer İslami modernist reformcuların da savunduğu gibi, İslam dini hukuku, şeriat, halk anayasalarına benziyordu ancak Osmanlı İmparatorluğu'ndaki tiranlık ve adaletsizliğe yenik düştüğü için, reformlar İslamın getirdiği hürriyetleri korumak için gerekli ihtiyat tedbirleriydi. el-Halidi için kurtuluş, Midhat Paşa'nın ilan ettiği Anayasa ile başlamış, İTC'nin siyaset sahnesine adım atmasıyla nihayet tamamlanmıştı.

El-Halidi'nin İslam tarihi anlatısı, dini alimlerin iddialarından bazılarını andırması ve biçim bakımından oldukça geleneksel aynı zamanda modernistti. Makalesi, *El-Menâr* editörü Raşid Rida ya da daha belirgin bir şekilde Halepli Alim Abdül Rahman el-Kavakibi gibi İslami modernist düşünürlerin etkilerini yansıtıyordu. On yıldan az bir süre öncesine kadar, el-Kavakibi *Tiranlığın Doğası* adlı, hayli tesirli bir kitap yayımlamış ve bu kitapta Osmanlı'daki eski rejimi eleştirmek ve siyasal reformları savunmak, sorumlu ve halka hizmet edecek bir hükümdar ihtiyacını öne çıkarmak için Kurandan ve hadislerden örneklere başvurmuştu.[86]

El-Halidi'nin kendisi sultan-halifeye dair eleştirisinde ileri geri adımlar atsa da, yayıncısı Hüseyin Vasfi Rida bu konuda çok daha netti. Rida, Abdülhamid'i tam da imparatorluğun reforma hazır olduğu bir zamanda köleliği yeniden getirmekle; reformcuların hayallerini hem mecazi olarak hem de gerçekten Boğaz'ın sularına gömmekle suçluyordu. Dahası Rida sultanı, topluma ajanlar salarak "halka karşı savaş açmakla" ve Kuran'ın 4:77. ayetinde belirtildiği gibi "insanı, Allah korkusundan bile fazla insan korkusuyla doldurmak"la suçluyordu.

El-Halidi'nin makalesinin yayımlandığı tarihlerde, Süleyman el-Bustânî de "Nasihat ve Hatırlama; ya da Anayasa'dan Önce ve Sonra Osmanlı Devleti" adlı bir yazı yayımlanmıştı.[87] El-Bustânî, Beyrutlu meşhur bir Hıristiyan aileye mensup bir entelektüeldi. Arap dili ve edebiyatında on dokuzuncu yüzyıl "rönesans"ına önemli katkılar sunmuş, Homer'in İlyada'sını Arapçaya tercüme etmişti. Tıpkı el-Halidi gibi o da, sonbaharda memleketini Meclis-i Mebusan'da temsil edecekti. El-Bustânî aynı zamanda devrimin ve liberalizm vaatlerinin ateşli bir savunucusuydu;

---

86 Khuri, *Modern Arab Thought*, 132. Benzer şekilde 19. yüzyıl sonu İran politik söyleminde devlet ile millet arasında bir ayrışma gelişmiştir. Bkz. Tavakoli-Targhi, "Refashioning Iran."

87 El-Bustânî, *'İbre ve zikra*.

kökenini Tora'da ve Yeni Ahit'te gördüğü anayasal düzeni İslam ile de tamamen uyumlu buluyordu.[88]

Hıristiyan olan el-Bustânî, anayasal düzenin halifenin dini rolüne meydan okumayacağının, daha ziyade "millet-halk (*ümmet*) kendini yönetirken, halifenin haklarının da muhafaza edileceğinin, halifeliğin ve anayasal düzenin birbirini desteklediği yeni yönetim biçiminde halifenin temsili bir rolü olacağının" (15) altını çiziyordu. El-Bustânî, bu temsili rolün meşrulaşmasında "halk-milletin iradesi"ni (*irada-i ümmet*) vurguluyordu. İmparatorluktaki siyasi reformların uzun tarihini vurgulamayı amaçlayan Osmanlı imparatorluk tarihini yeniden yazarken de, devrimi Osmanlı milletinin iradesinin sahici bir ifadesi ve toplumsal bir uzlaşmanın ürünü olarak gösteriyordu. "Memleketin evladları tek bir şey düşünür olmuşlardı" (7) ve "Osmanlılar özgürlüğe hasret kalmıştı" (22) gibi ifadeleri, *ümmet*'i tarih yazımında esas fail olarak konumlandırma isteğinden geliyordu. Bu nedenle, el-Bustânî siyasal düzenin kutsal zeminine (halifelik) meydan okumadan ya da sultanı doğrudan eleştirmeden, siyasal iktidarın meşruiyetini hükümdardan millete, mutlak dini temellerden adalet ve temsili katılım kavramlarına doğru kaydırmıştı.

El-Halidi ve el-Bustânî gibi önde gelen entelektüeller, saltanatın meşruiyetine dair yeni ölçütler getirdikçe, sultan-halifenin yeni rejime bağlılığına dair sorular cevapsız kalıyordu. Dahası, anayasacı çevrelerde sultanın rolü daha da sorgulanır hale geldikçe, devrim karşıtları Abdülhamid'i hamileri ve sembolleri olarak görüyordu. *El-Menâr*'daki bir habere göre, Kahire'deki devrim kutlamalarının birinde, "Padişahım çok yaşa—Kahrolsun Jön Türkler" diye bağıran muhalif bir grup susturulmuştu.[89] Daha ürkütücü olanı, gazeteler Ekim 1908'de, başkentte, alt düzey dini görevlilerin öncülük ettiği ve muhalif gazete *Mizan* tarafından kışkırtılan anayasa karşıtı bir hareketin ortaya çıktığından bahsediyordu. Kudüs basınına ulaşan bir habere göre de, *Mizan*'ın editörü Murad Bey şöyle bir notla sultanın karşısına çıkmıştı: "Anayasayayı yok etmek için elinden geleni yapmaya hazır yüzlercesine öncülük ediyorum. Sizi temin edecekse, emrinize amadeyiz." Bu notu okuyan Abdülhamid'in yanıtı ise şöyle olmuştu: "Siz anayasaya karşı olduğumu mu sanıyorsunuz? Cihanı yok etmeye hazır olsanız dahi, halkıma mutluluk ve huzur bahşeden anayasaya aykırı hiçbir şey yapmam."[90] Sultanın muhalefetten

---

88 El-Bustânî'nin belirttiği gibi anayasal düzen (*hukm dustūrī*) bir kafir icadı (*bid'a*) değildi, aksine Antik Yunan ve Roma'dan erken İslamın dört halifesinin (*rāshidūn*) düzenine kadar önemli öncülleri bulunuyordu.

89 *El-Menâr*, 28 Temmuz 1908.

90 *Ha-Tsvi*, 26 Ekim 1908. Mizanci Murad Bey vakası tartışmaları için bkz. İslamoğlu, *İkinci Meşrutiyet Döneminde Siyasal Muhalefet*. Kör Ali vakası için bkz. Akşin, *Jön Türkler ve*

yana olmayı reddettiğini yazan gazetenin okurlar nezdinde inandırıcı olup olmamasından daha mühim olan; bu tür olayların her gün meydana gelmesi ve bir köşe yazısında belirtildiği gibi "anayasa[nın] tehlikede" olduğuna kanıt niteliği taşımasıydı. Aslında, yalnızca birkaç ay sonra sultanın kendisi yeni anayasal rejiminin en zayıf halkası olduğunu ispatlayacaktı.

"Kutsal Hürriyet" III: Dini Meşruiyetten Kutsal Devrime

Osmanlı devriminin, din adamları ve entelektüellerin, dini prensiplerle ve dini kaynaklara dayanarak siyasal değişimleri yorumladığı ve meşrulaştırdığı dini bir devrim olduğunu belirtmiştik. Bazı tarihçiler, İslami hiyerarşinin, devrimden sonra devrimci prensiplerin desteklenmesi ve teşvik edilmesinde önemli bir rol oynadığı savunmaktadır. Bu destek, en üst düzeydeki şahısla, "İslam hukuku, anayasanın kendisinden daha liberaldir" diyen ve anayasanın "İslama ikrar edenler için bağlayıcı"[91] olduğunu belirten şeyhülislamla başlamıştı. Bu görüş, dini kurumların en alt düzeyine kadar sızmıştı. Bir gazeteci, Kuran'ın anayasal düzeni emrettiğini savunan alimlerin Ağustos 1908'de İstanbul'daki Beyazıt Camisinde bir araya gelmesinden söz ediyor; başka bir gazeteci ise başkentin dini alimlerinden övgüyle söz ederek, onların "hem kendilerini hem de hemşehrilerini, Anayasa için temel dayanağın Kuran'da bulunabileceğine, despotizmin Peygamberin öğretilerinin bariz bir ihlali olduğuna, İslamın esasında demokratik yönetim biçiminden yana olduğuna inandırma maharetini göstermiş olanlar"[92] olduğunu savunuyordu.

Şamlı vaiz Cemâleddîn el-Kâsımî ve Filistinli Şeyh Muhammed Şâkir Diab el-Beytuni, İslami meşrutiyet lehine camilerde ve şehir merkezlerinde vaazlar veriyorlardı. *Kuran-ı Kerim ve kanun-i esasi* ile *Din ve Hürriyet* gibi risalelere ve pek çok islami kutsal metne meşrutiyet ve devrime dini meşruiyet kazandırmak için başvuruluyordu. Aynı şekilde, İstanbul'dan *Sırât-ı Müstakîm* (Hak Yolu) ve *el-Hilâl*, Kahire'den *el-Menâr* ve Beyrut'tan *İttihad-i Osmani* gibi gazeteler de, anayasal rejime İslami bir çerçeve kazandırmaya odaklanmışlardı. Ve nihayet, İstanbul ve başka bazı yerlerdeki İTC örgütleri, halka dini nasihatlerde bulunan, vebadan ve diğer tehlikelerden korunmalarını salık veren daha mutevazı risaleler dağıtmaya başlamıştı.[93]

İttihat ve Terakki, 139-42.

91 Buxton, *Turkey in Revolution*, 170.
92 Abbott, *Turkey in Transition*, 164.
93 Commins, *Islamic Reform*, 125-6. Mustafa Asım tarafından derlenen *Hilal*, Yuri Zeidan'ın *el-Hilâl*'i ile karıştırılmamalıdır. İttihat ve Terakki bölümlerinde bkz. Hanioğlu, *Preparation for a Revolution*. Aryıca bkz. Abu Manneh, "Arab Intellectuals' Reaction to the Young Turk Revolution."

Siyaset ile dinin böylesi iç içe geçtiği dini bir toplum için, yukarıda anlatılanlar şaşırtıcı değil. Aynı zamanda din, 1908 devrimini beklenmedik bir biçimde etkilemişti. Fransız tarihçi Mona Ozouf'un dediği gibi "yeni hayat, inanç olmaksızın tahayyül edilemezdi" ve bu eskiden yeniye doğru devrimci bir "kutsiyet nakli" anlamına geliyordu.[94] Osmanlı devrimine ilişkin popüler ikonografide dini ve yarı-mesiyanik imgelere, dilsel kullanımlara ve beklentilere rastlamak mümkündü. *Hürriyye* bir canlanma sürecine girmiş ve şaşırtıcı bir biçimde, söylemsel ve ideolojik olarak kutsiyet kazandırılmıştı. Siyasi bir kavram olmanın ötesinde hürriyye "soylu bir kavram" muamelesi görüyor ve ona dair her şeye karşı derin bir ihtiram gösteriliyordu. *Hürriyye*, bağlılık, aşk ve şahsi feragat talep eden yeni bir din haline gelmişti. Dini tutku ile yeni düzen arasındaki bu bağlantı (*asr-ı mübârek*) hem aşikârdı, hem de değildi. Halk nihai olarak hürriyenin kendisine bağlıydı çünkü o, en kutsal salâhiyet kaynağıydı. Özetle, hürriyye Osmanlı vatandaşlığı "dünya[sının] kur[ul]ma[sın]da" güçlü bir semboldü ve hem birey ile devlet hem de vatandaşlar arasındaki bağın yeniden inşaasında kutsal bir kaynak haline gelmişti.

Kudüs halkı, valinin, devrimin hemen ardından tüm kâtiplerden, subaylardan ve polisten anayasayı ve kanunları koruyacaklarına "Allah huzurunda yemin etmelerini" talep etmesine tanık olmuştu.[95] Osmanlı dünyasının dört bir yanından da yeni düzene övgüler yağıyordu. Şam'daki ABD konseyi, toplanan bir kalabalığın "oldukça liberal" görüşlerini dile getirmesinin ardından, bir subayın halkın "bir daha tiranlık hükmedecek olursa, ne pahasına olsun onu alt edeceklerine" yemin etmelerini istediğini bildirmişti. Herkes, özgürlük uğruna karısını, çocuğunu ve kendini kurban etmeye hazır olduğunu vakarla ifade etmişti! Bu vakur yemininin ardından, "Hürriyet, Ordu ve Sultan"[96] üç defa ve her biri üçer kez selamlanmıştı. Aslında basında yer aldığı şekliyle, devrim kutlamalarında yapılan pek çok konuşma, dini hutbelere benziyor; büyük bir kısmı önce konuşanın söylediği, ardından dinleyicilerin tekrar ettiği "amin"le sona eriyordu.

Anayasa *hürriyye* dini için kurucu metin haline gelmişti—sıklıkla kutsal kitapları betimlemek için kullanılan ifadelere başvurularak, "aziz anayasa" (*düstûrü'l-kerim*)

---

94 Ozouf, *Festivals and the French Revolution*, 276.

95 *Ha-Haşkafa*, 11 Eylül 1908. Benzer bir alıntı için bkz. Aleppo, in Watenpaugh, "Bourgeois Modernity," 37.

96 ABD Şam Konsolosu Nasif Meshaka'dan ABD Beyrut Konsolosu Ravndal'a, 10 Ağustos 1908 (dosya 10044/58-59); NACP, Ulusal Arşivler mikrofilm dağıtımı M862, makara 717, Beyrut, numaralı dosya, 1906-10, Dışişleri Bakanlığı merkez dosyaları, kayıt grubu 59.

veya "kutsal anayasa" (*düstûrü'l-mukaddes*) olarak anılıyordu.⁹⁷ İmparatorluktaki Yahudiler de kendi dini imgelemlerine başvurarak, anayasaya "yeni Tora" diyorlardı: "Kudüs artık uyandı. Üç dini ile birlikte, dini bütün ve mutevazı Kudüs, Türkiye halklarına bahşedilen yeni Tora ile uyandı [metinde aynen]." Güney Filistin'deki Hebron'da Ağustos ayı ortalarında gerçekleşen kutlamalarda, Yahudi gençliği bir yüzünde altın harflerle On Emir, diğer yüzünde İbranice ve Arapça gümüş harflerle "Yaşasın eşitlik, özgürlük, kardeşlik" yazan bir bayrak hazırlayarak, iki yüz arasında, en azından (ahlaki değilse de) görsel bir birlik sağlamışlardı.⁹⁸ Başka bir yerde ise, Kudüs'teki Manorit Patriyarkı vekili, toplanmış kalabalığa "kardeşlik ve birliğe yemin ettik, meşrutiyet yolunun başında durmak bu yemini bozmak, günaha girmek"⁹⁹ anlamına gelecektir diyordu.

Tüm bunlar bir ölçüde dil ve kültürün sınırlarıydı—tüm Müslüman, Hıristiyan ve Yahudiler dini geleneğin her düzeyde damga vurduğu bir toplumda yaşıyordu ve Kuran'ın dili Arapça ise dini akisle yüklüydü. Dini ifadelerin yeni düzen için seferber edilmesi bazı açılardan son derece doğaldı ancak devrim ve simgesi olan *hürriyye* kutsal değer kazandığı ölçüde, saygısızlığa da maruz bırakılıyordu. Makedonya'nın devrimdeki öncü rolüne övgüler düzen Filistinli şair İsaf el-Naşaşibi şöyle diyordu: "Makedonya'dan geldi bize hayat. Adaletin ışığı oradan yandı. Hakikat Makedonya'dan, Osmanlı milletinin nuru hürriyet Makedonya'dan geldi. Ah Makedonya [...] *Sen bizim ikinci Kâbemiz, öteki kıblemizsin.*"¹⁰⁰ Kâbe, İslam için en kutsal yerlerden biriydi ve Mekke'ye yapılan hac yolculuğunun ana durağıydı. Kıble de Müslümanların dua ederkenki yönünü, Mekke'yi gösteriyordu. El-Naşaşibi Makedonya'yı Mekke seviyesine yükselterek, yalnızca *hürriyye*nin kutsal değerini vurgulamakla kalmıyor, aynı zamanda devrim öncesi dönemi (ve akabinde karşı devrimci düşünceyi de) Arap yarımadasında Peygamberden önceki dönemi ifade eden cahalet devrine, *cahiliye*ye, benzetiyordu. Dahası kutsal ile seküler zaman ve mekânı bir araya getiren El-Naşaşibi, Osmanlı milliyetçiliği ve ulus devlet kurma projesine yön vermeden dini karmaşık rolüne dikkat çekiyordu. Başka bir deyişle, anayasanın doğduğu yere ve temsil ettiklerine kutsiyet atfeden El-Naşaşibi, saltanatın meşruiyetinin ve ona olan bağlılığın kutsal kaynaklarına alenen meydan okuyor, Osmanlı milleti ve Osmanlı anavatanına olan bağlılığa dair yeni parametreler geliştiriyordu.

---

97 Bu, doğrudan Kuran-ı Kerîm'le paraleldir.
98 Kudüs'ten rapor, *Ha-Olam*, 4 Eylül 1908; *Ha-Haşkafa*, 21 Ağustos 1908.
99 Monsignor Yusuf al-Mu'allam, in *El-Kudüs*, 18 Aralık 1908.
100 "İnti kâbetunnâ es-sânîyye inti kıbletunnâ el-uhra." Vurgu bana ait. *El-Kudüs*, 11 Mayıs 1909.

Milliyetçilik çalışmalarında önde gelen isimlerden Anthony Smith, din ile milliyetçiliğin daha önceki araştırmacıların tahmin ettiğinden çok daha fazla iç içe geçtiğini savunur. Milliyetçiliği özü gereği seküler ve modern bir fenomen olarak görmekten, dinin işlevsel bir biçimde ikame edilmesine ve dini sembollerin milliyetçiler ve milliyetçi hareketlerce araçsallaştırılmasına bakmaktan ziyade; Smith dinin milliyetçi hareketlerde süregelen kullanımının nedeni olarak insanların hayatındaki geçerliliğine ve sembolik önemine odaklanıyordu.[101] Osmanlı milliyetçiliğinin; dini bilince, sembollere ve karmaşık ve çok derin biçimlerde Osmanlı vatandaşlarının kutsiyetine hapsedildiğini göreceğiz.[102]

Cemaat Hürriyeti

Hürriyet, reform ve istişare söylemi, devlet kurumlarına odaklanmayı sürdüremedi ve dikkate değer bir biçimde geriledi. Yeni hürriyye ruhundan etkilendiklerini öne süren Kudüs'teki üç dini cemaatteki—Ermeni, Rum Ortodoks ve Yahudi— ıslahatçılar, kendi cemaatleri içinde değişim için zorlu mücadeleler verdiler. Bu üç grup, rahiplerin ve hahamların baskıcı idaresinden özgürleşme, kendi cemaatlerinin toplantılarında karar alma süreçlerine katılım, yeni bir ıslahat ve modernite ruhu talep ettiler. Özgürlük ve eşitlik dili, Filistin'de yaşayan pek çok Hıristiyan ve Yahudinin yalnızca birer Osmanlı olarak değil, Osmanlı Hıristiyanları ve Yahudileri olarak, cemaat içindeki yaşantıları iyileştirme ve yeniden düzenleme yönündeki çabalarını teşvik etmişti.[103]

Bu üç cemaatsel devrimin en geniş ölçekli ve en uzun sürmüş olanı "Ortodoks Rönesansı" olarak bilinen Rum Ortodokslarının ıslahat mücadelesi, yabancı ruhban sınıfı ile yerli Arap nüfusu arasında temsil ve güç paylaşımı prensipleri üzerine başlamıştı.[104] Kudüs'teki Rum Ortodoks Patrikhanesi, Yunanistan'dan gelip Kudüs'te

---

101 Bkz. Smith, "'Sacred' Dimensions of Nationalism," 811.

102 Osmanlı sonrası Suriye milliyetçiliğine bakışında, tarihçi James Gelvin benzer şekilde "İslamın bağları ulusal bağları örnekledi, onlara aykırı düşmedi veya yerine geçmedi" ve "İslam sembolleri milliyetçi sembolleri popüler metinlerden çıkarmadı, bunun yerine çoğu metinde iki sembol dizisi tamamıyla birleşti" diye savunmaktadır. Gelvin, *Divided Loyalties*, 187-88.

103 Ermeni isyanı hakkında, Ermeni halkının Osmanlı hükümeti tarafından atanmış Ermeni Patrikinin düşürülmesini talep ettiği dışında fazla bir bilgimiz yoktur. Patrikhane üzerine mücadele 1910'a kadar devam etmiş; Ermeniler pek çok kere daha dini liderliği engellemeye çalışmışlardır. Bkz. *ha-Tsvi*, 6 Kasım 1908; *Ha-Olam*, 22 Aralık 1908 ve *Ha-Herut*, 9 ve 14 Şubat 1910.

104 Rum Ortodokslar, Filistin'deki Hıristiyanlar arasında en etkili ve sayıca en fazla olanlardı; Kudüs vilayetindeki Hıristiyanların yüzde 60'ını oluşturuyorlardı. Schmelz, "Population

eğitim gören ve yetişen bir grup bekar keşişten oluşan Kutsal Mezar Kardeşliği tarafından yönetilirken; evli Arap rahiplerin oluşturduğu daha alt seviye ruhban sınıfı ve yerli halk, cemaat hayatında karar alma ve temsil süreçlerinden büyük ölçüde dışlanıyordu.[105]

Rum Ortodoks devriminin genç liderlerinden biri de, daha önce bahsettiğimiz, Amerika'dan Kudüs'e dönen genç öğretmen Halil Sakakini idi. Sakakini yaşlı hocası Yuri Zekeriya ile birlikte, cemaatin ihtiyaçlarını ve haklarını tespit edebilmek için gayri resmi bir komisyon oluşturmuştu. Sakakini "her ne kadar hükümetin tiranlığından kurtulmuş olsak da, dini liderliğin [tiranlığının] hükmündeyiz [...] Amacım [...] dini, politik ve ahlaki olarak başta olmayı hak etmeyen Rum boyunduruğundan kurtulmaktır."[106]

Kanuni Esasi'nin 111. maddesine göre, her dini cemaatin kendi seçtiği bir konseyi olacaktı. Rum Ortodoks ıslahatçıları da konseylerine Kudüs dışındaki bölgelerden de temsilcilerin dahil edilmesinde ısrar ediyordu çünkü bu talep esasında Filistin'deki Rum Ortodoks Arapların birleşmesine yönelik bir çağrıydı. Bu konsey, cemaat okullarını, kiliselerini, onların dini yükümlülüklerini ve mallarını denetleyecekti. Ayrıca başpiskoposluklar ve yerel dini liderlikler kurulacaktı. Dahası komite, Kudüs'teki önde gelen okulun, Filistin'in her yerinden gelen "milli Osmanlı Ortodoksu" öğrencileri kabul etmesini ve onlara yüksek edebiyat ve ilahiyat eğitimi vererek papazlığa hazır olmalarını sağlayacak şekilde eğitmesini talep ediyordu.[107]

Aslında yerli Hıristiyanların taleplerindeki temel unsur, yerli kültür pahasına yabancı dini liderliğin Hellenleştirme hedeflerine karşı muhalefetti; yabancı etkisine, Osmanlı İmparatorluğu'nun boyunduruk altına alınmasına ve nefret ettikleri Yunanistan'a karşı şikayetleriyle de birleşiyorlardı. Kudüs'teki Rum Ortodoks

---

Characteristics of Jerusalem and Hebron Regions," 27-29. Kudüs Patrikhanesindeki Rum Ortodoks Patrikin 1904 yılındaki resmi nüfus kayıtlarına göre, toplam nüfus 49,596 idi. Bunların 6,000'i Kudüs'te, 3,600'ü Beytüllahim'de, 4,340'ı Beit Yala'da, 4,500'ü Ramallah'da, 2,900'ü Yafa'da, 3,040'ı Nazaret'te, 1,500'ü Akka'da, 1,600'ü Hoson'da, 3,000'i El-Salt'ta, 1,600'ü Kerak'ta bulunuyordu. Hoson, Kerak ve el-Salt, Kudüs vilayetine bağlı değildi; Suriye vilayetinin sınırında kalıyordu. Bertram ve Luke, *Report of the Commission Appointed by the Government of Palestine*, 9.

105 Konunun arka planı hakkında bilgi için bkz. Khuri, *Hulâsat tarih kenîsat Orşelîm el-Ortodoksiyye.*; Kazakiya, *Tarih el-kinîsa er-resuliyye el-Orşelîmiyye*; Malak, *Ta'ifet er-Rum el-Ortodoksi 'abr et-tarih*; Tsimhoni, "Greek Orthodox Patriarchate of Jerusalem" ve Tsimhoni, "British Mandate and the Arab Christians in Palestine."

106 30 Eylül 1908 ve 11 Ekim 1908, El-Sakakini, *Kadha ana ya dunya* içinde, 39-40

107 "Demands of the Orthodox of Jerusalem [Patriarchate]," sayı 11, Ocak 1909. ISA 67, peh/416:32.

cemaatinin yüzde 85'inin Arapça ve yalnızca yüzde 15'inin Yunanca konuşuyor olmasına rağmen, yirmi sekiz Rum Ortodoks kilisesinden yalnızca üçü Arapça hizmet sunuyordu.[108] Yafa'daki Rum Ortodoks entelektüeller "Aryan Hıristiyanlığı"na karşıt olarak "Semitik Hıristiyanlığı"nı yaymaya başlamışlardı ve bu fikri geliştirmek için taşradaki kasabalara delegeler gönderiyorlardı. Başka bir deyişle, Rum Ortodoks ıslahatçıları, cemaatlerindeki devrimi milliyetçi ve vatansever renklere boyama konusunda oldukça dikkatliydi. Pek çok dini lider Kudüs valisi ile görüşmüş, eve dönüş yolunda Osmanlı bayrakları sallayarak onları karşılayan dindaşları tarafından karşılanmıştı.[109]

Bütün bunlar olurken, Kudüs'te ve Yafa'da pek çok sayıda büyük ölçekli gösteriler düzenlenmiş protestocular, kiliseleri ve manastırları işgal etmiş, barikatlar kurmuş, kiliseye mensup olanlar Beytüllahim'deki Doğuş Kilisesindeki yıllık Hıristiyan toplantısını boykot etmiş ve cemaat taleplerini merkezi hükümete ulaştırabilmek için İstanbul'a delegeler göndermişlerdi. Buna karşılık Aziz Sinod, isyana teşebbüs eden yerlileri cezalandırmaya karar vermiş, yoksullara yiyecek yardımını kesmiş ve cemaatin kafa vergisi ödemesini ve halka ait apartmanlardan (ki daha önce cemaat mensupları kira ödemiyorlardı) kira talep etmişti.[110]

Patrikhane, yerlileri etkisiz hale getirebilmek için Kudüs'teki yabancı konsolosluklardan yardım talep etmiş, Osmanlı hükümetinin müdahale etmemesinden şikayetçi olmuştu. Aslında merkezi hükümet, ilk başta müdahale etmişti ve bu müdahale Rum Ortodoks Arapların lehineydi: İçişleri Bakanı Kudüs valisine gönderdiği telgrafta, Patrikhane'yi, bütün olaylar yatışıncaya dek Hıristiyan kiracıları evlerinden çıkarmalarının mümkün olmadığı konusunda bilgilendirmeyi emrediyordu.[111] 1909 yılının ocak ayının sonunda, hükümete bağlı bir komisyon olayı incelemek için Kudüs'e gelmiş ve tren istasyonunda yüzlerce Kudüs yerlisi tarafından karşılanmıştı. Rum Ortodoks cemaatinin ileri gelen üyelerinden biri olan Eftim Muşabbak, dindaşları adına coşturucu bir konuşma yapmıştı: "Beyler,

---

108 Alman Konsolosluğu, Kudüs, Reichskanzler von Bülow'a, 18 Ocak 1909. ISA 67, peh/416:32.

109 *Ha-Tsvi*, 31 Aralık 1908.

110 Bkz. J. Falanga'dan (Yafa) İngiliz Konsolosu Blech (Kudüs), 30 Aralık 1908; JNUL-M 4o1315/64 ve Alman konsolosluğu raporu, 19 Ocak 1909; ISA 67, peh/416:32. O dönem görev yapan Alman konsolosunun belirttiği gibi, "Doğuş Kilisesindeki Kutsal Gecesinde, silahlı refakatçileri eşliğinde, elinde haçla bir sağa bir sola bereket duası dağıttığını görmek çok şaşırtıcıydı." Alman Konsolosu, Kudüs, Reichskanzler von Bülow'a, 18 Ocak 1909. ISA 67, peh/416:32.

111 Alman konsolosu raporu, 19 Ocak 1909. ISA 67, peh/416:32; Kazakiya, *Tarih el-kinisa er-resuliyye el-Orşelîmiyye*, 192.

Komite Üyeleri, bugün burada olan herkes, nesiller boyu bu ülkede yaşamış olan herkes yüzlerce yıldır adalet ve hukukun üstünlüğünü diledi! Komiteden her şeyi önyargısız bir biçimde araştırmasını istiyoruz: Biz haklarımızı ve kendi ülkemizde özgür olmayı talep ediyoruz. Yabancı Rumlara tabi olmak istemiyoruz."[112]

Aynı yılın şubatında, Yerli Arap Rum Ortodokslar ile dini liderlikleri arasındaki mücadele açıktan bir savaşa dönüşmüştü. Her iki tarafta kayıplar artıp, Yunanlı dükkanlara ve ziyaretçilere saldırılar devam ettikçe, ordu sokaklarda devriye geziyor, pek çok mağaza kepenk indiriyordu.[113] Sonraki iki yıl boyunca, Kudüs'teki Rum Ortodoks Araplar bazı imtiyazlar elde etmeyi başarmıştı ve 1910 seçimlerinin sonunda, farklı cemaat üyelerinden oluşan konsey nihayet kurulabilmişti.[114]

Filistinli Hıristiyanlar kendi cemaatlerinin haklarını korumak için yeni siyasi düzenin mantığını ve retoriğini kullandıkça, meşrutiyetin yapısının ve dilinin cazibesi ve gücü daha da belirgin hale geliyordu. Rum Ortodoks rönesansı, cemaatin birliğini sağlamak için tüm Filistin'deki ve Ürdün Nehrinin doğusundaki Rum Ortodoks Hıristiyanları bir araya getirmeyi amaçlıyordu. Devrimin liderlerinin gözünde bu, büyük bir zaferdi: "Rönesanstan önce her Ortodoks kendi hayatıyla ilgiliydi, kendisi için yaşıyor ve kendi çıkarına olan işlerle ilgileniyordu [...] [Şimdi ise] [...] Ortodokslar yeni bir hayata, kendi milli hayatlarına başladı."[115] Sonuç olarak, devrim Rum Ortodokslar ile Müslüman komşuları arasındaki bağları kuvvetlendirmiş, cemaatler arasındaki sınırları "zamanın ruhun"da bir araya getirmeyi ve aşmayı hedefleyen bir yerellik hissinin tohumlarını ekmişti.[116]

Rum Ortodoks isyanının ruhu, Kudüs'teki diğer dini cemaatlere de sıçramıştı ve benzer bir özerklik ve hürriyet arayışında onları teşvik ediyordu.[117] Islahat zih-

---

112 *Ha-Tsvi*, 10 Şubat 1909. Editör, muhtemeldir ki Yahudi okuyucuları kışkırtıp benzer şekilde davranmaları niyetiyle, Hristiyan Arapların "kendi hakları için mücadele etmeyi" bildiğine dair bir not düşmüş.

113 Albert Antébi'den Dizengoff ve Saphir'e, 26 Şubat 1909. AAIU, İsrail-IX.E.26.

114 "The Present Conflict Between the Laity and Clergy of the Greek Church of Palestine," Thomas R. Wallace, 18 Ocak 1909; NACP, Ulusal Arşivler mikrofilm dağıtımı M862, makara 102, Kudüs, numaralı dosya, 1906-10, Dışişleri Bakanlığı merkezi dosyaları, kayıt grubu 59. *El-Filistin,* konsey toplantılarının notlarını aynen "Ortodoks İlişkileri" köşesinde düzenli olarak yayımlıyordu.

115 Sakakini, "Al-Nahda al-Urthudhuksiyya fi Filastin."

116 *El-Filistin*, 15 Temmuz 1911.

117 Kudüs'teki Amerikan konsolosu, "her hürriyet sevdalısının, yerli cemaatin kadim haklarından bir kısmını geri alabileceğine dair umudu yeşermişti" diyerek isyanın Kudüs'teki başka kiliseler tarafından desteklendiğini iddia ediyordu. "The Present Conflict Between the Laity and Clergy of the Greek Church of Palestine," 18 Ocak 1909. 1909'da Tiberya

niyetli Sefarad Yahudileri, bu isyanda değişim için (*el pleyto* olarak bilinen) kendi içsel mücadelelerini görmüştü ve Yahudi basını bu konuya geniş yer ayırmıştı. İsyanın patlak vermesinden sonraki ilk birkaç haftada, İbrani gazetesi *Ha-Tsvi* yerli Hıristiyanların çabalarına destek olarak özel bir sayı hazırlamıştı: "Bu, yalnızca Rum Kilisesi için değil, tüm yurdumuzun kamusal hayatı için önemli bir hareket. Hürriyet, her şeyden önce anayasanın meyvesidir [...] [Taleplerinin adil olup olmadığını bilmiyoruz, ama yine de] önemli hakları için savaşanlara yakınlık duymadan edemeyiz."[118]

Rum Ortodoks devrimini "mühim belaların" başlangıcı olarak gören Latin Patriki Camassei'yi endişelendiren tam da bu, cemaat isyanlarının ruhunun yayılmasından duyulan korkuydu.[119] Diğerleri de, çok geç olmadan hürriyeti sınırlandırmaya çalışacaktı.

Hürriyetin Sınırları

Büyük şehirlerin dışında, bilgiye erişimin olmaması, yerel deki devlet memurlarının şahsi yönelimleri ve önemli şahısların liderliği, Osmanlı devriminin ne zaman, nasıl gerçekleştiğini ve hangi sınırlara ulaştığını hayli etkiliyordu. (Akka şehrindeki Galilee'deki) Kuzey Safad halkı, yeni meşrutiyet rejiminin resmi olarak ilan edilmesinden yaklaşık iki hafta sonra ıslahatlardan "anca haberdar olmuştu;" yerel vali vekilinin denetimindeki resmi kutlamalar da onları harekete geçirmek için yeterli olmamıştı.[120]

Çok az tarihsel kaynak, şehirli işçilerin, köylülerin veya kırsaldaki çiftçilerin—şüphesiz imparatorluk nüfusunun büyük çoğunluğunu oluşturan—seçkin ve okuryazar olmayan Osmanlıların tepkilerini ve tavırlarını belgelemektedir. Onların sessizliği, siyasi güçsüzlüğü akla getiriyordu—söylenenlere göre İTC kitleleri hakir görmüş ve onları kendi siyasi ülküleri için kullanmıştı.[121] Bazı İTC önderleri için,

---

yerel konseyi, Yahudi cemaati için Hıristiyan bir temsilci atayarak Yahudileri dehşete düşürmüştü. Cemaat, yardım için Beyrut merkezli Yahudi avukat Şlomo Yellin'e başvurmuş ve anayasanın hangi maddelerinin onlara hangi hakları tanıdığını bilmek istemişti. 15 Temmuz 1909 ve 15 Ağustos 1909. CZA, A412/24.

118 *Ha-Tsvi*, 25 Aralık 1908.

119 Filistin Fransız Başkonsolosluğundan (G. Gueyrand) M. Pinchon'a, Dışişleri Bakanlığı, Paris; 3 Mart 1909; MAEF, 132 numaralı mikrofilm makarası, Correspondence Politique et Commerciale/Nouvelle Série (Turquie). Aslında, aylar sonra *El-Kudüs*'te yayımlanan bir köşe yazısında, çocuklarının yerli değil, yabancı papazlar tarafından vaftiz edilmesinde ısrarcı olan Beytüllahim'deki yerli Katolikler kınanmıştı. Hanania, "Jurji Habib Hanania."

120 Bkz. *ha-Olam*, 2 Ekim 1908 ve 9 Ekim 1908; *ha-Haşkafa*, 1 Eylül 1908.

121 Hanioğlu, *Preparation for a Revolution*, 310.

vekil hükümeti (parlamento), devletin olumsuz gücüne meydan okumak için gerekli bir belaydı; hatta vekiller "halkın temsilcisi" olmaktan ziyade, "devletin ajanı" olarak görülmekteydi. Bu bağlamda, İTC lideri Ahmed Rıza'nın şu sözlerine yer verilmekteydi: "Aptalların siyasetle iştigal etmesine izin verilmemeli. Fakat ne yazık ki, şimdi vekil oldular ve bu, kitlelerin, devletin ve milletin hayatında ve akıbetinde rol oynamasını sağlayan bir hürriyet zaafiyetidir."[122]

Genç romancı Halide Edib Adıvar, İstanbul'da anayasanın yeniden yürürlüğe konmasının hemen ardından, İTC lideri Doktor Rıza Tevfik'in kutlamalara katılmış olan bir grup Kürt hamala rastladığında yaşanan bir olayı şöyle anlatıyordu: "Anayasa ne demek, anlatın bize' diye sordu hamallar. Anayasa öyle şahane bir şey ki, bilmeyenler eşektir,' diye cevap verdi. 'Öyleyse biz, eşeğiz,' diye haykırdı hamallar. 'Sizin babalarınız da bilmezdi. Öyleyse diyin ki, biz eşekoğlueşeğiz,' dedi Rıza Tevfik. Hamallar da 'eşekoğlueşeğiz' diye haykırdı yeniden."[123]

Alt sınıflar için, tam kavranmamış yeni fikirler, eski himaye ve siyasi bağlılık biçimleriyle örtüşüyordu. *El-Mukattam* gazetesi, Suriye vilayetinden Beni Şakir kabilesi şefinin şu sözlerini aktarıyordu: "Ben anayasanın ne olduğunu bilmiyorum; ama and içerim [ki ona bağlıyım]. Eğer Şam valisi ve bu bölgenin vekil valisi ona ihanet ederse, ben de ederim. Eğer inançla ve dürüstçe ona bağlı kalırlarsa, ben de kalırım."[124] Gazete okurları için, bu haberin özellikle imparatorluğun kötü yönlendirilmeye müsait "geri kalmış" sınırlarındaki memurları eski düzenin iktidar anlayışından arındırması oldukça elzemdi.

Sonuç olarak orta ve üst sınıflar, köylüleri ve eğitimsiz kesimi dikkatle izlemeye başlamıştı—bir yandan devrimi desteklemeleri için katılımlarını teşvik ederken, diğer yandan toplumsal olarak üstün konumda olanların koyduğu sınırları kabul etmelerini sağlamaya çalışıyordu. Kudüs'teki pek çok mitingde "yoksul ve sefil" köylülere başvurulmuştu. Konuşmacılar köylünün yükünü hafifletmek için vergilerin düşürülmesi gerektiğini söylüyorlardı. Ayrıca köylülerin hakları da hükümetin yozlaşmasına ilişkin iddialarda merkezi öneme sahipti. Bir konuşmacı tutkuyla şöyle bir talepte bulunuyordu: "Ben [köylünün] omuzlarından tiranlığı kaldırmanızı ve köylünün parasını çalan hükümet despotlarını kovmanızı istiyorum. Köylüyü

---

122 Agy., 311.
123 Adıvar, *Memoirs of Halide Edip*, 260.
124 Saliba'dan alıntılanmıştır, "Wilayat Suriyya," 250-51.

ezenlerin evlerine bir bakın; köylülerin parasıyla nasıl da mutlular, ipekler içinde oturuyorlar."[125]

Ataerkilliğe meydan okunmuşsa da, köylülerin, işçilerin ve kabilelerin hürriyet yorumları diğer sınıfların çıkarı ile doğrudan çatışıyordu. Bu dönemdeki ilk işçi grevleri, İTC tarafından acımasızca bastırılmıştı. Kuzey Filistin'deki Kufr Kana'lı köylü devrimcilerinden gelen haberler, onları serseriler ve hırsızlar olarak yaftalıyordu. Köylülerin ev sahiplerine karşı, Suriye vilayetindeki Acem Vadisi bölgesinde gerçekleştirdikleri bir başka isyan da, ancak bir köylünün vali vekili tarafından gönderilmiş bir jandarma tarafından vurulmasıyla sona ermişti.[126]

Aylar geçtikçe pek çok kişi, "cahiller"in *hürriyye*yi yanlış anladığını ve onlar için, anarşi ve toplumsal düzenin tahammül edilemez biçimde ihlal edilmesi anlamına geldiğini görmüş oldu. Hayfa'daki Amerikan konseyi oldukça soğuk bir biçimde, "özgürlüğün ilan edilmesinden bu yana yerliler, özgürlüğünü kazanmış ama kendilerini kanunun sınırları dahilinde nasıl tutacağını bilmeyen, kötü muamele görmüş köleler gibi davranıyor,"[127] diyordu. İstanbul'a gelen bir başka yabancı seyyah da benzer gözlemlere sahipti:

> "Köprü ücreti mi?" diye sordu Galata Köprüsünü geçmekte olan bir kadın. "Neden ödeyecekmişim? Artık hür değil miyiz?" Hıristiyan birini vurduğu için Jön Türkler tarafından ölüm cezasına çarptırılan Arnavut, "Sizin hürriyet dediğiniz bu mu?" diye soruyordu. İnsanlar "kendilerini İTC mensubu gibi gösteriyor," sadrazamın dilini kullanıyor ve insanları verginin kalktığına inandırmaya çalışıyorlardı. Küçük bir çocuk motorlu taşıt süren bir yabancıya taş atmıştı. Yabancı onu azarlayınca da, çocuk şu cevabı verdi: "Bu benim hürriyetim!" Bu cevap üzerine yabancı çocuğun kulağını çekince de, oradan geçen başka bir genç de "Peki," dedi, "bu da senin hürriyetin."[128]

Bir başka deyişle, 1908 devrimi, imparatorluğun orta sınıflarının emperyal sahnede yer almak için mücadele etmesine tanık olmuştu; ancak ne orta sınıflar ne

---

125 Şeyh Muhammed Şakir Diab Baytuni, *el-Kudüs* içinde, 14 Mayıs 1909. Ayrıca bkz. "The Holiday of el-Liberal," Avraham Elmaliach, *Ha-Haşkafa*, 9 Ağustos 1908. İttihat ve Terakki'nin siyasi platformu, toprak reformu için destek de içeriyordu.

126 Bkz. Quataert, "Economic Climate of the 'Young Turk Revolution' in 1908;" 27 Aralık 1908. CZA J15/6342; Saliba, "Wilayat Suriyya," 253. Ayrıca Hayfa yakınındaki köylülerin Hristiyan ve Müslüman toprak sahiplerine karşı isyanına dair nota da bakınız. Franck'den Antébi'ye, 8 Kasım 1908. AAIU, İsrail-VIII.E.25.

127 Ravndal'dan Leishman'a, 23 Şubat 1909 (dosya 10044/130-33); NACP, Ulusal Arşivler mikrofilm dağıtımı M862, makara 102, Kudüs, nümerik dosya, 1906-10, Dışişleri Bakanlığı merkez dosyaları, kayıt grubu 59. Ayrıca bkz. *ha-Tsvi*, 6 Ocak 1909; Vester, *Our Jerusalem*, 222.

128 Buxton, *Turkey in Revolution*, 101.

de devrimin mimarları, bazı sosyoekonomik sınırları—ki bunlar, *hürriyye*nin en belirgin sınırları olan—altüst etmeye yeltenmemişti.[129]

Toplumsal cinsiyet ilişkilerindeki değişiklikler de, hürriyetin kabul edilebilir sınırlarının dışında kalıyordu. "Kadın özgürleşmesi" ile "milli modernite" arasındaki bağlantı, 1890'lardan itibaren Osmanlı basınında (Mısır ve İran basınında olduğu gibi) geniş yer bulmuş; kadınlar devrimci basında milletin anaları olarak yüceltilmiş ve idealize edilmişti.[130] Ancak devrimin ilk günlerinde kadınların değişen davranışları ve kamusal alanda görünür hale gelmiş olmaları, toplumsal ve siyasi endişelerin artmasına neden olmuştu. Devrimden sonraki ilk günlerde kadınlar kamusal alanda ilk kez örtünmeden görünmüş; gösterilere, tartışmalara ve kutlamalara katılmıştı. İstanbul'dan bir muhabir, bu kadınları Osmanlı özgürlüğünün sembolü olarak görüyor ve kadınların kalabalıklar tarafından da hoş karşılandığını iddia ediyordu.[131] İngiltere'den gelen bir ziyaretçi de benzer olaylardan söz ediyor; ancak bu tür bir özgürlüğün ne kadar kısa ömürlü olduğuna da dikkat çekiyor ve bu özgürlüğü "gün ışığındaki gölge" olarak adlandırıyordu:

> Peçelerinden kurtulmuşlar; kafes gibi çevrilmiş pencerelerin ardından hapsolmaktan kurutulup sokaklara ve umumi yerlere çıkmışlardı. Tiyatrolara, kahvehanelere gidiyorlar; faytonlarda erkeklerle yanyana oturuyorlardı. Daha özgür ruhlar, Konstantinopolis'te kadın konuşmacıların yüzyıllık prangalardan kurtulmayı talep ettikleri açık toplantılar düzenliyordu. Bu hal, devam edemeyecek kadar alışılmışın dışındaydı. Bir ya da iki hafta sonra serzenişler başladı. Faytonların yolu kesildi, bazı kadınlar kalabalık tarafından hırpalandı. Kadınlar içgüdüsel olarak ileri gittiklerini hissedip geri çekildiler. Peçeler—belki eskisi kadar sımsıkı örtülmüyor olsalar da—tekrar ortaya çıktı.[132]

Peçelerden kurtulma ve karşıt tepkiler çabucak yayılmış olmalı ki, Şam'daki İslami din bilgileri peçesiz kadınlara karşı halkı kışkırtıyordu. Beyrut'ta İslami islahatçı gazete *el-İttihadü'l-Osmani*, makyajlı ve süslenmiş olarak dışarı çıkan Müslüman kadınlara karşı sert bir eleştiri tonu benimsemişti; özgürlüğün şeriatın geçerliliğine son vermek anlamına gelmediğini savunuyordu.[133] Öte yandan *El-Menâr, Servet-i Fünun* gazetesinde yer alan, Osmanlı kadınının devrimden ve kamusal söylemden mahrum bırakılmasını eleştiren ve kadın bir gazeteci tarafından kaleme alınmış

---

129 Tanzimat reformcuları ile ilgili benzer bir sav için bkz. Makdisi, "Corrupting the Sublime Sultanate," 196.
130 Bkz. Frierson, "Unimagined Communities."
131 "Türkiye'nin [metinde aynen] Anayasası," *Ha-Olam*, 29 Temmuz 1908.
132 Buxton, *Turkey in Revolution*, 108-9.
133 Commins, *Islamic Reform*, 129; *el-İttihadü'l-Osmani*, 27 Eylül 1908.

bir makalenin tercümesini yayımlamıştı. "Basın, kadınların kılık kıyafetiyle ilgili endişelere sahip," diye yazıyordu, "ancak şunu göz ardı ediyor ki, kadınlar ve erkekler eşit zorunluluklara sahip. Zihinlerimizi giydirmek istediğimizde okula gidiyoruz. Öğrenmek ve öğretmek anavatana hizmettir ve şüphesiz ki kadınların pek çoğu açık fikirlidir ve milletin ihtiyaçlarından haberdardır."[134] Bu nedenle de peçeden kurtulmak "aşırı hürriyet" kategorisine dahil edilirken, Osmanlı kadını devrimci kamusal alana farklı yollardan, coşkulu kadın basını yoluyla ve çok sayıdaki kadın örgütü üzerinden katılacaktı.

---

134 *El-Menâr*, 25 Eylül 1908.

İKİNCİ BÖLÜM

Kardeşlik ve Eşitlik

24 Temmuz 1908'de imparatorluğa hürriyet bahşeden devrim, Osmanlı entelektüellerinin gözünde imparatorluğu diğer iki devrimci ülkeyle—Amerika (4 Temmuz) ve Fransa (14 Temmuz)—asil bir ortaklığa dahil etmişti. Her üç devrimin günündeki sayısal simetrinin işaret ettiği bu aleni sembolizmin ötesinde, Osmanlı gözlemcileri kendilerini sivil bir millet kuran Amerikan ve Fransız öncülleriyle kıyaslıyordu. İlkokul çocuklarının söylediğini Osmanlı marşını, ardından da yurtseverlerin Kahire'deki Ermeni kilisesinde bir araya gelen ayaktaki kalabalık için Ermenice, Türkçe ve Arapçada yaptıkları konuşmaları dinleyen Raşid Rida, Osmanlı İmparatorluğu'nun icraatlarında "sivil millet" timsali olan Fransa'yı bile geride bıraktığını iddia etmişti.

> Fransa'nın hürriyet ve eşitliğin anavatanı olduğunu söylüyorlar. Hem evet hem hayır; Osmanlılar eşitliğin şanına Fransızlardan daha layıktır. Fransa bir millet, bir ırk, bir din, bir mezhep, bir dil ve bir uygarlıktan ibaret. Devletin de talep ettiğini, halka borçlu olduğunu bildikten sonra ve herkes birlik konusunda hemfikirken, bireyler arasında eşitliği savunan Fransız bilgelerin taleplerini tuhaf kılan nedir?
>
> Ancak biz Osmanlılar, daha önce hiçbir kraliyetin vakıf olamadığı bir biçimde, farklı milliyetlerden gelerek birlik olduk. Irklarımız, soylarımız, dillerimizi, dinlerimiz, mezheplerimiz, eğitim ve kültürümüz birbirinden farklı. Diyebiliriz ki, insanların farklılaşabileceği her şeyde biz birbirimizden farklıyız. Ancak buna rağmen biz eşitlik istiyoruz ve eşitliğin genel akitle ihsan edilmesini ibadethanelerde ve şüphesiz bu dergide şükranla kutluyoruz.[1]

Rida ve dinleyicileri için, Osmanlı İmparatorluğu yalnızca fiilen inanılmaz bir heterojenlik değildi; daha önemlisi, eşitliği benimsemeye dair siyasal projesi bakımından, Batı'da terimin ortaya çıkışının ya da tahayyül edilmesinin çok daha öncesinde,

---

[1] *El-Menâr*, 25 Eylül 1908.

çokkültürlü bir devletti. Devrimci dönem boyunca, "millet-i Osmani" (*el-ümmetü'l-Osmaniyye*) hem halk arasındaki yaygın söylemin öznesi ("Biz Osmanlılar"), hem de ortak imgelemin nesnesi olarak merkezi öneme sahipti. Halka seslenen şahıslar ve basın "tüm Osmanlıların birliği"nden, "milletin birliğinden" ve "Osmanlı bağı"ndan dem vuruyordu. Bu ne kaçınılmaz bir sondu ne de öngörülebilecek bir şeydi. Peki nasıl olmuş da imparatorluk vatandaşları kendilerini "Osmanlı" olarak görebilmişlerdi? Osmanlılar, farklı etnisitelerden, dinlerden olan ve farklı anadili konuşan diğer Osmanlılar ile olan ilişkilerini nasıl tahayyül etmişlerdi? Başka bir deyişle, Osmanlı milleti siyasal bir topluluk ve sosyopolitik bir kimlik olarak nasıl ortaya çıkabilmişti?

Cemaatten Millete

İslamiyet'te mümin cemaatini bir bütün olarak gören; etnisite, dil, aşiret ve sınıf ayrımlarının inanç eşitliği karşısında önemsiz hale geldiği bir gelenek vardır. Sonuç olarak, Napolyon Fransız ordusunun 1799'da Mısır'a girişini desteklemek için yazdırdığı "Mısır milleti" (*el-ümmetü'l-Mısriyye*) propaganda risaleleriyle, Fransızların "evrenin hükümdarının birliğinde bir araya gelmiş mümin cemaatini mahvettiğini"[2] ilan eden bir ferman yayımlamış olan III. Selim'in de nefretini kazanmıştı. Sultanın öfkesi, Kuran'da sıklıkla geçen, aynı zamanda dini temelli halk anlayışıyla da ilişkili olup, aynı topraklarda kurulu topluluk kimliğine dayanan seküler talepleri tasavvur edilemez kılan ümmet kelimesinden kaynaklanıyordu. Birkaç on yıl içinde, Osmanlı İmparatorluğu'nda birbiriyle ilişkili gelişmeler vuku bulmuştu ve bu gelişmeler, imparatorlukla kurulan toprak üzerinden tanımlanmış, etnisite ve dinler üstü bir aidiyetin ortaya çıkmasına imkân sağlamıştı. Bu aidiyet önceleri resmi bir politika olmakla sınırlı kaldıysa da, sonradan entelektüeller tarafından da benimsenen bir projeye dönüşmüştü.

İlk olarak 1820'li yıllarda, Osmanlı İmparatorluğu, bugünkü Yunanistan'ın güney ve orta bölgelerinde bağımsız bir krallık kurulmasıyla sonuçlanan ayrılıkçı Yunan milliyetçiliği gibi yeni bir fenomenle karşılaşmıştı. On sekizinci yüzyılın, Osmanlı İmparatorluğu'nda aşırı merkezsizleşme dönemi olduğu, yerel güç odaklarının kendilerine İstanbul'un gözlerinden ve sıkı denetiminden uzakta etki alanları oluşturmaya başladığı doğruydu. Ancak bu Yunan milliyetçileri imparatorluğa ideolojik olarak meydan okuyordu. Yurtdışında eğitim görmüş, dönemin Avrupa başkentlerinde hayli etkili olan ve Yunanlıları "uyanmaya" ve Batı medeniyetinin beşiği olma iddiasını yeniden ortaya koymaya teşvik eden, romantik Helen hay-

---

2 Ayalon, *Language and Change in the Arab Middle East*, 23.

ranlığından derinden etkilenmişlerdi. Aslında Batılı güçlerin Navaro'da Osmanlı donanmasını yakması, Osmanlı taburları ile Yunan isyancılar arasındaki savaşın belirleyici anı olmuş ve Yunanistan'ın bağımsızlığını kazanmasını sağlamıştı.

Bu sersemletici gelişmelerin ardından Osmanlı hükümeti, Osmanlıcılık (Osmanlılık) olarak bilinen devlet ideolojisini yaratmaya başlamıştı ve bu ideoloji, hanedana evrensel ölçekte bağlılığı ve gayri Müslimleri de kapsayan kanun önünde eşitliği yüceltmeyi amaçlıyordu. Osmanlıcılığın mimarları, gayri Müslim tebaa arasında yeni milliyetçi ideolojilerin yayılmasını engellemeyi ve Avrupalıların içişlerine müdahalelerini etkisiz bırakmayı umut ediyorlardı. Bu amaçla, Gülhane-i Hattı Hümayun'u olarak da bilinen 1839 Tanzimat Fermanı, "devlete ve millete" bağlılık ve "vatan sevgisi"[3] dilini kullanmıştı. Yirmi yıldan az bir zaman sonraki 1856 Islahat Fermanı ise imparatorluk tebaası arasındaki eşitliği kuvvetlendirmek adına bir adım daha ileri gitmişti: İmparatorluğun gayri Müslimleri, bağlılıkları, hizmetleri ve ödedikleri vergiler karşılığında Müslüman bir hükümdarın himayesine alınan gayri Müslimleri tanımlayan ve İslami gelenekte yer alan bir terim olan *zimmî*den, "tebaa"ya yükseltilmişti.[4] 1869 tarihli Tâbiiyet-i Osmaniye Kanunnamesi, tüm Osmanlı halkına eşit statü tanınmasını yasallaştırmış ve "imparatorluğun tüm tebaasının, dinlerinden bağımsız olarak ve hiçbir ayrım olmaksızın Osmanlı sayılacağını"[5] ilan etmişti.

Osmanlı hukuku, savaşların ve değişen sınırların, iç ve dış göçlerin ve yabancıların siyasi olarak hassas mevcudiyetinin oluşturduğu zorlu bir insani manzaranın olduğu bir imparatorlukta, karmaşık vatandaşlık sorununu çözmeyi hedefliyordu. Başlangıçta, kanun etnik vatandaşlık (Fr. *jus sanguinis*) öğelerini, aynı topraklar üzerinde yaşama kriteri (Fr. *jus soli*) ve doğallaşma yolu gibi medeni vatandaşlık öğeleri ile birleştirmişti.[6] Yabancı bir ülkenin vatandaşları olmadıkları sürece, Osmanlı topraklarında yaşayan yerli halk Osmanlı vatandaşlığı için kendiliğinden hak elde ediyorlardı. Onların çocukları da kendiliğinden vatandaşlık elde ediyorlar; Osmanlı bir babanın oğlu olan biri yabancı bir ülke vatandaşlığı olsa dahi yine de Osmanlı sayılıyordu. Aynı zamanda, kanun yabancıların nasıl Osmanlı vatandaşı

---

3 Abu Manneh, "Islamic Roots of the Gulhane Rescript" ve Mardin, "Some Consideration."

4 1856 dilinde bu, şöyle ifade ediliyordu: "Devlet-i Aliyye'nin Rum tebaası" (*Rum tebaa-y devlet-i aliyyem*). Strauss, "Ottomanisme et 'Ottomanite,'" 19.

5 "Constitution de l'empire Ottoman octroyee par Sa Majeste Imperiale le Sultan le 7 Zilhidce 1293,"den tercüme.

6 Anthony Smith, mülki milletin kurucu unsurlarınını "tarihi bölge, yasal-siyasi topluluk, üyelerin yasal-siyasi eşitliği, ortak vatandaşlık kültürü ve kimliği" olarak tanımlıyor. Smith, *National Identity*, 11.

olabileceğini de tanımlamıştı. Yetişkin bir göçmen, kendi ülkesindeki herhangi bir davadan ya da askerlik hizmetinden kaçmadığını belgeleyebiliyorsa beş yıl Osmanlı toprağında yaşadıktan sonra vatandaşlık talep edebiliyordu. Aynı şekilde, eğer bir kişi Osmanlı topraklarında yaşayan yabancı bir ailede doğmuşsa, yetişkin olduktan üç yıl sonra vatandaş olabiliyordu.[7]

Her iki durumda da, ister doğuştan ister sonradan elde edilen hakla olsun, Osmanlı vatandaşlığı evrensel ve eşitlikçiydi. Yasal terimlerle söylemek gerekirse, hiç kimse bir diğerinden *daha az* ya da *daha fazla* Osmanlı vatandaşı değildi çünkü vatandaşlık "hak ve ödevlerin vatandaş sıfatındaki bireye dayandığı, kimsenin grup aidiyeti yüzünden herhangi bir imtiyaza sahip olmadığı [...] normatif bir varsayımı"[8] temel alıyordu. Yani yasaya göre, Osmanlı milletindeki siyasal aidiyet, Kıbrıslı Türkçe konuşan bir Müslümana da, Halep'te Ermenice konuşan bir Hıristiyana ya da Arapça konuşan Yahudi bir Cezayir göçmenine aynı derecede açıktı.

Osmanlı vatandaşlık yasasının birbiriyle çatışan pek çok farklı faktörün etkisinde olduğu söylenebilir. Bir yanda devlet, Kafkasya'dan ve Güneydoğu Avrupa'dan Rus yayılmacılığı ve ayrılıkçı milliyetçilik nedeniyle kaçan on binlerce Müslüman sığınmacının statüsünü normalleştirmeyi hedefliyordu.[9] Bu Müslüman göçmenler çoğu zaman, Müslüman güç dengesini sağlamak için hassas (karışık) alanlara yerleştirilecek stratejik yatırım aracı olarak görülüyordu ki bu Osmanlıcı prensiplerin doğrudan göz ardı edilmesi değilse de, bu prensiplere meydan okunması anlamına geliyordu. Ancak her ne kadar Osmanlı vatandaşlık yasası panislamcı değilse de, vatandaşlık Osmanlı ile Osmanlı olmayan Müslümanlar arasındaki sınırı daha belirgin hale getirmeyi hedefliyordu. Bu kanun, imparatorluğun Kaçar İran'ıyla olan doğu sınırı için özellikle önemliydi çünkü Osmanlı vatandaşlık yasası İranlı erkeklerle evlenen Osmanlı kadınlarını cezalandırıyor ve vatandaşlıklarını iade etmelerini zorunlu kılıyordu.[10] Benzer katı bir tutum, Osmanlı kadınlarıyla evlenmek isteyen ancak Fransız uyruklarından ve himayelerinden vazgeçmeyi reddeden Cezayir yerlilerine karşı da geçerliydi. Hindistan, Kuzey Afrika ya da Rusya'dan gelen ve hac mevsiminden sonra da imparatorluk topraklarında kalan Müslüman

---

7 Kanun metni için, bkz. [Gregoire], "Legislation ottomane." Vatandaşlık kanunu üzerine daha fazlası için, bkz. Osmanağaoğlu, *Tanzimat Dönemi İtibarıyla Osmanlı Tabiiyyetinin (Vatandaşlığının) Gelişimi*.

8 Butenschon, "State, Power, and Citizenship in the Middle East," 26.

9 Bir tarihçi, 1862 ile 1882 arasında Balkanlar'dan ve Kafkaslar'dan gelen kitlesel göçlerin, imparatorluktaki Müslüman nüfusunda yüzde 40'lık bir artışa neden olduğunu tahmin etmektedir. Karpat, *Politicization of Islam*, 97.

10 Kern, "Rethinking Ottoman Frontier Politics."

hacılar da Osmanlı devleti için ciddi bir endişe kaynağıydı.[11] Bir başka deyişle, Osmanlı devletinin yapmaya çalıştığı her ne pahasına olursa olsun Müslüman nüfusunu artırmak değildi; bazı yabancı Müslüman gruplarına şüpheyle ve mesafeyle yaklaşılmıştı.

Vatandaşlık yasasının altında yatan bir diğer önemli kaygı ise, Osmanlı İmparatorluğu'nda yaşayan yabancı vatandaşlar ile Osmanlı tebaası arasındaki sınırları resmileştirmeydi. İkisi arasındaki sınır, on dokuzuncu yüzyılda kapitülasyonlara ve aslında yabancı tüccarlara imparatorluk toprakları dışında da ayrıcalık tanınmasını amaçlayan, Osmanlı İmparatorluğu ile çeşitli Avrupa ülkeleri arasındaki ikili anlaşmalar yüzünden iyice belirsiz hale gelmişti. Kapitülasyonlara göre, yabancı vatandaşlar ve himaye altındakiler Osmanlı hukukundan muaflardı; konsolosluk mahkemelerine gidiyorlardı ve Osmanlı vergilerinden muaf tutuluyorlardı. Ancak on dokuzuncu yüzyılın ortalarında, Avrupalı güçlerin imparatorluk topraklarında yaşayan Hıristiyanları, Yahudileri ve daha az da olsa Müslümanları kendi nüfuz alanlarını genişletmek amacıyla vatandaşlıkla ödüllendirmesiyle kapitülasyonlar esas amaçlarının ötesine geçmişti.

Bu tabi kılma faaliyetleri çoğu kez bireysel olarak gerçekleşiyordu—yerli kâtipler, idareciler, mütercimler (yorumcular) yabancı bir ülkeye verdikleri güvenilir hizmetlerinden dolayı çoğu zaman vatandaşlıkla ödüllendiriliyorlardı. Örneğin, Hıristiyan Arap Nasri Habib Fiyani Yafa'daki İngiliz Konsolosluğuna mütercim, konsolos yardımcısı ve nihayet konsolos olarak on iki yıl hizmet verdikten sonra vatandaşlık talep etmişti.[12] Diğer bir örnek ise, Hayfa'daki özel Alliance Israélite Universelle okulunun Yahudi müdürünün Fransız vatandaşlığı talep etmesidiydi; oradaki Fransız konsolosu da ona davasında yardım edeceğine söz vermişti.[13]

Osmanlı iç politikası için bu tekil vakalardan daha önemli olan, imparatorluk topraklarında yaşayan ve büyük gruplar halinde vatandaşlık ya da sığınma talep eden Hıristiyan ve Yahudilerin varlığıydı. Yunanistan'ın bağımsızlığını kazanmasını takip eden on yıllarda, on binlerce Osmanlı Rum Ortodoks Hıristiyanı Helen vatandaşlığı ile ödüllendirilmişti; Yunan vatandaşlık yasası Yunanistan'da yalnızca üç yıl yaşamayı gerekli kılıyordu ki bu, Yunanistan'da okuyan pek çok Osmanlı Rum Ortodoksu için yerine getirilmesi oldukça basit bir gereklilikti.[14] Sonuç olarak, bu Osmanlı Rum Ortodoks tebaası, kapitülasyonlardan gelen imti-

---

11 Bkz. Deringil, "Some Aspects of Muslim Immigration," 56.
12 ISA 1/123, peh/790:12.
13 AAIU, İsrail-I.C.1.
14 Kechriotis, "Greeks of Izmir at the End of the Empire," 60.

yazlardan yararlanacakları Yunan vatandaşlığını Osmanlı topraklarına dönmeden elde edebileceklerdi. Ayrıca bağımsızlık kazanmalarının ardından, on binlerce Helen Yunanlı da Osmanlı topraklarına göç etmiş, İzmir'e ve Batı Anadolu'daki Ege kıyılarına yerleşmişlerdi. Dahası, İngiliz himayesindeki Cebelitarık, Fransız işgali altındaki Kuzey Afrika ve Avrupa'dan gelen muhacir Yahudiler, yabancı ülke vatandaşlıklarını da beraberlerinde getirmiş, çoğu durumda da korumuştu.

Bu gelişmelerin giderek artan etkisi hayret vericiydi: Tüm imparatorlukta, kalıcı ya da yarı kalıcı ikamete sahip olan olan yüz binlerce yabancı vatandaş ve himaye altına alınmış şahıs vardı.[15] Örneğin, kutsal Kudüs şehrinde, otuz bin nüfuslu Osmanlı tebaasıyla birlikte yaşayan en az on bin yabancı ülke vatandaşı vardı.[16] Bu durum İstanbul, Selanik ve İzmir gibi imparatorluğun büyük kentlerinde zamanla daha da belirgin hale gelmişti: Örneğin başkentte, toplam nüfusun yüzde 15'ini Avrupalı yabancılar oluşturuyordu.

Özellikle Osmanlı şehirlerinde, yabancılar ve "himaye altındaki" Osmanlı tebaasının (*protégé*'ler) normal Osmanlı tebaası ile iç içe geçmiş olması, sürekli bir gerilim ve çatışma kaynağıydı. Konsolosluklar; polis, valiler, vekil yöneticiler, belediye başkanları, vergi ve tapu memurları aracılığıyla kendi vatandaşları ve himayeleri altındakiler adına düzenli müdahalelerde bulunuyordu.[17] Konsoloslukların böylesi müdahaleleri çoğu zaman suiistimalleri teşvik ediyor ya da bunların göz ardı edilmesine neden oluyordu. Örneğin 1908'de Kudüs'teki Amerikan konsolosluğu, mukim Amerikan vatandaşlarının çalıntı mal bulundurma, bozuk et satma, yerel yasaları ihlal ederek kalabalık meydanlarda hayvan katletme gibi suçlara iştirak

---

15 Karpat, 1906-7 yıllarında imparatorluk topraklarında iki yüz bin yabancı vatandaş yaşadığını iddia etmektedir. Ancak bu sayının, ciddi anlamda eksik olması muhtemeldir. Karpat, *Ottoman Population*.

16 Konsolosluk kayıtlarına göre, vilayetteki vatandaşlar ve hamilerden 1,400-1,600'ü Amerikalı, 4,000-5,000'i Avusturyalı, 500'ü İngiliz, 1,000'den fazlası Fransız ve 770'i Almandı. Rusların sayısı ile bilinmemektedir. ABD üzerine, bkz: Thomas Wallace, ABD Kudüs Konsolosu, günlük konsolosluk ticaret raporları yayınına ek, 6 Ekim 1908 (dosya 3943/373); NACP, Milli Arşivler mikrofilm yayınlar, rulo 359, Kudüs, sıralı dosya, 1906-10, İçişleri merkezi dosyalar, kayıt grubu 59. İngiltere üzerine, bkz: İngiltere Diplomatik Raporlar ve Konsolosluk Raporları, Türkiye, 1909 yılı için Kudüs bölgesindeki ticaret üzerine, Haziran 1910, ISA 67, peh/455:462; Fransa üzerine, bkz. Kudüs'ten Paris'e,2 Haziran 1912, MAEF, kutu 430; Almanya üzerine, bkz. Doktor Brode'den von Bethmann Hollweg'e, 13 Şubat 1912, ISA 67, peh/418:77; Avusturya-Macaristan üzerine, bkz. Eliav, *Be-hasut mamlekhet Austria*.

17 Doktor Brode'den von Bethmann Hollweg'e, 5 Şubat 1913. ISA 67, peh/418:77.

ettiklerinden ve bütün bunları aleni bir muafiyetle yaptıklarından söz ediyordu.[18] Yabancılara ve onların yerel koruyucularına bahşedilen ayrıcalıklardan doğan adaletsizlik öyle bir hal almıştı ki, bir Kudüs gazetesi bir sokak köpeğinin yoldan geçen birini ısırdığı bir olaydan söz ediyordu: Sokak köpeği, yollardaki tüm düzeni bozmuş, kamu sağlığına tehdit oluşturmuştu ancak Kudüs sokaklarında özgürce dolaşabiliyordu çünkü onun bir Amerikan vatandaşı olduğu söyleniyordu![19] Yabancı vatandaşlar ve himaye altındakiler çok sayıdaki iktisadi ayrıcalıktan faydalanarak, Osmanlı hükümetine onlardan çok daha yüksek vergi ve zeamet ödemekle yükümlü Osmanlıları, onlarla rekabet edemez hale getirmişti. Daha kötüsü, Osmanlı valileri kendi bölgelerindeki yabancı ülke konsolosluklarına karşı gelemeyecek kadar âciz durumdaydı.

Tüm bunların etkisiyle vatansever avukat Şalom Yellin, kapitülasyonların Osmanlı vatandaşlarının gözünde "suç" olduğunu iddia etmişti.[20] Osmanlı Devleti, Tâbiiyet-i Osmaniye Kanunnamesi oluşturarak hem malik olma iddialarını pekiştirmek hem de devlet ile gayri Müslim tebaa, özellikle de komşu rakip devletlerin üzerinde hak iddia edebileceği kesim arasındaki sadakat bağlarını kuvvetlendirmek üzere başarısız bir girişimde bulundu.[21] Ancak Osmanlı İmparatorluğu, Avrupalı rakipleri karşısındaki görece zayıf konumu nedeniyle, Birinci Dünya Savaşının başlangıcına dek kapitülasyonları feshetmeyi ya da sınırlandırmayı başaramamıştı, çünkü kapitülasyonlar savaş sonrası mütareke döneminde Müttefiklerin talebiyle yürürlüğe konmuştu.

Resmi Vatandaşlıktan Popüler Milliyetçiliğe

Emperyal Osmanlıcılık siyaseti, milliyetçilik çalışmalarının ünlü ismi Benedict Anderson'ın Avusturya-Macaristan, Rusya ve Osmanlı gibi kıta imparatorluklarının, artan yerel milliyetçilik tehditlerini karşılama yolu olarak tanımladığı "resmi

---

18 Thomas Wallace, ABD Kudüs Konsolosu, günlük konsolosluk ticaret raporları yayınına ek, 6 Ekim 1908 (dosya 3943/373); NACP, Milli Arşivler mikrofilm yayınlar, rulo 359, Kudüs, sıralı dosya, 1906-10, İçişleri merkezi dosyalar, kayıt grubu, 59.

19 *Ha-Herut*, 20 Ocak 1911.

20 Yellin, *Les Capitulations et la juridiction consulaire*, 10.

21 Osmanlı vatandaşlığının, Balkan devletlerinin politikalarına karşı tepkisel olarak geliştiği yönündeki iddia için, bkz. Iordachi, "The Ottoman Empire." 1869'dan sonra devlet, imparatorluk içindeki Osmanlı Rum Ortodokslarının Helen milliyetini tanımaya son vermiş; Yunan devletinde Helen vatandaşlar olarak kalabileceklerini, ancak imparatorluk içinde Osmanlı vatandaşları olduklarını, bu nedenle de diğer Osmanlılar gibi aynı vergilere ve yasalara tabi olduklarını savunmuştu. Kechriotis, "Greeks of Izmir at the End of the Empire," 58-60.

imparatorluk milliyetçilikleri"yle uyumluydu. Anderson'a göre, Orta, Doğu ve Güney Avrupa'da etnik milliyetçiliğin yükselmesinin karşısında bu resmi milliyetçilikler, "imparatorluğun devasa bünyesi üzerindeki milletin kısa, sıkı kabuğunu [...] esnetme"[22] çabalarıydı. Esasında Sultan II. Abdülhamid için, Osmanlıcılık projesi, herhangi bir milli topluluk fikrini kuvvetlendirmekten ziyade, devletin paternal çıkarlarını korumaya dairdi:

> Bundan böyle, bütün tebaam bir ülkenin evlatları sayılacak, tek bir kanunun himayesinde olacaklar. İmparatorluğun kurucularının aydınlık soyundan adlarla hayat bulacaklar—ki bu adlar, altı yüz yıllık şanlı tarihin adlarıdır. İnanıyorum ki, tüm tebaam Osmanlı adını ve ona ait güç ve kudreti korumak için birlik olacaktır.[23]

Ussama Makdisi gibi tarihçilere göre, böylesi bir duygu Tanzimat olarak bilinen kapsamlı ıslahat projesinin tepeden inme, "merkez tarafından tahayyül edilmiş, daha sonra çevreye harfiyen kabul ettirilmiş" bir proje olduğunun en iyi kanıtıydı. Makdisi, Osmanlı vatandaşlığı kavramının "içi merkez tarafından doldurulacak, imparatorluk devletinin otoriter ama bir o kadar hayırsever ve modernleştirici gücüyle önce disipline edilip sonra düzeltilecek boş bir damar" olduğunu savunuyordu.[24]

Şüphesiz ki, pek çok açıdan devletin ıslahatlar için başlangıçtaki itkisi kendi çıkarına yönelikti: tebaasını, emperyal ıslahatların ortağından ziyade, nesnesi olarak görüyordu. Örneğin Sultan II. Mahmud 1831'de yayımlanmaya başlanan *Takvim-i Vekâyi* gazetesinde anadil kullanılmasını zorunlu kıldığında, bunu yapma nedeni tüm tebaasının devletin kurumlarıyla ve gerçekleşmekte olan ıslahatlarla ilişki kurabilmesini sağlamaktı.[25] Benzer şekilde, 1845 Hümayûnu da yeni modern okulların "genç bir Osmanlı'nın Tanzimat reformlarını anlamasını sağlaması için entelektüel ufkunu artırma ve geliştirme aracı"[26] olması gerektiğini savunuyordu. Başka bir deyişle, devlet reformların önünü açmıştı, sıra imparatorluk tebaasının bu reformları benimsemesindeydi.

Ancak yine de Osmanlı reformlarının tümüne, özellikle Osmanlıcılığa *yalnızca* resmi devlet projesi olarak bakmak, on dokuzuncu yüzyılın ikinci yarısından imparatorluğun son yıllarına kadar Osmanlı tebaasının bu devlet projesini benimseme, alt etme ya da bu projeye meydan okuma yollarını göz ardı etmektir. Bir Balkan tarihçisinin belirttiği gibi, Osmanlı tebaası "Tanzimat'ın dilini konuşmayı," ıs-

---

22 Anderson, *Imagined Communities*, 86.
23 Ali Haydar Midhat Bey, *Life of Midhat Pasha*'dan alıntılanmıştır, 157-58.
24 Makdisi, "After 1860," 602 ve 606.
25 Mardin, "Some Consideration," 175.
26 Deguilheim, "State Civil Education in Late Ottoman Damascus," 222.

lahatların ve devlet iktidarının resmi ve madun versiyonları arasındaki boşluğu hünerle aşabilmeyi öğrenmişti.[27] Osmanlı Devletinin resmi politikasının ötesinde, Osmanlı ulus devlet inşa projesinin ikinci önemli bileşeni, on dokuzuncu yüzyıl boyunca imparatorlukta gerçekleşen, yeni bir eğitimli uzmanlar ve entelektüeller sınıfının ve popüler basının oluşmasını ve sivil toplumun filizlenmesini sağlayan geniş çaplı toplumsal, ekonomik ve kültürel değişikliklerdi; bu değişimlerin tümü emperyal topluluğun farklı versiyonlarının oluşmasında ve dağılmasında önemli rol oynamıştı.

Osmanlı vatandaşlık yasasının ve Osmanlıcılık projesinin mantığı, entelektüeller arasında derhal yankı bulmuştu. Genç Osmanlılar için, "Osmanlı milleti," imparatorluğun farklı etnik ve dini grupları arasında bir toplum sözleşmesi, "halkların birliği" (*ittihad-ı anâasır*) anlamına geliyordu. İleri gelen entelektüellerden Namık Kemal "Osmanlı halklarının birleşmesini" (*imtizâc-i akvâm*) savunuyor; ancak bunu, gayri Müslimlerin anayasal hakları karşılığında dinlerini ve etnik duygudaşlıklarını hanedana bağlılıklarının gerisine koymaları şartıyla Osmanlı anavatanına bağlılık bekliyordu.[28] Ayrıca kapitülasyonlara dayanan taleplerinden ve Batılı güçlerin onlar adına müdahalelerine itimatlarından da vazgeçeceklerdi. Namık Kemal'e göre, Hıristiyanlar için olan bu özel imtiyazlar Müslümanlara haksızlıktı ve Avrupalıların imparatorluk içindeki eşitsizliğin kaynağının ve mağdurlarına dair algısının tam aksine işaret ediyordu.

Bir diğer önemli devlet adamı ve ıslahatçı Ahmed Cevdet Paşa da, milli ve vatansever ülkülerin Osmanlı İmparatorluğu'ndaki dini ülkülerin yerine geçebileceğinden emin değildi. Onun tabiriyle "ne zaman ki anavatanı bir mesele haline getirirsek, ne zaman ki anavatan, Avrupa'daki gibi insanların zihnine güçlü bir biçimde nüfuz ederse, ancak o zaman dini ülkülerin desteğine vasıl olabilir"di.[29] Jön Türklerin Londra'da yayımlanan gazetesi *el-Liberal* (*Hürriyet*), vatanseverlik ve ortak aidiyete ilişkin fikirlerin yayılmasında oldukça etkili olmuştu. Bir Osmanlı bürokratı ve gazetenin yayımcılarından biri olan Mustafa Fazıl Paşa, "Kamu refahını şahsi çıkarların önüne koyabilmek için Müslüman, Katolik ya da Rum Ortodoks olmanın hiçbir önemi yoktur. Terakki adamı ve iyi bir vatansever olmak yeterlidir" diyordu.[30]

---

27 Petrov, "Everyday Forms of Compliance." Ariel Salzman, "Citizens in Search of a State"de bunu "anadildeki siyasi sistemler" olarak tanımlar.

28 Rahme, "Namık Kemal's Constitutional Ottomanism and Non-Muslims."

29 Heinzelmann, "Die Konstruktion eines osmanischen Patriotismus," 41-42.

30 Davison, "Turkish Attitudes Concerning Christian-Muslim Equality,"den alıntılanmıştır, 862.

Bu noktada, Osmanlı entelektüellerinin dilsel ve mekânsal bir boşluk içinde yaşamadığını vurgulamak oldukça önemli. Vatanseverlik, anavatan ve halk gibi yeni kavramları yayan Mısırlı âlim-din adamı Rifaa Rafi' et-Tahtavi'nin Paris gezisi anıları, 1834'te Arapça yayımlanmış, 1840'ta Osmanlı Türkçesine tercüme edilmişti. Jön Türklerin vatanseverlik fikrini destekleyen hadisi yeniden hatırlamalarında hiç şüphesiz ki bu eserin etkisi büyüktü: "Vatan sevgisi imandandır [*hubbü'l-vatan minel-îmân*]." Kemal'in gazetesi *Hürriyet* de tıpkı 1860'larda ve 1870'lerde Beyrut'ta yayımlanan iki Osmanlıcı gazete gibi, bu hadisi resmi sloganı olarak kabul etmişti.[31]

1873'te iki kez sahnelenmiş ve yasaklanmadan önce *Sirâc* gazetesinin eki olarak yayımlanmış olan, Namık Kemal'in dönüm noktası niteliğindeki oyunu *Vatan Yahut Silistre*, vatan ve vatanseverlik anlayışının gelişmesinde önemli bir rol oynamıştı. Daha önemlisi, Kemal'in vatanı ve vatan savunmasını kutsal şehitlik olarak tasvir etmesi, anavatana dair fiziksel ve ruhani öğelerin nasıl iç içe geçtiğini ortaya koyuyordu. Oyunun kahramanı İslam Bey sevgilisine şöyle diyordu: "Beni Allah yarattı, vatan büyüttü Beni Allah besliyor, vatan için besliyor. [...] Vatanımın nimeti kemiklerimde duruyor. Vücudum vatanın toprağından, nefesim vatanın havasından [...] Vatanımın uğruna ölmeyeceksem ya ben niçin doğdum?"[32] (Bu oyuna ve şehitlik temasına daha sonra kısaca tekrar değineceğiz.)

Genç Osmanlıların, daha geniş bir grup olan Osmanlı entelektüelleri üzerindeki doğrudan etkisini değerlendirmek oldukça zor, ama imkânsız değil. On dokuzuncu yüzyılın ikinci yarısında yüksek öğretim kurumlarının kurulması ve bu kurumların sağladığı istihdam imkânlarıyla birlikte, Osmanlı entelektüellerinin sayısı gün geçtikçe artıyordu. Bu entelektüeller en az iki dil biliyordu ve bunlardan Osmanlıca, imparatorlukta konuşulan ortak dildi. Yüksek öğrenim gören öğrenciler, bazıları hâlâ el yazması halinde olan, Kemal'in ve diğerlerinin eserlerinin kopyalarının el altından dağıtımını sağlıyordu.[33] Ayrıca önemli düşünürlerin eserleri, imparatorlukta konuşulan diğer anadillere de tercüme edilmişti. Örneğin Kahireli Yuri Zeydan tarafından derlenen biyografik sözlükte, Kemal önemli bir düşünür olarak

---

31 Tevfik, *Yeni Osmanlılar*, 201-5. Aynı hadis Beyrutlu iki gazetede, *Nefîr Sûriyye*'de (1860) ve *el-Cinân*'da (1870) yayımlanmıştır. Zachs, *Making of a Syrian Identity*, 167.

32 Namık Kemal, *Vatan Yahut Silistre*, 14. Ayrıca bkz. Karpat, *Politicization of Islam*, 330-35; alıntı 331. sayfadadır. Karpat'ın vatan sözcüğü tercümesi olan "fatherland" yerine "homeland" sözcüğünü kullandım. Ancak, Karpat'ın Kemal'in Osmanlıcılığının, Türk milliyetçiliğinin öncülü olduğu iddiasına katılmıyorum. Ayrıca İran'daki vatan kavramları için bkz. Tavakoli-Targhi, "From Patriotism to Matriotism."

33 Emin, *Development of Modern Turkey*, 73.

ele alınıyordu; böylelikle Arap yazarlar da, asıl dilinden olmasa da özet tercümesi üzerinden onun eserleriyle tanışabiliyordu.

On dokuzuncu yüzyılın son on yılında, yalnızca Osmanlıca değil, Yunanca, Ermenice, Arapça, Yahudi İspanyolcası (Ladino) ve pek çok başka dilde yayımlanan bağımsız gazeteler, vatanseverlik, vatan sevgisi ve ortak bir imparatorluk kimliğinin gelişmesinde önemli ortamlardı; aynı zamanda "Osmanlı olma"[34]'nın ne manaya geldiğine dair mücadele veriyorlardı. Cebel-i Lübnan'da, Halep'te ve Şam'da gerçekleşen ve tüm Osmanlı ve Avrupa dünyasını sarsan Müslümanlarla Hıristiyanlar arasındaki kanlı çatışmaların ardından, Beyrutlu Hıristiyan gazeteci-entelektüel Butrus Bustânî "zamanın ruhu"nun dini dayanışmadan (*usbe diniyye*) milli-vatansever dayanışmaya (*usbe cinsiyye ve-vataniyye*) geçişi elzem kıldığını savunmuş; Hıristiyan dindaşları Osmanlı olma duygularını geliştirmeleri hususunda teşvik etmişti.[35] 1860 gibi erken bir tarihte bile, karşılıklı dayanışma ya da "babası vatan, anası toprak, yaratanı Allah olan bir ailenin fertlerinin aşkı" gibi duyguların gelişimini savunmuştur. Bustânî, bir sonraki on yılda da akrabalık dilini kullanmayı sürdürmüş ve "aynı vatanın evladı olan Türk, Arap, Dürzi, Yahudi, Mutevâl, Maruni, Ortodoks, Protestan, Ermeni, Süryani, Kıptilerin kardeşliği"[36]ni savunmuştur.

Şam doğumlu Hıristiyan yazar Edib İshak gibi Mısır'da sürgünde olan Osmanlı entelektüelleri de, bu yeni emperyal cemaat dayanışması fikrini daha da ileriye götürmüştü. İshak'a göre, milletin özünde yatan ne aynı soydan gelme ırk ne de dil-etnisite idi; millet ortak milliyete, ortak vatana ve bir millete ait olmaya dair bir tür toplu anlaşmaya dayanıyordu. (İshak'ın aklında Birleşik Devletler modeli vardı.) "Millet," diyordu İshak,

> her canlı gibi insan için de "halk"ından başkası değildir. Siyasetçilere göre, millet tek bir milliyete ait, yasalara bağlı olan grup [...] Milliyetin birliğinden kastımız, topluluğun gelecek nesillerin de ait olacağı, adını taşıyacağı tek bir milliyete ait olma yönündeki anlaşması [...] "Osmanlı milliyeti," Osmanlı İmparatorluğu'nda yaşayan herkesi kapsar. Avrupa'da, Asya'da; Türk, Arap, Tatar, aslen ne olurlarsa olsunlar, herkesi.[37]

---

34 Örneğin, Rum-Ortodoks gazeteci Theodor Kassap, gazetesinde Osmanlıcılık projesini pek çok kez övmüş; "tüm dünya biliyor ki, ben Osmanoğlu Osmanlıyım ve Osmanlılığımla gurur duyuyorum," diye açıklama yapmıştır. Strauss, "Ottomanisme et 'Ottomanite'," 36. Osmanlı Yahudilerinin bağlılığının ve kimliklerinin oluşmasında Ladino basının rolü için, bkz. Cohen, "Fashioning Imperial Citizens."

35 Abu Manneh, "Christians Between Ottomanism and Syrian Nationalism," 296.

36 *Nafîr Sûriyâ*, 19 Kasım 1860 ve *El-Cinân*, cilt. 1, sayı 14, 1870. Zachs, *Making of a Syrian Identity*, 165-66.

37 Khuri, *Modern Arab Thought*, 144-45.

Bu yeni milliyet, vatanseverlik (*el-vataniyye*) duygusunu ve vatan sevgisini (*el-vatan*) gerektiriyordu. İshak'ın ifade ettiği gibi vatan, Arapça ve Kuran ile ilgili yazında geleneksel olarak methedildiği gibi yalnızca soyun ya da ailenin geldiği yer değildi; devlet ile vatandaşlar arasında ve vatandaşların kendi arasındaki, hak ve ödevlere dair toplumsal ve siyasi sözleşmenin toprakla vücut bulmasıydı. Edib İshak, sık sık Kahire'deki kahvehanelerden, diğer Osmanlı sürgünlerinden, topluluklarını seküler ve bölgesel hatlar üzerinden yeniden tahayyül etmeye çalışan Mısırlı entelektüellerden söz ediyordu. 1870'ler ve 1880'lerde entelektüeller ve subaylar arasında "Mısır milleti" iyice belirgin hale gelmiş; başarısız olmuş Urabi devriminden ve erken dönem Mısır milliyetçiliğinde oldukça önemli bir rol oynamıştı.[38] Mısırlı entelektüellerden Abdullah el-Nedim de, yatay siyasal aidiyet duygularını teşvik ederek şöyle demişti: "Elimi kime vereyim, aynı toprağın insanından başka?"[39] Daha uzaklarda, Kaçar İran'ında, vatanseverlik ve anavatan sevgisi gibi mefhumlar, milliyetçi-bölgesel hatlarla gelişiyordu. *Millet* kavramının dini tanımının (*millet-i Şii*) yerine bölgesel-milli (*millet-i İrani*) tanımını kullanan bir gazete yazısı şöyle devam ediyordu: "İranlılar tek bir millettendir; farklı lehçeleri konuşan ve aynı Allah'a farklı yollarla ibadet eden bir millet."[40]

Bir başka deyişle, bu yatay tahayyül ve özdeşleşme süreci yalnızca bir devlet projesi değildi; aksine Osmanlı, Mısır ve İran entelektüelleri ve eğitimli yeni sınıfların dahil olduğu geniş kitleler tarafından benimseniyor ve geliştiriliyordu. Osmanlı adını yeni alanların kendi aralarındaki ilişki, hem kaderin hem de tercihlerin sonucu olarak, emperyal dayanışma ve topluluk aidiyetine dair bağlar olarak görülüyordu. Aynı zamanda, emperyal topluluk diğer dini, etnik, bölgesel ve aşiretlerden oluşan toplulukların gölgesi altında yaşamıştı; *ümmet, millet, kavim* ve *cins* gibi örtüşen terimlerin emperyal terimlerle yeniden tanımlanması gerekiyordu.

Topluluk kimliğinin ve bağlılığın eski-yeni anlamları ve biçimleriyle dilsel ve entelektüel-ideolojik olarak anlaşabilme projesi hayli karmaşıktı. Pasaport ya da nüfus kayıtlarında kullanılan dil gibi resmi kullanımlarda, *millet* etnik-dini topluluğun adıydı ve hükümetin tanıdığı cemaatler arasından seçiliyordu (Müslüman, Rum, Yahudi, Sırp vb). Ancak resmi olmayan durumlarda, *millet* dini bir topluluktan ziyade emperyal bir topluluğu, *millet-i Osmani*'yi temsil ediyordu. 1891 tarihli Muallim Naci'nin sözlüğüne göre, *millet* dini bir gruba verilen addı, ulus ise ümmet ya da kavim ile tanımlanmalıydı. Aynı yıl tarihli sözlüğünde "Osmanlı

---

38 Cole, *Colonialism and Revolution in the Middle East.*
39 Khuri, *Modern Arab Thought*, 48.
40 Tavakoli-Targhi, "From Patriotism to Matriotism," 98-99.

*millet*i diye bir şey yoktur. Osmanlı ümmeti vardır. Farklı milletten ve halklardan insanlar Osmanlı adı verilen ümmeti oluşturur" görüşünü savunan Ebüzziya Tevfik'in etkisiyle karar kılınmıştı. 1900 tarihli Şemseddin Sami'nin sözlüğünde de, millet ile ümmetin birbirinin yerine kullanılmasının yanlış olduğu, bu yanlışı düzeltmenin elzem olduğu savunulmuşsa da, ancak dört yıl sonra yayımlanan Mehmed Salahi'nin sözlüğünde "Osmanlı milleti"nin doğru karşılığı olarak *kavm-i Osmani* kullanılmıştı.[41]

Şüphesiz dilbilimciler, bu hayli bulanık ama giderek kullanımı artan kavramın yaygın kullanımını düzeltmeye ve standartlaştırmaya çabalıyordu. Ancak benzer dilsel ve kavramsal bulanıklık Arapçada da mevcuttu, dini cemaatler *millet* ile *ümmet* (*el-milletü'l-Ortodoksiyye* ya da *el-ümmetü'l-Ortodoksiyye*, *el-milletü'l-İsrâiliyye* ve *el-ümmetü'l-İsrâiliyye*), arasında kararsızdı ve Osmanlı milleti (*el-milletü'l-Osmaniyye*) her iki anlamı da kapsıyordu. Bağlamsal olarak, Osmanlı imparatorluk dünyasında, bir kişi birden çok topluluk kimliğine sahip olabilirdi; *umma* ya da *milla*, iki kimlik arasında herhangi bir çatışma yoktu.[42]

"Milli Eğitime" Doğru

Milliyetçilik çalışmalarının önde gelen isimlerinden Ernest Gellner'in de savunduğu gibi, devlet eğitim sisteminin kurulması modern ulus-devletin en önemli niteliklerinden biridir.[43] Milli eğitim sistemleri, milli dilin, vatandaşlık ve ortak milliyet bağlarının teşvik edilmesinde önemli rol oynaması bakımından, Osmanlı İmparatorluğu'nun gerçekleştirmek istediği şeylerin başında geliyordu. 1869 yılında yürürlüğe giren ve tüm Osmanlı erkeklerine üç yıl zorunlu eğitim getiren Maarif-i Umûmiye Nizamnamesi'nin esas amacı, dini ve yabancı misyoner okullarıyla rekabet edebilmek, imparatorluğa ve hanedana bağlılığı teşvik etmek, öğrencileri matematik, coğrafya ve yabancı dil gibi din dışı konularda eğitmekti ve esas niyet Avrupa'nın başarılarını yakalayabilmekti.[44]

Hamid rejiminin otuz üç yılında (1876-1909) Osmanlı Devleti, tüm imparatorlukta on bine yakın yeni ilkokul, ortaokul ve lise açmış; başkentte hukuk, tıp ve askerlik bilimi alanında prestijli akademiler kurmuştu. Hükümete ait bir raporda da, okuryazarlık ile bağlılığın kuvvetli bir biçimde iç içe geçtiği görülebiliyordu: "Eğitimin yaygınlaşması, [halkın] dinine, vatanına yakınlığını ve vatanseverliğini

---

41 "Ottomanisme et 'Ottomanité'," 21-23.
42 Benzer bir iddia için, bkz. Dawn, "Origins of Arab nationalism," 8.
43 Gellner, *Nations and Nationalism*.
44 Fortna, *Imperial Classroom*.

(*milliyet*) pekiştirecek; Müslümanların yüce halifesi ile samimi bağlar kurulmasını sağlayacaktır. Eğer cehalet sürerse, giderek güçlenerek bölünmeyi ve dağılmayı hızlandıracaktır." Sonuç olarak, Yunan, Bulgar ve Sırp öğretmenlerin yaptığı milliyetçi propagandalara karşı koyabilmek amacıyla, Girit, Kıbrıs ve Makedonya gibi politik olarak hassas bölgelerde yeni okullar açıldı. Şii propagandasıyla mücadele edebilmek için, politik olarak oldukça hassas olan Kaçar İran'ı ile doğu sınırına da Sünni din bilginleri gönderildi.[45]

Beyrut ve Kudüs gibi imparatorluğun başka topraklarında ise devlet okulları, imparatorluğu ve gençleri büyük güçlerin desteklediği misyoner okullarının yozlaştırıcı etkisinden korumak için güçlü bir silah olarak görülüyordu. Örneğin, 1898 Beyrut Vilayet Yıllığında, yabancı okullar ile Osmanlı okullarındaki öğrencilerin oranının ikiye bir olduğunu gösteriyordu ki, imparatorluk yirmi yıl sonra, son yıllarında dahi bu oranı değiştiremeyecekti.[46] Filistin'de de durum aynı derecede vahimdi: 1912'de Rus Ortodoks Filistin İmparatorluk Derneğinin desteklediği yüzden fazla okula kayıtlı Hıristiyan öğrencilerin sayısı on bir binden fazlaydı; en az üç bin Yahudi genci Alman-Yahudi Ezra Derneği okullarına ve bir o kadarı da sayıları on ikiyi bulan French Alliance Israélite Universelle okullarına kayıtlıydı. Pek çok Hıristiyan ve Yahudi İngiliz okulu da çok sayıda öğrenciyi cezbetmekteydi.[47] Osmanlı eğitim sisteminin iç karartıcı durumunun ve yabancı okullarla rekabet edememesinin bir sonucu olarak, 1887'de Müslüman ıslahatçı ve alim Şeyh Muhammed Abduh, Beyrut'ta "imanın ve devlet sevgisinin [*hubbü'l-devlet*] yeniden tesis edilmesi"ne tahsis edilecek bir lise açılmasını salık vermişti. Dört yıl sonra, Beyrut'taki hükümet konağında stajyer memurluk yapan ve aynı zamanda lise öğretmeni olan Mihran Boyacıyan, üstlerine okulların Osmanlılaştırılması gerektiğini bildiriyordu: "Her vatansever, eğitim kisvesi altında yabancı entelektüel etkisi karşısında keder gözyaşları dökmelidir." 1895'te özel Müslüman Makaşid Hayır Derneği öğrencilerine "milli ahlak [*el-ahlâk el-milliyye*]" ve dini ilkeleri öğretecek bir Osmanlı okulu açmayı başarmıştı.[48] Benzer bir Osmanlı İslami vatansever okulu olan Ravdat el-Maarif Okulu da 1906'da Kudüs'te açılmıştı.[49]

---

45 Agy., 64-70 ve 99. Fortna, Makedonyadaki Bulgar okullarında çalışan pek çok Bulgar öğretmenin ve müffettişin devrimci ve siyasi propagandacı olduğunu belirtir.

46 Agy., 53.

47 Kedourie, *Chatham House Version*, 328; Harshav, *Language in Time of Revolution*; Rodrigue, *Images of Sephardi and Eastern Jewries*

48 Strohmeier, "Muslim Education in the Vilayet of Beirut," 216-17, 219 ve 226.

49 Bkz. R. Halidi, *Palestinian Identity*, 49.

Devlet ortaokulları, hem Osmanlıca hem de kendi anadillerinde okuryazar olan ve giderek büyüyen bir Osmanlı tebaası yaratmıştı: Bu tebaa, coğrafya, temel bilimler ve yabancı diller öğrenmiş; okul dışındaki çevrelerde güncel olaylar hakkında konuşan ve tartışan; kendilerini bir bütün olarak imparatorluğun öncüsü olarak gören bir tebaaydı.[50] Osmanlı ortaokullarından en prestijlisi İstanbul'daki Sultani Mektebi'ydi (adı, sonradan Galatasaray Lisesi olarak değiştirilmişti). 1868'de Osmanlıcılığı yaygınlaştırmak amacıyla kurulan Galatasaray, Müslüman ve gayri Müslim öğrencilerin bir arada eğitim görebileceği, beslenebileceği ve barınabileceği yatılı bir okul olarak tasarlanmıştı; ilk yılında kayıt yaptıran 341 öğrencinin yüzde 43'ü Müslüman, yüzde 47'si Hıristiyan, yüzde 10'u Yahudi'ydi.[51] Önemli konumdaki yüzlerce Osmanlı memuru, entelektüeli ve serbest meslek erbabı, memleketlerine dönmeden ya da devlet hizmeti olarak başka vilayetlere gönderilmeden önce Galatasaray'ın sıralarından geçmişti. Osmanlı eğitim tacının mücevherinde eğitim göremeyenler için de, 1882 ile 1894 yılları arasında tüm imparatorlukta elli bir yeni ortaokul açılmıştı; bunlardan biri Kudüs'te, diğeri orta Filistin'de, bir diğeri ise kuzeydeki Akka'daydı.

Devletin ortaöğretim hizmeti her ne kadar yalnızca erkeklere açıksa da, kızlar için de *küttab*'a, misyoner ve *millet* okullarına ilaveten devlet ilkokulları vardı. 1914'te en az iki bin kız Filistin'deki özel ve devlet okullarında eğitim görüyordu.[52] Ortaokul düzeyinin ötesinde, üst sınıf ailelerin kızları genellikle özel ders alıyorlardı. 1890'larda oldukça hareketli bir Osmanlıca ve Arapça kadın basını vardı ki bu, kadınların bir kısmındaki yüksek okuryazarlığa delaletti. Bu modern eğitimli erkekler ve (bir dereceye kadar) kadınlar, Osmanlı İmparatorluğu'nun son yıllarında önemli roller oynamışlardı. Bu Tanzimat'ın mimarları tarafından dahi öngörülememişti. Bir tarihçinin de belirttiği gibi "Bu bireyler, yeni birlik terimleri üretmiş, yeni taleplerde bulunmuş, bağlılıklarını sultandan ziyade devlete sunmuş ve mezhepler arası vatandaşlığın kapsamını tartışmışlardı."[53] Bir başka deyişle, 1908 devriminin arifesinde modern devlet okulları, yalnızca devlete olan bağlılığı teşvik etmeleri ve Jön Türk devrimcileri yetiştirmiş olmaları nedeniyle değil; toplumda

---

50 Deguilheim, "State Civil Education in Late Ottoman Damascus."
51 Fortna, *Imperial Classroom*, 103.
52 Kasmieh, "Ruhi al-Halidi." İdaresini İngilizlerin yürüttüğü, Kudüs'teki Evelina de Rothschild okulu, iyi ailelerin kızları için prestijli bir okuldu. 1872'de Şam'da, toplamda 294 öğrencisi olan yirmi altı kız mektebi; toplam 326 öğrencisi olan altı Hıristiyan okulu vardı. Deguilheim, "State Civil Education in Late Ottoman Damascus," 230-31.
53 Salzmann, "Citizens in Search of a State," 49.

daha etkin rol alabilmek için 1908 fırsatını ele geçirecek geniş bir okur kamuoyu yaratmış olmaları bakımından önemliydi.

Osmanlıcılık Projesine İlk İtirazlar

Resmi olarak ilan edilmesine ve imparatorluğun dört bir yanında en azından Müslüman olan ya da olmayan bazı entelektüeller tarafından benimsenmesine rağmen Osmanlıcılık, en başından beri Osmanlı devletinin, Müslüman tebaanın, gayri Müslim dini otoritelerin ve gayri Müslim tebaanın bir kısmının ciddi meydan okumalarıyla karşılaşmıştı. Daha önemlisi, Osmanlıcılık yaygınlaşmasını ve benimsenmesini kısıtlayan ciddi yapısal engellerle yüz yüze gelmişti.

Bunlardan ilki, Osmanlı devleti bir İslam devletiydi ve bu resmi Osmanlıcılık siyaseti ile zaman zaman çelişen bir durumdu. Bazı devlet kurumları gayri Müslimlere kapalıydı; örneğin 1830'larda kurulan profesyonel ordu olan Asâkir-i Mansûre-i Muhammediyye, dönmelerin bile saflarında hizmet vermesini yasaklamıştı.[54] Düşük seviyeli taşra kurumları başta olmak üzere bazı devlet kurumları gayri Müslimlere açık olsa dahi, diğerleri tamamen kapalıydı ve İslami mahkemeler, dini vakıflar, nüfus idaresi, eğitim müfettişliği de bu kurumlara dahildi.[55]

Sultan II. Abdülhamid bir yandan büyük ölçüde İslamı Osmanlılaştırma yoluna gitmiş; diğer yandan imparatorluğu İslamileştirerek pan-islamizm siyaseti izlemişti. Bedevi aşiretlerini eğitmek, onları ortodoks İslami ibadetlere ve Osmanlı devletine dahil edebilmek için okullar açmak ve Şiiliğe yatkın bölgelere misyoner hatipler göndermekten, İngiliz himayesindeki Hindistan'da yaşayan Müslümanlar arasında Hicaz Demiryolunun kullanımını teşvik etmeye kadar, II. Abdülhamid'in siyaseti, devletin İslami niteliğini, tam da tüm Osmanlı tebaasının dinine karşı tarafsız olma iddiası taşıyan Osmanlıcılığın hâkim olduğu bir dönemde güçlendirmişti.[56]

Halk düzeyinde ise, dinler arasındaki eşitlik siyaseti en azından bazı Müslümanların gözünde dini bir dalaletten başka bir şey değildi. İnançlı bir Müslüman için İslam, Allah'ın kullarına nihai mesajıydı; hem Yahudiliği hem de Hıristiyanlığı aşıyordu. Müslüman olan ile olmayan nasıl eşit olabilirdi? Aslında 1859'daki Kuleli Komplosu, önde gelen dini şahsiyetlerden olan ve vaazlarında,

---

54 Erdem, "Recruitment for the 'Victorious Soldiers of Muhammad'."

55 Krikorian, *Armenians in the Service of the Ottoman Empire*, 23 ve Fortna, *Imperial Classroom*, 97.

56 Bkz. Deringil, "From Ottoman to Turk."

Hıristiyanları Müslümanlarla eşit kılan 1839 ve 1856 ıslahatlarının, şer'i hukukun ihlali olduğunu tekrar eden Şeyh Ahmed tarafından planlanmıştı.[57]

Müslümanların dini hassasiyetlerinden kaynaklanan tavırlarına ve Osmanlı devletinin desteklemeyen yaklaşımına ilaveten, Osmanlı tarihçisi Roderic Davison imparatorluğun Hıristiyanlara eşitlik getirecek ıslahatlarının başarısızlığında İmparatorluktaki Hıristiyanların kendilerine çok daha geniş bir rol atfetmişti. Davison şöyle diyordu: "İmparatorluk topraklarında Hıristiyanlar ile Müslümanlar arasında eşitlik planı, büyük ölçüde gerçekleşemedi ve bunun nedeni baştaki Osmanlı devlet adamlarının makûs talihi değil, bizzat Hıristiyanların bu planın başarısız olmasını istemeleriydi."[58] Sahiden de, gayri Müslim dini liderler Osmanlıcılığın gerçekleşmesi halinde maddi ve siyasi olarak çok şey kaybedecekti. Davison'ın aktardığına göre, Rum Ortodoks Patriki, 1839 Tanzimat Fermanını muteberlere okumasının ardından, fermanı getirildiği kırmızı saten kesesine geri koyarak "İnşallah—bir daha bu çantadan çıkmaz" demişti.

Rum Ortodoks Patriki'nin Osmanlıcılığa karşı direnişinin yanı sıra, bir diğer direnç kaynağı da imparatorlukta yaşayan pek çok Yahudi ve Hıristiyanın özgürleşme pazarlığında—eşit haklara karşılık eşit yükümlülükler, ya da diğer bir deyişle kapitülasyonların yerine Osmanlıcılık—yer almak istememesiydi. Rum Ortodoksların çifte vatandaşlığını, yani Helen Krallığı'nda Rum, Osmanlı İmparatorluğu'nda Osmanlı olmasını teoride de olsa tanıyan 1869 tarihli Tâbiiyet-i Osmaniye Kanunnamesi'ne rağmen, pek çok Rum Ortodoks çifte vatandaşı, 1897 Osmanlı-Yunan savaşı Rum Kapitülasyonları tamamen feshedene kadar vergiden muaf olabilmek için Yunan pasaportlarını kullanmaya devam etmişti.[59] Aslında, ne kadar ayrıcalıklı oldukları göz önüne alındığında, yabancı bir ülke vatandaşlığına ya da himaye altındaki konumuna sahip, aklı başında hangi gayri Müslim kendi isteğiyle bu ayrıcalıklardan vazgeçerdi ki?

Ayrıca, on dokuzuncu yüzyılın ortalarında imparatorluğun Güneydoğu Avrupa vilayetleri ve Girit Adası, ayrılıkçı milliyetçi hareketlerin merkezi haline gelmişti. Davison'a göre Osmanlıcılık projesi, imparatorluğun bu bölgelerinde herhangi bir bağlılık ve vatanseverlik duygusu geliştirmek için oldukça geç kalmıştı. Esasında imparatorluk, bu Güneydoğu Avrupa vilayetlerini, bazı Genç Osmanlılara göre Müslüman-Hıristiyan ve Osmanlı-Avrupa ilişkilerindeki süregiden eşitsizliğin en

---

57 Davison, "Turkish Attitudes," 861. Ayrıca Midhat Paşa'nın bu soruna ilişkin yaşadığı zorluklar için, bkz. Deveraux, *First Ottoman Constitutional Period*.
58 Davison, "Turkish Attitudes," 23.
59 Kechriotis, "Greeks of Izmir at the End of the Empire," 58-60

iyi kanıtı olan Berlin Antlaşması ile kaybetmişti. Bir başka deyişle, Osmanlıcılığın gerçekten uygulanabilmesinin imkanı da Osmanlıların desteği de, Avrupa'nın Osmanlı Hıristiyanları adına iç işlere müdahaleleriyle doğru orantılı olarak azalmıştı.

Son olarak Osmanlı teriminin, dinleri, etnisiteleri ya da anadilleri ne olursa olsun, tüm vatandaşlara resmen uygulanmasına rağmen, Osmanlı'nın "Müslüman" ve hatta "Türk" anlamına geldiği varsayımı bazı entelektüeller tarafından hâlâ benimsenmekteydi. Asâkir-i Mansûre-i Muhammediyye kumandanları, diğer etnik gruplar içinde "Türk evlatlarını" en güvenilir asker sınıfı olarak görüyordu.[60] Ayrıca imparatorluğun, devşirmelerin veziri azam olabildiği devlet hizmetlerinde, eşit fırsat siyasetine rağmen, son otuz dokuz veziri azamın otuz dördü, anadilleri Türkçe olan, Anadolu ve Rumeli'den gelmiş Müslümanlardı. Türklere ve Müslümanlara karşı ayrıcalıklı yaklaşımı giderek daha da belirgin hale getiren devlet siyasetiyle uyumlu olarak, Hicaz ve Yemen'in eski valisi Osman Nuri Paşa da imparatorluğu gövdesi Türklerden, dalları ise diğer halklardan oluşan bir ağaca benzetmişti.[61] Liberal entelektüeller de bu hissiyatı paylaşıyordu. Hayli muteber yazarlardan Ahmet Midhat Efendi'ye 1889'da Avrupa'da çıktığı bir tren yolculuğu sırasında Yahudi olup olmadığı sorulduğunda, "Hayır, efendim. Yahudi değilim. Osmanlıyım. Hem de en saf Osmanlıyım, Türk ve Müslümanım,"[62] diyerek yanıtlamıştı. Açıkça görülüyor ki, yirminci yüzyılın başında Osmanlıcılığın katetmesi gereken epey bir yol vardı.

Devrimci Kardeşliğin Teatralliği

1908 devrimiyle birlikte, bir süredir patlama noktasına gelmekte olan imparatorluğun dini ve etnik çeşitliliği meselesi, farklı dini ve etnik grupların teatral olarak bir tür devrimci kardeşlik üretmesiyle en ilkel ve dolayımsız yollarla tekrar gündeme gelmişti. Devrimci "hürriyet" şiarının, Abdülhamid rejiminin süregelen eleştirisine, genel olarak da siyasi meşruiyete ve iktidara dair yeni yollar düşünülmesine imkân sağladığı gibi; "eşitlik ve kardeşlik" gibi devrimci sloganlar da devrim arifesindeki Osmanlı toplumsal gerçekliğini açığa vuruyor, dinler arası ilişkinin mevcut durumunu bir gelecek ideali olarak ortaya çıkarıyordu.

Devrim kutlamalarına ilişkin eşzamanlı raporlarda dört ana unsur ortaya çıkmıştı: Tüm Osmanlıların oybirliğiyle ve mutabakat ile katılımı retoriği; gruplar arasında öpüşme, sarılma ve el sıkma şeklinde kendini ifade edecek sembolik barış, uzlaşma ve karşılıklı saygı; mekânsal ve bölgesel sınırların yeniden çizilmesi; ak-

---

60 Erdem, "Recruitment for the 'Victorious Soldiers of Muhammad'."
61 Deringil, "From Ottoman to Turk," 328.
62 Strauss, "Ottomanisme et 'Ottomanite'," içinde, 39.

rabalık, dayanışma ve yakınlığa ilişkin yeni bir dilin teşvik edilmesi—yani, yeni bir Osmanlı milleti söyleminin oluşması.

Osmanlıların coşkuyla kutladığı birliğin arka planında, daha önceki rejimin ürünü olarak görülen husumet ve çatışma vardı. "Herkes özgürlüğün ne olduğunu ve kendisinin ne kadar acı çekmiş olduğunu biliyor!"[63] diyordu. İbranice bir gazetedeki köşe yazısı. Benzer bir fikir Arapça bir gazetede de yer almıştı: "Tahakküm altında eşitsek, eşitlik ve anayasa talep etmekte de eşitiz demektir [...] Tiranlık Müslüman ya da Hıristiyan, Türk, Arap, Ermeni, Kürt, Arnavut ya da Rum, hepimizin başında."[64]

Beyrut'taki Hıristiyan parlamento adayı Süleyman el-Bustânî gibi tanınmış isimler, Abdülhamid hükümetini ayrımcılık ve mezhepçilik siyaseti (*siyaset-ül-tefrik*) yapmakla alenen suçluyor; dini liderleri hükümete hizmet etmekle itham ediyor, Müslümanları ve gayri Müslimleri tarihi önyargıları ortadan kaldırmaya çağırıyordu.[65] Geçmişteki karşılıklı husumet ve şüpheye ilişkin genel bir tartışmaya ilaveten, 1890'lardaki Ermeni katliamları da Abdülhamid tarafından örgütlenen mezhepçiliğe verilen örnekler arasındaydı. Kahire'deki Ermeni kilisesinde anayasa şerefine yapılan ve tüm dinlerden kadın ve erkeklerin katıldığı kutlamada, uzun zamandır gizli liberal topluluklarda faal bir Müslüman olan Doktor Şerefeddin söz almış ve eski rejimi "vahim olaylar"dan sorumlu tutmuştu. Ayrıca, eskiden Müslümanlar ile Ermeni komşuları arasındaki ilişkilerin iyi olduğunu; ailelerden biri askere çağrıldığında ya da seyahate çıktığında çocuklarını, eşlerini, malını mülkünü diğer dinden olan komşusuna emanet ettiğini hatırlatmıştı.[66] Dahası Şerefeddin, Jön Türklerin ilk icraatlarından birinin "tiranlığın kurbanı" olan Ermenilerin mezarlarını ziyaret etmek olduğunu iddia etmişti.

Bir başka deyişle, Osmanlı milletinin başına bela olmuş özsel ya da yapısal kısıtlar üzerine düşünmeksizin; dini ve etnik gruplar arasındaki eski çatışmalardan sultan ve diğer çıkar çevreleri (Avrupalı güçler, milliyetçi propagandacılar, aşırı dinciler) sorumlu tutuluyordu. Devrimci söylem bunun yerine, tüm Osmanlıları kendi gerçek karakterleri ve devrimci kıvanç günlerindeki gerçek bağlılıklarıyla değerlendiriyordu. Her yerde rastlanan " [...] bakılmaksızın" (*'alâ ihtilâf*) sözü, dinine, mezhebine, etnisite ya da mevkisine "bakılmaksızın" tüm Osmanlıların katılımını eşitlemek için kullanılıyor ve tüm farklılıklarıyla beraber birlik olmuş

---

63 *Ha-Haşkafa*, 9 Ağustos 1908.
64 *El-Menâr*, 25 Eylül 1908.
65 El-Bustânî, *'Ibre ve zikra*, 90-104.
66 *El-Menâr*, 25 Eylül 1908.

Osmanlı halkı fikrini kuvvetlendiriyordu. El-Bustânî ağdalı bir dil kullanarak şöyle diyordu: "Anayasa gününde onları görenler bilir; imam, papaz ve haham sevinç gözyaşları içinde birlik olmuşlardı."[67]

Bu uzlaşma, tarihsel olarak birbiriyle çatışma halinde ya da birbirini dışlayan grupların üyeleri arasında kendiliğinden ve ritüelleştirilmiş fiziksel ifadelerde sembolik olarak kendini gösteriyordu—kucaklaşmalar, öpüşmeler, el sıkışmalar hem eski düşmanların barışçıl bir ilişki içinde olduğunu; hem de yeni devre olan bağlılığı temsil ediyordu. Üstelik bu uzlaşma en yüksek mertebelerde sağlanıyordu; İstanbul'da şeyhülislam ile Rum Ortodoks Patriğinin birbirine sarılması, imparatorluğun tüm kasabalarında ve şehirlerinde duyulmuştu. Raşid Rida, Kahire'deki Ermeni Kilisesindeki bir etkinlikte Ermeni papazları kucaklamasının ardından, kendisini alkışlayan kalabalığa dönerek bu hareketine şeyhülislamın davranışının örnek olduğunu söylemişti.[68] Bir başka makale, "Müslümanlar Hıristiyanlar ile el sıkışıyor; Kürtler Ermenilerle uzlaşıyor ve Türkler Araplarla kucaklaşıyor," diyordu.[69]

İstanbul'daki Yahudi bir muhabir ise şöyle aktarıyordu:

> Kitleler sakince eğleniyor ve kutlamalar yapıyor. Ne bir damla kan ne gözyaşı. Sevinçleri samimi ve içten. Kinden ya da hasetten eser yok. Ve Ermeniler Rumları kucaklıyor; her ikisi de Bulgarları. Türkler, İstanbullular, Yahudi kardeşleri de onlara katılıyor; hep birlikte neşeyle dans ediyorlar. Camilerde ve ibadethanelerde de aynı durum söz konusu—hepimiz kardeşiz: Yahudiler, Türkler, Rumlar, hepimiz barış ve huzur içinde yaşayacağız; vatanımız ve sultanımız için çalışacağız![70]

Halep'te de "Müslüman, Hıristiyan ve Yahudiler[in] bir araya gel[diği], tüm dinlerden insanlar birlikte sevinç gözyaşları dök[tüğü]"[71] bildiriliyordu. Beyrut'taki Amerikan Konsolosluğu ise şunu yazmıştı:

> Bu büyük mutluluğun belki de en önemli özelliği, dinler arasındaki husumetin ve önyargıların bırakılması oldu [...] Bu nedenle şimdi görüyoruz ki, Beyrut sokaklarında Maruni papaz dört kez Müslüman Şeyhi öpüyor, Şeyh de Maruni papazı dört kez öpüyor. Müslümanlar ve Hıristiyanlar, ihvan olarak birbirlerini kucaklıyor. Hıristiyanlar, Müslümanlar, Yahudiler, Mutevâller [Şiiler], herkes [...] bundan böyle yalnızca Sultan'ın bahşettiği

---

67 El-Bustânî, *İbre ve zikra*, 100.
68 *El-Menâr*, 25 Eylül 1908.
69 *El-Menâr*, 28 Temmuz 1908.
70 "Türkiye'nin Anayasası," *ha-Olam*, 29 Temmuz 1908.
71 Halep'teki ABD Konsolosluğundan ABD İçişlerine, 5 Ağustos 1908, Watenpaugh, "Bourgeois Modernity," 37.

hürriyet için omuz omuza çarpışmaya hazır sadık Osmanlı tebaasıdır. Sultanımız, çok yaşa!"⁷²

Bu şahıslar arası uzlaşma ruhu, imparatorluğun tüm fiziksel alanına yayılmıştı ve dört bir yandan cemaatler arasındaki sınırların aşıldığına dair haberler geliyordu. Kudüs'teki bir konsolosluk memuru şöyle gözlemlemişti:

> Müslüman genç adamların bandosu Rumların eğlendiği mahalleye girmişti. Daha sonra Hıristiyan genç adamları da Müslüman mahallelerine getirdiler. Burada hep birlikte eğlendiler, sonrasında Müslümanlar Rumları, daha önceleri resmi izin ya da asker gözetiminde olmadan hiçbir Hıristiyanın gidemeyeceği kutsal Ömer Camisinden geçirdiler. Hıristiyanlar da Yahudileri mahallerinden almış, onları eğlendirmiş, daha sonra onları, önceleri bir Yahudi'nin içeri girmesi için hayatını riske atması gerekecek olan, Kutsal Kabir Kilisesine götürmüşlerdi.⁷³

Ancak bu yeni ortaya çıkan devrim "kardeşliği," kutlanıyor olmasına rağmen, ne bariz bir şekilde mevcuttu ne de bölgeden şehre, mahalleden haneye değişen yerel ilişkilerden kaynaklanan yapısal sınırlardan muaftı. Çoğunluğu Müslüman olan, çok az Yahudi nüfusa sahip ve hiç Hıristiyan cemaatinin olmadığı kasaba Hebron'da derin ilişkileri olan, Bağdatlı Yahudi bir ailenin çocuğu olan gazete muhabiri Menaşe Mani, bize cemaatler arasındaki ilişkinin oldukça kırılgan olduğunu hatırlatıyor:⁷⁴

> Yalnızca birkaç gün önce Yahudiler bahçelerinde Arapları ağırlamaktan korkuyordu. Şimdi kardeş oldular ve onları bir şeyin bir araya getirdiğine dair bir hisleri var. Bir güç halkları birbirinden ayıran duvarı kaldırdı. Onlar artık kardeşler, tek bir vatanın, tek bir devletin evlatları. Halk Yahudileri sevmeye başladı—Müslüman gençler Yahudilerin önünde dans etti ve onlara hürmet etti; Yahudiler gözlerine inanamadı. Her şey çok güzeldi, ta ki oğlu askere alınan bir ana çığlıklarla ağlamaya başlayana dek—Ana, ağlama ve üzülme; bu hepimizin görevi değil mi?"⁷⁵

Filistin'den ve imparatorluğun dört bir yanından gelen diğer raporlar da ortak kutlamalardan ve karşılıklı misafirperverliklerden söz ediyordu. Oldukça bü-

---

72 Gilbert Bie Ravndal, Beyrut'taki ABD Konsolosluğundan ABD İçişlerine, 4 Ağustos 1908 (dosya 10044/54-55); NACP, Milli Arşivler mikrofilm yayını M862, rulo 717, Beyrut, sıralı dosya, 1906-10, Dahiliye Nezareti merkezi dosyalar, kayıt grubu 59.

73 Wallace, 12 Ağustos 1908. Daha sonra, Yahudilerin Kutsal Kabir Kilisesine alındığına dair yanlış raporu; yalnızca kilisenin dışında caddeye girmelerine izin verildiği şeklinde düzeltmişti. Beyrut'tan benzer bir rapor için bkz. Ravndal, 4 Ağustos 1908.

74 Kemal Karpat, el-Halil bölgesinin nüfusunun kırk bin Müslümandan ve beş yüz Yahudiden oluştuğunu gösteren Osmanlı kayıtlarını kullanmaktadır. Karpat, *Ottoman Population*, 166. Bugüne ait gazete haberleri ise Yahudi nüfusunun bine ulaştığını göstermektedir.

75 *Ha-Haşkafa*, 21 Ağustos 1908.

yük bir Hıristiyan ve daha küçük Yahudi nüfusa sahip kıyı şeridindeki Yafa'da, Kahire'deki el-Ezher Camisinde yetişmiş ve ünlenmiş olan Şeyh Salim el-Yakup, Müslümanlar, Yahudiler ve Hıristiyanlar arasındaki ayrımları reddeden duygusal bir konuşma yapmıştı.[76] Kalabalık bu konuşmayı coşkuyla takip etmiş; Hıristiyan ve Yahudi temsilciler de duygusal desteklerini sunmuştu. Daha sonra Salim Salahi adlı bir şahıs, Yafa'da masraflarını kendisinin karşıladığı üç gün sürecek bir şenlik düzenlemiş; her üç dinin önde gelen isimlerini davet etmişti. İbranice olarak da hazırladığı duyuruyu sinagogların kapısına asarak, Yahudi dini şahısları da davet etmişti. Şenliğin şerefine evini süslemişti. Sokaklarda yemek masaları hazırlanmış, limonatalar, sigaralar ve gülsuyu dağıtılıyordu. Arapça, Türkçe, Fransızca konuşmalar yapılıyordu ve konukları eğlendirmesi için bando getirilmişti.[77]

Yafa'da, Yahudi cemaati devlet adamlarının ve diğer dini cemaatlerin mensuplarının davet edildiği genel bir kutlama tertip edilmişti. Kudüs'te, Rum Ortodoks Hıristiyan Arap ve Ermeni Hıristiyan cemaatleri, Patrikhanenin kapılarını halka açtıkları ve bedava içecekler dağıttıkları kutlamalar düzenlemişti.[78] Bu kutlamalar, cemaatin komşularıyla eşit olarak Osmanlı kamusal alanına doğru attığı ilk adımdı ve Yahudi cemaati tüm bir şehri ağırlayarak kendisi dışındakileri onurlandırıyor; buna karşılık, onlar da ev sahibi cemaati onurlandırıyordu.

Bu devrimci kardeşlik ritüelleri, yeni bir Osmanlı milleti söylemi ifadelerine öncülük etmişti. *Osmanlı* yalnızca "onlar"a—bürokratik hâkim sınıfa—gönderme yapan bir söylemden ziyade, bir özkimlik ifadesi haline gelmişti. İmparatorlukta yaşayan pek çok etnik ve dini grup için, Osmanlı birinci çoğul şahsı anlatıyordu: "biz" ve "bizi/bize." İbranice gazete *ha-Haşkafa* muhabiri ve Osmanlılaşmış bir Yahudi olan Mendel Kremer, daha ilk günden bu birinci çoğul şahıs hissini ifade etmişti: Temsil hükümetini kastederek, "[k]an dökülmeden ve büyük bir felaket olmadan, halkımız en gözde şeyi elde etmiştir,"[79] diyordu. Kremer'in de belirttiği gibi, bu emperyal topluluk büyük ölçüde vatandaşlığa dayanıyor; siyasal aidiyet ve vatandaşlık haklarını temel alıyordu. "Vatandaşlar," "Osmanlı vatandaşları," "tüm

---

76 *Havatselet*, 12 Ağustos 1908.

77 *Havatselet*, 14 Ağustos 1908.

78 *Havatselet*, 17, 21 ve 24 Ağustos 1908. Thomas R. Wallace, ABD Kudüs Konsolosluğundan ABD İçişlerine, 14 Ağustos 1908, (dosya 10044/60-61); NACP, Milli Arşivler mikrofilm yayını M862, rulo 102, Kudüs, sıralı dosya, 1906-10, Dahiliye Nezareti merkezi dosyalar, kayıt grubu 59.

79 *Ha-Haşkafa*, 31 Temmuz 1908. Vurgu bana ait. "Osmanlılaşmış" tabiri, Osmanlı vatandaşlığı almış Yahudi göçmenlere gönderme yapmaktadır.

Osmanlılar" ve "muhterem seçmenler" gibi ifadeler, konuşmalarda ve makalelerde sıkça tekrar ediliyor ve Osmanlıları bir arada tutan temel bağın altını çiziyordu.

Aynı zamanda, tüm Osmanlıları birbirine bağlayan, ilksel ya da etnik milliyetçiliğin temel yapıtaşlarından biri olan ortak bir soya ait olmaya dayalı pek az iddia olmasına rağmen, "Osmanlı milleti" söylemsel olarak "aile"yi temel alıyordu.[80] Osmanlı ailesinin söylemsel olarak kuruluşu eskilere dayanıyordu: Rum Ortodoks Kostaki Adossides (1817-95), Rum Ortodoks gençleri için Osmanlı dil kitabı yazmış; bu kitapta "büyük Osmanlı ailesi"[81] ifadesini kullanmıştı. Fakat devrimci dönem boyunca, aile ve beraberinde gelen akrabalık ilişkileri, karşılıklı yakınlık ve yükümlülük söylemi daha da yaygınlaşmıştı. Kudüslü Avraham Elmaliach'ın dediği gibi, heyecanlı ilk haftalarda "herkes doğuştan kardeş olduğunu hissetmiş, birlikte dans etmiş, kol kola yürümüştü."[82] Sözcüler ve gazeteler "Osmanlı kardeşliği"nden, "muhterem Osmanlı kardeşler"den söz ediyordu.

Bazı hususlarda, bu akrabalık ve kardeşlik bağı; doğrudan anayasa ve emperyal vatandaşlık bağlarıyla meydana gelmiş, devrimin bir meyvesi olarak görülüyordu. Kudüs'teki kutlamalara katılan bir Yahudi olan David Yellin (Şlomo Yellin'in ağabeyi) şöyle diyordu: "Bugün, bir zamanlar çok uzağımızda ve yabancı olan, şimdi aşina olduğumuz bir şeye kavuştuk. Adalet artık, ibadet ve din farkı gözetmeksizin tüm Osmanlıları kapsıyor. Gelişirken ve çoğalırken tüm Osmanlıları tek bir halka dönüştürdü."[83] Yellin birkaç ay sonra, Osmanlı kardeşliğinin vatandaşlık-akrabalık formülünü açıklıyordu:

> Çok şükür, tiranlık ve adamları ortadan kalktı. Yerine birlik ve güzellik geldi, tüm milleti tek bir hamlede kardeş yaptı—vatanın ve milletin muvaffakiyeti, tek bir aileye mensup olmaktadır: Osmanlı ailesine. Tüm Osmanlıların kalbinde kardeşlik ateşinin nasıl yandığını ve tüm milletin nasıl kutsal bir hisle—vatanın iyiliğinin (herkesin, tüm halkın vatanının), devletin bekasıyla (ve istisnasız herkesin devletinin) bir olmasından gelen his—tek yürek olduğunu nasıl unuturuz?[84]

---

80 Chatterjee bize, kolonyal Hindistan'da Müslümanlarla Hindular arasındaki akrabalık dilinin bağlamsal ve sınırlı olduğunu hatırlatır. Chatterjee, *Nation and Its Fragments*, 222. Akrabalık aynı zamanda 1906 İran meşrutiyet devriminin de önemli öğelerinden biriydi. Tavakoli-Targhi, "From Patriotism to Matriotism," 222-23.

81 Strauss, "Ottomanisme et 'Ottomanité'," 30.

82 "The Holiday of El-Liberal," *ha-Haşkafa*, 9 Ağustos 1908.

83 *El-Kudüs*, 18 Aralık 1908.

84 *El-Kudüs*, 14 Mayıs 1909.

Osmanlı kardeşliği, meşrutiyetten doğmuş ve beslenmişti; Osmanlı vatandaşlık ödevini (oy kullanma) ilkel akrabalık diliyle (kardeş) bağdaştıran "kardeş seçmen" gibi ifadeler bu hususta önemliydi. Kardeşlerin ve ailelerin damarlarından akan kan aynıyken, Osmanlı vatandaşlık kardeşliği ise halkların metaforik olarak karışmasından doğmuştu. Müslüman bir avukat olan Ragıp el-İmam'ın belirttiği gibi, "Farklı milletlerden gelen Osmanlı ırkları, anayasanın (būdagat al-dustūr) eriyen potasına girmiş, *ümmeti* bir araya getiren ve ruhlarını birleştiren Osmanlıcılık denen o altın külçeyi oluşturmuştu."[85] El-İmam, bu erime potası benzetmesiyle, aylar önce "(imparatorluğun) tüm gruplar(ı) kanunun potasında erimiş; tahrif edilemez ve paslanmaz olan altın bir külçeyi meydana getirmişti,"[86] diyen Raşid Rida'yı anımsatıyordu.

Osmanlı kardeşliği, yüzeysel dini, etnik grup ve dil farklarını aşmaya yardım edecek klasik on dokuzuncu yüzyıl milliyetçiliğinin kan, toprak ve vatan öğelerini bünyesinde toplamıştı. *Vatan* devrimci dönemin en önemli şiarı olmuştu; onlarca yıl öncesinden oluşmaya başlayan bağlılık ve vatanseverlik duygularını temel alıyordu. Namık Kemal'in son derece önemli eserleri, 1908 ile 1910 yılları arasında defalarca yayımlanmıştı. Kahireli aylık dergi *el-Hilâl* okurlarına şöyle sesleniyordu: "Bugün vatan kelimesinin anlamını biliyorsak, bunu Kemal Bey'e borçluyuz. Çünkü ondan evvel herkes vatanı, doğduğu bölge sanıyordu. Ama Kemal Bey bize vatanın, bayrağın dalgalandığı, ordunun savunduğu ve yüreklerin attığı her yer demek olduğunu öğretti."[87]

1908 sonbaharında, Kemal'in meşhur oyunu *Vatan Yahut Silistre* imparatorluğun dört bir yanında sahneye konuyordu.[88] Ekim ayında Beyrut'taki bir gösterimi bildiren gazete, "vatanın hikâyesi"ne ilginin yoğun olduğunu yazıyordu. Oyun, aralarında şehrin önde gelenlerinin, entelektüellerin, askerlerin ve yabancı ülke konsoloslarının yer aldığı iki bini aşkın Beyrutlu seyirci için askeri kışlada gösterilmişti. Gazete, oyunun doruk noktasının, sonlara doğru bir askerin oyunun yazarı, hürriyet "bülbülü" ve "şehidi" Namık Kemal'in mezarını ziyaret ettiği an olduğunu yazıyordu. Mezar açıldığında Kemal, beyaz kefene sarılı bir halde

---

85 *El-Kudüs*, 11 Mayıs 1909.
86 *El-Menâr*, 28 Temmuz 1908.
87 *El-Hilâl*, 1 Ekim 1908.
88 Örneğin 1908-9'da *Vatan*, İstanbul'daki dört farklı tiyatroda sahnelenmişti. Yalçın, *II. Meşrutiyet'te tiyatro edebiyatı tarihi*. 1908 Sonbaharından da Manastır'da sahnelenmişti. Tuncay, *II. Meşrutiyet'in ilk yılı*, 6-7.

belirmiş, askerlerin omzunda mezarına "hürriyetin ışığında taşınmış" ve nihayet huzurlu ebedi uykusuna intikal etmişti.[89]

Kemal'in vatan ile vatansever, vatan ile vücut arasında kurduğu bağ, şehitlikten geçiyordu. Oyunda koronun okuduğu "Vatan Şiiri" bunu açıkça ortaya koyuyordu:

> Yara nişandır tenine erlerin
> Mevt ise son rütbesidir askerin
> Altıda bir üstüde birdir yerin
> Arş yiğitler vatan imdadına.[90]

Birey-topluluk ve vatan arasındaki yakın birlikteliğe—kan ile toprak—olan vurgu, modern milliyetçilik üzerine çalışanlara tanıdık gelecektir. Kuramcı Anthony Smith'in dediği gibi, "Görkemli ölü kültü; ölü, diri ve daha doğmamış olanın kutsal birlikteliği olarak millet fikrine en gerçek ifadesini kazandırır. Daha önemli olan ise, görkemli ölü kültü ve ona eşlik eden milli anma merasimleri ve ibadetler, tarih ile yazgının "kutsal birlikteliği"ne içkin milletin kutsal bileşenleri olarak görülür ve duyumsanır."[91] Aslında şehitlik Osmanlı devriminin önemli bir teması olmuştu; yalnızca Kemal, Midhat Paşa ya da erken dönem liberallerini geriye dönük olarak tanımlarken değil, 1908-9 olayları esnasında ve sonrasındaki hürriyet mücadelesinde "şehit" düşen askerlerle birlikte herkes için geçerliydi.

1908 Sonbaharında, imparatorluğun dört bir yanındaki camilerde, kiliselerde ve sinagoglarda hürriyet şehitlerini anan dualar okumuş ve anma törenleri düzenlenmişti. Örneğin, İstanbul Pera'daki Kızıl Ermeni Kilisesinde, Jön Türkler merkez komite üyelerinin davet edildiği bir tören düzenlenmişti ve bu törende papazlar, Ermeni milli marşını çalan Osmanlı bandosunun geçişine eşlik etmişti.[92] Kahire'deki diğer bir Ermeni Kilisesinde de "Osmanlı hürriyet şehitleri" [şühedâ el-hürriyye el-Osmânîyîn] için anma töreni düzenleniyordu. Okul çocukları Osmanlı marşını söylüyordu; ayaktaki kalabalık için tüm konuşmalar Ermenice, Türkçe ve Arapça yapılıyordu.[93] "Hürriyet şehitleri"nin anısına yapılan bir başka etkinlik de,

---

89 *El-İttihadü'l-Osmani*, 4, 9 ve 14 Ekim 1908. Rapora göre, ordu piyesten gelir elde etmişti. Ancak Arapça basının Kemal'e ve eseri *Vatan Yahut Silestre*'ye yönelik tavrı sebebiyle, Kemal Karpat'ın bunun Türk milliyetçi yöneliminin bir kanıtı olduğuna ilişkin iddiasını kabul etmem mümkün değil. Karpat, *Politicization of Islam*, 334.
90 Kemal, Vatan Yahut Silistre, 77. Ayrıca bkz. Karpat, *Politicization of Islam*, 334.
91 Smith, "'Sacred' Dimensions of Nationalism," 811.
92 *New York Times*, 14 Ağustos 1908. Ayrıca bkz. Kansu, "Souveneir of El-Liberal," 22-23.
93 *El-Menâr*, 25 Eylül 1908.

İstanbul'daki Yeni Cami'de gerçekleşen etkinlikti ve Osmanlı Kadınları Birliği Komitesi tarafından düzenleniyordu.[94]

Daha sonra, Nisan 1909 tarihindeki anayasa karşıtı darbede ölen yaklaşık yetmiş erkek de şehit kabul edildi. İsyancılar tarafından öldürülen meclis üyesi, Lazkiye'nin önde gelen Dürzilerinden Muhammed Arslan'ın ailesi merhumun bedeninin Lübnan'a gönderilmesini talep ettiğinde, Gülhane Hastanesindeki Şeyh Abdullah, ölünün yıkanmamasını buyurmuş ve şöyle haykırmıştı: "Bu bir şehidin bedenidir ve onun kanı yeterince temizdir!"[95] Diğer şehitler de İstanbul, Şişli'deki, pek çok kilise ve sinagogun, Hıristiyan ve Yahudi mezarlıklarının bulunduğu karışık bir mahallede toplu şekilde defnedilmişti. Defin hizmetleri sırasında, İTC liderleri Müslümanların ve Hıristiyanların yan yana gömülmelerini emretmişti; böylece vatanseverlik ve Osmanlıcılık kanunları şer'i hukuku alt etmişti.[96] Daha sonra, bu alana Abide-i Hürriyet adı verilen bir anıt dikildi. Anıtın üzerinde şöyle yazıyordu: "hürriyet şehitlerinin kabri" (*makbarat-ı şüheda hürriyeti*). Daha sonra bu anıt alanı, Osmanlı (Türkiye Cumhuriyeti'nin ilk dönemlerinde de) meşrutiyet ve vatanseverlik ideallerinin en önemli simgesi haline geldi; çeyrek yüzyıldan uzun bir süre "milli bayram"lara askeri kutlama ve geçit törenlerine de ev sahipliği yaptı.[97]

Vatan için kendini kurban etme hissi, basında ve devrimci kamusal alanda öne çıkan en makbul histi ve bu his, 1911'den itibaren, Osmanlı İmparatorluğu'nun son askeri girişimi olan Birinci Dünya Savaşına kadar olan üç büyük savaş öncesinde de, canlı tutulmuştu. Libya'da (1911), Balkanlarda (1912-13) ve Birinci Dünya Savaşında (1814-18) ölen Osmanlı askerleri, hem unvan olarak hem de yakınları yetim ve dul yardımından yararlanabilecekleri şekilde şehitlik mertebesine yükseltilmişlerdi. Dahası, pek çoğuna göre bu şehitlik anlayışı Osmanlı vatandaşlık projesiyle iliş-

---

94 Denais, *La Turquie nouvelle*, 87.

95 McCullagh, *Fall of Abd-ul-hamid*, 172-74. Şeri hukuka göre, şehitlerin bedenleri günahlarından arınmış olduğundan, şehitlerin defninde dinin emrettiği yıkanma işlemine ihtiyaç duyulmaz.

96 Pears, *Forty Years in Constantinople*, 282. Şehitlerin isimleri anıtta yazılıdır. Enver Beyin adının sıkça kullanılmasına karşın, yalnızca bir Hıristiyanın ismi bulunabilmiştir. Kreiser, "Ein Freiheitsdenkmal für Istanbul," 306-7. Makale referansı için M. Erdem Kabadayı ve Kent Schull'a teşekkür ederim.

97 1951'de, 1876 Anayasası'nın yazarı ve orijinal "hürriyet şehidi" yazan Midhat Paşanın bedeni, Taif'e getirilmiş ve aynı tepedeki başka bir mezara defnedilmişti. İTC'nin üçlü iktidarının diğer iki paşası Talat ve Enver Paşanın naaşları da, sırasıyla, Berlin'den ve Tacikistan'dan getirilmiş, aynı yere defnedilmişti. Kreiser, "Ein Freiheitsdenkmal fur Istanbul," 308-9. Enver Paşa, daha önceki adıyla Enver Bey, "hürriyet kahramanlarının" önde gelenlerindendi.

kiliydi. İzmirli Yahudi şair Ruben Katan, iki kıtadan oluşan şiiri "Bizim yolumuz: Hürriyet için Ölmek ya da Öldürmek"te millet için kurban olmanın değerini ifade etmişti. Katan'a göre, Osmanlı hükümeti şunu bilmeliydi ki, "bu milletin tabii hakları olan hürriyet ve anayasayı müdafaa etmek ve bu ihlal edilemez haklara dokunacak hiçbir şeye izin vermemek en kutsal görevlerin başında gelir. Millet kangren olan kolu kesmeyi; esir düşmektense ölmeyi tercih eder."[98]

ŞEKİL 2.1. Abide-i Hürriyet, Şişli, İstanbul. 1909 karşı devriminde meşrutiyeti savunurken ölen Osmanlı askerleri devlet töreniyle buraya gömülmüştür. Bu alan Osmanlı ve erken dönem Türk cumhuriyetçi vatansever anmaların merkezi anıtı olarak işlev görmüştür. Kent F. Schull'un kişisel fotoğrafı; izniyle kullanılmıştır.

Osmanlıcılığı Kurumsallaştırmak

Devrimci kardeşlik siyasal modeli, Namık Kemal'in on yıllar önce önerdiği özgürlük takasının tam anlamıyla icra edilmesiydi: Osmanlı milletinde tam eşit haklar karşılığında, gayri Müslimler şahsi ayrıcalıklarından feragat edecek ve diğer Osmanlı vatandaşlar gibi görevlerini icra edeceklerdi. Bir başka deyişle, devrimci kardeşlik temaşası, tüm Osmanlıların yalnızca hakları değil, ödevleri de paylaşması; her şeyden önce Osmanlı olarak kabul edilen tüm cemaatlerin, cumhuriyetçi müşterek vatandaşlık ruhu içinde kamu yararı için çalışması varsayımına dayanıyordu. Bir konuşmacı öngörülü bir biçimde, "artık 'Ermeni,' 'Müslüman,' 'İbrani' ya da 'Hıristiyan' yok; 'Osmanlı' var! Hepimiz kardeşiz! Hepimiz vatanın salahiyeti için

---

98 *El-Liberal*, 14 Mayıs 1909

çalışıyoruz ki sonunda hayırlı olacağını umut ediyoruz,"[99] diye ifade ediyordu. Benzer bir hissiyata *el-Menâr* gazetesinde de rastlamak mümkündü: "Bugün Osmanlılar, devlet üzerinde hak sahibi olan bir ümmet olduklarını kanıtlamışlardır; birlikleri devletlerine hayır getirecektir. Yükümlülükleri ve bağlılıkları devletlerinedir; soyuna, diline, mezhebine ve dinine bakılmaksızın onları bağlayan bir milliyete sahipler."[100]

Bu nedenle, "Osmanlı *ümmeti*" büyük ölçüde Osmanlı İmparatorluğu'nun yasal sınırlarıyla bağlı, Osmanlı vatandaşlığından gelen karşılıklı haklar ve yükümlülüklerle birleşmiş sivil milliyet ilkesini temel alıyordu. Bu, İTC'nin siyasi programında açıkça ifade edilmiş, Arapça basında tercüme edilerek yayımlanmıştı. En iyi ifadesini de 9. maddede buluyordu: "Herkes ırkına ve mezhebine bakılmaksızın eşitlikten ve hürriyetten tamamen faydalanacaktır ve herkesten ırkına ve mezhebine bakılmaksızın, bir Osmanlıyla aynı şeyler beklenmektedir."[101] Dahası İTC "tüm Osmanlı tebaası kanun önünde eşittir ve devlet işlerinde çalışabilir. Gayri Müslimlerin askere gideceği gibi, yetkin sayılan her birey liyakatına göre devlet işlerinde görev alabilir."

Diğer milli projelerde, özellikle de bölgesel milletlerde, devlet idaresindeki iki önemli kurum, devlet okulları ve ordu, milletin bir araya getirilmesinde tarihsel olarak önemli bir rol oynamıştır.[102] Benzer şekilde, bu iki kurumun Osmanlılaşma projesinin başarısı için de önemli olduğu düşünülüyordu. On dokuzuncu yüzyıl ortasından itibaren, Osmanlı vatanseverlerini yaratmada okulların merkezi önemini vurgulayan yeni bir söylemin ortaya çıktığını görmüştük. Devrim sonrası dönemde de, okullar yeniden milli projenin odağında yer almaya başladı. İTC'ye göre Osmanlılaşma, devletin resmi dili olan Osmanlıca öğretilmesiyle gerçekleşebilecekti.[103] 1894'ten itibaren Osmanlıca, özel ve *millet* okulları dahil imparatorluktaki tüm okullarda zorunlu olarak öğretiliyordu; ancak bu zorunluluğun uygulanması farklılıklar gösteriyordu. Pek çok okul, asgari ders saati zorunluluğunu yerine getiriyordu; Osmanlıca; lehçelerle, kutsal dillerle (Arapça, İbranice ve Rumca dahil olmak üzere), yabancı destekli okullardaki eğitim dili olan Fransızca, İngilizce ve Almanca gibi beynelmilel dillerle rekabet etmek zorundaydı. Sonuç olarak, yüksek

---

99 "The Holiday of *el-Liberal*," Avraham Elmaliach, *ha-Haşkafa*, 9 Ağustos 1908.

100 *El-Menâr*, 28 Temmuz 1908.

101 *El-Menâr*, 25 Eylül 1908.

102 Milliyetçilik üzerine gelişen yazın oldukça büyük; Habsburg emperyal kimliğinin kurulmasında ordunun rolü için bkz. Deak, *Beyond Nationalism*; ordu ve milliyetçilik ilişkisi için, bkz. Massad, *Colonial Effects*.

103 *El-Menâr*, 25 Eylül 1908.

öğrenimine devlet okulunda devam etmedilerse, Osmanlı çocuklarının pek azı Osmanlıcada işlevsel bir okuryazarlık kazanabiliyordu.

Basında yer alan yetişkin eğitimine yönelik özel Osmanlıca akşam dersleri ilanları da bu durumu destekliyordu. Ancak bu derslere katılım genel olarak düşüktü; 1897'de Kudüs'teki bir kursa yalnızca üç öğrenci kayıt yaptırmıştı.[104] Öyle görünüyor ki pratikte, Osmanlıca bilgisinin gerekli olduğu durumların oldukça ender olduğu göz önüne alındığında, pek çok kişi, Saray civarında (hükümet binasında) Arapça belge hazırlayan Bağdatlı Yahudi Tüccar Habib'in dükkânında çalışan İzmirli Yahudilerden Nissim Efendi gibi tanınmış profesyonellerden tercümanlık hizmeti almayı tercih ediyordu.[105]

Devrimden sonra, gece okulları yaygınlaşmış ve dil eğitimini ve diğer vatandaşlık icraatlarını desteklemeyi hedefleyen sivil toplum kuruluşlarıyla birleşmişti.[106] Cemaat liderlerine göre, özellikle Osmanlı meclisine seçilebilmenin koşulu olduğundan Osmanlıca bilmek gerçek bir meziyetti. Ayrıca yerli Osmanlı memurlarıyla kişisel iletişimi geliştirmek için de önemliydi. Bu nedenle Albert Antébi, baş hahamlık mevkisine aday olacaklar için Osmanlıca bilmenin önkoşul olması gerektiğini savunmuş; Osmanlıca bilen adayları alenen desteklemiş, bilmeyenleri karalamıştı.[107]

Entelektüeller ve gazeteciler okul sisteminin dil sorununun, Osmanlılaşmayı en genel anlamıyla gerçekleştirmedeki potansiyel rolüne odaklanmıştı. Meşhur Galatasaray Lisesi ve saygın askeri, tıp, hukuk ve kamu hizmeti veren Hümayûn akademileri dışında, devlet kurumları daha çok Müslüman öğrencilere eğitim veriyordu; Hıristiyan ve Yahudi öğrenciler ise çoğunlukla kendi cemaatlerine bağlı ya da yabancıların yönetimindeki okullara gidiyordu. Örneğin 1907'de Kudüs'teki Alman destekli Lüteriyen kurumu olan Schneller Okulu, anaokuluna (yalnızca 11'i Müslüman olan) doksan erkek öğrencinin ve (yalnızca dokuzu Müslüman olan) elli dokuz kız öğrencinin kaydını yapmıştı; gündüz okulunda ise yalnızca (toplam 108 öğrenci arasında) dört Müslüman öğrenci vardı. Yatılı okulda ise 264 erkek öğrencinin yalnızca beşi Hıristiyan değildi.[108] Gerçek şu ki, Kudüs'ün önde gelen Müslüman aileleri, çocuklarının Batılı bir eğitimden istifade edebilmesini umut ederek, oğullarını Aziz George Anglikan Okuluna; kız çocuklarını ise Evelina de

---

104 Ha-Va'ad le-hoẓa'at kitvei David Yellin, *Kitvei David Yellin*, 148.

105 Frumkin, *Derekh shofet bi-Yerushalayim*, 103.

106 *Ha-Haşkafa*'da yayımlanan ilanlar için bkz. 16 Eylül 1908; *Havatselet*, 27 Kasım 1908; *en-Necâh*, 8 Nisan 1910; *ha-Herut*, 22 Ağustos 1910; *ha-Herut*, 28 Ekim 1910.

107 Antébi'den Meir'e, 27 Şubat 1910. CAHJP HM2/8644.

108 Schneller School kayıtları, 23 Ocak 1907; ISA 67, peh/442:360.

Rothschild Okuluna gönderiyordu. Ancak bu, o dönemde yaygın bir uygulama değildi.

ŞEKİL 2.2. Vatansever Meşrutiyet Okulu, Kudüs. Okul müdürü Khalil El-Sakakini solda oturuyor. Yaşça büyük öğrenciler fes takarken, genç öğrenciler Osmanlı bayraklı kazak giyiyor. Vasıf Cevheriyye Fotoğraf Koleksiyonu, Institute for Palestine Studies (Beyrut). Walid Khalidi'nin izniyle yayımlanmıştır, *Before Their Diaspora: A Photographic History of the Palestinians, 1876–1948*, Institute for Palestine Studies.

Kudüs'teki Yahudi okulları da kendi aralarında geleneksel teolojik okullar (*heder/meldar* ve Talmud Torah), Avrupalı Yahudiler tarafından kurulan hayırsever okullar ve İbrani gündemine sahip yeni milliyetçi-Siyonist okullar olarak ayrılıyordu. Almanca müfredata sahip hayırsever bir okul olan Hilfsverein der Deutschen Juden (Ezra) okulunun, yalnızca bir Müslüman öğrencisi vardı.[109] İmparatorluğun farklı bölgelerindeki önde gelen pek çok İTC üyesinin eğitim gördüğü meşhur Fransız-Yahudi Alliance Israelite Universelle'nin (AIU) Filistin'deki okullarında durum istisnai özelliklere sahipti. Kudüs'teki meslek lisesinde 10 Müslüman çırağa karşılık, 128 Yahudi çırak vardı. Ancak AIU'nun ziraat okulu Mikveh Israel'in ise, 1900 ile 1908 yılları arasında Yahudi olmayan yalnızca dört öğrencisi vardı ve bunların her biri birer yıl öğrenim görmüştü; 1908 ile 1915 yılları arasında da dört Müslüman öğrencisi olmuştu. Aslında Müslüman öğrencilerin dikkate değer biçimde düşük sayıda olması, AIU Kudüs okulları müdürü Albert Antébi ile vilayet valisi Suphi Bey arasında önemli bir gerilim noktası olmuştu; Suphi Bey Antébi'ye AIU okullarında

---

109 *Ha-Olam*, 13 Kasım 1908.

eşit sayıda Yahudi ve Müslüman öğrenci görmek istediğini söylemişti.[110] Şüphesiz ki, 1913 yılında otuz altı öğrencisiyle altmış kuruma sahip yeni İbrani okullarının, Yahudi olmayan öğrenciler almaya hiç niyeti yoktu.[111]

Bütün bunlar göz önüne alındığında devrimci dönemde, Osmanlı entelektüellerinin eğitime büyük bir önem atfettiği söylenebilir. Hüseyin Vasfi Rida'ya göre, "milli okullar," hürriyeti işler hale getirmeliydi: "Farklılıkları ve şahsi özellikleri göz ardı edecek, [yerine] gayeleri vatanın çıkarlarını yükseltmek ve hürriyeti korumak olan tüm öğrencileri aynı ruh ile yetiştirecek milli okullara ihtiyacımız var."[112] Ancak devlet okulu sistemi ciddi biçimde yetersizdi; başta yetersiz kaynak ayrılmasından dolayı yapısal sorunlardan muzdaripti. Örneğin 1913'te Beyrut vilayeti toplam bütçesinin yalnızca yüzde 2.95'ini eğitime harcamıştı ve bu durum Meclis-i Mebusandaki Beyrut Mebusu Salim Ali Salam'ı eğitim sistemine daha fazla kaynak aktarılması için yeni vergiler getirmeyi önermeye sevk etmişti. Bu az kaynak aktarımının sonucu olarak, Beyrut ve Kudüs'teki özel okullardaki öğrenci sayısı devlet okullarındakinin üç katından fazlaydı.[113]

Filistinli bir eğitimci olan Halil el-Sakakini, işleri kendi denetimine almış, 1909'da Kudüs'te ıslahat zihniyetine sahip Osmanlılar için model olarak gördüğü Milli Meşrutiyet Okulunu (*medresetü'd-düstûriyye el-vataniyye*) kurmuştu. Okulu, şehrin tüm dinlerden gençlerine hizmet sunacak, onları anayasa ve imparatorluğun hürriyet yanlısı ruhuyla yetiştirecek şekilde hayal etmişti.[114] Osmanlı vatanseverliğini modern pedagoji mefhumlarıyla bir araya getiren Meşrutiyet Okulu, "öğrenciyi onurlandırmak ve ruhu beslemek" için kurulmuştu. Bu uğurda okulda cezalar, ödüller ve notlar kaldırılmış; spor, resim ve müzik için ayrılan dersler bir kenara bırakılmış ve ayrıntılarla uğraşmak yerine "beyni güçlendirmeye" odaklanılmıştı.[115]

---

110 AAIU, İsrail-IX.E.26; CZA J41/492. Suphi Beyin daha çok Müslüman öğrenci kabul etmeye yönelik baskıları için bkz. 20 Ocak 1909, Antébi'den AIU merkezine mektup; AAIU, Israel-IX.E.26.

111 Bkz. Harshav, *Language in Time of Revolution* ve Landau, "Educational Impact of Western Culture on Traditional Society."

112 *El-Menâr*, 27 Ağustos 1908.

113 Strohmeier, "Muslim Education in the Vilayet of Beirut," 222 ve 226.

114 Musallam, *Yevmiyat Halil el-Sakakini*.

115 Okulun diğer kurucuları arasında Ali Yarallah, Cemal Halidi ve Eftim Muşabbak da yer alıyordu. Bkz. 1 Ocak 1911 tarihli kayıt, el-Sakakini, *Kadha ana ya dunya* içinde, 51-2. Başka yerlerde de benzer pedagojik reformlar yapılıyordu. 1909'dan 1912'ye kadar İstanbul'daki saygın Darulmuallimin'in müdürü olan Tevfik Fikret (Mehmet Tevfik), modern pedagoji unsurlarını uygulamış ve bir pedagoji dergisi yayımlamıştı. Aynı zamanda eğitim

El-Sakakini, öğrenci ile öğretmen arasındaki geleneksel hiyerarşinin kaldırılmasını savunmuş; eğitici kadroyu öğrencilerle faaliyetlere ve müsabakalara katılmaları yönünde teşvik etmişti. Kendisi de bu gayri resmi kılavuz rolünü epey ciddiye almış görünüyordu; evinde davetler vermiş ve tartışma grupları düzenlemişti, bu gruplarda öğrencilerine, kendi deneyimlerini otantik ve bağımsız bir sesle düşünmeleri ve yazmaları yönünde yüreklendirmek için kendi günlüklerinden yüksek sesle parçalar okumuştu.[116]

Meşrutiyet Okulunu ziyaret edenlerin istisnasız hepsi, okulun misyonu ve modern görünümden etkileniyordu. Açılışından sonraki ilk üç onur konuğu, Hafız es-Said, Ruhi el-Halidi ve Faid Allah el-Alami idi, sırasıyla iki mebus ve bir Kudüs valisi. es-Said "millete olan hizmetinden" dolayı okula şükranlarını sunarken, el-Halidi ise okulun "yeni yöntemlerini ve organizasyonunu" methetmişti. Diğer ziyaretçiler de oldukça duygusaldı ve oldukça ağdalı yanıtlar vermişlerdi. Bir konuk, eğiticilerin enerjisini, kendilerini vakfetmelerini ve benimsedikleri modern pedagojik yöntemleri gördükten sonra derin sevincini ifade etmişti. Diğer bir ziyaretçi ise, ilerlemenin illaki eğitimden geçeceğini savunmuş ve okulun gençliği hürriyet, özgüven ve gerçek kardeşlik ruhuyla yetiştirme emellerini takdir etmişti. Kalkilya'dan gelen iki ziyaretçi, okulun temsil ettiği onurlu "milli başlangıcı" ve "mübarek rönesansı" övmüş, geleceğin erkeklerini yetiştirerek ümmeti ilerletme ve geliştirme yolundaki başarısı için dua etmişti.[117]

Meşrutiyet Okulunun çabalarına ek olarak, diğer okullar da öğrenci kitlelerini Osmanlılaştırmada önemli rol oynamıştı. Gazete haberleri, okul çocuklarının hürriyet marşı söylediklerinden ve resmi kutlamalarda vatansever şiirler okuduklarından; gençlerin devlet, İTC ve ilgili entelektüellerin özel ilgisine mazhar olduğundan bahsediyordu. Birinci Dünya Savaşı öncesi dönemde, vatansever marşlara ve kıssalara yer veren çok sayıda çocuk ve gençlik gazeteleri ve dergileri basılmıştı.[118]

Okullara ilaveten, sarayın dikkati de ordudan, nüfusun Osmanlılaşmasına kaymıştı. 1909'da Meclis-i Mebusanda genel zorunlu askerlik ilan edilip gayri Müslimlerin *bedel-i askerî* vergisi karşılığında askerlikten muaf olmasına son ve-

---

üzerine çalışmak için Avrupa'ya iki seyahat düzenlemiş; bir hemşirelik okulu ve kadın öğretmen okulu kurmuştu. Cleveland, *Making of an Arab Nationalist*.

116 Sakakini'nin eski öğrencilerinden İhsan Tercüman'ın Sakakini üzerine yazısı için bkz. Tamari, "Great War and the Erasure of Palestine's Ottoman Past" içinde.

117 "Kalimat khadarat al-za'irin lil-madrasa al-dusturiyya al-wataniyya fil-Quds al-Sharif," Arap Çalışmaları Topluluğu Koleksiyonu. Düstûriyye Okulu, yerli Filistin gazeteleri *el-Filistin* ve *el-Münâdî* in de takdirini kazanmıştı.

118 Okay, *Meşrutiyet çocukları*. Ayrıca bkz. Bussow, "Children of the Revolution."

rildiğinde, bu, imparatorluk halklarını gerçek anlamıyla karıştırmanın bir parçası olarak görülmüştü.[119] Genel zorunlu askerlik, bir toplum mühendisliği aracı, imparatorluğun çokdilli cemaatlerini bir araya getirecek ortak bir deneyim olarak görülüyordu. Yabancı bir gazetecinin, dönemin başkentindeki genel tavrı, "kışlalar, okulların başlattığı asimilasyonu nihayetine erdirmeye hazır"[120] diyerek özetliyordu.

Devrimin ilk günlerinde öne çıkan heyecanla birlikte, Osmanlı ordusu hürriyet bahşettiği için kutsanırken ve Osmanlı kamuoyu vatandaşlıktan gelen hak ve ödevleri üstlenmeye heveslikyen, genel zorunlu askerlik değişen imparatorluğun gözde sloganlarından biri haline gelmişti. Etkinliklere katılan biri Kudüslü Hıristiyan Şibli Naufal bu durumu, gerçek eşitlik yolunda elzem bir adım olarak görüyordu ve şöyle diyordu: "Eşitlik, adaletin hedefi ve gerçek temelidir. Eğer Osmanlı halkları gerçekten eşit olup kanlarını vatan toprağıyla karıştırmayacaklarsa, eşitlik asla gerçekleşmez ve biz bu şerefe nail olamayız; onun yerine askerlik faaliyetleri ve toprak savunması öne çıkar."[121]

Aslında, farklı gruplar ve bireyler Osmanlı ordusunda hizmet verme isteklerini alenen ilan etmişlerdi. Ermeni bir mebus olan Krikor Zohrab, "milletin tüm unsurları için askerlik hizmetinin, anayasa altında sivil eşitliği korumanın temel şartı olduğunu," Ermeni cemaatinin "Anavatana asker-vatandaşlar olarak hizmet etmeye hasrettiğini"[122] ifade etmişti. Benzer şekilde, Kudüs'teki Sefarad Yahudi basını da "Biz Yahudiler her daim vatana ve aydınlanmış hükümete sadık olduk; özellikle kanun önünde mübarek görevimizi yerine getirmeye [...] [ve] vatanın menfaati için kanımızın son damlasını dahi vermeye mecburuz,"[123] diyerek övünüyordu. Bir başka gazetede ise "Tüm Osmanlılar, Müslümanlar ve gayri Müslimler Osmanlı bayrağı altında toplanmalı,"[124] deniyordu.

İTC de genel zorunlu askerliği, imparatorluğun gayri Müslim cemaatlerinin Osmanlıcılığa olan bağlılığının nihai testi olarak görüyordu. Gayri Müslimler meşru endişelerini (dini ibadetlerine ilişkin meseleler gibi) dile getirirken, Osmanlı vatandaşı olabilmeleri için de milli gayrete katkı sunmaları gerekiyordu. İTC yanlısı gazete *Tanin*'de şöyle deniyordu:

---

119 Bkz. Gülsoy, *Osmanlı gayrimüslimlerinin askerlik serüveni*.
120 Abbott, *Turkey in Transition*, 96.
121 *El-Kudüs*, 11 Mayıs 1909
122 Aflalo, *Regilding the Crescent*, 235. Aynı zamanda Ermenilerin bedel-i askeri ödemeye devam edemeyeklerine de dikkat çekmektedir.
123 *Ha-Herut*, 18 Mayıs 1909.
124 *El-Liberal*, 6 Ağustos 1909.

> Meşrutiyet hükümetinin altında, milletin herhangi bir kesiminin Meclis-i Mebusanın kararına biat etmeyi reddettiğini düşünebiliyor musunuz? Bu abesle iştigal olurdu ancak Yunanların, Bulgarlar ve Ermenilerin Osmanlı vatanını savunmada paylarına düşeni üstlenmede mütereddit oldukları da su götürmez bir gerçek. Sonuç olarak, gelecek itirazlara rağmen, askerlik hizmeti kimsenin inkar edemeyeceği bir hakikat.[125]

Ancak Dördüncü Bölümde göreceğimiz gibi, mecburi askerlik mevzusu— Osmanlılaşmanın sınırlarının ve kısıtlamalarının işareti olarak—kısa bir süre içinde Osmanlı İmparatorluğu'nda rekabet ve çekişme konusu olmuştu. Benzer biçimde, eğitim ıslahatı da İTC'nin merkezileştirme dürtülerini, gayri Müslim ve Türk olmayan cemaatlerin korunmacı dürtüleri ve kültürel tercihleriyle karşı karşıya getirmişti.

"Eşitlik ve Kardeşlik"e İlk İtirazlar

Osmanlıcılık, kurumsallaşması önündeki zorluklara ek olarak, en başından beri başka zorluklarla da karşı karşıya gelmişti. Müslümanlar da gayri Müslimler de homojen ve monolitik gruplar değildi; içlerinde Osmanlıcılığın ve Osmanlılaşmanın destekçileri kadar muhalifleri de vardı. Daha önce gördüğümüz gibi, bazı Müslüman vaizler Müslümanlar ile gayri Müslimlerin eşit olmasına karşı çıkmıştı ve bunlara basında oldukça az yer ayrılmıştı—basın muhtemelen kamuoyu yoklamasından ziyade entelektüel sınıfların yönelimine tanıklık etmeye daha meyilliydi.[126]

Diğer vaazlar her ne kadar teoride eşitlik yanlısı olsalar da, eşit vatandaşlık mefhumunu içselleştirmeye dair zorlukları ve içsel çelişkileri açığa vuruyorlardı. Örneğin, Raşid Rida eşit kardeşliğin güzelliğini methettiğinde, kullandığı dil imparatorlukta yaşayan gayri Müslimleri "eşit vatandaş" olmaktansa, "hoş görülen konuk" rolüne geri iten, İslam tarihine gönderme yapan terimlerle bezenmişti. Rida, İslami liberallerin tarihini hararetle savunduğu makalesinde:

> Anayasanın zaferinin ardından, onlar Ermeniler ve diğer Hıristiyanlarla birlikte Osmanlıcılığı şiddetle savunanlardandı. Seslerini her yerde duyuranlar yine onlardı. Dinin bizi ve Osmanlı kardeşlerimizi ayırmasına mahal vermeyeceğiz; aksine İslamın "bizim için olanlar uğruna, bizimle olanlarla olmak için" diyen meşhur sözle bize buyurduğu gibi, Osmanlı kardeşlerimizle birlikte olacağız.[127]

---

125 *Tanin*, 21 Haziran 1909. Kaynak, Aflalo, *Regilding the Crescent*, 216.
126 Meşruiyet hareketinin eşitlik taleplerine karşı dini muhalefet İran'da da mevcuttu. Tavakoli-Targhi, "Refashioning Iran," 99.
127 "The Ottoman Nation and the Constitution," *el-Menâr*, 27 Ağustos 1908.

İlk bakışta bu ifade bir meşrutiyet vatandaşlığı mefhumunu çağrıştırıyor olabilir—müşterek haklar ve dine bakılmaksızın verilen yükümlülükler. Ancak bu meşhur söz, İslam tarihinde "Ömer Antlaşması" olarak bilinen anlaşma altında Müslümanlar ile gayri Müslimler arasındaki ilişkileri normalleştirmesiyle anılan Halife Ömer Bin Hattab'a aittir. Gayri Müslimleri "kitabın halkları" konumuna geri iten makale, imparatorluk topraklarında İslamın üstün rolünü muhafaza etmiştir. Bu, Rida, makalenin sonraki bölümlerinde, Aya Sofya'yı (öncesinde Bizans Kilisesi olan Hagia Sophia'yı) meclise dönüştürmeyi önererek kardeşlik ve eşitlik "sınırlarını ihlal eden" liberalleri kınadığında daha belirgin hale gelmiştir: Okurlarına, İstanbul'un fethinin İslamın haşmetlerinden biri olduğunu hatırlatır. Bir başka deyişle, hürriyet için savaşan ve teorik olarak eşitlik ve kardeşliği destekleyen insanlar arasında bile, eşitlik bazı Osmanlı Müslümanlarının tarih, ilahi irade ve kutsal vahiy anlayışına aykırı gelmiştir.

Benzer şekilde, eşitlik ve kardeşliğin gayri Müslimler için de bir "bedeli" vardı. Tıpkı gayri Müslimlerin konumunu iyileştirmeye yönelik ilk çabaların gösterildiği Tanzimat dönemindeki öncülü gibi, dönemin Rum Ortodoks Patriki de, kapitülasyonlar ile gayri Müslimlere verilen özel ayrıcalıkların kaldırılmasına karşılık özgürlük vaat eden reformlara ilişkin—endişe verici biçimde—en isteksiz şahıslardan biriydi. Şüphesiz Rum dostu olmayan yabancı muhabirlerden biri, imparatorlukta yaşayan Rumlar hakkında şöyle diyordu:

> Onların Osmanlı vatandaşlığından anladıkları, kendileri söz konusu olduğunda, vatandaşlıktan gelen tüm sorumlulukları reddedip haklardan ve özel ayrıcalıktan istifade etmektir [...] Müslümanlar haklarından feragat etmek zorunda kaldılar ama Rumlar Osmanlı birliği için, sahip oldukları ayrıcalıkların tek bir tanesinden bile vazgeçmediler. Rumlar hürriyet, eşitlik ve kardeşlik hakkında kafa ütüler, ama tek hedefleri diğer Hıristiyan halklar karşısında kendi çıkarlarını korumaktır.[128]

İTC'nin, tezahüratçısı *Tanin* gazetesi aracılığıyla verdiği yanıtı oldukça netti. Yasal eşitlik elde ettikten sonra, tüm gayri Müslimler oy kullanma ve mecliste hizmet verme hakkı ve hepsinin ötesinde Osmanlı milletinin tam mensupları olarak karşılanma hakkına sahip olacaklardı; ancak imtiyazlarından vazgeçmek istemeyenlerin yeni dönemde yeri yoktu.

> Hâlâ memnun olmayan gayri Müslimler, eğer eski imtiyazlarına sahip olmak istiyorlarsa; mevcut adaletsizliğin sorumlusu onlardır. Anayasanın hedefi, herkese eşitlik sağlamaktır. Daha fazla elde etmeye çalışmak doğru değildir. Biz Rum vatandaşlarımızı imtiyazlarından vazgeçmeye zorlamaya-

---

128 Knight, *Turkey*, 221 ve 279.

cağız; yalnızca onlara eşitsizlik devrinin sona erdiğini, eğer kardeş olarak bizimle yaşamak istiyorlarsa, onlara kollarımızı ve gönüllerimizi sonuna kadar açacağımızı söyleyeceğiz. Öte yandan, eğer eski zamanlardan kalma imtiyazlarına sahip olmada ısrarcı olurlarsa, bizim gözümüzde *reaya* olmaya devam edeceklerdir ve şüphesiz ki kendimizin, Arapların ya da Arnavutların sahip olduğundan daha fazlasına nail olamayacaklardır![129]

Özel imtiyazlardan feragat etme yönündeki isteksizliklerine ek olarak, "kardeşliğin" bazı sınırları ihlal etme potansiyeline ve bunun cemaatin varlığı ve dayanışması için ne mânâya gelebileceğine dair üstü kapalı bir korku ve endişe hâkimdi. Birinci Bölümde tartıştığımız *Nasıl Oldu?* adlı oyunda, baş kahraman Behlül, bir Rum Ortodoks kızı olan Victoria'ya aşık olur. Oyuncular yüksek sesle "Bir Rum ile Türk'ün aşkı, tüm Osmanlı halklarının birliğinin bir sembolü olacaktır!" diyerek haykırır. Daha sonraki bir başka sahnede, Victoria Müslüman olarak Ümit adını alır ve nihayet Behlül ile evlenir.[130] Ancak İslam hukukuna göre, Müslüman bir erkek, Hıristiyan ya da Yahudi bir kadınla, kadın din değiştirmeden de evlenebilir; bu birliktelikten olacak çocuklar da şüphesiz babanın dininden olur. Dolayısıyla soru şudur; neden oyun yazarı Victoria'ya din değiştirtmiştir? Bu sembolik din değiştirme eylemi, "Osmanlı halklarının birliği" açısından ne gibi imkânlar sağlamaktadır?

Muhtemelen, 1908 yılının sonbaharında İstanbul'da geçen Müslüman-Türk ile Rum-Hıristiyan aşkının gerçek hikâyesi imparatorluğu sarsmış, hatta gazeteler aracılığıyla Kudüs'e kadar ulaşmıştı. Bu kez, Rum bir doktor olan Teodori, Müslüman komşu kızı Bedriye'ye aşık olmuştur. Hikâyeye göre, Teodori Bedriye'nin babasına giderek, kızını istemiştir; bu olay üzerine Bedriye'nin babası deliye dönmüş, komşularına bağırarak kızının Müslüman kalacağını söylemiştir. Kalabalığın toplanmasının ardından, polis ay yıldızlı ve haçlı aşıkları alıp karakola götürmek istemişti. Ancak öfkeli kalabalık bu kez polis gözetiminde olan çifti yolda kıstırmış, Teodori'yi öldüresiye dövmüş ve Bedriye'yi ise ağır yaralamıştır. Tabii ki, Osmanlı Romeo ve Juliet'inin acıklı hikâyesi, İslamiyette Müslüman bir kadının gayri Müslim bir erkekle evlenmesinin yasak olmasıyla daha da karmaşık bir hal alıyordu ki bu durum, Teodori ile Bedriye'nin hikâyesini Behlül ile Ümit'in hikâyesinden farklı kılıyordu. Teodori'nin cenazesine üç bin Rumun katıldığı söylenirken, İTC de suçluları cezalandıracağını açıklamıştı ki başkentteki gerilim bu açıklamadan

---

129 *Tanin*, 13 Haziran 1909.
130 Buxton, *Turkey in Revolution*, 79-80.

sonra iyice artmıştı.¹³¹ Bir gazete haberine göre, başkentteki linç girişimlerinin kışkırtıcısı meşrutiyet rejimine muhalif iki muhafazakâr Müslüman liderdi.

Teodori ve Bedriye'nin ardından, cemaatler arası cinsel münasebet söylentileri meşrutiyet döneminde Osmanlı kardeşliğine ilişkin korkuların temel unsuru olmuştu. Örneğin Ermeniler, Ermeni bir kızın kaçırıldığı ve bir Türkle evlendirildiği; Yahudi basını ise Yahudi kadınların Müslüman Arap ya da Hıristiyan erkeklerle ilişkiye girdiği yönündeki söylentilerle sarsılıyordu. Yine böyle bir söylentinin ardından, bir Yahudi gazetesi okurlarından yardım istemişti: "Bu kadını kurtarmamıza yardım edin! Ondan sonra üç Yahudi daha din değiştirmeye hazırlanıyor!"¹³²

Aşkın tetiklediği bu çatışmalara ek olarak, uzun süreden beri mevcut, yapısal temelleri olan ve bazı durumlarda kardeşlik idealine duyulan ideolojik ve politik bağlılıktan daha güçlü olduğunu düşündüren dinler ve etnik kimlikler arası gerilimlerden de söz etmek mümkündü. Beyrut gazetesi *Osmanlı Birliği*, 1908 yılının sonbaharında "yozlaşmanın öncüleri"nin Filistin'in kuzey köylerinden Shefa-'Amr'daki Müslüman-Hıristiyan çatışmalara neden olduğunu; çatışmaların yayılmasından endişe eden valinin köylülere yazdığı bir mektupta onlara "anayasa ve hürriyetin ne mânâya geldiğini hatırlattığını"¹³³ yazıyordu.

Bu Filistin köyündeki çatışmadan daha önemlisi, Doğu Anadolu'da çıkan, 1908 sonbaharından 1909 ilkbaharına kadar süren Ermeni karşıtı ayaklanmalar dizisiydi. Doğu Anadolu'daki Kürt-Ermeni ilişkileri uzun zamandan beri sorunluydu, en azından 1890'lardan o döneme dek iki cemaat arasında toprak kavgaları devam etmekteydi. Huzursuzluk Ekim 1908'de, Kürtlerin Viranşehir köyündeki Ermenilere saldırısı imparatorluğun dört bir yanındaki gazetelerde yer aldığında başladı.¹³⁴ Birkaç ay sonra, Doğu Anadolu'daki Müslüman bir dini lider, Ermenilere saldırılar düzenlenmesi yönünde çağrıda bulunmuş ve sonunda yakalanmıştı. 1909 ilkbaharında, anayasa karşıtı başarısız darbe girişimi ve sultanın tahttan indirilmesinin ardından, Anadolu'daki gerilimler patlama noktasına gelmişti: Camilere yapılan

---

131 *Ha-Tsvi*, 1 Kasım 1908. Teodori ve Bedriye'nin "linç" edilmesine ilişkin tarihsel yorum için bkz. Akşin, *Jön Türkler ve İttihat ve Terakki*, 144-45.

132 Kaligian, "Armenian Revolutionary Federation," 144-45. Örneğin, bkz; *ha-Herut*, 22 Haziran ve 6 Temmuz 1909; *el-Liberal*, 29 Haziran 1909; *ha-Herut*, 6 Nisan 1910; *ha-Herut*, 6 Temmuz 1910; *ha-Herut*, 7 Mart 1913. Nisan 1910 vakasıyla ilgili ayrıca bkz. Hayfa Yahudi cemaatinin Hahambaşı Haim Nahum'a hitaben yazdığı ve onun müdahale etmesini beklediklerini dile getirdikleri mektup, 18 Nisan 1910. CAHJP, HM2/8643. Ayrıca bkz. Eliav, *Be-Ḥasut mamlekhet Austria*.

133 *El-İttihadü'l-Osmani*, 2 Ekim 1908.

134 *Ha-Tsvi*, 27 Ekim 1908.

saldırılar karşısında yerlilerin iyice öfkelendiği ve Ermenilerin, Anadolu'da kadim Kilikya Ermeni Krallığı'nı yeniden canlandırmak istediğine ilişkin korkuların arttığı haberleri geliyordu. Haftalarca süren ve Adana'yı yerle bir eden şiddet olayları sırasında, on bin ile yirmi bin arasında Ermeni katledilmişti.[135]

Bu katliamlar imparatorluğu derinden sarsmıştı: Henüz devrimin birinci yılı dolmamışken, başkentte meşrutiyet yanlılarının hasımlarına karşı zaferini izleyen birkaç hafta içerisinde Osmanlı kardeşliği kırılma noktasına gelmişti. Halk ise tam anlamıyla şoktaydı—Kudüs'teki gazeteler katliam kurbanı Ermenilerin aileleri için bağışlar toplamış ve hükümetin tepkisini yakından takip etmişti.[136] En etkili tavrı, İstanbul'da Türkçe basın mensubu genç Müslüman yazar Halide Edib (Adıvar) göstermişti. Katliamlardan geçmişin ruhunu sorumlu tutmuş; aynı zamanda İTC'yi adaleti tesis etmeye ve böylesi bir kötülüğün bir daha yaşanmamasını sağlamaya çağırmıştı:

> Ah benim zavallı Ermeni kardeşlerim, sizler Hamid rejiminin en büyük kurbanlarısınız. Ruhumun, bahşedilen hürriyetimiz için dizginlenemez sevinci; sizin kararmış, perişan topraklarınız, evsiz, öksüz sabilerin makus talihi karşısında buz kesiyor! Milli sevincimiz, bu korkunç trajediden sonra utançla gölgelenmiştir [...] Ah, perişan Adana! Ah, insanımızın yattığı uçsuz bucaksız mezarlar. Sen yalnızca buna neden olan Türklerin değil, tüm insanlığın utancısın.
>
> Ah Osmanlı milleti [...] Osmanlı ırkı [...] Ellerimizi kana bulayan, Ermeni kardeşlerimizin kanını durdurmalıyız.[137]

Katliamların ardından, Mebus Krikor Zohrab gibi İTC yanlısı Ermeni liderleri, İTC ile bağlarını kesmek ve aynı zamanda İTC'den Ermenilere daha fazla yardım etmesini talep eden Ermeni milliyetçileriyle çatışmak zorunda kaldı. Ermeni Devrim Federasyonu (EDF) (Taşnak) ve İTC, Ermeni köylerine Ermeni korucular gönderilmesi ve alandaki gerilimi yatıştırmak amacıyla reformlar yapılması yönünde anlaşmıştı. Ermeni Millet Meclisine yaptığı konuşmada Krikor Zohrab, Müslüman-Ermeni ilişkilerinin ciddi bir darbe almış olduğunu söylemişti. "Yurttaşlar, bilmelisiniz ki, Osmanlı Anasayasının ardındaki meşhur devrim tamamlanmaktan oldukça uzaktır. Esasında nefret dolu Müslüman unsurların, cinai baskısını sürdürmesi Türklerin anayasal düzen için yeterince olgunlaşmamış olduğunun bir işaretidir."[138]

---

135 Kaligian, "Armenian Revolutionary Federation," 50-56.

136 Bkz. *ha-Tsvi*, 163. ve 166. sayılar.

137 Ramsay, *Revolution in Constantinople and Turkey*, 179-81.

138 Kaligian, "Armenian Revolutionary Federation," 67.

Krikor Zohrab'ın aleni etnik ve dini önyargılarına, o ve diğer EDF liderlerinin Ermeni Millet Meclisinden ve Ermeni dindaşlarından gördüğü baskılara rağmen, İTC merkezleri ve EDF-İstanbul Sorumlu Birimi ortak bir karar almıştı. Bu kararda "mübarek Osmanlı vatanını bölünme ve parçalanmadan korumak, bu iki örgütün işbirliğinin hedefidir. Her iki örgüt de kamuoyundaki, Ermenilerin bağımsızlık mücadelesi verdiği despotluk rejiminden kalma hikâyeleri defetmek için çalışacaktır,"[139] deniyordu. Bu gelişmelerle birlikte, Osmanlı kardeşliği ve eşitlik meseleleri, en azından bir süreliğine gündemden düşecekti.

---

139 Agy., 73.

ÜÇÜNCÜ BÖLÜM

Boykotlar ve Seçimler Üzerine

Beyrut gazetesi *el-İttihadü'l-Osmani*, 1908 yılının eylül ayının sonlarına doğru çıkan ilk sayısında "muhterem Osmanlılara hitaben açık bir mektup" yayımlamıştı. Bu açık mektup, anayasanın tekrar yürürlüğe konmasından tam iki ay sonra yayımlanmıştı ki o son iki ayda, Beyrut da dahil olmak üzere, imparatorluğun pek çok şehrinde ve köylerinde kitle gösterileri, kutlamalar düzenlenmiş; beklenmedik ve dikkate değer bir düzeyde kamuoyu faaliyeti meydana gelmişti. Gazetenin editörü Şeyh Ahmed Hüseyin Tabarra okurlarını, devrim kutlamalarının durulmasının ardından anayasanın "ertesi gününe" hazırlamayı amaçlıyordu. Tabarra okurlarına şöyle sesleniyordu:

> Devir tembellik ve cehalet değil; çok çalışma ve bilgelik devri [...] Sevincimizi ne kadar göstersek ve ne kadar "yaşasın anayasa" diye haykırsak az gelir; ancak çaba sarf etmeye devam etmeliyiz [...] Devrim yalnızca bir aşama; haklarımızı ve yasaları bilmezsek, [anayasa bir isimden ibaret kalır.] Tek başına anayasa bir ulusu geri kalmışlığından kurtaramaz, bir anda ilerlemesini sağlayamaz; milleti zarar ve yıkımdan kurtaracak iyilik yolunu işaret eder.
>
> Entelektüeller, şunu bilin ki bu millet, bilgisizliğinden, ticaretteki zayıflığından, sanayisindeki geri kalmışlıktan, tarımdaki cehaletinden; pek çok vatan evladının bugüne kadar anayasanın ne manaya geldiğini anlayamamış olmasından bu hale geldi.[1]

Hürriyetin yoğun çalışma gerektirdiğini, yalnızca anayasanın ilan edilmesinden ibaret olduğunu varsaymamaları gerektiğini hatırlatan Tabarra, okurlarını, onların da şahsi ve toplu olarak, imparatorluğun genel gelişiminden ve siyasi değişimlerden sorumlu olduklarına ikna etmeyi amaçlıyordu. Bu *etkin vatandaşlık* olarak Osmanlı vatandaşlığı anlayışı, 1908 yılının sonbaharı boyunca, pek çok siyasi ve sivil toplum örgütünün kurulması, milletvekili seçimlerinin yapılması, emperyal Osmanlı vatandaşlığına dair halkın umutlarına, beklentilerine, fikirlerine geniş

---
1 *El-İttihadü'l-Osmani*, 23 Eylül 1908.

yer ayıran gazete yazılarının yayımlanması gibi çeşitli yollarla ifade edilmişti. Bu vatandaşlık fikri, güçlü Osmanlı vatanseverliğine, cumhuriyet vatandaşlığına ve "kamu yararı" ve "genel fayda" gibi tarihi İslami mefhumlara dayanıyordu.

Vatandaşlığı "Pratiğe Dökmek"

Sultanın gaddarca saltanatını, binlerce değilse de yüzlerce devlet adamı ve ajan desteklemişti ve "hürriyet" Osmanlı halkını ihbar eden, cezalandıran ve yoksullaştıran insanlara karşı adaleti tesis etmek anlamına da geliyordu. İmparatorluğun dört bir yanındaki Osmanlı şehir ve köylerinde, sıradan vatandaşlar dilekçe ve telgraf gibi resmi kanallar aracılığıyla, ya da gösteriler ve yasadışı yöntemler gibi gayri resmi yollarla yozlaşmış devlet memurlarından kurtulmaları için yüreklendiriliyorlardı. Basın pek çok durumda bu bekçi köpeği olgusunun gelişmesini sağlamış, hatta teşvik etmişti. Örneğin *el-İttihadü'l-Osmani*'nin ilk sayılarının çoğu, eski rejime ait olmakla suçlanan bazı şahısların itham ya da müdafaa edildiği mektuplara yer veriyordu.[2]

Beyrut ve Şam'daki jandarma ve emniyet müdürleri görevden alınmış; özellikle Şam'da kırk askeri ve idari memur tasfiye edilmişti.[3] Kudüs, Akka, Beyrut gibi komşu şehirlerden, "millet iradesi"nden (*irâdet el-ümme*) haberler getiren telgraflarla yüreklenen posta memuru İzzet Derveze'ye göre, Nablus'ta "halkın öfkesi" (*gâb el-nâs*) çığrından çıkmıştı; halk rüşvetçi memurları ihbar etmiş ve görevden alınmalarını talep etmişti.[4] Önde gelen dini âlimlerden biri olan Nablus ordu kumandanı ve sultanın ajanı olarak bilinen diğer önde gelen şahıslar, devrimci dönemde alaşağı edilmişlerdi.

Kudüs'te, eski vali Ekrem Beyin iki yıllık görevi süresince kırk beş rüşvetçi devlet memurunun kovulmasını da sağlayan sistematik tasfiyelerine rağmen, pek çok Kudüslü kendi deyimleriyle "bu topraklarda tiranlığa alışmış ve halkın ıslahatlarına yeterince önem vermeyen"[5] başka memurların da tasfiyesini talep ediyordu. Gösterilerden biri sırasında Şeyh Muhammed Şakir Diab Baytuni, kâtipleri tehdit ediyordu: "Kimin günahkâr, kimin iyi olduğunu yakında öğreneceğiz; çünkü pek çoğu kurnaz dolandırıcıların arasında yetişti."[6] Bu oldukça önemli bir adımdı; Baytuni de "anavatanı despotlardan arındırma (*tathîr el-vatan*) çağrısı yapıyordu.

---

2 *El-İttihadü'l-Osmani*, 30 Eylül 1908; 9 Ekim 1908; 15 Ekim 1908.
3 *Ha-Olam*, 28 Ağustos 1908. Saliba, "Wilayat Suriyya," 251.
4 Derveze, *Müzekkirât*, 182-83.
5 Kushner, *Moshel hayiti bi-Yerushalayim*, 198-202. Şeyh Salim el-Yakubi Abu el-İkbal, *El-Kudüs*, 11 Mayıs 1909.
6 *El-Kudüs*, 14 Mayıs 1909.

Halk önderliğindeki bu tasfiyelerle eş zamanlı olarak anayasanın yeniden ilan edilmesinden sonraki günlerde, basında ve sokaklarda halk eğitimine yönelik çalışmalara hız verilmişti. Tüm imparatorlukta, devrimin amaçlarını destekleyen şahıslar ve yeni kurumlar tarafından anayasa hakkında dersler veriliyordu. Örneğin ekim ayının başlarında Beyrut Osmanlı Birliği Cemiyeti, Abdülgani Bedran ve Can Nakkaş adlı iki avukatın, cemiyet kulübünde Anayasa üzerine halka açık dersler vereceğini açıklamıştı. Farklı mezheplerden "tüm liberal Osmanlılar" bu derslere ve cemiyete katılmaya davet edilmişti.[7] Birkaç gün sonra, İTC'nin Beyrut şubesi "aziz vatan ve mübarek kanunları"[8] hakkında konuşmaların yapılacağı halka açık bir toplantı düzenleyeceğini açıkladı. Halk eğitimine yönelik benzer konuşmalar Nablus'ta da gerçekleşmekteydi; bu konuşmalarda İbrahim el-Kasım Abdülhadi "hükümet konağının avlusunda halka yakın bir dille [...] anayasanın, [1878'de] feshedilmesinin ve yeniden yürürlüğe konmasının; hürriyet ve kardeşlik, eşitlik ve adalet getirecek olmasının ne manaya geldiğini"[9] anlatacaktı. Kudüs'te de Yitzhak Levi, Yahudi kültürel cemiyeti Beit ha-'Am'da (Halkın/Milletin Evi), ilgili anayasa maddelerini açıkladığı konuşmalar vermişti.[10]

İmparatorluğun dört bir yanındaki şehirlerde yapılan halka açık konuşmalara ek olarak, pek çok gazete de anayasanın tercümesini yayımlayarak anayasanın tüm vatandaşlara anadillerinden bağımsız olarak erişilebilir olmasını sağlamıştı.[11] *El-Menâr* da okurlarına anayasayı tefrika edeceğini duyurmuş, "böylece Osmanlıların anayasa üzerine düşüneceğini, kıymetini anlayacağını ve hükümdarlarının kölesi olmadıklarını anlayacağını"[12] yazmıştı. Diğer gazeteler de okurlarının yeni yasalar ve siyasi düzen hakkındaki sorularına yer vermekteydi. Örneğin, Doğu Akdeniz Arap coğrafyasında yaygın olarak dağıtılan Kahire gazetesi *el-Hilal*, Muhammed Hasan el-Amari adlı bir okurunun aşağıdaki mektubuna yer vermişti: "El-Amari: Halk, Osmanlı liberallerinin kavuştuğu anayasa hakkında konuşuyor; herkes imparatorluğun tiranlıktan hürriyete geçtiğini söylüyor. Ama biz meşrutiyet yönetiminin ne olduğunu anlamıyoruz. Üstelik duyduk ki, Doğulular meşrutiyete uygun değillermiş. Peki, Anayasanın ve meclisin rolü nedir?"[13]

---

7 *El-İttihadü'l-Osmani*, 8 Ekim 1908.

8 *El-İttihadü'l-Osmani*, 11 Ekim 1908.

9 Derveze, *Müzekkirât*, 182.

10 *Ha-Haşkafa*, 9 Ağustos 1908.

11 *El-Hilâl*, 1 Kasım 1908; *havatselet*, 30 Aralık 1908; *ha-Haşkafa*, 4, 14 ve 19 Ağustos 1908; *ha-Olam*, 21 Ağustos 1908; *Luah Erez-Israel*, cilt 14 (1909).

12 *El-Menâr*, 28 Temmuz 1908.

13 *El-Hilâl*, 1 Ekim 1908.

El-Hilâl gazetesi karşılaştırmalı siyasi tarihten uzun bir açıklama ile yanıt vermişti: Doğu'da önceden hükmeden tiranlıkta, hükümdar tebaası üzerinde geçerli olacak kanunları kendisi yapar, o en üst merciidir ve istediği gibi hükmeder. Ayrıca halkın üzerinde yasaları uygulayacak olan da devlet adamlarıdır. Bunun aksine, meşrutiyet rejimi mutlak gücü kısıtlar. Onu kısıtlayan anayasadır; hükümetin nasıl kurulacağını, kimlerden oluşacağını, nasıl yöneteceğini söyleyen anayasadır. *El-Hilâl* okurlarına, en önemli farkın meşrutiyetin "milletin iradesi"ne dayandığını, kendisini hükümette temsil edecek olanları milletin seçeceğini açıklamıştı. Dahası *el-Hilâl*, Doğuluların meşrutiyeti benimsemesinin önünde hiçbir tabii engel olmadığını savunuyordu—Doğuluların tek ihtiyacı olan meşrutiyeti öğrenmekti.

Bu doğrultuda, 1908 yılının sonbaharında anayasayı desteklemek için pek çok siyasi örgüt ve sivil toplum örgütü kurulmuştu. Aslında, evrensel vatandaşlık örgütlerinin kurulması Osmanlıcılığı savunma doğrultusunda önemli bir adım olarak görülüyordu. Gazeteci Hüseyin Vasfi Rida hemşerilerine şöyle sesleniyordu: "Herhangi bir örgüt ne hedefleri ne de yapısı bakımından halkın bir kesimi—ister Müslüman ister Hıristiyan, isterse Yahudiler için olsun—için olamaz. Sadece Osmanlılar için olmalıdır [...] Siz Osmanlısınız. Kardeşlerim, işte bu nedenledir ki, sizin örgütleriniz de Osmanlı olmalıdır."[14] Rida Osmanlılar ancak dini bağlar yerine vatandaşlık bağlarıyla bir araya gelen örgütler kurduğunda, "hürriyeti işler hale getirebileceğini" savunmuştu.

Daha önce, anayasa hakkında halka açık dersler veren Beyrut'taki Osmanlı Birliği Cemiyetinin varlığından söz etmiştik. Cemiyetin Trablus'ta "Anayasayı ve onun kanunlarını savunmayı ve genel menfaate hizmeti"—yani "mübarek vatana—hizmet etmeyi"[15] amaçlayan bir şubesi açılmıştı. Devrimden sonra, Uhuvvet-i Osmaniye (Osmanlı Kardeşliği) gibi örgütlerden gelen haberler imparatorluğun dört bir yanında duyulmuştu.[16] Ancak bütün bu yerel cemiyetlerin ötesinde mevcut olan güç, hem etkileri hem de önemi bakımından, İttihat ve Terakki Cemiyetinin yerel şubeleriydi.

"Mukaddes Cemiyet:" İTC'nin Yerel Şubeleri

Anayasanın yeniden yürürlüğe konmasının çok zorlu bir süreç olmamasıyla İTC, Osmanlı İmparatorluğu'nun "kurtarıcısı" olarak siyaset sahnesindeki yerini almış; geniş popülerlik kazanmış ve çok kısa sürede kamuoyu gözünde ciddi ölçüde bir

---

14 *El-Menâr*, 27 Ağustos 1908.
15 *El-İttihadü'l-Osmani*, 9 Ekim 1908.
16 BOA MV. 245/100; BOA I.DUIT. 120/13; BOA MV. 249/201.

meşruiyet kazanmıştı. Neredeyse bir anda imparatorluğun tüm şehir ve köylerinde halk arasında "Mukaddes Cemiyet" olarak anılan İTC'nin yerel şubeleri açılmıştı. Bir kayda göre, 1909 yılının sonunda İTC'nin imparatorluğun genelinde 360'ı aşkın şubesi ve 850,000 üyesi bulunuyordu.[17] Filistin'de Yafa, Kudüs, Nablus ve Akka gibi önemli şehirlerde; Safad, Tiberya, Hayfa ve Gazze gibi daha küçük kasabalarda İTC şubeleri açılmıştı. Sonraki birkaç yıl içinde de, bu taşra şubeleri önemli siyasi aktörler haline gelmiş; öncesinde apolitik olan toplumsal sınıfları siyasi yaşama katmış, büyük bir Avrupa devletine karşı devasa bir sokak boykotu örgütleyerek yeni bir siyasi katılım biçimini ortaya koymuştu.

Bu yerel şubelerin bazıları yeraltı hücrelerine sahipken; diğerleri yerli inisiyatifler tarafından kurulmuştu; çok bilinmeyen üyelerden oluşuyorlardı ve merkez komiteye karşı sorumlu değillerdi. Devrimden sonraki ilk birkaç yıl içinde, İTC merkezi hükümet siyasetinde gayri resmi (gölge) bir fail olarak kalırken, Selanik'teki İTC merkezinin yerel örgütler, iç yapıları, üyeleri ya da faaliyetleri üzerinde kısıtlı denetimi vardı. Aslında 1910'a kadar, şubelerin yerel hükümet görevlileri üzerinde etkili olmaya teşebbüs ettiğine, sahtekarların düzmece duyurular yaptığına, yerli halktan yasadışı vergi topladığına dair haberler gelmeye devam etmişti. Bu nedenle, merkezi İTC, programını uygulaması için şubelerden ziyade, bölgedeki subaylara güveniyordu.[18]

Bu yeni yerel İTC şubelerinin üyeleri şüphesiz—devrimci heyecandan, hakiki ideolojik yakınlığa, ya da safi siyasi fırsatçılığa kadar—birbirlerinden farklı itkilere sahipti. Pek çok şube de, tıpkı devrimci heyecan içindeki yerel posta memurlarının postaneyi İTC'nin şubesi ilan etmesiyle oluşan Nablus şubesi gibi ortaya çıkmıştı.[19] Safad yakınındaki bir şube, her üç dinden gelen köyün gençleri tarafından "anayasanın bahşettiği kanunlar ve hakları savunmak"[20] amacıyla kurulmuştu. Daha doğuda, Mezopotamya'da, Musul'un önde gelen rakip ailelerine ait olan İTC şubeleri Makyavelist dürtülerle hareket ediyorlardı—İTC değişen imparatorlukta yükselen bir güçtü ve üyelerinin hiç de önemsiz sayılamayacak bir kısmının destekçilerin arasına katıldığına inanmamak için hiçbir sebep yoktu.[21]

---

17 Hanioğlu, *Preparation for a Revolution*, 288.

18 Sahte bir duyuru örneği için bkz. *El-İttihadü'l-Osmani,* 11 Ekim 1908. Ayrıca bkz. Hanioğlu, *Preparation for a Revolution*, 288.

19 Derveze, *Müzekkirât*.

20 Kurucuları arasında Osmanlılaşmış pek çok Aşkenaz Yahudisi de vardı. *Havatselet*, 21 Ekim 1908.

21 Hanioğlu, *Preparation for a Revolution*, 282. Diğer kolların da, siyasal oportünistler ve salon milliyetçilerinden ibaret olduğu düşünülüyordu. Sonuçta, Selanik'teki merkezi İTC

Filistin'deki iki İTC şubesini, Kudüs ve Yafa şubelerini yakından incelediğimizde, farklı dinlerden üyelere sahip olduklarını; üyelerinin daha ziyade hürriyetçi devrime ve Osmanlı vatanseverliğine ideolojik olarak gerçekten bağlı, geleneksel muteber ailelerden, beyaz yakalı orta sınıf oluştuğunu söyleyebiliriz. Kudüs şubesinin 140 üyesi vardı; bunlardan onu liderlik komitesine seçilmişti ki bu on üyenin beşi Müslüman, dördü Hıristiyan ve biri de Yahudiydi.[22] Müslüman liderlerden biri de Türkçe konuşan ve Kudüs'te görev yapan subay Celal idi; diğerleri de nüfuzlu Hüseyni, Yarallah ve Naşaşibi ailelerinden gelmekteydi. Şubenin diğer Müslüman üyeleri arasında, yerel resmi gazete *Kudüs-ü Şerif*'in Arapça editörü Şeyh Ali Ravi ve seçkin bir aileden gelen, tanınmış şair ve vaiz İsaf Naşaşibi de vardı.[23]

Liderliğin Hıristiyan üyeleri arasında, *Kudüs* gazetesi editörü Yuri Habib Hananya, Eftim Muşabbak ve Yuri Zekeriya gibi öğretmenler vardı; eğitim ıslahatçısı Halil el-Sakakini de şubenin üyesiydi. Liderliğin tek Yahudi üyesi olan Albert Antébi de Fransız eğitimi almış, cemaatler, Osmanlı idaresi ve yabancı Yahudi örgütleri arasındaki bir şahıstı; üstelik başkanlık için yapılan iç seçimlerde en fazla oyu o almıştı. Şubenin diğer Yahudi üyeleri arasında, İbranice öğretmeni David Yellin, Hebronlu avukat Malchiel Mani, genç gazeteci Gad Frumkin ve Gad'ın erkek kardeşi Zalman Frumkin bulunuyordu. İTC içerisinde Yahudi üyelerin bulunması elbette tartışmalara neden olabiliyordu; ancak Siyonist hareketiyle olan bağlarını koparmak istememeleri sebebiyle en azından iki Yahudi'nin yerel şubeye üyelikleri reddedilmişti.[24]

Yafa'daki İTC şubesi daha genişti; Kudüs şubesinden daha etkindi ve Mayıs 1909 itibariyle Kudüs şubesinin iki katı büyüklüğündeydi. Liderlik komitesinde üç subay, gümrük müdürü Ali Rıza Bey, Yusuf Ashur gibi büyük toprak sahibi Müslüman ailelerin mensupları, Hıristiyan tren yolu memuru Yusuf İssa, Anton Cellat ve Nasri Talamas gibi beyaz yakalı Hıristiyan kâtipler ve Yahudi girişimci ve toprak taciri Musa (Moşe) Matalon bulunuyordu.[25] Müslüman şehri olan Gazze'deki

---

onları dirsek mesafesinde tutmuştu. Buna ilişkin tartışma için, bkz. Kushner, *Moshel hayitibi-Yerushalayim*, 62-64.

22 *Ha-Haşkafa*, 9 Ağustos 1908.
23 El-Namura, *El-Filistiniyun*, 200.
24 Ruppin'den ZAC'e, 24 Ağustos 1908, CZA Z2/632 ve Frumkin, *Derekh shofet bi-Yerushalayim*, 147. Yellin ve Eisenberg'le birlikte, iki Yahudi daha Siyonist hareketle ilişkiliydi. Doktor Yitzhak Levi ve Eli'ezer Ben-Yehuda da İTC'ye adaylıklarını sunmuş; ancak Siyonizmi terk etme önerisini reddetmeleri üzerine İTC tarafından reddedilmişlerdi.
25 13 Ekim 1908. ISA 67, peh/533:1491-93.

İTC şubesinin üyeleri arasında, şehrin seçkinleri ve toprak sahipleri, eski ve hâlâ görev yapmakta olan hükümet görevlileri ve dini alimler bulunuyordu.[26]

Nüfus yapısı bakımından, yerel İTC şubeleri hür mason localarına benziyordu; hatta Osmanlı İmparatorluğu'nun son dönemlerinde iki kurum arasında somut ilişkiler olduğu da biliniyordu (Bu konuyu beşinci bölümde ele alacağız). Hür masonlar gibi, İTC şubeleri de gizli cemiyet ve kültür derneği unsurlarını bünyesinde toplamıştı: Üyeliğe kabul edilmek için iki üye tarafından tavsiye edilmiş olmak gerekiyordu; gizli kabul töreni ritüellerinden geçiliyordu; bir kez kabul edildiğinde üye kartını her daim yanlarında taşıyorlardı. Tıpkı hür masonlar gibi İTC şubeleri de değişen oranlarda aidat talep ediyordu: İşçiler aylık maaşlarının yüzde 2'sini verirken; üst sınıfların yıllık gelirlerinin yüzde 2'sini vermesi gerekiyordu.[27]

Hıristiyan öğretmen Halil el-Sakakini, İTC Kudüs şubesine kabulünün hikâyesini anlatmış, Masonluğun İTC üzerindeki etkisini vurgulamıştı. Günlüklerinde anlattığına göre, New York'tan Kudüs'e dönmesinin ardından, Kudüs şubesine katılması için davet almıştı ki bu, her gün onlarca kişinin şube merkezinden geri çevrildiği düşünülürse hayli istisnai bir şerefti. Kabul edilmesinin bir parçası olarak Sakakini, Hanna Yasmina, Şeyh Tevfik Tanbakka ve Yuri Yid gibi üyeler tarafından örgütün gizli mekânına götürülmüş; orada İTC üyeleriyle tanıştırılmıştı. Gözleri bağlı; sağ elini (Hıristiyan olduğu için) Yeni Ahit'in üzerine koydurmuşlar ve ona "Bu silahla vatanı savunacağıma bu İncil üzerine yemin ederim," dedirtmişlerdi. Ona İTC yeminini okumuşlar, ardından tekrar ettirmişlerdi. Kendi ifadesiyle, "anayasayı koruyacağına, vatanın kalkınması için çalışacağına, cemiyet ondan ne istiyorsa yapacağına ve cemiyetin sırlarını muhafaza edeceğine, ölünceye kadar vatanı ve anayasayı savunacağına" yemin etmişti.[28]

Bu etkileyici kabul töreni, cemiyetin yakın bir kardeşlik olduğunu vurgulamak içindi. Ancak İTC, geniş kitleleri kapsayan daha açık faaliyetlere de girişmişti. Kurulmasının hemen ardından, İTC Kudüs şubesi faaliyetleri ve üyelerinin kullanımı için avlusu olan geniş bir bina kiralamıştı ve bununla sosyalliğin örgüt yaşantısında oynadığı merkezi role dikkat çekiyordu. Örneğin, İTC Yafa şubesi faaliyetlerini desteklemek için, geniş kitlelere açık, bağış toplayabileceği piyesler sahneye koymuştu. İTC şehrin üst sınıflarını "ahlaklarını temizlemek" için kendilerine katılmaya, İTC'yi desteklerken "gayretkeş vatanseverlik" (el-vataniyye

---

26 El-Namura, *El-Filistiniyun*, 200.
27 *Ha-Herut*, 29 Eylül 1909.
28 Sakakini, *Kadha ana ya dunya*, 8 Ekim 1908, Giriş, 39 ve 23 Ekim 1908, Giriş, 42-43. Sakakini'nin açıklaması, Mango'nun kitabındakiyle büyük ölçüde aynıdır. Mango, *Atatürk*, 68.

el-hamâse) ruhunu içlerine çekmeye çağırıyordu. 1910'da Selanik'te donanmayı ve bir kadın mecmuası yayımlanmasını desteklemek için, kardeş cemiyet Teâlî-i Vatan-ı Osmânî Hanımlar Cemiyeti kurulmuştu. Ulema ve ticaret odalarıyla da ilişkiler tesis edilmişti. Temmuz 1909'da Kudüs'te, yerel İTC şubesinin denetimi altında Hayvanları Koruma Cemiyeti kurulmuştu.[29]

Şubeler temel faaliyetleri açısından, idari ve siyasi işlevlere sahipti. Taşradaki localar, yoz ve baskıcı memurlardan oluşan yerel idarenin tasfiye edilmesinde etkin rol oynamış; hatta bazı durumlarda yerel yönetime el koyarak Selanik'teki İTC merkezine yereldeki ilişkileri rapor etmiş, mebus seçimlerini denetlemişti.[30] Ayrıca Filistin'deki şubeler kendilerini belli yollarla diğerlerinden ayırabilmişti. İTC Kudüs şubesi, diğer localara ilişkin gelen şikayetlerin bildirildiği yüksek mahkeme işlevi görüyordu. Gazze'deki İTC şubesi, AIU'nun Mikveh Israel okullarına paralel olarak bir ziraat okulu açmış, Be'er Tuvia'dan Yahudi öğretmenler getirmiş ve Fransa'dan tohum ithal etmeye başlamıştı. Gazze'deki yerel komitenin bir fabrika açmak istediği de konuşuluyordu. Ayrıca Kuzey Filistin ve Beyrut şubeleri, ülkedeki Siyonist harekete karşı yerel bir muhalefetin örgütlenmesinde ciddi bir rol oynamıştı.[31] Yine de Filistinli İTC şubelerinin en görünür siyasi başarısı, Avrupalı güçlere karşı başarıyla örgütlediği geniş çaplı ve aylar boyu süren boykottu.

1908 Boykotu: Osmanlıcılık ve Batı ile Karşılaşması

1908 yılının ekim ayının başında, Güneydoğu Avrupa'dan gelen iki haber Osmanlı İmparatorluğu'nu derinden sarsmıştı: İlki, Bulgaristan'ın 5 Ekim'de bağımsızlığını ilan etmesi; diğeri, tam bir gün sonra, Avusturya-Macaristan'ın Bosna Hersek'i ilhak etmesi. Bulgaristan da Bosna-Hersek de eski Osmanlı vilayetleriydi; Avrupalı güçler her ikisini de 1878 Berlin Antlaşması'yla Osmanlı topraklarına karşılık rehin olarak tutuyorlardı. Her ne kadar Avrupalı güçler—özellikle kendini Ortodoks Hıristiyanların hamisi ilan eden Rusya—bölgedeki Hıristiyanlar adına özerklik için bastırsa da; anlaşmanın ardından imparatorluğun sınır bölgelerinde Osmanlı ordusu ile milliyetçi militanlar arasındaki çatışmalar sürüyordu.

---

29 *Ha-Herut*, 2 Mart ve 21 Mayıs 1909. ISA 67, peh/533:1491. ISA 67, peh/415: 26.

30 Derveze, *Müzekkirât*, 182; Kayalı, *Arabs and Young Turks*, 63; Wallace, 12 Ağustos 1908.

31 Sakakini, *Kadha ana ya dunya*, 24 Ekim 1908, 43. *Ha-Tsvi*'de yer almış; *ha-Olam*'da bahsedilmiş, 29 Haziran 1909. 1909'da İTC üyeleri Albert Antébi'ye yeni üyelerin bir kısmının İTC'yi "Yahudi göçüyle birlikte köylüleri ve tüm ülkeyi tehdit eden tehlikeyi göz ardı etmememe" hususunda sıkıştırdığını söylemişti. O da, Kuzey Filistin'deki şubelerin (Nazaret, Hayfa, Tiberya ve Beyrut'un) en şiddetli saldırıları düzenlediğini bildiriyordu. Albert Antébi'den Brill'e, 12 Mayıs 1909. AAIU, İsrail-IX.E.26.

Bulgaristan'ın bağımsızlığını ilan etmesiyle Bulgaristan ile Osmanlı İmparatorluğu arasındaki gerilim ayları başlamıştı; ancak Bosna-Hersek'in ilhakı tamamen sürprizdi. İlhak haberlerinin ardından, Osmanlı hükümeti "millet ailesi" savunma çağrısı yapmıştı. Ancak Almanya Avusturya-Macaristan'ın hamlesini destekleyince, Rusya razı olmuş, Fransa ve İngiltere de müdahil olmayı reddetmişti.[32] İlhak haberleri Osmanlı halkına çok ağır gelmişti; bu imparatorluğun on dokuzuncu yüzyıl boyunca maruz kaldığı aşağılamaları ve toprak kayıplarını hatırlatıyordu ve devrimle birlikte gelen Avrupalı güçlerle eşit olma hayaline öldürücü bir darbe indiriyordu. Sonrasında, imparatorluğun dört bir yanında Avusturya mallarına, gemilerine ve tüccarlarına karşı halk boykotları meydana geldi ki bunlar, Osmanlı vatanseverliğinin ve siyasi kitle hareketlerinin ifadesiydi.

Osmanlı boykotları, iki şekilde tezahür ediyordu: Milliyetçiliğin ve kolonyalizm karşıtlığının ifadesi olarak ve sanayileşmemiş, çevresel Doğu'nun makus talihine karşı çıkacak "güçsüzün silahı" olarak. Son yirmi yıldır Çin'de, Japonya'da ve Kaçar İran'ında da Avrupa'nın iktisadi ve siyasi müdahalelerine karşı benzer protestolar düzenlenmekteydi. Tıpkı bu ülkelerdeki gibi, Osmanlı boykotu da geniş bir kitle hareketiydi. On binlerce kişinin katılımıyla, onlarca boykot komitesi ve örgütü tarafından düzenlenmişti; Osmanlı basınının da desteğini kazanmıştı.[33] Yafa'daki boykot, yalnızca Osmanlı kamuoyunun siyasi olarak nasıl harekete geçtiğini gözler önüne sermekle kalmıyor; Osmanlı vatanseverliğinden, İslamcılıktan ve Avrupa ile çatışma halinden feyz alan yerel Osmanlı milliyetçiliğine dair ilginç fikirler edinmede imkân sağlıyordu.

Boykotu alevlendiren kıvılcım, İstanbul'da *Servet-i Fünun* ve *Tanin* gazetelerinde basılan makalelerden gelmişti; her iki gazete de İTC yanlısıydı ve Osmanlı kamuoyunu Avusturya-Macaristan'ı boykot etmeye çağırıyordu. *Tanin*'deki makale, "vatan sevgisine" dayanarak, "Osmanlı vatanseverlerini, Batının 'sempati ve yüreklendirme'sine ihtiyaç duyduğunda ihanete uğrayan meşrutiyet rejiminin intikamını almaya"[34] çağırıyor, halkı Avusturya mallarını boykot etmeye teşvik ediyordu. Ertesi gün, İstanbul'da Harbiye Nezareti'nin önünde ve Selanik mey-

---

32 Beyrut ve Şam'daki kitle gösterileri, Osmanlı İmparatorluğu'nun "dostlarına" hitap ediyor, onları imparatorluğun haklarını savunmak için yardıma çağırıyordu. Bkz. *el-İttihadü'l-Osmani*, 14 ve 17 Ekim 1908.

33 İstanbul, İzmir ve Trabzon'da boykotun büyümesi ve hayata geçirilmesi üzerine bir tartışma için bkz. Quataert, "Ottoman Boycott Against Austria-Hungary." Ayrıca bkz. Çetinkaya, "Economic Boycott as a Political Weapon." Yayımlanmamış bu kaynaktan beni haberdar ettiği ve bu kaynağa erişimimi sağladığı için Don Quataert'e teşekkür ederim.

34 Quataert, "Ottoman Boycott Against Austria-Hungary," 125.

danında, binlerce kişi sokaklara dökülmüş, ilhakı protesto ediyordu. Takip eden günlerde, tüccarlar Avrusturya malları siparişlerini iptal etmişti; Avusturya malları satan dükkanların önündeki alıcılar taciz ediliyordu; pankartlar halkı, ilan edilen dükkanlardan alışveriş yapmamaları için uyarıyordu.

Beyrut Osmanlı Ticaret Komitesinden gelen kısa bir telgraf, Yafa'daki tüccarları boykotun başlayacağından haberdar etmiş, onların desteğini istemişti. Komitenin ifadesine göre, tüccarlar boykotu yerli halktan sağladıkları tam destekle yönlendiriyordu.[35] Kudüs valisinin ofisinde, müftü ve oğlunun, başkâtip ve Rum Ortodoks manastırı tercümanının ve baş hahamın katıldığı; boykot ilanının tartışılacağı bir toplantı düzenlenmişti.[36] 12 Ekim'de Yafa'dan ve Kudüs'ten gelen liderler, Filistin'e varan Avusturya gemilerini boykot etmeye karar vermişlerdi. Bu karar ciddin riskliydi: Yafa, Beyrut'tan sonra Osmanlı, Suriye'si sınırındaki en büyük ikinci limandı ve bölgenin yabancı ticaretinin iktisadi merkeziydi. Yalnızca 1908'de, Yafa limanından ithalat yoluyla 14,5 milyon frank gelmiş; 12,5 milyon frank ihracatla çıkmıştı. Dahası Avusturya-Macaristan, Yafa'nın en büyük dördüncü ticaret ortağıydı ve bu liman şehriyle ciddi bir ticaret fazlasına sahipti.[37] Avusturya-Macaristan ile iktisadi bağları kesmek, özellikle 1907-8 yıllarındaki iktisadi buhranlar göz önüne alındığında, hayli aşırı bir hareketti.

Yafa merkezli Osmanlı Ticaret Komitesi, "vatanın evlatları"na yönelik bir kararname yayımlayarak, Osmanlı birliğini ve Osmanlı milli çıkarlarını korumak için Allah'ın yardımını, kamuoyunun desteğini ve gözlemini talep ediyordu. "Tek bir Avusturya malının ya da giysisinin dahi satılmasını engellemeliyiz [...] Osmanlı sermayesiyle, kendi teşebbüslerimizle iş yapmalıyız. Kalbimiz, vatanımız, şeref ve

---

35 ISA 67, peh/533: 1491-93. Ancak *el-İttihadü'l-Osmani*'de yer alan, Beyrutlu tüccarları boykota katılmaya çağıran bir haber, boykotun henüz tüccarlar arasında yaygın olmadığını ve kamuoyunun bu hususta anlaşma içinde olmadığını göstermektedir. *El-İttihadü'l-Osmani*, 13 Ekim 1908. Gazete Yafalıların milli-vatansever bağlılıklarını *(hamiyye vataniyye)* da yüceltiyordu. 15 Ekim 1908.

36 Musallam, *Yevmiyat Halil el-Sakakini*, 309.

37 *Bulletin de la Chambre de commerce d'industrie et d'agriculture de Palestine* (yıl 1, sayı 6, Aralık 1909); JMA, 1779. 1 Mart 1912, Ticaret ve Sanayi, Kudüs Konsolosluk Bölgesi, 1911 yılı; NACP, muhabere (Ocak-Temmuz 1912), genel muhabere, 1912-35, Kudüs Konsolosluğu (350/26/11/1-2),Devlet Nazaretinin yabancı servis haberlerinin kaydı, kayıt grubu 84. Mısır ve İngiltere, Yafa'nın ticaret rakamlarının dengeli olduğu iki ülkeydi. Gazze limanı ise tüm ortaklarıyla ilişkilerinde ticari denge içindeydi (ithalat hacmi 4,5 milyon frank; ihracat hacmi 7,8 milyon frank). *Bulletin de la Chambre de commerce d'industrie etd'agriculture de Palestine* (Yıl 1, sayı 6, Aralık 1909), 6. JMA, 1779.

vicdanımız ne buyuruyorsa onu korumayı nasip et bize. Allah büyük ve yücedir; bizleri esirgeyen ve bağışlayandır."[38]

ŞEKİL 3.1. Yafa açıklarında. Liman büyük gemileri alacak kadar derin olmadığından, gemiler kıyıdan açıkta demir atıyor, yolcularla malların kayıklarla taşınması sağlanıyordu. Bu kayıkçılar 1908'de Avusturya-Macaristan İmparatorluğu'na karşı yapılan vatansever Osmanlı boykotunun başarısı için kilit bir rol oynamıştı. Library of Congress, Baskı ve Fotoğraf Bölümü (LC-DIG-matpc-06513).

Eş zamanlı olarak, Kudüs valisi Hüseyin Haşim el-Hüseyni de benzer bir dil kullanarak halkı boykota davet eden bir el ilanı yayımlamış; boykota katılmayı vatanseverlik ve Osmanlı milletine bağlılık emaresi olarak gördüğünü belirtmişti. Kendi deyimiyle, "Bundan [boykottan] ayrı hareket eden, vatana, medeniyete ve İslama ihanet ettiğini ifşa etmiş olacaktır."[39]

Bu çağrılara cevaben, 13 Ekim'de Österreichischen Lloyd şirketinin bir gemisinin Yafa kıyılarına varmasıyla Avusturya-Macaristan'ın yereldeki varlığına yönelik ilk halk eylemleri etkisini gösterdi. Yafa limanının kötü koşullarından dolayı, büyük gemiler limana yanaşamıyordu; gemiler kıyıdan uzakta demir atıyor, mallar ve

---

38 ISA 67, peh/533: 1491-93.
39 ISA 67, peh/415: 31. Sakakini, anılarında da bu bildiriden söz ediyordu. Musallam, *Yevmiyat Halil el-Sakakini*, 314.

yolcular karaya küçük kayıklarla ulaştırılıyordu. İşte bu kayıklarda çalışanlar Yafa boykotunun örgütlenmesinde önemli rol oynadılar; onlar olmadan kıyıya ulaşmak mümkün değildi. Sağlık görevlilerinin gemiyi dezenfekte etmesine izin vermediler ve gemideki Avusturya posta servisine ait postaları yüklemeyi reddettiler. Alman konsolosluğunun raporuna göre, karantina botuna saldırı düzenlenmiş, görevliler darp edilmiş ve dezenfekte araçları parçalanmıştı.[40]

Limanda bunların meydana geldiği o sabah, şehirde de geniş bir halk isyanı ve ayaklanma patlak vermek üzereydi; gelen postanın dağıtılması engellenmiş ve Avusturya posta servisinin ofisine saldırılar düzenlenmişti. Avusturya Konsolosluğundaki posta müdürünün raporuna göre, elebaşlarının ve Müslüman "mutaassıp" din adamlarının yüreklendirdiği kalabalık postanede toplanmıştı.[41] "Küfürlerle" içeri girmeye çalışmışlar, posta memuru Tevfik Lorenzo'ya saldırmışlar, oradaki kâtipleri zorla ve tehditle dışarı çıkararak postanenin kapatılmasını istemişlerdi. Dışarıda toplanan kalabalığın bağırışlarıyla yüreklenen isyancılar, posta kutusunu duvardan sökmüş, çamura atmış ve ayaklar altına alarak parçalamıştı. Posta treni saldırıya uğramış ve denize atılmasından hemen önce kısmi olarak parçalanmıştı. Postanenin tabelası da postane müdürünün çabaları sayesinde sökülüp parçalanmaktan kurtulmuştu.

Avusturyalılar ve Almanlar raporlarında boykotu kınıyor; fanatik kitlenin hararetli ve kötücül din adamları tarafından çılgınlığa sürüklendiğini, kifayetsiz ve büyük ihtimalle suç ortaklığı eden memurlar ve polis tarafından da yüreklendirildiğini yazıyordu. Avusturyalılar, onlara karşı yapılan gösterilerin kendiliğinden meydana gelmediğini, İTC genel merkezleri tarafından tasavvur edildiğini, bu gösterilerin baskıcı ve "mutaassıp bir biçimde Doğulu" olduğunu iddia ediyordu. Ayrıca Yafa'daki Avusturya-Macaristan konsolosu da, boykotların baskıcı doğasının altını çiziyor; kayıkçıların Avusturya gemisine yardım ettikleri takdirde kayıklarının parçalanacağı söylenerek tehdit edildiklerini iddia ediyordu.[42]

---

40 Rossler'den (Yafa) Marschall von Biebenstern'e (İstanbul), 13 Ekim 1908.ISA 67, peh/415:31.

41 Wilhelm Steffan'dan Wenko'ya, 16 Ekim 1908. Bu belgenin kaynağı; Eliav, *Be-Ḥasut Austria* ve Eliav, *Osterreich und das heilige Land*, 448-49. Kudüs'teki The Austrian postası, her yıl 700.000 ile 800.000 frank arasında gelir getiriyordu ki bu dikkate değer bir rakamdı. Eliav, *Osterreich und das heilige Land*, 85.

42 Stefan'dan Wenko'ya, 16 Ekim 1908; Wenko'dan (Yafa'da konsolos yardımcısı) kaymakama (orijinali Fransızca), 13 Ekim 1908. Orijinal belgeler şu kaynakta bulunabilir: Eliav, *Osterreich und das heilige Land* ve Eliav, *Be-Hasut Austria*, 350.

Boykotu ve kitle hareketini birkaç fanatiğin entrikasından ibaret bir şeymiş gibi gösteren Avusturya-Macaristan temsilcileri, boykotun meşruiyetini sarsmayı amaçlıyordu. Avrupalı gözlemciler için, boykot Avusturya-Macaristan'ın dış politikasına karşı geliştirilen meşru bir siyasi protesto şekli olmaktan ziyade, imparatorluğun geri kalmışlığının bir başka işaretiydi. Batı ve Doğu uygarlıklarının ebedi mücadelesinde açılan yeni bir cepheden başka bir şey değildi. Kalabalığın İslami ve Batı karşıtı duyguları harekete geçirdiği belirtiliyordu: "Muhammed'in dini kılıç kuşandı" (*dinü Muhammed kâm bi'l-seyf*); Allah sultanı muzaffer eyleyecektir (*Allah yensur el-sultan*); "Allah kafirleri katledecektir" (*Allah yehlik el-küffâr*).

Şüphesiz ki, halkın bu öfkesi Avrupa-Osmanlı ve Hıristiyan-Müslüman çatışmalarından ve gerilimlerinden doğan tarihsel bilince tekabül ediyordu. Halk düzeyinde, kapitülasyonlarla, yabancı konsolosların ve ziyaretçilerin küstahlığıyla, Batılı savaş gemilerinin Osmanlı egemenliğini hiçe sayarak kıyılara sıkça gelip gitmesiyle, mütecaviz Batılı güçler gündelik olarak iyice görünür hale gelmişti. Temmuz devriminin hemen ardından, Batı'ya verilen tavizlere, sessizce katlanmak imkânsız hale gelmişti. Bir gazete, Yafa'daki gösteride toplanan kalabalığın "kutsal bayraklar"[43] taşıdığını doğrulamıştı.

Ancak yine de bu boykotu, Müslüman-Hıristiyan çatışması üzerinden okumak son derece yanlış olur; çünkü İslami söylem Osmanlı vatanseverliği söylemiyle birlikte yükselmişti. Daha önemlisi, emperyal boykota katılanlar yalnızca Müslümanlar değildi; pek çok yerde Hıristiyanlar ve Yahudiler eylem örgütleyicisi, başı çeken ve katılımcı konumundaydı. Kitle gösterileri Kudüs'e sıçradığında, Müftü Taher Hüseyni onlara liderlik etmişti. Hüseyni de bir süre sonra, boykot komitesinde kendisiyle birlikte hizmet vermek için seçilmiş olan Yahudi, Rum Ortodoks ve Ermeni temsilcilere katılmıştı.[44] Kasım 1908'in ortasında, Yafa'daki Rum Ortodoks cemaati *Selahaddin Eyyübi* adlı bir piyes düzenlemişti. Bu piyeste bütün Batılı güçler temsil edilmişti. Avusturya-Macaristan kralı da "fakir bir Leh Yahudi"yle temsil edilmişti ve bu karakter oyunda herkesin alay ettiği kişiydi. Piyesi izlemeye gelen Yafa'nın önde gelen Hıristiyan aileleri, Yahudi imparatorun görünmesiyle birlikte "Kahrolsun Avusturya" diye bağırmıştı.[45] Batı'da Saladin olarak bilinen Selahaddin Eyyübi, Hıristiyan haçlıları Mısır'dan kovmuş; Filistini binlerce yerli Müslüman,

---

43 *Havatselet*, 19 Ekim 1908.

44 Hüseyni ve aralarında Yahudi hahambaşı, Rum Ortodoks ve Ermeni temsilcilerin de bulunduğu diğer dini liderler, teşvik edici konuşmalar yapıyor; tüm Avrupa başkentlerine protesto telgrafları çekiyorlardı. *Havatselet*, 19 Ekim 1908.

45 20 Kasım 1908, Eliav, *Be-Ḥasut Austria*'dan bir mektup. Avusturya-Macaristan konsolosu şikayetlerini valiye ve Rum Ortodoks Partikine iletmişti ve kendisinden özür dilenmişti.

Yahudi ve Hıristiyanın katledildiği, yüz yıldan fazla süren Haçlı egemenliğinden kurtararak özgürleştirmişti. Bu nedenle İslam ve Arap tarihinde büyük bir kahraman olarak kabul edilir; İslami hoşgörünün, İslamın ve Arapların Batı'nın saldırısından kurtulmasının sembolüdür. Haçlıların aksine Selahaddin hiçbir gayri Müslimi katletmemiş, aksine onların komşularıyla birlikte yaşamasına müsade etmiştir.

Ortak bir dili konuşuyor olmaları ve toplumsal yakınlıkları sebebiyle, pek çok Hıristiyan Arap; İslam medeniyeti, tarihi ve geleneğiyle iç içe geçmişti; dolayısıyla Yafa'daki Rum Ortodoks cemaatinin Selahaddin'in mirasına yönelmesi çok da alışılmadık bir durum değildi.[46] Ancak Yafa'daki Rum Ortodoks cemaatinin boykotu desteklemiş olması—aslında boykotu düzenleyen yerli İTC yöneticilerinden pek çoğu Rum Ortodokstu—başka açılardan önemliydi. Bazı tarihçiler boykotun, ticari sınıflar arasında fazlaca temsil edilen gayri Müslimler ile, bu alanda çok az temsil edilen Müslümanların farklılaşan çıkarlarını yansıttığını düşünmektedir. Osmanlı tarihçisi Donald Quataert'in belirttiği gibi, boykot "Müslüman bir toplumda yaşayan ancak Batı ekonomisine bağımlı Osmanlı Hıristiyanlarının kırılgan konumunu açığa vurmuştu. Müslüman olan ve olmayan tüccarların farklı çıkarlarını gözler önüne seren boykot, Hıristiyanların Osmanlı İmparatorluğu'nun ticari ve sanayi yaşamından çıkışını hızlandırmıştı."[47] Hiç şüphesiz boykot, Osmanlı "milli iktisadı" yaratma yolundaki büyük dönüşüm için atılan ilk adımdı; bunun en önemli bileşeni ise Avrupa'dan hazır ürünler satın alıp hammadde ihraç eden Osmanlı İmparatorluğu'nun eşitsiz iktisadi konumunun üstesinden gelmekti. Bu amaçla Osmanlı basını bütün toplumu yerli malları satın almaları için; hükümeti ve sermayedar sınıfları da milli bir sanayi inşa etmeleri için teşvik ediyordu.[48] İzmir merkezli Rum Ortodoks gazetesi *Amaltheia* iktisadi korunmacılığın sesini en çok duyurmuş olan sözcülerinden biriydi; Osmanlı vatandaşlarının Osmanlı yapımı mallar satın alması ve bunun yerli muadili olmadığından bazı ürünlerden mahrum kalmak anlamına gelse dahi böyle olması gerektiği yönünde katı bir tavır takınıyordu.[49] İktisadi boykotun Osmanlı birliğinin bozulmasına imkan verebileceğini dert edinen çok sayıda grup vardı; hatta yerel İTC liderliğinin kalabalığı itidale çağırmaya çalıştığı yönünde kanıtlar da vardı.[50] Ancak kalabalığın Hıristiyan Osmanlıları

---

46 Selahaddin, Filistinli Arap siyasi bilincinde, özellikle Siyonizmle yaşanan yeni çatışmalarda yeniden tezahür etmiştir.
47 Quataert, "Ottoman Boycott Against Austria-Hungary," 145.
48 Bkz. *el-İttihadü'l-Osmani*, 15 Ekim 1908.
49 Çetinkaya, "Economic Boycott as a Political Weapon," 93.
50 Rössler'den (Yafa) Marschall von Biebenstern'e (İstanbul), 14 Ekim 1908. ISA 67, peh/415:31.

hedef gösterdiği yönünde hiçbir kanıt yoktu; dahası Osmanlı vatanseverliklerini, imparatorluğun kamu yararına olan bağlılıklarını kanıtlama fırsatı elde etmişlerdi.

Bu esnada Avusturya gemisi de, Yafa limanı açıklarında günlerdir bekletiliyordu; kalabalığın demir atması, yük ve yolcularını boşaltması durumunda gemiyi bombalayacağını söyleyerek tehditler savurduğu bildiriliyordu. Bu nedenle gemi Beyrut'a ya da Kıbrıs'a doğru dümen kırdı ve kitle gösterileri sona erdi. Hemen ardından Osmanlı valisi, düzeni sağlamaları için Kudüs'ten Yafa'ya kırk jandarma ve üç piyade taburu göndermişti. O sırada Yafa'dan geçmekte olan Avrupalı bir savaş gemisinin kalabalığın ruh hali üzerinde "hayırlı" ve "teskin edici" bir etkisi olduğuna inanılıyordu. En azından Alman Konsolosuna göre, savaş gemisi Osmanlıların gözünde çok daha "tehditkâr" olabilirdi.[51]

Boykot devam etmiş; birkaç gün içinde Avusturya-Macaristan dükkanlarını ve halihazırda raflarda bulunan malları hedef almaya başlamıştı.[52] Kasım ayının başından itibaren, Yafa boykotu Alman gemilerine ve mallarına da yönelmişti; Avusturya mallarının Alman kayıklarıyla taşındığına ve sahte Alman etiketleri altında satıldığına inanılıyordu. O dönemden kalma, "Gayretli Osmanlı Vatanseveri" imzalı bir el ilanı bu iddiayı dile getiriyor; toplumsal ve siyasi sınırların belirlenmesi ve korunması için boykotu, Osmanlı vatanseverliğini, dini ve toplumun gücünü birbirleriyle ilişkilendiriyordu. El ilanı, kendilerini Osmanlı milletiyle özdeşleştirenler tarafından yazılmıştı, yine onlara hitap ediyordu. Osmanlı milli hislerini temel alıyordu ve halk, milliyetçiliğin meşru tatbikçisi seviyesine yüceltilmişti.

> Duyduk ki, Avusturya malları Almanya'dan Alman gemileri aracılığıyla getiriliyormuş. [Kim ki buna ortak olursa], Allah'tan korkmuyorsanız, halktan utanın ve mahcup olun [...] çünkü yoksulların sizden daha iyi insanlar olduğu, daha vatansever olduğu yüzünüze vurulacak.
>
> Hayır, hayır, Allah korusun. İnsani duygularını kaybetmiş, liman gümrüklerine iştah kabartanlar olduğuna inanmıyoruz. Bu milli şevki mallarının fiyatlarını artırmak için kullanan tüccarlar olduğuna da inanmıyoruz. Bu yüzden, biz vatan evlatları olarak böylesi şeylerin yapıldığını işittiğimiz için bize yazıklar olsun. Bunları yapanları parmakla göstererek ifşa etmeliyiz. Babalar oğullarına "kendi kesesini doldurmak için vatanseverliğini satmış

---

51 Rössler'den (Yafa) Marschall von Biebenstern'e (İstanbul), 15 ve 17 Ekim 1908. ISA 67, peh/415:31. Yerli Avrupalı ve Amerikan konsolosların, yerli halkta ya da memurlarda Hıristiyan veya Avrupa karşıtı bir "rahatsızlık" sezdiği dönemlerde, Avrupalı ya da Amerikalı bir savaş gemisinden Yafa limanından geçmesi ve yerlileri etkisiz hale getirip Avrupa hâkimiyetini tekrar kurması isteniyordu.

52 İstanbul'daki Alman Konsolosluğundan Alman Büyükelçiye, 15 Aralık 1908. ISA 67, peh/415:31.

adamlar varmış" desinler ki bu adamlar, Allah'ın gazabına, halkın hor görmesine boyun eğsinler.[53]

Bu yakarışta, her bireyin kamu yararına katkıda bulunmasını öngören, cumhuriyetçi vatandaşlık anlayışını duymak mümkün. Esasında, Osmanlı basını "milli şeref ve halk ruhu"na (Osmanlıcası *hamiyyet*)—ona şükredenler (*hamiyyetli*), ondan mahrum kalanlar (*hamiyyetsiz*)[54]—ilişkin tartışmalarla meşguldü. "Gayretli bir Osmanlı Vatanseveri"ne göre, Avusturya-Macaristan mallarını ithal etmeyi durdurmayan ya da hemşerilerini kazıklayan bu orta sınıf tüccarlar ve dükkan sahipleri muhakkak milli şeref ve halk ruhundan yoksun olanlardı; ve şüphesiz ki, kamu yararını ve dini kuralları hiçe sayanlar yine onlardı.

Alman Konsolosluğunun gemilerin karşı karşıya olduğu tehlikenin farkında olmasına ve Yafa vali vekilinin asayişi temin ederek liman istifçilerinin Alman gemilerinin boşaltma yapmasına karşı çıkmasını engellemesine rağmen, kasım ayı ortalarında *Galata* isimli bir Alman gemisi Yafa limanına yanaşmaya çalıştığı sırada saldırıya uğramıştı. Gemi, bir başka gemiyle aynı anda limana yanaşınca, liman işçileri gemideki malları sabah birkaç saat içinde boşaltmışlardı. Öğleden sonra üç civarında, Alman gemisinin kargosunda Avusturya-Macaristan mallarının bulunduğuna dair söylentiler duyulmaya başlamasının ardından kızgın kayıkçılar kargoyu denize dökmeye başladılar. Her ne kadar Alman konsolos yardım için derhal vali vekiline koştuysa da, vali vekili "sessizliğini korumuş ve olanlara göz yummuştu." Konsolosun şikâyetlerine göre, yerel göstericiler 998 adet ticari malı ve Alman kayzerinin Kudüs'teki Alman-Katolik misafirhanesine gönderdiği çok sayıda hediye paketini denize atmıştı.[55] Yeni seçilmiş mebus Hafız Said'in müdahalesiyle kayıkçılar kargoyu denize atmaya son vermeye ikna olmuşlardı. Hatta mebus onları denize attıkları bazı kargo parçalarını toplamaya dahi ikna etmişti.

Alman konsolos kapsamlı bir soruşturma yapılmasında ısrarcıydı. Sonuç olarak altı lider ve on beş azmettirici yakalanmış ya da saklanmak zorunda kalmıştı. Boykota katıldığı için suçlananlar arasında, subay İhsan Efendi, Müslüman toprak sahibi Yusuf Aşur, Hıristiyan demiryolu çalışanı Yusuf İssa gibi yerel İTC şubesinin önde gelen isimleri yer alıyordu. Ayrıca vali vekili Rüşdi Bey de görevlerinden azle-

---

53 ISA 67, peh/533: 1491-93.
54 Çetinkaya, "Economic Boycott as a Political Weapon," 88.
55 Rössler'den Kaymakam'a, 9 ve 20 Kasım 1908; Rössler'den Kaymakam'a, İstanbul, 24 Kasım 1908. ISA 67, peh/415:31.

dilmiş, polis komiseri Mehmet Fevzi işten atılmış, gümrük memurları da görevden alınmakla tehdit edilmişti.[56]

Ancak yine de Avusturya-Macaristan ve Alman konsolosları, yerliler tarafından azmettirilen "terörizm"den İTC'yi sorumlu tutuyordu. Kudüs valisi Suphi Bey ve vilayetin dışişleri kâtibi Bişara Efendi, boykotun yerli halkın ve Osmanlı'nın imparatorluk çıkarlarına zarar vereceği korkusuyla ilk başta boykota karşı çıkmıştı; ancak olayları bastırmada yetersiz kalmışlardı. İstanbul'daki hükümet görevlileri de boykotu bitirmeye çalışmış ancak başarısız olmuşlardı; onların başarısızlığı hem İTC'nin bağımsız bir siyasi güç olduğunun, hem de halkın iştiyakının kanıtıydı. 1908 yılının aralık ayının başlarında, İTC merkez komitesinden gelen iki temsilcinin Suriye limanına yaptıkları ziyaret, Hayfa'daki boykotun yeniden başlamasına neden olmuştu; oysa Avusturya-Macaristan malları bir süredir bu limanda boşaltılıyordu. Beyrut'taki boykot da yerel valinin müdahalesiyle yatışmaya başlamıştı, ancak Selanik ve İstanbul'dan gelen emirlerle yeniden başlamıştı ve Avusturya-Macaristan ihraç mallarına "ağır zarar" veriyordu.[57]

Bununla beraber boykotun bariz bir şekilde görünen, güçlü bir halk ayaklanması boyutu vardı. Şüphesiz ki, Bosna Hersek'teki duruma dair sürekli gelen, Müslüman evlerinin işgal edildiğine ve camilerin kiliselere ya da ahırlara çevrildiğine ilişkin haberler halkın öfkesini tetiklemişti. Ayrıca imparatorluğa Boşnak mülteci akını olmuştu ve bunlar, boykota destek vermek için örgütleniyor, kendi el ilanlarını yazıyorlardı. Aralık ayının başında, İstanbul'daki boykot girişiminin on beş bini aşkın üyesi vardı. Filistin'de, gazeteler halkın "milletçe ilan edilen"[58] boykota olan desteğini yazıyordu. Kudüs ve Yafa'da, Avusturya-Macaristan İmparatorluğu'ndan ithal edilen kırmızı fes yerine imparatorlukta üretilen beyaz fes giyilmesi vatansever bir eylem sayılıyordu. Bir İbrani gazetesi de, Kudüs'te gerçekleşen akşam gösterilerine ilaveten, yüzlerce Kudüslünün meşaleler taşıyarak sokaklarda yürüdüğünü, milli marşlar söylediğini; "hürriyet için canlarını vermeye" hazır beş yüz kişilik bir genç erkek grubunun valinin makamına giderek, savaşmak için Avusturya-

---

56 Yafa Konsolosluğundan Kudüs Konsolosluğuna, 22, 24, 25 Kasım 1908. ISA 67, peh/415:31.

57 Avusturya Konsolosu Yafalı kayıkçıların, Avusturya gemilerini boşaltmak için gitmeye hazır olduklarını, hükümetten gelecek bir işareti beklediklerini iddia ediyordu. Bkz. 20 Kasım 1908, mektup, 4 Aralık 1908, Avusturya'daki Beyrut konsolosundan Kudüs konsolosuna mektup, 10 Aralık 1908, mektup. Eliav, *Be-Ḥasut Austria* içinde.

58 Çetinkaya, "Economic Boycott as a Political Weapon," 203-5; Quataert, "Ottoman Boycott Against Austria-Hungary," 130 ve *ha-Tsvi*, 30 Ekim 1908.

Macaristan cephesine gönderilmek istediklerini yazıyordu.[59] İzzet Derveze de anılarında, boykota Nablus'ta da güçlü bir halk desteği olduğundan; insanların boykota destek olmak için içlerinden gelen, derin bir kültürel ve duygusal desteğin ifadesi olan kasideler yazdığından bahsediyordu. Aslında boykot ateşi, vatansever Osmanlı milleti adına basının ve dükkânların harekete geçirildiği İngiliz işgali altındaki Mısır'a kadar sıçramıştı.[60]

Daha sonra, 27 Şubat 1909'da İstanbul ve Beyrut'tan Yafa'ya, Avusturya-Macaristan İmparatorluğu'na karşı Osmanlı boykotunun sona erdiğini bildiren bir telgraf ulaşmıştı. Osmanlı hükümeti, Bosna-Hersek'in kaybına karşılık Avusturya-Macaristan'ı büyük çaplı bir maddi tazminat ödemeye ikna etmişti. Boykotun Avusturya-Macaristan üzerindeki iktisadi baskısı ciddi bir hal almıştı: Aralık 1908 itibariyle, boykot Avusturya-Macaristan'ın 20-25 milyon kron kaybetmesine neden olmuştu; diğer nakliyat şirketleri de, korkudan ya da Osmanlı limanlarındaki demir atma zorluklarından dolayı Avusturya mallarını yüklemeyi reddediyordu. Avusturyalı fes fabrikaları ve şeker sanayisi epey sarsılmıştı; ancak boykotun en büyük kurbanı Österreichischen Lloyd nakliye şirketi olmuştu. Şirketin dört ay içinde, yalnızca Yafa limanına demir atmak isteyen yirmi dokuz gemisi engellenmişti ve bu yetmiş beş bin franka mal olmuştu.[61] Avusturya-Macaristan'ın uğradığı ağır zararın yanı sıra, Osmanlı'nın ve Filistin'in yerel iktisadı da boykottan epey zarar görmüştü. İmparatorluğun vergi gelirleri ciddi biçimde azalmış, gümrük gelirleri de yaklaşık üçte bir oranında düşmüştü. Filistin'deki yerli bankalar da, nakliyatlardaki gecikmeler ve kayıplar nedeniyle, tıpkı Yafa gümrüğü gibi tepetakla olmuştu. Bankalar nakliyat senetlerini tahsil edemiyordu; müşteriler satın aldıkları malları teslim almadan ödeme yapmayı reddediyorlardı. 1908 yılının aralık ayının başında, boykot henüz yeni başlamışken, yerli bankaların ödenmemiş senetlerinin toplamı 42,715 franktı. Yerel gümrük idaresi de 53,571 franklık ödenmemiş nakliyat senediyle epey sarsılmıştı.[62]

---

59 *Ha-Tsvi*, 27 Ekim 1908 ve 29 Ekim 1908. Taleplerinin kabul edileceği kesin değildi; ancak Osmanlı devleti Avusturya-Macaristan'a ilhak üzerinden hiçbir zaman savaş açmamış; diplomasi yolunu tercih etmişti.

60 Derveze, *Müzekkirât*, 185 ve Çetinkaya, "Economic Boycott as a Political Weapon," 113.

61 ISA 67, peh/533:1491; Quataert, "Ottoman Boycott Against Austria-Hungary," 142; 25 Mayıs 1909, mektup, Eliav, *Be-ḥasut Austria*. Quataert, Avusturya gemi hattının tüm imparatorlukta 1.8 milyon kron kaybettiğini belirtmektedir.

62 Yafa'daki Konsolos yardımcısının ticari raporu (tarih belirtilmemiş); 25 Mayıs 1909, mektup; 10 Aralık 1908; Eliav, *Be-ḥasut Austria*, 360-63.

Ayrıca yerli tüccarlar da, Avusturya-Macaristan mallarının gelmemesiyle artan maliyetlerle ağır darbe almıştı. Özellikle ihracata dayanan portakal üretimi bu işten zarar görmüştü çünkü boykot tam da sonbahar hasat zamanının başında patlak vermişti. Daha öncesinde Avusturya-Macaristan İmparatorluğu'ndan satın alınan, portakalların sarıldığı kağıtlar ve portakal küfeleri Almanya'dan ve İtalya'dan yaklaşık üç katı maliyetle satın alınıyordu. Müşteriler Fransız, İngiliz ve Mısır şekerini tercih edince, şekerin maliyeti de ikiye katlanmıştı. Kağıt, hazır giysi, cam ve her yerde bulunan kırmızı fes gibi bütün orta ve üst sınıf şehirli tüketim malları da aynı şekilde etkilenmişti. Boykottan istifade etmişe benzeyen tek kesim Yafalı kayıkçılardı; hizmetlerine karşılık daha yüksek ücretler talep ediyorlardı, boykotun devam ettiği aylar boyunca diğer liman şehirlerindeki kayıkçılar da daha yüksek ücretler için bastırıyorlardı.[63]

Yine de, Avusturya-Macaristan'ın boykot edilmesinin Osmanlı ve Filistin ekonomileri üzerindeki yükünün ağır olmasına rağmen, boykot halkın siyasi süreçlere katılımının oldukça iyi bir örneğiydi. Osmanlı milleti, yeni güçlü bir silah keşfetmişti ve bu silahı muhakkak yeniden kullanacaktı. Girit'i ilhak eden Yunanistan'a karşı 1910'da, Osmanlı Libya'sına saldırısının ardından 1911'de İtalya'ya, Balkanlar'a savaş açması üzerine 1912-13'te yine Yunanistan'a karşı da benzer boykotlar düzenlenmişti.

İlk Mebus Seçimleri: 1908 Sonbaharı

Eğer Avusturya-Macaristan boykotu halkın siyasi arenaya gayri resmi olarak katılımını temsil ediyorsa, yeni Osmanlı meclisi için yapılan seçimler de taşralı Osmanlıların başkentteki imparatorluk idaresini ve siyasetini etkilemek için elde ettikleri resmi fırsatı temsil ediyordu. Üyelerin taşra meclisleri tarafından atandığı 1877-78 yılındaki ilk meclisin aksine, yeni meclis daha geniş bir kesim tarafından (vergi mükellefi, yetişkin erkekler) seçilecekti. 1908 seçimleri Osmanlı sivil-siyasi yaşamı için yeni bir başlangıç noktası olmuştu. Aralık 1908'de meclisin açıldığı gün resmi tatil ilan edilmişti ve daha sonra göreceğimiz üzere, taşranın yeni dönemdeki "temsili hükümet" beklentilerini ifade ediyordu. Meclis seçimleri aynı zamanda, imparatorluğun farklı etnik ve dini gruplarının siyasal yapı içinde yerlerini bulma mücadelesiyle birlikte yeni Osmanlıcılık projesine içkin gerilimleri de açığa vuruyordu.

---

63 Bir önceki fiyat, rulo balına 54 franktan 140 franka yükselmişti. Wenko'dan Kudüs Konsolosluğuna, 25 Mayıs 1909. Agy. İçinde, 364-65. Ayrıca bkz. 10 Aralık 1908, mektup, agy. içinde.

Mezhep Prizması I: Oy Hakkı

Seçim sistemiyle Osmanlıların beklentileri arasındaki gerilim, ilk olarak oy kullanma meselesiyle ortaya çıkmıştı. İlk başta, özellikle bireylerin oy durumu ve farklı dini cemaatlerin seçme (dolayısıyla siyasi) gücüne dair bilgi eksikliği ve karmaşası seçimlere damgasını vurmuştu. Seçimlerde öne çıkan meselelerin başında, resmen benimsenen seçim siyasetinin liberal tabanı—"bir kişi, bir oy"—ile etnik-dini cemaatin (*millet*) ana fail olduğu dini siyasal sisteminin mirasının etkileri arasındaki boşluk geliyordu. Nüfus, oy hakkı, seçim çalışması ve müzakereler bakımından, *millet* tüm seçim sürecinde öncü bir rol üstlenmişti; siyasi aktör olarak bireysel vatandaşı gölgede bırakıyordu. Bu nedenle bir Osmanlı vatandaşlığı esası oluşturmaya yönelik ilk adımlarda, Osmanlı vatandaşları seçme ve seçilme haklarını kutlasalar da, etnik ve dini gruplar imparatorluğun siyasi yaşamında rol oynamaya devam ettiler.

Benimsenen yeni seçim sistemine göre, mebus seçimleri iki aşamalı bir süreçti. İlk aşamada, vergi mükellefi erkekler, oy kullanma haklarıyla ikinci aşama adaylarını seçiyorlardı (ilk aşamada her beş yüz seçmene bir aday düşüyordu); ikinci aşamaya seçilen adaylar da meclis üyelerini seçiyorlardı (elli bin erkeğe bir mebus).[64] Resmi Osmanlı nüfus sayımı kayıtlarına dayanarak, Kudüs vilayetinin 180 seçmen çıkarma ve buna istinaden meclise 3 mebus gönderme şansı vardı.[65] Beyrut'un idaresindeki Kuzey Filistin vilayetleri de iki mebus çıkarabilecekti.

Osmanlı vatandaşları seçim siyasetine ilişkin deneyimsizdi. Osmanlı arşivlerindeki gelişigüzel kayıt tutulmasından muzdariplerdi; siyasi değişim için ya hevesli ve iyimserlerdi ya da değişime derin bir şüpheyle bakıyorlardı. Şehirlerde, cemaatlerin ileri gelenlerinden oluşan seçim denetleme komisyonları kurulmuştu ve bu komisyonlar, süreci kolaylaştırmak için dini liderler ve mahalle muhtarlarıyla görüşecekti. Kudüs şehir konseyi, yaklaşan seçimlerin düzenini ve kurallarını açıklamak amacıyla düzenlediği toplantıya tüm mahalle muhtarlarını ve dini liderleri davet etmişti. Seçim listeleri ve oy verme usülleri, pazarlarda ve mahallelerde çığırtkanlar tarafından duyurulacaktı. Caddelere ve ibadet yerlerine yapıştırılmasına ve

---

64 Kayalı, "Elections and the Electoral Process in the Ottoman Empire, 269. 1876'ya hâkim olan, okumanın ve "mümkün olduğu kadar" Türkçe yazmanın zaruriliği vurgusu 1908 seçimleri için geçerli değildi. Türkçeyi oy vermenin bir koşulu hale getiren bir değişiklik de 1908 yılında meclise reddedilmişti. Ancak Türkçe dolayımlı olarak seçime katılma kriteri olmaya devam etti.

65 A. Ruppin'den Wolffsohn'a, 6 Ekim 1908. CZA Z2/632. Basında yer alan bir habere göre, vilayet meclise dördüncü bir mebus gönderme şansını kaybetmişti. Bunun nedeni de, Jeriko'daki Bedevilerin reddedilmesi ve Negev Çölünün kendilerini doğru kaydettirmeyi reddetmeleriydi. Askerlik hizmetinden ve fazla vergi ödemekten korkuyorlardı. *Ha-Haşkafa*, 26 Eylül 1908.

gazetelerde yayımlanmalarına ek olarak, listeler ve usuller dini liderler ve muhtarlar tarafından da yaygınlaştırılacaklardı. Vatandaşlara, seçim komisyonuna temyize gitme ve tashih talep etme fırsatı verilmişti.[66]

Seçim yasasına göre, yirmi beş yaşını aşkın her vergi mükellefi Osmanlı erkeği mebus seçimlerinde oy kullanma hakkına sahipti; bu doğal olarak yabancı vatandaşları (hacıları, tüccarları, henüz Osmanlılaşmamış göçmenleri), himâye altındaki yabancıları, devletsiz şahısları ve kadınları dışarıda bırakıyordu. Seçim haklarını vatandaşlıkla ilişkilendirmek, günümüzde bile modern liberal siyasetin temelini oluşturan mantıksal bir zorunluluktur. Ancak yine de yirminci yüzyıl başlarında Osmanlı İmparatorluğu'nda etkisi hayli büyük olmuş; çok sayıda gayri Müslimin oy vermekten mahrum etmişti.

Örneğin Filistin'de, birçoğu ülkeye hac vizesiyle gelmiş ve yerleşmiş olan yabancı kökenli Yahudi cemaatinin büyük bir çoğunluğu, oy kullanma hakkından menedilmişti. Bu nedenle, 1906 Osmanlı nüfus sayımına göre Kudüs'te ikamet eden 13.441 Yahudi Osmanlı vatandaşı vardı; Siyonist Filistin Ofisi ise şehirde yaşayan Yahudi nüfusunun 45.000 ile 50.000 arasında olduğunu; Kudüs'teki ABD Konsolosluğu ise Yahudi nüfusunun 60.000'e ulaştığını tahmin ediyordu.[67] Bir başka deyişle, Kudüs nüfusunun çoğunluğunu oluşturmalarına rağmen (şehirdeki bütün Osmanlı vatandaşlarının yüzde 41,3'ü; Osmanlı olmayan mukimler hesaba katıldığında toplam nüfusun büyük bir kısmı), Osmanlı olmayanlar hesaba katılmadığında Yahudilerin oyları ve nisbi oy kuvvetleri ciddi ölçüde azalıyordu.

Osmanlı vatandaşı olan Yahudilerin sayısı ile Kudüs'te yaşayan toplam Yahudi nüfusu arasındaki devasa fark göz önüne alındığında, yaklaşan seçimin ilan edilmesinin hemen ardından hem Filistin'deki yerel hem de uluslararası Yahudi cemaatleri, yerel Yahudi cemaatinin siyasi gücünü artırmaya yönelik bir adım olarak Filistin'de yaşayan yabancı Yahudileri yabancı ülke vatandaşlıklarını bırakıp Osmanlı va-

---

66 *El-İttihadü'l-Osmani*, 29 Eylül 1908; *ha-Haşkafa*, 14 Ağustos 1908; *ha-Haşkafa*, 26 Eylül 1908. Seçme kuralları ve usulleri resmi gazete *Takvim-i Vekâyi*'de ayrıntılarıyla yayımlanmıştı. 28 Eylül 1908'den başlayarak, Cilt 1, sayılar 1-5. Seçim kanunlarının bir kopyası da her köye ve bölgeye gönderilecekti. Kurallara uymayanlara ve sahtekârlık edenlere yüklü para cezaları ve yaptırımlar uygulanacaktı. *Kanun intihâb meclis el-nevvâb el-Osmani*.
67 Schmelz, "Population of Jerusalem's Urban Neighborhoods;" Doktor Arthur Ruppin'den Siyonist Faaliyet Komitesi başkanına mektup, 24 Ağustos 1908, CZA Z2/632; Thomas R. Wallace'dan Fred Deem, Esq.'a, 24 Şubat 1909 (dosya 14881/6-7), NACP, Milli Arşivler mikrofilm yayınlar M862, rulo 904, Kudüs, sayılı dosya, 1906-10, İçişleri merkezi dosyalar, kayıt grubu 59.

tandaşlığına geçmeye çağırmıştı.⁶⁸ Kendisi de bir Rus göçmeni olup sonradan Osmanlı vatandaşı olan, gazete editörü önde gelen İbranice dilbilimcilerden Eli'ezer Ben-Yehuda okurlarına şöyle sesleniyordu: "Yahudiler, Osmanlı olunuz!" Birinci Dünya Savaşının ilk aylarında Yahudi Osmanlılaşmasına (*Hit'atmenut* olarak da bilinen) yönelik bu resmi çağrı, sürekli hale gelecek ve çok daha ısrarcı olacaktı; ancak 1908'de ki kampanya plansız ve gayri resmiydi ve bu nedenle az bir zamanı vardı, başarılı olma şansı da düşüktü.

Mebus seçimleri bağlamında gayri Müslim cemaatlere vurulan bir diğer nüfus darbesi de, Osmanlı seçim kanununda yer alan vergi mükellefi olma zorunluluğuydu. Dönemin diğer liberal meşruti demokrasileriyle karşılaştırıldığında, vergi mükellefi olma zorunluluğu uluslararası normlara uygundu; ancak kanunun uygulanmasının—ve "vergi mükellefi"nin ne demek olduğuna dair özel hükümlerin—imparatorluktaki gayri Müslimler üzerinde orantısız bir etkisi olacaktı. İlk gelen haberlerde, zorunlu askerlikten muafiyet vergisini (*bedel-i askerî*) ödemiş olan gayri Müslimlerin ve zorunlu iş-hizmet vergisini (*ameliye*) ödeyenlerin dahil edileceği iddia ediliyordu.⁶⁹ Askeri vergiler, gayri Müslim cemaatlere toplu olarak uygulandığından, büyük çoğunluk vergisini ödüyordu; bu nedenle seçimlere yüksek bir gayri Müslim katılımı sağlanabilirdi. Ayrıca serbest meslek ve zanaat vergisini (*temettü*) ödeyenlerin de seçme haklarına sahip olacağına dair söylentiler dolaşıyordu ki bu; beyaz yakalı serbest meslek sahipleri arasında epey gayri Müslim olduğunu göz önüne alırsak, bu kesimlerin seçimlere katılımının yüksek olacağı anlamına gelecekti. Sonuçta, yalnızca evi ya da adına kayıtlı bir dükkânı için mülkiyet vergisi ödemiş olanların oy verme hakkına sahip olacağına karar verildi.⁷⁰

•

Bu vergi mükellefi tanımı imparatorluğun dört bir yanındaki işçileri, tarım emekçilerini, göçebeleri ve başka pek çok kesimi oy verme hakkından mahrum bırakmıştı. Çünkü Eski Kudüs Şehri vergiden muaftı; 16 Eylül 1908'de kabine yalnızca mülk sahibi Kudüslülerin oy kullanmasına karar vermişti. Genel olarak Yahudi mülk sahiplerinin haklarını korurken, bu sınırlama özellikle büyük çoğunluğu evlerini ev sahiplerinden ya da dini cemaatlerinden kiralamış olan gayri Müslim Kudüslülerinin oy kullanma hakkını ciddi biçimde kısıtlıyordu. Örneğin Eski Kudüs Şehrindeki Hıristiyanlar, Rum Ortodoks ve Ermeni patriklerinin sahip

---

68 Ruppin to ZAC, 24 Ağustos 1908, CZA Z2/632; Ruppin'den ZAC'e, 1 Ocak 1909, CZA Z2/8.

69 *Ha-Haşkafa*, 16 Eylül 1908.

70 *Vergi* bir evin ya da dükkanın satış fiyatının yüzde 12'si olarak belirlenmişti. *Ha-Herut*, 2 Ocak 1911.

olduğu daireleri kiralamıştı; Sefarad Yahudilerinin evlerini birbirine devretme geleneği de seçim haklarının oldukça sınırlı kalmasına neden olmuştu.[71]

Kısacası, geç dönem Osmanlı Kudüs'ünde Yahudilerin ve Hıristiyanların çok küçük bir kısmı mülk sahibiydi. Bir gazete haberine göre, Kudüs'te yaklaşık on bin bedel ödeyen vatandaş varken, sayıları dört binden az olan, vergi ödeyen vatandaşa oy kullanma hakkı verilmesi olayı seçim haklarını, askeri muafiyet vergilerinden ziyade mülk vergisine bağlamanın önemli etkilerine örnek olarak gösterilebilir. Kudüs'teki Yahudi cemaatinin asıl kaybı ise, dört bin bedel ödeyen Yahudiye karşılık bin yüz vergi ödeyen Yahudinin seçimlere katılabilecek olmasıydı.[72] Yahudi Ben-Yahuda ailesi, kararı sahibi oldukları *ha-Haşkafa* gazetesinde protesto etmiş, vergilerin "tek bir kanuna göre değil, adalete göre" tanımlanması gerektiğini söylemişlerdi. Ben-Yahuda ailesine göre, adil bir vergi kanunu hem *ameliyeyi* hem de bedeli kapsamalı; bunlar da daha çok Yahudi vatandaşının seçimlerde yer alabilmesini sağlayacaktı. Matalon ailesinden olan ve Yafa'da yaşayan bir başka Yahudi tüccar da, temettü ödeyen tüm Yahudilerin kararı protesto etmesini önermişti önermişti.[73]

TABLO 3.1. Kudüste oy verenler, 1908. *Ha-Haşkafa,* 19 Ağustos 1908; *ha-Haşkafa,* 26 Eylül 1908; *ha-Poel ha-Tsair,* 1908 Eylül.

	TOPLAM	HIRİSTİYANLAR	YAHUDİLER	MÜSLÜMANLAR	NOTLAR
Osmanlı erkekleri	15.124	4.096	6.277	4.751	
Erkek nüfusun yüzdesi		%27,1	%41,5	%31,4	
Oy verme hakkı	3.924	600	1.100	2.300	
Seçmenlerin yüzdesi		%15	%28	%58,6	
Oy verme hakkı dağılımı	%26	%14,6	%17,5	%48,4	Bu yirmi beş yaşından büyük ve genç erkekler arasındaki ayrımı dikkate almamaktadır.

---

71 Örneğin Epirus'taki Rum Ortodoks çiftçiler protesto etmiş, vergisini ödedikleri topraklarda kendileri çalıştığı için oy verme hakkına sahip olmaları gerektiğini savunmuşlardı. Knight, *Turkey,* 270. Kudüs üzerine, bkz: Farhi, "Documents on the Attitude of the Ottoman Government, 200; BOA MV. 120/62, 16 Eylül 1908; Doktor Arthur Ruppin'den Siyonist Faaliyet Komitesi başkanına, 24 Ağustos 1908, CZA Z2/632; *ha-Haşkafa,* 23 Eylül 1908.

72 *Ha-Poel ha-Tsair,* Eylül 1908.

73 *Ha-Haşkafa,* 23 Eylül 1908; Y. Levi'den A. Ruppin'e, 29 Eylül 1908. CZA L2/43.

TABLO 3.1.'de görüldüğü gibi, Yahudiler ve Hıristiyanlar seçim kanunundan olumsuz yönde en çok etkilenen kesimlerdi, seçime katılım yüzdeleri ciddi bir biçimde düşmüştü. Hıristiyanlar ve Yahudiler toplamda Osmanlı nüfusunun çoğunluğunu (21.519 veya yüzde 66'sını) oluşturuyor olmalarına rağmen, mülkiyet sınırlamaları nedeniyle 1908 seçimlerde azınlık durumundaydılar. 1908 seçimlerine yaklaşık dört bin Kudüslü seçmen katılabilecekti; bunların büyük çoğunluğunu (yaklaşık 2300'ü, yüzde 58,6'sı) Müslümanlar oluşturuyordu; onları 1100 seçmen sayısı ile (yüzde 28) Yahudiler ve 600 seçmen (yüzde 15) ile Hıristiyanlar izliyordu. Bir başka deyişle, Kudüslü Müslüman Osmanlı seçmen vatandaşlarının aşırı temsile sahip olduğu; şehrin Hıristiyan ve Yahudi seçmen vatandaşlarının ise belirgin bir temsil sorunu olduğu aşikârdı.[74]

TABLO 3.2. Kudüs seçim bölgeleri, 1908. *Ha-Haşkafa*, 26 Eylül 1908; *Havatselet*, 19 Ekim 1908.

YER	OSMANLI ERKEK	OY VERME HAKKI	1. TUR OY VERENLER	2. TUR	NOTLAR
Kudüs	14.807	%26,5	3.924	6	
Çevre Köyler	11.518	%39	4.500		
Beytüllahim	8.290	%27,5	2.284		49 köy dahil.
Masafa	4.499	%38	1.712		*Salname*'de bu bölge Safa olarak geçmektedir; 22 köy dahil.
'Abawin	7.088	%41	2.934		24 köy dahil.
Eriha	293	%45	133		20 köy dahil.
TOPLAM	46.495	%33	15.487	26	

Seçimlere katılma oranları göz önüne alındığında rakamlar daha çarpıcı oluyordu: Kudüs'teki Müslüman Osmanlı erkeklerinin neredeyse yarısı oy kullanma hakkına sahipti; bu oran Kudüs'te yaşayan Osmanlı Yahudilerinde yüzde 17,5'e, Osmanlı Hıristiyanlarında ise yüzde 14,6'ya düşüyordu. Kudüs dışındaki bölgelere ait kesin

---

74 Benzer iddialar Makedonski, "La revolution Jeune-Turque ve Bora" ve "Greek Millet in Turkish Politics,"te de dile getirilmiştir. Ancak bu çalışmalardan hiçbiri oy verme hakkında kesin bilgi sunmamaktadır.

istatistiklere sahip olamasak da, Yafa'da yalnızca 112 Yahudinin ve 800 Hıristiyanın (toplam 3.463 seçmenin, sırasıyla, yüzde 3 ve 23'ünün) oy kullanabildiğini biliyoruz.[75]

Bununla birlikte, Kudüslü Osmanlı vatandaşlarının genel olarak seçimlere katılımı (tüm Osmanlı vatandaşlarının yüzde 8,3'ü ya da şehirdeki Osmanlı erkeklerinin yüzde 26'sı), en azından imparatorluğun bu köşesini Avrupalı çağdaşlarıyla denk duruma getiriyordu. Örneğin, 1890'larda Avusturya-Macaristan vatandaşlarının yalnızca yüzde 7'si seçimlere katılabiliyordu; İtalya'nın 1881 yılındaki seçim reformunun ardından nüfusun yalnızca yüzde 6,9'u oy verme hakkına sahip olabilmişti.[76]

Vilayetteki diğer bölgelerin nüfus ya da oy kullanmasına ilişkin kapsamlı veriye sahip olmamamıza rağmen, **TABLO 3.2**'deki Kudüs vilayetinin istatistiklerine baktığımızda, büyük bir Hıristiyan nüfusa sahip Bethlehem dışında, diğer seçim bölgelerinde oy kullanma oranlarının görece yüksek düzeyde olduğunu görüyoruz. Genel olarak, Kudüs'teki Osmanlı erkeklerinin yaklaşık üçte birinin 1908'de oy kullanabildiğini söyleyebiliriz.

Aday Platformları

Seçimin usulüne dair detayların yanı sıra, gazeteler Osmanlı nüfusunu tarihi seçimin geniş anlamda hukuki ve siyasi boyutları hakkında eğitmeye kalkışmışlardı. Temel endişelerin başında, meclise seçilecek aday tipi ve bu adayların seçilmesi halinde meclisteki icraatları bulunuyordu. Bu nedenle basın adaylara muhtemel seçmenlerine ulaşabilecekleri bir platform, böylelikle önde gelen entelektüellere ve örgütlere de adayları kamusal olarak destekleme ya da onlara meydan okuma fırsatı sağlamıştı.

Basın, zamanın yeni ruhunun temsilcisi olan adayları, bir diğer deyişle meşrutiyet devrimine adanmış olan liberalleri desteklemeyi amaçlıyordu. Ya da tam tersine, anayasaya karşı çıkan adaylara karşı okurlarını uyarıyordu. Örneğin, "mağrur bir Şamlı," Liberal Partinin (Ahrar) şehirde düzenlediği halka açık bir toplantıda adayların çoğunun "eski rejimin adamları ve tiranlık taraftarı" olduğunu, aralarında devrimden sonra halkın kınadığı şahısların da bulunduğunu ifşa etmişti. Ayrıca meşhur *el-Şam* gazetesi de İlmiyye partisinin liderlerinin listesini yayımlamış; liderler arasında "hiç eğitim almamış, bilgisiz şahısların" olduğunu yazmıştı. Nablus'ta anayasa karşıtı bir grup muhafazakârın da seçimlere katılma için çalışma

---

75 Ruppin'den Levi'ye, Ocak 1909. CZA L2/43. Her ne kadar Yafa'ya ilişkin kesin demografik bilgiye sahip olmasak da, Hıristiyanların toplam nüfus içindeki oranlarına göre nispeten daha fazla oy kullanmış oldukları söylenebilir. Hıristiyanların Kudüs ve Yafa'daki oy kullanma oranları arasındaki fark, özel mülkiyete karşı kilisenin sahip olduğu yaşam alanlarının varlığı ile açıklanabilir.

76 Sabato, "On Political Citizenship in Nineteenth-Century Latin America."

yürüttüğüne dair haberler vardı.[77] Tüm bunlara rağmen, Mağrur Şamlı iyimserdi: "Sevgili okur, genel seçimlerin böyle seyredeceğini düşünmeyin—Çok şükür ki, geçmiş halkımıza iyi bir ders vermiştir."

Böyle bir ortamda, İTC tüm imparatorluktaki seçim bölgelerinde yarışacak adayların belirlemişti. Beyrut'ta, Süleyman Bustânî'yi destekliyor ve halka şöyle sesleniyordu: "Şahsi hürriyetin, eylem hürriyetinin, his, fikir ve davranış hürriyetinin manasını kavrayamamış şahısları seçmemeliyiz." Dahası bireysel destekçilerden Zekeriya Nasuli, hemşerilerini adam akıllı oy kullanmaya çağırıyordu: "Aklı başında herkes, reformun ne olduğunu sormalı, bir bilene danışmalıdır. Gelişmiş ülkelerde seçim böyle olur. İnşallah biz Osmanlılara da aydınlık ve mutlu bir gelecek nasip olacak."[78] "Kalbim uzun zamandır 'hürriyet, eşitlik ve kardeşlik' için çarpıyor. Benim inancımın temelinde 'vatan sevgisi imandandır' vardır," diyen Yuri Hurfuş gibi diğer adaylar da, yeni rejime olan bağlılıklarını açıkça dile getirmişlerdi. Nasuli de bu vatansever hadisi hatırlatmış ve "vatanı mübarek bir söz" olarak gören şahısları methetmişti.[79]

Seçilecek kişiler "milletin mebusları" olacağından, gazeteler ve aday platformları, meclisin kamu hizmetine adanmış şahıslara ihtiyacı olduğu fikrini öne çıkarıyorlardı. İmparatorluğun "kamu yararı"nı (*maslahat-ı âmme*) idrak etmiş; "devletin ve milletin bekası"na, kendi açgözlü çıkarlarından ziyade "millete ve aziz vatana hizmete" adanmış şahıslara ihtiyacı vardı.[80] Dönemin Osmanlı bağlamındaki tartışmalarında "kamu yararı" kavramı, İslam medeniyetinde uzunca bir geçmişi olan "maslaha" terimiyle karşılanıyordu. Daha ilerde göreceğimiz gibi, bazen çoklu anlam sistemleri arasında yaratıcı örtüşmeler olurken, bazen de bu örtüşmeler seçim sürecinde yeni gerilimlerin ortaya çıkmasına neden olacaktı.

Kamu hizmeti gibi mefhumların öne çıkmasının yanı sıra, adayların mesleki deneyimi, kanunlara ve imparatorluğun idaresine hâkim olup olmamaları ve dil bilgileri özellikle vurgulanıyordu. Örneğin Refik el-Azm, arkadaşı Süleyman Bustânî'yi "milleti temsil edecek en iyi vatan evladı" diyerek methediyordu. *El-İttihadü'l-Osmani*'nin editörü de Bustânî'nin farklı disiplinlere hâkim olmasını, Türkçe, Arapça, (eski ve modern) Yunanca, İngilizce, Fransızca, Almanca ve İtalyanca biliyor olmasını öne çıkarıyordu.[81]

---

77 *El-İttihadü'l-Osmani*, 11 Ekim 1908; *ha-Tsvi*, 30 Eylül 1908. Ayrıca Derveze, *Müzekkirât*.
78 *El-İttihadü'l-Osmani*, 9 Ekim 1908.
79 *El-İttihadü'l-Osmani*, 25 Eylül 1908.
80 *El-İttihadü'l-Osmani*, 25 Eylül, 1 Ekim ve 10 Ekim 1908.
81 *El-İttihadü'l-Osmani*, 1 Ekim 1908.

Ancak yine de, Rönesans insanı imajının Osmanlı meclisi için esas olarak görülmesine tepki olarak, bir başka aday seçmenleri gerçekçi beklentilere sahip olmaları gerektiği konusunda uyarıyordu. "Elbette, mebuslar en yüksek ahlak ve zekâya; ülkesi, koşulları ve kanunlar hakkında engin bilgiye sahip olmalıdır. Fikrinde hürriyetçi olmalı; halkın çıkarını şahsi çıkarından üstün tutmalıdır. [Ancak] bazıları mebusun bir insan olduğunu unutup, onu kral zannediyorlar ve ona ancak peri masallarında görülebilecek özellikler atfediyorlar."[82] Gerçek vatanseverler, hürriyet yanlısı ve deneyimli olmalı; seçilmeli ancak idealleştirilmemeliydi. Ancak bazı şehirlerde ve vilayetlerde devam etmekte olan canlı tartışma sürecinin aksine, bazı bölgelerde ilk tur seçimlerden dahi tamamıyla vazgeçilmişti. Seçimler yerine, şehrin önde gelenleri ve kabile reisleri tayin edilmişti ki bu, reform ve devrimden sonraki ilk aylarda etken vatandaşlığın gerçek sınırlarını ortaya koyuyordu.[83]

Şam mebusluğuna adaylığını koymuş Selim Cezairi'nin platformu, meclisin işleyişine dair tahayyüller bakımından oldukça aydınlatıcıydı. Cezairi, üç hususta reform vaat ediyordu: Liberal siyasi reformlar, idari yapılanma ve iktisadi ve altyapısal kalkınma. Siyasi reformlar olarak, Cezairi kendini ifade, eylem ve basın özgürlüğüne adamıştı. Osmanlı hukuk kitaplarındaki adil olmayan maddeleri (bu işi ne yazık ki yarım bırakmıştı) düzenliyor, askerlik kanununu iyileştirerek, kanunun "tüm millete karşı adil" olmasına çalışıyordu. Cezairi idari olarak da, Osmanlı ordusunun yenilenmesini, "böylelikle milletin ve vatanın onurunu savunur hale gelmesini" öneriyordu. Ordudaki gereksiz mevkileri kaldırmayı ve ordu mensuplarının maaşlarını hazineye aktarmayı; belediyeleri, yerel meclisleri ve jandarmayı "medeni ülkelerin prensipleri doğrultusunda"[84] yenilemeyi hedefliyordu.

Cezairi'nin iktisadi ve altyapısal kalkınma hedefleri çok daha kapsamlıydı. Ticareti ve tarımı desteklemek için vergilerin azaltılmasını; kadastro incelemeleri sonucunda, toprak sahipleriyle köylüler arasında "adalet ve eşitliğe dayanarak" toprakların yeniden dağıtılmasını; nehir ticaretinin geliştirilmesini; yerli sanayinin korunmasını ve ihracatın teşvik edilmesini; banka kanunlarının eşitlik fikriyle iyileştirilmesini, demiryolları ve deniz aracılığıyla yapılan ticaretin desteklenmesini, imparatorluk parasının değer kazanmasını; ağırlık ve ölçü birimlerinin standardizasyonunu; posta hizmetinin iyileştirilmesini; cemaatlerin "fikri olarak aydınlanmaları, medeniyet seviyelerinin yükselmesi ve nihayetinde yerleşikleşmelerini sağlamak amacıyla" kendi okullarını kurmasını ve her vilayette zirai okullar ve

---

82 *El-İttihadü'l-Osmani*, 25 Eylül 1908.
83 Bu durum Mekke, Cidde ve Yemen için de gerekliydi. Kayalı, *Arabs and Young Turks*, 66.
84 *El-İttihadü'l-Osmani*, 10 Ekim 1908.

meslek okulları açılmasını savunuyordu. (Oldukça hırslı ve detaylı seçim çalışmasına rağmen, Cezairi o sonbahardaki mebus seçimini kaybetmişti.)

Fransız konsolosunun bildirdiğine göre, Kudüs'te seçimin ilk turu için yüzden fazla aday vardı; bunların yirmisi Yahudiler ve Hıristiyanlardı. Şehrin önde gelen Müslüman ailelerinden, Halidi ailesinden altı (Osman Zeki, Cemaleddin, Cemil, Şevket, Nazif ve Ruhi); Hüseyni ailesinde üç (Hüseyin Haşim, Kamil ve Said) adayın yanı sıra; Ragıb el-Alami ve Osman el-Naşaşibi de adaylar arasında yer alıyordu. Ayrıca adaylar arasında şehrin orta sınıf Yahudi öğretmeni David Yellin, Yahudi banka memuru Yitzhak Levi, Rum Ortodoks Doktor Foti ve Rum Katolik avukat Necib Abousouan da vardı. Kudüs'ün dışındaki köylerde, köylülerin siyasi bir örgütlenme içinde oldukları da biliniyordu.[85]

Ancak ne yazık ki, Kudüslü adayların seçim kampanyalarından geriye çok az bir malzeme kalmış bulunuyor. Raporlar seçimlerin, kampanya aracının üzerinde propaganda konuşmaları ve destek için kulis görüşmeleri gibi modern siyasi kampanyalara özgü pek çok öğe barındırdığına değiniyor. Halil el-Sakakini anılarında, (seçimleri kaybetmiş) mebus adaylarından Jamil ve Nazif el-Halidi'nin platformlarını tartışmak ve desteğini kazanmak için kendisini ziyarete geldiğinden bahsetmektedir. Ramle bölgesine ait bir başka raporda da, siyasi adayların seçimlerde destek toplamak için köy köy gezdiğine değinilmektedir.[86]

Mezhep Prizması II: Seçim Sandığında Millet

Oy verme tüm imparatorlukta birkaç hafta boyunca devam etti. Yabancı bir gezgin, İstanbul'da seçimden bir gece önce çığırtkanların, davulcularla birlikte sokak aralarında gezip seçmenlere "ertesi gün oy vermeleri için tayin edilmiş yerlere gidip seçim sandıklarına oy atmalarının hür bir ülkenin vatandaşı olmanın gereği" olduğunu hatırlattığından bahsediyordu.[87] Başka pek çok kaynak da seçim gününü festival gibi tarif ediyordu: Geçit törenine vatansever marşlar çalarak görkemli bir hava yaratan Mehteran ve piyadeler öncülük ediyordu; onların ardından da Osmanlı bayraklarıyla donatılmış, seçim sandıklarını ve memurlarını taşıyan arabalar geçiyordu; dini liderler, vatandaşlar ve çocuklar seçim alanlarına giden yollarda marşlar söyleyerek onlara eşlik ediyordu. İstanbul'daki bir bölgede, Müslüman, Rum

---

85 Filistin'deki Fransız Konsolosluğundan (G. Gueyrand) Siyasi ve Ticari İşler Müdürlüğüne, Levanterler Müdür Yardımcısı, 8 Ekim 1908; MAEF, mikrofilm rulo 132, Correspondence Politique et Commerciale/Nouvelle Serie (Türkiye). "Köylü partisi" üzerine, bkz. *ha-Poel ha-Tsair*, Eylül 1908; Levi'den A. Ruppin'e, 14 Ekim 1908. CZA L2/43; Antébi'den Franck'e, 21 Ekim 1908. AAIU, İsrail-VIII.E.25.

86 Musallam, *Yevmiyat Halil el-Sakakini*, 306; *ha-Tsvi*, 26 Ekim 1908.

87 Knight, *Turkey*, 273.

ve Ermeni kız öğrenciler, çiçeklerle süslenmiş beyaz elbiseler içinde, birlik, bütünlük ve saflıklarıyla seçim sandıklarını "koruyorlardı."[88]

ŞEKİL 3.2. Galatasaray Mekteb-i Sultanisinde seçim (İstanbul), 1908. Müslüman şeyh, Yunan Ortodoks ve Ermeni rahip ortadaki masada. Ayrıca devlet memurlarıyla yerel seçim komisyonu üyeleri seçmenlerin oy verebilirliğini kontrol etmek, askerler de düzeni sağlamak için hazır bulunuyor. Orlando Calumeno Collection and Archives izniyle yayımlanmıştır.

Oy verme, seçilmiş mahallelerin camilerinde, kiliselerde ve okullarda, ya da bunlar gibi büyük bir kalabalığı alabilecek yerlerde gerçekleşiyordu. Yerel seçim komisyonu üyeleri, seçmenlerin oy kullanıp kullanamayacaklarını doğrulamak için sandıkların yakınlarında duruyorlardı. Bazı yerlerde, oy kullanmaya uygun olan seçmenlerin kasten geri çevrildiğine dair şikâyetler vardı ki, bu suçlamaların mezheplere ilişkin bir yönü vardı. Örneğin İstanbul'da, yabancı bir gözlemci Rumların "polise imza veren şartlı tahliye mahkumu muamelesi gördükleri için" yakındığından bahsediyordu. "Yaşlarına, mesleklerine ve niteliklerine göre ayrılıp bitmek bilmeyen çapraz sorgulardan geçiriliyorlardı; ifadelerinin doğruluğu sorgulanıyor, belgelerinin geçerli olmadığı iddia ediliyordu. Öyle ya da böyle bir bahane bulunup, pek çok Rumun oy kullanması engellenmişti."[89] Rum cemaatine alenen mesafeli olan bir başka yabancı gözlemci ise, Rumları ölmüş şahısların ve muhacirlerin belgelerini kullanarak seçime hile karıştırmakla ya da birden fazla oy

---

88 Agy. Ayrıca bkz. Kayalı, "Elections and the Electoral Process in the Ottoman Empire" ve Buxton, *Turkey in Revolution*, 187.
89 Abbott, *Turkey in Transition*, 106-7.

kullanmakla suçluyordu. Ayrıca Rumları, seçime gereksiz duygusallık karıştırıp, Atina'daki Rum hükümetinin emriyle İzmir ve İstanbul'da isyana neden olmakla suçluyordu. "Başka bir ırka mensup bir şahıs, belgelerindeki eksiklik ya da başka bir nedenden ötürü oy vermekten mahrum bırakıldığında, sessizce giderken; Rumlar böylesi durumlarda, geri çevrilmiş seçmenlerden büyük bir kalabalık oluşturana kadar protesto ediyor ve yaygara koparıyor, seçim sandıklarına giden yolları tıkıyor ve böyle yaparak seçimin bir hayli yavaşlamasına neden oluyorlardı."[90]

Kudüs bölgesinde oy verme işlemleri, Ekim 1908'de birkaç hafta boyunca devam etti. Kudüs şehri, aşağı yukarı birbirine komşu mahalleler temel alınarak altı seçim bölgesine ayrılmıştı; bölgelerin her birinde de oy kullanma yerleri tayin edilmişti. İki hafta sonra da, dördü Müslüman, ikisi Yahudi olan Kudüs'teki seçimin ilk turunun galipleri açıklanmıştı; bu altı şahıs ikinci turun seçmenleri olacaktı: Şevket el-Halidi, İshak Ebu Saud, Tahir Ömer, Cemil el-Hüseyni, David Yellin ve Yitzhak Levi.[91] İlk turdaki seçmenlerin çoğu—eğer oy sandığına gelmişlerse—dini bağlılıklarını sandıklarda da göstermişlerdi. Aslında, Yahudi seçim bölgesinden kalan el ilanları Yahudilerin diğer Yahudi adayları destekleyeceğini gösteriyor; Yahudi cemaati mensupları, önde gelen iki Yahudi siyasetçi, Yitzhak Levi ve Albert Antébi arasındaki ciddi rekabetin Yahudi oylarını bölme ihtimalinden endişe ediyorlardı. Böylesi bir durum Hıristiyan nüfusu yoğun olan bir seçim bölgesinde yaşanmış; oylar Yuri Zekeriya ve Todor Yanko arasında bölmüştü.[92] Hıristiyanlar zayıf bir siyasi ağırlık ve birlik sergileyebilmiş; hiçbir Hıristiyan aday ikinci tura yüksele-

---

90 Knight, *Turkey*, 275-78.
91 *Havatselet*, 19 Ekim 1908.
92 Bir gazete de, birinci aşamada oy verenlerin yalnızca yarısının, ikinci aşamada oy vermek için geldiğini; oy verme hakkına sahip Yahudilerin yüzde 40'ının oy kullanmadığını göstermektedir. *Ha-Poel ha-Tsair*, Eylül 1908. Eski bir memur olan Levi de Siyonist hareketle yakından ilişkiliydi ve kendini meclisin Siyonist adayı olarak görüyordu. Yerel Siyonist Filistin Ofisi de onun adaylığını maddi olarak desteklemişti. Diğer yandan Antébi, Siyonist yerleşimcilere yardım ediyor olmasına rağmen, Avrupa Siyonist hareketinin yayılmacı siyasal emellerine karşı tepkiliydi. Bkz. Levi'den Ruppin'e, 18 Eylül 1908, CZA L2/43; Siyonist Merkezbüro'dan Ruppin'e, 15 Eylül 1908, CZA L2/26I; Antébi'den Henri Franck'e, 7 Eylül 1908, AAIU, İsrail-VIII.E.25. Daha sonra anlaşıldığı üzere, "Antébi'nin Yemenlileri" iki seçim bölgesine ayrılmışlardı ve bu ayrılma en nihayetinde David Yellin'in işine geliyordu. Levi'den Ruppin'e, 6 Ekim 1908, CZA L2/43. Osmanlı Yahudileri Cemiyetinin lideri Haim Miçlin'den gelen bir mektup da, köy liderleriyle somut işbirliği kurma konusunda pek fikir sahibi olmadıklarını gösteriyordu. H. Michlin'den Rabinowitz, Matalon, Abulafia'ya vs. 22 Eylül 1908. CZA L2/43. Hıristiyan oylarıyla ilgili, bkz. Musallam, *Yevmiyat Halil el-Sakakini*, 307.

memişti. Nüfusun Müslümanlar ile Hıristiyanlar arasında bölündüğü bölgelerde bile, seçimi Müslüman adaylar kazanmıştı.

Bir diğer deyişle, TABLO 3.3'te gördüğümüz gibi, Kudüs'te yalnızca bir bölgede (1.) nüfusun mutlak çoğunluğunu oluşturan Müslümanlar, bir bölgede (2.) Hıristiyan çoğunluğa, diğer iki bölgede de Yahudi çoğunluğa karşı (3. ve 5.), toplam üç bölgede (2., 3. ve 5.) orantısız bir seçim zaferi elde etmişti. Başka bir şekilde ifade edecek olursak, 2. ve 4. bölgelerdeki belirgin Hıristiyan çoğunluk; 3. ve 5. bölgelerdeki yoğun Yahudi nüfusu gibi seçime ağırlığını koyamamıştı.

ŞEKİL 3.3. Temsilciler Meclisi'nin Açılışı, Aralık 1908. Temsilcilerin kıyafeti geçmişlerini ve statülerini simgeliyor: Müslüman dini alimlerin (ulema) cübbe ve kavukları, "beyefendi"lerin takım elbise ve fesleri, Arap aşiret liderlerinin cübbe ve sarıkları. Orlando Calumeno Collection and Archives. İzinli olarak yayımlanmıştır.

İkinci aşamada, güçlü adaylarla ittifak kurmadıkları takdirde, gayri Müslim adayların çok cılız bir etkiye sahip olacakları iyice kesinleşmişti. Sonuç olarak, cemaatler arasındaki görüşmeler ve anlaşmalar daha önemli hale gelmişti. Yafa'daki Yahudi cemaatinin bir mensubu, Yafa'daki Yahudilerin ve çevredeki Yahudi toplulukları Levi'nin adaylığını desteklediklerini fakat seçim sistemi içerisindeki sayılarının çok az olduğunu belirtiyordu. "Mevcut seçim usulünde, Yahudi seçmenlerin sayısısının azlığını göz önüne alacak olursak Yahudi bir adayın seçilme şansı oldukça düşük. O nedenle, güçlerimizi Yahudi bir aday için birleştirmeli ve Yahudi oylarının bölünmesine engel olmaya çalışmalıyız."[93] Levi'yi desteklemek amacıyla, Yellin seçimden

---

93 Ephraim Cohn'dan A. Ruppin'e, 28 Eylül 1908. CZA L2/43.

TABLO 3.3. Kudüs seçim bölgeleri 1. Tur sonuçları, 1908. *Havatselet*, 21 Ekim, 1908; *ha-Tsvi*, 9 Ekim, 1908; *ha-Poel ha-tsair*, Eylül 1908. Schmelz, "The Population of Jerusalem's Urban Neighborhoods According to the Ottoman Census of 1905." Bölge ayrımları kısmen Arnon'dan alınmıştır. "Mifkedei ha-ukhlusiya bi-Yerushalayim be-shalhei ha-tkufah ha-'Otomanit."

Bölgeler	Adaylar*	Mahalleler	Seçmen sayısı	Bölgedeki Osmanlı vatandaşları	Hristiyan (%)	Yahudi (%)	Müslüman (%)
1	Ragıb el-Alami (M)	Bab Huta, Saadiyye, el-Vâd	716	8.445	14	14	71
2	Osman Zeki el-Halidi (M); İsrail Dov Frumkin (Y)	Babul Amud, Nassara	789	3.836	83	1,3	15,4
3	Yuri Zekeriya (H); Todor Yanko (H); Cemaleddin el-Halidi (M); Haim Aharon Valero (Y)	Silsile, Şeref, Sidna Davud, Bakâ, Babul-Halil	687	8.313	16,5	53,9	29,6
4	Tanyus Efendi (H); Muhammed Nimr (M);Yitzhak Levi (Y); Albert Antebi (Y); Şahabi	Talbiye, Mamila, Menşiye, Sarrafiye; Mesudiye, Musrara	525	2.992	60,7	19,6	19,6
5	Rahamim Mizrachi (Y); Cemal el-Halidi (M)	Yakubiyye, İsrailiyye, Şeyh Cerrah, Halebiyye, Tavahin, Raheliyye	599	5.193	1,9	76	22,1
6	David Yellin (Y); Yiryis Bador (H); Musa Şefik (M)	Mahane Yehuda, Meah Şearim (Talul el-Masabin); Buhariye, Beyt İsrail (Massabin), Birka, Şifa, Habaş, Cüdeyde, Ukaşa	586	3.729	9,9	84,5	5,5

*Adaylığını ilan edebilmek için bir kişinin 100 seçmenin imzalı desteğini alması gerekiyordu. Diğer adayların arasında şu isimler vardı: Yuri Zekeriya, Todor Yanko, Necib Azouri, Nazif el-Halidi, Cemil el-Halidi, Neguib Abousouan, Hüseyn Selim el-Hüseyni, Dr. Fotios, Osman el-Naşaşibi, Şevket el-Halidi, Yışak Ebu Saud, Tahir Ömer, Kamil el-Hüseyni, Ruhi el-Halidi ve Said el-Hüseyni. Musallam, Ekrem, der. **Yevmiyat Halil el-Sakakini**; Filistin'deki Fransa Başkonsolosluğu'ndan (G. Gueyrand) Siyasi ve Ticari İlişkiler Müdürlüğüne, Levant Alt Birimi, 8 Ekim 1908, MAEF, film 132.

çekilmişti (üstelik Osmanlıcasının da yeterince iyi olmadığı düşünülüyordu); ancak Levi'nin kadim siyasi rakibi Albert Antébi, Levi için destek toplamayı inatla reddediyordu. Ayrıca bazı oyların da Siyonist hareketi tarafından öne çıkardıkları adayı desteklemek amacıyla satın alındığı kuvvetle muhtemeldi; ancak tüm bunların seçim sonuçları açısından etkisiz olduğu ortaya çıkmıştı.[94]

Seçimlere ilişkin ortada sayısız suçlama ve şikâyet vardı. Kudüs'te en çok oy almış üç isimden biri olan Osman el-Naşaşibi, sahte oy tertip etmekle suçlanmış, seçimden menedilmişti. Bir başka şikâyette, Gazze'deki geçici vali muavini Hafız Beyin mebus olarak kendisini seçmeleri yönünde seçmenlere baskı yaptığı ifade edilmişti.[95] Ayrıca, (Ben-Yehuda ailesine ait) Yahudi Gazetesi *ha-Tsvi*'nin Arapça-Fransızca ekinde Said el-Hüseyni aleyhinde, onu antisemitik ve bağnaz olmakla suçlayan bir makale yayımlanmasının ardından küçük çaplı bir fırtına kopmuştu. Söylentilere göre, makale "seçmenler ve köylüler arasında infial"e neden olmuş; gazete Naşaşibi tarafından şikayet bombardımanına tutulmuştu; nüfuzlu iki aile de ayrıca yerel bir Rum gazetesi aracılığıyla yanıt hakkı talep etmişti. Yahudi gazetesi 23 Ekimde makaleyi geri çekmeye zorlanmış; muhabir Mendel Kremer de "Said Efendi bize (Yahudilere) karşı hep kibar olmuştur, mecliste saygın bir mebus olacaktır," demişti. Esasında, Siyonist örgütten genel bir rapor, Hüseyni'nin Siyonizme düşman ve Yahudilerin Filistin'e göç etmesine karşı olduğunu belirtirken, "antisemitik" olmadığını ve Osmanlı Yahudilerine saygı duyduğunu da ekliyordu.[96]

Sonuçta, Kudüs vilayetine ait seçim sonucunda iki Kudüslü ve bir Yafalı seçildi. Tamamı geleneksel olarak Osmanlı devlet idaresine ve İslami dini görevlere müdahil olmuş Filistinli şehirli seçkinlerindendi. Bunlar (toplamda altmış adet iki tur oyuyla) Ruhi Halidi; (elli dokuz oyla) Said Hüseyni ve (kırk yedi oyla) Hafız Said'di.[97] Hafız Said dışındaki, Filistinli mebuslar görece gençti, hepsi otuzlarında ya da kırklı yaşlarının başındaydı; bu anlamda Filistin, 1876 mebus seçimlerin-

---

94 Levi, Siyonist memurlardan Arthur Ruppin'e, Hebron'daki önde gelen Yahudi figürlerden biri olan Malchiel Mani'nin kendisine bölgesinde oyları satın alabileceğini söylediğini yazmıştır. Levi'den Ruppin'e, 18 Eylül 1908. CZA L2/43.

95 E. Saphir'den Antébi'ye, 22 Kasım 1908. AAIU, İsrail-VIII.E.25; *ha-Tsvi*, 2 Ekim 1908. Kudüs Valisi Suphi Bey, bundan haberdar edildiğinde, basına Gazze'deki seçmenlere böyle bir baskının yasadışı olduğunu bildirmesini söylemişti.

96 Antébi'den Franck'e, 21 Ekim 1908. AAIU, İsrail-VIII.E.25.; Antébi'den Dizengoff/Saphir'e, 23 Ekim 1908. AAIU, İsrail-VIII. E.25.; *ha-Tsvi*, 23 Ekim 1908; Ruppin'den Wolffsohn'a, 11 Kasım 1908. CZA Z2/632.

97 *Havatselet*, 26 Ekim 1908. Said, Yafa ve Gazze'deki sahil bölgesindeki kuvvetli tabanı sayesinde, Kudüs bölgesi seçimlerinde üçüncü sırada önde gelen aday 'Uthman Naşaşibi'yi geride bırakmıştı. *Havatselet*, cilt 39, sayılar 7 ve 10.

de önde gelen ailelerin en genç üyelerini meclise gönderen Arap vilayetlerini takip ediyordu.[98] Üçü de devlet memuruydu. Ancak içlerinden yalnızca Fransa, Bordeaux'daki eski Osmanlı konsolosu olan Halidi'nin ideolojik olarak "gerçek bir hürriyetçi" ve devrimci ruha sahip olduğu söylenebilirdi. Hüseyni, Kudüs'teki yerel yönetimin eğitim bölümünün başkanıydı; Said ise Filistin'in çeşitli taşra bölgelerinde görev yapmıştı. Kuzey Filistin'de, iki İslam âlimi seçilmişti: Nabluslu Şeyh Ahmed Kammaş ve Akkalı Şeyh Esad Şukayri.[99]

ŞEKİL 3.4. Kudüs Mebusu Ruhi el-Halidi. Bordeaux, Osmanlı'nın Fransa'daki eski konsolosu Halidi, İslamın politik liberalizme ihtiyaç duyduğunu iddia etmişti. *Osmanlı mebûsları.*

Seçim sonuçları, şehir merkezleriyle art bölgeleri arasında derin bağlar olduğunu; şehrin önde gelen şahıslarıyla taşralı liderler arasındaki hamilik ilişkisinin gücünü kanıtlar nitelikteydi. Bir tarihçinin belirttiği gibi, "sıradan seçmenler, cemaatin çıkarlarını daha iyi düşüneceklerini varsaydıkları cemaat liderlerine riayet ediyorlardı." Dahası, iki aşamalı sistemin kendisi "hamilik ilişkisinin korunması ve

---

98 Kayalı, "Elections and the Electoral Process in the Ottoman Empire," 267.

99 Daha fazla bilgi için, bkz. Mannaʿ, *Aʿlam Filistin*. El-Hammaş üzerine daha ayrıntılı bilgi için, bkz. Derveze, *Müzekkirât*, 186.

güçlenmesini sağlamış ve sıradan halkın gerçek temsilcilerinin seçilmesinin önüne geçmişti."[100] Bir başka deyişle, avukatlar, doktorlar ve gazeteciler gibi kendini geliştirmiş insanlar adaylıklarını koyabilirdi, koydular da; ancak sonuçta, kazananlar uzun yıllar devlet memuru olmalarının yanı sıra, aile bağlantıları ve arkalarında güçlü toplumsal ve siyasi ağlara sahip olanlardı.

Mezhep Prizması III: Etnik Siyaset

Mebus seçimlerinde de ifadesini bulan Osmanlıcılığa rağmen, imparatorluk bünyesinde bazı bireyler ve gruplar meclisin, yalnızca genel anlamda Osmanlı reformlarını değil, aynı zamanda cemaatlerine ait gündemleri de dile getirmeye yarayacak bir platform olmasını beklemekteydi. Bu beklenti, Yahudi gazetesi *ha-Tsvi*'nin siyonist muhabirlerinden Yakov Friman tarafından dile getirilmişti. Friman şöyle diyordu:

> Halk, temsilcileri aracılığıyla hükümete seslenebilir ve ülkenin maddi ve manevi olarak yükselmesi için gerekli olan reformları talep edebilir. Ancak yalnızca bu değil; imparatorlukta yaşayan her *millet* meclise kendi mebuslarını göndererek, birleşik bir imparatorlukta yaşamaktan gelen haklarını talep edebilir [...] Tam anlamıyla özgürlük, her millete kendi temayüllerine göre, cemaatinin gelişmesi için fırsat tanıyacaktır. Osmanlı halklarının siyasi birliği asimilasyon anlamına gelmez; kişinin geleceğini unutup başka bir kişiye dönüşmesi demek değildir. Bu hem millete zararlıdır hem de kamu yararına aykırıdır.[101]

Benzer bir görüş, Rum Ortodoks cemaati tarafından da benimsenmişti; pek çok Rum Ortodoks (Patrik de dahil) nisbi temsil için baskı yapmıştı. Aslında, seçim sonuçlarından mutsuz olan binlerce Rum, meclisin açılmasını protesto etmiş ve Rumların seçilmediği bölgelerde seçimin iptal edilmesini talep etmişti. Tutuklanmış bir Rum da, kapitülasyonlardan gelen kibrin bir ifadesi olarak, "ben vatandaş olduğum için değil; Rum olduğum için oy verme hakkına sahibim,"[102] demişti.

---

100 Kayalı, "Elections and the Electoral Process in the Ottoman Empire," 269. Örneğin, Levi, Ruppin'e yazdığı bir başka mektupta da "köylüleri üzerinde muazzam tesire sahip" Hüseyin Hüseyni ile bir anlaşma imzalamayı planladığından söz ediyordu. Levi'den Ruppin'e, 6 Ekim 1908. CZA L2/43. Bir hafta içinde, Levi, Ruppin'e Hüseyni'nin oyları birleştirmek istemediğini, iki aşamalı seçim sisteminde birleştirme işlemini anlamsız bulduğunu, ancak seçmenlerin iki Müslüman ve bir Hıristiyan adayda mutabık olduğunu söyleyecekti. Levi'den Ruppin'e, 12 Ekim 1908. CZA L2/43.

101 Friman, işi yerli Osmanlı Yahudi cemaatlerini eleştirmeye ve onları asimile olup "Türklerden daha Türk olmaya çalışmakla" suçlamaya kadar götürmüştü. *Ha-Tsvi*, 30 Eylül 1908. Yahudi cemaati içindeki bu siyasi gerilime altıncı bölümde değineceğiz.

102 *New York Times*, 20 Aralık 1908. Ancak Vangelis Kechriotis'in çalışmalarının da gösterdiği gibi, Osmanlı meşrutiyet ve vatandaşlık projesi çok sayıda Rumu da temel alıyordu. Kechriotis, "Greeks of Izmir at the End of the Empire."

Osmanlı nüfusunun bir bölümü ve bazı Avrupalı gözlemciler için, seçim sonuçları yeni hükümetin Türk ve Müslüman yönelimine işaret etmesi bakımından endişe vericiydi. Meclisin 260 üyesinden 214'ü (yüzde 82'si) Müslüman'dı; 43'ü (yüzde 16,5'i) Hıristiyan ve yalnızca 4 üyesi Yahudi'ydi. Etnik olarak, ana dili Türkçe olanlar meclisin yüzde 46'sını (72 üye) oluşturuyordu; bunu yüzde 28 (72 üye) ile Arapça konuşanlar izliyordu. Rumca, Arnavutça, Kürtçe, Sırpça, Bulgarca ve Romanca konuşanlar ise azınlıktaydı.[103] Ziyarete gelmiş bir Fransız milletvekili, Rumların ve Ermenilerin mecliste düşük oranlarda temsil edilmesini eleştirmişti. Ziyarete gelen Fransız bir temsilci, Edirne'nin oldukça büyük bir gayri Müslim nüfusa sahip olmasına rağmen seçtiği dokuz mebustan birinin bile gayri Müslim olmamasından yakınmaktaydı.[104]

Tarihçi Hasan Kayalı da imparatorluğun başka bir bölgesi için "özellikle 1908'den sonraki seçim siyaseti, Müslümanlar arasında proto-milliyetçi hareketleri canlandırmış ve siyasallaştırmış; aynı zamanda birbiriyle rekabet halindeki farklı etnik gündemlerin de belirgin hale gelmesini sağlamıştır,"[105] diye belirtmektedir. İmparatorluğun bazı bölgelerinde Osmanlı nüfusunun belirli kesimlerinin, seçimleri etnik olarak kendi kaderlerini tayin için bir fırsat olarak gördüğü şüphesiz doğrudur; fakat imparatorluğun etnik olarak parçalanmasına çok büyük nedensel etki atfetmemeye dikkat etmemiz gerekir. 1908'de, İstanbul'daki saray hükmünden uzakta olan Arap vilayetlerine özgü gidişatın, kendi kaderini tayinden ziyade bir adem-i merkeziyetçilik sorunu olarak görüldüğü açıktı. Mebus Ruhi el-Halidi memleketinden ayrılmadan önce yaptığı konuşmada da bu meseleye değinmiş, toplanmış kalabalığa "aziz vatan ve hürriyet" yolunda sundukları destekleri için teşekkür ettikten sonra, meclise taşıyacağı geniş tabanlı reformları açıklamıştı. Bunların en başında, öncelikli olarak adem-i merkeziyetçilik adına vilayetlerin omzundaki "imparatorluk yükünü" hafifletmek yer alıyordu. El-Halidi'ye göre hedeflenen reformlar arasında, iddialı bayındırlık programları yürürlüğe koymak, içme suyunu yaygınlaştırmak, ağaç dikmek, beklenen yaşam süresini uzatmak, yeni yollar açmak ve demiryolları döşemek, eğitim sistemini genişletmek, yeni ticari anlaşmalara imza atmak ve bir halk bankası kurmak yer alıyordu. Bunların tümü de, bir kimlik siyaseti ya da kendi kaderini tayin hakkı meselesi olmaktan ziyade, yönetim ve altyapı siyasetine dair meselelerdi.[106]

---

103 Aflalo, *Regilding the Crescent*, 157 ve *el-Hilâl*, 1 Ocak 1909.
104 Denais, *La Turquie nouvelle*, 61.
105 Kayalı, "Elections and the Electoral Process in the Ottoman Empire," 266.
106 *El-Kudüs*, 17 Kasım 1908.

Aslında, yerli halkın mebuslardan hayli belirli beklentileri vardı; onların vilayetlerine faydalı olmalarını ve iyi işler yapmalarını bekliyorlardı. *El-Kudüs* gazetesi editörü Yuri Habib Hananya, mebuslara şöyle sesleniyordu:

> Efendiler! Şimdi [...] sizler Kudüs'ün temsilcileri olarak değil, tüm Osmanlı milletinin temsilcileri olarak mecliste bulunuyorsunuz. Aziz Kudüs şehri adına size hatırlatmak isterim ki [...] Kudüs'ün geleceği size bağlı ve sizden bizlere görevlerimizi öğretmenizi beklediğimizi unutmayınız.[107]

Aynı zamanda, 1908 seçimleri cemaatler arasındaki rekabeti de beraberinde getirmişti. İlk seçim deneyimlerinin ardından, Yahudi ve Hıristiyan cemaatlerin siyasi haklarını yerine getirmek için pek hazır olmadıkları ortaya çıkmıştı.[108] Hıristiyanlar ve Yahudiler, aralarında Osmanlı vatandaşı ve vergi mükellefi olanların sayısı az olduğu için seçimlerde hayli zayıf durumdaydı. Cemaat olarak örgütlü durumda değillerdi ve içlerinde ayrılıklar vardı. Cemaatler arasında ittifaklar kurma konusunda isteksiz ve başarısızlardı. Levi, Filistin'deki Yahudi cemaatlerine ilişkin nihai tahlilinde şöyle diyordu: "Eğer zayıflıklarımızı bilip kabul etseydik, şimdi olduğumuzdan daha iyi durumda olurduk, çünkü diğer halklarla birlik olmaya çabalardık. Ama biz nedense Filistin'in doğuştan bizim hakkımız olduğuna kendimizi inandırmışız ve bunu hak etmiyoruz bile!"[109]

İbrani gazetesi *ha-Tsvi*, daha en başından seçimleri kazananı olmayan bir oyun olarak görüyor; bir yerde seçimlerden "milletler arasındaki savaş" olarak söz ediyordu. Halkın mebusları uğurlamasına ilişkin *ha-Tsvi*'de yer alan haberler bu görüşü destekliyordu ve bu haberler, *el-Kudüs*'te yer alanlardan epey farklıydı. *El-Kudüs* daha ziyade Osmanlıcı ve evrenselci bir tablo çizerken, *ha-Tsvi* toplanan kalabalığın büyük bir kısmının Müslümanlar olduğunu ve bu uğurlamalarda Arap yanlısı bir duyarlılığın öne çıktığını vurguluyordu.[110] *Ha-Tsvi*'de yer alan bir habere göre, Abdül Selam Kemal, yeni seçilmiş mebuslara Arapların haklarını koruma çağrısında bulunmuştu; bu çağrının ardından David Yellin de Yahudi cemaatinin benzer haklarına ilişkin bir konuşma yapmıştı. Sonrasında kalabalık havaya ateş açmış, kılıçlarını sallamış ve "Araplar için" alkış tutmuştu.

Ha-Tsvi'nin bu yorumlarının doğru olup olmamasından daha önemli olan, seçimlerin vatandaşlığa dayanan Osmanlı projesine doğrudan meydan okuyan, kabul görmüş bir mezhebin devrim sonrası Osmanlı siyasetine hangi yollardan

---

107 Agy.
108 Levi ve Yellin'den Ruppin'e, 18 Ekim 1908. CZA L2/43.
109 Levi'den Ruppin'e, 11 Ekim 1908. CZA L2/43.
110 *Ha-Tsvi*, 1 Kasım ve 17 Kasım 1908.

giriş yaptığını gösteriyor olmasıydı. Gayri Müslim gruplar yalnızca coğrafi olarak belirlenmiş mebuslarına bel bağlamak yerine, meclise yeni-millet yapısını kabul ettirmişlerdi. Bu yapıyla birlikte, kendi etnik-dini gruplarına mensup olan mebuslardan ve âyânlardan yardım görmeyi hedefliyorlardı. Örneğin Filistin Yahudileri, meclisteki dört Yahudi mebusa, bu mebuslar Selanik, İzmir, İstanbul ve Bağdat'tan olmalarına rağmen, özellikle Yahudi çıkarlarına ilişkin çeşiti meselelerde sürekli çağrılarda bulunuyorlardı.[111] Meclisteki Yahudi mebuslara ek olarak, hahambaşı da Yahudilerin bölgelerindeki yetkili mercilerle olan meselelerine dair yardım talebinde bulundukları bir diğer adresti ve bu durum millet ile vatandaşlığın yeni melezliğine iyi bir örnek teşkil ediyordu.[112]

Halidi, Hüseyni ve Said İstanbul'a gidiyor

Bu önemli meselelere rağmen, seçim tartışmaları hızlıca bir kenara bırakılmış; Güney Filistin'den meclise gidecek bu üç mebus, Kasım 1908'de Kudüs seçmeninin birliğinin bir nişanı olarak özenle hazırlanmış kutlamalarla uğurlanmıştı. Esasında Ekim 1908 mebus seçimlerinin, oy kullanma oranları ve mutlak demokrasi açısından pek çok eksikleri olsa da, yerel hakların ve imparatorluk yönetimine katılımın sağlanması açısından bir kilometre taşı olduğu söylenebilir. Bir tarihçinin, Latin Amerika'da on dokuzuncu yüzyılda gerçekleşen seçimlere dair dediği gibi, "seçimlere ilişkin üretilen temsil retoriğinin, halk arasında cumhuriyet ve demokratik vatandaşlık fikirlerinin dolaşması ve yeniden üretilmesi açısından son derece sembolik ve ideolojik etkileri vardı."[113]

Osmanlı İmparatorluğu'nda, cumhuriyet vatandaşlığının en önemli özelliği, milletin başat siyasi fail olarak temellendirilmesidir. Devrimci *hürriyet* atmosferi, hem sultanın mutlak otoritesine hem de milletin siyasi edilgenliğine son vermeyi başarmıştı. Osmanlı seçmenine göre, meclisin üyeleri onların temsilcisiydi ve devrimin kendisinden gelen vaatleri ve umutları yerine getirmek amacıyla milletin çıkarı için çalışmakla yükümlüydüler. Kudüs'te gerçekleşen, Halidi ve Hüseyni'yi meclise uğurlama kutlamasında, kendisi seçimi kaybetmiş bir aday olan David Yellin, kalabalığa ("Osmanlı vatandaşları"na) ve onların temsilcilerine şöyle sesleniyordu: "Ey seçilmiş olanlar, siz bölgeye reform getirmeyi vaat ettiğiniz için seçilmediniz,

---

111 Örneğin, bkz. Osmanlı Yahudileri Cemiyeti (OYC)'nin Yahudi mebuslara mektubu ("Monsieur le Depute"), 14 Haziran 1909, CAHJP, HM2/8640; "Nissim Mazliach'a hitaben" *ha-Tsvi*, 20 Kasım 1908; Eli'ezer Ben-Yehuda'dan Yahudi mebuslara mektup, *ha-Tsvi*, 5 Ocak 1909.

112 Bu kavram üzerine tartışma için, bkz. Beinin, *Dispersion of Egyptian Jewry*.

113 Sabato, "On Political Citizenship in Nineteenth-Century Latin America," 1304.

bunu diğer adaylar da vaat etti. Siz, fikir ve icraat adamlarının arasından seçildiniz; ne mutlu bize ki sizler icraat adamlarındansınız. Hepimiz umut ediyoruz ki, vatan sevginiz ve dillere destan atikliğiniz [...] kutsal topraklarımızın ihtiyaç duyduğu ilerlemelere kavuşmamızı sağlayacaktır."[114]

Yellin konuşmasını, mebuslar adlarına yazılmış bir piyesle sonlandırmıştı: "Hepimizin dileği odur ki, 'Ruhi' ruhlarımızı canlandıracak. 'Said' bizi mesut edecek. Ve 'Hafız' haklarımızı muhafaza edecek. Mebuslarımız çok yaşa! Vatanımız çok yaşa! Anayasa çok yaşa!"

Mebusların milletin iradesine göre hareket edeceği yönündeki bu anlayış, yeni seçilmiş mebus Ruhi Halidi tarafından da tasdik edilmişti: "Din ve dil farkı gözetmeksizin, Osmanlı milleti için çalışacağız, çünkü bu hukukun üstünlüğünün bir gereğidir ve hukuk millete aittir [...] Kanunlar ve düzenlemeler, millet iradesinin [*irade-i ümmet*] ifadesidir; hukukun üstünlüğü gereğince mebuslar tarafından yerine getirilir." Halidi, meclisin nasıl işleyeceğini, siyasi partilerin rolünün ne olacağını, hürriyet taraftarlarının ilk görevinin Anayasayı, sultanın ve tutucu çevresinin meclisi feshetmesine ya da 1877-78'deki ilk meclise yaptıkları gibi meclisin çalışmasının engellemelerine imkân vermeyecek biçimde iyileştirmek olduğunu açıklayarak devam etti. "[Tutucular] bir düzen tutturup 'bu meclisi terk edin' deseler bile, [liberaller] tek yürekle kalpten şu yanıtı vereceklerdir: 'Biz bu meclise milletin iradesiyle geldik, silah zoruyla dahi olsa terk etmeyiz."[115]

Halidi'nin "millet iradesi (*irade-i ümmet*)" yönündeki konuşması oldukça önemliydi.[116] Yeni Osmanlı vatandaşlığını devrime destekleyici olarak görmekle ve kendilerine mal etmekle kalmıyor; vatandaş (seçmen) ile seçilmiş mebuslar arasında ifadesini bulan karşılıklı bağları da vurguluyordu. Atanmış devlet görevlileri halka karşı doğrudan bir bağlılık duymayabilirlerdi; ancak seçilmiş mebuslar duymalıydı. Görevleri ve meşruiyetleri doğrudan halktan geliyordu. Bu sözleşme ikinci mebus Said Hüseyni tarafından da kısaca şu şekilde dile getirilmişti: "Eminim ki, bizleri gözlüyor ve bizlerden size büyük işler ve hizmetler sunmamızı bekliyorsunuz. Sizleri ve kendimizi her daim koruyacağız. Bize tamamen güvenin ve hayır duanızı üzerimizden eksik etmeyin."[117]

Kudüs dışındaki, Arap basını da benzer bir tutum içindeydi. *El-Hilâl* yeni seçilmiş mebusları kutluyor ve şöyle diyordu: "Saygıdeğer mebuslarımızı kutluyoruz;

---

114 *El-Kudüs*, 16 Kasım 1908.
115 *El-Kudüs*, 17 Kasım 1908.
116 Bkz. Halidi, *Palestinian Identity*, 76.
117 *El-Kudüs*, 17 Kasım 1908.

çünkü onlar bilgileriyle ve Osmanlıcılığa olan bağlılıklarıyla milletin güvenine nail olmuşlardır. Vatan evlatlarının erdemlerine sahiptirler ve hiç şüphesiz ki, onlar vatanın umududur; memleketin siyasi ve idari işleri onlara emanet edilmiştir."[118]

Meclisin açılacağı gün, tüm imparatorlukta resmi tatil ilan edilmişti. Belediye çalışanlarına 101 top atışı ile selamlama talimatı verilmişti. Şenliklere hazırlık olarak sokakları ve dükkânları süslemelerinde halka yardım etmeleri için devlet memurlarına bir gün izin verilmişti.[119] Kudüs ve Yafa'da, evler ve dükkânlar bayraklarla süslenmişti; insanlar sokaklarda hürriyet naraları atarak dolaşıyordu; askeriyenin avlusundaki resmi tören de şehrin önde gelenlerinin konuşmalarıyla başlamıştı. Kudüs'teki kutlama Vali Faidi Alami tarafından düzenlenmişti. Tören, ordu imamının vaazıyla başlamış, genç bir subayın Mithat Paşanın anayasayı yeniden yazma ve ordunun anayasayı yeniden yürürlüğe koyma yönündeki çabalarını yeniden anlattığı uzun konuşmasıyla devam etmişti. Şair İsaf Naşaşibi ve Maruni Patriki'nin vekili Yusuf Muallam da konuşma yapmıştı; her ikisi de konuşmalarında dini bağnazlığa karşı mücadele etmenin ve Osmanlı milletinde kardeşliği teşvik etmenin gerekliliğini vurgulamıştı.

Bir diğer konuşmacı olan Eftim Muşabbak ise, meclisin yalnızca milletin ileri doğru attığı bir adımı değil, aynı zamanda yeniden doğuşunu da simgelediğini belirtmişti. Muşabbak'ın konuşmasında dile getirdiği hisler daha ütopikti; devrimci dönemde ifadesini bulmuş olan 1908 öncesi ile sonrasındaki bariz farklılığın da altını çiziyordu.

> 11 Temmuzda üzerimize nur yağdı; gökten değil, imparatorluğun başkentinden—yüce anayasanın nuru; adaletin; özgürlük, kardeşlik ve eşitliğin hamisinin nuru [...] Bugün, inancımız bizi yanıltmadı ve tüm hayallerimiz gerçek oldu [...] Bugün, Osmanlı milletinin doğduğu gündür. Bugün, yeryüzündeki tüm milletler bize gıpta edecek; bugün yeryüzü ve gökyüzü ve melekler ve peygamberler ve tanrılar hür Osmanlı milletini kutsayacak [...] Bugün gönüller bir olacak; Osmanlı milletinin hür evlatları ve onların ruhları şevkle dolacaktır.[120]

---

118 *El-Hilâl*, 1 Kasım 1908. *El-Hilâl*'in 1 Aralık tarihli sayısı, tüm mebusların listesini ve açılış oturumundan bir fotoğraf yayımlamıştı.

119 *El-Kudüs el-Şerîf*, 22 Aralık 1908. Kudüs ve Yafa'daki olayların tarifi için: *El-Kudüs*, 18 Aralık 1908; *Havatselet*, 18 ve 21 Aralık 1908; *ha-Tsvi*, 18 Aralık 1908; *ha-Olam*, 22 Aralık 1908 ve 12 Ocak 1909 ve *el-Kudüs el-Şerîf*, 22 Aralık 1908. Ayrıca gazeteler, İstanbul ve Selanik'te meclisin açılışına karşı verilen tepkilere de yer vermişti. Bkz. *el-Kudüs*, 18 Aralık 1908; *ha-Olam*, 29 Aralık1908; *ha-Tsvi*, 31 Aralık 1908.

120 *El-Kudüs*, 18 Aralık 1908.

Halkın da yeni siyasi düzeni koruma gibi bir yükümlülüğü vardı. Muşabbak hemşerilerine, artık edilgen lehtarlar ya da faal olmayan seyirciler olmadıklarını; ülkenin geleceğinde etkin ve bilinçli bir rol oynayacaklarını hatırlatıyordu.

> Bugün sessizlik son buldu; sağır kulaklar işitti, kör gözler bile gördü. Bugün sona ermeden, Osmanlı milleti gözlerini açmalı; tüm benliğiyle o sevgili ve muhterem meclise kulak vermeli, ne söylediğini, onun hakkında ne söylendiğini işitip anlamaya çalışmalıdır. Bugünden itibaren Osmanlı milleti daha çok gazete okumalı; böylece mebusların neler yaptığını, mecliste neler olup bittiğini bilebilmelidir.[121]

Tören, Osmanlı milletinin farklılıklarıyla beraber birlik olduğunu gösterilecek şekilde organize edilmişti. Daha önce gördüğümüz gibi, Müslümanlar, Hıristiyanlar ve Yahudiler konuşmalar yapıyordu. Etnik ve dilsel çeşitliliğe de yer verilmişti: Rumca gazete *Bashir Filastin*'in editörü İtnasa Bendazi Efendi, Rumca demeç vermişti. Onun ardından, Ermeni öğrenciler ve Halep'ten gelen Yahudi bir öğrenci Türkçe ve Arapça vatansever konuşmalar yapmıştı. Bir başka gazete haberine göre, "imparatorluğun tüm unsurları, vatan sevgisiyle sırılsıklam olmuş ve ondan yudum yudum içer hale gelmişti."[122]

Aslında milli birlik ruhu o kadar güçlüydü ki, Beyrut'taki Amerikan Konsolosu üstlerine şöyle bildiriyordu:

> Temmuz ayının son haftasında Anayasa şerefine düzenlenen olağanüstü gösterilere ilham veren hissiyatların Osmanlıların yüreklerinde hâlâ canlı olduğunu; kurtuluş sürecinin tefekkürle geçen aylarda çok az kesintiye uğradığını görmek beni hayli etkiledi. Müslümanlar, Hıristiyanlar ve Yahudiler hâlâ kardeşlik içinde; kötümserlerşn ya da korkakların endişelerinin yersiz olduğu da ortaya çıkmış oldu.[123]

Memleketi Lübnan'da meclisin açılması şerefine düzenlenen üç farklı etkinlikte konuşan Raşid Rida, Osmanlı milletinin bağlarının kuvvetlenmesinde belirleyici bir dönemde oldukları mesajını vermişti. Dahası, meclisin açılmasıyla öne çıkarılan etkin vatandaşlık da imparatorlukta kamu yararı ve Osmanlıların müşterek çıkarı fikirlerini kuvvetlendirmişti. Beyrut'taki ana meydandaki kutlamada, diğer kutlamalardakinden daha tumturaklı ve iyimser bir konuşma yapan Rida hemşerilerine şöyle sesleniyordu:

---

121 Agy.
122 *El-Kudüs el-Şerîf*, 22 Aralık 1908.
123 Ravndal, Osmanlı meclisinin açılışı, 26 Aralık 1908 (dosya 10044/124); NARA, Milli Arşivler mikrofilm yayınlar M862, rulo 717, Kudüs, sayılı dosya, 1906-10, İçişleri merkez dosyalar, kayıt grubu 59.

Sizler bugün bir millet oldunuz. Dudaklarımdan dökülen bu sözler ne kadar güzel; ne aziz. Evet, bugün size "millet" diyebiliriz [...] Bugün Müslüman, Hıristiyan, Yahudi; herkese kutlu olsun. Türk, Arap, Arnavut, Rum, Kürt ve Ermenilere kutlu olsun. Hem Osmanlı toprağındaki hem yabancı topraklardaki tüm Osmanlılara kutlu olsun. Bir araya gelip kutlamalar yapılsın, çünkü bugün tüm milletin bayramıdır. Bu kutlamaya bakın: Siyasi liderler, mülki amirler, kadı, subaylar ve devletin temsilcilerinin tümü, İslam âlimleri ve Hıristiyan papazlar. [...] Tarımdan sanayiye, tüccarlar, işçiler ve öğrenciler, milletin diğer unsurlarıyla bir aradalar.[124]

Rida, Muşabbak ve sayısız Osmanlı için, meclisin açılması Osmanlı milletinin "kendi kendinin hükümdarı" (*hâkima li-nefsihi*) olduğunun bir işaretiydi: Sultanda, vezir-i azamda değil; mebuslarda hiç değil; "en yüksek yetki"[125] milletin ta kendisindeydi. Osmanlı Cemiyeti ve İTC şubesinde yaptığı konuşmalarda Rida, imparatorluktaki hürriyetçilerin ve ıslahatçıların, devrimci ıslahatların ömrünün kısa olacağına dair korkularından söz etmişti. Rida, yumuşak başlı bir oluşum olan birinci meclis döneminin aksine, milletin artık daha eğitimli, daha bilgili olduğunu; bir orduya ve anayasayı müdafa edecek İTC'ye sahip olduğunu savunmuştu.

Sultanın hasımları hürriyetin "sultan tarafından verildiği," kazanılmış olmaktan ziyade bahşedildiği, anlaşmaya değil koşullara dayalı olduğu düşüncelerini reddediyorlardı ve Milletin, meşruyetin ve baağlılığın kaynağı olduğu görüşünü benimsemişlerdi. Aralık 1908'de Kudüs'teki kutlamalarda dokunaklı bir konuşma yapan genç şair İsaf el-Naşaşibi, hürriyyenin bahşedilmiş ya da kazanılmış olduğu fikrini tersine çevirmeyi hedeflemiş; hürriyetin insanın *hem* doğal durumu olduğu *hem de* Osmanlı halkının zor kazanılmış hakkı olduğunu belirtmişti. Geçmişte halktan esirgenmişti; ancak şimdi millet bir daha buna izin vermeyecekti: "Ey Osmanlılar! Ey Vatanseverler! [...] Osmanlı yurdu bize can bahşedebilmek için kendini feda etmiştir. Bu topraklar nice muhteşem emele sahiptir ve Allah kahraman şehitlerimizin dökülen kanlarını şad etmiştir. Şunu bilin ki, [ilk insan] hür yaratılmış, hür yaşamış ve hür ölmüştür. Allah adildir; insanoğlunu taşımak zorunda kalacağı iki ağır yükten—hayatın ve kötülüklerin; tiranlığın ve sefaletin yükünden azad etmiştir."[126]

İzmirli Yahudi şair Röven Kattan da, hürriyetin millete hüsnüniyetle bahşedilmediğini savunuyordu. Milletin kendisi hürriyeti kazanmıştı; aynı zamanda hür-

---

124 *El-Menâr*, "The Opening of the Parliament," cilt 11, sayı 11.

125 Bkz. Abdülhamid'in yeni meclisteki konuşması, *el-Menâr*'da yeniden yayımlanmıştır. Abdülhamid'in Yıldız Sarayında yeni mebuslar için verdiği akşam yemeği üzerine tartışmalar için bkz. Aflalo, *Regilding the Crescent*, 114-15 ve Buxton, *Turkey in Revolution*, 163.

126 *El-Kudüs*, 18 Aralık 1908.

riyet insanoğlunun en kutsal ve doğal hakkıydı.[127] Bir diğer deyişle, hürriyet eğer hem Tanrı vergisi hem de kazanılmış bir şeyse—"herkes gibi etten ve kemikten" olan—sultanın bu yeni devirde giderek daha az ve zayıf bir rolü vardı.[128]

1909 Darbe Girişimi ve "Hürriyet Sevdası"

Raşid Rida'nın hemşehrilerine meşrutiyete içeriden değil, ancak imparatorluk dışından bir zarar gelebileceğini taahhüt etmiş olmasına rağmen, Meclisin açılmasından yalnızca birkaç ay sonra düşük rütbeli askerler ve ilahiyat öğrencileri tarafından meşrutiyet karşıtı bir darbe düzenlenmişti. Meclis binasına ateş açılmış, mebuslar öldürülmüş, gazete bürolarının altı üstüne getirilmişti; başkentin önde gelen liberalleri ise ya saklanmak zorunda kalmışlar ya da sürgün edilmişlerdi.

Buna yanıt olarak, imparatorluğun dört bir yanında on binlerce Osmanlı sokaklara çıkmış "Anayasa elden gidiyor!" diye haykırmıştı.[129] Kudüs ve Yafa'da, binlerce kişi, hükümet binasının önünde toplanmış; yalnızca üst düzey bir yetkilinin çıkıp Kuran'a el basarak anayasaya "sadık kalacağına" yemin etmesiyle biraz sakinleşmişlerdi. Bir gümrük memuru, yeni rejimin anayasayı tekrar yürürlüğe koymaması halinde gümrük vergilerini başkente göndermeyi durdurmakla tehdit emişti. Bir başka habere göre de, Filistinliler vergi dairesine yürümüş ve meşrutiyet hükümeti göreve dönene konana kadar vergilerini göndermeyeceklerini açıklamışlardı. Yerli halk, başkentteki ilgili ofislere telgraflar gönderiyor; yerel milisler halinde örgütlenerek yeniden iktidara gelebilmesi için İTC'nin faaliyetlerine tam destek veriyorlardı.[130]

İki haftadan kısa bir süre içinde, ordunun İTC'ye bağlı olan bazı birlikleri darbeyi etkisiz hale getirmeyi ve başkenti ele geçirmeyi başarmıştı. Yerli basın oldukça heyecanlıydı. Ladino gazetesi *el-Liberal*: "Despotluk devrinden kurtulduk; artık Türkiye yüzünü hürriyet ve ilerlemeye dönmüştür," diye övünüyordu. Gazetedeki haberler, halkın sevincini anlatıyordu, hepsi de devrimin hemen ardından olan kutlamaları çağrıştırıyordu—müzik, eğlence, "Osmanlı halkını ikinci kez kurtarmış" İTC'ye iltifatlar yer alıyordu. *El-Kudüs* gazetesi de zafer ilan ediyordu: "Artık gördük ki, hürriyet aşkı dağları deviren, yeri göğü sarsan büyük tufan gibidir;

---

127 *El-Liberal*, 28 Mayıs 1909.
128 Nikula Rızkullah, "Kaside," *el-Hilâl*, 1 Aralık 1908.
129 Sh. Z. "Türkiye'deki Çalkantılar ve Anayasanın Zaferi," *ha-Olam*, 27 Nisan 1909.
130 Arthur Ruppin'den (Yafa) Siyonist Faaliyet Komitesine, 22 Nisan 1909, CZA, Z2/633; "İsrail Topraklarında Bu Hafta," *ha-Olam*, 4 Mayıs 1909; *ha-Herut*, 21 Mayıs 1909; *el-Kudüs*, 11 ve 14 Mayıs 1909.

hiçbir şey onu durduramaz."[131] Mart Olaylarının karmaşası biraz dindikten sonra, olaylardan sultanın kendisi sorumlu tutulmuştu.[132] Pek çok gazete, Abdülhamid'i kendi rızasıyla tahttan inmeye çağırıyordu; eğer inmezse, indirilecekti. Osmanlı tarihinde pek çok sultan tahttan indirilmişti; II. Abdülhamid bizzat kendi amcasını tahttan indirerek başa geçmişti. Ancak onun tahttan indirilmesinde önemli olan, siyasi meşruiyet fikirlerinin meşrutiyet rejimiyle iç içe geçmiş olmasıydı. On yıllar önce, anti-kolonyal İslam birliği aktivisti Cemalleddin Afgani Osmanı sultanını ve Kaçar Şahını uyarmış; onlara meşrutiyet rejiminde günlerinin sayılı olduğunu söylemişti. "Bu yeminle onu tahta getiren millet, anayasayı bağlılıkla koruduğu müddetçe onu tahtta tutacaktır. Eğer yeminini bozup milletin anayasasına ihanet ederse, ya tacını kaybeder ya da tacı taşıyan kellesini."[133] 1909 ilkbaharında, bu tehdit dini çevrelerin desteğiyle fiiliyata dökülmüştü.

Abdülhamid'in tahttan indirilmesini onaylayan şeyhülislamın fetvası (*fetva emini*), dini ve medeni meşruiyet modellerini bir araya getirmiş; adil düzen, kamu yararı ve halk iradesi gibi kavramlarla birleştirmişti:

> Soru: Şer'i hukukun önemli emirlerine ve kitaplarına karşı gelmiş; bu kitapları yakıp okunmalarını yasaklamış; halkın parasını uygunsuz emelleri için çarçur eden; yasal yetkisi olmadan öldüren, hapseden, tebasına işkence eden ve tiranlığını her yolla icra eden; ıslahatlara gideceğine yemin etmesine rağmen yeminini bozup nifak tohumları ekmeye devam eden; halkın huzurunu bozan, kan dökmek için fırsat kollayan Müminlerin Kumandanına ne yapmalı? Pek çok vilayetten halkın onu tahttan indirmek istediği haberi geliyor. Görünen o ki, onu tahtta tutmak alenen tehlike arz etmektedir ve onun tahttan indirilmesi hayırlı olacaktır. Bu şartlar altında, mevcut iktidarın onun tahttan çekilmesini sağlaması ve onu tahttan indirme yönünde karar vermesi uygun olur mu?
>
> Fetva: Olur.[134]

Aynı şekilde, Osmanlı popüler basının büyük çoğunluğu da sultanın tahttan indirilmesini destekliyordu. İslami ıslahatçı gazeteler *el-Menâr* ve *el-Hilâl*, adil olmayan bir hükümdar olarak II. Abdülhamid'in ülkeyi İslami ilkelere dayanarak yönetmemesini dile getiren fetva eminini desteklemişti. *El-Menâr* da fetvayı desteklemiş; ayrıntılı bir yazılı metinle desteğini sunmuştu. *El-Hilâl* de görüşünü şöyle

---

131 Ek: "The Impression in Jerusalem," *el-Liberal*, 27 Nisan 1909; *el-Kudüs*, 14 Mayıs 1909.

132 "Mart olayları"na ilişkin bir tartışma için, bkz. Kuran, *İnkılap tarihimiz ve Jön Turkler*, 337-46.

133 Khuri, *Modern Arab Thought*, 40.

134 Pears, *Forty Years in Constantinople*'dan tercüme.

dile getirmişti: "Her gerçek Müslüman, Şeriat ve Kuran'ın yüce hükümleri doğrultusunda Abdülhamid'in hiçbir zaman Müminlerin gerçek Halifesi olamadığına inanmalıdır. Abdülhamid'de gerçek halifelik görenler ya Şeriatın hükümlerinden habersizdir ya da onlara karşı gelmektedir."[135]

Nisan 1909'da Abdülhamid'in üvey kardeşi Mehmet Reşat (V. Muhammed olarak da biliniyordu) sultan ilan edilmişti; ancak sultanın mevkisi tamamen milletin kendisine tâbi olan bir unsura dönüştürülmüştü. Tahta çıkışına dair yaptığı resmi açıklamalarda, sultan vatandaşlarına seslenmiş, milletin refahı ve muvaffakiyeti için çalışacağını; "bugün millet (beni)seçtiği için" millete bağlılıkla hizmet edeceğini söylemişti.[136] Aslında bu, devrimden dokuz ay sonra vatandaşların çoğunun hemen hemen katıldığı bir düşünceydi. David Yellin daha öncesinde hiç duyulmamış bir şeyi; yeni sultanın (sanki *hürriyye* alıp verebilecek bir şeymiş gibi) "millete özgürlük bahşeden bir şahıs" olmadığını, "sultana gönüllü itaat fırsatı verenin millet olduğunu"[137] dile getiriyordu.

İstanbul'daki *Sabah* gazetesi, yarı davet, yarı uyarı üslubuyla yeni sultanı meşruti monarşinin kaideleriyle ilgili bilgilendiriyordu: "Anayasa, egemenin mutlakiyetini ve keyfi iradesini yasaklamıştır; milletin yüceliği için çalışmasını değil. Egemen olan, millet babasıdır, 'milletin babasıdır;' ona da bu uğurda davranmak yakışır. Despot korkuyla, meşruti monarşi sevgiyle yönetir. Kaderini tayin edecek olan milletin sevgisini kazanmak, sultanın görevidir."[138] Sultanın meşruiyetine meydan okuyan bu radikal görüş farklı "hürriyet" fikirlerine dayanıyordu; bu da, Osmanlı vatandaşları ile devlet arasındaki ilişkinin dönüşmesinde önemli bir adımdı.

---

135 McCullagh, *Fall of Abd-ul-hamid*, 185.
136 *El-Kudüs*, 14 Mayıs 1909.
137 Agy.
138 Abbott, *Turkey in Transition*, 52-53.

DÖRDÜNCÜ BÖLÜM

Halkın Sözcüsü

Muhtemelen hiçbir şey Osmanlı devrimindeki basının gücünü ve önemini, 1909 baharındaki karşı devrimci darbe kadar iyi gösteremezdi. Özellikle düşük rütbeli askerler ve sultanın ceplerini altınla doldurduğu söylenen softaların (medrese öğrencileri) İstanbul'da on gün boyunca süren isyanında, İTC'nin resmi yayın organı olan *Şura-yı Ümmet* ve İTC yanlısı *Tanin* gazetelerinin ofisleri talan ve tahrip edilmişti. *Tanin*'de sürekli yazan Halide Edib Adıvar da daha sonra, bir gece yarısı kayıklarla İskendire'ye kaçmaya cesaret etmeden önce, saklanmakla geçen o günlerinden bahsedecekti.[1]

Başkentte ve pek çok vilayette, çokdilli basın yeni oluşan devrimci kamusal alanın merkez üssü haline gelmişti; bu kamusal alanın öncelikli hedefi Osmanlıların olan bitene anlam verebilmesini sağlamaktı. Olayları ya da söylenenleri edilgen bir biçimde kaydetmek ya da basitçe bilgi ve malumat aktarmak yerine, gazeteler kamusal imparatorluk karakterinin kurulmasında ve ifade edilmesinde çok daha üretken bir rol oynuyordu. Gazete editörleri, okurlarına bu görev tutkusunu iletebileceklerine yürekten inanıyorlardı. Örneğin merkezi Beyrut'ta bulunan *el-İttihadü'l-Osmani* gazetesi, kendini halkın "gerçek" istek ve arzularını yansıtan, *halkın* sözcüsü olarak görüyordu. Aynı zamanda *halka* sözcü olma, değişen dünyanın gerekleri için onları eğitme ve aydınlatma görevini de üstlenmişti.[2] Bir başka deyişle, basın devrimin hizmetkârıydı, okurlarına—Osmanlı kamuoyuna—siyasi ve toplumsal gerçeklerin hızla değiştiği bir zamanda "Osmanlı olma"nın ne demek olduğunu

---

1 Halide Edib, *House with Wisteria*. Bir hafta önce de, muhalefet gazetesinin editörü Hasan Fehmi suikaste kurban gitmişti; başkentteki dedikodularda ise cinayet İTC'nin üzerine kalmıştı.

2 "Anayasadan Sonra Ne Yapmamız Gerek," *el-İttihadü'l-Osmani*, cilt 1, no. 37.

göstererek Osmanlı İmparatorluğu'nu ıslah etme ve canlandırma amaçlarını yerine getiriyordu.[3]

Basın, bunu başarmak amacıyla, etnik, dini ve dilsel sınırlar üzerinden Osmanlı birliğini ve vatandaşlık pratiklerini teşvik etme görevini üstlendi. *El-İttihadü'l-Osmani* aynı makalede, "Osmanlı devleti pek çok gruptan oluşmaktadır, bize düşen görev de hakiki senteze [*el-te'lif el-hakîkî*] ve sadakate erişene dek, editörler halkın güvenini ve rızasını kazanana kadar Osmanlı topraklarındaki bu grupların elitlerini bir araya getiren gazeteler yayımlamaya çalışmaktır." Bir önceki bölümde gördüğümüz gibi, basın, Osmanlıları, imparatorluk vatandaşlıklarından gelen siyasi ve toplumsal rolleri konusunda eğitme görevini de üstlenmişti.

Osmanlı Türkçesinde, Arapça, Rumca, Ermenice, Ladino, Bulgarca ve İbranice gazeteler yayımlanıyordu; ancak imparatorlukta konuşulan diller yalnızca bunlar değildi. Ayrıca bu gazetelerin bağımsız kamuoylarını temsil ettiği söylenemezdi: Şüphesiz ki bazı okurlar çokdilliydi ve farklı dillerde yayımlanan gazetelere ulaşabiliyorlardı. Pek çok gazete de, daha geniş kitlelere hitap edebilmek için diğer yerli dillerde yayımlanmış makalelerin tercümelerini yayımlıyordu. Bu tercümeler, ya bilgilendirme amacıyla yazılmış oluyor ya da Osmanlıcılık görüşüne hizmet etmeyi amaçlıyorlardı; ancak bazen cemaatler arasındaki rekabetin artmasına da neden olabiliyorlardı. Filistin basınında göreceğimiz gibi, bir diğer cemaatin görece iyi durumda ya da ayrıcalıklı olmasına ilişkin şikayetler, basın yoluyla çok sayıda okuyucu ve dinleyiciye ulaşabiliyordu. Sonuç olarak bu dönemde basın, cemaatlerin, yalnızca evrensel olarak kapsayıcı imparatorluk terimleriyle değil, aynı zamanda giderek artan bir biçimde, dışlayıcı mezhep ve etnik terimlerle "tahayyül edilmesine" yardımcı oluyordu. Başka bir deyişle basın, merkezcil dayanışmaya dair yeni biçimleri yaratıp öne çıkarırken; *aynı zamanda* merkezkaç gerilimlerin ve rekabetlerin ifade edildiği yeni bir platform haline gelmişti.

---

3 Ancak bu döneme ait yazılı tarihin büyük bir kısmı, çok dilli basının Osmanlıcı amaçlarını göz ardı etmekte; bunun yerine Arap "protomilliyetçiliğini" öne çıkarmaktadır. Örneğin, R. Halidi, "Press as a Source for Modern Arab Political History;" Seikaly, "Damascene Intellectual Life;" Tauber, "Press and the Journalist as a Vehicle." Basının milliyetçi yorumu, Siyonist-Filistinli çatışması tarihine de hâkimdir. Bkz. R. Halidi, *Palestinian Identity*; Mandel, *Arabs and Zionism*; Yehoshu'a, "Tel Aviv in the Image of the Arab Press;" Yehoshu'a, "Yehasam shel ha-'itonaim ve-ha-sofrim he-'Aravim;" Roi, "Nisyonoteihem shel ha-mosdot ha-Ziyonim" ve Alsberg, "Ha-she'ela he-'Aravit." Son yıllarda, milliyetçi çerçevenin dışına çıkan araştırmacılar, basını Ortadoğu'nun kültürel, toplumsal cinsiyet ve topluluk tarihinde zengin bir kaynak olarak görmektedir. Bkz. örneğin, Seikaly, "Christian Contributions to the Nahda;" Frierson, "State, Press, and Gender in the Hamidian Era;" Stein, *Making Jews Modern* ve Sorek, *Arab Soccer in a Jewish State*.

Yeni Okurlar Oluşturmak

Basının bu denli gelişmesinden önce de, Osmanlı vatandaşlarının mahalle tellalından, şehrin surlarına ve meydanlara asılmış yazılı ilanlardan; camilerde, sinagoglarda, kiliselerde yapılan resmi duyurulardan; kahvehanelerde, pazarlarda, cemiyet buluşmalarında gayri resmi söylentilerden oluşan bilgi kaynaklarına, kamuoyunun oluşturulduğu alanlara erişimi vardı.[4] On dokuzuncu yüzyılın ikinci yarısında yarı bağımsız basınının ortaya çıkması, eğitim düzeyinin yükselmesi, sivil toplum kurumlarının ortaya çıkması, şehirlerin kentli vatandaşlığın yaratılmasında etkin bir rol oynaması; tüm bunlar imparatorluğun pek çok yerinde ateşli bir kamusal alanın ve tartışmaların var olmasına katkıda bulunmuştu.[5] Osmanlıca ilk bağımsız gazete 1860'da yayımlanmıştı. 1876'da yalnızca İstanbul'da yayımlanan kırk yedi gazetenin on üçü Osmanlıcaydı; dokuzar tanesi Ermenice ve Rumca, yedisi Fransızca, üçü Bulgarca, ikişer tanesi İbranice ve İngilizce, bir tanesi Almanca, bir tanesi de Arapçaydı.[6]

Bu ilk dalga basınının ve yayıncılığın, Osmanlı İmparatorluğu'nun entelektüel ve toplumsal yaşantısı üzerindeki etkisini yadsımak imkansızdır. Birinci bölümde gördüğümüz gibi, ilk gazeteler Jön Türklerin muhalefeti için bir platform işlevi görmüşlerdi. En azından 1864 ve 1867 yıllarında çıkan basın kanunu bu tür gazeteciliğe aman vermemeye başlayıp yurtdışına sürgüne gönderene dek, *Vakit* ve *İstikbal* gibi gazeteler, halk egemenliğine ve sultanın kalıcı olmadığına ilişkin cüretkâr yazılar yayımlıyorlardı. O dönemde ortaya çıkan hiciv basını da tartışmaları ve siyasi eleştiriyi teşvik ediyordu. Artan devlet sansürüne rağmen, ilk gazeteler geniş bir kitleselliğe ulaşmışlardı; bir tahmine göre *Tasvir-i Efkar* gazetesi yirmi bin satıyordu. Gazeteyi alıp okuyanların sayısından daha önemli olan fikirlerin dolaşımıydı; İstanbul'daki çok sayıda kitabevinde ve "okuma odaları"nda (kıraathaneler) okuryazar kesimler bir araya gelerek, yeni yayınları tartışıyordu.[7]

---

4 Bkz. Kırlı, "Coffeehouses" ve der. "Hoexter, Eisenstadt ve Levtzion," *Public Sphere in Muslim Societies*.

5 Bkz. Kechriotis, "The Greeks of Izmir at the End of the Empire;" Mardin, "Some Consideration;" Özbek, "Philanthropic Activity, Ottoman Patriotism, and the Hamidian Regime" ve Frierson, "Gender, Consumption and Patriotism."

6 Emin, *Development of Modern Turkey*, 41. Yazarların saydığı her iki İbranice gazete de muhtemelen Ladino dilindeydi.

7 Agy., 52-58; Hanioğlu, *Brief History of the Late Ottoman Empire*, 94-95; Strauss, "Who Read What in the Ottoman Empire," 47.

ŞEKİL 4.1. Halidi Kütüphanesi, Kudüs. Birinci Dünya Savaşı öncesi kütüphanenin arşivinde düzinelerce gazete, yüzlerce el yazması ve bin tanesi Avrupa dillerinde olmak üzere dört bin beş yüz basılı kitap bulunuyordu. Kütüphane kurallarına göre konuşmak, sigara veya nargile içmek yasaktı. Library of Congress, Baskı ve Fotoğraf Bölümü (LC-DIG-matpc-06804).

Bu canlı düşünce yaşamı, yalnızca imparatorluğun başkentiyle sınırlı değildi. Selanik, İzmir ve Beyrut da yayıncılığın, dergi ve kitapların dolaşımının yaygın olduğu önemli merkezlerdendi. Okuryazar Filistinliler de imparatorluğun genelinde ve bölgelerinde hâkim olan bu geniş akımlara dahil oldular. Bir araştırmacının yalnızca on dokuzuncu yüzyılın son on yılında, iki farklı Kahire gazetesinin editörlerine Filistin'den gelen mektup sayısının yüzü aşkın olduğunu kaydetmesi buna kanıt olabilir. Bu okurlar ya doğrudan üyelik yoluyla; ya da daha yaygın olarak, Halidi Kütüphanesi ya da Kudüs'teki el-Aksa Camisi kütüphanesi gibi önemli şehir kurumları aracılığıyla yazılı basına ve diğer yayınlara ulaşıyorlardı. Bu kütüphanelerin ikisinde de, binlerce kitap, çok sayıda bölgesel gazete ve dergi bulmak mümkündü. Aynı zamanda, küçük Filistin köyü Yarka'nın şeyhi Marzuk Ma'addin'in dahi 1880'lerde ve 1890'larda dört farklı gazeteye aboneliği vardı ki bu, basının yalnızca şehirli, seçkin bir okur kitlesi olmadığının kanıtıydı.[8]

---

8 Ayalon, *Reading Palestine*, 50.

Ancak yine de, Hamidiye rejiminin kamusal yaşam üzerindeki katı sınırlamaları (sansür, toplanma ve örgütlenme yasakları) ve sıradan bir Osmanlının şahsın siyasi güçsüzlüğü nedeniyle, Osmanlı kamusal alanının siyasi faaliyetle olan ilişkisi oldukça kısıtlıydı. Başka bir deyişle, aynı dönemde basının siyasi hareketlenmeler için önemli bir platform olduğu Mısır'da ya da Kaçar İran'ındaki durumun aksine, Osmanlılar imparatorlukta ve dünyada meydana gelen olaylar hakkında okuyabiliyorlar; ancak çok sınırlı eyleme geçebiliyorlardı.[9] Ancak yine de, 1908 devrimiyle birlikte Osmanlı kamusal alanı hem ölçek hem kapsam olarak kökten değişmişti.

Osmanlı İmparatorluğu'nda basın, anayasanın yeniden yürürlüğe konması ve sansür yasalarının kaldırılması haberleriyle adeta patlama yaşamıştı: Bir araştırmacı, gazetecilerin devrime tepkisinin "büyük bir barajı yıkıp geçen coşkun bir nehir gibi dolaysız ve kuvvetli"[10] olduğunu yazıyordu. Gerçekten de, devrimden sonraki bir yıl içinde yalnızca İstanbul'da iki yüzü aşkın eser yayımlanmıştı. İmparatorluğun önemli vilayetlerinde ve şehir merkezlerinde de yeni çıkan dergiler benzer bir durum yaratmıştı: Bugünkü Irak topraklarında yer alan vilayetlerde devrimden önce yalnızca Bağdat, Basra ve Musul merkezlerinde resmi gazeteler basılıyorken devrimden sonra toplam yetmişi aşkın siyasi, edebi gazete ile karikatür gazetesi çarşılarda bulunabiliyordu. Halep'te, devrimden sonraki dört yıl içinde en az yirmi üç yeni gazete ve dergi yayımlanmıştı.[11] Devrimden sonraki bir buçuk yıl içinde, Filistin'de en az on altı yeni Arapça gazete yayımlanmaya başlamıştı; Birinci Dünya Savaşından önce, bu gazetelere on sekiz yeni Arapça gazete daha eklenmişti.[12] Patlama yapan Arapça basına ilaveten, İbranice pek çok yeni gazete de yayın hayatına başlamış; bunlara üç Ladino, en az bir de Rumca gazete eklenmişti.

---

9   1875 ile 1914 arasında, Mısır'da 833 dergi ve süreli yayın çıkmıştı. Bunlar, khedive İsmail ve onun aristokratlığını eleştirmek, Avrupa tesirine ve kolonizasyonuna tepki göstermek ve Mısırlı okuyucu kitlesine yeni fikirler tanıtmak için platform sağlamıştı. Ayalon, "Political Journalism and Its Audience in Egypt," 103. Ayrıca 1906 İran devriminde basınının rolü için bkz. Nabavi, "Spreading the Word."

10 Ayalon, *Press in the Arab Middle East*, 65.

11 Brummett, *Image and Imperialism*, 25; Yehoshu'a, "Al-Jaraid al-'Arabiyya," 19; Watenpaugh, "Bourgeois Modernity," 50.

12 Hûrî, *El-Sahâfe el-'Arabiyye*. Ne yazık ki, *el-Filistin* (Temmuz 1911'den sonrası) ve *el-Münadi* (1912-13) ve *el-Kudüs* ve *el-Kermil*'in bazı sayıları hariç bu gazetelerin çoğu bugün kayıptır. Devrim arifesinde Filistin'de, çoğunluğu Arapça konuşan nüfusa yalnızca bir gazete ulaşabiliyordu: Vilayetin aylık iki dilli resmi yayını *Kudüs-ü Şerif*. Ayrıca Kudüs'te de çok sayıda İbranice gazete yayımlanmıştı; Filistinli Yahudiler de İstanbul'dan ve Selanik'ten gelen Ladino gazeteleri, bölgesel Arapça yayınları ya da Avrupa'dan ithal edilen İbranice ve Yiddiş gazeteleri okuyordu.

Gerçekten de ilk bölümlerde değindiğimiz bu canlı kamusal alan, yeni ortaya çıkmış bu mecralar sayesinde gelişebilmişti; basını takip eden yeni okurlar kahvehanelerden ve sokaklardan devşirilmişti. Geç dönem Osmanlı basını, şehirli seçkinlere özel bir mecra olmaktan ziyade, yeni orta sınıfa, işçilere, kadınlara, çocuklara ve kırsal kesime hitap ediyordu.[13] Bu aylarda İstanbul'da bulunan bir ziyaretçi şöyle aktarıyordu: "Herkes okuyordu—şoförler, köhne küçük at arabalarında beklerken bu yeni bilgileri adeta içlerine çekiyorlardı—iyinin ve kötünün, siyasetin, dışarıdaki şeylerin, idari işlerin, Meclislerin, demokratik hareketlerin, milletlerin ayaklanmasının, ordularının, tren yollarının, durmak bilmeyen ticaretlerinin, tuhaf eğlencelerinin türlü âdetlerinin bilgisini."[14] Alman bir arkeolog da, 1914'te Suriye ve Filistin'e gerçekleştirdiği seyahatte gazetelere ilişkin benzer bir gözlemde bulunmuştu; "insanlar caddelerde, tren istasyonlarında, evlerde ve dükkânlarda, her yerde gazete okuyorlardı."[15] Fakat hepsinin ötesinde, yeni devrimci basın *effendiyya* kesiminden hâsıl olmuştu; bu kesim önceki on yıllarda eğitim görmüş, yeni şartlar altında tüm imparatorlukta meydana gelen değişikliklere uyum sağlamış; yeni bilgi alma ve ifade mecralarına hasret Müslümanlar, Hıristiyanlar ve Yahudilerden oluşuyordu. 1913 yılında Columbia Üniversitesinde siyaset bilimi okuyan bir Osmanlı genci tarafından İstanbul'un kahvehanelerinde yapılan etkileyici bir araştırma da bu değerlendirmeyi doğruluyordu: Mülakat yapılan 120 kahvehane okurunun yarısından biraz fazlası, yeni açılan hukuk, tıp, ticaret ya da askeri bilimler üniversite programlarından mezundu. Geri kalan yüzde 20'si ise devlet yüksekokulu ya da lise mezunuydu. Büyük çoğunluğu (120 kişiden 113'ü) düzenli olarak gazete alıyor; pek çoğu (120 kişiden 72'si) haftalık ve aylık dergilere ek olarak, *her gün* iki ya da daha fazla gazete okuyordu. Sonuç olarak, Columbia öğrencisinin dediği gibi, basına yönelik bir ilgi, yüksek beklentiler vardı; basının da büyük bir nüfuzu vardı.[16]

İstanbul'da ve daha büyük şehirlerde, en çok rağbet gören gazetelerin dağıtım oranları on binleri buluyordu.[17] Nüfusu görece daha az olan Filistin'de dahi, çok

---

13 1913'te İstanbul'da çocuklara yönelik çıkarılan on bir gazete ve dergi vardı. Emin, *Development of Modern Turkey*, 14-15.

14 Buxton'dan alıntılanmıştır, *Turkey in Revolution*, 88.

15 Ayalon'dan alıntılanmıştır, *Reading Palestine*, 106.

16 Emin, *Development of Modern Turkey*, 133-38.

17 Emin, 1908 sonrasında *İkdam* ve *Sabah*'ın tirajlarının, sırasıyla, altmış bin ile kırk bin olduğundan söz etmekte; bu gazetelere yönelik talebin çok fazla olduğunu, gazete satan çocukların bu gazetelerin öğleden sonra fiyatlarını kırk kat artırdığını yazmaktadır. Agy., 87. Ayrıca Emin, karşıdevrim döneminde *Tanin*'in tirajının da rekor kırarak yirmi sekiz bine

tirajlı gazetelerin iki bin abonesi varken, daha küçük gazetelerin üç yüz ila beş yüz arası abonesi vardı.[18] Yıllık yerel abonelik bedelleri, Arapça bir gazete için kırk ila yetmiş kuruş arasında değişiyordu; İbranice bir gazete için ise otuz kuruştu. Aboneler, maaşlı ve ekonomik açıdan bağımsız orta sınıflardı. Ancak ortalama bir işçinin bir günlük kazancının en fazla sekiz kuruş olduğunu düşünürsek işçilerin, düzensiz aralıklar dışında, gazete alabilmeleri pek mümkün görünmüyor.[19] Abonelik bedelleri, hikâyenin belli bir kısmını anlatıyor; çünkü gazeteler genelde sesli okunuyor, elden ele dolaşıyor ya da kahvehanelerden, okuma odalarından ya da kütüphanelerden ödünç alınıyordu. Örneğin Columbia Üniversitesinden gelen öğrenciye göre, İstanbul'da gazete satın alan herkes, gazeteyi vilayetlerdeki akrabalarına göndermeden önce ailesiyle, komşularıyla ve arkadaşlarıyla paylaştığından, her bir gazete ortalama beş ila on beş okura ulaşıyordu.[20] Filistin'de, bu gazete paylaşma örneğinin yanı sıra, ekonomik açıdan daha mütevazı olan, şehirli ve okuryazar olmayan grupları da dahil etmek için atılan pek çok adımdan bahsetmek mümkündü. 1908 yılı güzünde, "eğitimli bir Arap'ın" merkezi bir yerde, okuma yazma bilmeyen kitleler için gazeteyi sesli okuyacağı düzenli okuma geceleri yapılması önerisi kayıtlara geçmişti. Ayrıca elimizde kitabevlerinin ve kütüphanelerin okuma malzemelerini ödünç verdiği ya da kiraladığına; okurların cüzi bir ücret karşılığında

---

ulaştığını; diğer çoğu zamanda ise tirajının birkaç bin seviyesine düştüğünü yazmaktadır. Agy., 131.

18 *Ha-Herut* da 14 Mayıs 1909 tarihli 2. sayısında, ilk sayısının bin iki yüz kopya sattığını iddia etmişti. Gazetenin bir kez editörlüğünü yapmış olan Avraham Elmaliach, abone sayılarının bin beş yüz ile iki bin arasında olduğunu; en fazla sattıkları zamanda üç bin adet gazete satıldığını iddia etmişti. Hebrew Üniversitesi'nde Sözlü Tarih Programı, Avraham Elmaliach'la 2 no'lu mülakat. Alman Konsolosluğu *el-Kudüs*'ün abone sayısını 300 (220'si ülke içinde, 80'i Amerika'da); Sefarad yayını *ha-Herut*'un 800 (300'ü ülke içinde, 500'ü Türkiye'de) olduğunu belirtmiştir. ISA 67, peh/457:482 Buna karşın Halidi, *el-Kudüs*'ün zamanının en mühim gazetesi olduğunu, tirajının bin beş yüzden fazla olduğunu iddia etmiştir. R. Halidi, *Palestinian Identity*, 56. Konsolosluktan gelen bir başka raporda ise, *el-Filastin*'in abone sayısının 1,600 (450'si Yafa'da, 1200'ü Türkiye'de), *el-Akbâr*'ın tirajının ise 600 olduğu ve Mısır, Sudan ve Amerika'da 50 abonesinin olduğu belirtilmişti. ISA 67,peh/533:1493.

19 Temel malların fiyatı, ücretler ve nakit para hakkında bilgi almak için, bkz. Luntz, "Luah Ereh Israel," 76. Iris Agmon da, boşanmalarda günde bir beşlik (= 3.5 kuruş) değerinde, orta düzey bir destek sağlandığını ortaya çıkarmıştı. Bir yetişkin için yemek masrafının da aylık seksen kuruş olduğu tahmin ediliyordu. Agmon, *Family and Court*, 112-13. *El-Kermil*'in editörü de düzenli olarak abonelerin aidatlarını ödemediklerinden yakınıyordu. Bkz. *el-Kermil*, 7 Eylül 1912; 11 Eylül 1912; 28 Eylül 1912; 27 Kasım 1912 ve 30 Kasım 1912.

20 Emin, *Development of Modern Turkey*, 135. Ayrıca bkz. Ayalon, "Political Journalism and Its Audience in Egypt," 116.

en son haberlere ulaşabilmesini sağlayan yeni bir "okur kütüphanesi" kurulduğuna, kahvehanelere gelenlerin çay ya da kahvelerini yudumlarken, nargile içerken gazetelerini okuduklarına ilişkin belgeler bulunmaktadır. Son olarak, *el-Filistin* gazetesi de bölgedeki, nüfusu yüzden fazla olan her köye ücretsiz kopyalar göndermekteydi.[21]

Böylece liderliğin hem değişip hem de genişlediğinin farkında olan bu gazeteler, Osmanlı devrimci kamusal alanını şekillendirmeye koyuldular. O dönemde yaşayan bir gazeteci ve basın gözlemcisinin de belirttiği gibi, Arap basını devrimin "Osmanlı topraklarında yaşayan, din ve millet farkı gözetmeksizin tüm Osmanlı halklarına kurtuluş getirdiği"[22] yönünde ortak bir inanca sahipti. Bu hissiyata sahip olan yalnızca Arap basını da değildi; Ladino dilinde yayımlanan *ha-Herut* gazetesi de manşetinde "[...] imparatorluğun tüm halklarının neşeyle coştuğu bugün, nihayet tüm Osmanlılar için yeni bir hayatın başlangıcını simgeliyor diyordu."[23] Filistin'deki pek çok başka gazete de, bu yeni siyasi gerçekliğe olan ilgisini açıkça belli ediyordu. Bu gazeteler arasında; *et-Terakki, el-İnsâf, en-Necâh, el-Hürriye, ed-Düstûr, Savtü'l-Osmaniyye, ha-Herut* ve Ladino baskısı da olan Sefarad gazetesi *el-Liberal* de bulunuyordu.[24] ŞEKİL 4.2'de görüldüğü gibi, *el-Kudüs* gazetesinin künyesindeki yıldızlar—*hürriyye, müsâvât, ikhâ*—gazetenin devrimin "özgürlük, eşitlik, kardeşlik" ilkelerini benimsediğini gururla gösteriyordu.

Basın, devrimin ertesindeki popüler heyecanı da yansıtıyor ve kendini de Osmanlıcı ve Osmanlılaşma programının ön saflarına yerleştiriyordu.[25] Gazete vatandaşları, yeni döneme hazırlamak amacıyla, vatandaş ile değişen devlet arasında bağ olma görevini de iki yolla üstlenmişti: Birincisi, Osmanlıcılığı ve imparatorluğa ait olma hissiyatını güçlendirerek; ikincisi, imparatorluk vatandaşlığını pekiştirerek. İlk önce gazeteler, okurları arasında imparatorlukla özdeşleşmenin pekişmesi için etkin bir rol oynadılar; örneğin Osman hanedanının tarihi üzerine ya da on dokuzuncu yüzyıldan devrime kadar Osmanlı liberallerinden yazılar yayımlandılar. Ayrıca basın, devlet ile halk arasında aracı rolü de üstlenmişti. Çokdilli basının önemli yeni yasalara, merkezî ve yerel yönetimlerden gelen tali-

---

21 Yehoshu'a, *Tarih el-sahâfe al-'Arabiyya*, 18-19; *ha-Tsvi*, 17 Kasım 1908; ISA 67, peh/533:1491. Kütüphanelere abonelik aidatları üç beşlikti (yaklaşık dokuz kuruş) ya da işçilerin bir günlük ücretinden biraz fazlaydı. Ayrıca Ayalon, *Reading Palestine*, 85, 102, 104, 180n23.

22 Malul, "Ha-'itonut ha-'Aravit."

23 *El-Liberal*, 29 Ocak 1909.

24 Bu gazeteler için izinler alınmıştır: BOA DH.MKT. 2851/64; BOA DH.MKT. 2744/29; BOA DH.MKT. 2689/84.

25 Brummett bunu Osmanlı basınının "öz bilinci" olarak niteliyor. Brummett, *Image and Imperialism*, 28.

matlara yer verdiğini; farklı dini ve yerel konseylerin işleyişi üzerine raporlar yayımladığını görmüştük.[26]

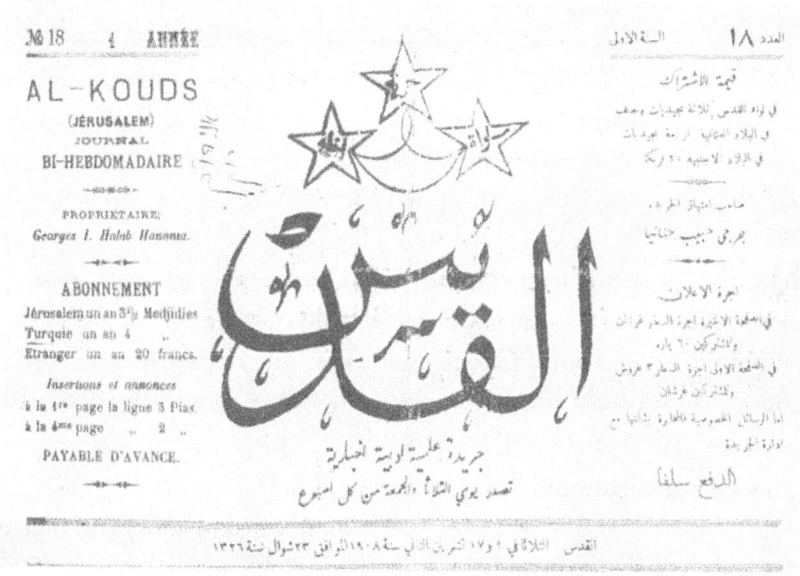

ŞEKİL 4.2. *El-Kudüs* gazetesinin künyesi. Kendini "bilimsel, edebi ve bilgilendirici bir gazete" olarak tanımlayan *el-Kudüs*'ün Osmanlı devriminin sert bir savunucusu olduğu okurlar için görsel olarak künyede yer alan yıldızların içindeki devrimin "özgürlük, eşitlik, kardeşlik" sloganlarıyla da vurgulanıyordu. Central Zionist Archives (Kudüs).

Osmanlı Devleti ile okurlar arasındaki bu dikey ilişkinin yanı sıra, basın, Osmanlılar arasındaki yatay bağların güçlenmesinde de önemli bir rol oynadı. Şehirlerde, bölgelerde ve tüm imparatorluktaki bağları güçlendiren basın, aynı zamanda diller, cemaatler ve okuyan topluluklar arasında köprü görevi de görmüştü. Sıklıkla köşe yazılarında, başkent İstanbul'dan, komşu vilayetlerden ya da imparatorluğun diğer şehirlerinden gelen haberlere, Osmanlı dünyasının uzak köşelerinde gerçekleşen olaylara yer veriliyordu.[27] Örneğin Filistin basınında, Anadolu'daki kıtlığa, Kerak'taki Bodin ayaklanmalarına, Girit, Arnavutluk, Havran ve Yemen'deki gizli cemiyetlere, Ermeni katliamlarına ve elbette Trablusgarp ve Balkanlardaki

---

26 Seyahat düzenlemeleriyle ilgili *el-Paradizo*, 20 Nisan 1909 ve *ha-Herut*, 2 Ağustos 1909 sayıları; kayıtdışı eczanelerin kapatılmasıyla ilgili *Havatselet*'in 16 Aralık 1908 sayısın; *ha-Herut*'un 25 Mayıs 1910 ve 28 Kasım 1910 sayıları; nikah işlemleriyle ilgili *el-Liberal*'in 3 Eylül 1909; yeni mahkeme binasının Bab el-Zahra tarafından okurlara tanıtılmasıyla ilgili *ha-Herut*'un 28 Ekim 1910, 25 ve 30 Ocak 1911 sayıları. Genel meclisin oturumları da *Kudüs-ü Şerif* gazetesinde yayımlanmıştır.

27 *Ha-Herut* ve *el-Filastin*'de düzenli olarak başkentle ilgili haberlere yer veriliyordu.

savaşlara dair düzenli haberler yer alıyordu. Bu haberler ve modern telgraf hizmetleri sayesinde, Filistin basını ve kamuoyu imparatorlukta ve dünyada meydana gelen olaylara müdahil olabiliyordu. Böylece Filistinliler, imparatorluğun değişen tarafları ile birlikte ve eşzamanlı olarak kendi geleceklerini tahayül edebiliyorlardı.

İmparatorluğun dört bir yanındaki okurları, olaylar ve diğer vatandaşların yaklaşımlarından haberdar etmek, Filistinlileri psikolojik ve hayali olarak geniş Osmanlı dünyasına bağlamaya yarıyordu.[28] Örneğin İbranice gazete *Ha-Herut* (*Ha-Herut*), Suriye'deki Bedevi isyanına ilişkin büyük bir sempati ve feraset gösteriyordu; hükümetin Bedevilerin dirliğine kastettiğini (Hac kervanlarını haraca bağladığını), erkek çocuklarını orduya aldığını, Bedevilerin bir yere yerleşerek vergi ödemelerini talep ettiğini, tüm bunların karşılığında da onlara hiçbir ayrıcalık tanımadığını iddia ediyordu. Gazete ayrıca İTC'nin Havran ve Arnavutluk'taki isyanlara yaklaşımını da eleştiriyor; imparatorluğun heterojen yapısına uygun olmayan Türkleştirme politikası yürütmekle suçluyordu.[29]

Basın yalnızca imparatorluğun geneliyle ilgili değildi; Filistin basını, yerel coğrafyaya da hizmet ediyordu. Gazeteler yerel haberlere ilişkin köşe yazılarına (*akhbār mahalliya*) ver veriyor; Filistin'deki diğer şehirlerdeki muhabirlerin raporlarını yayımlıyor; güneydeki Gazze'den kuzeydeki Akka'ya kadar tüm Filistin kasabalarından ve köylerinden gelen haberleri öne çıkarıyordu. Örneğin merkezi Kudüs'te bulunan *el-Münadi* gazetesi, güney Filistin şehirleri Lida, Ramallah, Beytüllahim ve Gazze'den gelen haberlere düzenli olarak yer veriyordu. Daha sonra basının, yerli Filistin kimliğinin oluşmasına ideolojik yollarla da katkıda bulunduğu göreceğiz.

Basının yereldeki etkileri dikkate değer olmakla birlikte, pek çok gazetenin okurlarına, imparatorluktaki vatandaş kimliğinin filizlenmesine destek vereceklerini açıkça duyurmuş olduğunun altını çizmek gerekiyor. *el-Kudüs* gazetesi yayımcısı Yuri Habib Hananya da "içinde bulunduğumuz şartlar[ın], kardeşlik tohumları ekecek, hep birlikte eşitlik için çalışacak, hedefi birbirinin farklılıklarını istismar etmek değil, vatana hizmet etmek olan bir basının inşasını gerektir[diğini]" ifade etmişti.[30] Eylül 1908'de Yafa'da kurulan "ilerici bir meşrutiyet gazetesi olan" *et-Terakki* de hedeflerini şöyle sıralıyordu: Cemaatine, vatanına ve insanlığa hizmet etmek; zihinleri aydın-

---

28 Basının "cemaati tahayyül etme"de oynadığı merkezi rol için, bkz. Anderson *Imagined Communities*. Ancak Sarah Stein de basılı kültürün etnik-milli kimlikleri her daim geliştireceği varsayımına karşı bizi uyarmaktadır. Stein, "Permeable Boundaries of Ottoman Jewry," 53.

29 *Ha-Herut*, 13 Ocak 1911.

30 *El-Kudüs*, cilt 1, sayı 1, 18 Eylül 1908, Yehoshu'a, *Tarih el-sahâfe el-'Arabiyya*'dan, 10.

latmak; halkı iktisadi değişimlere hazırlarken bu değişimlerin olumsuz etkilerini sınırlamak; kardeşlik, adalet ve eşitlik prensiplerini güçlendirmek.[31]

Eleştirel Vatandaşlar Yaratmak

Basının büyük çoğunluğu, vatandaşlığı geliştirme rolünü etkin ve eleştirel bir girişim olarak üstlenmişti. *El-İttihadü'l-Osmani*'nin yaklaşımı buna iyi bir örnekti:

> Son sayımızda, eğitimsiz kardeşlerine anayasanın yararlarını anlatmanın her hür Osmanlının sorumluluğu olduğunu söylemiştik. [...] Bugün sesini en çok duyuranlar gazetelerdir; onlar anayasanın ardından ortaya çıkan ihtiyaç ve gereklilikleri kulağıdır. Anayasanın ardından yapmamız gereken en önemli şey, gazeteler kurmaktır. Peki, nasıl gazeteler istiyoruz? Bugünkü gazetelerin çoğu gibi ticaret ve edebiyatın değil; benliğin ıslahatını hedefleyen gazeteler.[32]

El-Filistin'e göre ise, gazetelerin köylülere ulaştırılması, gazetelerin kendine atfettiği bilgilendirici ve eğitici rolün başlıca gerekliliğiydi. Köylüler, imparatorlukta meydana gelen olaylardan haberdar oldukça ve bu "kendilerini Osmanlı olarak tahayyül etme"lerini sağladıkça; yeni vatandaşlar olarak siyasi haklarını öğreneceklerdi.[33]

Aslında, oy verme hakları ve usullerine ilişkin bilginin aktarılmasında, aday kürsülerinin ve mali desteklerinin açıklanmasında ve 1908'deki mebus seçimleri için beklentileri oluşturmada basının merkezi bir rol oynadığını daha önce de görmüştük. Basın, İstanbul'daki meclis tutanaklarını düzenli olarak yayımlayarak, yerel idari ve genel meclislerin oturumlarını raporlarına yer vererek meşrutiyet hükümetini hem görünür hem de okurları nezdinde anlaşılabilir kılmayı sürdürdü. Hükümetin şeffaf ve hesap verebilir olmasına ilişkin talepler o kadar kuvvetliydi ki, bir gazete tamamen şeffaf olma çağrısı yapmış; emniyetin tuttuğu haftalık vukuat kayıtlarını ve tutanakları, şehir konseyinin bilançosunu, yerel yönetime ait tüm siparişlerin listesini talep etmişti. "Böylece halk, neyin kendisine ait olduğu, kendisinin neyle yükümlü olduğunu bilebilecekti."[34] Vilayetin resmi gazetesi *Kudüs-ü Şerif* gibi hükümet yanlısı gazeteler sürekli eleştiriliyordu. "Bizim gazetemiz kimseye iftira

---

31 Yehoshu'a, "Sahifata *el-Terakki* wa-*el-Filistin*."
32 "Anayasadan Sonra Ne Yapmamız Gerek," *el-İttihadü'l-Osmani*, cilt 1, sayı 37. Benzer bir hissiyat Halep gazetesi *Lisan-i Ahali*'de de dile getirilmişti. Watenpaugh, *Being Modern in the Middle East*, 54.
33 Yehoshu'a, *Tarih el-sahâfe el-'Arabiyya*, 18-19.
34 *En-Necâh*, 8 Nisan 1910.

atmamış; asla taraf tutmamıştır. Bizim işimiz (basitçe), hükümetin kararlarını halka iletmektir,"[35] diyerek bu suçlamalara karşı kendini savunmak zorunda kalmıştı.

Meşrutiyet basınının hükümet yetkilileri ve konseyleriyle ilişki kurmadaki temel aracı, adı Arapça basında *kitâb meftûh*, İbranice basında *mikhtav patuah* olan "açık mektuplardı." Açık mektuplarda, gazete editörleri ve vatandaşlar seçilmiş ve atanmış yetkililere sesleniyor, cevap talep ediyor, politika değişikliği önerilerinde bulunuyor; hatta bazı durumlarda suçlamalarda bulunarak halkla dalga geçiyorlardı. Örneğin 1911 yazında *el-Filistin* gazetesi, Yafa kıyılarını vuran, pek çok evi ve binayı yerle bir etmekle kalmayıp, Yafalı tüccarların elli bin kasa portakalının da ziyan olmasına neden olan fırtınayla ilgili mebus Ruhi el-Halidi'ye bir açık mektup göndermişti. *El-Filistin*, Yafa'nın yıllardır hükümetten yeni bir liman istemesine rağmen taleplerinin göz ardı edilmesinden şikayetçiydi. Mebusun konuya ilişkin fikrini soran ("Sizin bu husustaki görüşünüz nedir Halidi? Hükümete bir öneriniz var mı?") açık mektupta, Halidi'nin şehrin ihtiyaçlarını karşılamaktan sorumlu olduğu ancak bunda yetersiz kaldığı açıkça belirtilmişti: "Aziz mebusumuz," Yafa'ya yeni bir liman yapılması için devam eden mücadelemizde "artık söz sizde."[36] Gazete için röportaj yapılan Halidi her hafta soruları çekingen bir şekilde yanıtlamış, İtalyanların Libya'yı işgaline karşı yürütülen savaş sırasında liman meselesine yeterince önem vermediği için kendisini eleştirmiş, "aziz milletimizin güvenini boşa çıkarmayacağının" sözünü vermişti.

Kudüs gazetesi *el-Münâdî* ise, on dört aylık kısa yayın hayatında onlarca açık mektup yayımlayarak diğerlerini gölgede bırakmıştı. Bu mektuplar genellikle valiye, genel meclise ya da şehir meclisine hitaben yazılmış oluyordu. Ancak gazete, Filistin'de çeşitli kasabalarda görev yapan başsavcıya ve Kudüs emniyet müdürüne yazılmış açık mektuplara da yer veriyordu. Bazı örneklerde, açık mektup yetkilinin ya da ilgili meclisin halka yanıt vermesini sağlıyordu. Örneğin, Mebus Hafız es-Said'in yanıtı, *el-Münâdî* gazetesinin baş sayfasından yayımlanmıştı. Benzer bir şekilde, Kudüs emniyeti de *el-Münâdî*'nin kendisine yönelik suçlamalarına yanıt vermek, sicilini savunmak zorunda kalmıştı.[37]

Hayfa merkezli gazete *el-Kermil* de hükümetten yetkilileri göreve çağırmış; Ajloun'daki yeni vali muavinini meşrutiyet rejimini anlamamakla eleştirmişti. Akka mebusu Şeyh Esad Şukayri'yi, Tiberya'nın vali muavinini ve Kudüs'ün eski

---

35 *Kudüs-ü Şerif*, 22 Aralık 1908.
36 *El-Filistin*, 14 Aralık 1911.
37 Örneğin, bkz. *el-Münâdî*'den Valiye: 9 Temmuz 1912; 14 Ocak 1913; 13 Ocak 1913; Şehir Meclisine: 12 Şubat 1912; Savcılara: 15 Ekim 1912. Gazeteye gelen yanıtlar için, bkz. 8 Mart 1913; 3 Nisan 1913.

valisini de, Siyonizmi standard hukuki usullere ve Osmanlı devletinin çıkarına aykırı bir şekilde yaygınlaştırmakla suçlamış; yereldeki yetkililerin ve seçkin ailelerin ahlaksızlıklarını kınamıştı.[38] Yerel yönetimin kamu güvenliğini sağlamada başarısız olmasını eleştiren çok sayıdaki makalenin ardından, Nasıra'nın vali muavini Emin Abdülhadi, *el-Kermil*'in editörü Necib Nassar'ın, Nasıra'yı sınır komşusu Cenin'le karıştırdığını, kendi yetki alanında yalnızca üç eşek çalınırken Cenin'de yalnızca son üç ayda yetmiş cinayetin işlendiğini iddia ediyordu. Abdülhadi, Nassar'dan mektubunu yeni basın yasasının 21. maddesi gereğince "ilk sayfada ve ön planda" yer alacak düzeltmeyle birlikte yayımlamasını talep ediyordu. Hemen akabinde yazdığı mektupta Abdülhadi, eğer kendisi sürekli gazetenin hatalarını düzeltecekse bunda genel bir hayır olmadığını söyleyerek gazeteyi eleştiriyordu. Buna cevaben Nassar, insanların sorgulanmaktan korkması sebebiyle gerçekleşen pek çok cinayetin yetkililere bildirilmediğini söyleyerek gazetesinin iddialarını savunmuş; aynı zamanda hükümetin tıpkı Abdülhadi'nin yaptığı gibi gazetesini ciddiye almasını umut ettiğini söylemişti.[39]

Ancak, yetkililere meydan okunması konusunda basın özgürlüğünün önünde engeller vardı. Pek çok yerde gazeteler kapatılmış, editörlere dava açılmış; çoğu hapsedilmiş ve para cezasına ya da başka cezalara çarptırılmıştı. Böylesi bir durum, *ha-Tsvi*'nin "Polis İstiyoruz!"[40] başlıklı, epey kışkırtıcı bir makale yayımlamasının ardından gerçekleşmişti. Makale, kamu güvenliğinin eksikliğini ifşa ediyor ve Kudüs'ün yalnızca on altı polisi varken, ondan sadece beş kat büyük olan Roma'nın dört bin polisinin olmasından şikayet ediyordu. Bu eksikliğe dikkat çeken makalenin yazarı Itamar Ben-Avi, polis teşkilatının Yahudi ve Hıristiyanlardan oluşturulmasını talep ediyordu. Filistin'deki güvenlik sorunlarının basında sıkça yer almasına rağmen, Ben-Avi'nin makalesi görünmez bir sınırı ihlal etmiş ve hükümete karşı kabul edilemez bir kışkırtma olarak görülmüştü. Makale, polis emriyle hem Arapçaya hem de Osmanlıcaya tercüme edilmişti; *ha-Tsvi* gazetesi de çıkarıldığı mahkemenin ardından üç haftalığına kapatılmıştı.[41]

Açık mektup aynı zamanda okurlara seslenmenin—bilinçli bir yaratma, adlandırma, seçilen bir manşet altında belli bir grubu öne çıkarma ediminin—de aracı olmuştu. Pek çok örnekte bu edim emperyal bir nitelik kazanıyordu: Örneğin *el-İttihadü'l-Osmani* ve başka gazeteler açık mektuplarında "tüm Osmanlılara,"

---

38 *El-Kermil*, 24 Ağustos 1912; 28 Ağustos 1912; 3 Eylül 1912; 7 Eylül 1912; 14 Eylül 1912; 21 Eylül 1912.
39 *El-Kermil*, 21 Eylül 1912.
40 *Ha-Tsvi*, 1 Ağustos 1909. Bu konuda daha önce, 20 Ocak 1909'da da bir yazı yayımlanmıştı.
41 *Ha-Herut*, 4 Ağustos 1909; 16 Ağustos 1909.

"Osmanlı kardeşlerimize" ve "vatandaşlara" sesleniyordu. *El-Münâdî*'nin "Filisinlilere" başlığıyla yayımladığı mektup gibi, yerli halka seslenen açık mektuplar da vardı. Bazı mektuplar da "Kudüslülere" hitap ederek, müşterek bir sivil birim olarak şehri öne çıkartıyordu.[42] Bu farklı okur kitleleri, birbiriyle örtüşen bağlantıların eşmerkezli çemberleri olarak görülebilirdi: Hiç kimse sadece Yafalı ya da sadece Filistinli, Osmanlı ya da Hıristiyan değildi. Herkes aynı anda hepsine birden sahipti; açık mektubun içeriği ve tınısı da bu farklı bağlılıklar arasındaki gerilimleri öne çıkartabiliyordu.

Grup ve "biz" olmaktan gelen bu bağlamsal özdeşliğin bir diğer örneği de, Sefarad Yahudisi gazetesi *ha-Herut'un* birbiriyle örtüşen gruplardan bahsederken İbranice kelime *"umah"* (millet, halk) kelimesini kullanmasıydı. Bu gruplar, etnodilsel (İspanyol Yahudileri), etnodinsel (yerelde ya da tüm dünyadaki Yahudiler); şehirli-bölgesel (Filistin halkı) ve şehirli-emperyal (Osmanlı milleti) gruplardı. Benzer bir biçimde Ladinodaki *nacion* (millet) ve *pueblo* (halk) kelimeleri bazı cemaatlere uyarlanmıştı; Arapçadaki *ümmet* ve *vatan* kelimeleri çoğu kez hem yerel hem de emperyal, dinsel ve cemaatsel anlam taşıyordu. Başka bir deyişle, "halkın sesi" gerçekte pek çok sesi, pek çok halkı niteliyordu.

Cemaatler Arası Rekabet I:
Cemaat Hakları İçin Bir Platfrom Olarak Basın

Osmanlı İmparatorluğu'nun son dönemindeki çokdilli basın, imparatorluktaki farklı unsurlara ve onların yeni siyasal düzen içinde değişen rollerine ilişkin yoğun bir ilgi göstermekteydi. Bu ilgi, çoğu zaman farklı cemaatlerin Osmanlıcılık projesine ortak katılımına vurgu yapan kısa duyurular şeklinde ortaya çıkıyordu. Örneğin 1908 yılının sonbaharında, İbranice gazete *ha-Tsvi*, Ermeni örgütü Ermeni Devrimci Federasyonunun (EDF) dış saldırılara ve içerideki meşrutiyet karşıtlarına karşı imparatorluğu savunmak için kırkbin Ermeninin canlarını ortaya koyduğunu açıkladığı bir duyuru yayımladı. EDF, hükümetin nakde ihtiyacı olması durumunda, Ermenilerin iki milyon Osmanlı lirası yardımda bulunmaya hazır olduğunu da söylüyordu. *Ha-Tsvi*, Osmanlıca basının "sadık Ermeniler"i yüceltme konusunda hemfikir olduğunu da belirtiyordu.[43] Balkan Savaşı sırasında *el-Münâdî* gazetesi, okurlarına Yahudi din adamları ve âlimlerin, imparatorluğun düşmanlarına karşı zafer kazanmasının şerefine kasabalarındaki Yahudi işçileri iş bırakmaya, dükkan sahiplerini sinagogdaki dua sırasında dükkanlarını kapatmaya çağırdığını bildir-

---

42 Örneğin *el-Münâdî*, 15 Temmuz 1912 ve 24 Nisan 1913 ve *el-Nefir*, 12 Mart 1912.
43 *Ha-Tsvi*, 27 Ekim 1908.

mişti. *El-Münâdî* bu tavırları ve vatansever hisleri için Yahudi cemaatine de alenen teşekkür etmişti.[44]

Aynı şekilde, pek çok gazete de Osmanlı ordu fonuna bağış toplanması için düzenli olarak çağrıda bulunuyordu. Bağışçıları yaptıkları bağış miktarıyla birlikte açıklamak, gazetelere vatansever faaliyetleri alenen övme fırsatı vermiş, aynı zamanda şehirdeki gazete okurları arasında bağış rekabetinin oluşmasını da sağlamıştı. Örneğin *en-Necâh* gazetesi, Osmanlı donanmasının gönderdiği, Rum Patrikine ve papazlarına hem "vatansever bağlılıkları" (*hamiyye vataniyye*) hem de yaptıkları yüklü bağışa karşılık yazılan teşekkür notunu da yayımlamıştı. Bu not, Kudüs'teki diğer dini vakıfları ve din adamlarını, vatansever bağlılıklarını benzer bir biçimde sergilemeleri yönünde teşvik eden bir güven ifadesiyle sonlanıyordu. 1910 yılının başında gerçekleşen bir başka vakada ise, *Ha-Herut* Osmanlı donanmasına yaptığı hatrı sayılır bağıştan dolayı Osman el-Naşaşibi'ye teşekkür ederken, yaptıkları bağışlarının toplamı el-Naşaşibi'ninkine denk olan dört Yahudi bağışçının da ismini anıyordu. Bu bağlamda, *ha-Herut*'un Yahudi bir tiyatro grubunun Shakespeare'nin eserlerini Şam'da, gelirleri Osmanlı ordusuna gidecek şekilde sergilediğinde okurlarını bu etkinlikten haberdar etmesi, Şam'ın kültürel yaşamından söz etmenin ötesinde, vatansever çabalara toplu Yahudi katkısını da vurgulama amacını da taşıyordu.[45]

Başka bir deyişle, diğer cemaatlere dair kısa duyurular ve imparatorlukta konuşulan farklı dillerden yapılan tercümelerle aktarılan hikâyeler hakkında basında yer alan yazılar, safça bilgilendirici, dostane biçimde rekabetçi ya da kışkırtıcı biçimde zorluydu. Osmanlı meşrutiyet sistemi yalnızca bir bütün olarak "Osmanlı vatanı" için değil; tüm etnik, dini ve dilsel gruplar için de önemliydi. Devrim sonrası imparatorluğun hızla değişen ortamında tüm etnik-dinsel gruplar, endişeyle ve aceleyle harekete geçiyorlar, kendi cemaatlerinin yeni siyasal ve toplumsal düzende geri kalmaması için strateji oluşturmaya çalışıyorlardı. Aslında, hızla değişen hiyerarşi içinde cemaatlerinin konumunu korumak (ya da yükseltmek), cemaatler arasındaki rekabeti Osmanlıcılık söyleminin önemli ve gizli bir eğilimi haline getirmişti. Haklar ve imtiyazlar, yalnızca Osmanlıcı vatandaş kimliğinin mutlak standartlarına göre değerlendirilmiyordu; her grup, kendini bir başka etnik ve dini grupla kıyaslayarak da şekilleniyordu.

Bu nedenle gazete, "rakipleriyle aşık atmak" için sıklıkla anayasa ve yeni siyasal haklarla ilgili haberlere yer veriyordu. Örneğin, devrimden yalnızca birkaç hafta

---

44 *El-Münâdî*, 11 Kasım 1912.
45 Bkz. 12 Mart 1909; *el-Paradizo*, 16 Mart 1909; *ha-Herut*,18 Mayıs 1909, 28 Ocak 1910, 2 Şubat 1910, 8 Nisan 1910 ve 11 Nisan 1910; *en-Necâh*, 21 Nisan 1910. Osmanlı ordusuna bağış toplanması için verilen ilanlarda *el-Kud*üs'ta yayımlanmıştı, 5 Nisan 1910.

sonra, daha sonra Ladino ve İbranice gazetelerin de editörlüğünü yapacak genç bir Yahudi gazeteci olan Avraham Elmaliach devrime bağlılık yazısı yayımlamış; bu yazıda basın özgürlüğünün, yalnızca Osmanlı İmparatorluğu'nun rönesansının değil, aynı zamanda Yahudilerin bu değişimdeki katkısının bir ölçütü olduğunu savunuyordu. "İmparatorluğumuzun Yeniden Doğuşu" (Rebirth of Our Empire) başlıklı yazısında, "Vatanımız yeniden doğmaktadır [...] İnsanoğlunun en değerli varlığı özgürlüktür; bize bahşedilen ve vatanımızın iyiliği için olan her şeyi yaklaştıran özgürlüklerden Türkiye'de [metinde aynen] yaşayan Yahudi kardeşlerimiz de nasiplenecektir [...] (Basın özgürlüğü sayesinde) Haklarımızı talep edeceğiz; böylece onlar da gören gözler, işiten kulaklar olduğunu unutmayacaklar."[46] Aslında özgür ve gelişen bir basının doğması, Elmaliach'ın "gören gözler, işiten kulaklar" diyerek ifade ettiği ikili bir mecburiyeti de dile getiriyordu. Basın bir yandan, vatandaşlık taleplerini destekleyerek bilgi ve istihbaratın şeffaf kaynağı olurken; öte yandan birbirleriyle rekabet halinde olan iddialara ve taleplere olanak tanıyıp onları güçlendirebiliyordu.

Filistin'deki bu mücadele, en önemsizlerden ağır çatışmalara kadar geniş bir yelpazede gerçekleşiyordu. Örneğin, Sultan Mehmet Reşat'ın tahta çıkışının birinci yıl dönümü için düzenlenen resmi kutlamalara kimlerin davet edildiği meselesi, belirgin bir siyasi ağırlık kazanmıştı. Kudüs'teki Yahudi cemaati, kutlamaya (Yahudi cemaatinin yalnızca üçte biri kadar olan) Hıristiyanlardan kırk üç kişi davet edilirken, Yahudilerden yalnızca üç kişinin davet edildiğini ifşa ediyordu. Yerel yönetimin memurlarından birine bu şikayetlerini dile getirdikten sonra, Yahudilerin, cemaatlerinin önde gelenlerinden davet edilmesini istediklerinin bir listesini yapıp teslim etmelerine izin verildi.[47] Bir diğer örnek ise, siyasi sonuçları itibariyle çok daha önemliydi. Rum Patrikhanesi, 1914 mebus seçimleri için nisbi temsilde ısrarcı olmuş; Rumlara Ermenilerle eşit sayıda mebus vaat edilmişti. Yafa hahambaşı Ben-Siyon Uziel de bir meslektaşına, "bu durum biz Yahudileri sesimizi duyurma [...] ve sayımıza göre temsilci gönderme hususunda yüreklendiriyor"[48] diye yazmıştı. 1909 yılının kışında, Ladino gazete *el-Paradizo*, idari meclise yeni atanan Yahudi vekil Haham Lieb Dayan hakkında bir yazı dizisi yayımlamıştı. Aşkenaz cemaati tarafından aday gösterilen Dayan, Osmanlıca ya da Arapça bilmiyordu ve bu nedenle, gazetenin iddiasına göre, başarısız addediliyordu. Dahası, kaba mizacı da meclis toplantılarında alay konusu olmasına neden oluyordu. Gazetenin iddiasına göre, Yahudilerin mecliste onun yerine, Yahudi haklarını savunmak için

---

46 *Ha-Haşkafa*, 7 Ağustos 1908.
47 *Ha-Herut*, 4 Mayıs 1910.
48 'Uziel'den Filistin Makamına, 21 Aralık 1913. CZA, L2/43.

savaşan, Yahudilerin şehirdeki diğer grupların önünde Dayan tarafından lekelenen "şerefini kurtarabilecek" bir başka temsilciye ihtiyacı vardı. Ayrıca gazete, "diğer halklar gibi" mecliste ikinci bir temsilci de talep ediyordu. Esasında, pek çok gazete ve hükümete müdahale etmesi beklenen belli başlı Yahudi, Kudüs'teki iki büyük Hıristiyan tarikatın her birinin idari mecliste iki (biri din adamı, diğeri halktan); buna karşılık Yahudilerin toplamda bir temsilcisinin olduğunun altını çizmekteydi. Aynı yılın baharının sonlarına doğru, şehirdeki Yahudilerin idari mecliste bir koltuk daha kazanamadığı kesinleşmişti. *El-Paradizo*, Yahudilerin haklarını yeterince yüksek sesle talep edip etmedikleri için mi, yoksa hükümetin bu talepleri dile getirmelerini engellediği için mi başarısız olduklarına dair duydukları şüpheleri yüksek sesle dile getirmişti.[49] Basın, Yahudilerin taleplerini etkin bir şekilde yüksek sesle savunmada yetersiz kalınca, *el-Paradizo* da Osmanlı Yahudileri Cemiyeti (OYC, *Agudat ha-Yehudim he-'Otomanim*) adlı yeni özel bir örgüte dönüşmüştü. Cemiyet, basın aracılığıyla propaganda, Osmanlıca ya da Arapça akşam dersleri, Osmanlı yasalarının tercüme edilmesi, hükümet görevlileriyle kulis çalışmaları, ücretsiz yasal savunma projesi ve vatandaşlık (Osmanlılaşma) güdülerinin geliştirilmesi gibi faaliyetler yürüteceğini ilan etmişti. Bir başka açıdan düşünülürse, en yoğun çalışmayı Yahudilerin yeni Osmanlı topluluğunda eşit pay sahibi olmalarını sağlamak için yürütüyorlardı. Gazetenin haberlerine göre OYC, Kudüs'te devrimden sonraki altı ayda oldukça etkindi; Yohanan Ben-Zakkai ve Ohel Moşe Sinagoglarında yaptıkları toplantılara yüzlerce Yahudi düzenli olarak katılıyordu.[50]

Bugüne kalan Ladino ve İbranice yazılı basında görebildiğimiz kadarıyla, Yahudi cemaatindeki şahıslar ya da gruplar OYC'ye cemaatlerini koruması ya da adaletsizliklerin düzeltilmesi konusunda müdahale etmesi için başvuruyorlardı. Yahudi bir fırıncının tutuklanması ve haksız yere cezalandırılmasının ardından,

---

49 *El-Paradizo*, 9 Şubat 1909; 12 Şubat 1909; 5 Mart 1909; 9 Mart 1909; 20 Nisan 1909. Ayrıca bkz. Albert Antébi'den Isaac Fernandez'e 10 Mart 1909. AAIU, İsrail-IX.E.26. Ancak 1910'da, Kudüs'teki geçici hükümet meclise bir başka Yahudinin daha aday gösterilmesini önermişti; Antébi ise bunun Hıristiyan muhalefeti kışkırtacağını düşünüyordu. Antébi'den Haim Nahum'a, 27 Şubat 1910. CAHJP, HM2/8644. Daha sonra, bir başka üye için bir yıl daha beklemelerini önermişti. Antébi'den Haim Nahum'a, 7 Mart 1910. CAHJP, HM2/8644. *Ha-Herut* ise bir sonraki yıl, hâlâ meclisteki ikinci bir koltuk için teşvik ediyordu. *Ha-Herut*, 3 Mart 1911.

50 *El-Paradizo*, 3., 9., 11., 13., 17. sayılar; *el-Liberal*, 4. ve 13. sayılar. OYC 1913'e kadar çok faal değildi; iç çekişmeler ve etnisiteden ötürü yaşanan iç çatışmalar sebebiyle 1910'da kapatılmıştı. *Ha-Herut*, 6 Ocak 1913; Doktor Arthur Ruppin'den Siyonist Faaliyet Komitesinin başkanına mektup, 24 Ağustos 1908, CZA Z2/632. Bkz. *Va'ad ha-zmani* ve David Yellin'in mektupları, 17 Eylül 1908, CZA, A153/140; *ha-Haşkafa*, 26 Eylül 1908; *ha-Poel ha-Tsair*, Mayıs 1909; *ha-Herut*, 6 Temmuz 1909 ve 11 Haziran 1909.

el-Halil'li Sefarad avukat Malchiel Mani, OYC tarafından "şehrimizdeki Yahudi halkının çıkarlarını tek kuruş almadan müdafa etmek," "insanlar kanunları bilmediği için" Yahudi cemaatini her gün karşılaşılan adaletsizliklerden korumakla görevlendirilmişti.[51] OYC tarafından dağıtılan bir el ilanı, bu hukuki destek biriminin kurulması için bağış topluyor; meşrutiyet devrine geçiş ile ortaya çıkmış olan belirsizlik ve savunmasızlık hissine hitap ediyordu. "Hanginiz, sevgili kardeşlerim, Kudüs'te Yahudi bir avukata ihtiyaç duymuyorsunuz?" diye soruyor; Kudüs'teki Yahudi cemaatinin büyümesinden ve bu büyümeden duyulan memnuniyetsizliğin arttığından bahsediyordu. OYC'nin üyelerine söylediği gibi, "burada acı çekiyoruz çünkü bizim için dava açacak güçte ya da yetenekte hiç kimsemiz yok. Canımızı ve malımızı savunacak; bize yapılan saldırıları cezalandıracak; her durumda haysiyetimiz için savaşacak kimsemiz yok."[52]

Tepeden inme eşitlik denemesi döneminin sonrasında tüm cemaatlerin vatandaşlık statüsü için rekabet ettiği bu atmosferde, bazı cemaatlere tanınan ayrıcalıklar bile yeni oluşmakta olan Osmanlı siyasal topluluğunun devredilemez haklara sahip olduğu izlenimini veriyordu. *El-Paradizo*, Mart 1909'da gerçekleşmiş bir olayı "Yahudilerin şerefi!" ("Honor de los judios!") manşeti altında aktarıyordu: OYC Yahudiler Purim bayramı için mehter takımının gelmesini talep etmişti; zira mehter takımı bir önceki Hıristiyan bayramı için gelmişti. Haberi yazan gazeteciye göre bu talebin arkasında yatan neden, "böylece bizler Hıristiyanlardan daha az sayılmamış olacağız. Bizler bu şehirde sayıca onlardan daha fazlayız [...] İleri, kardeşlerim! Biraz daha dirayet gösterirseniz, her şey daha iyi olacak. Şerefimizi kurtarmak her şeyden önce gelir!"[53] düşüncesiydi.

Bir başka örnekte ise, askerlikten muafiyet vergisini ödeyemeyen Yahudi yoksullarının Osmanlı askerlerinden kötü muamele görmesi üzerine, cemiyetin liderleri askeri karargâhlara şikâyette bulunmuş, hemen akabinde askerler Yahudilere "şeker gibi" davranmışlardı. Ancak OYC'nin "kırmızı not kağıdını" iptal ettirmeye yönelik sayısız çabaları yıllar boyunca başarıya ulaşamadı.[54] İstanbul'daki hahambaşı

---

51 *El-Paradizo*, 23 Mart 1909.

52 AAIU, İsrail-IX.E.26.

53 *El-Paradizo*, 12 Mart 1909. Daha önce de, Kasım 1908'de cuma günü Müslümanlar, pazar günü Hıristiyanlar için çalan bandonun, Yahudileri cumartesi günü müziksiz bıraktığı bir şikayet dilekçesi verilmişti. Gazetede belirtildiği gibi, "Bunu gören Kudüs'te yalnızca Müslümanlar ve Hıristiyanlar var sanardı!" *Ha-Tsvi*, 10 Kasım 1908. Gazetede daha sonra yayımlanan bir habere göre de bando, Osmanlı marşı ve İbrani ve Hasedik melodilerden oluşan Purim için çalmıştı. *Ha-Tsvi*, 7 Mart 1909.

54 *El-Paradizo*, 16 Mart 1909. Yafa limanına yanaşan Yahudilere, pasaportlarını değiştirmeleri karşılığında kırmızı bir kağıt verilmişti; bu, üç aydan daha fazla kalmalarını engelliyordu,

Haim Nahum'la birlikte OYC, Yahudilerin Kudüs'teki Kutsal Kabir'e çıkan yolda yürümelerini ve el-Halil'deki Patriarklar Mağarası'ndan beş adımdan fazla çıkmalarını engelleyen geleneğin değişmesi için dilekçe vermişti. Bir başka olay da, üç Yahudi serseri üç hafta hapis cezasına çarptırıldığında yaşanmıştı. OYC'nin bu Yahudiler adına müdahale etmesi, mahkeme başkanının "bu Yahudi cemaatinin gözümüzü korkutmak için kurulduğu" iddiasıyla birlikte cezaları üç haftadan üç aya çıkarmasına neden olmuştu.[55]

Bu noktada OYC, Siyonist hareketle özdeşleştirilmişti. Hemen akabinde, 1910'da Siyonist olmayan Yahudi cemaati içindeki konumunu, meşruiyetini ve yerel yönetimin takdirini kaybetmişti. Albert Antébi örgütü dağıtmış, "bu Yahudi Osmanlı Filistinlilerinin cemiyeti, tek bir Yahudi'nin vatandaşlığa alınmasını ya da tek bir mahkumun serbest bırakılmasını sağlamaktan âcizken; antisemitizm'i körüklemektedir,"[56] demişti. İbranice gazete *ha-Herut*'da yayımlanan son derece iğneleyici başyazıda "Otomani," örgütü "kindar Müslümanlarla karşı karşıya getirmekle" suçluyor ve "bu nedenle, pek çok Osmanlı Yahudisi adına, OYC'nin bundan böyle Kudüs'teki tüm Yahudi Osmanlı halkı adına konuşma hakkı ve yetkisinin olmadığını ilan ediyorum," diyordu. 1910 yılının yazında da OYC yasadışı ilan edilmişti.[57]

OYC'nin hızlı düşüşüyle birlikte, Yahudi basını "tıpkı diğer Osmanlılar gibi" hakları için başka kanallar aramaya koyuldu.[58] Ladino ve İbranice gazeteler, imparatorluğun hahambaşı Haim Nahum'a ve Osmanlı meclisindeki diğer dört Yahudi mebusa hitaben yazılmış, onları hükümete müdahale etmeye çağıran açık mektuplara sıklıkla yer veriyordu. Ancak basın giderek Osmanlıcılığın yetersizliklerinin izlenmesine ve belgelenmesine daha ağırlıklı yer veriyordu.

Cemaatler Arası Rekabet II:
Osmanlıcılığın Barometresi Olarak Basın

Tarihçi Palmira Brummett'in İstanbul'un hiciv basını üzerine yaptığı etkileyici çalışma, yeni rejime yönelik beklentilerle rejimin eksikleri arasındaki uçurumu belgelemede hicvin rolüne dikkat çekiyor. Brummett'in iddiasına göre, devrimci

---

ancak pek çok Yahudi (sayıları ayda bin ile iki bin arasında değişen göçmenler) pembe kağıtlarını tutmuş, pasaportlarını asla teslim etmemiş ya da dönmek için rüşvet ödememişlerdi.

55 Antébi'den Franck'e, 19 Kasım 1909. AAIU, İsrail-IX.E.27.
56 Antébi, *L'homme du Serail*, 371.
57 *Ha-Herut*, 4 Şubat 1910; *ha-Herut*, 24 Ağustos 1910.
58 *Ha-Herut*, 25 Haziran 1909.

döneme dair "ciddi basında" yer alan hevesli değerlendirmelerin aksine, örneğin hiciv gazetesi *Kalem* "devrimci kaos ve meclisteki huzursuzluğu"[59] resmediyordu. Diğer hiciv gazeteleri de, yeni rejime dair hayal kırıklıklarını dile getiriyordu. Filistinli basın da benzer, belki daha samimi bir tonla, devrimci dönem boyunca yapılan reformların "ihlallerini" ya da yetersizliklerini dile getiriyor ve kınıyordu. Bunlar, genellikle iktidara karşı—yerel Osmanlı memurlarına ya da seçilmiş aracılar üzerinden başkentteki hükümete karşı—harekete geçme çağrısıyla son eriyordu. Örneğin, Yafa merkezli *el-Akbar* gazetesine yakın olan bir âlim endişelerini "hükümet yetkililerinin işlediği hayırlar ve günahlar, özgürlük ve karşıt icraatlar, reformların iflası"[60] olarak resmetmişti. Diğer gazeteler de benzer işlevler görmekteydi.

Devrimden sonraki ilk birkaç ay içerisinde, basın suistimalleri ve eski rejimden kalma unsurları belgelemekteydi. Ladino basın, "hürriyet öncesindeki zamana"[61] dönüşe hayıflanıyordu. Esasında, Filistin'deki Osmanlı Yahudi cemaati, hürriyetin ve Osmanlı devriminin başarısını kendini diğer dini cemaatlerle karşılaştırarak değerlendiriyordu. 1909 yılında, devrimin sınırlı etkisinin Yahudi cemaatinin durumunu iyileştirmediğine dair sıkıntılar Kudüs basınında daha çok yer bulur olmuştu. 1909 sonbaharında yaşanan iki olay ise, Kudüs'teki Yahudi cemaatini çatırdatmış ve Osmanlıcılığın temel öncüllerinin sorgulanmasına neden olmuştu.

Ekim ayında, Çardaklar Festivali için el-Halil'e gelen Yahudi bir ziyaretçi, Yahudilerin beş basamaktan öteye geçmesinin yasak olduğu Patriarklar Mağarasının beşinci basamağını yanlışlıkla geçmesi üzerine öldürülmüştü. Bu olay, Yahudilerin gerçek hürriyetten henüz yararlanamadığının kanıtı olarak Yahudi gazeteciler arasında büyük bir öfkeye neden olmuştu. Bu vakanın yaşanıp yaşanmadığı kesinleşmemişti; ancak hükümetin Yahudinin öldürülmesi ve ortadan kaybolmasını araştırması için görevlendirdiği heyete el-Halil'deki hahambaşı Süleyman Mani tarafından böyle bir olayın gerçek olmadığı söylenmişti. Buna rağmen *ha-Herut* Yahudi şahsın öldürüldüğünü iddia ediyor; hahambaşını bu fırsatı Yahudilerin mağaraya girişine ilişkin yasağın kaldırılmasını talep etmek için kullanmamakla eleştiriyordu.[62]

Yaklaşık aynı zamanlarda, Şlomo adındaki sarhoş, Eski Kudüs Şehrinde evsiz bir Yahudi de polise hakaret etmiş, bu nedenle tutuklanmış ve o esnada yoldan geçmekte olan bir Arap ve polisler tarafından dövülmüştü. Polis, Şlomo'nun İslama

---

59 Brummett, *Image and Imperialism*, 9.
60 Yehoshuʻa, "Al-sihafa al-ʻArabiyya," 38.
61 *El-Paradizo*, 16 Mart 1909.
62 *El-Liberal*, 15 Ekim 1909; *el-Liberal*, 15 Kasım 1909.

hakaret ettiğini, karakola getirildiği zaman bir gözünün şişmiş ve kapanmış olduğunu söylemişti. Sefarad basını bu olaya büyük bir öfkeyle yer vermişti:

> Tüm bunlardan sonra bile, bazıları herkesin hür olduğunu düşünebiliyor. Herkesin eşit haklara sahip olduğunu söyleyenler, komşularımızla kardeşçe yaşadığımızı iddia edenler var [...] Bu kabul edilemez! Türkiye'de [metinde aynen] anayasa ilan edildiğinde, hürriyet çığlıkları duyulduğunda, o kadar mutluyduk ki, nihayet biz de [...] nefes alabileceğimiz zannettik [...] [ancak] durumumuz daha da kötüye gitti! Evet, daha da kötüye! Eskiden hiç değilse hayatlarımız emniyettteydi; çıkarlarımız ayaklar altına alınmıştı; haysiyetimiz çiğnenmişti. Şimdi ise, bize hakaret ediyorlar; kötü muamele görüyoruz; her gün bizi ayaklar altına alıyorlar; her gün "hürriyet" adı altında bize iftira atıyorlar![63]

Aynı gün, *ha-Herut*'ta "İşte Kardeşlik ve Özgürlük" başlıklı iğneleyici bir eleştiri yayımlanmıştı; yazıda Yahudilere karşı yapılan ayrımcılık eleştiriliyor, yeni düzenin vaat ettiği tam eşitlik talep ediliyordu:

> Herkes biraz daha beklememizi, durumumuzun iyiye gideceğini söylüyor. Artık yeter! Bütün halklara din ya da ırk gözetmeksizin, eşitlik bahşedilmesinin ardından bir buçuk yıl geçti. Özgürlük, eşitlik ve kardeşlik sözleri on beş aydır büyük umutlar vaat ediyordu; ancak her güzel şey gibi geçip gitti [...] bizim durumumuz günden güne kötüleşiyor çünkü biz "Yahudiyiz" [...] Neden sesimizi yükseltip dava açmıyoruz?

> Eğer vergimizi ödeyip sorumluluklarımızı yerine getiriyorsak, askere gidip vatan için canımızı feda ediyorsak, hükümetin bahşettiği haklardan da faydalanmalıyız [...] Sessiz kalamayız—hükümetin olan biteni soruşturmasını ve dava açmasını talep ediyoruz. Her şey yolunda gider, hükümet bizi korursa, canımızı etrafımızı saran kitlelerden korumuş olur. Böylece biz de biliriz ki, eşitlik ve kardeşlik boş laftan ibaret değildir; bize yasalarla ve fiilen bahşedilmiştir.[64]

Ha-Herut'un öfkesi zamanla bu kadar büyümüştü; Hamid rejimi sonrası düzenin beklentileri karşılamada yetersiz kalmasına ilişkin daha geniş kapsamlı memnuniyetsizlikleri de yansıtıyordu. Yahudiler, ülkedeki emniyet eksikliğinden, yerel yönetimin düzen sağlamadaki dehşet verici başarısızlığından etkilenen ya da endişe duyan tek grup değildi. Aslında bu emniyet eksikliği (hırsızlık, saldırı, cinayet ve tecavüz vakalarının artması) Filistin basınının sürekli dile getirdiği bir

---

63 Moise Cohen, "Intolerable!" *el-Liberal*, 5 Kasım 1909.
64 *Ha-Herut*, 5 Kasım 1909.

meseleydi. *El-Kermil*'de ve diğer gazetelerde sıkça rastladığımız şikayetler bunun en iyi örnekleriydi.⁶⁵

Yahudi cemaati yeni dönemin eksikliklerine ilişkin memnuniyetsizliklerinde yalnız olmadığı için, basın bize cemaatler arasında artan rekabetin ifadesini ve gelişimini anlamamız için bir pencere sunuyor. Meşrutiyet döneminde cemaatler arasındaki rekabet eskiden gelen nefretlerin ifadesinden ziyade, Osmanlıcılık merceğinden süzülerek şekillenmişti. Cemaatler arasındaki gerilimler, özellikle vatandaşlık ve göreli imtiyazlardan gelen yeni haklar ve yükümlülükler etrafında şekillenerek gazetelerin sayfalarında yerini alıyordu. Müşterek vatandaşlık ve milliyet dili, daha karmaşık bir gerçeklikle yan yanaydı: Müslümanlar ve gayri Müslimler, statükonun değişmesi için sundukları zoraki katkıdan dolayı tepkililerdi ama aynı zamanda komşularının zoraki katkı sunma konusundaki isteksizliklerini de sorguluyorlardı.

Bu karmaşık durumun mükemmel bir örneği, herkes için geçerli, zorunlu askerlik hizmetiydi. 1909'a kadar, yalnızca Müslümanlar Osmanlı ordusuna alınıyordu ve askerlik hizmeti büyük bir yük olarak görülüyordu. Sağlıklı genç erkekler, kötü beslenme, hastalık, geç ya da eksik maaş ve berbat koşullar altında imparatorluğun ücra köşelerinde silahaltına alınıyordu. Geride kalan ailelerinde ise, çalışan ve eve ekmek getiren kimse kalmıyordu; evden ayrılmış oğulların akıbeti hakkında belirsizlik hâkimdi.⁶⁶ İmparatorluğun Yahudi ve Hıristiyan erkek tebaasının da askerlikten muafiyet vergisi ödemeleri gerekiyordu. Bu vergi, bireylere değil, cemaatlere çıkarılıyordu: Her *millet*, cemaatlerindeki toplam erkek sayısına göre vergilendiriliyor; cemaatlerin liderleri genel hesabı yaparken yoksullara mali destek sağlıyordu. *Bedel*in (*askeriyye*) ciddi bir mali yük olarak görülmesine rağmen, askere alınmaya kıyasla tercih edilebilir olduğu aşikardı.

Devrim sonrası döneme hâkim coşkuyla birlikte, Osmanlı ordusu devrimdeki ve hürriyet getirmedeki rolünden ötürü yüceltilirken, Osmanlı halkı vatandaşlıktan gelen haklarıyla birlikte sorumluluklarını da üstlenmeye razıyken, herkes için zorunlu askerlik de değişen imparatorluğun sloganlarından biri olmuştu. Herkes için zorunlu askerlik, toplum mühendisliğinin, imparatorluğun çokdilli cemaatlerini Osmanlılaştırmanın ve türdeş hale getirmenin bir aracı olarak görülüyordu.

---

65 Basında, güvenlik sorunun artmasına ilişkin haberler yer alıyordu: *Havatselet*, 11 Aralık 1908; *el-Liberal*, sayı 8 (Şubat 1909); *el-Liberal*, 30 Temmuz 1909; *Ha-Herut*, 2 Ağustos 1909; *ha-Herut*, 27 Ağustos 1909; *el-Kermil*, 25 Eylül 1912. Ayrıca bkz. Antébi'den AIU'ya, 18 Nisan 1909, AAIU, İsrail-IX.E.26; Antébi'den AIU'ya, 2 Mayıs 1909, AAIU, İsrail-IX.E.26.

66 Osmanlı'da askerlik hizmetinin korkunçluğunun tasviri için bkz. Zurcher, "Between Death and Desertion."

Kamusal söylem herkes için zorunlu askerliği, imparatorluğu müdafa etmenin müşterek külfeti ve gayri Müslim cemaatlere bahşedilmiş çok sayıdaki imtiyazların sona erdirilmesi olarak görüyordu.

Başta Osmanlı Yahudi cemaati mensupları olmak üzere, pek çok gayri Müslim için zorunlu askerliğe destek vermek Osmanlıcılığa, imparatorluğa, gayri Müslimlerin Osmanlı siyasi topluluğuna sorumlu katılımına destek vermenin ölçütü haline gelmişti. Osmanlı milletine şerefli bir iştirakti; yalnızca görev değil, tüm Osmanlı vatandaşlarına bahşedilen bir imtiyazdı.[67] Askerlik hizmeti kısa bir sürede, her etnik-dini cemaatin Osmanlıcılığa katkısının ölçütlerinden biri olmuştu. Pek çok açıdan, zorunlu askerlik birleşmeden ziyade, cemaatler arasındaki rekabetin kaynağı haline gelmişti.

Bir yandan herkes için zorunlu askerlik has "Osmanlıcılığın" gereği olarak yüceltilirken; öte yandan Osmanlı hükümetinin kendisi herkesin askeri alınması ve bunun imparatorluğun mezhep ve etnik yapısı bakımından statükoya etkileri konusunda ihtiyatlıydı. Resmi makamlarda, imparatorluğun şüpheli sayılan azınlıklarını, özellikle Ortodoks ve Ermeni cemaatlerini, silahlandırma ve eğitme hususunda ciddi bir direnç vardı.[68] Ayrıca, askere alınma meselesi seçimlerde temsil hususundaki çatışmaları yeniden alevlendirme ihtimali de barındırıyordu. Meclisteki bir tartışmada, gayri Müslimlerin nüfuslarına orantılı sayılarda asker göndermesi talep edildiğinde, Rum mebuslar mecliste benimsenmeyen nisbi temsil ilkesinin ordu için de geçerli olamayacağını savunmuşlardı.[69]

Osmanlı meclisinde aylar boyunca süren tartışmaların ardından, meclis nihayet Mayıs 1909'da herkes için zorunlu askerliği oylamaya gitmişti.[70] Ancak bazı pratik hususlar, askerliğin uygulanabilirliğini ve cazibesini sınırlayacaktı: Osmanlı bütçesi, gayri Müslim cemaatlerden silahaltına aldığı yeni askerleri eğitmenin maliyetini kaldırabilecek durumda değildi. Meclis gayri Müslimlerden alınan bedel vergisinin kaybedilmesinin imparatorluğun bütçesi için ciddi bir eksiklik olmaya başlamasıyla, temmuz ayında bu konudaki tartışmaları yeniden gündeme getirdi. Her yıl bütçeye bir milyon liranın üstünde gelir sağlayan bedel vergisi, imparatorluk hazinesi için oldukça önemli, düzenli bir gelir kaynağıydı. Yalnızca Kudüs vilayetinde, 1907-8 yıllarında toplanan *bedel* taşradan gelen toplam gelirlerin yüzde

---

67 Örneğin bkz. *Havatselet*, 13 Kasım 1908.

68 Hıristiyanların aksine Yahudiler, bu dönemdeki gayri Müslim grupların içinde "en sadık" olanlar kabul ediliyorlardı. Bkz. Rodrigue, "Mass Destruction of Armenians and Jews."

69 "Türkiye'den [metinde aynen] Mektuplar," *ha-Olam*, 8 Haziran 1909.

70 Bkz. *Takvim-i Vekâyi*.

5,7'sine denkti (12.416 Türk lirası); 1909-10 mali yılının sonunda ise toplam yerel gelirlerin yüzde 9'una ulaşmıştı; bu da, nakit sıkıntısı yaşayan imparatorluk için hiç de azımsanabilecek bir oran değildi.[71]

Herkese zorunlu askerliğin siyasal ve iktisadi etkileri nedeniyle, ilk gayri Müslim askerler 1910'a kadar göreve başlayamadı. 1910 yılından sonra, meclis askerlik hizmetinin farklı veçhelerini tartışmaya devam etti. Gayri Müslimlerin silahaltına alınması sorununa ek olarak, mebuslar dini âlimlerin, öğrencilerin, Peygamber ve Osmanlı sultanları soyundan gelenlerin muaf tutulmasını tartışıyorlar; askeri reformları ve toplum mühendisliğinde askerlik hizmetinin rolünü sorguluyorlardı. Bertakis Efendi adlı bir mebus, yasayı ilginç bir yorum getirerek eleştirmişti: Dini âlimler askerlikten muaf tutulmamalıydı çünkü özgürlük ve eşitlik günlerinde çobanı sürüden ayırmak hayli zordu; askerler görevlerini yerine getirirken de evlerine daha iyi evlatlar olarak dönebilmeleri için eğitime tabi tutulmalıydı. Askerlerin büyük iklim değişimlerinden kötü etkilenmemeleri için imparatorluk iklime bağlı olarak üç bölgeye ayrılmalıydı. Peygamber soyundan geldikleri iddia edilen şerifler ve *seyidler*, eskiden beri askerlikten muaf tutuluyordu. Mekke valisi meclise gönderdiği yanıtta, Muhammed'in kendisinin asker olduğunu, bu nedenle onun soyundan gelenlerin böyle bir muafiyeti olmadığını iddia ediyordu. Ayrıca mebus Sıdkı Bey ve Basfi Bey de, Osmanlı soyundan gelenlerin yeni yasaya tabi olmadığı takdirde "eşitliğin" hiçbir anlamı olmadığını savunuyordu.[72]

Kısmen İstanbul'un kesin bir politika üretmemesi nedeniyle, askerlik meselesi pek çok karmaşanın ve yanlış bilginin kaynağı haline gelmişti. Sonuç olarak, yerel basın halk için önemli bir aracı haline gelmişti. Yahudi basını yeni yasa, muafiyet düzenlemeleri, tıbbi muayenelerin tarihleri, askere çağrılma tebliğleri ve usuller hakkında çok sayıda makale ve habere yer vermişti.[73] Hükümet, cemaatler arasındaki herhangi bir karmaşaya mahal vermemek için, vali, bölge kumandanı, askeri

---

71 Şekiller için bkz. *ha-Herut*, 14 Temmuz 1909, Kushner, "Ha-dor ha-aharon," 30 ve Ben-Gurion, "Erez-Israel." Gayri Müslimlerin, Ağustos 1909'da resmi olarak kaldırılana kadar, h. 1325 (1909-10) yılı için *bedel* vergilerini ödemeleri gerekiyordu. *Ha-Herut*, 2 Ağustos 1909. Ancak Şubat 1910'da, gayri Müslimlerin o yıl için askerlikten muafiyet vergilerini ödemeleri gerekiyordu. *Ha-Herut*, 16 Şubat 1910.

72 *Ha-Herut*, 3 Mayıs 1910.

73 Teoride, yirmi ile kırk yaş arasındaki bütün Osmanlı erkeklerinin, din farkı gözetmeksizin, Osmanlı ordusuna katılması; faal görev, yedek, bölgesel ya da yerel muhafız olarak görev yapması gerekiyordu. *El-Liberal*, 27 Ağustos 1909; *ha-Herut*, 25 Ağustos 1909; 12 Kasım 1909; 7 Eylül 1910; 23 Kasım 1910. Dini liderler, öğrenciler ve öğretmenler muaf tutuluyordu. *El-Liberal*, 6 Ağustos 1909. Tıbbi muafiyetler de detaylı olarak anlatılmaktaydı: *Ha-Herut*, 7 Mart 1910 ve 3, 5, 10, 15 ve 24 Şubat 1911.

sevkiyat komutanı, nüfus kâtipleri, din adamları ve halkın önde gelenlerinden oluşan askerlik başvurusu ve celp komisyonları oluşturmuştu, "böylece adaletsizliğe izin verilmeyecek, her şey kanuna göre düzenlenecekti."[74] Celp komitesinin üyelerinden biri olan Albert Antébi, "muafiyet hakları açısından Müslümanlar ile eşit olma mücadelesi vermenin" önemli olduğunu yazıyordu. Yine de celp süreci çok karmaşık ve verimsizdi; sık sık haksızlıklar, yetersizlikler ve sömürülerle ilgili şikayetler geliyordu.[75]

Bu yeni durumu müzakere etmek için müşterek çıkarlara sahip olan Filistin'deki Yahudilerle Hıristiyanlar arasında, askerlik meselesi etrafında geçici bir dayanışma oluşmuştu. Mayıs 1909 gibi erken bir dönemde, Kudüs'teki Roman Katolik *milleti* Yahudi liderlerini ordu hizmetini tartıştıkları cemaat toplantısına davet etmişti. 1909 yılının sonunda ise, Yahudiler ve Hıristiyanlar tarafından, askeri meselelerle ilgilenmek ve nüfus kayıtlarını acilen güncellemek amacıyla on altı kişilik bir komite oluşturulmuştu. Kudüs'ten ortak temyizler gönderiliyordu; Yahudi ve Hıristiyan mebuslar da Harbiye Nezaretiyle kulis çalışması yürütüyordu.[76] Dahası, gayri Müslim dini liderler ayrı birimler kurulmasını, askerlik hizmetinin Kudüs'te yapılmasını ve yeni taleplerin bir kısmını karşılayabilecek imtiyazlar için bastırıyordu. Örneğin, imparatorluğun hahambaşı Haim Nahum, askerliğin Yahudi cemaati üzerindeki olumsuz etkisini azaltmak için uğraşıyordu; Yahudi askerler için koşer yiyecek ayırıyor, dini bayramların tatil edilmesi, Yahudi askerlerin halihazırda Yahudi cemaati bulunan bölgelere atanması için uğraş veriyordu. Nihayetinde Harbiye Nezareti, ayrı birimler kurulmasını askerlik yasasının ruhuna aykırı olduğu gerekçisiyle reddetmişti. Böylece Yahudi ve Hıristiyan askerler özel imtiyazlardan yararlanamamış oldu.[77]

---

74 *El-Liberal*, 3 Eylül 1909. Ayrıca bkz. *ha-Herut*, 10 Aralık 1909.

75 Antébi'den AIU'ya, 10 Eylül 1909. AAIU, İsrail-IX.E.27. İbranice basında yer alan bir hiciv oyunu da askere kabul süreçleriyle alay ediyordu. Oyunda memurlar, (askere alınamayacak kadar) yaşlı bir Yahudi adamın ve (askere alınamayacak kadar genç) küçük bir çocuğun itirazlarını duymayı reddediyordu. *Ha-Herut*, 13 Aralık 1909.

76 *Ha-Herut*, 18 Mayıs 1909; 1 Kasım 1909; 31 Aralık 1909; 8 Ocak 1910; 29 Mart 1910.

77 "Türkiye'den Mektuplar," *ha-Olam*, 8 Haziran 1909; *el-Liberal*, 24 Eylül 1909; *Ha-Olam*, 6 Temmuz 1909; *Ha-Herut*, 29 Kasım 1909 ve 3 Aralık 1909. İlk başlarda Yahudi askerlere Yahudilerin evlerinde helal yemek yeme izni verilmesine rağmen; 1910 yılının kışında Harp Nezareti Müslüman ve gayri Müslim askerler arasında ayrım yapmanın yasak olması sebebiyle Yahudi askerlerin diğer askerlerle birlikte yemesine karar vermişti. *Ha-Herut*, 23 Kasım 1910. Daha sonraki bir haberde de, askeri doktorların müdahalesi nedeniyle, askerlerin ayrı bir tencereden yemesinden ziyade, kendi sefertaslarını getirmelerine karar verildiğinden söz ediliyordu. *Ha-Herut*, 14 Aralık 1910.

İlk başta vatana hizmet edecek olmanın heyecanını haykırmış olsalar da, zamanla Osmanlı ordusuna dair romantik kahramanlık imgesinin yok olmaya başlamasıyla, pek çok gayri Müslim genç, sağlıkları açısından ve maddi olarak külfetli bir kuruma katılma konusunda tereddüt ediyordu. Bu nedenle basın, ikili bir işleve sahipti: Hem bir vatandaşlık görevi olarak askerlik hizmetini teşvik eden ve cemaatin imparatorluğa bağlılığını ilan eden bir kürsü işlevi görüyor hem de Yahudi gençlere göç etmemelerini, gerekirse askerlik hizmetinden kaçmalarını salık vererek bu bağlılığın sınırlarını açığa vuruyordu. Örneğin Mayıs 1909'da, *ha-Herut* "Bizler her daim anavatana ve aziz hükümetimize bağlı kalmış olan Yahudileriz. Yasaların buyurduğu kutsal görevimizi yerine getirmek boynumuzun borcudur," diye duyuruyordu. Gazete, özellikle Yahudi genç erkeklerinin Arapça ve Osmanlıca bilmemesi nedeniyle böylesi bir yeniliğin zor olacağını ancak Yahudilerin "kanlarını son damlasına kadar vatan için feda edeceklerini"[78] yazıyordu.

Yahudi basını, Osmanlı vatandaşlık projesiyle askerlik hizmeti görevi arasındaki bağı alenen pekiştiriyordu. Basın, ilk celplerin arifesinde, genç erkeklere Osmanlı *anavatanını* ve Osmanlı ümmetini düşünmelerini tembihliyordu: "Kardeşlerim! Tembellik etmeyiniz; silahları omuzlayıp aziz vatanımız için tüm bedenimizle çarpışmak boynumuzun borcudur; çünkü barış hepimizin barışı olacaktır."[79] Nissim Behar da yazısında okurlarına sesleniyor; hürriyetin gelmesinden kıvanç duyanların, özgür vatandaşlar olarak özgür vatanlarına hizmet etmeleri gerektiğini hatırlatıyordu. "Ve bizler, Osmanlı Yahudileri, şimdiye kadarki kanunsuzluk yüzünden yerine getiremediğimiz vatan görevimizi tüm kalbimizle kıvanç duyarak yerine getireceğiz."[80] Osmanlı ordusuna katılan Yahudi gönüllüleri, 1909 karşı devriminin Yahudi savaş kahramanlarını, hatta tüm dünyadaki kahraman Yahudileri yücelten vatansever yazılar yayımlanıyordu. Bu bağlamda yazılan pek çok yazı, Rusya'da hiçbir sivil hakka sahip olmadan Rus ordusunda görev yapmış Yahudilerin, meşrutiyet imparatorluğunun ordusunda görev yapmalarının çok daha anlamlı ve zaruri olduğunu hatırlatıyordu.[81]

Nihayet Şubat 1910'da, ilk gayri Müslim birlik İstanbul'daki orduya katıldı. Filistinli Yahudi basını, bu askerleri yerli gençlere örnek olacak "Yahudi öncüler" olarak yorumlama fırsatını kullandı. Bir gazetenin belirttiği gibi, "başkent duygu seli yaşıyordu;" her kesimden insan yaklaşık bin gayri Müslim askerin "vatani gö-

---

78 *Ha-Herut*, 18 Mayıs 1909.
79 *Ha-Herut*, 29 Eylül 1909.
80 "Military Service and the Jews," *ha-Herut*, 22 Ekim 1909.
81 Bkz. *ha-Herut*, 18 Ağustos; 20 Ağustos; 3 Eylül; 8 Aralık 1909 ve 16 Eylül 1910.

revini" icra etmesini görmek için gelmişti.⁸² Dahası, askere alınmalarıyla birlikte Yahudi ve Hıristiyan gençliği yalnızca sözde değil, fiiliyatta da eşitliği tecrübe etmiş oldu. Basında yer alan habere göre, aynı cuma akşamı Hıristiyan, Yahudi ve Müslüman askerler birlikte yemek yemiş; devrimin kardeşlik, eşitlik ve birleşik Osmanlı milleti vaatlerini hep birlikte gerçekleştirmişlerdi (ancak haberde, her askerin kendi çıkınından yediğinden bahsedilmişti ki bu da Yahudi askerlerin haram saydığı yiyeceklerden ödün verilmediği anlamına geliyordu). Sonrasında, Şam'daki vatansever bir örgütün Hawran şehrindeki çatışmada yaralanan elliden fazla Yahudi askeri ziyaret ettiğine ilişkin haberler yayımlanmıştı.⁸³

Ancak zaman geçtikçe Filistin'deki Yahudi basını da, Yahudi gençler arasında giderek artan, Osmanlı üniformasını gönüllü olarak giymeye karşı direnci kabul etmek zorunda kaldı. Eylül 1909'da Kudüs'teki gayri Müslim erkeklerin kaydında, 1.953 isim kaydedildi. Bu isimler arasında yaklaşık 600 Yahudi vardı. Ancak düzenli olarak basında yer alan haberlere göre, son çağrılar yapıldığı zamanlarda, celbedilen gençlerin büyük bir kısmı teslim olmamış ya da isteğe bağlı muafiyet vergisini ödemişti; bir kısmı da askere alınmamak için yabancı ülke vatandaşlıklarını kullanmıştı.⁸⁴ İlk celpler ve incelemeler sırasında, yerel bir gazeteye verilmiş bir ilan askere gitmek için kayıt yaptıran tüm Aşkenaz, Sefarad, Mağribi ve Yemenli Yahudi genç erkeklere, "içler acısı durumlarını" iyileştirmek için akıl almak üzere Şlomo Eliach'ın evine gitmeyi salık veriyordu. Aslında her hafta onlarca Yahudi ve Hıristiyan genç Filistin'i, yüzlercesi "Büyük Suriye'yi" terk ediyordu. Osmanlı hükümetinin göç edenlere karşı tehditleri bile göçleri durdurmaya yetmemişti. Göç edenleri müdafa eden bir yazıda, gençlerin vatanseverlik terbiyesi almadıkları için suçlanmaması gerektiği; ülkede kalmalarını ve askerlik yapmalarını ancak böyle bir terbiyenin sağlayabileceği iddia ediliyordu.⁸⁵

---

82 *Ha-Herut*, 16 Mart 1910.

83 *Ha-Herut*, 6 Kasım 1910.

84 *El-Liberal*, 10 Eylül 1909. Örneğin Yafa'daki celplerden birinde, muayeneye çağrılan on yedi gencin yalnızca üçü gelmişti. *Ha-Herut*, 18 Şubat 1910. Ayrıca bkz. *ha-Herut, 1 Aralık 1909*.

85 Bkz. *ha-Herut*, 13 Ağustos 1909; 29 Eylül 1909; 20 Temmuz 1910; 21 Eylül 1910; 21 Kasım 1910. İngiliz konsolosluk belgelerine göre de, 1910 celbinde çağrılan altmış Hıristiyanın yalnızca yirmisi vergilerini ödemiş, on beşi kaçmıştı; otuz altı Yahudinin de onu vergisini ödemiş, on tanesi kaçmıştı. Konsolos Satow'dan Yabancılar Ofisine, 23 Eylül 1910. Eliav, *Britain and the Holy Land*, 90. Hükümet, askerlikten kaçan gençleri ve onlara yardım edenleri ağır para cezalarıyla ve iki misli görevle (üç yıl yerine altı yıl) tehdit ediyordu. *Ha-Herut*, 2 Şubat 1910 ve 2 Ocak 1911.

Hal böyleyken, askerlik hususunda kurulan geçici Hıristiyan-Yahudi işbirliği 1910 baharında alenen rekabete dönüştü. İstanbul'daki askerlerin vatanseverliğini ve kardeşliğini övme hususunda, İbranice gazete *ha-Herut*, Hıristiyan-Arap gazetesi *el-İnsâf*'tan tercüme edilmiş bir makale yayımlamıştı. Makale, Kudüsteki Yahudi cemaatini askerlik hizmetinden muafiyet kazanabilmek için yerel tıbbi denetimden kaçmakla suçluyordu. Buna karşılık, Yahudi gazetesi de bu ithamın karşısındaki öfkelerini dile getirmişti; Yahudi cemaatinin imparatorluğa sadakatinden ve derin bağlılığından söz etmiş, meşrutiyet rejimiyle kendilerine bahşedilen haklara ve kanunlara bel bağladıklarını ifade etmişti. "Otomani," (Osmanlı) Yahudi cemaatini, yeni basın yasasının 17. ve 19. maddelerine dayanarak Arap gazetesini dava etmeye teşvik ediyordu. "Yüreğinde vatan sevgisi yatan her namuslu Yahudiyi göreve çağırıyorum; bu gazetenin editörünün söylediklerini kanıtlamasını; kanıtlayamıyorsa da Yahudilerin şerefi için kanunen yargılanmasını talep etmek kutsal görevinizdir," diyordu. *Ha-Herut*'un editörü de bu öneriyi desteklemiş; Yahudi cemaatinin ticaret, sanayi ve eğitimdeki üstünlüğünü kıskandığını düşündüğü editörü kovmuştu. "Hükümet Yahudileri iyi tanıyor çünkü onlar en az Hıristiyanlar kadar devlete bağlıdır."[86]

Aynı zamanda, Kudüs'teki Aşkenaz Yahudilerin *muhtarı* Mendel Kremer de Hıristiyan gazetenin asılsız suçlamalarından şikayetçi olmak için askeri soruşturma komitesi başkanına gitmişti. İddiaya göre, başkan Hıristiyan basının Yahudilerin kaçtığına ilişkin suçlamaları reddetmişti. *Ha-Herut*'un editörü de, suçlamalara ilişkin editöre dava açılması için OYC aracılığıyla resmi adımlar atılmasını talep etmişti: Bu noktada, *el-İnsâf*'ın Hıristiyan editörü özür dilemiş; Yahudi cemaati kendisine karşı dava açmazsa bir sonraki sayıda açıklamalarını geri alacağını vadetmişti. Biraz yatışan *ha-Herut*, karşı tarafının editörünün sözünü tutması halinde, kendisini affedeceklerini söylemiş ancak "sözünü tutmazsa, ona öyle bir dava açacağız ki, bütün hasımlarımız Yahudilerin her konuda mahkemeye gidebileceğini duyacak ve bilecek. Bunu görmeyen duymayan kalmayacak,"[87] diye yazmıştı. Birkaç gün sonra *ha-Herut*, *el-İnsâf*'ın ilk baştaki suçlamalarını okurlarına seslendiği kısa bir notla geri aldığını bildiriyordu: "Bu arada, Yahudi gençlerin, doktorları, gözlerine tütün yaprağı koyarak kandırdığına ilişkin haberlerimiz hakikatten uzaktır."[88] Buna karşılık Yahudi gazetelerin editörleri, Arap editörün "hakikati gördüğü" için mi yoksa cezadan korktuğu için mi böyle davrandığından" emin olmadıklarını fakat suçlamaları geri çekme taleplerini dikkate almış olmasından memnun olduklarını dile getirmişlerdi.

---

86 *Ha-Herut*, 9 Mart 1910.
87 Agy.
88 *Ha-Herut*, 14 Mart 1910.

İlk başta yayımladığı haberleri resmen geri almasına rağmen *el-İnsâf*, imparatorluktaki Yahudi nüfusunu yücelten bir başyazı yayımlamış; bu yazının bazı kısımları da *ha-Herut*'da yeniden basılmıştı. Eğer Yahudi editörler bu yazının dilini aşırı ağdalı ya da alaycı bulsaydı, şu açıklamayı yapmazlardı:

> Yüce Osmanlı İmparatorluğu'ndaki bütün halklar, anayasayı çölde susuz kalmış bir adam gibi karşılamıştı. Herkesin yüzünde kardeşlik ve eşitlik sevinci vardı. Ancak Türkiye'nin [metinde aynen] bütün halkları içinde İsrailoğulları milleti, eşi görülmemiş kutlamalarla karşılamıştı. Bizler bir kez daha Yahudi kardeşlerimizi, ellerinde hürriyet bayraklarıyla pazaryerlerinde ve sokaklarda gördük. Evleri ışıklarla süslenmişti; her Yahudi evinin kapısı ve penceresi muazzam bir biçimde ışıklandırılmıştı. Yüzlerindeki eşitlik ve kardeşlik sevinci muazzamdı. Ancak bu onlar için yeterli değildi; gayri Müslim gençler askeri birliğe çağrıldıklarında, tüm yaşlı ve gençler, onların diğer kardeşleriyle eşit olmalarını sağlayan anayasayı büyük bir sevinç ve heyecanla karşılamış, askeri karargâhın önüne yürümüşlerdi. Askerlik için ilk muayenede hasta olduğunu iddia eden Yahudi gençlerinin bile, ikinci muayenede gerçekten hasta çıkmasıyla muaf edilmiş olmaları tam bir mucize. Diğer tüm kardeşleri gibi Yahudiler de, onları Osmanlı olarak yarattığı için Allah'a şükrediyorlardı.[89]

1910 sonbaharında, Kudüs'ten Yahudi ve Hıristiyan gençler celbedilmeye başladığında, aralarındaki anlaşmazlıklar kısa bir süreliğine durdu. On yedi Hıristiyan ve on bir Yahudi gencin askere alınması, gerçek bir Osmanlıcılık anı olarak görülmüştü—üç bin Kudüslü, askerleri uğurlamak için tren istasyonuna gitmişti; komutan askerlerin "vatani görevleri" hakkında bir konuşma yapıyordu. Bando vatansever marşlar çalıyordu; askerlerin ailelerinin, kardeşlerinin, çocuklarının sesleri topluca göğe yükseliyordu. Yerel bir Yahudi gazete bu anı şiirsel bir dille şöyle ifade etmişti: "Ve siz, aziz askerler! Aziz vatanımıza bağlı, güçlü ve cesur askerler olarak, devletin barışı için mücadele edin; çünkü barış hepimizin barışıdır. Dinimize ve kutsal Tora'mıza bağlı kalın; Osmanlı kardeşlerinizle birlikte kardeşlik ve arkadaşlık içinde olun ki adlarınız şad edilsin ve Kudüs sizi yüceltsin!"[90] Aslında askerlerin adları yerel gazetede gururla yerini alırken; askere gitmek yerine *bedel* ödemeyi tercih edenlerin adları ise utanç listesi olarak yayımlanmıştı.

Yahudiler Osmanlı ordusuna alındığından beri, Yahudi cemaati, kendileri için bir faaliyet ve hareketlenme dalgası başlatmıştı. Cemaat, fakir askerleri ve ailelerini desteklemek ve Kudüs'e gelen Yahudi askerlere koşer yemek sağlamak için bağış

---

89 Agy.
90 *Ha-Herut*, 21 Eylül 1910.

toplayan gayri resmi komiteler oluşturmuştu.[91] Basın, Yahudi Osmanlıcılığının kanıtı ve yerel Yahudi halka emsal olarak gösterdiği Osmanlı ordusundaki Yahudiler hakkında haberlere yer vermeyi sürdürüyordu.[92] 1911-13 yılları boyunca, Hawran ve Kerak Bedevileriyle çatışmalar, Libya'da ve Balkanlar'daki savaşlar, Osmanlı ordusunun asker ihtiyacını ve gayri Müslim cemaatler üzerindeki imparatorluğa olan bağlılıklarını kanıtlama yönündeki baskıları artırmıştı. Özellikle Hıristiyan cemaatleri, sadık Osmanlı vatandaşları olduklarını kanıtlama ihtiyacı duyuyorlardı. Hıristiyanlara yönelik şüpheler, Filistin'deki Yahudi vatandaşlara kendi bağlılıklarını öne çıkarmak için muazzam bir fırsat sunmuştu. Yahudi basını, cemaat önderliği hususunda kendi üzerine düşeni yapıp Yahudi gençlere Osmanlıca dersi sağlamak için girişimlerde bulunuyordu; böylece onlar da orduda yükselebilecekti. Dahası, askerlikten kaçan gençlere karşı halkın eleştirisi büyüyordu; zira muafiyet oranının yüksek olması "Yahudi cemaatini onurlandıramazdı."[93] Balkan Savaşları zamanında Yahudi basını, Yahudilerin "kalplerinin derinliğinde yatan vatan sevgisi için"[94] orduya gönüllü olarak yazılmalarını savunmuştu. Osmanlıca basında yer alan, Yahudilerin savaşa katkı sunmadıklarına ilişkin haberler, İbranice basında sert bir dille eleştirilmişti. Dahası, hahambaşı Yahudi cemaatlerinde duyurulması için şöyle bir not yayımlamıştı:

> Sevgili kardeşlerim! Aziz vatanımız tehlikededir. Vatanımıza savaş açmış düşmanlar, onurumuzu ayaklar altına almak istiyor! Tüm Osmanlı milleti ırk ya da din farkı gözetmeksizin, vatanı, namusunu, evlatlarını korumak için tek vücut olup buna karşı koymaktadır [...] Vatanımızın içinde bulduğu bu zor zamanlarda, bize kutsal bir görev düşüyor: Devletimize ona ne kadar şükranla bağlı olduğumuzu, onun için sonsuz fedakarlıklar yapabileceğimizi, hepimizin milletimizin ve vatanımızın namusunu korumak için elinden geleni yapacağını göstermek.[95]

---

91 Bkz. *el-Liberal*'deki haberler, 10 Eylül 1909; 19 Kasım 1909; *ha-Herut*, 25 Aralık 1909; 22 Nisan 1910; 10 Ağustos 1910; 19 Eylül 1910; 10 Ekim 1910; 28 Ekim 1910; 31 Ekim 1910; 10 Aralık 1910; 11 Ocak 1911. Bir cemiyetin adı da, Öncü Birlikler ve Asker Eşlerine Yardım Cemiyetiydi.

92 Bkz. örneğin, *ha-Herut*, 9 Kasım; 25 Kasım; 13 Aralık ve 28 Aralık 1910.

93 *Ha-Herut*, 13 Ocak 1911; *ha-Herut*, 22 Şubat 1911. Basın, Yahudilerin yüzde 75'inin askerlik kaydı yaptırmamış olmasından yakınıyordu. Daha sonraki haberler de, Osmanlılaşmış Avrupalı Yahudilerin çocuklarının Osmanlı vatandaşlığını kaybedip yabancı ülke vatandaşlığına başvurduğunu doğruluyordu. Levontin'den Wolffsohn'a, 3 Nisan 1911. CZA Z2/644; Sokolow'dan Jacobsohn'a, 12 Ekim 1912. CZA Z3/43.

94 *Ha-Herut*, 29 Ekim 1912.

95 "The Love of the Jews for their Homeland," *ha-Herut*, 24 Şubat 1913.

Hahambaşının açıklaması, 1912-13'te gayri Müslimlerin durumunun kırılganlığının altını çiziyordu. Bu durum, hem kendi aralarındaki gerilimleri artırmış hem de Osmanlıcılık projesinin cebelleştiği gerçek kısıtları ortaya çıkarmıştı. Yereldeki isimsiz bir Hıristiyan gazetesi, Yafa'da çalışan ve orduda görev yapmak için gönüllü olan Yahudi bir doktorun, bunu aslında maddi kazanç elde etmek için yaptığını ileri sürmüştü. Yafalı bir "Osmanlı Yahudisi" savunmasında, bu suçlamaların "alışılmış Hıristiyan kıskançlığından ibaret" olduğunu söylemiş; Hıristiyanlarının bunu "kendi doktorları Mısır'a kaçtığı bir dönemde" yaptığını iddia etmişti. İsimsiz yazar, kendinden emin bir tavırla "şüphesiz ki, Doktor Moyal kendilerini dava edecektir,"[96] diyordu.

Cemaatler Arası Rekabet III:
Antisemitizm, Anti-Siyonizm ve Basın Savaşları

Aslında 1910-14 yılları boyunca Müslümanlar, Hıristiyanlar ve Yahudiler, Osmanlı'daki sansürü ve adalet sistemini, rakiplerininkinin aksine kendi faaliyetlerinin Osmanlıcılıkla uyumlu olduğunu kanıtlamak için bir araç olarak kullanmıştı. Askerlik meselesine ek olarak daha pek çok hususta, Osmanlı basınında Yahudi, Hıristiyan ve Müslüman yazarlar, editörler ve sıradan vatandaşlar arasında karşılıklı suçlamalar yaşanıyordu; taraflar birbirini şahsi, düzeyde, cemaatler düzeyinde ve emperyal düzeyde hakaret ve iftirayla suçluyordu. Davalar genellikle yalan haber, iftira ya da Osmanlı milletini bölme suçlamalarıyla açılıyordu.[97]

Örneğin *ha-Herut*'un editörü Haim Ben-'Atar, 1912 yılının sonunda yayımladığı iki kısa yazı nedeniyle mahkemelik olmuştu: Yazılardan birinde, İtalyanların işgal sonrasında Trablusgarp'a içme suyu getirdiğini iddia ediyordu. Diğerinde ise, İtalya, Avusturya ve Rus hükümetlerinin daha fazla Osmanlı toprağını işgal etme planlarının olduğunu savunuyordu. Ben-'Atar'ı sorgulayan hâkim, "halk ruhunu bölen yalan haberleri" neden yayımladığını sormuştu. Ben-'Atar da cevaben gazetesinin "kendini vatana ve devletin bekasına adamış bir Osmanlı gazetesi olarak sorumluluğunu yerine getirdiğini;" yalnızca Avrupalı basının imparatorluk hakkında ne yazdığını göstermek için tercüme makaleler yayımladığını söylemişti.[98] İki ay sonra, *ha-Herut* editörlerinin aynı ay içinde dördüncü kez hâkim önüne

---

96 "Jews in the Army! Jews in the War!" *Ha-Herut*, 1 Kasım 1912.
97 Örneğin, 1910 yılının kışında Şimon Moyal, seksen Türk lirası para cezasına ve *el-Ahbar*'ın müftü hakkında yazdığı tenkit yazısı nedeniyle ceza alan Hıristiyan yayıncısıyla birlikte bir ay hapis cezasına çarptırılmıştı. *El-Nafir*'den yapılan tercüme de *ha-Herut*'ta yayımlanmıştı, 21 Kasım 1910. Bir başka tercüme için bkz. *el-Kermil*, 16 Kasım 1912.
98 *Ha-Herut*, 26 Aralık 1912.

çıkarıldığını yazacaktı. Sansür kapsamındaki benzer suçlamalarla başka editörler de mahkemeye çıkarılıyordu.

Filistin'deki "basın savaşlarının" merkezinde, diğer meselelerden çok daha fazla Siyonizm yer alıyordu. Yalnızca dava konusu olmakla kalmıyor; gazeteler arasında halka açık ve eşi görülmemiş bir diyaloğa da neden oluyordu. Tarihçi Raşid Halidi'nin kapsamlı araştırmasının gösterdiği gibi, 1908 ile 1914 yılları arasında, önde gelen on Arapça gazetede en az altı yüz antisiyonist makale yayımlanmıştı.[99] Bu makaleler, (demografik tehdit olarak) Yahudi göçüne, (bölgesel tehdit olarak) toprak alımına ve (ideolojik ve siyasi tehdit olarak) bağımsız bir Yahudi vatanının kurulmasına ilişkin Siyonist ideolojiye karşı muhalefeti örgütlüyordu. Bu makalelerin Filistinli topluluk bilincinin oluşmasındaki önemine başka çalışmalarda değinilmiştir; ancak Siyonizm üzerine olan basın savaşlarının genellikle Osmanlıcılık üzerinde gerçekleşen, cemaatler arası bir çatışma olarak yorumlandığını belirtmek oldukça önemlidir. Yahudilere göre, Hıristiyan ve Müslüman gazetelerden gelen eleştiriler, Osmanlı milletini bölmeyi amaçlıyordu. Aynı şekilde, Hıristiyan ve Müslüman eleştirmenlere göre de, Siyonizm Filistinliler için tehlike arz ettiği kadar, Osmanlı devletinin birliğine de aykırıydı.

Daha 1909 yılının ilkbaharında, Kudüslü iki Ladino gazetede, Yafa gazetesi *el-Asmaî*'de yayımlanan bir makaleye ilişkin yorumlara yer verilmişti. Bu yorumlarda, Genç Osmanlıcı şair İsaf el-Naşaşibi'nin "Yahudilerin haysiyetiyle oynadığı" ima ediliyordu. El-Naşaşibi'nin asıl makaleleri kayıptı; ancak çölde kalmış bir Yahudiyle ilgili kısa bir hikâye ve karikatür yayımlamanın yanı sıra, el-Naşaşibi'nin Filistinli Yahudilerin Kudüs'teki Müslüman ve Hıristiyan entelektüeller arasındaki kültür rönesansına ilgisiz kalmasına ilişkin şikayetlerini de dile getirmiş olduğunu biliyoruz.

> Onlar (Yahudiler), yok edilmiş bu dili (Arapçayı) canlandırmaya yardım etmelidir [...] çünkü onlar bu topraklarda yüreklerimizin bir olmasını dilemektedir. Ve ben onlardan, gönüllerini Siyonizm ya da Filistin'e hükmetmek gibi boş heveslerden arındırmalarını bekliyorum; bunlar gerçekleşmesi zor hayallerdir. Eğer Yahudiler bizimle iyi bir hayat geçirmek istiyorlarsa, bu hayallerinden vazgeçmeli; atalarının İspanya'da onca yıl boyunca geliştirdiği bu güzel dile saygı duyarak bizimle bir olmalıdır [...] Bu güzel dili öğreten, okullar açan Hıristiyan kardeşlerimizi örnek almalıdır.[100]

Ladino gazeteler bunu saldırı olarak görmüş; Yahudi cemaatinin "bu korkunç hasımların ağızlarını kapamak için" Arapça bir gazete kurmasını talep etmişti.

---

99 R. Halidi, *Palestinian Identity*, 123 ve Mandel, *Arabs and Zionism Before World War I*.
100 "The Beginnings of Anti-Semitism in Palestine," *el-Liberal*, 23 Mart 1909 ve *el-Paradizo*, 16 Mart 1909.

Bu gazete, Yahudileri bu saldırılara karşı savunmanın yanı sıra, "kardeşlerimizin vatana hayırlı evlatlar olduklarını ve Yahudilerin, Filistin'in iktisadi kalkınmasında ne kadar büyük rol oynadıklarını gösterecekti."[101] Arapça yazan Yahudi yazarlar Şimon ve Ester Moyal, *el-Asmaî*'nin saldırılarına karşı bildiriler hazırlamıştı.[102]

Haftalar sonra *ha-Herut*'a mülakat veren Doktor Moyal, Yahudi cemaatinin Arapça basın aracılığıyla bu söylentilere, daha da yayılmadan cevap vermesi gerektiğini savunuyordu. Aslında, çok geç olmasından korkmuştu. Daha sonra *ha-Herut*'ta yayımlanan bir makalede okurlarına "Tehlike!" diye sesleniyor; Arapça basınının "aziz Anayasanın" ilan edilmesinden sonra antisemitik makaleler yayımlamaya başlamasına dikkat çekiyordu. "Eğer önünü almazsak, İsrail toprağında yaşayan İsrail halkı da bu korkunç şeylerden, bu alçaklıktan nasibini alacaktır."[103] Moyal, Arapça yayımlanacak Yahudi bir gazete önerisinde bulunan ilk kişi değildi; ancak bu planın en kuvvetli savunucusu ve bu fikri nihayetine erdirecek kişi olabilirdi. Naşaşibi olayından bile önce, Albert Antébide Arapça-Fransızca yayımlanacak iki dilli, ılımlı, hem saltanatın ve anayasanın destekçisi hem de bölgesel ve yerel iktisadi çıkarların savunucusu olacak, "Osmanlı ve milli" bir gazete kurulmasını önermişti. Gazete Yahudiler tarafından çıkartılacak; ancak (yalnızca Yahudi şovenist çıkarlarla değil) genel çıkarlarla özdeşleşecekti. Antébi'ye göre, "Yahudilerin çıkarlarını bölgenin genel çıkarlarıyla özdeşleştirerek sömürgeleştirmemiz inbahşiş sisteminin getirmediği refahı getireceğini temin ediyoruz."[104] Muhabirlerinden biri, gazetenin genel çıkarları önemsemediğini ve masraflarının Siyonistler tarafından karşılandığını açıkladığında, Antébi Siyonistlerin Müslüman, milliyetçi ve antisemitik karşılıklar vereceğini söylemişti. Antébi, Makedonyalı, Arnavut ya da Siyonist, bütün ayrılıkçıların aynı hiddetle bastırılacağını söylemişti. Buna karşın gelecek "aydınlanmış, etkin ve adanmış bir vatanseverlikten ve Osmanlı liberalizminden geçecektir. Bütün Yahudi ve Siyonist kolonistler bunu çok geç olmadan anlamalıdır,"[105] diyerek uyarmıştı.

---

101 *El-Liberal*, cilt 1, sayı 41 (Ağustos 1909); *el-Liberal*, 23 Mart 1909.

102 Bu ilginç çift hakkında biyografik bilgi için bkz. Ben-Hanania, "Dr. Shim'on Moyal" ve Ben-Hanania, "Ha-soferet Ester Moyalu-tkufatah."

103 *Ha-Herut*, 23 Temmuz 1909.

104 Antébi'den Henri Franck'e, 2 Ağustos 1908. AAIU, İsrail-VIII.E.25.

105 Antébi'den Henri Franck'e, 4 Ağustos 1908. AAIU, İsrail-VIII.E.25. Genç gazeteci Gad Frumkin de üç dilli, İbranice-Arapça-Türkçe gazete *Ereẓ Avot/al-Waṭan/Vatan* için *ferman* bekliyordu; bu gazete de Osmanlıcı gündemin bir ifadesi olacaktı. Frumkin, *Derekh shofet bi-Yerushalayim*, 147. Frumkin gazete için izin almıştı, ancak gazete hiçbir zaman çıkmadı.

Antébi'nin çabalarına rağmen, Birinci Dünya Savaşından önceki yıllarda Filistin'deki Yahudi basınının temel hamlesi yerel basındaki antisiyonizmle baş etmekti. Editörlüğünü ve yayınını Sefaradların yürüttüğü *ha-Herut*, Arap basınını izleme ve Yahudi okurlarını Siyonizme karşı Arap muhalefetine dair bilgilendirme çabasıyla öne çıkıyordu.[106] Arapça gazetelerde yayımlanan makaleleri tercüme etmiş; "sahadan" pek çok haber yayımlamış, bu konuya gazetesinde yer ayırmıştı. Ayrıca, hahambaşına yazdıkları çok sayıda mektupta da görüldüğü gibi, yereldeki Siyonizm eleştirilerini yumuşatmak için siyasi baskı ve yasal müracatlara sıklıkla başvuruyorlardı. Aynı zamanlarda, *ha-Herut* da dikkatini Osmanlıca ve Rumca basındaki anti-Yahudi haberlere yöneltmişti. "Mutluluk ve neşe günleri geçti; gürültülü yürüyüşler sona erdi; 'Yaşasın özgürlük, kardeşlik, eşitlik!' sesleri kesildi ve dört bir yanda Yahudilere karşı kışkırtıcı sözler duyulmaya başlandı,"[107] diyerek şikayet ediyordu. Gazetedeki habere göre, "meşrutiyet hükümetinin, bunları öğretenleri ve tek ihtiyacı daha fazla birlik olmak olan özgür ülkemizde antisemitik bir hareket yaratmayı amaçlayan bu tür yazıların yayımlanmasını yasaklamasını ümit ediyoruz."[108]

Moyal, kuzeydeki yeni bir gazetenin, *el-Kermil*'in Celile'deki Siyonist kolonilere karşı kışkırtıcılık yaptığını söyleyerek *ha-Herut*'un editörlerini uyarıyordu.[109] Daha sonraki yıllar boyunca, en zorlu mücadele *el-Kermil* ile Yahudi cemaatinin ve Siyonist hareketinin temsilcileri arasında yaşanacaktı; bu mücadele de gazeteye karşı şikayetler, ardından *el-Kermil*'in bir ya da iki aylık sürelerle kapatılmaya zorlanması gibi bir döngüyle seyrediyordu. Örneğin 1909 yılının sonbaharında, Hahambaşı Haim Nahum, Dahiliye Nazırıyla birlikte gazete hakkında resmi bir şikayet dilekçesi hazırlamıştı; *ha-Herut* da okurlarını *el-Kermil*'in bilinmeyen sebeplerle yayın hayatına son verdiğini bildirmişti. Şubat ayının başında, *ha-Herut* okurlarına *el-Kermil*'in yayın hayatına geri döndüğünü söylemiş; ancak Haim Nahum bir

---

106 Bkz. aynı gazetede Jacobson, "Seferadlar, Aşkenazlar ve 'Arap Sorunu';" Efrati, *Ha-'edah ha-Sfaradit* ve Betzalel, "On the Journal 'Ha-Herut'." Aslında *ha-Herut*'un Yahudi cemaatini kendisine yönelik Arap muhalefet hakkında eğitmek için gösterdiği çabalar, Siyonist örgütün yerli şubesi Filistin Ofisinden Doktor Arthur Ruppin'i kızdırmıştı. Ruppin, *ha-Herut*'un editoryal politikasının boş yere panik yarattığını düşünüyordu. Roi, "Nisyonoteihem shel ha-mosdot ha-Ziyonim," 229-30.

107 *Ha-Herut*, 25 Mayıs 1910.

108 *Ha-Herut*, 8 Kasım 1909.

109 *Ha-Herut*, 21 Mayıs 1909. Ayrıca bkz. *ha-Herut*, 23 Temmuz 1909.

hafta sonra gazetenin, "ülkedeki halklar arasındaki mesafenin ve rahatsızlıkların kökeninde yatması"[110] sebebiyle kapatılmasını talep etmişti.

Hayfa Yahudi cemaatinin üyeleri, hahambaşının davalarını desteklemiş; *el-Kermil*'in esas amacının "etraftaki komşuların gözünde (bizi) değersizleştirmek ve kitlelerin öfkesini bize karşı kışkırtmak"[111] olduğunu savunmuştu. Diğer gazete yazıları da *el-Kermil*'i Osmanlıca basını ve İstanbul'daki kamuoyunu Yahudilere karşı kışkırtmakla; Arapça gazeteleri de yoldan çıkarmakla suçluyordu. *Ha-Herut*'un da belirttiği gibi, "*el-Kermil*'in ektiği nefret tohumları, yalnızca Hayfa'da değil, Şam'da, Beyrut'ta, Sidon'da ve Akka'da, Suriye'nin tüm şehirlerinde meyvesini vermişti."[112]

Ancak Haziran 1910'da, Necib Nassar hahambaşının açtığı son davada *el-Kermil*'i başarıyla müdafa etmiş; gazetenin insan haklarını korumak, Osmanlı birliğini ve halklarının kaynaşmasını sağlamak, yabancıların emellerine karşı hükümeti uyarmak amacıyla kurulduğunu iddia etmişti. *el-Kermil*'e göre Yahudilerin hedefleri, Osmanlı'nın ilerleyişine ve başarılarına zarar verebilirdi.[113] Savcı *el-Kermil*'in antisiyonist olduğuna ikna olmuştu; ancak bunun da, hahambaşının ve *el-Kermil*'i eleştirenlerin dediği gibi, anti-Yahudi olmaktan ziyade, Osmanlıcı bir hissiyata dayanan meşru bir siyasi konum olduğunu savunmuştu. *Ha-Herut* ise, Nassar'ın hayali bir okuyucu kitlesi (ona göre, antisemitik bir kitle) tarafından pohpohlandığını yazmıştı.

El-Kermil'in yanı sıra, Yafa merkezli *el-Filistin* de defalarca kapatılmış; bir defasında vali gazetenin "ülkenin unsurları arasına nifak tohumları ektiğini" açıklamıştı. Bu kez Dahiliye Nazareti tarafından açılmış yine böyle bir davanın ardından, *el-Kermil*, "*el-Filistin*, vatanına ve milletine bağlılık ve sadakatle hizmet eden gazetelerden biridir," diyerek güneydeki müttefikini savunmuştu. İki ay sonra, *ha-Herut*'un *el-Filistin* aleyhine başlattığı bir başka kampanyanın ardından *el-Kermil*, "Osmanlı İmparatorluğu'nun kalbinde yabancı bir hükümeti savunan Siyonist bir gazete" olan *ha-Herut*'un, "devlete hizmet edip onun varlığını, birliğini, toplumsal ve iktisadi başarısını savunan" *el-Filastin*'e saldırmasının tuhaf olduğunu

---

110 Bu nedenle Haim Nahum'un şubat ayı ortasındaki şikayetinden sonra *el-Kermil,* nisan ayının başında yayın hayatına geri dönmüş; ancak bir ay sonra tekrar dava edilmişti. Bkz. *ha-Herut,* 22 Eylül 1909; 22 Ekim 1909; 14 Şubat 1910; 4 Nisan 1910; 4 Mayıs 1910 ve 25 Mayıs 1910.

111 Tarihsiz, CZA HM2/8647.

112 *El-Kermil, el-Muktabas* ve *en-Necâh*'ı Yahudilere karşı "zehirlemekle" suçlanıyordu. *Ha-Herut,* 19, 21 ve 23 Aralık 1910.

113 *Ha-Herut,* 25 Mayıs 1910.

savunmuştu. Basın savaşları devam etti. Bir başka örnekte ise, Nisan 1913'te hükümet *el-Filastin*'i "ırklar arasında bölücülük yaptığı" gerekçesiyle kapatmıştı. Ertesi yıl mahkeme yayımladığı bir makalenin Osmanlı Yahudilerini değil, Siyonistleri ve yabancı Yahudileri hedeflediği için ifade özgürlüğü kapsamına girebileceğini iddia edince, *el-Filistin* başka bir dava için kendini başarıyla müdafa etme fırsatı yakalamıştı.[114]

Bir başka deyişle, basın, rekabetin kamusal alandaki ifadesi olmanın yanı sıra, Osmanlıcılığın kendisi için verilen savaşların da meydanıydı. Filistinli basına karşı yürütülen yasal mücadeleler, "herkesin iyiliği," milletin "birliği" ve "hayrı" söylemini merkez alıyordu. İbranice gazete *ha-Herut*, basın savaşlarındaki rolünü şu sözlerle açıklamıştı:

> Eğer milletler, özellikle kardeşlik ve arkadaşlık içinde yaşamış olan Yahudilerle Müslümanlar arasına kin ve husumet tohumları eken *el-Filistin*'e, *el-Kermil*'e ya da herhangi bir gazeteye savaş açacaksak [...] kimse bunun haksız olduğunu düşünemez çünkü bu kutsal ve yüce bir savaştır... Nasıl olur da *el-Kermil*, kardeşlerinin (*el-Filistin*'in) devlete bağlı ve sadık olduğunu iddia edebilir? Devlete ve tüm vatandaşlara hayır getirmiş bir milletin tümünü suçlamak, nasıl olur da [gerçekten] devleti savunmak sayılabilir? Aziz vatana her daim sadık kalmış, vatanın birliği ve dirliği için hiçbir fedakârlıktan kaçınmayan Yahudilere iftira atmak, nasıl olur da halkların birliği adına savaşmak olabilir? Hayır, asla! [...] Devletin görevi, kendisine sadık olan, masum ve barışçıl halkların şerefini korumak; nifak tohumları ekenleri denetlemektir.[115]

Basın, Yahudiler ve Hıristiyanların, birbirini Müslüman hemşerilerinden ayırmak için kullandığı bilinçli bir araçtı. Örneğin, Balkan Savaşları devam ederken *ha-Herut*, basını Müslümanlarla Yahudiler arasındaki bağların güçlendirilmesi için teşvik ediyordu. Bu durum Balkan Savaşları sırasında İmparatorluktaki Hıristiyanların bağlılıklarına dair duyulan şüphenin sonucunda ortaya çıkmıştı. Ancak birkaç gün sonra *ha-Herut*, Hıristiyanlar tarafından çıkarılan *el-Filistin*'in yerli Yahudileri Müslüman Rumeli göçmenlerine karşı kışkırtan "bir başka yalan" yayımlamış olmasından yakınıyordu. "Buradaki Müslümanlarımız bu yalanların neyi amaçladığını düşünmelidir,"[116] diye uyarıyordu gazete. Aslında, son bölümde

---

114 Uziel'den Haim Nahum'a, CAHJP, HM2/9071.1; Roi, "Nisyonoteihem shel ha-mosdot ha-Ziyonim," 209. *El-Kermil*, 9 Ekim 1912 ve 11 Aralık 1912. Ruppin'den Jacobsohn'a, 10 Mayıs 1914. CZA L2/34II.

115 *Ha-Herut*, 1 Ocak 1913.

116 *Ha-Herut*, 16 Aralık ve 31 Aralık 1912.

göreceğimiz gibi, basın Filistin'deki topluluk ittifaklarının yeniden örgütlenmesinde önemli bir etkendi.

Yahudi basını da, antisiyonizmle antisemitizmi birleştirmişti. Altıncı bölümde göreceğimiz gibi, Filistinli Arap basınının dile getirdiği hiçbir eleştiriyle de muhatap olmamış, yalnızca bu eleştirilerle savaşmak için hummalı bir çalışma yürütmüştü. 1912 yılının başlarında, Şimon Moyal, antisiyonist basın üzerine tartışmak amacıyla Yahudi cemaatinde halka açık bir toplantı düzenlemişti. *Ha-Herut*'un Yafa muhabiri Ben-Emeti bu toplantıyı ayrıntılarıyla aktarmıştı; toplantının bir iş günü, öğle vaktine (Şabatta ya da akşam değil) konulmuş olmasına rağmen, büyük sinagog Kehilat Yekov'da hayli büyük bir kalabalığın bir araya geldiğini belirtmişti. Pek çok memur gelmemişti ama "aynı topraklarda yaşadığı halkının içinde bulunduğu korkunç durum yüzünden acı çekenler"[117] katılmıştı.

Moyal davetiyede, hem Siyonizmi destekleyip hem de Arap komşularla uzlaşmaya çalışan kendisi ve kendisi gibilerin bunu nasıl başarabildiğini açıklıyordu: "Bizim milli İbrani gayelerimiz, Arapların kendi gayeleriyle çelişmez. Müşterek bir vatan (*ha-moledet ha-meşutefet*), temel düzeyde bizim de dahil olduğumuz Osmanlı halkı için var gücümüzle ve adanmış bir ruhla çalışabiliriz. Aynı zamanda, kendine ait dili, tarzı, tarihi, geleceği ve gelenekleri olan özel bir Yahudi milleti olmayı da arzu ediyoruz." Yahudi cemaatinin önde gelen Aşkenaz mensupları, Arapça basına bu denli önem atfedilmesine karşı çıkmıştı; Moyal da "kitlelere gayemizin vatanın hayrına olduğunu gösterebilmek için örgütlenmeli ve kendimizi sunmalıyız."[118]

Nissim Malul'la birlikte Moyaller, Yafa'da Arapça Neşriyat Cemiyetini (*hevrat hadpasa he-'aravit*) kurmuştu; "Yahudilerin vatanın hizmetinde nasıl çalıştıklarına dair haberleri yaymak" için bir yayın organı kurmak ve "düşmanlarımıza karşı savunma"[119] amacıyla hisse satıyorlardı. Cemiyet, çok sayıda telgraf ve bildiri yayımlamıştı; ancak Yahudi cemaatindeki rolü oldukça tartışmalıydı. Örneğin 27 Haziran 1912'de *ha-Herut*, Osmanlı hükümetiyle Siyonist kolonilerin liderleri arasında ödeyecekleri vergileri belirlemek için bir toplantı çağrısı yayımlamıştı. *el-Filistin* da, kolonilerin ha-Carmel ha-Mizrahi şarap şirketlerinin gelirleri üze-

---

117 *Ha-Herut*, 8 Şubat 1912. Albert Antébi ile *ha-Herut*'un editörü Haim Ben-'Atar'la yapılan bir mülakatta, bazı memurların (en azından AIU ve ICA memurlarının), Antébi'nin toplantıya ilgisiz kalmasıyla Moyal'in toplantısına olan desteklerini geri çektikleri görülmektedir. *Ha-Herut, 2 Eylül 1912.*

118 "Mikhtav hozer el ha-adonim ha-yakarim uha-nechbadim"den (Ocak-Şubat 1911), Roi, "Nisyonoteihem shel ha-mosdot ha-Ziyonim," 222. *Ha-Herut*, 8 Şubat 1912.

119 *Ha-Herut*, 18 Kasım 1912. Ayrıca bkz. cemiyetin 8 Aralık 1912 ve 3 Ocak 1913 tarihli haberleri.

rinden vergilendirilmesi gerektiğini savunan bir yazı yayımlamıştı. *Ha-Herut*'a göre, cemiyet "özel şirketlerle koloni çiftçileri arasında hiçbir bağlantı olmadığı için, onları vergilendirmenin adil olmadığına ilişkin bir bildiri yayımlamış ve bu konuda derhal harekete geçmişti." *El-Filistin*'deki yazının yayımlanmasından yaklaşık bir saat sonra, bu bildiri basılmış ve şehirde dağıtılmıştı; iki yazının da aynı anda çıktığı söylenebilirdi. Ancak muhabire göre, "tuhaf olan, *el-Filistin* gazetesinin sahiplerinin [...] yalnızca Doktor Moyal ve Doktor Malul onlara cevap yazdığı için zehirli yazılar yazdıklarını; bütün Yahudi halkının vekili olmak için yalnızca iki Yahudi yazarın öne çıkmasından ötürü kızgın olduklarını söylüyorlar! Onları yanıltamamış olmamız utanç verici."[120]

Aynı dönemde, Moyaller, Malul ve onlarca Sefarad erkek ve kadın Kalkan (*Ha-Magen*) adını verdikleri bir grupta örgütlenmekteydi; amaçları da hem Yahudileri basının saldırılarından koruma çabalarını ortaklaştırmak hem de Araplarla Yahudiler arasındaki anlaşmayı geliştirmekti. Grubun bilinen diğer üyeleri arasında, en meşhur Sefarad ailelerine mensup şahıslar vardı. David Moyal, Yoşua Elkayam, Yusuf Amzelek, David Hivan, Yusuf Eliyahu Chelouche, Yakov Chelouche, Avraham Elmaliach, Moşe Matalon ve Nissim Malul ile birlikte iki kadın, Ester Moyal ve Farha (Simha) Chelouche (Moyallerin bir kuzeni) bu şahıslar arasındaydı.[121] Bu erkek ve kadınların pek çoğu Beyrut ve Kahire'deki Arap okullarında ve üniversitelerinde eğitim görmüştü; David Moyal'in evindeki ofiste yapılan haftalık toplantılar da Arapça yürütülüyordu.

Kalkan'ın kurucu bildirisinin bugüne ulaşmış tek kopyasının başlığı, "Sürgün Topraklarındaki İbrani Milletine"ydi; sekreter Avraham Elmaliach da örgütün amaçlarını ve taktiklerini belirlemişti.[122] Her ne kadar metin, Filistin'deki öncü Siyonistlerin başarılarından bahsederek başlasa da; sonuçta ortaya çıkan, faaliyetlerini Osmanlıcı ve Filistinci müşterek vatandaşlık vizyonuyla ilişkilendiren inanılmaz bir belgeydi. Elmaliach, Siyonistlerden Filistin'e "sanayi, kültür ve ticaret getirenler" olarak bahsederek, tüm bunları *"müşterek vatanın* maddi ve manevi olarak daha iyiye gitmesi" (*ha-moledet ha-meşutefet*) için yaptıklarını kastetmişti. "Nihayet," diyordu Elmaliach, "onların da, bizim de kendi topraklarımız için (*arzam*

---

120 *Ha-Herut*, 27 Aralık 1912.

121 Ram, *Ha-yishuv ha-Yehudi*, 262-63; Elkayam, *Yafo-Neve Zedek*.

122 Avraham Elmaliach, "To the Hebrew Nation in the Lands of Its Dispersion," by Avraham Elmaliach, tarih yok, İbranice. TAMA, dosya 8, klasör 729. Nissim Malul'un, Birinci Dünya Savaşı sırasında Cemal Paşanın demir yumruğundan kaçarken grubun tüm evraklarını yaktığı düşünülüyor. Bu kopya, Yafa'nın Sefarad hahambaşı Haham Uziel'in dosyalarında saklanarak bugüne ulaşmıştır.

ve-arzenu) [...] tüm kardeşlerimizle birlikte çalışabileceğimiz bir zamana gelmiş bulunuyoruz." Elmaliach, Arapları ve Yahudileri *moledetam u-moledetenu*—onların ve bizim vatanımız için—birlikte çalışmaya teşvik ediyordu. Kalkan'ın hayali, Filistin'e özgü mülkiyet ya da hakların verilmesi değildi. Daha ziyade, Yahudilerle Arapların ortak mülkiyet ve sorumluluğunu açıklamak için Siyonist hareketin hayli kışkırtıcı İbranicesini kullanmıştı ki bu da, yerli Aşkenaz Siyonist cemaatinin geniş kesimleri tarafından ayıplanmalarına neden olacak bir durumdu.[123]

Elmaliach, derneğin amacını "tüm yasal ve koşer araçlarla topraklarımızdaki mevkimizi müdafa etmek," olarak özetlemişti. Kalkan'ın, bildirisinde hem iç hem de dış işleriyle ilgili olduğunu belirtmişti. İçişlerinde "Yahudilerle diğer vatandaşlar ve hükümet arasındaki bağı kuvvetlendirmeyi" hedeflemişti. Bu amaçla, Osmanlı İmparatorluğu'ndaki tüm dillerde yayımlanan yabancı, Arapça ve Osmanlıca yayınları tercüme edecek; her Yahudi ve İbranice yayını da yabancı yayıncılara gönderecek; böylece "vatanın tüm evlatlarının kendileri hakkında ne yazıldığını bilmesini; iyiyle kötüyü ayırt etmesini" sağlayacak bir basın kampanyası başlatmaya niyet etmişti. Aynı zamanda cemiyet, "İsrail'in muhafızları"nı Yahudi olmayan basına yazı göndermeleri hem de antisiyonist ve antisemitik makalelere yanıt yazmaları için göreve çağırmıştı. Dahası Kalkan, mevcut Arapça ve Osmanlıca basını etkilemek, abone ve okur sayısını artırmak ve içerik ve tarzlarını geliştirmek için çalışmıştı. Son olarak Kalkan, "her türlü sessizlik tarafımızdan gönderilmiş bir mesaj olarak algılanacağı için, önemli ya da önemsiz, kötü niyetli hiçbir makalenin yayımlanmasına sessiz kalmayacaklarına" yemin etmişti. Bu faaliyetlerin tümü, savunma odaklı bir halkla ilişkiler programını ve Osmanlıcı kökenlerinden hayli uzaklaşan basının, ne ölçüde Filistin'deki mezheplerarası milliyetçi mücadelenin savaş alanı haline geldiğini yansıtıyordu.

---

123 Nissim Malul, Siyonist hareketin 1911 ile 1914 yılları arasındaki ana propagandacısı ve ücretli tercümanıydı. 17 Aralık 1911, CZA, L2/26I; Yeshivat ha-vaʻda le-ʻitonut ʻAravit, 14 Ocak 1912, CZA L2/167.

BEŞİNCİ BÖLÜM

Müşterek Şehir Mekânları*

1908 yılının sonbaharında, Yahudi vatandaş, daha sonra Osmanlı meclisine mebus adayı olmuş Yitzhak Levi ile Kudüs'ün yeni valisi Suphi Bey arasında sıra dışı bir fikir teatisi gerçekleşti. İbranice basında yayımlanan açık mektubunda Levi, yeni valiye meydan okumuş; "meşrutiyet paşasının" görevlerine ve imparatorluğun taşra köşeleri için ön görülen ilerlemenin sınırlarına ilişkin sorular yöneltmişti.[1] Levi'nin mektubu, yeni meşrutiyet rejimi ile eski Hamidiye düzeni arasındaki keskin kırılma vurgusuyla başlıyordu. Daha önceki valiler, yerel ilerlemeden ziyade kendi maddi çıkarlarıyla ilgiliydi; buna rağmen resmi devlet basınında "milletin hizmetkarları" olarak methediliyorlardı. Aksine, meşrutiyet devri memurlar ile vatandaşlar arasında yeni bir ilişki talep ediyordu. Levi'ye göre, bu yeni devirde imparatorluk hükümetinin esas faydası, yerelde kalkınma ve ilerlemeyi sağlamak olmalıydı. "Sayın Vali, Kudüs bölgesinin idaresi sizdedir; ama aynı zamanda siz Kudüs'ün hizmetkârısınız [...] Bu nedenle sizin için, bu hareketin ülkeyi ilerleme ve medeniyet yoluna sevk etmesine herhangi bir engel koymamak [...] her şeyin önünde olmalıdır."

Levi, Kudüs için vilayetin yönetiminin toptan değişmesini sağlayacak ve bunu valinin omuzlarına yıkan bir dizi iktisadi ve siyasi ıslahat öneriyordu:

> Bizler, ilerlemeye ve gelişmeye hasret kaldık. Otuz iki yıldır bu zevkten mahrum kaldık ve gençliğimizin en güzel yıllarını bir zorba yönetimin baskısı altında kaybettik [...] Ne yapmanız gerektiğini görmek için uzaklara bakmanız gerekmez. Şehirler ve kırsal bölgeler bitap durumda. Birkaç bölge dışında, tarım ve hayvancılık tamamen bitti. Sanayi ve ticaret doğru düzgün gelişmedi. Şehirlerdeki ve taşradaki idare, arzu edilenleri karşılamaktan

---

* Beşinci Bölümün bir kısmı daha önce şu kaynakta yayımlanmıştır: Michelle Campos, "Freemasonry in Ottoman Palestine," *Jerusalem Quarterly File* 22-23 (Sonbahar-Kış 2005): 37-62.
1 *Ha-Tsvi*, 9 Ekim 1908.

çok uzak. Kanunlar engellerle dolu. Bu ülkenin mahkemeleri ve adalet kör gözlerden muzdarip. Bu nedenle faaliyet alanınız hayli geniş. Eğer kendinizi ciddiyetle vakfederseniz, burada bir kamu görevlisinin meslek hayatına yetecek kadar iş mevcut.

En önemlisi Levi, taşra idaresinde yerli nüfusun rolünün artmasını talep ediyordu: "Her şeyden önce, zatı âlinizin şunu her daim hatırlaması gerekir: Bugün hiçbir şey olmayan halk, geleceğin ta kendisidir." Levi bu sözleri, hem eski bir Osmanlı hükümet görevlisi olarak, hem de yeni yetkilendirilmiş bir imparatorluk vatandaşı olarak sarf ediyordu.

Suphi Beyin yanıtı ise, Fransızca-Arapça-Osmanlıca olarak üç dilde yayımlanan risale oldu. Bu, şehrin önde gelen vatandaşlarını müzakerelere dahil etmeye ve genişleyen vatandaşlık ile yerel yönetim arasındaki ortaklığı pekiştirmeye yönelik örneğine rastlanmamış genel bir yasaydı.[2] 1867'deki Vilayet Nizamnamesinin ardından taşrada danışma kurulları kurulsa da; aslında yerel katılıma gerçek ortaklıktan daha fazla tolerans gösteriliyordu. Yerliler de siyasi-idari dahiliyeti "hak"tan ziyade, "ayrıcalık" olarak görüyorlardı. Değişen devrimci vekalet ve Suphi Beyin selefi Ekrem Beyi Kudüs'ü terk etmek zorunda bırakan acımasız koşullar göz önüne alındığında, çatışmadansa ittifak önermek yeni vali için çok daha elzemdi.

Yeni vali, devirmci meşrutiyet rejimine olan bağlılığıyla birlikte, vilayetin modernleşmesinde kendisinin merkezi bir rol oynadığını açıkça görmüştü. Vali yerel kalkınma ve reforma ilişkin daha kapsamlı meseleleri özetlemenin yanı sıra, göreve başladığı ilk haftadan itibaren toplantılar düzenlemiş; okurlarını yerli bürokratlar ve şehrin ileri gelenleriyle birlikte kurduğu soruşturma ve istişare komisyonları hakkında bilgilendiriyordu. Başka şeylerin yanı sıra, Suphi Bey halkın istek ve şikayetlerine de kulak vermiş; vilayetin tarımsal ihtiyaçlarını incelemek için bir komisyon oluşturmuş; şehirdeki bir ticaret odasının kurulmasına ön ayak olmuş; Arruba kaynağından Kudüs'e içme suyu getirmek için araştırmalar başlatmış; ulaşım sorunlarıyla ilgili Yafa-Kudüs demiryolu hattı şirketiyle görüşmüş ve belediyeden şehirde kanalizasyon sistemi kurmasını istemişti.

Suphi Beyin ilk mesai haftası oldukça yoğun geçmişti. Ancak programından daha önemlisi, Suphi Beyin Vatandaş Levi ile arasında geçen konuşmanın tercümesini, yayımlayıp, dağıtılmasını sağlayarak kendini şeffaflık ve sorumluluk ilkelerine adamasıydı. Bu, risalenin okura hitaben yazılmış önsözünde zımnen belirtiliyordu. Risalede isimsiz, hükümet yanlısı yayımcı şöyle diyordu:

---

2 ISA 67, peh/533:1491. Aksi belirtilmediği takdirde, alıntılanan pasajların tümü aynı risaledendir.

Bu mektup, vilayetimizin tüm sakinleri için azami öneme sahiptir, çünkü Zat-ı Âlileri Suphi Beyin idaresi döneminde yapacağı ıslahat ve tekamüllerin tümünü özetlemektedir. Bu mektup, hükümetin [durumun] ehemmiyetini anladığını varsaymamıza imkan sağlaması sebebiyle hepimizin yegane teminatıdır [...]

Ayrıca tüm hemşerilerimizi [*muvâtineynâ*], valimizin zorlu görevi teshil etmeye, ona var gücümüzle destek olmaya çağırıyoruz—işte o zaman dört bir yandan fevkalade haberler gelecektir. *Halk ile hükümetin ortaklığı*, istikbalimizdir.

Din ve etnisite gözetmeksizin hemşerilerine seslenen risalenin yayıncısı, Kudüs halkının şehirli kimliğini öne çıkarıyor; meşruiyet ve bir aradalığın kaynağı olarak görüyordu. Bu bölümde, devrimci söylemler ve imparatorluk vatandaşlığı pratikleri açısından önemli bir mekân olarak şehri inceleyeceğiz. 1908 devriminin ardından, imparatorluğun dört bir yanındaki orta sınıf vatandaşlar merkezi ya da yerel hükümetlere ya da vilayetin ileri gelenlerine tehir etmekten artık memnun olmadıkları, yeni ve kamusal roller üstlenmeye başlamıştı. Yerel ticaret odaları ve hür mason locaları gibi kurumlarda faal olmaya başlayan Kudüs'ün şehirli sakinleri, kalkınma ve altyapı, "modernleşme ve ilerleme" ve iyi yönetim gibi değerleri ve çıkarları paylaşıyordu. Bu kurumlar şehrin Osmanlılaşmasına, hem cemaatler arası sosyalleşme ve teşriki mesai mekânı olarak hem de Osmanlı imparatorluk vatanseverliği bayrağı altında ıslahat, demokratikleşme ve modern ilerleme vizyonu gibi devrimci ideallere bağlılıklarıyla katkıda bulunmuştu. Ancak aynı zamanda, dönemin hâlâ baki olan kültürel ve siyasi çsorunlarını yansıtmış ve bunlarla mücadele etmişti.

Kudüs'te Şehirli Vatandaşlık

Kudüslüler, yerli halkın yerel yönetimde rol alması fikrine yabancı değildi. Esasında bu, on dokuzuncu yüzyıl Osmanlı ıslahat projesi Tanzimat'ın bir parçasıydı. 1864 ve 1871 Vilayet Nizamnamelerinin yürürlüğe konmasından bu yana, Filistin'de idari meclis, genel meclis ve belediye meclisi gibi yerel meclisler kurulmuştu.[3] Bu üç meclisten tüm vilayet için en önemli olanı, idari meclisti; bu meclis, kamu işleri, tarım, maliye, vergi toplanması, emniyet, kadastro ve bölge dışındaki meselelere

---

3 El-Namura 1911 konseyinin üyelerini sıralamış olmasına rağmen, Gerber Kudüs Genel Konseyinin 1913'e kadar resmen kurulmadığını iddia etmektedir. Gerber, *Ottoman Rule in Jerusalem*, 136 ve el-Namura, *El-Filistiniyun*, 197. Gazze'de, Yafa'da, Bi'rüsseb, Hebron ve Nablus'ta da genel konsey olduğu bilinmektedir. Bkz. Ebu Hadra, "Bayan," Arab Studies Society (Kudüs) ve el-Namura, *El-Filistiniyun*, 196. Bu dönemde imparatorluğun farklı köşelerindeki şehirli vatandaş bilincine ilişkin çalışmalar için, bkz. Hanssen, *Fin de Siecle Beirut* ve Alexandra Yerolympos, "Conscience citadine et interet municipal."

dair mütalaa etme ve karar verme yetkisine sahipti. Ayrıca, belediye bütçelerini onaylayabiliyordu; toprak aktarımı ve arazi tapusu çıkarılması gibi kadastro meselelerinde de yarı-hukuki yetkilere sahipti.[4] Genel meclis, kırk günlük oturumlar halinde yılda iki kez toplanır ve bütçe meselelerini görüşürdü. İdari ve genel meclis üyeleri vali tarafından atanırdı; bu üyeler arasında şehrin önde gelen ailelerinin mensupları ve pek çok dini cemaatin temsilcileri bulunurdu.[5] Kudüs vilayetindeki meclislerde, düzenli olan ancak hiçbir suretle eşit olmayan Hıristiyan ve Yahudi temsilinden söz etmek mümkündü.

İmparatorluk siyasetini uygulayan bu vilayet meclislerinin dışında, şehir sakinlerinin gündelik ihtiyaçlarını yerine getiren kurum, belediye meclisiydi. Filistin'deki ilk belediye yönetimi 1860'larda Kudüs'te kurulmuştu; bundan yarım yüzyıl sonra Osmanlı idaresinin sonlarında tüm ülkede yirmi iki şehir meclisi faal olacaktı.[6] Vergi mükellefi şehir sakinleri, şehir meclisinin mülk sahibi olmak zorunda olan on üyesini oylarıyla seçmişti ki bu, şehirli vatandaşlık pratikleri açısından önemli bir emsal teşkil ediyordu.[7] Diğer belediyelerin faaliyetleri hakkında çok fazla şey bilinmemesine rağmen, Kudüs belediyesinin sorumluluklarının oldukça fazla olduğunu biliyoruz: İdare (bütçe, nüfus kaydı, pazar ve kahvehanelerin denetlenmesi, pazarlarda paranın kullanılmasının izlenmesi); kanun ve nizâm (polis gücünün idaresi); sağlık ve hıfzısıhha (belediye hastanesinin ve eczanesinin kurulması; sokakların ve kanalizasyonun düzenli olarak temizlenmesi) ve inşaat, yapı planlama ve denetleme (ruhsatlandırma; belediye kullanımı için toprak istimlakı).[8] Belediye yönetimi yoksul ve evsizlerin; ikiz çocuk sahibi olarak beklenmedik bir biçimde

---

4 Gerber, *Ottoman Rule in Jerusalem*, 126.
5 Resen üyeler arasında, vali, kadı, müftü, hazinedar ve Rum Ortodoks, Latin, Ermeni ve Yahudi cemaatlerinin resmi temsilcileri yer almaktaydı.
6 Bunlar şu şehirlerde kurulmuştu: Kudüs (1860'ların ortalarında), Nablus (1867), Nasıra (1875), Hayfa (1883), Yafa, Akka, Gazze (1893), Lidda, Ramle, el-Halil, Şefa-Amr, Safed, Tiberya, Beysan, Tülkarm, Yenin, Majdal, Khan Yunis, Bi'rüsseb, Beit Jala ve Bethlehem. El-Namura, *El-Filistiniyun*, 119.
7 Şehir konseyi on kişilikti; bunların beşi her iki yılda bir, dört yıl için seçiliyordu. Yirmi beş yaşının üstündeki ve en az 50 kuruş mülk vergisini ödemiş bütün erkekler oy kullanabiliyor; 150 kuruştan fazla vergi ödeyenler seçime katılabiliyordu. Ha-Va'ad le-hoẓa'at kitvei David Yellin, *Kitvei David Yellin*, 193-94, 222-23. Ayrıca bkz. Avcı, *Değişim Sürecinde*.
8 Kark, "Jerusalem Municipality at the End of Ottoman Rule" ve Kark, "P'eilut 'iriyat Yerushalayim," 80. Ayrıca belediyenin katılıma dair ilginç vakâlar için bkz. Yehoshu'a, *Yerushalayim tmol shilshom*; devlet hastanesi ve kamu sağlığı hizmetleri için bkz. N. Levi, *Prakim be toldot ha-refuah be-Erez Israel*; Hayfa'daki belediyecilik için bkz. Yazbak, *Haifa in the Late Ottoman Period*.

mükâfatlandırılan (ve zor durumda kalan) ailelerin desteklenmesi gibi toplumsal refah programları da yürütüyordu.[9]

Belediyenin tüm uğraşları arasından sağlık ve hıfzıssıhha, yirminci yüzyılın başında şehir meclisinin en büyük endişe kaynağıydı. Kamusal alanların temizliği, halk sağlığının korunması ve salgınların yayılmasının önlenmesi için bir zorunluluktu. Bu durum özellikle, birbirine yakın mahalleleri, iç içe geçmiş ticari ve meskûn alanları olan, dar ve dolambaçlı sokaklara sahip Eski Kudüs Şehri için çok önemliydi. Ancak kamu sağlığına yönelik bu endişeler, şehir meclisinin 1902'de yetki alanını şehrin sınırları dışındaki yeni mahalleleri kapsayacak şekilde genişletmesine neden olmuştu.[10] Birkaç yıl sonra, Şubat 1905'te, belediye temizlik bütçesini ikiye katlamış; sokakların temizliği için gerekli araçları ve iş gücünü sağlaması için Ayn Karem köyünden Hacı Muhammed Kalaf'ı istihdam etmişti. Şehir, altmış altı saplı süpürge, yirmi iki çöp kovası daha satın almayı, ayrıca ilaveten yirmi işçi daha istihdam etmeyi planlamıştı.[11] Temizlik çabalarının yanı sıra, Osmanlı İmparatorluğu'nun diğer şehirlerindeki gibi Kudüs belediyesi de doktor ve tıbbi personel istihdam etmişti. Belediye 1912'de, şehirdeki (genelde Avrupalı ve Hıristiyan) pek çok özel hastaneyle rekabet edebilmesi için belediye hastanesi kurmuştu.

Belediye tüm şehri tek başına idare etmiyordu; yerli nüfusu görevlendiriyordu. Şehir halkı, yedek subaylar, muhafız alayı ve emniyet, polis reformu ve seçim komiteleri gibi pek çok şehir komitesinde görev yapmaya yönlendiriliyordu. Ayrıca yukarıda sözünü edilen, mahalle düzeyinde temizlik projesinin teftişine de yardım ediyorlardı.[12] Dahası, (*muhtarlar* olarak bilinen) mahalle ve cemaat "başkanları" da yerel yönetim belediyeler ile şer'i mahkeme ve yerli halk arasında aracı işlevi görüyordu. Ayrıca pek çok mahallede, resmi görevini tamamlamış dini liderlerden ve dört ila beş arasında seçilmiş vatandaştan oluşan seçilmiş meclisler de bulunmaktaydı.[13]

1908 devrimiyle, şehir vatandaşlığı pratiği açısından oldukça önemli bir yeni araç ortaya çıkmıştı: Gazete. Bir önceki bölümde gördüğümüz gibi, kapsam ve amaçları açısından öncüllerini geride bırakmış olan Osmanlı devrimci basını,

---

9 Belediyenin toplumsal hizmet projeleri hakkında bilgi için, bkz. Avcı, *Değişim sürecinde*, 238-42. İkizler için, bkz. *ha-Herut*, 21 Ocak 1910.

10 Yehoshu'a, *Yerushalayim tmol shilshom*, 20-21.

11 Agy., 19.

12 Ha-Va'ad le-hoẓa'at kitvei David Yellin, *Kitvei David Yellin*, 103, 224. Ayrıca *ha-Herut*, 1 Aralık 1909.

13 El-Madani, *Madinat el-Kudüs*, 43-51. Bugün, bu mahalle konseylerine ait bir delil bulunmamaktadır.

Osmanlı imparatorluk vatandaşlığının biçim ve içeriğinin müzakere edilmesinde ve ana hatlarının çıkarılmasında merkezi bir rol oynamıştı. Aynı zamanda, şehri müşterek bir birim olarak göstererek, okurları şehir hayatına sorumlu bir şekilde katılma yönünde teşvik eden basın, bilinçli ve faal bir şehir vatandaşlığının biçimlenmesinde oldukça mühimdi.

Basında yer alan konuların başında, belediyenin çalışmalarını nakletmenin ve duyurularını yayımlamanın yanı sıra, emniyet, hükümetin şehirdeki başıboşluğu engelleme ve kamu sağlığı tedbirleri geliyordu.[14] Örneğin belediye, mahalle sakinlerine sokağa çöp atmanın, yasak olmasından ziyade kamu sağlığı açısından risk ve trafik için tehlike arz ettiğini hatırlatıyor; herkesi belediyenin toplayacağı "özel kutuları" kullanmaya çağırıyordu. Gazete, okurlarına kuyularını yıkayıp temiz tutarak koleraya karşı ihtiyatlı olmalarını salık veriyor; onları menenjit ve diğer salgınların yayılması konusunda bilgilendiriyor; kuduz köpeklere karşı uyarıyor, bozuk et ve ölü balık satışı konusunda ikaz ediyordu.[15] Bazen de, belediyenin ve basının otoritesini güçlendirmek için dini otoritelerin yaptığı çağrılara yer veriliyordu.[16]

Basın, şehrin ticaret yaşamında da rol oynamaktaydı; gemilerin Yafa limanına yanaşmasını duyuruyor, bazı özel işletmelerin ilanlarını basıyor; üretilen mahsullerin fiyatlarını, iktisadi raporları, yeni tedavüle giren madeni paraları ve ilgili duyuruları yayımlıyordu.[17] Önemli görülen bazı örgüt ve etkinliklere geniş yer ayırmanın yanı sıra, gelecek kültürel etkinliklerin duyurularına ve çeşitli kurum ve derneklerin kuruluş haberlerine de yer vererek şehrin kültürel yaşamına katkıda bulunuyordu.[18]

---

14 *El-Filistin*'de düzenli olarak tutuklu kayıtlarına ("akhbār dā'irat al-būlīs") yer veriliyordu. Osmanlı İmparatorluğu'nda asayiş önemlerinin bağlamı ve arka planı için, bkz. Ergut, "Policing the Poor in the Late Ottoman Empire;" *ha-Herut*, 22, 29 Haziran 1909; *el-Liberal*, 29 Haziran 1909.

15 *Ha-Herut*, 11 Ağustos 1909; 25 Ekim 1909; 14 Ocak 1910; 11 Mayıs 1910; 20 Ocak 1911; 30 Ocak 1911; 3 Mart 1911; *el-Liberal*, 29 Ekim 1909; *ha-Tsvi*, 22 Ekim 1908.

16 *Ha-Herut*, 3 Kasım 1909 ve 14 Kasım 1910. Bir başka rapor da, hükümetin hahambaşından kasabadaki Yahudi yerleşimcilere sokaklara çöp atmamalarını, kaldırımlara su dökmemelerini söylemesini talep ettiğini göstermektedir. *Ha-Herut*, 17 Ekim 1910.

17 Örneğin, bkz. *ha-Herut*, 6 Aralık 1909; üç parça yazı "The Economy of Ereẓ-Israel," *ha-Herut* içinde, 18 Mayıs, 21 ve 29 Haziran 1909; *el-Kudüs*, 26 Ocak 1909; *el-Filistin*, 1 Temmuz 1910; *ha-Herut*, 18 Ocak 1911.

18 *Ha-Herut*, 28 Aralık 1910; 25 Şubat 1913; *ha-Tsvi*, 21 Ocak 1909; "hareketli resimler"in reklamı *el-Kudüs*'te de yapılıyordu, 17 Kasım ve 18 Aralık 1908; *ha-Herut*, 23 Şubat 1913. Örneğin, Mitri Damyan tarafından kurulan İçkiyle Mücadele Cemiyetinin haberi *el-Kudüs*'te yayımlamıştı. 17 Kasım 1908. Demiryolu istasyonunda bir kahve açılacağı da *ha-Haşkafa*'da duyurulmuştu, 11 Eylül 1908. *El-Kudüs* Hayvanları Koruma Cemiyetinin kurulmasından da övgüyle bahsediyordu. Bu cemiyet, çocuklara hayvanlara şefkatle yaklaş-

Daha önemlisi, bu haberler genel duyuru hizmetinin ötesine geçmişti; basının, müşterek, modern şehrin ve vatadaşlığın sınırlarının belirlenmesinde, vatandaşların bir olay ya da mesele karşısında belli bir biçimde akıl yürütmesini ya da katılım göstermesini sağlamada aldığı etkin rolün bir parçasıydı. Bu açıdan, muhtarlık çok faydalı olduğu söylenerek övülüyor; sorumsuz ve mazeret kabul etmez (bir başka deyişle, antimedeni) tavırlar kamusal olarak tekdir ediliyordu. Örneğin Yahudi mahallesi Mea Şerim, sokak temizleme hizmetleri için ödeme yapmayı reddetmesinden ötürü basında şiddetle kınanıyordu.[19]

Diğer Osmanlı ve dünya şehirlerinin basında yer alması da, şehrin yerel görünümüne de şekil veriyordu. Mukayese ediliyor, farklılıklar öne çıkarılıyor, başka şehirlerin tecrübelerinden ders çıkarılıyordu. Örneğin, bir gazete editörü, "Kudüs'ün küçük ve genç kız kardeşi" Yafa'dan "öğrenecek çok şeyi olduğunu" yazıyor; Kudüs Yafa'dan daha temiz olmasına rağmen, Kudüs'te çöplükte ve kanalizasyonda serbestçe dolaşan kedi köpekler olduğuna dikkat çekiyordu.[20] Bir başka yazı ise, Celiles'deki Safed'de yürürlüğe konacak yerel yönetim ıslahatlarına ilişkin olarak Kudüslüleri bilgilendiriyordu; vali vekili şehre içme suyu getirilmesi projesine başlanmasını buyurmuş, konuyla ilgilenmesi için vatandaşlardan oluşan bir meclisi görevlendirmişti.[21] Böylelikle, daha önce mutat olmayan bilindik ve mümkün kılınmış; başka yerlerde emsal olanların bilgisi yerli halkı kuvvetlendirmeye yönelik hale getirilmişti. Yafa ve Kudüs'teki okurların, imparatorluğun başka vilayet merkezlerine bakarak "Türkiye'nin diğer şehirlerinde olduğu gibi" yerel sağlık meclisi ve iyileştirilmiş altyapı (liman, demiryolu) talep etmesi böylesi bir durumun örneğiydi.[22]

Basın belediye meclisini methetme ve onun üzerinde baskı kurmada da, halkın sesi haline gelmişti. Meclis de, tıpkı daha önce Vali Suphi Beyin yaptığı gibi, basına genel olarak yanıt vermek zorunda kalıyordu. Örneğin 1909 yılının yazında, *el-Kudüs* gazetesi köylü kadınların geçitlerin girişindeki merdivenlere oturarak yolu tıkayacak şekilde, küfede sebze satmalarını yasaklamasından ötürü Kudüs Şehir Meclisini tebrik ediyordu. Daha sonra gazete, şehrin o kısmını ziyaret eden turistler için görüntü kirliliği olduğunu düşündükleri, Yafa Kapısının bitişiğindeki açık pazarın kapatılması için belediye üzerinde baskı kurmuştu. Şehir konseyi de

---

mayı öğreten *el-Cevad el-Adham* adlı kitaptan okullara dağıtmak amacıyla binlerce kopya satın almıştı. Yehoshu'a, *Yerushalayim tmol shilshom*, 126-27.

19 *Ha-Herut*, 9 Ocak 1911; *ha-Herut*, 29 Temmuz 1910.
20 *Ha-Tsvi*, 6 Kasım 1908.
21 *Ha-Herut*, 14 Aralık 1910.
22 *Ha-Herut* 2 Ağustos 1909; *el-Münâdî*, 15 Temmuz 1912.

cevaben, pazarın turistlerin uyanma saatinden önce, sabah yedide kapatılmasını emretmişti; o saatten sonra sebze pazarı yan sokaklarda yeniden kurulabilecekti.[23] Başka bir vakada, *el-Filistin* gazetesinin bir okuru Yafa Şehir Meclisinin, şehirdeki duman altı olmuş ve halk sağlığına tehlike oluşturan kahvehanelere karşı adım atması gerektiğinden yakınıyordu. Birkaç ay sonra, *el-Filistin* et pazarının denetlenmesine ilişkin talebinin şehir meclisi tarafından göz ardı edilmesinden şikayet ediyordu. Bundan birkaç hafta sonra da, şehir meclisinden yoksulların alabilmesi için etin fiyatının düşürülmesini talep edecekti.[24] Diğer gazete yazılarında da, daha çok itfaiye memuru, polis ve şehir için gerekli ilave hizmetler talep ediliyordu.[25]

Bu şikayetlerin pek çoğu "modern" şehir vizyonunu temel alıyordu; Filistinli okuryazar, şehirli orta sınıflar daha temiz şehirler ve daha fazla belediye hizmeti talep ediyor, kendilerine Batılı ziyaretçilerinden gözünden bakıyorlardı.[26] Ancak bazı şikayetlerde de, doğrudan şehir meclisini hedef alıyordu; meclisin, yozlaşmış, verimsiz, adam kayırmaya meyilli ve kesinlikle halkın temsilcisi olmayan eski rejimden kalma olduğu düşünülüyordu. İbranice gazete *ha-Herut*, Yahudi şehir meclisinin yeni seçilmiş üyelerinden Rahamim Mizrachi'nin, muhterem belediye kâtibini işten kovarak, yerine kız kardeşinin oğlunu işe almak istemesinden şikayetçiydi. Gazete, "Ona izin vermeyiz"[27] diyerek ikaz ediyordu. 1912 yılının yazında Kudüslü *el-Münâdî* gazetesi de, valinin geniş ailesine mensup olan belediye müfettişinin pazar yerinde köylü bir kadını tekmelediğini yazıyordu. Gazete "müfettişler, hem millete hem köylülere hizmet ettiklerini unutmamalıdır. Satıcıların yükünü hafifletmek ve onları kanun doğrultusunda yönlendirmek esas görevleridir."[28] Aslında *el-Münâdî*, Kudüs belediyesine karşı savaş açmıştı; vali Hüseyn Haşim el-Hüseyni ve meclise yönelik eleştirilere sıklıkla yer veriyordu. *El-Münâdî* valiyi, iktidarda kalabilmek için 1912 yılındaki seçimleri taammüden ertelemekle suçluyordu. *El-Münâdî* kendinden emin, "seçim yapılırsa meclis üyeleri aynı kalmayacaktır,"[29] diyordu. Daha sonra göreceğimiz gibi, bu tavır Kudüs'teki mezhep mücadelelerin de başlangıcına işaret edecekti.

---

23 *El-Kudüs*, 24 Ağustos 1909, Yehoshu'a, *Yerushalayim tmol shilshom*, 108-9. Ne yazık ki, *el-Kudüs*'ün, Yehoshu'nun atıfta bulunduğu sayılarını bulmam mümkün olmadı.

24 *El-Filistin*, 16 Ağustos 1911, agy. içinde, 35; *el-Filistin*, 11 Kasım 1911, agy. içinde, 56, 59-60.

25 *Ha-Tsvi*, 11 Kasım 1908; 20 Ocak 1909.

26 Ayrıca bkz. *ha-Herut*, 18 Temmuz 1910; 13 Ocak 1911.

27 *Ha-Herut*, 18 Kasım 1910.

28 *El-Münâdî*, 30 Nisan 1912, Yehoshu'a, *Yerushalayim tmol shilshom* içinde, 109.

29 *El-Münâdî*, 19 Mart 1912.

Belediye Modernitesi

Devrimin en önemli beklentilerinden biri, ilerleme ve kalkınma vizyonuydu. Kudüs yönetimi, belirli bir modern şehir görüşüne dayanarak yerel kalkınma ve ilerlemeyi etkin bir biçimde teşvik ediyor; içme suyuna, elektriğe, telefona, modern şehir taşımacılığına ve diğer kamu hizmetlerine sahip bir şehir tahayyül ediyordu. 1910 yılının yazında Yahudi şehir meclisi üyesi David Yellin, Avrupa şehirlerindeki belediye hizmetlerini araştırmak amacıyla bulgu toplayacağı bir geziye çıktı. Vali Hüseyn Haşim El-Hüseyni'nin gönderdiği referans mektubuna göre, ana nedenleri "Türkiye'de [metinde aynen] anayasanın yürürlüğe konmasının ardından, Kudüs şehrimizin kendini örgütlemeye ve *modern gereklilikler* seviyesine yükseltmeye çalışmakta"[30] oluşuydu.

Bu amaçla belediye, tıpkı daha önceki yerel kalkınma projelerinde olduğu gibi, şehrin modernleşmesini başarıyla yürütmek ve teşvik etmek amacıyla diğer kurumlarla, şahıslarla ve idari birimlerle işbirliği içinde (bazen de onlara karşı) çalışmalar yürütmekteydi. Farklı faillerin şehre dair planları cemaatler-ötesi "vatandaşlık temelli" bir Osmanlıcılığı, Osmanlı iktisadi milliyetçiliğini; biraz da Avrupa modernitesini arzu eden devrimci projenin bir parçasıydı.

Yerel kalkınmaya yönelik burjuva faaliyetleri açısından muhtemelen en önemli örgüt, Kudüs ve Yafa'da kurulan Ticaret, Sanayi ve Tarım Odasıydı.[31] Tüm tüccarların odaya katılımı teşvik ediliyordu ki, daha ilk aylardan elli dokuz kayıtlı seçmen üyeye sahipti. Bu üyeler arasında, büyük toprak sahipleri, ihracat-ithalat tüccarları, dükkân sahipleri, sarraflar ve diğer yerli işadamları bulunuyordu; yabancı konseylerin temsilcileri de vardı. Üyelik aidatları gelire göre artış gösterse de, en düşük aidat ancak işinde başarılı birinin ödeyebileceği kadardı.[32] Oda üyelerinin

---

30 10 Ağustos 1910. CZA A153/143; vurgu bana ait.

31 Kudüs-u Şerif ticaret, sanayi ve ziraat odası. Bazı kaynaklar, Ticaret Odasının 1905'te de var olduğunu göstermektedir; ancak ben daha fazla bilgiye ulaşamadım. Polus, "Kalkalat Yerushalayim." Yafa odasının ilk yıllarıyla ilgili daha fazla bilgi için, bkz. al-Tawarnah, "Kada Yafa."

32 Antébi'den AIU'ya (Paris), 24 Aralık 1908. AAIU, İsrail-IX.E.26. O döneme ait bir gazete haberi, Kudüs şubesindeki üyelerin yarısının Yahudi olduğunu, bunun da Kudüs'ün demografik yapısı göz önünde bulundurulduğunda mümkün olabileceğini göstermektedir. *Ha-Poel ha-Tsair*, Aralık 1908. Ne yazık ki, elimizde odanın üyelerinin tam bir listesi bulunmamaktadır; ancak odanın aylık bülteninin bir sayısı yeni üyelerin listesini yayımlamıştır. *Bulletin de la Chambre de commerce d'industrie et d'agriculture de Palestine* (yıl 1, sayı 6, Aralık 1909; Kudüs). JMA, kutu 1779. Yıllık toplam dört ile on iki ABD doları ödenmesi gerekiyordu. Yerli parayla bu toplamda, yaklaşık olarak 116 ile 348 kuruşa denk geliyordu. J. Hardegg'den (Yafa) S. Edelman'a (Kudüs'te görev yapan Amerikan konsolosu

listesinin gösterdiği gibi, Yahudiler ve Hıristiyanlar, sırasıyla, Kudüs ve Yafa'nın ticari yaşamında önemli rol oynamaktaydı.[33]

Yarı resmi bir Osmanlı kurumu olan oda, ticari, yasal ve şebeke işlevlerinden çoğunu yerine getiriyordu. Merkezi yükümlülüklerinin arasında, İstanbul'daki ticaret odasına (Ticaret Bakanlığının bir parçasıydı) haftalık istatistik raporları göndermek, tüccarları ve işadamlarını ticari rehbere kaydetmek, yerli konsoloslar, yurtdışındaki tüccarlar ve yerli işadamları arasında irtibatı sağlamak yer alıyordu. Tüm bunları yaparken odanın yasal bir gücü de vardı; oda kayıt tutma ve sertifikalandırma, yasallaştırma, notları, sözleşmeleri, faturaları vb kaydetme işlerine ücret karşılığında bakıyordu. Ticari ve şer'i mahkemelerde de yasal statüye sahipti.[34] Daha önemlisi, oda vilayetin idaresinde ve karar alma süreçlerinde gerçek bir role sahipti. Oda, valinin görev yerinde olmadığı bazı zamanlarda idari karar alma rolünü üstleniyordu; zirai müfettiş gibi ilgili Osmanlı memurları da odada mevkilerle ödüllendiriliyordu.[35]

En önemlisi, oda Filistin'in orta ve üst sınıf iş cemaatinin çıkarlarını temsil ediyor, bazen de işadamlarıyla Osmanlı hükümeti ve Avrupalı tüccarlar arasında lobicilik faaliyeti yürütüyordu. Örneğin 1909'da oda, kendilerine büyükbaş hayvan salgınlarıyla savaşmaları için iki bin beş yüz doz serum gönderilmesi için Ziraat Nezaretiyle lobi faaliyeti yürütmüştü. Başka bir durumda, Evkaf Nezareti Filistin'deki zeytin ve dut ağaçlarının kesilmesini denetlemeye karar verdiğinde,

---

yardımcısı), 6 Aralık 1913; NACP, yazışma 1913 IV, genel yazışmalar, 1912-35, Kudüs Konsolosluğu (350/26/11/1-2), İçişleri yabancı hizmetler posta kayıtları, kayıt grubu 84. Bir ICA çalışanı olan Brill, 1909 yılı toplam aidatı olarak 42.20 frank ödemişti. CZA, J15/6090.

33 Kudüs Ticaret Odasının üyeleri arasında, Hacı Yusuf Vefa (başkan), Albert Antébi (başkan yardımcısı), Selim Eyüb (sekreter) ve vergi memurları İsmail Hüseyni, David Taher ve Jacob Tagger (üç Yahudi, iki Müslüman ve bir Hıristiyan) yer alıyordu. Yafa'daki memurlar arasında da, Mahmud El-Bizre (başkan), Saleh Kinge Ahmet (başkan yardımcısı) ve komite üyeleri Derviş Şehabettin, George Ebu Goss, Necib Beyruti, Nasri Talamas ve Davud Mizrahi (üç Müslüman, üç Hıristiyan, bir Yahudi) yer alıyordu. J. Hardegg'den (Yafa) S. Edelman'a (Kudüs'te görev yapan Amerikan konsolos yardımcısı), 11 Aralık 1913; NACP, yazışmalar 1913 IV, genel yazışmalar, 1912-35, Kudüs Konsolosluğu (350/26/11/1-2), İçişleri yabancı hizmetler posta kayıtları, kayıt grubu 84.

34 J. Hardegg'den (Yafa) S. Edelman'a (Kudüs'te görev yapan Amerikan konsolos yardımcısı), 6 Aralık 1913; NACP, yazışmalar 1913 IV, genel yazışmalar, 1912-35, Kudüs Konsolosluğu (350/26/11/1-2), İçişleri yabancı hizmetler posta kayıtları, kayıt grubu 84. Ayrıca bkz. al-Tawarnah, "Kada Yafa," 159.

35 Antébi'den Aharon Eisenberg'e (Re*H*ovot), 29 Temmuz 1909. AAIU, İsrail-IX.E.27; *Bulletin de la Chambre de commerce d'industrie et d'agriculture de Palestine* (yıl 1, sayı 6, Aralık 1909; Kudüs). JMA, kutu 1779.

oda yeniden ağaçlandırma proje incelemesi sipariş etmişti. Aynı zamanda oda, alkollü içeceklerin satışından yüksek vergi ödeyen (yüzde 76) Filistin'deki şarap tacirlerinin haklarını da savunuyordu. En büyük lobicilik başarısı ise, nihayet 1910'da Filistin'de, karma bir ticari mahkemenin kurulmasına yönelikti.[36]

Yine de odanın asıl çabası, Filistin'de altyapının geliştirilmesine ve kamu hizmetlerinin artırılmasına yönelikti. Her ne kadar Filistin, Kudüs ile Yafa arasında bir şehirlerarası demiryolu hattına sahip olsa da; ülkenin geri kalanıyla bağlantı sağlayabilecek toplu taşımadan ve Kudüs'te Eski ve Yeni şehri, uzaktaki köyleri ve kasabaları birbirine bağlayan elektrikli tramvay gibi şehir içi ulaşım imkânlarından yoksundu. Üstelik şehir içme suyu, kanalizasyon, elektrik, telefon ve modern şehir yaşamının diğer getirilerinden de yoksundu.[37]

O zamana dek Kudüs, şehrin pek çok kamu ve özel sarnıçlarında biriktirilen yağmur suyuna, tüm şehirdeki doğal havuzlar ve kadim kuyuları besleyen kaynak sularına bağımlıydı. Şehirdeki Roma döneminden kalma su kemeri ancak 1890'larda tamir edilmişti. Ancak yine de, yirminci yüzyılın başında bu doğal ve geleneksel kaynaklar büyüyen şehre yetersiz gelmeye başladı. Giderek, şehrin dışındaki kaynaklardan ve kuyulardan su çeken taşıyıcılarının sattığı suya ve özel su piyasasına bağımlı hale gelmeye başlandı.[38]

Kudüs'ün önde gelen vatandaşları için, altyapı gelişimi, ticari büyüme ve siyasi hürriyet birbiriyle yakından ilişkiliydi. Odanın belirttiği gibi, "Hava, su ve ısınma, insanın ve hayvanın ortak ihtiyacıdır. [...] Belediyeyi kuraklık yıllarında vagonlarla su ithal etmeye mecbur bırakan [...] bu küçük düşürücü durum için teessüf edi-

---

36 *Bulletin de la Chambre de commerce d'industrie et d'agriculture de Palestine* (yıl 2, sayılar 8-9, Ağustos-Eylül 1910; Kudüs). JMA, kutu 1779. Oda, ticari davanın "bilinmeyen sebeplerden ötürü" beş ila altı yıl aksadığını bildirmişti.

37 Hayfa, Hicaz Demiryoluna bağlanıyordu; ancak toplu ulaşım sağlamak için bu yolun Nasıra üzerinden Akka ve Afula'ya, Nablus üzerinden de Afula ve Ramle'ye bağlanarak genişletilmesi yönünde ciddi bir baskı vardı. Bkz. *ha-Herut*, 21 Kasım 1910 ve Hayfa-Akka Fransız Konsolosluğundan Paris'e mektuğ, 16 Ağustos 1911, Kutu 430, MAEF. Ayrıca Hayfa ile Akka arasında, Balad el-Şeyh'te duran, bir tren olduğunu, bu trenin toplam yolculuk süresinin iki saat olduğunu biliyoruz. Hayfa/Akka Fransız Konsolosluğundan Paris'e mektup, 23 Eylül 1913, Kutu 430, MAEF. Şehiriçi tramvaylarla ilgili, bk. İstanbul Fransız Konsolosluğundan Fransız Hariciye Nezaretine (Paris), 31 Mayıs 1909; MAEF, mikrofilm rulo 132, Correspondence Politique et Commerciale. Nouvelle Serie (Türkiye); 21 Eylül 1909. ISA 67, peh/456:474.

38 Bkz. Ben-Arieh, *Jerusalem in the 19th Century*.

yoruz. [...] Meşrutiyet yönetimi, doğanın kusurlarını ıslah etmekle, sağlıklı içme suyu temin etmekle ve tüm yoksulların ısınmasını sağlamakla yükümlüdür."[39]

Hatırlayacağınız gibi, yeni Vali Suphi Beyin attığı ilk adımlardan biri, Kudüs'e şebeke suyu getirme sorununu çözmeye yönelik yerel bir komite atamaktı. Yerli memurlardan ve sıradan vatandaşlardan oluşan, bir Hıristiyan ve bir Yahudinin de dahil olduğu bu komite, şebeke suyunun yalnızca hijyen ve kamu sağlığı açısından değil, aynı zamanda mukimlerin ve Avrupalı ziyaretçilerin gözünde şehrin timsali ve saygınlığı için önemli olduğunu belirten raporlar yayımlamıştı.[40] Komite, raporlarını yazarken hem şehirsel açıdan hem de ticari açıdan düşünüyordu. Kudüs nüfusunun son kırk yılda iki katından fazla arttığı ve sonraki on, on beş yıl içinde on ila on beş bin göçmenin beklendiği düşünüldüğünde, Kudüs'ün suyunun şehir büyümesinin bir unsuru olarak ele alınması elzemdi. Komite aynı zamanda şehri, varlıklı şahıslardan ziyade yoksul hacıların ve göçmenlerin ziyaret ettiği gerçeğini göz ardı etmiyordu; bu nedenle suyun şehrin tüm sakinleri ve ziyaretçileri tarafından erişebilir ve düşük maliyetli olması temel kaygılardan biriydi. Şehrin tüm çeşmelerinden akan ücretsiz su, hem şehir gelişiminin vazgeçilmez bir parçası, hem de bu çeşmeleri yapan İslami hayır pratiğinin de devamıydı.

Komite, sonradan şehrin başmühendisi olacak Franghia Beyin 1891 tarihli, Kudüs dışındaki bir kaynağı şehre kanal kurulması için en iyi nokta olarak gösteren raporunu destekleyerek, şehre içme suyu getirilmesinin teknik yönlerinin taslağını çıkarmıştı. Komite daha sonra, belediyenin böylesi bir yatırım için kaynak bulamayacağını göz önüne alarak, projenin maddi olarak desteklenmesi sorununu ortaya atmıştı. Komite, özel bir Osmanlı yatırım cemiyetinin projeyi yürütmesi için desteklenmesini; idari meclisin araştırmayı yürütmesi için şehir meclisine fon aktarmasını ve nihai su projesinin, gelirlerini şehre aktararak daimi olmasını sağlayacak dini bir vakıf altında örgütlenmesini tavsiye ediyordu. Komitenin tavsiyeleri, on dokuzuncu yüzyıl boyunca Osmanlı kamu işlerinin—limanların, demiryollarının ve şehirlerindeki yatırımların her şeyden önce ticari bir girişim olan Avrupalı imtiyaz sahipleri aracılığıyla—yürütülme biçimine yönelik yerli bir eleştiriye işaret ediyordu. Artık, Kudüs'ün ileri gelenleri şehrin kalkınmasını,

---

39 *Bulletin de la Chambre de commerce d'industrie et d'agriculture de Palestine* (yıl 1, sayılar 3-4, Eylül-Ekim 1909). ISA 67, peh/456:473.

40 Üyeleri arasında Müftü Kamil el-Hüseyni, mühendis Nazif el-Halidi, şehrin bayındırlık ve inşa mühendisi Vasfi, muhasebeci Mahmud Ragıp el-Hüseyni, noter Ali Yaralla, banka müdürü Selim Eyüb ve AIU yatılı okulunun müdürü Albert Antébi vardı. *Bulletin de la Chambre de commerce d'industrie et d'agriculture de Palestine* (yıl 1, sayılar. 3-4, Eylül-Ekim 1909)'da yayımlanan komite raporu. ISA 67, peh/456:473. Aslı, CZA L51/6'da.

yalnızca ceplerini doldurma derdinde olmayıp aynı zamanda projenin şehirlilerin hayrına muvaffak olmasından kendileri de nasiplenecek olan hemşerilerinin elinde olmasına bağlı olarak görüyorlardı.

ŞEKİL 5.1. Kudüs Eski Şehir'deki geleneksel çeşme. İslam dünyasının her yerinde çeşmeler içmek, yemek pişirmek ve abdest için su sağlamaktaydı. Kudüs'te su kaynağı kuyular, sarnıç ve doğal havuzlarda toplanan yağmur suyu ve şehir dışındaki kaynaklardan taşınan suyla sağlanıyordu. Library of Congress, Baskı ve Fotoğraf Bölümü (LC-DIG-matpc-06598).

Bu amaçla, 1908 yılının sonunda Kudüs'teki ticaret odası, özel, yerel sermaye ve yatırımları teşvik etmek için Filistin Ticari Cemiyeti (Societe commerciale de Palestine; Bank el-Filistin et-Ticârî; FTC) adlı bir yatırım cemiyeti kurdu.[41] İmparatorluğun mali ve kamu işlerinde imtiyazlarının, yabancı bankalar ve şirketlerin elinde olduğu bir zamanda ticaret odası kendini, milli Osmanlı iktisadi politikasına adıyordu. Bunda, üçüncü bölümde gördüğümüz Avusturya-Macaristan mallarına karşı devam eden boykotun da etkisi vardı. Osmanlı hükümeti 1909 yazında FTC'yi yasallaştırdığında, saltanat *fermanında* yer alan şartlardan biri,

---

41 Société commerciale de Palestine à Jerusalem, *Statuts*.

Osmanlı yüksek okullarından diploma sahibi olan "mümkün olduğunca" fazla sayıda Osmanlının işe alınmasıydı.⁴²

Her ne kadar Fransız Konsolosluğu, FTC'yi oluşturan düşünceye "farklı mezheplerden Hıristiyanlar"ın öncülük ettiğini iddia etse de, FTC karma bir cemiyetti. Önde gelen mensupları arasında ticaret odası başkanı Hacı Yusuf Vefa, İsmail el-Hüseyni, Albert Antébi ve Selim Eyüb yer almaktaydı. Kudüs'ün iki mebusunun da, cemiyetin kurulmasına öncülük eden güçler arasında olduğu konuşuluyordu.⁴³ FTC hissedarlara ait bir bankaydı; para önde gelen tüccarlardan, ticaret odası üyelerinden ve Filistinli yerlilere daha küçük hisselerin satışından geliyordu. Ocak 1909'da satılan altı bin şahsi hissenin beş bini Müslümanlara ve Hıristiyanlara, kalan bini ise Yahudilere satılmıştı. Bir başka raporda da, en büyük ortak grubu, Hacı Yusuf Vefa ile bağlantılı yatırımcılar (iki bin hisse); İsmail el-Hüseyni ve Vali Hüseyn Haşim el-Hüseyni (iki bin hisse); Antébi, Tagger ve Abucedid (iki bin hisse); Eyüb, Batatu, Jean ve Homsi G. (iki bin hisse)'den oluşmaktaydı.⁴⁴

Cemiyetin hedefleri arasında bankacılık faaliyetleri, maliye, ticaret, sanayi ve tarım işleri yer almaktaydı. Özel olarak FTC, maliye ve ticarete ilişkin beş alanda faaliyet göstermeye koyulmuştu: Filistin'de ve imparatorluğun tümünde, ulaştırma, elektrik ve su başta olmak üzere kamu işlerinin imtiyazlarını elde etmek, tüm tarım ve mali girişimleri üzerine almak; sanayiye fon sağlamak; tapu artırımı, alışveriş,

---

42 Banka, hesaplarını Vezir-i Azama, Maliye Nezareti ve yerel yönetime ibraz etmek zorundaydı. Gueyrand'dan Pichon'a, 24 Temmuz 1909; MAEF, mikrofilm rulo 132, Correspondence Politique et Commerciale/Nouvelle Serie (Turquie). Örgütün siyasi misyonuna ilişkin olarak, ayrıca bkz. Levontin ve Ruppin'den Wolffsohn'a, 17 Ocak 1909. CZA L1/119. Jön Türklerin iktisadi milliyetçiliği için, bkz. Ahmad "Vanguard of a Nascent Bourgeoisie."Ancak ben, Ahmad'ın gayri Müslim burjuvazinin "komprador" olduğu iddiasına ve çıkarlarının Osmanlı İmparatorluğu'yla değil, Avrupa'yla örtüştüğü varsayımına katılmıyorum.

43 Gueyrand'dan Pichon'a, 22 Temmuz 1909; MAEF, mikrofilm rulo 132, Correspondence Politique et Commerciale/Nouvelle Serie (Turquie). Bkz. Levontin ve Ruppin'den Wolffsohn'a, 17 Ocak 1909. CZA L1/119. Ayrıca bkz. *ha-Herut, ha-Poel ha-Tsair*, December 1908.

44 Bir hisse sözleşmesi örneği için, bkz. dosya 44/1,57/?/12, Institute for the Revival of Islamic Research and Heritage, Ebu Dis (Kudüs). BCP, şahsi hisseleri ve yerel yatırım hisselerini satarak 566,750 frank gelir elde etmeyi hedeflemişti. Hisselerin, hisse başına kırk beş ila elli frank arasında satıldığını bildirmişlerdi. David Levontin'den Arthur Ruppin (APC) ve David Wolffsohn'a mektup (Cologne), 17 Ocak 1909. CZA L1/119. Ayrıca bkz. 6 Ocak 1909, Anglo-Filistin bankasının raporu. AAIU, İsrail-IX.E.26.

değerli madenler, cari hesaplar vb ticari işlerde kolaylık sunmak ve kendi teşebbüsleri ve diğer imtiyaz sahibi cemiyetler için mülkiyet sağlamak.[45]

Eylül 1909'da, banka kapılarını resmi olarak müşterilerine açtı. Şube müdürü Hıristiyan Selim Eyüb; müdür yardımcısı ise Sefarad Yahudi Yeroham Elyaşar'dı. Bankanın günlük faaliyetlerine ilişkin çok az bilgiye sahibiz; ipotek, emlak yatırım danışmanlığı, kredi ödemeleri, yabancı para ve hisse işleri yürüttüğünü biliyoruz. Ayrıca, yerli ve yabancı tüccarlar arasında komisyonculuk yaparak kâr elde etmişe benziyor. Örneğin 1912'de FTC, Kudüs bölgesinde satmak üzere Amerikan yapımı tırpanlar, sabanlar ve hasat makineleri almak istediğini beyan etmişti. Aynı zamanda FTC, Doğu Akdeniz Amerikan Ticaret Odasının da aidat ödeyen kurumsal bir üyesiydi.[46] Hiç şüphesiz ki, yatırım faaliyetlerinin en kıymetlisi, Filistin'deki bayındırlık işleri ihaleleriydi. Çünkü cemiyet hayli nüfuzlu şahıslardan oluşuyordu ve Osmanlı valisiyle kuvvetli ilişkilere sahipti; vali "cemiyetin, bütün hükümet yatırımlarında diğer müteşebbislerden önce geleceğine söz vermişti." Valinin taahhütlerine ve iktisadi milliyetçiliğe olan bağlılıklarına güvenen FTC'nin kurucuları Kudüs'teki kamu işleri imtiyazlarında belirgin bir avantaja sahip olacaklarını düşünüyorlardı.[47]

FTC, şehrin yirmi bir mil güneyindeki el-Araoub kaynağından bir kanal aracılığıyla Kudüs'e şebeke suyu getirilmesine ilişkin bir teklif sundu. Teklife göre, din ve milliyet gözetmeksizin tüm Kudüslülere, belli bir miktar bedava su sağlanacak; şehirdeki umumi çeşmelere de bedava su dağıtılacaktı. Bu miktarın aşılması durumunda, FTC ilave su kullanımını ücretlendirecekti. Ayrıca FTC, yerel ve merkezi hükümetin denetimine izin vermişti; Osmanlı mahkemelerine tabi olacak ve halka karşı sorumluluk taşıyacaktı. Teklif, 1 Mayıs 1909'da idari meclis tarafından onaylandı.[48] Ticaret odası, su projesinin gelişimini takdir etti ve iktisadi kalkınma, siyasi özgürleşme ve entelektüel ıslah için elzem olduğunu savundu.

---

45 Societe commerciale de Palestine a Jerusalem, *Statuts*.

46 *Ha-Herut*, 10 Eylül 1909; *el-Liberal*, 24 Eylül 1909; Polus, "Kalkalat Yerushalayim;" NACP, Mayıs-Haziran 1912 C; genel yazışmalar, 1912-35, Jerusalem Consulate (350/26/11/1-2), İçişleri postaları yabancı hizmetler kayıtları, kayıt grubu 84; NACP, muhtelif yazışmalar, Ocak-Mart 1912 A, genel yazışmalar, 1912-35, Kudüs Konsolosluğu (350/26/11/1-2), İçişleri postaları yabancı hizmetler kayıtları, kayıt grubu 84.

47 Levontin ve Ruppin'den Wolffsohn'a, 17 Ocak 1909. CZA L1/119 ve Gueyrand'dan Pichon'a, 22 Temmuz 1909; MAEF, mikrofim rulo 132, Correspondence Politique et Commerciale/Nouvelle Serie (Turquie).

48 Gueyrand'dan Pichon'a, 27 Temmuz 1909; MAEF, mikrofilm rulo 132, Correspondence Politique et Commerciale/Nouvelle Serie (Turquie). "Projet-contrat presente par la Banque commerciale de Palestine, approuve par le Conseil administratif avec certains

Ancak çok kısa bir süre sonra, müzakerelere ara verildi. FTC, su imtiyazına kaynak sağlamak ve bankanın borcun tamamını taksitlendirebilmesini sağlamak amacıyla Kudüslülerden vergi talep etti. Ancak mebus Said el-Hüseyni, Dahiliye Nazırının su yerine Kudüs'teki et satışını vergilendirmeyi düşündüğünü bildirdi. Bu fikre, Vali Faidi el-Alami ve ticaret odası adına konuşan Vefa tarafından şiddetle karşı çıkıldı. Vali, hiçbir uyarıda bulunmadan, Kudüs'ün on bir mil kuzeyinde bulunan bir başka kaynak Ayn Farah'tan şebeke suyu getirilmesine ilişkin Alman bir imtiyaz sahibiyle ayrı bir anlaşmaya imza atarak, hem FTC'yi hiçe saymış hem de idari meclisin karar ve idaresine aykırı davranmıştı.

FTC buna şiddetle karşı çıktı; milli ve ıslahatçı gerekçelerle ifade ettiği itirazları ticaret odasında geniş yankı buldu. Oda, FTC'nin halka açık ve ayrıntılı bir biçimde yürüttüğü müzakerelerin aksine, bu anlaşmanın el-Alami ile imtiyaz sahibi Franck arasında gizlice ve ivedilikle yapılmasından duyduğu şaşkınlığı dile getirdi. Aynı zamanda oda, "tüm muhalefete ve kısıtlamalara rağmen, kamuoyunun görüşünü aktarmak ve herkesin çıkarını temsil etme görevini yerine getireceğini" iddia etmişti. Bu, meşrutiyet hükümetinin düsturunun özünü oluşturuyordu ve hükümetin var olma nedeniydi. Bunun garantisi de milletin hayatını ilgilendiren her şeyin kamu önünde tartışılmasıydı.[49]

Oda, belediyenin Franck ile yaptığı sözleşmeyi teknik açıdan eleştirmiş, seçilen kaynağın erişilemez bir yükseklikte olduğunu iddia etmişti. Ancak daha önemlisi, sözleşmenin mali şartları şüphe uyandırıcıydı. Sözleşme hem ete ve tabakhanelere uygulanan vergileri kaldırmayı öngörüyor hem de Franck adlı şirketin şehre yüksek fiyatlı su satmasına müsade ediyordu. FTC'nin serbest kotayı aşan her bir metreküp su tüketimini elli sent ile ücretlendirme önerisinin aksine, Franck ile yapılan sözleşme şehir sakinlerini her bir metreküp için 1.25 frankla ücretlendiriyordu. Oda şöyle diyordu: "İşte sorunun antidemokratik yanı tam da budur. Kitlelerin elzem ihtiyaçlarını, zenginin hodbinliğine kurban etmek, meşrutiyet rejiminde yasaklanmalıdır."[50]

Dahası FTC, hem yerel çıkarlara hem de Osmanlı ihtiyaçlarına hitap eden "yerli ve Osmanlı" bir projeydi. Öteki ise, projeyle iktisadi sömürü amacıyla ilgilendiği aşikar olan Avrupalı bir imtiyaz sahibiydi. Çifte standart uygulandığı apaçık orta-

---

amendements" ve "Mazbata du Conseil Administratif," *Bulletin de la Chambre de commerce d'industrie et d'agriculture de Palestine*'de yayımlandı (yıl 1, sayılar 3-4, Eylül-Eki 1909). ISA 67, peh/456:473.

49 "Examen du contrat," *Bulletin de la Chambre de commerce d'industrie et d'agriculture de Palestine*'da yayımlandı (yıl 1, sayılar 3-4, Eylül-Ekim 1909). ISA 67, peh/456:473.

50 Agy.

daydı: "Ülkedeki sanayi ve ticareti desteklemek Ticaret Bankasına empoze edilirken, M. Frank bundan neden muaf? Bunun bir önemi yok mu?" Oda, Kudüs'ün hangi planı kabul edeceğine karar vermek için halk referandumu talep ediyordu.

Doğrudan valiye müracaat eden FTC, "yerel ve yerli bir banka olmasından ötürü tercih edileceği"[51]ne dair umudunu canlı tutuyordu. Bu, gerçekten de Kudüslü yatırımcılar ve tüccarlar için önemli bir vasıftı. Bir sonraki yıl, bir Fransız ticaret gazetesinde yer alacak halka açık yazışmalar da bunun en iyi kanıtıydı. *La Vérité* adlı gazete, adına rağmen Fransız ve İngiliz yatırımcılara ait Osmanlı Bankasının Kudüs şubesinin yeni müdürünü metheden bir makale yayımlamıştı. *La Vérité*'ye göre, Kudüs'teki kamu işlerinin ilerlemesini sağlayan etkili güç müdür Fenech'in ta kendisiydi. Makale, FTC'yi ve su imtiyazını yakından tanıyan, Kudüs'te "JD" mahlaslı Kudüslü okurun öfkeli yanıtına da değiniyordu: JD, Fenech'in Kudüs'te tanınmadığını iddia ediyor, *La Vérité*'nin pek çok—validen ve mebuslardan belediyeye, ticaret odasına ve FTC'ye kadar—yerel şahsı göz ardı ettiğini savunuyordu; bu şahıslar Kudüs'teki amme işlerinde yer almıştı. Ayrıca, son yıllarda Kudüs'e şebeke suyu getirilmesi sorununa işaret eden pek çok yerli çalışma da yapılmıştı.

La Vérité'nin editörleri, müstehzi bir dille "Pontius Pilatus bile su sorunu üzerine çalışmıştır," fakat böyle bir projeyi yürütmek için gerekli olan, bugün yalnızca Avrupalı kapitalistlerin sahip olduğu teknik bilgiden ve mali kapasiteden yoksundu cevabını verdi. "JD" bir kez daha yanıt yazmış, milli iktisat politikasını daha açık bir biçimde savunmuştu:

> Meşrutiyet Türkiyesi [metinde aynen] ve [Maliye] Nazır Cavit Bey, demokrasimizi eski rejimde onu ezen mali oligarşiden azat etmenin yolunu arıyorlar. Küçük birikimlerden oluşan bağımsız milli grupların gelişmesine destek oluyorlar. Bunda, cumhuriyetçi Fransa'yı örnek alıyorlar. Güçlü gruplara karşı mücadelesinde Cavit Beyin yanındayız, çünkü bir milletin bağımsızlığı, her şeyden önce iktisadi bağımsızlığında saklıdır.[52]

Tüm yerellik ve millileşme söylemlerine rağmen, FTC Filistin'de yeterli sermaye oluşturamamış; işlemlerini korumak amacıyla Kudüs ve Yafa'da şubeleri bulunan Londra merkezli Siyonist bir banka olan Anglo-Filistin Bankasına yöneltmişti. Bu da, FTC yönetim kurulunun önde gelen üyelerinin oldukça yüklü bir teminat

---

51 Selim Eyüb ve Yeroham Elyaşar'dan Kudüs valisine, "Requete-soumission de la Banque-comerciale de Palestine," *Bulletin de la Chambre de commerce d'industrie et d'agriculture de Palestine*'de yayımlanmıştır (yıl 1, sayılar 3-4, Eylül-Ekim 1909). ISA 67, peh/456:473.

52 Yazışmalara ilişkin bir değerlendirme için bkz. *La Verite*, see *Bulletin de la Chambre de commerce d'industrie et d'agriculture de Palestine*, Ağustos-Eylül 1910, JMA 1779.

göstermesiyle mümkün olmuştu.⁵³ FTC de, önemli miktarda ek sermaye oluşturabilmek için Siyonist hareketle gizli görüşmeler yapmaktaydı. Bir toplantıda Antébi, Siyonist hareketin FTC hisselerinin yarısını satın almasını önermişti. Bu, hareketin Filistin'deki görevlisi Dr. Arthur Ruppin'in de ilgisi çekmişti. Öncelikle, Filistin'deki bayındırlık işlerine müdahil olmak siyasi öneme sahipti. Ruppin Avrupa'daki şüpheli görevlilere şöyle diyordu: "Bu, bizim buradaki konumumuzu güçlendirecektir; böylece Yahudilerin çıkarları göz ardı edilemeyecektir."⁵⁴ Ayrıca, Siyonist hareket, büyük hissedarlardan biri olarak "kendi itikatından" olan halkın yönetim kurulunda yer almasını sağlama alabilecekti. Ancak Ruppin'in bu hayalleri, Osmanlı olmayanların FTC'nin yönetim kurulunda yer alamayacağını öğrendiğinde suya düşmüştü. Yönetim kurulunda çoğunluk sağlayamayacakları kesinleştiğinde, Siyonist hareket önderliği bağları resmileştirme aleyhinde karar aldı.⁵⁵

Siyonist görevlilerle görüşmelerin kesilmesine rağmen, herkes FTC'deki yabancı fonlama ve hissedarlık meselesinin gizli kalması gerektiğinin farkındaydı. Ruppin'in bir diğer Avrupalı Yahudi örgütü olan Filistin Sanayi Sendikasına ihtiyatlı bir biçimde aktardığı gibi, "Avrupa sermayesinin kullanılması tamamen gizli kalmalı ve basın müdahil olmadan gerçekleşmelidir. Hükümet, Osmanlı cemiyetinin arkasında Avrupalı kapitalistlerin durduğunu anlarsa, her şeyi mahvedebilir."⁵⁶ Aslında Siyonist hareketin, Tiberya'daki doğal hamamların modernleştirilmesi ve Lut Gölü'nden tuz çıkarılmasına yönelik bayındırlık imtiyazlarını güvenceye alma çabaları, Arapça basında milli ve vatansever gerekçelere dayanarak şiddetle eleştirilmişti.⁵⁷

Ayrıca, Filistin'deki Siyonist görevlilerin proje için duyduğu coşkuya rağmen, ağızdan ağıza dolaşan ortaklık Yahudi muhalefetini de ortaya çıkarmıştı. New York'ta yayımlanan Yiddiş bir gazete, Antébi tarafından yönetilen bir "Arap bankası"nın kuruluşu hakkında bir yazı yayımlamış, Anglo-Filistin Bankasının Kudüs şubesi müdür Z.D. Levontion tarafından yürütülecek bir inceleme talep etmişti. Bu talep,

---

53 BCP ile APC arasında 1909 sonbaharında bir sözleşme imzalanmış; APC'nin beklediği dönüş oranlarını belirtmişti. 27 Eylül 1909. CZA L51/6. Daha geç tarihli bir notta ise, BCP temsilcileri APC'nin suyun satış fiyatını 1.50 franka çıkarma, 1.25 franktan düşük fiyata satmama şartını kabul ettiklerini; böylelikle frankın sahip olduğu imtiyazlara rakip hale getirerek BCP'nin şehirdeki yerleşimciler için düşük maliyetli su sağlama vaadini geçersiz kıldıklarını belirtilmiştir. CZA L51/6.

54 Jacobus Kann'a mektup (Lahey), 2 Şubat 1914. CZA L51/6.

55 Levontin ve Ruppin'den Wolffsohn'a, 17 Ocak 1909 ve Levontin ve Ruppin'den Wolfssohn'a, 27 Ocak 1909. CZA L1/119. Wolfssohn'dan Ruppin'e, 2 Şubat 1909. CZA Z2/633.

56 13 Kasım 1908. CZA L1/119.

57 *El-Kermil*, 28 Eylül 1912 ve 5 Ekim 1912.

Yahudi, Siyonist bir kurumun Arap bankasıyla kurduğu ortaklığın, projeye Antébi ve pek çok Sefarad Yahudisinin dahil olmasına rağmen, ihanete meyilli olduğu varsayımına dayanıyordu. Bu talebe cevaben Levontin, Yahudi-Arap ilişkilerinin gelişmesini umduğunu belirtmişti. "Ülkemizin güzelleşmesi için Arap komşularımızla, bu topraklarda yaşayan herkesle el ele yürümeye ihtiyacımız var ve bunu başarabiliriz. Bu topraklarda yaşayan insanlarla önderleri arasında böylesi çatışmaya neden olan yazılar okumak beni oldukça üzüyor."[58]

En nihayetinde, FTC'nin Kudüs İdari Meclisi ve Ticaret Odasının İstanbul'daki nüfuzlu Yahudi şahıslar tarafından da desteklenen kulis faaliyetleri, Franck imtiyazının çökmesine neden oldu. Başkentte bulunan Nafia Nezareti, bu husustaki tüm yerel inisiyatiflere itiraz etti ve Kudüs'teki imtiyazların yönetimini üzerine aldı. 1911 yılının sonbaharında FTC, mesele üzerinde çalışması için bir Alman mühendis işe aldı; bu mühendisin yazacağı raporun yenilenen imtiyaz ihalesinde ellerini kuvvetlendireceğini ümit ediyorlardı.[59] Ancak 1914 yılının başında, Kudüs'e su, tramvay ve elektrik getirme imtiyazı, Fransız bir bankaya bağlı olan Osmanlı Rum Ortodoks imarcı Euripide Mavromatis'e verilmişti. İmtiyaz için kendi verdiği teklifin altında kalan FTC, "vatan evlatları" için verilen imtiyazlarda yüzde 40 sermaye payını saklı tutmayı başardı.[60]

Ancak, Mavrommatis'in Kudüs imtiyazlarına haiz olabilmesi aylar almıştı; Birinci Dünya Savaşı başlamış, Kudüs için tüm kalkınma planları rafa kaldırılmıştı. Şebeke suyu, elektrik ve telefon hattı getirerek Kudüs'e "modernite getirecek" olanlar Osmanlılar değil, İngilizler olacaktı. Ancak, FTC'nin hikâyesi ve onun yerelde ilerleme ve kalkınma çabaları, Kudüs'teki Müslüman, Yahudi ve Hıristiyanları bir araya getirmeyi amaçlayan Osmanlıcılık düşüncesinden ayrı düşünülemez.

---

58 *Ha-Tsvi*, 2 Mart 1909. APB'nin Kudüs şubesi görevlisi Yitzhak Levi ile Antébi arasındaki gerilim, kişisel ve siyasi nedenlerden ötürü APB ile BCP arasında ilişkiyi kopma noktasına getirmişti. Antébi'den AIU'ya, 18 Temmuz 1908. AAIU,İsrail-IX.E.27. APB, Siyonist bir kurum olması ve Selanik Bankasının BCP'nin tarafını tutması nedeniyle halk tarafından benimsenmemişti. Gueyrand'dan Pichon'a, 22 Temmuz 1909; MAEF, mikrofilm rulo 132, Correspondence Politique et Commerciale/Nouvelle Serie (Turquie).

59 APC-Kudüs'ten Kann'a, 12 Eylül 1909. CZA L51/6; *ha-Herut*, 2 Kasım 1910. Nisan 1911 itibariyle, Nezaret geri adım atmış ve belediyenin tramvay ihalesine girmesine izin vermişti. Nisan 1911; ISA 67, peh/456:474; CZA A153/143

60 20 Mayıs 1914. CZA L51/6. Arapça duyuruda "ebnâ-ül-vatan," deniyordu. Duyurunun Fransızca tercümesinde ise "hemşehrilerimiz ve dostlarımız" olarak kullanılmıştı. 10 Şubat 1914. Dosya 44/1,57/?/12, Institute for the Revival of Islamic Research and Heritage, Ebu Dis (Kudüs). Su ihalesini korumada başarısız olmasına rağmen, BCP telefon hattı kurma, Audja Nehrinden Yafa'ya içme suyu getirme, Lut Gölünden fosfat çıkarma ihalelerini almaya devam etmiştir. APC Memo, 7 Kasım 1913. CZA L51/6.

Bu müşterek şehirli anlayış, Kudüs için önerilen tramvay hatlarıyla ispatlanmış oldu; önerilen altı hat hem Müslüman, Yahudi ve Hıristiyan mahallelerin çıkarlarını, hem de şehri ziyaret eden hacıların ve turistlerin ihtiyaçlarını dikkate alıyordu. Tramvay Eski ve Yeni Şehri, seküler (Schneller Okulu ve belediye hastanesini) ve ruhani mekânları (Zeytindağı, St. Croix), pazarlar ile yerleşim yerlerini birbirine bağlayacaktı. Ayrıca tramvay Kudüs'ü, komşu köylere, güneyde Hıristiyan Beytüllahim'e ve batıda Müslüman Şeyh Bedr'e bağlayacaktı.[61]

ŞEKİL 5.2. Kudüs Tren İstasyonu. Yafa'ya iki saatlik yolculuk küçük bir lüks olarak kabul ediliyordu, düşük gelirli insanlar yük veya at arabasıyla bir gece süren çetin bir yolculuk yapıyorlardı. Birinci Dünya Savaşı öncesinde Kudüs Şehir Meclisi tarafından çevre köylere ulaşacak hafif raylı sistem (tramvay) yapılması için planlar çizilmişti. Library of Congress, Baskı ve Fotoğraf Bölümü (LC-DIG-matpc-07472).

Siyasal olmayan benzer bir şehir ruhu, Yafa için önerilen ve şehrin Müslüman, Hıristiyan ve Yahudi cemaatleri için önemli olan yerleri hedefleyen tramvay hatlarına ilişkin olarak da ortaya çıkmıştı. Tramvayın aktarma merkezi hükümet binası olacaktı. İki hat şehrin ana mahallelerinden (Acemi ve Manşiyya) geçecek; dini yerlerde duracak (Acemi'deki Şeyh İbrahim el-Acemi'nin kabri); önemli ticaret merkezlerine uğrayacak (pazar yerleri, gümrük, Alman Bankası, tütün deposu);

---

61 1. Hat: Yafa Kapısından Yahudi mahallesindeki Pazar, Souk et Allor'a kadar. 2. Hat: Yafa Kapısından, Meh Şearim, Ecole Schneller, Şeyh Bedr, Devlet Hastanesine ve Yafa Kapısına. 3. Hat: Yafa Kapısından (doğu) Yeni Saray, Nikofarya'ya. 4.Hat: Yafa Kapısından Bethlehem'e. Hat 5: Yafa Kapısından Zeytin Dağına. Hat 6: Yafa Kapısından Saint Croix'a ve Şeyh Bedr'e. Şehir Konseyi Başkanı, CZA, A153/143.

iki çeşmenin önünden geçecek ve şehri komşu köylere (Müslüman Yazur ve yeni "İbrani" banliyösü Tel Aviv) bağlayacaktı.[62]

Kudüs'teki iş dünyasının ve sivil yaşamın liderleri arasında, şehrin modern gelişimini desteklemek amacıyla kurulan ortaklığın kendiliğinden oluşması mümkün değildi; bunu mümkün kılan Müslümanlar, Hıristiyanlar ve Yahudiler arasında bulunan çok sayıdaki iktisadi ve ticari ortaklıktı. Örneğin, Yafa'daki Kuzey Afrika bölgesinden genç bir Yahudi olan, dönemin önde gelen müteahhit ve tüccarlarından Yosef Eliyahu Chelouche'nin özgeçmişinden öğrendiğimize göre, kendisi Rodos'tan yün ithal ettiği işinde Hıristiyan Jurji Abdelnour ve Müslüman Halil Damiati ile ortaktı. Ayrıca özgeçmişte, kendisi ve akrabalarının iş ilişkisi, siyasi ve kişisel ilişkiler yürüttüğü pek çok şahsın da adı geçiyordu.[63]

Bu iktisadi ilişkilere (iş ortaklığı, borç, satış ve kiralama gibi) zaman ve mekânda sınırlı hareketler olarak bakmaktansa, bu iktisadi bağları süregelen kuvvetli toplumsal ağların önemli bir kanıtı olarak görüyorum. Aslında Chelouche'nin anıları, kendisinin, babasının, amca ve erkek kardeşimin Müslüman ve Hıristiyan komşularıyla yürüttüğü kapsamlı ilişkiler ağının kanıtıydı. Daha etkileyici olan, Chelouche'nin Birinci Dünya Savaşı sırasında kendisine ve ailesine yardım eden her bir şahsı minnetle ve titizlikle anmasıydı. Onlara para, tahıl ya da deve veren eski bir iş ortağını ya da sonradan askeri hapishane muhafızı olup bir zamanlarki patronuna yardım eden eski bir çalışanı anarak bu şahısların kendisinin geniş toplumsal ağındaki önemini vurguluyordu. Bu ilişkiler, her iki tarafın da mükâfatlandırıldığı, ortaklık, güven ve saygının esas alındığı bir toplumsal sisteme dayanıyordu. Örneğin Chelouche, amcası Avraham Haim Chelouche'nin Bi'rüsseb'deki (bugünkü Beer-Şeba) göçebe Bedevi kabileleriyle ve Gazze'den Müslümanlarla iş yaparken, faturalara dahi bakmadığını, onlara borçlu oldukları tutarı ödedikleri hususunda itimat ettiğinden bahsediyordu.

Bu ilişkiler genellikle *divan*, pazar, mahalle gibi gayri resmi ortamlarda yürütülüyordu. Ancak yirminci yüzyılın başında, toplumsal etkileşime ve yeni toplumsal dayanışma bağlarının yaratılmasına ilişkin kurumsallaşmış bir ortam olarak, hür mason locaları gibi yeni toplumsal kurumlar ortaya çıkmıştı.

Kardeş Müteahhitler

Hür masonluk, on dokuzuncu yüzyılın ortalarından itibaren Osmanlı liberal düşünürleri ve ıslahatçıları için verimli bir felsefi ve örgütsel zemin hazırlamaktay-

---

62 Yafa ihalelerinin Arapça şartnamesinin kopyası, CZA L51/6.
63 Chelouche, *Parshat Hayai*.

dı. Yüce Varlık'a inancı, gizli ritüelleri ve modern Aydınlanma ideallerini bir araya getiren hür masonluk, üyelerine ilerlemeci felsefeci ve toplumsal bir görünüm, Batı'yla kuvvetli bağlar ve siyasi örgütlenme için potansiyel destek vaat ediyordu. Bir Osmanlı Masonluğu tarihçisine göre, "on dokuzuncu yüzyılın sonuna gelindiğinde, locası olmayan önemli bir şehir ya da kasaba kalmamıştı."[64]

ŞEKİL 5.3. Grand Orient Ottoman diploması, Bibliothèque Nationale (Paris), Elyazmaları Bölümü (Richelieu), FM54768.

---

64 Landau, "Farmasūniyya." Landau, Ortadoğudak ilk hür mason localarının on sekizinci yüzyıl ortalarına (1738'de Halep, İzmir, Korfu'da; 1740'larda Alexandretta'da; 1760'larda Doğu Anadolu ve İstanul'daki Ermeni bölgelerinde) dayandığı iddia etmektedir. Ancak bunlar küçük, merkezileşmemiş ve kısa ömürlü localardı; var olduklarının dışında haklarında daha fazla bilgiye sahip değiliz. Osmanlı Hür masonluğunun tarihi için, ayrıca bkz. Dumont, "La franc-maconnerie ottomane;" Zarcone, *Mystiques, philosophes et francsmacons* ve Hanioğlu, "Notes on the Young Turks and the Freemasons."

İngiliz modeli hür masonluk eğilimlerinde daha muhafazakârdı ve genel olarak dini ve siyasi statükoyu desteklerdi. Ortadoğu'da daha çok bilinen Fransız hür masonluk geleneği ise, liberal, felsefi konumları destekliyor; devrimi desteklemek de dahil olmak üzere her türlü siyasi angajman ve eleştiriyi teşvik ediyordu. Mısır'da hür masonluk İngiliz kolonizasyonunun ardından siyasi ve toplumsal örgütlenme için bir alan sağlamış; masonlar 1882 Urabi devriminde önemli rol oynamıştı.[65] Önde gelen İslami kolonyalizm karşıtı aktivist Cemaleddin el-Afgani de, arzulanan siyasal ıslahatları bilinçli bir biçimde mason faaliyetleriyle ilişkilendirmişti: "Hürriyetin inşasında beni en çok etkileyen, onurlu ve etkileyici slogan olmuştu: Hürriyet, Eşitlik, Kardeşlik—insanlığın hayrını, köhne yapıların imhasını, mutlak adaletin anıtlarının yapılmasını hedefleyen bu slogan. Bu nedenle ben hür masonluğu, adaletsizliğe karşı savaşta çalışma, özsaygı ve mağruriyet yolunda bir itki olarak görüyorum."[66]

El-Afgani'nin tüm Osmanlı dünyasında, özellikle İstanbul ile Kahire'de, çok sayıda müridi ve himayesi altında insan olduğunu hatırlıyoruz elbette. Sonuç olarak, hür masonluk Hamid dönemi boyunca en önemli örgütlenmelerden biri haline gelmişti. 1908'den önce çok sayıda Jön Türk, muhtemelen yabancı locaların sağladığı polis tahkikinden muafiyet sebebiyle, masonlara katılmıştı.[67] 1908'de sonra ise devlet ve istihbarat nazarında kapalı ve gizli bir cemiyet olan hür masonluk meşru hale geldi ve yeni toplumsal-siyasal düzenin bir parçası olarak kurumsallaştı. 1909'da, uzun süredir Osmanlı İmparatorluğu'nda uzun zaman önce terk edilmiş olan Skoç Ritinin[68] "Büyük Konseyi" Maliye Nazırı Cavit Bey, Mebus Emmanuel Carasso, Mebus Dr. Rıza Tevfik ve İTC'nin diğer aydınları tarafından yeniden oluşturuldu. Yine aynı yıl, imparatorlukta tüm locaları birleştiren Osmanlı

---

65 Bkz. Wissa, "Freemasonry in Egypt from Bonaparte to Zaghloul;" Cole, *Colonialism and Revolution in the Middle East*; Anduze, "La franc-maconnerie egyptienne;" ve Kudsi-Zadeh, "Afghani and Freemasonry in Egypt." Thierry Zarcone, Hür masonluğun ve Sufilik, siyaset ve Masonluğu bir araya getiren para-Masonik örgütlerin 1905-7 İran meşrutiyet devriminde de önemli bir rol oynamış olduğunu iddia etmektedir. Zarcone, "Freemasonry and Related Trends."

66 *Utterances of Jamal al-Din al-Afghani al-Husayni*'nin yazarı Muhammed Paşa el-Mahzumi'den alıntı, Khuri, *Modern Arab Thought* içinde, 30.

67 Hanioğlu, "Notes on the Young Turks and the Freemasons" ve Dumont, "La franc-maconnerie d'obedience francaise," 73. Örneğin 1908'de, Veritas locası FBDML'den koruma talep etmiş, hükümetin loca arşivlerine saldırdığını, bazı üyelerinin uzlaşma sağlamasından korktuklarını iddia etmişti. İtalyan konseyi tarafından korunan Macedoni Risorta locası, bünyesindeki çok sayıda Jön Türk aktiviste polis sorgulamasından muafiyet sağlamıştı. Ayrıca bkz. Jessua, *Grand Orient (Gr: Loge) de Turquie*.

68 Skoç Riti, derecelendirilmiş masonik düşünce sistemine verilen addır. Bu derecelendirmeyle, Skoç Riti masonunun davranışlarının mükemmele ulaşması hedeflenir—çn.

Büyük Doğu (OBD) (Grand Orient Ottoman; bazı yerlerde Türkiye Büyük Doğu olarak da geçer) kurulmuştu. Osmanlı Dahiliye Nazırı Talat Paşa da büyük üstad seçilmişti. Liderlik, OBD'yi kurarak siyasi ve milli özgürleşme ruhuyla, özerk bir masonluk ve imparatorlukta hâlâ var olan reaksiyonerlere karşı duran meşrutiyet liberallerinden bir merkez oluşturmayı hedeflemişti.[69]

Böylesi bir kurumsal desteğe sahip olan hür masonluk, devrimci dönemde, imparatorluğun dört bir yanında alenen yeşermişti. 1909 ile 1910 arasında, en az yedi yeni loca açılmış; İstanbul'da önceden var olanlar da canlanmıştı. Pek çoğu, yeni hürriyet ve ilerleme ruhunu yansıtacak isimlere sahipti: *Les vrais amis de l'Union et Progres, La Veritas, La Patrie, La Renaissance, L'Aurore* [İttihat ve Terakkinin Gerçek Dostları, Hakikat, Vatan, Rönesans, Şafak]. Selanik'te mason localarının sayısı o kadar artmıştı ki, bir tarihçi bu durumu "İmparatorluğun ancak gerçek bir mason kolonisinde gerçekleşebilecek kadar kısa sürede çoğalması"[70] şeklinde tarif etmişti. Yafa'da bulunan Barkai locası da epey büyümüştü; ilerleyen yıllarda Yafa'da ve Kudüs'te çok daha fazla yeni loca kurulacaktı.[71]

Şu tablo, Filistin'deki hür masonluğun hızlı büyümesinin çarpıcı bir ifadesiydi: Temmuz 1908 devriminden önceki yedi yılda, bilinen Filistinli masonların sayısı 57 iken; devrimden sonraki yedi yılda, 131 yeni mason üye kaydedilmişti. Şüphesiz, hür masonlara yeni katılanların en azından bir kısmı felsefi yakınlıklarından ötürü katılmıştı. Beyrut'taki Mason locasına katılmak için yapılan başvuruların birinde, adayı teşvik eden şey şöyle açıklanıyordu: "Hür masonluk, yüzyıllardır insanlığa yüce hizmetler sunmuş bir intizamdır; eşitlik, kardeşlik ve hürriyet bayrağını daima en yukarı taşımıştır. İnsanlığı bir araya getirmeyi ve iyileştirmeyi amaçlayan bir

---

69 Jessua, *Grand Orient (Gr: Loge) de Turquie*. GOD üzerine ayrıntılı bir tartışma için, bkz. Anduze, "La franc-maconnerie coloniale."

70 Ayrıca Vefa orientale, Byzantio risorto. Kedourie, "Young Turks, Freemasons, and Jews;" Dumont, "La franc-maconnerie d'obedience francaise," 76.

71 Birinci Dünya Savaşı öncesindeki dönemde Filistin'de üç Mason locasına, Barkai, Süleyman Tapınağı ve Moriah localarına, ait ayrıntılı bilgiye ulaşabildim. Ayrıca Yafa'da 1910-11'de Şimon Moyal tarafından kurulmuş, varlığı tanınmamış olan bir loca daha vardı. Barkai locasının, Moyal'in "her yerden üye kabul ettiğine" dair şikayetinin dışında, bu loca hakkında pek bilgi sahibi değiliz. Barkai locasından FBDML'ye mektup, 10 Şubat 1911. CDFBDML, kutu 1126-27. Kuzeyde de bu locaya ait referans bulmama rağmen, çok az veri bugüne ulaşabilmiştir. Hayfa'daki Fransız konsolosu yardımcısından Fransız Hariciye Nazırına mektup, 20 Şubat 1912; MAEF, mikrofilm rulo 134, Correspondence Politique et Commerciale/Nouvelle Serie (Turquie).

intizamdır. Ben de bu intizama dahil olmak, bu hayır işinde yer almak ve intizama faydalı olmak istiyorum."[72]

Öğretinin ilk aşamasında, çıraktan hür masonluğun felsefi gayelerini farklı şekillerde tekrar etmesi istenir:

> Soru: Hür mason kime denir?
>
> Cevap: İyi niteliklere sahip, özgür, adaleti ve hakikati her şeyin üstünde tutan, önyargıyı ve kabalığı defetmiş, erdemlilerse zenginin de yoksulun da dostu olana denir.
>
> Soru: Hür masonluk nedir?
>
> Cevap: Hür masonluk, tüm insanlık için adaleti sağlamaya ve kardeşliğin hüküm sürmesini hedefleyen bir kurumdur.
>
> Soru: Neden hür mason olmak istiyorsunuz?
>
> Cevap: Çünkü karanlık içindeyim ve aydınlanmak istiyorum.
>
> Soru: Loca ne yapar?
>
> Cevap: Tiranlık, önyargı ve dalaletle savaşır; hukuku, adaleti, hakikati ve aklı yüceltir.[73]

Yeni üyeler, aforoz edilmeleri pahasına, bu ilkeleri, karşılıklı yardımı, amme hizmetini ve Masonik sadakati yücelteceklerine üzerine yemin ederler.

Aynı zamanda, yeni masonların en azından bir kısmı daha ziyade dünyevi kaygıları sebebiyle mason olmuş; Jön Türkler ile Masonik hareket arasındaki yakın ilişkiyi dikkate almak onlara hem tanınma hem de ayrıcalık sağlamıştı. Aslında eski masonların pek çoğu, hareketin devrimci dönemde hızla büyümesinden duydukları rahatsızlığı dile getirmişti. Fransız Büyük Doğu Mason Locasına (FBDML) bağlı olan Selanikli bir loca, Osmanlı Büyük Doğu'nun (OBD) Masonik ilkelere dayanarak kurulduğuna karşı çıkmış; Paris'e "beni, bu yeni Masonik gücün büyümesine karşı çıkmaya iten şey, kendisine tabi olan locaların yeni üyeler kaydetme hususunda Mason yasalarına ve düzenlemelerine aldırmayıp farklı müşterek hedefleri olan partilerin talimatlarına tabi olmalarıdır," diye dert yanıyordu. Ancak birkaç hafta içinde Mason de Botton'un endişeleri ortadan kalkmıştı; FBDML'ye yazarak OBD'nin faaliyetlerinin "insaniyet ve Masonluk açısından makul" oldu-

---

[72] Süleyman (Şlomo) Yellin (Beyrut)'den mektup, tarih belirtilmemiş. CZA, A412/13.

[73] Grand Orient Ottoman, *Instruction pour le premier grade symbolique*. Ayrıca bkz. Grand Orient de France, Supreme conseil pour la France et les possessions francaises, *Instruction pour le premiere grade symbolique*.

ğunu yazmış, FBDML'den OBD'yi tanımasını istemişti.[74] Ancak huzursuzluk devam etmekteydi; daha sonra bir başka Mason da "her yeni üye, yeni düzende lider olabilmek için Mason olmak istiyor. Locaya inanarak katılanların sayısı fazla değil,"[75] diyerek yakınıyordu.

Her yeni Mason'un (ya da eski Masonların da) motivasyonunu bilemezsek de, bu yeni üyelerin daha az şiddetli Masonik bağlılık sergilediğini görebiliyoruz. 1908 sonrasında katılan üyelerin büyük kısmı, en düşük Masonluk mertebesinde, çırak olarak kalmış; ya Masonluğa az heves göstermiş ya da terfi etmek için yeteri kadar hazırlanmamışlardı.

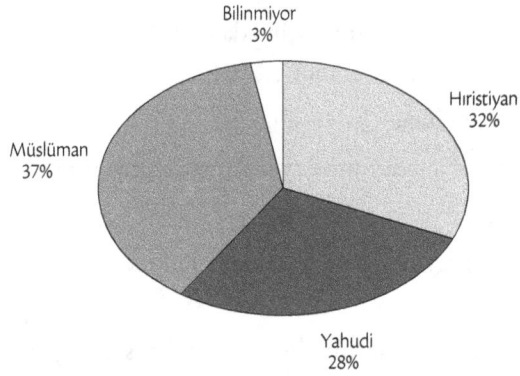

ŞEKİL 5.4. Filistin'deki Hür Masonlar, 1906–15. Centre de Documentation du Grand Orient de France, Paris, 1126–27 nolu kutular ve Tidhar, *Barkai: Album ha-yovel*.

Motivasyonları ideolojik, siyasi veya şahsiydi; ya da üçü birdendi. Kesin olan, yeni üyelerin Osmanlı İmparatorluğu'ndaki kurumsallaşmış dinler arası, etnisiteler-arası ve milletlerarası toplumsallığın nadide alanlarından birine girdiğiydi.[76] Tarihçi Paul Dumont'un gösterdiğine göre, erken döneme örnek olarak 1869'da Selanik locası L'union d'Orient'in 143 üyesinin 53'ü Müslümandı. Benzer biçimde, Yanya'daki "Promethee" locası da, 1897'deki Yunan-Türk savaşı patlak verene kadar, tam bir Yunan-Müslüman-Ermeni-Yahudi locasıydı.[77] 1906'dan 1915'e kadar, Filistin'deki merkez Mason locasının 157 tane bilinen üyesi ve ilişkisi bulunmaktaydı; bunun yüzde 45'i Müslüman, yüzde 33'ü Hıristiyan ve yüzde 22'si Yahudiydi.

---

74 Veritas locasının Üstad-ı Muhteremi (başkanı) Isaac Rabeno de Botton'dan FBDML'ye, 10 Ekim 1910; Dumont, "La franc-maconnerie d'obedience francaise" içinde, 77.

75 Jessua, *Grand Orient (Gr: Loge) de Turquie*, 12.

76 Landau, "Farmasūniyya."

77 Dumont, "La franc-maçonnerie ottomane et les 'Idees Francaises';" Dumont, "La franc-maçonnerie dans l'empire Ottoman" ve Hivert-Messeca, "France, laicite et maconnerie."

Ortadoğu'daki Mason karşıtı, Masonluğu Yahudi ve Hıristiyan "azınlıkların" ve Avrupalı yabancı cemaatlerin hükmünde olmakla suçlayan, hem tarihsel hem güncel yazın göz önüne alındığında, bu rakamlar daha çarpıcı hale geliyordu. Mason faaliyetlerine Filistin'den ve Osmanlı İmparatorluğu'nun diğer bölgelerinden sağlanan yüksek katılım, bu suçlamayı geçersiz kılıyordu. Ancak yine de, localarda Yahudilerin ve Hıristiyanların aşırı temsilinden—genel nüfustaki oranlarının yaklaşık iki katı bir oranla—söz etmek mümkündü.

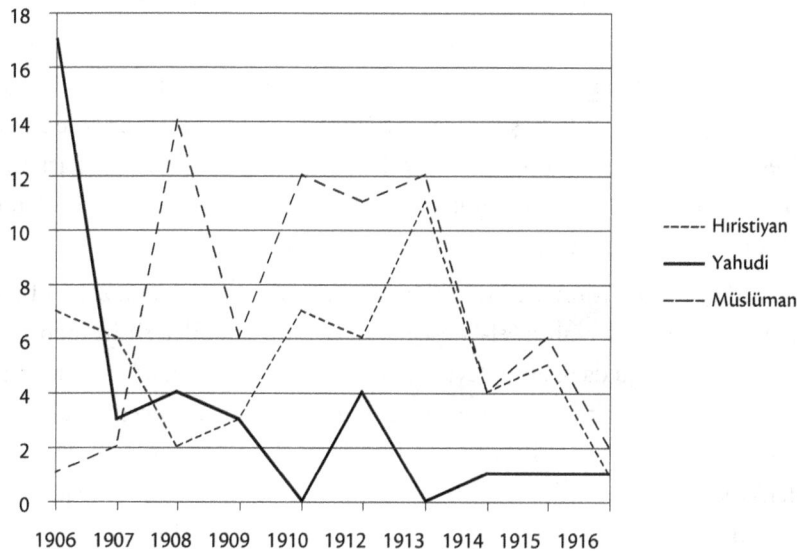

ŞEKİL 5.5. Barkai locası, dinine göre yeni üyeler. Centre de Documentation du Grand Orient de France, Paris, 1126–27 numaralı kutular ve Tidhar, *Barkai: Album ha-yovel*.

Yafa'daki Barkai locasına ait üye kayıtları da, hür masonluğun Filistin'deki Müslümanları cezbetmesinin 1908 devrimiyle eşzamanlı olduğunu ortaya koymakta. İlk olarak 1891'de "Le port du Temple de Salomon" olarak Yahudiler ve Hıristiyanlar tarafından kurulan ve 1906'da Fransız himayesinde yeniden yapılandırılan Barkai, güney Filistin'deki en önemli Mason locası haline gelmiş; bölgenin siyasi, entelektüel ve iktisadi olarak bölgenin önde gelenlerinin bir araya geldiği bir merkez olmuştu. 1908 yılının başlarında, Barkai'nin toplam 37 üyesini yalnızca 3'ü Müslümandı. Yıl sonunda ise, 14 Müslüman, 6 Yahudi ve Hıristiyan daha locaya kayıt yaptırmıştı. Böylece ilk kez, locaya katılan Müslüman sayısı, diğer cemaatlerden katılanların sayısını geçmişti. Sonraki altı yılda da, yeni katılan Müslümanların sayısı Hıristiyan ve Yahudileri geçmeyi sürdürdü; çoğu kez, yeni katılan Yahudi ve Hıristiyanların toplamından bile fazla Müslüman locaya kayıt yaptırıyordu.

Mason locaları, farklı dinlerin mensuplarının bir araya geldiği "tarafsız" bir zemin olmanın ötesinde, orta tabaka ve seçkin gruplar arasında dayanışmaya ve toplumsal bağlılığa da hizmet etmekteydi.[78] Genel olarak, localar cemaatlerin yaşlı ve köklü liderlerini çekmeyi başaramamış; daha ziyade "yeni nesilleri" cezbetmişti. Bu dönemde katılan Filistinli hür masonların pek çoğu, yirmili ve otuzlu yaşlarındaydı (yemin edenlerin ortalama yaşı 31.8'di); bazıları daha genç (özellikle aile bağlarıyla katılanlar), bazıları daha yaşlıydı. Bu şahıslar, aynı zamanda İTC'yi, daha sonra da ademi merkeziyetçi ve milliyetçi partileri de desteklemişlerdi.

Filistin'deki Mason localarının üyeleri, büyük ölçüde, serbest meslek sahibi orta sınıflar ve ileri gelen geleneksel ailelerin mensuplarıydı.[79] Üyelerin dörtte biri, devlet memuruydu: On beş avukat ve hâkim, hem taşra hem de belediye düzeyinde görev yapan on yedi idari memur, bir düzine de ordu ve polis teşkilatı mensubu üye vardı. Üçte biri ise, tüccar, bankacı ya da muhasebeciydi. Kalan üyeler, öğretmen, doktor, eczacı, avukat ve beyaz yakalı kâtiplerdi.

Önde gelen Müslüman Masonlar arasında, Arafat, Ebu Gazale, Ebu Hadra, el-Bitar, el-Dajani, el-Halidi, el-Naşaşibi ve el-Nuseybi ailelerinin mensupları da yer alıyordu; pek çoğu da önemli devlet görevleri icra etmekteydi.[80] Hıristiyan Masonlar, daha ziyade giderek büyüyen orta sınıflara mensuptu; öncelikli olarak tüccar ve serbest meslek erbabıydı. Burdkuş, el-İssa, Hori, Mantura, Süleym, Solban ve Tamari ailelerinden geliyorlardı. Yahudi Masonlar ise, daha ziyade 1880'lerde 1890'larda, erken dönem Siyonist tarım yerleşimlerinde yaşamak için gelmiş, geldikten sonra Osmanlı vatandaşlığını benimsemiş Aşkenaz kolonyalistlerdi. Öte yandan, Sefarad

---

78 Lübnan, Suriye ve Mısır'da, seçkin sınıfların hür masonluğa geniş katılımı söz konusuydu. Bkz. Safwat, *Freemasonry in the Arab World*. Robert Morris'in 1876 tarihli seyahatnamesine göre, Suriye'nin o dönemki valisi, Yafa'nın ve Nablus'un vali muavinleri hür masondu. Morris, *Freemasonry in the Holy Land*. Mısırlı localarının orta sınıf üyeleri için, bkz. Cole, *Colonialism and Revolution in the Middle East*. Hür masonluğun sözde seçkin ve iktisadi ağları alt sınıf muhalefeti de tetiklemişti. Landau, "Muslim Opposition to Freemasonry."

79 Hür masonluğun sosyoekonomisi için, bkz. Dumont, "La franc-maconnerie d'obedience francaise;" Dumont, "La franc-maçonnerie dans l'empire Ottoman;" Hivert-Messeca, "France, laicite et maçonnerie" ve Cole, *Colonialism and Revolution in the Middle East*.

80 Kemaleddin Arafat Nablus valisiydi; Rafık ve Süleyman Ebu Gazale de hâkimdi. Said Ebu Hadra, Gazze Genel Konseyinde görev yapmıştı; 1912 Osmanlı mebus seçimlerinde aday olmuş, ancak seçilmemişti. Umar el-Bitar da Yafa valisiydi. Yafalı Dayani ailesinin sekiz üyesi, Mason olmalarının yanı sıra Osmanlı'nın adli, idari, bürokratik ve eğitim kurumlarında çalışıyordu. Kudüs'ün önde gelen ailelerinin arasında, el-Halidi ailesinin dört üyesi de hür masondu. İçlerinden biri, Cemil el-Halidi iki locaya da üyeydi. 1912'de Osmanlı meclisine seçilen Ragıb el-Naşaşibi de iki locaya birden üyeydi.

ve Mağrip Yahudisi üyeler, iktisadi açıdan kuvvetli, cemaatin Amzalek, Elyaşar, Mani, Moyal, Paniyel, Taranto ve Valero gib köklü ailelerin genç üyeleriydi.[81]

Bu nedenle, bir araştırmacının belirttiği gibi hür masonluk hareketinde belli bir derece "demokratik toplumsallık"tan söz etmek mümkündü.[82] Tek bir örgütün, Halidilerle Naşaşibileri, Burdkuşlarla, Manileri ve daha az bilinen ailelerin genç erkekleri kapsamadaki sıra dışı başarısı göz ardı edilemez. Ancak hür masonluk sınıf ayrımlarını belirginleştirme işlevi de görmüştü. Bu şahıslar benzer şekillerde modern eğitim görmüş; yabancı dillere ve Batılı fikirlere maruz kalmış; görece yüksek düzey bir iktisadi bağımsızlık elde etmiş; vilayetlerinde ve tüm imparatorlukta artan bir toplumsal-siyasi ağırlık kazanmışlardı.[83]

Bu grup, kısmen önceden seçilmişti ve kendini idame edebiliyordu. Locaya kabul edilmek için, aday, itibarlı iki loca üyesinin tavsiyesini almak zorunluydu. Bu tavsiyeler, bazen akrabalardan (büyük ağabey, kuzenler, amcalar, bazen de babalardan) alınırdı. Filistin'deki tüm hür masonların yüzde 32'sinin ailesinde Mason bulunuyordu; bu oran Hıristiyanlarda ve Müslümanlar arasında daha yüksekti.[84] Aynı şekilde, eğitim ve mesleki bağlar da hayli önemliydi. Barkai locasının üyeleri arasında, Beyrut'taki Amerikan Üniversitesinden yeni mezun olmuş altı; daha önce İstanbul'daki meslek okullarında okumuş olan pek çok üye vardı.[85] Osmanlı Bankasının Yafa ve Kudüs şubelerinde çalışan dokuz görevli de, kardeş Masondu. Yalnızca bir Filistinli Mason bir köyde doğmuştu; yalnızca bir Mason din adamıydı (Rum Ortodoks Kilisesinde çalışıyordu). Bu açıdan Mason locaları, büyüyen orta sınıf ve devlet memurluğu yapan şehirli seçkinler için toplumsal ağ işlevi görmekteydi.

---

81 Amzalekler, varlıklı bir Yahudi ailesiydi. Kudüs'ün en önemli Sefarad ailelerinden biri olan Elyaşar ailesinin pek çok mensubu da, şehrin hahambaşı olarak görev yapmıştı. Manisler de el-Halil'deki en önemli Yahudi ailelerinden biriydi. Varlıklı bir bankacı ailesi olan Valeroların üç üyesi de Masondu.

82 Nathans, "Habermas's Public Sphere in the Era of the French Revolution," 633.

83 Kolonilerdeki hür masonluk, Batılı ilerleme, kamu sağlığı, seküler eğitim, adalet, toplumsal yasaları, fikir, basın ve örgütlenme hürriyeti ve iktisadi ve teknolojik kalkınma fikirlerini yaymayı amaçlayan "insancıl sömürgeciliğin" bir diğer yüzüydü. Kolonyal hür masonluk, toplumsal ve kültürel elit yaratmış; "yerli" hür masonları Frankofon ve Avrupa değerlerine ve kültürüne asimile etmeye çalışmıştı. Bkz. Odo, "Les reseaux coloniaux." Yeni orta sınıf için, bkz. R. Halidi, "Society and Ideology in Late Ottoman Syria," 126.

84 Bu, aynı soyadına sahip ve aynı yerde doğmuş olanlar içindi ve şüphesiz ki anne tarafından ya da evlilikle gelen aile bağlarını kapsamıyordu.

85 *Who's Who: Alumni Association, AUB, 1870-1923*.

Bu demografik ve mesleki profil sayesinde, toplumsal ağ oluşturma Masonluğun cazip gelmesinde ve saygınlığında hayli etkili olmuştu.[86] Masonlar arasında ticari ilişkiler de oldukça yaygındı; bir iş adamının Mason mühürlü tavsiye mektubu talep etmesi alışılmış bir durumdu. Yusuf Eliyahu Chelouche'nin kendisi Mason değildi; ama Mısır'daki bir Yunan yetkiliyle yapacağı iş toplantısına hazırlanırken, daha sonra Barkai locasının Üstad-ı Muhteremi olmuş İskender Fiyuni (Alexander Fiani)'den aldığı tavsiye mektubu, böyle bir mektuptu.[87] Dahası Filistin'deki hür masonların önemli bir kısmı (yüzde 22'si) bölgedeki ya da yurtdışındaki diğer Mason localarına da bağlıydı; bu da hür masonluğun birbirleriyle örtüşen ilişkiler ağı olduğunu gösteriyordu.

Mason Faaliyetleri

1913 kışında, Filistin hür masonluğu şok edici bir "mason ihaneti" vakasıyla sarsılmıştı: Salvatore Garcea adlı İtalyan bir doktor, Kudüs'teki Moriah Mason Locası'na girmiş, locanın faaliyetlerini mason karşıtı Fransız konseye ve pek çok dini cemaatin liderine aktarmıştı. İfşa edilmesi, yedi sekiz üyenin "felaketi" olmuştu.[88] Ancak Masonlara yönelik dini sansür ve Birinci Dünya Savaşı sırasında Barkai locasının arşivlerinin kaybolması, geç dönem Osmanlı dünyasındaki Mason faaliyetlerinin tamamının ortaya çıkarılmasını epey güçleştirmekte.[89]

Ancak yine de biliyoruz ki, Filistin localarının düzenli faaliyetleri, hayır işleri, yardımlaşma ve meslek eğitimiydi. Örneğin, locanın düzenlediği yemekler, Osmanlı ordusuna kışlık kıyafet sağlamak için fon oluşturmayı amaçlıyordu. Loca başkanları, Eylül 1908'de yoksul kabul edilen Anis Jaber'e yardım ettiği gibi, düzenli olarak tüm üyelere yardım ediyordu. Aynı zamanda loca, FBDML'nin Paris merkezinin üyeleriyle kulis faaliyetleri yürütüyor; bir üyelerinin Kudüs'teki Rothschild Hastanesinin yöneticisi olması konusunda kendilerini desteklemesini talep ediyordu. Ancak Paris'teki FBDML, Yafa-Kudüs Demiryolu ve Yafa

---

86 Pek çok Mısırlı Mason locaları dosyasından öğrendiğimiz kadarıyla, ağ kurma amacıyla Mason toplantıları düzenleniyordu. Bir yerden diğerine seyahat eden ya da taşınan Masonlar, hazır ağlara ulaşabiliyorlardı. Bkz. CZA A192/812.

87 Chelouche, *Parshat Hayai*, 194.

88 Daha sonra Garcea, Mısır'da bir başka Mason locası kurmaya çalışmış; kendini Yahudi olarak tanıtmış, bu süreçte saygıdeğer bir haham ailesinin kızını kullanmıştı. Frigere'den FBDML'ye, 12 Şubat 1917. BNR, RES FM2-142.

89 2000 yılında Barkai locasının sekreteri, locanın Osmanlı dönemine ait arşiv malzemesine sahip olup olmadığını açıklamayı reddetmişti. Ancak locanın eski Üstad-ı Muhteremi Sezar Araktingi, FBDML merkez ofisine, Birinci Dünya Savaşından sonra aynı zamanda evi olan, locanın merkezinin savaş sırasında yıkıldığını bildiriyordu. 'Araktingi'den (Konya'da) FBDML'ye, 8 Ocak 1919. FBDML, Kutu 1126-27.

Limanındaki Messageries Maritimes'tan haksız yere atılan Masonlara ilişkin her iki vakada da, Yafa'nın Fransa için iktisadi öneminin kardeşlik yükümlülüklerinden ağır basmasını bahane ederek müdahil olmayı reddetmişti.[90]

Bunun dışında, üyelerin, "Anavatanımız olan Osmanlı İmparatorluğu'nda Masonluk fikirlerinin yayılmasına katkıda bulunmak, bunun için de vatanın evlatlarının hayrını şiyar edinmek" gibi misyonerliği çağrıştıran hedeflerinden bahsettiklerinde ne tür bir Masonluk faaliyetini kastettiklerinden emin olamıyoruz. Bu bağlamda Barkai de, tüm imparatorlukta Mason faaliyetlerini sürdürebilmek için kendisinin OBD'ye bağlı olmasına izin verilmesini talep etmişti.[91]

Ancak Barkai'nin yeni OBD'ye bağlanma için izin istemesi, yalnızca Mason kardeşliğinden kaynaklanmıyordu; daha kuvvetli bir şemsiye örgüt altında korunma ve işbirliği sağlamak peşindeydi. Yeni hükümet ve iktidar partisinin önde gelen isimleriyle yakınlığından dolayı OBD, sahip olunması ve yakın ilişkiler kurulması gereken bir dost; alenen hür masonluğa düşman olan yeni seçilmiş mebusların saldırısı karşısında Filistinli Masonların kaybetmemesi gereken bir ilişkiydi.[92]

Nihayet 1910 yılında, FBDML, OBD ile kardeşçe ilişkiler kurmuş, üyelerinin Osmanlı örgütüne kardeşçe davranmasına izin vermişti.[93] Bunun sonucunda, Temmuz 1910'da, Barkai locasının pek çok üyesi, Kudüs'teki uzun zamandır faal olmayan Süleyman Tapınağı locasını OBD'nin himayesi altında canlandırmaya karar verdi. Sonunda, Barkai locasının yirmi iki üyesi yeni OBD locasına katıldı. Ancak birkaç yıl sonra, Süleyman Tapınağı, Filistin hür masonluğunun siyasi ve mezhep farklılıkları üzerinden bölünmesine neden olacak bir parçalanmadan geçecekti.

Kardeş Kardeşe Karşı

1913 yılının mart ayında, loca içindeki bir hizip ayrılıp FBDML'ndan "temsili ve yasal kabul" talep eden locasını kurana kadar, Süleyman Mabedi locası hakkında pek bir şey bilinmiyordu.[94] Moriah (Mina) adlı yeni loca ilmihal kitapları ısmarlamış; loca mührü edinmiş; loca merkezi için büyük bir bahçe aramaya başlamış ve locaya kabul için daha katı kurallar getirmişti: Yalnızca "kusursuz itibara" sahip olanlar ve efendi Fransızlar başvurabilecekti.

---

90 'Araktingi'den mektup, Temmuz 1913, FBDML, kutu 1126-27.
91 11 Ocak 1910. FBDML, kutu 1126-27.
92 Hafız Said. Araktingi mektubunun sonuna şöyle eklemişti: "Tüm lanetlerini, özellikle de seçimi despotça yollarla kazandığını Osmanlı Büyük Doğu'ya bildirmiş bulunuyoruz." Barkai'den FBDML'ye, 8 Kasım 1909. Kutu 1126-27.
93 Araktingi'den FBDML'ye, 7 Nisan 1913. FBDML, kutu 1126-27.
94 11 Mart 1913, BNR, RES FM2-142.

Üstad-ı Muhteremine göre, Moriah Masonlarının görevi, özellikle kilisenin ve bağnazlığın Mason faaliyetlerine şiddetle karşı çıktığı Kudüs'te hürriyet ve adalet fikirlerini müdafa etmekti. Locanın yeni seçilmiş sözcüsü Avraham Abushadid Mason kardeşlerine "karşılıklı hoşgörünün, başkalarına ve kendine saygı duymanın ve mutlak vicdan hürriyetinin boş laflar olmadığını"[95] anlatıyordu. Abushadid'e göre, Doğu'da "'hürriyet' kelimesi 'itaatkârlık' ve 'bağnazlığın' yerini almış; 'eşitlik' ve 'kardeşlik' de batıl inanç ve riyakarlığı ikame etmişti."

Abushadid, Mason görevi boyunca, Osmanlı halkının rönesansını tasavvur etmişti: "Doğu'da yükselen bu yıldız, göz alıcı bir parıltıyla ışık saçmaya devam ediyor. Bizim yolumuz bellidir [...] Gün gelecek onun aydınlığı tüm karanlığa son verecek ve bu titreyen insanlık sona erecek. Yeni bir nesli, özgür ve genç insanları, kardeşlikle örülü ve fedakârane şanlı geçmişi yeni barış, hakikat ve adalet devrini mümkün kılmak için, tüm milletler, ırklar, tüm dinler silinecek ve yok olacaktır."[96] Ancak insanlar arasındaki bu "ayrımları ortadan kaldırma" iddiasına karşılık, Süleyman Mabedi locasındaki ayrılık, biri daha çok Müslüman ve Hıristiyanlardan oluşan ve Arapça konuşan, diğeri Fransızca konuşan ve ağırlıklı olarak Yahudilerden ve yabancılardan oluşan, birbirinden tamamen ayrı iki grup arasındaki kültürel ve siyasi bir ayrılıktı. Süleyman Mabedinin, Moriah locasını kurmak üzere ayrılan sekiz tanınmış üyesinden beşi Yahudi, biri Hıristiyandı; kalan ikisi ise Fransızdı. Eğer Süleyman Mabedi, yüzde 40'ı Müslüman, yüzde 33'ü Yahudi ve yüzde 18,5'i Hıristiyan olan üyeleriyle bölünmeden önce görece karma bir loca olmayı sürdürebilseydi, bölünme sonrasında kurulan Moriah'nın yalnızca bir Müslüman üyesi olurdu. Süleyman Mabedinin "yerlileri," "yabancıları" Siyonist olmakla itham ederken, kendileri de "yabancı düşmanı" olmakla suçlanıyordu.[97]

Kudüs'teki hür masonlar arasında giderek artan bölünmeler karşısında Süleyman Mabedi, Yafa merkezli loca Barkai'nin FBDML'ndan Moriah'ın tanınma talebini reddetmesini önerdi.[98] Barkai'nin Üstadı Muhteremi Sezar 'Araktingi'ye göre, Kudüs'te birbirine rakip iki Mason locasının varlığı huzursuzluğa neden olmaktaydı. Barkai'nin ricası, Kudüs'te uzun zamandır bir loca olmasını dileyen FBDML tarafından kibarca reddedildi. "Süleyman Mabedi locasındaki hür mason

---

95 29 Nisan 1913, BNR, RES FM2-142.
96 Agy.
97 Tüm Yahudi üyelere, Osmanlı topraklarında (ikisi Kudüs'te, biri İstanbul'da, diğer ikisi Sofya'da) doğmuş olmalarına rağmen "yabancılar" deniyordu. BNR, RES FM2-142.
98 Araktingi'den FBDML'ye, 7 Nisan 1913, CDFBDML, kutu 1126-27.

kardeşlerimize söyleyin. Moriah'ı rakip bir loca olarak değil; adalet ve kardeşlik ideallerimizi gerçekleştirmek için yeni bir ocak olarak görmeliler."[99]

Kararından dönmeyen Araktingi yeniden FBDML'ye yazmış; Moriah'ın kurucularının kendi localarını kurarken uygusuz davranışlarda bulunduğunu belirtmişti. Dil sorununun, ayrılmayı hızlandıran bir etken olduğunu, Süleyman Mabedi'nin pek çok üyesinin Fransızca bilmediğini, ayrılanların da Arapça bilmediğini belirtmişti.[100] Dahası, Süleyman Mabedi locasının üyelerinin pek çoğu, FBDML'ye Barkai yoluyla üye olmuşlar; karşılığında FBDML'den özel ilgi görmüşlerdi. Sonuç olarak, Araktingi'ye göre, ayrılmaların ardındaki azmettirici, Fransız banker Henri Frigere idi; Kudüs'teki hür masonların düşmanlığını kazanmıştı, Filistin'deki hür masonlar arasındaki çatlakları onarabilmek için kendisinin imparatorluğun bir başka köşesine nakledilmesini talep etmişti.[101]

Moriah'nın kurucuları da FBDML'ye yeniden yazarak kendilerini savunmuştu; bu kez yalnızca ayrıldıkları Süleyman Mabedinin üyelerini değil, Yafa merkezli Barkai locasını ve tüm "yerli" hür masonları da itham etmişlerdi. Moriah'a göre,

> Yerli Türk ve Arap unsurlar, hâlâ Masonluğun üstün ilkelerini anlamaktan, takdir etmekten ve dolayısıyla tatbik etmekten âcizler. Hür masonluk pek çoğu için, yalnızca bir korunma ve adam kayırma; diğerleri içinse yerel ve siyasi etki sağlama aracı. Localar en çok, [metnin bu kısmı okunaksız] [...] tavsiyeleri ne yazık ki adalet davasına ve masum hür masonların çıkarlarına hizmet etmemektedir. Ötesi yok ve hiçbir zaman olmayacak, çükü yerliler bir tek, uzun zamandır kahrını çektikleri despotizmden anlar. Eğitim düzeyleri son derece düşük, insanlık ve adalet için kendi çıkarlarını gözetmeden çalışmaya hazır değiller.[102]

Moriah'a göre bu durum, locanın çalışmalarının çıkmaza girmesine neden olmuştu; iddialarına göre "yerli" loca üyeleri ikinci hizbin önerilerini reddetmişti.

---

99 FBDML'den Araktingi'ye, 24 Nisan 1913. CDFBDML, kutu 1126-27.

100 Her ne kadar Fransızca FBDML localarının resmi "ayin dili" olsa da, Yafa'daki Barkai locası Paris merkezlerini, pek çok üye yeteri düzeyde Fransızca bilmediği için, temel loca faaliyetlerini Arapça yürüttüklerinden haberdar etmişti. Mısır'da bir loca (*Les amis du progres*, Mansura)FBDML ritüellerini Arapçaya tercüme etmişti; Barkai de işlerinde, Fransızca bir özetle birlikte bu tercümeleri kullanıyordu. Araktingi'den FBDML'ye mektup, 19 Mayıs 1911, CDFBDML, kutu 1126-27.

101 Araktingi'den FBDML'ye, 24 Haziran 1913. CDFBDML, kutu 1126-27. Frigere, kısmen Fransız iştiraki olan Osmanlı Bankası'ndan çalışıyordu. 'Araktingi, FBDML'nin Paris merkezinin, Frigere'nin tayiniyle ilgili merkez bankasına müdahale edebileceğini varsaymışa benziyor.

102 Frigere'den FBDML'ye, 27 Haziran 1913. BNR, RES FM2-142. Bu mektup, *Sabah* gazetesinde yayımlanmıştı. "La loge Moriah," 70-74.

Şüphesiz bu mektup, Mason çevrelerinde sıklıkla görülen ırkçı ve kibirli tavrı açığa vuruyordu: "Yerlilerin" Mason ilkelerini "Avrupalılar" gibi kavraması beklenemezdi. Dahası, Mason locaları bir yandan evrenselciliği savunurken, icraatta oldukça Avrupamerkezci, FBDML'nin seçeneğinde olduğu gibi, Frankofon bir modern liberal birey anlayışını pekiştiriyordu. Burada ironik olan, Avrupa localarına üye olmak isteyenlerin yalnızca, halihazırda Avrupa dilini, ideolojisini ve tarzını keşfetmiş Osmanlılar olmasıydı. Belirli bir sınıf ve kültürel ortamın mensupları, oldukça Avrupalı bu kurumda kardeşlik ve meşruiyet arıyorlardı; çünkü bu kurum, değişen küresel koşulları içinde kozmopolitliği, liberalizmi, moderniteyi ve kültürel uyumu temsil ediyordu. *Hâlihazırda* arzu ettikleri şey olup olmadıklarına aldırmaksızın, Osmanlı Masonları kesinlikle onlara *özeniyordu*.

Ancak Süleyman Mabedi locasının merkezinde yer alan yerli üyeleri, iki Fransızdan (Frigere ve Drouillard) ve onların diğer ilticacılar üzerinde etkisi olmasından şüphelenerek modernleşen sınıfın Avrupa yönelimindeki gerilimi açığa vuruyordu. Frigere, Süleyman Mabedi liderliği "diğer hür masonları locamızın [Moriah] Fransa'nın Filistin'e saldırmasını kolaylaştırmak amacıyla kurulduğuna inandırmıştır. Ancak bu doğru değildir, özellikle Türkiye'nin [metinde aynen] hususi durumu göz önüne alındığında, böyle bir tehlike bir hayli saçma görünse de acil tehditlerin dışında değildir."[103] diyordu. Bu dönemde Osmanlı İmparatorluğu pek çok cephede savaşmıştı; bir cephede Osmanlı vilayetini (Libya) ilhak eden İtalya'ya karşı savaşırken; diğer cephede Balkanlardaki Osmanlı toprakları üzerinde Yunanistan ve Bulgaristan'la savaşıyordu—her iki savaşı da kaybetmişti. Dahası, kapitülasyonlar adı altında yabancılara bahşedilen ayrıcalıklara karşı süregelen hınçlara ve savaş gemilerini geçirerek yerli nüfusa gözdağı vermek ve denetim altında tutmak isteyen Avrupalı konsolosların kibri de tuz biber ekmişti. Sonuç olarak, Avrupalılara karşı duyulan güvensizlik ve önyargılar giderek artmaktaydı.

İlginç olan, bir sonraki yıl yerli Masonların loca içindeki hizbe ilişkin görüşleri biraz değişmişti. Barkai locası Üstad-ı Muhteremi Araktingi, FBDML'ye yazarak, Moriah locasının, Süleyman Mabedi locasının liderlik yarışını kaybetmesi üzerine kurulmuş olmasından yakınmıştı (bir diğer deyişle, şahsi bir siyasi çekişme üzerine). Dahası, Siyonistleri barındırarak dışarıdaki hasımlarının ekmeğine yağ sürmüş, içeridekilerin elini kuvvetlendirmişti. "Nefreti dindirmek ve her iki locanın kardeş üyeleri arasında barışı sağlamak amacıyla iki kez Kudüs'e gittik. Fakat muvaffak olamadık [...] Kudüs'teki kardeşlerimiz yüksek mertebede devlet memurları, seçkin (bağnaz olmayan, eğitimli) şahıslar. Hemşerilerinin gözünde gülünç duruma

---

103 Agy.

düşmek istemezler; bu nedenle de hür mason kardeşlerinden, Siyonistlerden uzak dururlar."[104]

Araktingi'ye göre, Moriah önlerini kesmeseydi, Süleyman Mabedinin üyeleri Kudüs'teki FBDML destekli bir locaya katılmak isterlerdi. Ayrıca 'Araktingi, FBDML'nun Moriah'a tam destek vermediğini, nihayet Kudüs locaları arasında ıslahat ve uzlaşma sağlaması için Frigere'nin konumunu koruyarak birlikte getirilebilmesi için ayarlamalar yaptığını hatırlatıyordu. 'Araktingi'nin iyimser görüşüne göre, "seçim zamanı denge sağlanması iyi olacak. Locanın büyük çoğunluğu seçkin yerliler ve üst düzey hükümet görevlileri olsa da, Siyonist kardeşlerimiz gizlilik içinde daha faydalı ve rahat olabilecekler. En azından loca, Siyonist loca olarak anılmayacak ve Kudüs halkının gözünde daha saygıdeğer" olacaktı.[105]

Moriah ise, Masonları karşısına almanın yanı sıra, yerli "papazların," özellikle de Fransız olanların zulmüne de maruz kalıyordu. Loca, Kudüs'teki Fransız konsolosunu ve yardımcısını, bir de Mason karşıtı üslubu nedeniyle Fransız bir rahibi suçluyor; hepsinin görevden alınmasını talep edecek kadar ileri gidiyordu. Moriah, Quai d'Orsay'daki Fransa Hariciye Nezaretine, bu hususta müdahale etmesi için FBDML'ye yaptığı taleplerde, yerELdeki Fransız memurların seküler Fransa'da asla hoş görülmeyecek davranışlar sergilemekle kalmayıp, görevlerini de ihmal ettiklerini ve Fransız çıkarlarını göz ardı ettiklerini belirtiyordu. Moriah üyeleri FBDML'nu inandırmak için, Filistin'deki Fransız ticaret ve zanaatinin on yıl içinde birinci sıradan beşinci sıraya gerilediğini iddia ediyorlardı.[106]

Yeni zengin Moriah locası, ardından faaliyetlerine ve projelerine dair kayıt bırakan tek Filistin locasıdır. Ancak bu kayıtları yalnızca FBDML'ye sunduklarından, planlarının ne ölçüye dek uygulandığına dair pek bilgimiz yok. Her halükârda, teklif edilen projeler arasında şunların olduğunu görmek hayli ilginç: Loca üyeleri için "bilimsel, sosyolojik ve hayırsever bir kütüphane" açmak; Fransız koruması altındaki, vatandaşlığa yeni kabul edilmiş Faslılar için Kudüs'teki Fransız Konsolosluğunun himayesi altında bir dispanser açmak; Kudüs'e elektrik ve elektrikli tramvay getirecek imtiyazlar için rekabete girecek bir Fransız cemiyeti kurulmasını teşvik etmek ve Kudüs'teki seküler bir okul açmak.[107]

---

104 Araktingi'den FBDML'ye, 24 Temmuz 1914. CDFBDML, kutu 1126-27.

105 Agy.

106 *Sabah*, "La loge Moriah."

107 Moriah, "ilk başta ticari gibi görünen bu imtiyaz topluluğu, aslında seküler bir topluluktu ve bizim uzun zaman boyunca beklediğimiz bir şeydi. Bilinmelidir ki, Kudüs'teki seküler Fransızların sayısı oldukça azdır ve bunların pek çoğu da hür masondur," diyordu. "Nüfusun geri kalanı ise, tüm dinlerin mensuplarından oluşuyordu." Moriah'dan FBDML'ye,

Önerilen bütün projeler arasında ideolojik olarak en çok Mason olanı, Kudüs'te seküler (*laïque*) bir okulun açılmasıydı. Daha önce gördüğümüz gibi, Filistin'deki okulların hemen hemen hepsi paralı okullar ya da din okullarıydı; Osmanlı devlet okulları bile yalnızca Müslüman öğrencilere eğitim veriyordu.[108] Moriah locası, halkın desteğini kazanmak amacıyla yerel bir gazeteye ilan vermiş; şehirde Fransız seküler bir ortaokul kurulmasına ilişkin Fransız konsolosluğuyla görüşmesi için bir heyet oluşturmuştu. Konsolos, Nezarete *tüm cemaatleri kapsayan bir lise kurulmasını tavsiye edeceğini söylemişti. Moriah'a göre bu öneri, ne Fransız ne de Mason bakış açısı*ndan makul değildi. "Fransız bakış açısından düşünüldüğünde," diye yakınıyordu, "konsolosun çözümü makul değil çünkü sayıca hayli fazla olan Rum, Arap, Yahudi unsurlar asla dini bir okula gelmeyecektir. Oysa bizim amacımız, tam da bunu sağlamaktır. Masonluk açısından ise, şehrimizdeki dini tahakküme darbe vuracak olan, fikirlerimizle yeni nesli cezbetmek için mükemmel bir fırsatı kaçırmış olacağız."[109]

Moriah locası, Fransız meslek okulunun açılması için 622 çocuğu temsil eden 316 aile reisinden imza toplamıştı.[110] Ancak bir yıl sonra dahi, Beyrut ve İskenderiye'de de benzer Mason önerileri olmasına rağmen, okul meselesinde hiçbir ilerleme kaydedilememişti. Arapça Fransız basında yer alan bir habere göre, Filistin'de Beyrut Amerikan Üniversitesi doğrultusunda bir yüksekokul ya da bilim akademisi kurulması planları da, tıpkı Moriah'ın Kudüs'te "rasyonel düşünce" okulu kurma planı gibi, suya düşmüştü.[111]

1914'te Moriah locasının üyeleri, Frankofon seçkinciliklerini gözden geçirmiş ve Arapça konuşan bir loca kurma izni istemişlerdi. Fransızca konuşulan locala-

---

2 Ekim 1913, BNR, RES FM2-142. 1912'de Henry Frigere Fransız hükümetine yazmış; Kudüs'ün üç dine mensup ileri gelenleri tarafından, Société commerciale de Palestine'i model alan bir Fransız imtiyaz topluluğunun kurulmasını önermişti. Bkz. Frigere'nin 17 Mayıs 1912 tarihli mektubu. BNR, RES FM2-142.

108 Moriah loca üyesi Nissim Farhi'nin (Kudüs'teki AIU ilkokulunun müdürü) araştırmasına göre, altı dinden ve mezhepten, beş farklı milletten yirmi okul vardı ve bunlar Kudüs'teki on bin çocuğa eğitim veriyordu. 19 Haziran 1913. BNR, RES FM2-142. *El-Liberal*'de yayımlanan bir rapor da, Kudüs'te yetmiş üç okul olduğunu iddia ediyordu; şüphesiz bu sayıya geleneksel din okulları da dahildi. *El-Liberal*, 23 Nisan 1909.

109 Alıntı, *Sabah*, "La loge Moriah."

110 18 Ekim 1913. BNR, RES FM2-142.

111 10 Şubat 1914. BNR, RES FM2-142. İskenderiye Masonları üzerine, bkz. Dosya CZA, A192/812. Ayrıca bkz. CZA, A192/816, özellikle Kasım 1910 tarihli "L'Assemblee maconique de la neutralité scolaire et des études laïques" toplantısı. Lübnan'da Le Liban locasının hür masonları dini eğitimin, "ülkenin bölünmesini, tahammülsüzlüğü ve din nefretini" körüklediğini savunuyordu.

rında "türdeşliği ve kardeşliği" korumak istemelerine rağmen, bu tutumu devam ettirmelerinin katılmak için yeterince Fransızca bilmeyen şahısları locadan uzak tuttuğuna kanaat getirdiler.[112] FBDML, gerekli görülen durumlarda toplantıların Arapça yürütülmesine karşı çıkmazken, onlara "yerli halkın kabulüne ilişkin ihtiyatlı olmalarını"[113] hatırlatıyordu.

Birinci Dünya Savaşının başlamasıyla, Filistin'deki Mason localarının üçü de faaliyetlerine son verdi. Moriah'ın da Arapça konuşulan bir şube hayalleri suya düşmüş oldu. Barkai de savaş başlayınca kapatılmış; Üstad-ı Muhteremi 'Araktingi ve diğer loca üyeleri de Anadolu'ya sürgün edilmişti. 'Araktingi 1919'da döndüğünde, loca merkezinin yerinde yeller esiyordu. Balfour Bildirisi sonrasındaki Yahudi-Arap çatışmalarından ve sonrasında Filistin'de ilan edilen, bölgedeki Arap sakinlere rağmen Filistin'i "Yahudi yurdu" olarak kabul eden İngiliz Mandasından dolayı, loca 1920'den 1940'a kadar kapalı kaldı. Filistin'deki 1929 isyanlarıyla birlikte, locanın kalan Arap üyelerinin çoğu tamamen Arap localara katılmak için ayrıldı. 1930'lara gelindiğinde ise, Filistin'deki Yahudi-Arap hür masonluğu çoktan mazi olmuş; bir aradalığın son direği de yükselen milliyetçi çatışmalarla yıkılmıştı.[114]

Osmanlıcılık bağlamında heterojenlik, onlara benzer bir görünüm kazandırmasından ötürü gelişmelerine imkân sağladıysa da, mezhep çatışmaları ve milli ihtilaflar sözümona kutsal sayılan Mason nizamını bozmuştu. Mason locaları ve şahıslar, Filistin'deki Osmanlı toplumundan ayrı olmamıştı, ancak hiçbir zaman onunla bir bütünleşmediler de. Bu nedenle de, her zaman Osmanlıcılık ile tikelcilik, Osmanlı vatanseverliği ile Avrupa tesiri arasındaki dengeye, bir sonraki bölümün konusu olan, cemaatler arasındaki artan rekabete karşı duyarlı olmuşlardı.

---

112 Moriah'dan FBDML'ye, 25 Mayıs 1914. BNR, RES FM2-142.
113 FBDML'den Frigere'ye, 11 Haziran 1914. BNR, RES FM2-142. Bu açıklama, asıl mektuptan çıkarılmıştı; ya çok sert kaçmış ya da malumun ilanı olduğu düşünülmüştü.
114 Bkz. David Tidhar, *Barkai* ve Tidhar, *Sefer he-ahim*.

ALTINCI BÖLÜM

Mozaik İmanın Osmanlıları*

1910 yılının kışında, Selanikli Ladino gazete *La Tribuna Libera*, okurlarına Osmanlı Yahudilerinin akıbetinin asimilasyonda mı, milliyetçilikte mi yoksa Siyonizmde mi olduğunu soran bir halk oylaması yayımlamıştı. Gazetenin amacı, on sekiz aydan beri Ladino basınını kasıp kavuran, Osmanlıcılık ile Siyonizm arasındaki savaşı sona erdirmekti. Gazeteye göre, "kardeş katline ramak kalmıştı" ve bu durum Osmanlı Yahudilerini de içine çekebilirdi.[1] 1908 devrimiyle Birinci Dünya Savaşı arasındaki yıllarda, Osmanlı İmparatorluğu'nda Yahudi cemaatleri gerçek bir toplumsal krizinin eşiğine gelmişti. Bazılarına göre, cemaat liderinin değişmesine ilişkin sorular, başkent İstanbul'dan sembolik olarak hayli önemli olan Kudüs'e, hatta Tiberias ve Beyrut gibi daha küçük Yahudi cemaatlerine kadar, imparatorluğun dört bir yanındaki şehirlerde bir dizi iktidar mücadelesine neden olmuştu. Bu iktidar mücadeleleri, hem yaşadıkları çağa dair düşünen hem de cemaatlerine karşı sorumlu olan, ıslahatçı (*maskilic*) genç kuşak hahamların lehinde olacak şekilde, Osmanlı Yahudilerinin modernleşmesine ilişkin sorunları merkezine alıyordu.[2]

Aynı zamanda Osmanlı Yahudileri, komşularının da yüzleştiği bir açmazla karşı karşıyaydı: Değişen imparatorlukta, hem Osmanlı vatandaşı hem de Yahudi olarak onları ne gibi görevler bekliyordu? Bu bölüm, Osmanlı İmparatorluğu'nun sonlarına doğru Filistin'deki Sefaradların kendilerini içinde buldukları karmaşık

---

* Altıncı Bölüm daha önce şu kaynakta yayımlanmıştır: "Between 'Beloved Ottomania' and 'The Land of Israel': The Struggle over Ottomanism and Zionism Among Palestine's Sephardi Jews, 1908-13," *International Journal of Middle East Studies*, 37, sayı 4 (Kasım 2005); 461-83. Cambridge Üniversitesi Yayınlarının izniyle basılmıştır.

1 *La Tribuna Libera*, 11 Kasım 1910 ve 25 Kasım 1910. Gazete gelecek birkaç ay boyunca Yahudi liderler ve halktan gelen cevapları yayımladı. Sonuçlar *Ha-Herut*'ta yayımlandı. 2 Aralık 1910.

2 Bkz. Benbassa, "Zionism and Local Politics;" Rodrigue, *French Jews, Turkish Jews* ve Stein, *Making Jews Modern*.

dönüm noktasına, Osmanlı evrenselciliği ile Yahudi tikelliği arasındaki yol ayrımına odaklanıyor. Osmanlı Yahudileri devrimin ideolojik amaçlarını sahiplenerek Osmanlı vatandaşlığının imkânlarından yararlanmayı amaçlıyor; yeni Osmanlı siyasi topluluğunda hak talebinde bulunuyorlardı. Ancak bu dönem aynı zamanda, cemaatin Avrupa Siyonizminin kurumlarına ve fikirlerine açıldıkları ve onların giderek daha fazla tesiri altında kaldıkları bir dönemdi.

İmparatorlukta yaşayan Osmanlı Yahudileri, birbirleriyle çelişen bu çağrılara farklı yanıtlar vermişti. Pek çoğu için, Siyonizm "aziz" Osmanlı vatanına ihanet etmek demekti. Devrimin vaat ettiği yeni umut verici gelişmeler ve medeni haklar göz önüne alındığında bu, daha da gayri meşru görünüyordu. Ancak bazıları da Siyonizmi, hem Yahudilerin kolektif ve kültürel arzularının meşru bir ifadesi hem de aziz imparatorluklarına da büyük iktisadi ve toplumsal faydalar sağlayacak bir lütuf olarak görüyor; kendi benimsedikleri Siyonizmi, Avrupa Siyonist hareketinin bölgesel ve siyasi emellerinden bilinçli bir biçimde ayırıyorlardı.[3] Ancak Osmanlıcılık da Siyonizm de, değişmeyen inanç sistemleri olmaktan ziyade evrilen ideolojiler ve pratiklerdi; o yıllarda imparatorlukta yaşanan olaylar her ikisinin de sınırlarını belirliyordu. Siyonizmin Sefaradlar için 1908'den sonra artan cazibesinin, Osmanlıcılığın ve tamamlanmamış evrenselciliğin yetersizliğiyle yakından ilgili olduğunu iddia ediyorum. Bir başka deyişle, Siyonizm Osmanlıcılığın kaybettiği kadar yandaş kazanamamıştı.

Osmanlıcılık ve Siyonizm taleplerini bağdaştırmak, Filistinli Serafadlar (İberyalı) ve Mağribi (Kuzey Afrikalı) Yahudi cemaatleri için epey elzemdi. İmparatorluğun başka bölgelerindeki Sefaradların aksine Filistinli Sefaradlar, "işini bilen Siyonizm"le çevriliydi; Yahudi göçüne, toprak iskânına ve İbrani milliyetçi kültürel kurumların kurulmasına ilk elden tanık oluyorlardı. "Deneyimli Siyonistler" kadar etkin olan Filistinli bazı Sefaradlar ise (antisiyonist ideologlar da dahil olmak üzere), toprak alımlarında arabuluculuk ve göçmen Siyonist cemaati, vilayetteki Osmanlı yönetimi ve yereldeki Filistinliler için aracılık hizmeti görüyordu.

Bu nedenle Filistinli Sefaradlar kendilerini iki ideolojik bağlanma, Osmanlıcılık ile Siyonizm, arasında bulmakla kalmamış, aynı zamanda Arapçı hareket ve değişen vatan manzarasıyla birlikte ortaya çıkan proto-milliyetçi Filistinlilik bilinci arasındaki gerilimin hissedilir etkileriyle baş etmek zorunda kalmıştı. Arap köy-

---

3 Sefarad ve Orta Doğu Yahudiliği konusundaki akademik çalışmaların çoğu Siyonist hareket tarafından millileştirilmiş ve mobilize edilmiştir. Bu çalışmalar, Orta Doğu Yahudilerini kendi memleketlerindeki "yabancılar" olarak görmektedir. Bkz. Stillman, *Sephardi Responses to Modernity* ve Betzalel, "Prolegomena to Sephardi and Oriental Zionism;" Ayrıca Benbassa'nın aynı konu ile ilgili keskin eleştirilerine bakılabilir.

lülerle göçmen Yahudi sömürgeciler arasında belirli aralıklarla yaşanan çatışmalar, basında gün geçtikçe sıradanlaşan antisiyonizm, Osmanlı olduğunu "kanıtlama" yönündeki bariz baskılar, tüm bunlar Filistinli Sefaradların takındığı tavra neden olan etmenlerdi. Filistinli Sefaradların bu gerilimleri dile getirdiği karmaşık yollar, resmi Siyonist hareketiyle, Filistin'deki Aşkenaz (Avrupalı) Siyonist göçmenlerle, Osmanlı Seferadlarla, Hıristiyan ve Müslüman komşularıyla, Osmanlı yetkilileriyle arasının açılmasına neden olmuştu.

"Haviva" Osmanlı—Aziz Osmanlı

Yirminci yüzyıla kadar, Sefaradların büyük çoğunluğu Osmanlı İmparatorluğu'nu tarihsel kurtarıcıları sayıyor, ona şükran ve bağlılık duyuyordu. On beşinci yüzyılda, Osmanlı Sultanı II. Bayezid'in İspanyol ve Portekizli Yahudi göçmenlere kucak açma politikası, Osmanlı Sefaradlarının müşterek hafızasının önemli bir parçasıydı. Hatta öyle ki, İspanyol hükümetinin Seferadlarla ilişki kurma teşebbüsü tahkir edilmiş ve küçümsenmişti.[4] Ayrıca, on dokuzuncu yüzyılda Anadolu ve Balkanlardaki Ermeni ve Rum cemaatleriyle girdikleri iktisadi, toplumsal ve siyasi rekabet, Yahudi cemaatlerini geçmişte sahip oldukları avantajlı konumun uzağına düşürmüştü. Bir tarihçinin iddia ettiği gibi, bu rekabetin sonucu olarak "Yahudiler, çıkarlarını en iyi şekilde seküler ve meşruti Osmanlı devleti içinde Müslümanlarla işbirliği yaparak koruyacaklarını anlamışlardı."[5] Hem tarihsel hem de toplumsal-iktisadi etmenler Osmanlı devrimine desteklemek için yeterli gerekçeyi sağlıyordu. İmparatorlukta yaşayan yaklaşık dört yüz bin Yahudi de yeni rejimin sadık destekçileriydi.[6]

Birden çok kaynakta belirtildiğine göre, Sefarad ve Mağribi Yahudi cemaatler Müslüman ve Hıristiyan Arap cemaatlerle birlikte kutlama yaparken, Aşkenaz Yahudileri büyük çoğunlukla toplanmaların dışında bırakılırdı.[7] Kutlamaları izleyen genç, Osmanlı Aşkenaz gazeteci Gad Frumkin'e göre, Sefarad ve Mağribilerin çoğu Arap komşularıyla bir arada duruyor, onlarla çekirdek çıtlayıp limonata içiyorlar; hep birlikte vatansever marşlar çalan bandoyu dinliyorlardı.[8]

---

4   Örneğin bkz. *ha-Herut*, 19 Ağustos 1910.
5   Kayalı, "Jewish Representation in the Ottoman Parliaments," 511.
6   İstanbul'daki Yahudilerin tepkisi ile ilgili bilgi için bkz. Benbassa, "Les 'Jeunes Turcs' et les Juifs."
7   Kudüs'teki 1905 Osmanlı nüfus sayımında 5.500 Aşkenaz Yahudisi Osmanlı milletinden sayılmıştı. (Kudüsteki 13.687 Osmanlı Yahudisinin yüzde 41'i) Schmelz, "Population of Jerusalem's Urban Neighborhoods."
8   Frumkin, *Derekh shofet bi-Yerushalayim*, 146. Ayrıca bkz. *ha-Poel ha-Tsair*, Temmuz-Ağustos 1908.

Resmi kutlamaların daha ilk gününde, Sefaradlar kendini belli etmişti; Tora ile gelmişlerdi, dans ediyorlar, şarkılar söylüyorlar, kılıç çekiyorlar ve "Doğulu tarzda" havaya ateş ediyorlardı. Tora, gümüş ve altın işlemelerle süslenmişti; gençler tarafından kılıca benzeyen mızraklarla taşınıyordu. Yahudiler önlerinden geçerken, askerlerin "kılıçlarını ve silahlarını kaldırarak selam verdikleri" konuşuluyordu. Yahudiler de, ağustos ayının coşkulu günlerinde gerçekleşen (kalabalığa İbranice, Arapça, hatta bazı durumlarda "jargon" kullanarak, örneğin Ladino dilinde, seslendikleri) konuşmalara katılmıştı. Pazarlarda ve mahallelerindeki yürüyüşlerde Osmanlı bayraklarıyla birlikte Siyon ve Tora bayrakları da taşıdıkları biliniyordu.[9]

Galile, Safed'deki bir kutlamada, Simha Solomon Yahudilerin imparatorluğa ve yeni meşrutiyet rejimine destek verdiğini açıklamıştı. "Efendiler ve kardeşler! Meşrutiyete gönül vermiş bir Osmanlı Yahudisi olarak, arzum Yahudilerin Türk anayasasına bağlılığını ifade etmektir [...] Bugün, Osmanlı toprağında yaşayan tüm milletler için mübarek bir gündür [...] biz, İsrail halkı için de en kutsal gündür."[10]

Solomon, aynı zamanda Osmanlı hükümetinin "cömertliği" karşısında geleneksel olarak duyulan "şükran"a devrimden sonraki liberal siyasi yelpazede yer olmadığını da ifade etmişti. Yahudiler "hoşgörülen *zımmi* [gayri Müslim] konumundan çıkarılıp "eşit ortağa" dönüştükçe, eşitlik ve hakkaniyet duyguları Yahudi Osmanlıcılığının yapıtaşları haline gelecekti. Buna dayanarak, Osmanlı Yahudileri, imparatorluğa ve sultana bağlılık yeminlerini yenilemişlerdi. Bir başka deyişle, Yahudi cemaati, imparatorluk anayasayı ve hukukun üstünlüğünü koruma yönünde iyi niyetini koruduğu sürece, kendini yeni Osmanlıcılık projesine adayacaktı.

Anayasayı din kardeşlerine anlatmak için yapılan halka açık bir toplantıda, Yahudi mebus adayı ve Galatasaray Lisesi mezunu Yitzhak Levi, devrim sonrasında "Osmanlı milletinin tüm vatandaşları olarak, tüm bağlarımızdan kopmak hepimizin boynunun burcudur" diyor ve tüm Yahudileri Osmanlıca ve Arapça öğrenmeye, Filistin'deki kamusal hayata katılmaya çağırıyordu.[11] Levi'nin siyasi rakibi ve Yahudi cemaat lideri Albert Antébi de Osmanlıcılığın akıbetini benzer bir biçimde ifade etmişti. Ütopyacı olmasa da, Antébi devrimin dönüştürücü ve modernleştirici potansiyelini anlamıştı: "Yozlaşmış ve bastırılmış bir halkın tüm toplumsal yaşamını dönüştürecek, bugüne kadar onları bir araya getirmeyip, bölen mezhep inançlarıyla ilerleyen heterojen milletlerin tümünü bir araya getirecek bir serüvene atıldık [...] Özgürlük değişebilir, eşitlik krizlerden geçebilir; Müslüman,

---

9   *Ha-Olam*, 4 Eylül 1909; *ha-Haşkafa*, 9 Ağustos 1908.
10 CAHJP, IL/Sa/IX/14.
11 *Ha-Poel ha-Tsair*, Temmuz-Ağustos 1908.

ılımlı, hatta irticai bir meclisimiz olabilir. Ama anasayamızı her durumda muhafaza edeceğiz." Osmanlı Yahudi cemaati niceliksel olarak imparatorlukta azınlık olmasına rağmen, Antébi "ilkelerimiz, Osmanlı vatanıyla birliğimiz ve ona olan bağlılığımız, Museviliğin tarihi ruhuna—hoşgörülü, eşitlikçi ve merhametli—sadık kalarak siyasi ve iktisadi canlanmaya hizmet etmemiz en önemli silahlarımız olacaktır," diyordu.[12]

Yahudiler, devrimden sonra oluşturulan yeni kurumlarda—İTC şubelerinde, Mason localarında ve kendilerine ait sivil toplum kuruluşlarında—boy gösteriyorlardı. İstanbul'da bir Yahudi vatansever grubu, "Yahudi milletinin entelektüel ve ahlaki mükemmeliyete ulaşmasını, maddi ve toplumsal olarak yüceltilmesini, böylelikle de toplumsal hayata katılmasını" amaçlayan "the Ligue nationale des juifs de l'Empire Ottoman"ı kurmuştu. "En temel meşgalesi, 1876 Anayasası'nın gereği olarak 24 Temmuzda vaat edilen özgürlüklerin devamlılığını ve anayasanın yasal yollarla iyileştirilmesini sağlamaktı. Üyelerine, diğer ırkların ve dinlerin mensubu vatandaşlarla kardeşlik içinde yaşamayı salık veriyordu."[13] Benzer bir biçimde, Avram Galanti tarafından Kahire'de, Mısır'daki İsrail Cemiyeti olarak kurulan İsrailli Osmanlı Cemiyeti, Yahudilere meşrutiyet düzeninin faydalarını öğretmeyi ve tüm Osmanlı halkları arasında eşitliğe inancı yeşertmeyi hedefliyordu.

Filistin'de ise, daha önce bahsettiğimiz Osmanlı Yahudileri Cemiyetinin yanı sıra, Şimon Moyal, Yafa'da Milli İsrail Cemiyetini (MİC) kurmuştu. Bu cemiyet, anayasayı ihanetlere ve iç tehditlere karşı anayasayı savunmayı hedefliyordu.[14] O dönemde, yirmi yedi üye İstanbul'daki yüksek mevkilere telgraf göndererek Sultan II. Abdülhamid'in tahttan inmesini, yargılanmasını ve imparatorluğun hazinesinden çaldığı iddia edilen paraları iade etmesini talep etmişti. MİC, yeni sultanın tahta çıkması ve resmi *fermanın* okunması üzerine kutlamalar tertip etmiş; bu kutlamalarda İbranice, Arapça ve Osmanlıca coşkulu konuşmalar yapılmıştı. Ayrıca yeni sultanı tebrik eden bir telgraf göndermiş, "anayasayı muhafaza ettiği müddetçe" hükümeti destekleyeceğini taahhüt etmişti. Yafa'daki İTC nizamı sağlamak için yerli sivil milis kuvvetler oluşturduğu için, MİC de dört ana etnik cemaatten seksen Yahudinin harekete geçmesini ve iki kadının da Hilal-i Ahmer Cemiyeti için gönüllü olmasını sağlamıştı. Bu sadık çabaları karşılığında MİC, İTC'den ve Yafa vali muavininden resmi teşekkür mektupları almıştı.

---

12 Antébi'den Henri Franck'e, 28 Eylül 1908. AAIU IX.E.25.
13 CZA, A412/41.
14 *Ha-Herut*, 21 Mayıs 1909. Cemiyet ile ilgili yazan gazeteci toplantıların Arapça yapılmasından yakınıyordu.

Osmanlıcılığın Siyonist Eleştirisi

Osmanlıcılık taraftarı bu samimi ifadeler ve imparatorluğun önde gelen Sefaradlarının etkin katılımı, Siyonist hareketin hem "sivil" ideologları hem de resmi görevlileri tarafından endişe verici bir gelişme olarak görülmüştü. Yafa'daki Filistin Ofisinin başında olan ve Siyonist Örgüt'ün (SÖ) yereldeki temsilcisi Doktor Arthur Ruppin'e göre, devrimden sonraki haftalarda düzenlenen gösterilerde Sefarad Yahudileri Siyonist heyecanı yeteri kadar paylaşmamıştı. Daha çok "Musevi inancın birer parçası olan Osmanlı vatandaşları" gibi davranmışlardı. Ruppin'in iddiasına göre, pek çok Sefarad cemaatinin lideri Siyonist simgelerin gösterilmesini engellemişti; Siyonist bir gazete de, Seferadların, gösterilere katılan bir şahsın elindeki Siyonist bayrağı yırtacak kadar ileri gitmiş olmalarından şikayet ediyordu.[15] Siyonist hareketin gözünde, Osmanlı Yahudiliğinin asimilasyon eğilimleri, Ortadoğulu Yahudileri "medenileştirmek" amacıyla on dokuzuncu yüzyılda Ortadoğu'da okullar ağı kuran Fransız hayırsever cemiyeti olan Alyans Okullarından ("Alliance Israélite Universelle" [AO]) kaynaklanıyordu.[16] AO, meslek okulları ve ilkokulları aracılığıyla Frankofon kültürel görüşünü ve Osmanlı Yahudilerini adil bir biçimde anavatanlarında yerleşik tutma felsefesini de açığa vurmuştu. İbranice, Resmi Siyonist yayın organı *ha-Olam* da, Siyonist hareket açısından zararlı olabilecek, Osmanlı asimilasyon yanlılarının fikirleri konusunda okurlarını uyarıyordu: "Daha önce de duyduğumuz bir şeyi tekrarlıyorlar: Siyonizm, vatana ihanetmiş. Aşkenaz Siyonistleri yabancı olabilir; ancak biz vatanımıza ve imparatorluğa sonuna kadar bağlıyız."[17]

Osmanlı Sefaradlarının siyasi tercihlerine ilişkin resmi endişe, Filistin'e yeni ulaşmış olan Rus sosyalist Siyonistleri içindeki radikal unsurlar arasında da hızla yaygınlaşıyordu. Gazeteleri *ha-Poel ha-Tsair*, Yitzhak Levi'ye ve Osmanlıcılık fikirlerine öfkeli bir şekilde saldıran bir yazı yayımlamıştı. Gazetenin editörü Yusuf Aharanovitz Levi'nin Osmanlıcılığını eleştirmiş, Siyonist memurun kendi Siyonizmine dair şüphe duyduklarını ifade etmişti. Onlara göre Levi'nin günahları saymakla bitmezdi. Öncelikle Levi, Yahudi cemaati içindeki Osmanlılar ve

---

15 Ruppin, 8 Ağustos 1908. CZA L2/49I; *ha-Poel ha-Tsair*, Temmuz-Ağustos 1908.

16 Bu gibi ifadeler Siyonist basında yer bulan genel duyguyu yansıtıyordu, örneğin "Türkiye'nin [metinde aynen] Ahvali ve Yahudiler," Dr. D. Pasmiak, *ha-Olam*, 7 Eylül 1909.

17 "Türkiye'de [metinde aynen] Asimilasyon," *ha-Olam*, 4 Aralık 1908. Dr. Shim'on Bernfeld'in daha sonraki bir değerlendirmesi okuyucuları (ve önderliği), Osmanlı Yahudilerinin Osmanlı yaşamına katılmalarının "Yahudiliklerini satmak" anlamına gelmediği, onları "doğal milliyetçiler" olarak gördüğü noktasında rahatlatmaya çalışıyordu. "Doğudaki Seferad Yahudileri," *ha-Olam* içinde, 10 Mart 1909. Sefarad dergisi *ha-Herut*'taki bir yazı Bernfeld'in çalışmasını "yüzeysel"likle suçlamıştır. *Ha-Herut*, 22 Aralık 1912.

yabancılar arasında ayrım yapıyordu. *Ha-Poel ha-Tsair*'i en çok rahatsız eden şey ise, bir konuşmasında Levi'nin "Türkiye'de [metinde aynen] yeni bir millet, Osmanlı milleti doğmuştur. Bizler de bu milletin evlatlarıyız,"[18] demesi olmuştu. İddiaya göre Levi, "Biz Yahudiler, din ayrımını geride bırakmalıyız. Yahudi, Hıristiyan ve Müslüman; hepsi birdir," demişti. Ayrıca editör, Levi'nin Osmanlı meclisine seçilmek için yürüttüğü kendi kampanyasının ideolojisiyle tutarsızlık teşkil ettiğini söylüyordu. Eğer hepimiz, "büyük Osmanlı milletinin" birer parçasıysak, diyordu Aharonowitz, neden Osmanlı meclisinde Yahudi bir temsilciye ihtiyaç duyuluyordu?

Levi ile Aharonowitz arasındaki bu çatışma, Osmanlı kamusal yaşamına ve onun Filistin'deki Yahudilerin cemaat yaşantısıyla ilgisine dair farklı görüşlere ilişkin bir kesit sunmuştu. Aharonovitz'e göre, kendinden menkul "Yeni Yişuv"un Siyonist radikalleri için Osmanlı siyasi sistemine katılmak iyi bir taktikti; ancak bunun Filistin'deki Osmanlı Yahudileri için özel bir değeri yoktu.[19] Bu araçsal yaklaşıma göre, imparatorluktaki kamusal yaşama katılmak, Filistinli Yahudilerin ayrılıkçı Siyonist amaçlara hizmet etmelerini sağladığı sürece anlamlıydı. Daha önce gelen Yahudi göçmenlerin aksine, yeni gelen bu Yahudiler Osmanlı vatandaşlığını zar zor üstelenebilmişti; Yahudi milliyetçiliğine ve Siyonizme bakışları daha ziyade dogmatikti. Kısacası, Osmanlıcılığı ideolojik olarak reddediyor ve devrimin getirdiği kardeşlik duygularını, Yahudilerin tek taraflı çabası olarak görüyorlardı—onlara göre, "eğilim Marks'tan daha çok Marksist olmaktı."[20]

Ancak, Filistin'deki Yahudilerin toplam nüfusu elli bin ila yetmiş bin arasında değişiyordu ve sayıları birkaç bini geçmeyen bu yeni gelen göçmenlerin tüm Siyonist cemaati temsil etmesi mümkün değildi.[21] Aksine, Filistin'deki Siyonist

---

18 *Ha-Poel ha-Tsair*, Temmuz-Ağustos 1908. Levi Kudüs'teki İngiliz-Filistin Bankası şubesinin müdürüydü.

19 Kolatt, "Organization of the Jewish Population." Kolatt hatalı olarak bütün Siyonist *yishuv'un* kendi Siyonist hedeflerini uzun vadeli stratejileri uyarınca gizlemeyi seçerek "stratejik" olarak Osmanlı olduğunu savlamaktadır. Weiner'in "Hamediniyut ha-Ṣiyonit be-Turkiya"da detaylandırdığı gibi bunun WZO'nun benimsediği strateji olduğu açıktır. Ancak bu strateji, Sefarad ve Mağribi cemaatleri, hatta onlar arasındaki Siyonistler için bile geçerli değildir.

20 *Ha-Poel ha-Tsair*, Temmuz-Ağustos 1908. Göçmenlerin yabancı vatandaşlıkları ile ilgili problemler için bkz. Jacobsohn'dan Wolffsohn'a, 8 Kasım 1909. CZA Z2/8.

21 Bu dönemdeki Yahudi göç ve yerleşimleri için istatistikler çok güvenilir olmasa da, yılda yaklaşık iki bin Yahudinin Filistin'e kalma niyetiyle geldiği düşünülmektedir. Yafa'daki Alman Konsolosluğuna göre, 1907'de 1746 göçmen varken, 1908'de yarısı Litvanya ve Güney Rusya'dan olmak üzere 2097 göçmen vardı. Konsolosluk bu göçmenlerden sadece 247'sinin Yahudi kolonilerine gittiğini iddia etmektedir. Bkz. Rössler raporu, tarihsiz. ISA 67, peh/455:462. *Ha-Herut* benzer istatistikler yayımlamış ve 1909'da göçmen sayısında

yerleşimciler arasında dahi küçük bir grubu temsil ediyordu. Adı meçhul, mahlası "Yafalı/Yafoni" olan bir gazeteci, resmi Siyonist gazetesi *ha-Olam*'da yayımlanan yazısında da noktaya işaret ediyordu. *Ha-Poel ha-Tsair* gazetesi, "Erez-İsrail'e göre hakikat"i dile getirmek istiyor, ancak söylediği, kendi gördüğünden ya da olmak istediğinden ibaret," diyerek eleştiriyor ve gazetenin "radikal" Musevi emekçilerine verdiği desteğin altını çiziyordu.[22] O zamanki azınlık konumlarına rağmen, devletleşme öncesi (Osmanlı sonrası) Filistin'in tarihinde ve sonrasında, İsrail devleti liderliğinde sosyalist Siyonist partilerin öncü rolü nedeniyle, *ha-Poel ha-Tsair*'in düşünceleri hızla yayılabilmişti.

Diğer Aşkenaz Siyonist göçmenlerinse, Osmanlı devletine ve kendi rollerine ilişkin farklı yaklaşımları vardı. 1880'lerin başında Filistin'e göçmüş Rus bir Yahudi olan ve dilsel katkılarından ötürü "modern İbranicenin babası" olarak tanınmış olan Eliezer Ben-Yehuda, diğer Aşkenaz göçmenleri Osmanlı vatandaşlığını üstlenmeleri gerektiği yönünde cesaretlendiriyor—*ha-Haşkafa* ve *ha-Tsvi* gazetelerinde okurlarına, "Yahudiler, Osmanlı olunuz! [*Yehudim heyu 'Otomanim!*]" diye sesleniyordu. Babası, on dokuzuncu yüzyılın ikinci yarısında Kudüs Şehir Meclisi üyesi olan David Yellin bu çağrıya kulak vermişti. "Biz Yahudiler de, diğer vatandaşlar gibi bu özgürlükten faydalanabiliriz [...] Bunu yapmamız da gerekiyor: Herkes Osmanlı vatandaşı olacak ve diğerlerini de Osmanlı olmaya teşvik edecektir."[23]

Ben-Yehuda ve oğlu Itamar Ben-Avi, devrimi ve ıslahatları imparatorluğun çok etnikli ve modern bir birim olarak değişimi ve kapsayıcı vatandaşlık bağlarıyla bir arada tutulabilirse farklılıklarıyla güçlendirilmesi için önemli görmüş, coşkuyla karşılamıştı. Yahudiler olarak, devrimin merkezinde durduğunu düşündükleri vatandaşlık kimliği, gerçekleşmekte olan değişikliklerin bir parçası olarak hissetmelerini sağlayan yegane şeydi.

> Türkiye [metinde aynen] pek çok halktan oluşan bir imparatorluktur. Türkiye'deki [metinde aynen] tüm halklar kendilerini halk olarak ['*amamut*] muhafaza etmekte, dilini konuşmakta, kendisine has olan kültürünü ve milletini tanımaktadır. Ancak buna rağmen, anayasaya göre hepimiz Osmanlıyız. Tek bir devletin evladıyız; medeni ve kamusal hayatta hak

---

önemli bir artışla (2459), bunlardan ancak 88'inin Yahudi kolonilerine gittiğini belirtmiştir. Bkz. *ha-Herut*, 23 Şubat 1910. Ƶovevei Ƶion'a göre (Odessa çıkışlı Siyonist Örgüt), Siyonist göçmenlerin sayısı 10.986'ydı. Ƶovevei Ƶion rakamlarına göre göçmenlerin yüzde 20'si geri çevrilmiş ve evlerine dönmüşlerdir. *Ha-Herut*, 30 Mayıs 1910.

22 *Ha-Olam*, 29 Temmuz 1908.

23 *Ha-Haşkafa*, 9 Ağustos 1908. Ayrıca bkz. *ha-Tsvi*'deki çağrılar, 12 ve 18 Ocak 1909 ve Barzilai'nin, hakkında çıkarılan yabancı vatandaşlığı da taşıdığı iddiasını çürütmesi. *Ha-Tsvi*, 21 Ocak 1909.

ve ödevlerimizde hepimiz eşitiz [...] Anayasa, kimseden milliyetinden, şahsi kültüründen ve dilinden vazgeçmesini talep etmiyor. Ancak hepimiz bundan böyle genel hissiyata, herkes için devletin hayrına iştirak etmeli ve hepimiz sükunet ve barış içinde devletin hayrı için çalışmalıyız.[24]

Ben-Yehuda emperyal vatandaşlığa olan bağlılığın asimilasyon ifadesi olmaktan ziyade ona İbrani milliyetçiliğini tam anlamıyla yaşama şansı verdiğini söylüyordu:

> Osmanlı teriminin anlamı nedir? [...] Milliyet, ırk ya da en genel anlamıyla halk demek değildir. Osmanlı, Türk demek değildir. Tanrıya şükür ki, değildir. Osmanlı, siyasi bir terimdir; başka bir şey değil [...] Bu nedenle de, "Yahudiler, Osmanlı olun" gibi bir ifade "Yahudiler, Türkleşin" ya da "Yahudiler, Araplaşın" demek değildir [...] İbranicedeki anlamı şöyledir: Yahudiler, içinde yaşadığınız devletin vatandaşı olun! Yahudiler, milliyetinizden bir şey kaybetmeden, yaşadığınız özgürlük toprağının bahşettiği siyasi hakların tadını çıkarın! [...] Yahudiler, Osmanlı İmparatorluğu'ndaki Araplar, Rumlar, Ermeniler gibi olun [...] İbranice konuşmaya devam edin, ama [...] Osmanlı İmparatorluğu'nun vatandaşı olarak. Böylelikle atalarınızın toprağında İbrani olabilesiniz.[25]

Ben-Yehuda'nın tavrı radikal bir duruş ifade etmiyordu. Siyonist hareketin kurumsallaşmasından önce bile, erken dönem Siyonist yerleşimciler Osmanlı vatandaşlığını üstlenme yönünde cesaretlendiriliyordu. Bu, kapitülasyon sistemi altındaki diğer yabancılara tanınan hakları ve ayrıcalıkları talep etmelerinden korkulan yabancı vatandaşların yerleşmesini teşvik etmek istemeyen Osmanlı hükümetinin kendi politikalarının bir sonucuydu. Sonuç olarak, destekçi hayırsever Baron Edmund de Rothschild ve yöneticileri, erken dönem tarım kolonilerindeki kolonyalistleri (*moşav*) Osmanlı vatandaşlığını benimsemeye zorluyordu.[26] Yahudilerin, 1908 sonbaharındaki meclis seçimlerinin kaderini etkileyememesinin ve aday göstermeyi becerememesinin ardından, Filistin'deki önde gelen Siyonist görevlilerden Ruppin, Siyonist göçmenlerin de Osmanlı vatandaşlığını benimsemesi fikrini benimsemişti.

Aslında, Temmuz 1908'de Osmanlı anayasasının yeniden yürürlüğe konmasından sonraki ilk aylar, Avrupa'daki Siyonist hareket Osmanlı İmparatorluğu'na azami bir önem atfediyordu—önce, nihai Yahudi özerkliğini güvenceye almak için

---

24 *Ha-Haşkafa*, 7 Ağustos 1908.

25 *Ha-Tsvi*, 21 Ocak 1909.

26 Birinci Dünya Savaşının arifesinde, Filistin Ofisi Siyonist yerleşimcilerin vatandaşlığı hakkında tüm istatistiklere sahip değildi, ancak Osmanlı seçimlerinde oy kullanma yetkisine sahip seçmenlerin sayısını stardart ölçü olarak kullanıyordu: Altı Yahudi kolonisinde yaklaşık 250 Osmanlı vatandaşı, beş kolonide diğer bir 50 Yemenli ve Galilee'deki ICA (Rothschild tarafından desteklenen) yerleşmecilerinin neredeyse tamamı. Filistin Ofisi'nden Jacobus Kann'a, 30 Nisan 1913. CZA Z3/1449.

gereken diplomatik uğraşlarının nesnesi olarak; sonra da, imparatorluktaki Yahudi cemaatleri arasında Siyonist eğitimin ve seferberliğin mekânı olarak. 1908'de, SÖ İstanbul'da, Osmanlı hükümetiyle kulis yapmak ve tüm imparatorluktaki Siyonist hareketini denetlemek için, Viktor Jacobsohn'un idaresi altında gayri resmi bir ofis açmıştı.[27] Hareket, her iki amaca yönelik olarak küçük ilerlemeler kaydediyordu. Ancak hükümetin desteğini sağlama da ve Birinci Dünya Savaşı arifesinde kitleleri Siyonist programda bir araya getirmedeki genel başarısızlığı birbirleriyle yakından ilgiliydi.

En başından beri, Abdülhamid hükümeti Siyonist harekete ve Osmanlı İmparatorluğu'nun toprak bütünlüğüne ilişkin niyetlerine şüpheyle yaklaşmıştı. Bu şüphesinde de haksız sayılmazdı: Siyonist hareket, Basel Programı olarak bilinen Filistin'deki Yahudilerin özerkliğini sağlayacak imtiyazların Osmanlı sultanı tarafından kendilerine sağlanacağını varsayıyordu.[28] Hamid rejiminin Kudüs'teki son valisi olan ve 1908'de Kudüs'ten ayrılan Ekrem Bey, başkente Filistin'deki Rus Yahudi göçmenlerin "tehlikeli unsurlar" olduğunu, Yahudi göçlerinin imparatorluk için tehdit oluşturduğunu yazmıştı.[29] Otuz yıllık bir zaman diliminde, Osmanlı hükümeti, Yahudi göçünü engellemek için bir dizi kanun çıkarmış, yabancı Yahudilere (ve bazı durumlarda Osmanlılara) toprak satışını yasaklamıştı.

Siyonist hareket 1908 devrimiyle birlikte, stratejisini yeniden değerlendirmişti. 1908 yılının sonbaharında Siyonist hareket, kendisine üç temel hedef tayin etmişti: 1) Osmanlı siyasi yelpazesi içinde Siyonist hareket için bir rol biçmek ve mümkünse bu uğurda Osmanlı Yahudilerini kullanmak; 2) imparatorluk içinde iktidarı ele geçirmek ve Yahudilerin tam desteğini kazanmak; bunun için de hareketin hedeflerini daraltmak ve 3) bu amaçlar doğrultusunda halkla (ve basınla) olan ilişkilerini düzeltmek.[30] Aynı zamanda Siyonist hareket, hareketin istikameti doğrultusuna ilişkin iç siyasi krizle—siyasi-diplomatik ("Herzlci") Siyonizm ile etkin ("pratik")

---

27 1909'da Siyonist (ve İsrail) tarihinde merkezde olacak iki figür daha, Menachem Ussishkin ve Vladimir Jabotinsky İstanbul ofisinde çalışmaya gönderildiler. *Ha-Herut*, 23 Ağustos 1909.

28 1907'da bir iç duyuru Siyonist hareketin bunu Filistin'in nüfus istatistiklerine bakarak gerçekçi bulmadığını göstermiştir. Bekleyebilecekleri en iyi şey, tercihen Judea ve Tiberias'ın bir kısmı üzerinde kısmi otonomiydi. Memorandum of the Future Zionist Work in Palestine, 1907 Kasım. CZA H148/34.

29 Siyonist Merkez Ofis'ten Ruppin'e, 15 Eylül 1908. CZA L2/26I. Ekrem Beyin raporu ve Siyonist harekete karşı tavrı hakkında faha fazlası için bkz. Kushner, *Moshel hayiti bi-Yerushalayim*.

30 8 Ağustos 1909. CZA Z2/1.

Siyonizm arasındaki krizle, bir başka deyişle Filistin toprağını değiştirmek için—boğuşuyordu.

Bu değişimde, Siyonist gündemi icra etmeleri için Osmanlı Yahudilerine atfedilen rol belirsizdi. Bir yandan, bazı Siyonist görevliler imparatorluktaki Yahudilerin, Siyonist hareketin diplomatın hedeflerine ulaşmasına yardım etmek için "uyanması" gerektiğini savunuyordu.[31] Aslında İstanbul ofisindeki Siyonist görevliler, dört Yahudi mebus, Yahudi devlet danışmanları, çeşitli örgütlerin ve cemaat kurumlarının Yahudi temsilcileri dahil olmak üzere önde gelen Osmanlı Yahudileriyle görüşmekteydi. SÖ, şahısların Siyonizme yaklaşımlarını ayarlamak, dostlarının Siyonist davaya katılmasını sağlamak ve düşmanların harekete verebileceği potansiyel zararları azaltmak istiyordu.[32]

İstanbul ofisi, üst düzey Osmanlı Yahudilerine yaklaşımında Siyonist hareketin amaçlarını, kabul edilebilirlik sınırlarına—Osmanlı vatanseverliği sınırları dahilinde bir Siyonizme—çekmeye çalışıyordu. Yahudi mebus Nissim Mazliach ve (Dahiliye Nazırı sekreteri) Nissim Russo'yla yaptığı resmi görüşmelerde, SÖ hedeflerini "Filistin'de Yahudi milleti için bir barınak, kültürel bir merkez yaratarak, iktisadi, fiziksel, entelektüel ve ahlaki yenilenme sağlamak"[33] olarak belirtmişti. Böylece SÖ, Osmanlı beyefendilerini Siyonist hareketin yeni Osmanlı meşrutiyet rejimi dahilinde çalıştığı hususunda ikna etmişti. SÖ'nün Mazliach ve Russo'yu ikna ettiği üzere, Osmanlı Yahudileri Siyonist hareket için önemli rol oynuyor, böylelikle de Osmanlı anavatanına ve Yahudi halkına hizmet ediyordu.

Siyonist yetkililer, aleyhtarlarını kastederek şöyle diyordu:

> Siyonizm hâlâ bazı çevrelerde Osmanlı İmparatorluğu'na tehdit oluşturabilecek ayrılıkçı bir eğilim olarak görülüyorsa, bu tam bir delilik. Onlar, bizim fikirlerimizi yanlış anlayan ve tahrif eden gıybetçiler, gaflet içindeki ruhlar. Siyonizmin, Osmanlı İmparatorluğu'nun bütünlüğünü bozmayı hedefleyen, milletimizin çıkarlarıyla hiçbir şekilde hizmet etmeyen ayrılıkçı eğilimlerle hiçbir ilgisi yoktur. Bizler, fikirlerimizin muhteşem bağlılığını

---

31 "Türkiye'nin [metinde aynen] Son Durumu," Vladimir Jabotinsky, *ha-Olam*, 2 Şubat 1909.

32 Başkentteki önemli şahsiyetlerden biri de Isaaz Fernandez'di. İstanbul'daki AIU ve ICA temsilcisinin yüksek statülü Müslüman ve Hıristiyanlarla iyi ilişkileri olduğu söyleniyordu. Jacobsohn'dan Wolffsohn'a, 10 Eylül 1908. CZA A19/7. Öne çıkan diğer bir Yahudi de Osmanlı Emperyal Bankası'nın çevirmeni, Dahiliye Nazırı Hakkı Paşanın yakın arkadaşı Nachmias Beydi. Nachmias Bey katı bir şekilde Siyonizme karşı olduğundan kayıp bir davaydı. Jacobsohn'dan Wolffsohn'a, 6 Ekim 1908. CZA Z2/7.

33 Zionistische Zentralburo'dan Mazliach ve Russo'ya, 24 Ocak 1909. CZA Z2/7. Weiner'in de onayladığı gibi bu Siyonist hareketin uzun vadeli istekleri için uygun bir "kamuflaj"dı. Weiner, "Ha-mediniyut ha-Ẓiyonit be-Turkiya," 268 ve 274.

ortaya koymalıyız ve fikirlerimizin hayata geçmesinin aziz vatanımızın çıkarlarıyla uyum içinde olduğunu göstermeliyiz.

SÖ'nün başkanı David Wolffsohn konuya ilişkin herhangi bir soru işareti bırakmamak amacıyla, Siyonizmin hedeflerinin hayırlı ve sınırlı olduğu konusunda Osmanlı Yahudilerinin ileri gelenlerini şahsen temin etmişti. Başkan, Jacobson tarafından "en önemlisinin, ayrılıkçı bir hedefimiz ve vatan topraklarında siyasi bir faaliyet planımız olmadığının altını çizmek olduğuna"[34] hazırlanmıştı. Wolffsohn daha sonra Osmanlı Yahudilerine şöyle yazmıştı:

> En aydın Türkler arasında bile Siyonizm, Filistin'de Yahudi devleti kurmak isteyen, ayrılıkçı eğilimlere sahip ve Osmanlı İmparatorluğu'na zararlı bir hareket olarak biliniyor […]   'nün yönetim kurulu başkanı olarak şahsen ben, Siyonizmin bu eğilimlerle hiçbir ilgisi olmadığını tekrar etmek istiyorum. Bu görüşleri gerçekleştirilemez bulmakla kalmayıp aynı zamanda Yahudi halkının gerçek çıkarlarına tekabül etmediklerini de düşünüyoruz.[35]

"Tüm siyasi emeller bize yabancıdır," diyen Wolffsohn, Siyonist hareketin somut hedeflerinin, Filistin'e olan Yahudi göçünü artırmak ve oradaki Yahudilere toprak satışını engelleyen yasağı feshetmekle sınırlı olduğunu ifade ediyordu. Bu amaçlar doğrultusunda Siyonistler, "yeni Türkiye'nin [metşnde aynen] hayrına olacak olan maddi, entelektüel, ahlaki ve toplumsal olarak gelişmesine" imkân sağlamış olacaktı.

Russo ve Mazliach, SÖ'yü Siyonist hareketin resmi tanımını esas alarak, "tam olarak Jabotinski Beyin 27 Aralıkta [1908] kendilerine bildirdiği biçimde Siyonist ideallere bağlı oldukları, bu hareket için çalışmaya hazır oldukları"[36] hususunda bilgilendiriyordu. Siyonist amaçlarını yayabilmek için Osmanlı Meclisiyle, İTC ve basınla kulis faaliyeti yürütmeyi kabul etmişlerdi (ki bunu da Jön Türklere "itiraz kabul etmeyen bir tarzda" yazarak kendileri talep etmişlerdi). Sonrasındaki birkaç ay içinde de, Mazliach ve Russo pek çok Osmanlı ve Yahudi memurlarla görüşmelerde bulunmuştu.[37]

İstanbul ofisinin, Osmanlı Yahudilerinin ileri gelenleriyle kulis faaliyetleri yürütmesine rağmen, Jacobsohn Osmanlı İmparatorluğu'nda yaşayan Yahudilere

---

34 Jacobsohn'dan Wolffsohn'a, 14 Ocak 1909. CZA Z2/7.

35 Wolffsohn'dan Mazliach ve Russo'ya, 1909 başları. CZA A19/7.

36 31 Aralık 1908. CZA Z2/7.

37 Rıza Tevfik Bey ve Enver Bey olumlu yaklaşırken, Nazım Bey Yahudileri Filistin'de toplama fikrine öfkeyle yaklaşıyordu. Jacobsohn'dan Wolffsohn'a, 12 Şubat 1909. Jacobsohn'dan Wolffsohn'a, 15 Şubat 1909. CZA Z2/7. Bağdat milletvekili Ezekiel Sasson'la bir toplantıda, Mazliach onun anti-Siyonist olduğunu doğrulamıştı. "Mr. Sasson ile ilgili güçlük kendisinin bir Arap vatanseveri gibi görünmesi." Jacobsohn'dan Wolffsohn'a yazılan mektupta alıntılanmıştır, 22 Şubat 1909. CZA Z2/7.

karşı kayıtsızdı; onların Siyonist harekete "faydalı" olduğunu düşünmüyordu.[38] Başta Wolffsohn olmak üzere diğer Siyonist görevliler de imparatorlukta yaşayan, sayıları dört yüz bin ile beş yüz bin arasında değişen Yahudinin, Siyonist program açısından bir anlamı olmadığını düşünüyordu. Wolffsohn'un kendisi, Osmanlı Devleti'yle yürüteceği diplomaside Herzli bir politika sürdürmeye devam etti.[39] Aslında 1909'da Osmanlıcılık ile Siyonizm arasındaki gerilime ilişkin 1909'da yaşanan tartışmaya ilişkin Siyonist lider Max Nordau, eleştirilerini dile getiren Osmanlı Yahudilerine Siyonistlerin İçişlerine karışmamalarını söylemişti; böyle yaparak Osmanlı Yahudilerini, onların adına konuşmayı ve hareket etmeyi hedefleyen hareketin kendisinden uzaklaştırmıştı.[40]

Osmanlı Siyonizmi I: Kültürel İbranicilik

Siyonizm, Osmanlı Sefaradları arasında geçerli olduğu kadarıyla, kültürel İbranicilik ve Yahudi topluluk bilinciyle şekillenmişti ve Osmanlı İmparatorluğu'nda Siyonizmin tabanı esasen İbrani kulüp ve cemiyetler tarafından örgütlenmişti. 1903 gibi erken bir tarihte, Kudüslü öğretmen Avraham Elmaliach, İbraniceyi şehrin gençleri tarafından daha çok konuşulan bir dil hale getirmek amacıyla Zeirei Yeruşalayim'i (Kudüs Gençliği) kurmuştu. Burada, akşamları ücretsiz İbranice dersler verilmiş ve ilk İbrani anaokulunun kurulmasına yönelik çalışmalar desteklenmişti. Elmaliach'a göre, örgüt üyesi yaklaşık yüz Sefarad genç vardı; bunlar arasında geleceğin Ladino dilinde ve İbranice yayıncıları, yazarlar, Ben-Zion Taragon ve Şalom Çerezli gibi tercümanlar da bulunuyordu.[41]

İbrani yönelimli bu gençler, Sefaradlar arasındaki "rönesans ruhunun" esas öncüleriydi. İbranilik, topluluğun mevcut ataletine karşı verilen bir cevaptı—Yahudi cemaatinin modernleşmesine, aynı zamanda da Yahudi kültürüne ve kimliğine ait otantik unsurları kapsamaya yönelik bir çağrıydı. 1908'den sonraki yıllarda, başta İstanbul, Selanik ve İzmir gibi Yahudi merkezlerinde olmak üzere imparatorluğun dört bir yanında, Yahudi spor birliği Maccabi gibi Siyonist tarzı kulüpler, İbranice

---

38 Jacobsohn'dan Wolffsohn'a, 10 Mart 1909. CZA A19/7.

39 Weiner, "Ha-mediniyut ha-ziyonit be-Turkiya," 276. Örneğin 1909'da Wolffsohn Ahmed Rıza ile buluşmuştu. *Ha-Herut*, 25 Ağustos 1909.

40 *El-Liberal*, 30 Temmuz 1909. Ayrıca Avrupa Siyonizminin Osmanlı Yahudiliğinden kurumsal beklentileri için bkz. Nahum Sokolow, "Türkiye'nin [metinde aynen] Yahudileri ve Siyonistlik," *ha-Herut*, 17 Ocak 1910.

41 Avraham Elmaliach ile Mülakat, Sözlü Tarih Projesi, Institute for Contemporary Jewry, Hebrew University of Jerusalem, 17 Aralık 1963. Sefarad basınında İbraniceyi canlandırmanın olasılığı ve istenirliği hakkında erken bir tartışma için bkz. Romero, *La creacion literaria en lengua sefardi*.

eğitim veren anaokulları, liseler ve İbrani kültür cemiyetleri yaygınlaşmaya başlamıştı.[42] Ancak Osmanlı Yahudilerinin Siyonist örgütlere katılımını çok da abartmamak gerekiyor; zira Siyonist basında yer alan pek çok yazıda bahsedildiği gibi, Osmanlı Yahudileri Siyonist programa karşı neredeyse açıktan husumete varacak büyük bir duyarsızlık içindeydi.[43]

Katıldıkları noktada da, Sefarad ve Mağribi Siyonizmi, Siyonist hareketten toplumsal ve ideolojik olarak kendini ayrı tutmuş; İbrani ve Yahudi kültürel ve toplumsal rönesansıyla yereldeki cemaatsel ve iktisadi kalkınmasını, Yahudi özerkliği, Osmanlı karşıtı ayrılıkçılığı ve milli devleti birbirinden ayırmıştı. Filistin'deki Osmanlı Yahudileri, Osmanlıcılıkları ile Siyonizmlerinin mutlak olarak uyumlu olduğu iddialarında ısrarcıydı; dahası Siyonizmin Osmanlı ümmetinin *(umah)* geri kalanı için gerçek bir katkısı olduğuna inanıyorlardı. Yahudi halkının kültürel, toplumsal ve iktisadi olarak yeniden doğuşu, genel anlamda imparatorluğun hayrına olacaktı. Bu nedenle Filistinli Sefaradların Siyonizme katkısı, Osmanlı siyasal topluluğu içinde İsrail Diyarı'na *(Erez-İsrail)* bağlılık olarak nitelendirilmelidir.[44]

Elmaliach'a göre, Siyonizm Yahudi ruhunu kuvvetlendirmeyi, İbranicenin yaygınlaştırılmasını ve Yahudilerin iktisadi ve ahlaki durumlarının iyileştirilmesini hedefliyordu. İmparatorlukta yaşayan Sefaradlara Siyonist harekete katılmaları için çağrıda bulunuyordu. Bu çağrı şunları da hedefliyordu: Filistin'deki Yahudi kolonilerinin kurulmasının sağlanması; sevgi ve dayanışmanın pekiştirilmesi için cemiyetlerin kurulması; Yahudi çalışmalarının geliştirilmesi (tarihte, edebiyatta ve dil alanında); Yahudi kardeşlerin toplumsal ve entelektüel durumlarının iyileştiril-

---

42 Esther Benbassa'nın İstanbul üzerine kapsamlı çalışmasına ek olarak bkz. *ha-Herut*, 11 Ağustos 1909 ve 3 Eylül 1909; Selanik üstüne: *Ha-Herut*, 25 Mayıs 1909 ve 8 Haziran 1909; İzmir üstüne: *El-Liberal*, 7 Mayıs 1909 ve 11 Haziran 1909; *ha-Herut*, 14 Temmuz 1909. Ek olarak bkz. "Şam'da Musevi Rönesansı," *ha-Herut*, 13 Nisan 1913. Benbassa başka bir yerde popülist temalara Siyonist ilginin Balkanlardaki etkisini güçlendirdiğini belirtmektedir. Benbassa, "Zionism in the Ottoman Empire."

43 Örneğin İbrani kültürü konferansına sadece bir Sefarad'ın katıldığına dair şikayet vardı. *Ha-Herut*, 9 Şubat 1910. Ayrıca Beyrut, Şam, Halep ve Mısır'da İbrani (ulusal) yaşamının var olmadığına dair de şikayetler vardı. Bkz. Ruppin'den ZAC'a, 30 Mayıs 1913. CZA Z3/1449; *ha-Poel ha-Tsair*, Aralık 1909. Düzeltici önlem olarak Nissim Malul, Theodor Herzl'in Siyonist ütopyacı romanı *Altneuland*'un Arapçaya çevrilmesini planladı ve Filistin Ofisi 1913'te Yafa'daki Sefarad baş hahamını Suriye'de bir propaganda turuna yolladı. Thon'dan ZAC'a, 21 Ağustos 1913, CZA Z3/1450; Ruppin'den ZAC'a, 6 Haziran 1912, CZA, Z3/1448. Ayrıca bkz. Bessemer, "Ottoman Jewry and the 1908 Revolution."

44 Michael Laskier Albert Antébi'nin yerel bağlılığını "Filistin yanlısı" olarak tanımlıyordu. Bkz. Laskier, "Avraham Albert Antébi."

mesi; Siyonist harekete maddi katkıda bulunmak.[45] Kültürel İbraniciliğe ek olarak, Sefarad Siyonizmi, eziyet görmüş Yahudilerin Rusya ve Romanya'dan Filistin'e göç etme ihtiyacını tanıyordu ki bu dönemde bu göçlerin Osmanlı Yahudilerin kendileri için gerekli ya da arzulanabilir bir serüven olduğuna şüphe yoktu. Uzun hoşgörü ve misafirperverlik tarihi sebebiyle, Siyonistler Osmanlı İmparatorluğu'ndan sığınma talep ediyor; bunun karşılığında da Osmanlı'nın çıkarlarına hizmet edecek faydalar ve maddi kazançlar vaat ediyordu. "Siyonistler alt etmek ya da fethetmek niyetinde değil," diyordu Elmaliach, daha ziyade "altına sığınabilecekleri bir hırka, bir palto arıyorlar."

Sonuç olarak, bazı Osmanlı Yahudileri, Osmanlıcılık ile Siyonizmlerinin mutlak olarak uyumlu olduğunu iddia ediyor; Siyonizmin Osmanlı milletinin geri kalanı için gerçek bir katkısı olduğunu iddia ediyorlardı. Yahudi halkının kültürel, toplumsal ve iktisadi olarak yeniden doğuşu, genel anlamda imparatorluğun hayrına olacaktı. Osmanlı ve Yahudi çıkarlarının bu denli örtüşmesi, basının diline ve genel bakış açısına da sirayet etmişti. Ancak yine de, kabul edilmiş ya da evrensel bir iddia değildi.

Osmanlıcılığın Siyonizm eleştirisi

1908'deki rejim değişikliğiyle birlikte, Osmanlı hükümetinde görev yapan en azından bazı memurların, Yahudilerin Siyonizmlerini siyasi mecraya taşımadıkları sürece, sadık Osmanlılar olarak kabul edileceklerinin altını çizerek, kültürel İbranicilik olarak gördükleri Sefarad Siyonizmini destekledikleri yönünde bazı bulgular mevcut. Maarif Nazırı Emrullah Beyin sözleri de buna örnekti: "Yahudilerle mutlu bir şekilde yaşıyoruz. Neden İbranice öğrenmesinler ki? Eğer Yahudiler, İbraniceyi milli dil olarak benimserlerse, hükümet bunda şüphe uyandıracak bir şey görmeyecektir."[46]

Doktor Rıza Tevfik hareketin destekçisi olarak tanınıyordu ve sıklıkla başkentteki Yahudi örgütlerde konuşmalar yapıyordu. Eziyet görmüş Yahudilere sığınma imkânı sunduğu, aynı zamanda imparatorluğa mali sermaye ve emek gücü sağladığı için Siyonizmi desteklediği düşünülüyordu. Yahudi dinleyicilerine dediği gibi, Osmanlı İmparatorluğu Yahudileri yabancı olarak görmemiş; onlara ihtiyaç duyduğunu reddetmemişti. Rıza Tevfik, "güçlü işçilerimiz, devrim siyaseti

---

45 *El-Liberal*, 5 Şubat 1909.

46 *Jeune Turc* dergisinin editörü Celal Nuri Beyin Yahudi Gençlik Kulübündeki dersi. *Ha-Herut*, 19 Kasım 1909. Emrullah Bey hakkında, bkz. *ha-Herut*, 21 Mart 1910. Osmanlı görevlilerinin Siyonizme karşı tavırlarına genel bir bakış için bkz. Landau, "He'arot 'al yeḥasam shel ha-Turkim ha-ḥe'irim la-ziyonut." Ayrıca bkz. Olson, "Young Turks and the Jews" ve tarihyazımı üzerine yorumlar için bkz. Reinkowski, "Late Ottoman Rule over Palestine."

yerine kendini tarım emeğine vakfetmiş dürüst emekçilerimiz yok," diyordu. Bu sağlandığında, Filistin de "Türkiye'yi [metinde aynen] başarıya taşıyacak zengin ve verimli bir vilayete dönüşecektir."[47]

Çağdaş araştırmacılara göre, en azından 1908'den hemen sonraki yıllarda, Osmanlı yöneticileri Yahudileri diğer azınlıklar gibi tehdit unsuru; Siyonizmi de, Balkan milliyetçiliğine benzer milliyetçi bir hareket ya da silahlı bir mücadele olarak görmüyordu.[48] Rıza Bey, yeni hükümetin kültürel Siyonizme olan hoşgörüsünün belli koşullara bağlı olduğu konusunda oldukça netti; siyasi Siyonizm hoş görülemezdi. Osmanlı Yahudi dinleyicilerine, "eğer Yahudiler ılımlı olursa, hükümet onların imparatorluğa getirilmesine karşı çıkmaz. Ancak unutmamalıyız ki, eğer Yahudiler Siyonizmi siyasi bir sorun haline getirirse [...] o zaman Türkiye'de [metinde aynen] bir Yahudi sorunu ortaya çıkar, sonuçları da ağır olur,"[49] diyordu.

Osmanlı merkezi hükümetinin bakış açısından, siyasi Siyonizm, merkezi otoriteye ve Filistin'deki statükoya karşı bir tehdit unsuruydu. Ancak Yahudi vatandaşlarının çoğunun, bu anlamda Siyonist olduğuna ihtimal verilmiyordu. Siyasi Siyonizmi Avrupalıların, en çok da Rusların ve Yahudilerin ithal ettiği, Avrupalı devletlerin de desteklediği bir tehlike olarak görüyordu. 1911 İlkbaharı gibi geç bir tarihte bile, mecliste Filistinli Arap mebuslar tarafından başlatılan Siyonizme ilişkin tartışmada, Sadrazam İbrahim Hakkı Paşa şunları söylemişti: "Osmanlıcılık fikirlerinden bir milim dahi uzaklaşmamış olan Yahudi Osmanlı vatandaşları, deli olduklarını düşündükleri birkaç Siyonistin görüşlerini ve fantezilerini paylaşacak değildir."[50] Ancak imparatorluğun içinde bulunduğu o çalkantılı dönemde, önemli vilayetlerin kaybedilmesi ve giderek hızlanan etnik-milliyetçi çözülmeyle birlikte, Siyonizm sorunu yeniden ivedilik kazanmıştı.

Siyonizmin doğasına, amaçlarına ve Osmanlıcılığa olan etkilerine ilişkin bu tartışma, Selanik'ten Anadolu'ya, Filistin ve Mısır'a kadar ulaşan Ladino basında yer

---

47 *Ha-Herut*, 30 Temmuz 1909 ve 8 Haziran 1909. Rıza Tevfik'in, Edirne'deki Alyans Okulların'da okuduğu ve bir Sefarad gibi İspanyol ibranicesi konuştuğu söyleniyordu. Olumlu bir değerlendirme için bkz. *ha-Olam*, 3 Mart 1909; 17 Mart 1909 ve 4 Mayıs 1909.

48 Hanioğlu, "Jews in the Young Turk Movement to the 1908 Revolution," 523 ve Ortaylı, "Ottomanism and Zionism During the Second Constitutional Period, 532. Ancak, Neville Mandel 1908 sonbaharında bir Siyonist raporda tersini düşündürecek şekilde şöyle alıntılamaktadır: "[Jön Türkler] bizi ayrılıkçı olarak düşünür, bugün değilse yarın mutlaka. Ve 'yeni bir Ermeni sorunu yaratacak' insanların [Filistin]e girmesini istemiyorlar." Mandel'de aktarılmıştır, *Arabs and Zionism Before World War I*, 60.

49 *Ha-Herut*, 30 Temmuz 1909.

50 Kayalı'da aktarılmıştır, "Jewish Representation in the Ottoman Parliaments," 513.

alan uzun ve sert tartışmaların merkezinde yer alıyordu. Bir tarafta, Osmanlıcılık ve Siyonizmin mükemmel bir biçimde uyumlu olduğunu iddia eden Osmanlı-Siyonist Sefaradlar yer alıyordu. Diğer tarafta ise, Siyonizmin Osmanlı vatanseverliğine aykırı"[51] olduğuna inanan antisiyonist, Osmanlıcı Sefaradlar vardı.

Sefarad basınında antisiyonist yayıncılık dalgası, 1909 yılının mayıs ayında, Alexander ve Moşe Ben-Giat kardeşlere ait İzmir gazetelerinde çıkan bir yazı serisiyle başladı. Bir sonraki ay, Selanik'ten I. Cohen, İstanbul gazetesi *Stamboul*'da yayımlanan yazısında, yaklaşmakta olan Dokuzuncu Siyonist Kongresini eleştirerek Yahudilerin hakkında endişe etmesi gereken şeyin Yahudi milleti değil, Osmanlı milleti olduğunu yazmıştı.[52] Önde gelen pek çok Osmanlı Yahudisi de Siyonist hareketi eleştiriyordu. Örneğin İzmirli şair Ruben Katan, Kudüs'te yayımlanan Ladino gazete *Ha-Herut*'a yazdığı yazısında, "Her şeyden evvel, birer Osmanlı gibi yaşamalıyız, Osmanlıların dilini yaşatmalıyız, Osmanlı milletine dahil olmalı ve Osmanlı vatanını sevmeliyiz," diyerek okurlarına sesleniyordu. Kattan, "Bizler Osmanlıyız, başka bir şey değil," diyordu. Eğer Yahudiler Osmanlı İmparatorluğu'yla işbirliği yaparlarsa, anavatandaki ilerleme ve refahın bir parçası olacaklardı. "Türkiye [metinde aynen] için çalışmak ve ölmek—bu bizim yegâne ve kutsal görevimiz olmalıdır." Katan, Yahudilerin Siyonizme yaklaşmayı sürdürmesinin, kendileri için "felaket" olacağını söylüyordu ve bu görüşü pek çokları tarafından da paylaşılıyordu.[53] Kattan'a göre Siyonizm Şabat'ta kibrit yakmaya değil; daha beteri, Yom Kippur'da çalışmaya benziyordu, yani daha yersiz ve affedilemez bir günahtı.

Bu yazılardan sonra, her şey hızlıca kötüye gitmeye başladı. Cohen'in yazısı başkentte karışıklığa neden olmuş; Osmanlıca ve Fransızca basın (ve tabii ki Ladino ve İbranice basınla birlikte) bu soruna geniş yer ayırmıştı.[54] Osmanlı İmparatorluğu'nda Siyonist harekete sağlanan kolaylıklar, o yaz, Osmanlı Yahudileri tarafından çizilen tehlikesiz gayeler tablosu ile pek çok Avrupalı Siyonistin ayrılıkçı amaçları arasındaki gerilimi gün ışığına çıkaran Dokuzuncu Siyonist Kongresinden sonra geri alınmaya başlanmıştı. Kongrede, Siyonist hareketin Basel Programında kısıtlı bir değişiklik yapılmıştı. Ancak daha endişe verici olan, Siyonist liderlik bir sonraki Kongrenin İstanbul'da toplanması için çağrı yapmıştı. Dahası, liderlik Siyonizmin milli hiçbir

---

51 *El-Liberal*, 14 Mayıs 1909.
52 *Ha-Herut*, 25 Haziran 1909.
53 *El-Liberal*, 27 Ağustos 1909 ve 3 Eylül 1909.
54 *Ha-Herut*, 6 Temmuz 1909.

gayesi olmadığını onaylamayı da reddetmişti. Buna karşılık, Selanik'teki İTC de Siyonist Kongresine katılan üyelerine karşı harekete geçti.[55]

Kudüslü Sefarad basını da, Yahudi basında yer alan anti-Siyonizmin bu erken dalgalarına karşı Siyonizmi savunmak için harekete geçti. Ladino dilinde yayımlanan gazete *Ha-Herut*, Ben-Giat'la ve onun "kendisini Doktor Rıza Tevfik'ten, [Selanikli Yahudi mebus] Emmanuel Karaso'dan, [İzmirli Yahudi mebus] Nissim Mazliach'dan ve Siyonizme açıktan gönül vermiş daha nicesinden daha vatansever" göstermesiyle; Siyonizmi diğer herkesten daha iyi anlamış olmasıyla" alay ediyordu. Gazete, Siyonizmin Osmanlı İmparatorluğu'ndaki ilerlemeye büyük katkısı olduğunu yazıyordu. Dahası, imparatorluktaki Yahudilerin anayasaları olduğu için kendilerini şanslı hissetmeleri; daha şanssız olan ve hâlâ barınabilecekleri emniyetli bir liman arayan diğer Yahudileri düşünmeleri gerektiğini yazıyordu. *Ha-Herut*'un yeni editörü Haim Ben-'Atar, Siyonizmi destekleyerek "biraz daha cesaret!" göstermeleri gerektiği hususunda Yahudi kardeşlerini teşvik ediyordu. Onun için Siyonizm, Yahudilerin her yerdeki ahlaki, fiziksel ve iktisadi durumunun iyileşmesi için verilmiş bir taahhüttü; Yahudi tarihine ve edebiyatına da saygının bir ifadesiydi. Ben-'Atar'a göre, "kendini İsrailoğlu olarak gören her Yahudi, Siyonizmini de beyan etmiş olur! Vaktini ve emeğini Filistin'deki—ya da başka yerlerdeki—İsrailoğullarının durumunun iyileşmesine adamak isteyen her Yahudi, Siyonisttir!"[56]

Birkaç hafta içinde de, "Siyonizmin düşmanları" Alexander ve Moşe Ben-Giat'ın gazetesini boykot etmek için yarı örgütlü bir kampanya başlatıldı. Dağıtımcılar gazeteyi satmayı reddetti; bu mücadele küçük cemaatlerden de destek görmüştü. *Ha-Herut*, "Yaşasın boykot! Kahrolsun irticacılar!" çığırtkanlığı yapıyordu. "Siyonizmi, hükümete karşı haksız emelleri olan, devrimci bir örgüt gibi gösterdiler. Zavallı Ben-Giat kardeşler!" Gazeteye göre, Ben-Giatların saldırısı sonuç vermeye

---

55 1909 Mart başında Siyonist hareket Dokuzuncu İstanbul Siyonist Kongresi'ni yapmayı istemişti, ancak bunun "tavsiye edilmediği" ve sultanın buna şiddetle karşı çıkacağı söylendi. Jacobsohn'dan Wolffsohn'a, 2 Mart 1909. CZA A19/7. İttihat ve Terakki'nin misillemesi üzerine bkz. Farhi, "Documents on the Attitude of the Ottoman Government," 198. Jacob Landau Selanik'ten bir delege olan Moshe Cohen'in kongrede Siyonizmden ziyade Osmanlıcılık lehine bir konuşma yaptığını yazmaktadır. 1910-11'de Cohen, Siyonizmin Osmanlıcılığa zarar vereceği ve beraberinde antisemitizmi getireceğini düşünerek Siyonist ilkelerden uzaklaşmıştı. Landau, "He'arot 'al yeḥasam shel ha-Turkim ha-Ẓe'irim la-Ẓiyonut."

56 *El-Liberal*, 28 Mayıs 1909.

başlamıştı—Ermeni ve Rum dergiler Yahudiler ve Yahudiliğe saldırıyor, onlarla alay ediyordu; buna da Yahudilerin kendi arasındaki düşmanlık sebep oluyordu.[57]

Osmanlı Siyonizmi II: Cemaatler Arası Rekabet

Ruben Katan'ın makalesi oldukça ağırdı; ayrıca Siyon sevgisi hakkında yazan, tanınmış bir şair olduğu için de beklenmedik bir darbeydi. Buna rağmen Ben-'Atar, Katan'ın Siyonizm hakkında bir şey bilmediğini iddia ediyordu: "Siyonizm, Osmanlıcılıkla tezat oluşturmaz. Aksine, şanlı hürriyet sayesinde bir Yahudi, Yahudi ve Osmanlı milliyetçisi olabilir; diğerleri de Rum-Osmanlı, Arnavut-Osmanlı, Ermeni-Osmanlı olabilir. Bizler, Türk milliyetçiliği olmadan, Osmanlıcılıkla beraber yürüyebiliriz." Sonunda, Ben-'Atar Katan'ı, muhalefetini gözden geçirmeye ve her daim "Osmanlı *vatanının* sâdık hizmetkârı" olacak Siyonistlerle işbirliği yapmaya çağırmıştı."[58]

Kudüslü yazar Yehuda Burla da Katan'a yanıt yazmış, Katan'ın Yahudi halkını hedeflediği gibi zarara uğratamayacağını söylemişti. Bu gibi yazılardan dolayı, Rıza Tevfik Bey gibi Osmanlı hükümetindeki müttefikleri, Siyonizmi siyasi bir hareket olarak görmeyerek hata ettiklerini iddia ediyordu. Burla'ya göre, Katan önerdiklerinin *siyasi Siyonizm değil, milli Siyonizm* olduğunu henüz idrak edememişti. Bu ayrımdan ötürü, Siyonizm düşmanları Yahudi halkının ihtiyaçlarını tam olarak anlayamıyordu. "Kısacası," diyordu Burla, "nasıl Osmanlı, belki de daha fazlası olmamız gerektiğini yakında anlayacağız."[59]

Ben-'Atar ve Burla'nın Siyonizm savunusunun merkezinde, İbranicilik-Siyonizm üzerinden olsa da, Yahudi cemaatinin kültürel ve kurumsal gelişiminin tüm Osmanlılara haklar verilmesiyle aynı zamanda gerçekleştiği fikri yer alıyordu. Osmanlı Siyonistleri imparatorluktaki diğer etnik gruplardan hayli etkilenmekteydi; bir başka deyişle, etnik cemaatler arasındaki rekabet ve çekişme de giderek derinleşiyordu. Örneğin İstanbul'daki seçkin okul Robert Kolejindeki Ermeni ve Rum öğrencilerin anadillerinde dil dersi alabilme mücadelesi başarıya ulaştıktan sonra, Yahudi öğrenciler de İbranice ders verilmesi için dilekçe vermişti.[60]

Dahası, Filistinli Sefarad basını bir yandan Osmanlı İmparatorluğu'ndaki Yahudileri normalleştirmeye çalışırken, öte yandan da diğer etnik gruplarla eşitlik

---

57 *El-Liberal*, 11 Haziran 1909, sayı 32.

58 "First Know, Then Speak," *el-Liberal*, 10 Eylül 1909. Bkz. Katan, "Himnos a Zion," *el-Liberal* içinde, 11 Haziran 1909.

59 *Ha-Herut*, 28 Eylül 1909.

60 *Ha-Herut*, 5 Ocak 1910.

sağlanması, hatta etnik-milli oluşumlara eşit haklar verilmesi için uğraşıyordu. İmparatorluktaki bu "milli hak yarışı," Osmanlı Yahudilerinin Siyonist faaliyetleri için de zemin oluşturuyordu.[61] Aslında, Yahudilerin Siyonizmlerini ifade etmelerini engellemek, yasadışı değilse de, haksız görülüyordu. İbranice gazete *el-Liberal*'nin duyurduğu gibi:

> Yalnızca Rumların, Bulgarların ve Ermenilerin, bir de Arnavutların kendilerine "milliyetçi" deme hakkı var [...] Yalnızca onlar başları dik, göğüslerini gererek kendi halkları ve dilleri için mücadele edebilir! Yalnızca onlar, kökenlerini iddia edebilir, milliyetlerini savunabilir ve ayağa kalkabilir! Bu nedenle kimse onları vatana ihanetle, imparatorluk topraklarını ele geçirmeye çalışmakla suçlamayacaktır [...] Ama biz Yahudiler, onlardan farklıyız ve o haklarımızdan mahrumuz.[62]

Elmaliach'ın dediği gibi, Siyonistler "Ermenilerin ve Rumların yaptığı gibi, Filistin'de Türkiye'ye [metinde aynen] bağlı vatandaşlardan oluşan bir örgüt kurmak istiyorlardı," ki bu, imparatorluktaki, büyüyen milli sorunun basında (Elmaliach'ın kendi gazetesi de dahil) geniş yer tuttuğunu düşünürsek, hayli ilginç bir iddiaydı.[63]

Filistin'de giderek şiddetlenen cemaatler arasındaki çatışmalara eşlik edecek, Osmanlı İmparatorluğu'nda gerçek anlamda eşitliğin olmaması, Ladino gazete *el-Liberal*'nin Osmanlıcılığın başarısızlığını Siyonizmin artan popülerliğiyle ilişkilendirmesine neden olmuştu. 1908 devriminin temel sloganlarını—kardeşlik, eşitlik ve özgürlük—eleştiren basın, yerel yönetimi ve Filistinlileri Yahudileri Siyonizme itmekle suçluyordu. "Arap basınında antisemitizm yükseliyor—bu mu kardeşlik? Filistin'e gelen Yahudi göçmenlere Kırmızı Pasaport veriliyor—bu mu eşitlik? Eğer Yahudilere gerçekten hürriyet verilseydi, onlar da yüzlerini "can düşmanına"—Siyonist harekete—dönmezlerdi."[64] Başka bir deyişle, Siyonizmin son yıllarda kazandığı taraftarlar, Osmanlıcılığın kaybettiği yandaşlardı.

Osmanlı Anti-Siyonizmi, İkinci Tur

1909 yılının başında basında yer alan sözlü atışma, *ha-Herut*'un "en tehlikeli müfteri" saydığı David Fresco'ya karşı başlayacak olan düşmanca saldırıların başlangıcı niteliğindeydi.[65] İstanbullu Ladino gazete *el-Tiempo*'nun editörü olan Fresco,

---

61 *Ha-Poel ha-Tsair*, Ekim 1908. Ayrıca bkz. "On the Agenda/'Al haperek." *Ha-Poel ha-Tsair* içinde, Temmuz-Ağustos 1908.
62 *Ha-Herut*, 30 Aralık 1910.
63 *El-Liberal*, 5 Şubat 1909.
64 "We Are Waiting," Haim Ben-'Atar, *el-Liberal*, 22 Ekim 1909.
65 *Ha-Herut*, 26 Aralık 1910.

Osmanlı Yahudi camiasında son derece nüfuzlu bir şahıstı; 1909 Eylülünde de Siyonist harekete karşı gelmişti. *"Siyonizm Osmanlıcılıkla bağdaşır mı?"* başlıklı yazı dizisinde, Fresco Siyonizmi ilkel, dışlayıcı, ütopyacı ve istismarcı olmakla suçluyordu.[66] Fresco'nun saldırısı iki boyutluydu: İlki, Siyonist hareketin temel düşüncesine karşı olarak, Yahudilerin millet-halk olduğunu reddediyor; Yahudilerin sadece dini bir cemaat olduğunu iddia ediyordu. Fresco'ya göre, asimilasyon Siyonistlerin iddia ettiği gibi bir hakaret değil; aksine gelişmenin işaretiydi. Kendi cemaatinin Yahudi kökenleriyle birlikte Osmanlı ruhunu korumayı amaçlıyordu.

Fresco aynı zamanda, Siyonist hareketin sözde hayırlı emellerine de saldırıyordu. Siyonist hareketi Wolffsohn ve Nordau'nun Dokuzuncu Siyonist Kongresindeki, Yahudilerin özellikle Filistin'de toplanmasından bahsettikleri konuşmalarını örtbas etmekle suçluyordu. Fresco, Siyonistlere "yalancı ve güvenilmez;" Osmanlı Yahudilerini din ve devletlerine karşı "kıştırttığını" iddia ettiği Siyonist liderleri de "dolandırıcı ve hain" olmakla suçluyordu.[67]

> Siyonist liderler, Osmanlı Yahudilerini kendi hareketlerine katmak isteyerek büyük bir suç işliyorlar bence [...] Siyonist barınak Türkiye [metinde aynen] olmalıdır; çünkü Osmanlı Yahudilerinin, diğer halkların mensubu olan dostlarının gözünde hain olmadan bu harekete katılmaları mümkün değil. Siyonizmin başındakiler, vatanına bağlı bir şekilde, huzurlu ve barış içinde yaşayan yarım milyon Yahudiyi düşünmek zorundadır.[68]

Fresco, Siyonist hareketin yaydığı yanlış bilgiyi düzeltmek amacıyla, Siyonist hareketin tehlikelerine ilişkin Fransızca yazdığı, kendi risalesini yayımlamış; Yahudilere (Siyonizme bağlı, yoldan saptırılmış gençlere) ve daha geniş Osmanlı okur kitlesine seslenmişti (böylece "diğer dinlere mensup kardeşlerimiz de Osmanlı Yahudilerinin, tıpkı dünyanın dört bir köşesinde sürgün edilmiş diğer Yahudiler gibi, vatanlarına bağlı olduklarına ikna olacaktı"). Daha sonra Fresco, kendisinin iftira atmakla suçlandığı mahkemede, Siyonizmin tikelci ve devrimci bir hareket olduğunu kanıtlamak için Siyonist marş "Ha-Tivka"yı tercüme etmişti.[69]

---

66 Stein, "Creation of Yiddish and Judeo-Spanish Newspaper Cultures," 117-18.
67 *Ha-Herut*, 19 Kasım 1909.
68 "*El Tiempo* and Zionism: Part A," *Ha-Herut* içinde. 19 Ocak 1910.
69 Fresco, *Le Sionisme*. Fresco İstanbul'daki Siyonist gençlik grubu Kadim Makkabi'leri imparatorluğa "ihanet"le suçladı. Karşılık olarak Makkabiler Fresco'yu Osmanlı mahkemesinde iftira ve kışkırtmayla suçladılar. *Ha-Herut*, 21 Kasım 1910. Fresco dinlendikten sonra yargıç makaleyi onun imzalamadığı ve gazetenin editörü olmadığı için iftirayla suçlanamayacağına karar verdi. *Ha-Mevasser'den*, *ha-Herut'da* alıntılanmıştır, 25 Kasım 1910.

Buna cevaben *ha-Herut* ve müttefikleri de saldırıya geçmişti. İlk olarak, antisiyonist konuşmalarının açgözlü bencillikten ibaret olduğunu iddia ederek Fresco'nun şahsi itibarını sarsmayı denemişlerdi. İmparatorluğun dört bir yanındaki Yahudi olan ve olmayan gazeteler gibi *el-Tiempo* da, Siyonist hareketin yararına yönelik, Yahudilerin imparatorluğa ve Filistin'e girmelerinin kolaylaştırılması, Osmanlı sınırlamalarının kaldırılması ve İbranicenin canlandırılması için yürüttüğü faaliyetlerinden ötürü hareketin kendisinden düzenli maddi destek görmüşlerdi. Siyonistlere göre, "Fresco faal bir şahıstı; nüfuzluydu ve bu cemaati kazanabilme yolunda büyük hizmetler sunabilirdi." Ancak "makalelerinde, Türk-vatansever duyarlılıklarının yanı sıra, Yahudi-milli menfaatlerine ve Siyonizme sempatisini de dile getirmesi gerekiyordu."[70] Bunun karşılığında Siyonist hareket de ona ve gazetesine, yeni dostlar ve okurlar kazandıracaktı.

Ha-Herut'un Siyonizmi hararetle savunmasına rağmen, Sefarad Yahudi basınının antisiyonist ifadelerinin biriken etkisi 1909 yılının kışında meyvesini verdi. İstanbul'daki bir haham konseyi toplantısında, meclisteki dört Yahudi mebusun üçü, "Siyonist harekete olanca güçleriyle karşı çıkacaklarını"[71] açıklamışlardı. Anlatılanlara göre, üç mebus da her şeyden evvel Osmanlı mebusları olduklarını, esas sorumluluklarının Osmanlı vatanını korumak olduğunu söylemişlerdi. Yahudiler ancak ikinci sırada gelebilirdi; üstelik onların görevi yalnızca Siyonist hareketin değil, bütün Yahudilerin çıkarını korumaktı. Tüm bunlara yanıt olarak *ha-Herut*, "Saygıdeğer Yahudi Mebuslara Açık Mektup" yayımlayarak, mebusları Yahudi olmamakla suçlamış, onları acımasız ve millet düşmanı olmakla itham etmişti.[72] İddiaya göre, Yahudi mebuslar hürriyet ve insan hakları değerlerine ihanet ediyor; onlara muhtaç olan binlerce Yahudiye sırtlarını dönüyordu. Gazete, mebusların Siyonist hedeflerin çoğuna sahip olduğundan emindi. "Yahudi halkının ve Türkiye'nin [metinde aynen] yeniden canlanması" da bu hedefler arasındaydı.

Tam Fresco meselesinin patlayacağı sırada, Hahambaşı Haim Nahum tarafını belli etmiş; Ladino gazete *ha-Herut*'ta hahambaşına İstanbul'dan bir okurun yazdığı açık mektubu iletmişti. David Grasiani isimli okur, hahambaşının Fresco'nun

---

70 Eline geçen "Türkiye'nin [metinde aynen] bütünlüğüne uygun" bütün makaleleri yayımlamayı kabul etmişti. *Ha-Herut*, 26 Kasım 1909. Jacobsohn'dan Wolffsohn'a, 7 Kasım 1908. CZA A19/7; Jacobsohn'dan Wolffsohn'a, 30 Ekim 1908. CZA Z2/7.

71 *Ha-Herut*, 1 Aralık 1909. Bu açıklama *el-Tiempo'dan alınmıştır*. İkinci Meşrutiyet döneminin üç parlamentosunda, toplamda beş Yahudi üye vardı ve hepsi İttihat ve Terakki üyesiydi: Carasso (Selanik), Vitaly Faraji (İstanbul), Victor Corbasi (İstanbul), Ezekiel Sasson (Bağdat) ve Nissim Mazliach (İzmir).

72 *Ha-Herut*, 27 Aralık 1909.

Siyonistlerin Osmanlı milli sınırları dahilinde bağımsız bir krallık istediği yönündeki "iftirasına" karşı gelmesini istiyordu; "Fresco Efendi, Allah'ın ve halkın huzuruna çıkmalı; bu iddiasını hangi Siyonistlerden veya hangi Siyonist gazeteden duyduğunu açıklamalıdır," diyordu. Grasiani, "sonunda sesimizi çıkaracağız ve Türk kardeşlerimize şöyle sesleneceğiz: Bizler Filistin'e sadık Osmanlı vatandaşları olarak döndük. Bizden talep edilen her teminatı vermeye hazırız,"[73] diyordu.

Ancak iki ay sonra, Şubat 1910'da, Jacobus Kann'ın kitabı *Erez Israil: Le pays juif* [İsrail Diyarı: Yahudi Anavatanı]'nın Fransızca tercümesi İstanbul'da piyasaya sürüldü. Bu kitap, Osmanlıcı antisiyonist iddiaları daha da kuvvetlendiriyordu. Kitap, Filistin'deki Yahudi özerkliğini savunuyor; bunun da Yahudi ordusu ve polis gücüyle desteklenmesi gerektiğini iddia ediyordu. Osmanlı başkentindeki SÖ temsilcisi Victor Jacobsohn, kitabın olası etkisiyle ilgili endişeliydi; kitabın, o ve meslektaşlarının, Osmanlı Yahudilerine ve yetkililerine pazarladıkları Siyonizmin sulandırılmış versiyonuyla doğrudan çeliştiğini anlamıştı.

> Kann'ın kitabı *Erez Israil*'in Fransızca tercümesinin yayımlanması ve yazarın Türkiye'de [metinde aynen] alınmasını önerdiği önlemler, bu topraklarda Siyonizm için tehlikeli ve beklenmedik bir duruma neden olmuştur. Bu kitabın ardında yatan siyasi fikirler, Siyonizmin kurucu ilkelerine ilişkin bugüne dek söylediğimiz her şeyle, basında ve (Dokuzuncu) Siyonist Kongre'de dile getirilen resmi açıklamalarla tezat oluşturmaktadır. Yazar İç Faaliyetler Komitesinin üç üyesinden biri olduğundan, tercümesi de meşrutiyetinin ilanından hemen sonra değil, kongrenin ardından yayımlandığından, bu kitabın Siyonist hareketin resmi bildirisi olduğunu düşünebiliriz. Bu kitap düşmanlarımızın ekmeğine yağ sürecek [...] ve zorlu siyasi sonuçları olacak [...] Fikirlerimizin bu kitap yüzünden "Osmanlı İmparatorluğu'nun birliğine aykırı" görüleceği aşikâr.[74]

Jacobsohn'un endişeleri yersiz değildi. Onun endişelerini dile getirmesinin hemen ardından, o dönemde dahi Siyonist harekete karşı olan Hahambaşı Haim Nahum SÖ'nün İstanbul'daki, "N." mahlaslı temsilcilerinden biriyle ciddi bir tartışmaya girmişti. Almanya'ya gönderilen rapora göre, hahambaşı "Bu kitabı, Siyonist görüşlerin gerçek bir ifadesi olarak görüyorum. Gerçek Siyonizm işte bu. Şimdi pek çokları Siyonizmin, yeni bir hareket oluşturmak için başlangıç noktasının bu kitap

---

73 *El-Liberal*, 19 Kasım 1909. Başahamın durumu üzerine bkz. Victor Jacobsohn'dan Wolffsohn'a, 10 Kasım 1909. CZA A19/7. 1910 Eylülünde Jacobson başhahamdan Siyonizmin ayrılıkçı eğilimleri olmadığını açıklamasını istedi, ancak bu talebi reddedildi.

74 İstanbul Siyonist Ofisi'nden Wolffsohn'a, 15 Şubat 1910. CZA Z2/9. Weiner'e göre, Wolffsohn, Jabobsohn'un kitabın geri çekilmesi ve Kann'ın açık olarak kınanması yönündeki taleplerini reddetti. Bkz. Weiner, "Ha-medinyut ha-ziyonit be-Turkiya," 288.

olduğunu reddecektir. Ama Siyonizm budur [kitabı işaret ederek]."[75] İstanbul'daki yetkili hasar kontrolü yapmak amacıyla, Haim Nahum'a kitabın "tekil bir şahsın eseri" olduğunu anlatmaya çalışıyordu, ancak hahambaşı çok iyi biliyordu ki, "Kann tekil bir şahıs değildir. Siyonizmin, resmi ve değerli bir şahıs olan Kann'ın yaptığından daha doğru bir versiyonunu neden sunmaya çalıştığınızı anlamıyorum." "N." ise Fresco'nun, gazetesi *el-Tiempo*'da tercümeden söz edip etmeyeceğiyle ilgiliydi. Haim Nahum ise Fresco'nun Siyonistlere yaptığı saldırılara "ara verdiğini" düşündüğünü söylemişti, "bu konuda başkalarının yazacağından" emindi.

Sefarad basınının bir süredir sessizliğini korumasına rağmen, Fresco, saldırılarını 1910 yılı sonbaharına kadar sürdürmüştü. Bu kez de, Filistin'deki "pratik Siyonist" programını hedef almıştı:

> Beş yüz bin Osmanlı Yahudisinin hiçbiri, doğacak hiçbir Osmanlı Yahudisi evladı bu [Siyonist] programı kabul etmeyecektir. Osmanlı Yahudilerinin, Osmanlı vatanından ayrı bir vatanı yoktur, olmayacak da. Vatan toprağının her köşesi herkes için kutsal olmalıdır [...]
>
> Hakikate karşı gelmek, vatana ihanettir, Osmanlı Yahudilerine ihanettir. Vatan Müslümanlara, Hıristiyanlara ve Yahudilere aittir. Hepsi ortaktır ve birbirlerine aynı toplumsal bağla bağlıdır. İçlerinden biri bu hakikati inkara kalkışırsa, bu bağı inkar etmekle kalmaz; hem devlete hem de kardeşlerine ihanet etmiş sayılır. İmparatorlukta yaşayan bütün Yahudilere utanç ve leke sürmüş onlara karşı da nefreti tetiklemiş olur. Bütün Osmanlı Yahudileri ve Araplar kardeştir. Dolayısıyla bize düşen isyanı önlemek, bu utancın önünü almak, başımıza gelebilecek olan felaketten kaçmaktır."[76]

Bir hafta sonra Fresco, "Büyük Tehlike!" başlıklı makalesinde bu konunun üstüne gitmişti; gazetelerde yer alan Filistin ile Suriye arasındaki mücadelenin "son derece tehlikeli olduğunu ve pek çok belaya neden olabileceğini" iddia etmişti. Fresco, Hamburg'da geçreklesen bir önceki Siyonist kongresindeki Erez İsrail delegesinin "köylülerin bile *Die Welt* okuduklarını" ve Siyonist hareketin Yahudi Milli Fonunun Filistin'de toprak alma çabalarını desteklemesi için Yahudilere çağrıda bulunduğundan haberdar olduklarını yazıyordu. Fresco'ya göre, köylülerin vatanlarını savunmak istemesi ve kendi durumlarını daha da kötüleştirecek Yahudi işgaline karşı örgütlenmesi işten bile değildi. "Bugün, köylüler kendilerini savunabiliyorlar; ancak yarın sözlerden fiiliyata geçildiğinde, yalnızca Filistin'deki Yahudiler için değil, tüm Suriye, belki de imparatorluğun tümü için büyük yıkım olacak."[77]

---

75 İstanbul Siyonist Ofisi'nden Wolffsohn'a, 15 Şubat 1910. CZA Z2/9. Vurgu bana ait.
76 *Ha-Herut*, 23 Kasım 1910.
77 *Ha-Herut*, 30 Kasım 1910.

Bu yazı, Fresco'nun Kudüs'teki Sefarad kardeşleri için bardağı taşıran son damla oldu. Bu noktadan sonra, Fresco, *el-Liberal*'in ezeli bir düşmanı ilan edilmişti. Asimilasyonu savunmasına ilaveten, Yahudi halkının da baş düşmanı olarak görülüyordu. Yahudilerin iç tartışmasına Yahudi olmayanları müdahil etmekle; Yahudi olan ve olmayanları, Filistin'deki İbrani cemaatini Siyonizme karşı kışkırtmakla suçlanıyordu. Birkaç gün sonra, Selanik gazetesi *La Epoca*'nın editörü Bezalel Sadi Halevi de Siyonist hareketin karşısında olduğunu yazmış; Filistin'in Yahudilerin bölgeye yerleşmesine karşı çıkacak olan Araplara ve tüm Osmanlılara ait olduğunu iddia etmişti.[78]

Fresco'nun Siyonizmle savaşmak için Osmanlıca ve Fransızca yayımlanacak bir gazete daha çıkaracağı konuşuluyordu ki, bunun Fresco'nun nüfuzunu daha da artıracak olmasından endişe ediliyordu. Sonuç olarak *ha-Herut* da okurlarına, Fresco'nun "İsrail halkı tarafından" tarihin lanetli sayfalarına gönderilmesi gerektiğini söylüyordu. Gazete, Filistin'de ve İstanbul'da Fresco'ya karşı halk mitingleri tertip etmeye çalışmıştı; ancak Hayfa ve Yafa'da düzenlenen küçük mitingler dışında pek bir sonuç alındığı söylenemezdi.[79]

Fresco'nun neden olduğu hasarı gözler önüne serebilmek için *ha-Herut* tarafından okurlara sunulan tercümelerden birinde, İstanbul gazetesi *İkdam*'da yer alan yazılardan birine atıfta bulunularak, Osmanlı Yahudilerinin yabancı Yahudilerden daha güvenilir olduğu, yabancıların imparatorluk için tehlike arz ettiği iddiasına yer veriliyordu. Osmanlı Yahudilerinin aksine, Aşkenaz göçmenler de Osmanlı toplumuyla bütünleşmeyi, orduda hizmet vermeyi reddetmiş; yerlilerle sorun yaşamıştı. "Bu göçmenlerin gelmesinin ülkemize ne hayrı olacak" diye soruyordu *İkdam*'daki yazı. "Bizler, Yahudilerin düşmanı değiliz [...] Osmanlı Yahudileri fevkalade milliyetçilerdir, devletlerini sonsuz bir aşkla severler, ticarete katılırlar, savaş durumunda gözü kapalı savaşa girerler. Bizler Osmanlı Yahudilerinin [...] boş hülyalara kapılmasını istemeyiz [...] Kudüs yalnızca Yahudilere ait değildir; Müslüman ve Hıristiyanların da kutsal mekânıdır." Makale, Siyonizm "bizim için yeni bir felaket. Umuyoruz ki, Türkiye [metinde aynen] facia anlamına gelecek olan büyük trajediden kendini koruyabilsin,"[80] diye sonlandırıyordu.

O zamanlar, hem resmi Siyonist hareketiyle antisiyonist Yahudi liderlik arasındaki ilişkiler; hem de Osmanlı resmiyeti hayli bozulmuştu. Hahambaşı Haim

---

78 *Ha-Herut*'un cevabı "yüzlerine tükürmekti." *Ha-Herut*, 9 Aralık 1910. Ayrıca bkz. "Echoes of Fresco's Slander in Tunis," *ha-Herut*, 27 Şubat 1911.

79 *Ha-Herut*, 7 Aralık ve 21 Aralık 1910.

80 "The Turkish Press and Zionism," *Ha-Herut*, 21 Ocak 1910. Yazı önceki hafta Türkçe gazeteler *İkdam*, *İtilaf* ve *Sabah*'ta çıkan Siyonizm karşıtı makaleleri alıntılıyordu.

Nahum, meclisin dört Yahudi mebusunun, İstanbul Yahudi cemaati konseyinin pek çok üyesinin ve pek çok İTC mensubunun da katıldığı bir toplantıda Siyonizme ilişkin, "Nezarette bizim hayrımıza olabilecek her şey baştan sonra değişti. Buna güvensizlik denemez; bu düpedüz garez. Kudüs'te, Mezopotamya'da ve hatta Konya'da Yahudi göçü hakkında bir şey duymak istemiyorlar. Eskiden bizimle birlikte olan, saygın çevreler artık bize karşı,"[81] demişti.

Mazliach ise, Rıza Tevfik Beyde Basel Programının Osmanlıca tercümesini gördüğünü, meclisteki Arap mebusların okumak için kendisinden aldığını söylemişti. Bağdatlı Yahudi mebus Sasson da gruba Arap mebusların, seçmenleri ve önde gelen destekçileri tarafından Siyonistlere karşı gelmeleri hususunda ciddi bir baskı altında olduklarını iletmişti. İstanbul'daki Siyonist ofise toplantının raporunu gönderen Fresco'ya göre, Yahudi mebus "anlamlı bir biçimde sert ve kötümser cümleler kurmuştu." Fresco sözlerini, bu bilginin kendilerine "Türkiye'deki [metinde aynen] Siyonizm propagandasının özellikle mevcut durumunun, Türkiye'deki [metinde aynen] Yahudilerin felaketi olacağını" gösterdiğini umut ettiğini söyleyerek sonlandırmıştı.

Olayların beklenmedik yönde gelişmesiyle Fresco aklanmıştı ancak *ha-Herut* ile *el-Tiempo* arasındaki tartışma, suçlamaları ortadan kaldırmaktan oldukça uzaktı—*ha-Herut*, Osmanlı Siyonistlerinin tamamıyla sadık olduğunu, "Osmanlı Yahudilerinin vatanları 'Ottomanya'ya bedenen ve ruhen sonsuz bir bağlılıkla bağlı olduğu" hususlarında oldukça ısrarcıydı. *Ha-Herut* bir okurun, Siyonizmi tartışmak amacıyla Osmanlı Yahudi cemaati önderlerinin "ulusal bir toplantı" düzenlemesi önerisini de reddetmiş; bunun yerine hasımlarını "İsrail düşmanı" olmakla suçlamayı tercih etmişti.[82] İki taraf arasındaki kavga, 1911 yılı boyunca İstanbul'da devam etmişti. Her iki taraf da basına ve hukuki süreçlere başvurmuştu; ancak uzlaşma sağlanamamıştı.[83] Ancak açık olan şuydu ki, Siyonizm entelektüel bir uğraş değildi—tabanda etkisi olan bir hareketti. Bu savaşın ana cephesi de, İstanbul'dan Filistin'e kayacaktı.

Filistin'in Satılması ve Osmanlı Siyonizminin Sınırları

Fresco'nun Siyonizme açıktan saldırıları tüm imparatorlukta yankılanmıştı; Filistin'de Osmanlıcı antisiyonizmin sözcüsü Albert Antébi olmuştu. Anayasanın

---

81 Fresco'dan Jacobsohn'a, 5 Ocak 1911. CZA Z2/10.
82 *Ha-Herut*, 7 Aralık ve 30 Aralık 1910. 1909'da Osmanlı Yahudi Kongresi için La Nacion'dan gelen benzer çağrılar gerçekleşmemiştir. *Ha-Herut*, 28 Eylül 1909.
83 Bkz. *ha-Herut*, özellikle Şubat 1911.

ilan edilmesinden hemen sonra, Antébi Yahudilerin tikel çıkarlarını gözetmenin tehlikelerini, özellikle de yabancı Siyonist müdahaleye ilişkin endişelerini dile getirmişti. Fresco gibi Antébi de, Filistin'de yaşayan bu Avrupalı Siyonistleri Osmanlı İmparatorluğu'nda cemaatler arasındaki dengeyi bozabilecek baş belaları olarak görüyordu. Böyle tahriklere "eğer ben Müslüman Türk bir mebus olsaydım, ilk fırsatta Filistin'deki Yahudi faaliyetlerine karşı kısıtlayıcı tedbirler alırdım,"[84] diyerek yanıt veriyordu.

Antébi'ye göre, iktisadi ve kültürel yenilenmenin yegane yolu, Filistin'de Müslümanlarla Hıristiyanların hoşgörülü birlikteliğinden geçiyordu: "Siyon'un siyasi olarak değil, iktisadi olarak fethedilmesini diliyorum. Tarihi ve ruhani Kudüs'ün gelişmesini istiyorum, modern ve dünyevi olanın değil. Osmanlı meclisinde Yahudi bir mebus olmak istiyorum; Mina Dağı'ndaki İbrani tapınağında değil."[85]

Bu konum Antébi'nin, Siyonist harekette yer alan radikallerin sonsuz öfkesiyle birlikte, daha ılımlı Siyonist yetkililerin de şüphesini kazanmasına neden oldu. Şam doğumlu olan, Paris'te eğitim görmüş Frankofon Antébi, asimile edilmiş tipik bir Sefarad Yahudiydi. İbrani gazetesi *ha-Tsvi*, Antébi'yi "Siyonizmin baş düşmanı" olarak görmüştü. Gazetenin editörü Itamar Ben-Avi de Antébi'yi gözden düşürmek ve dışlamak için bir kampanya başlatmıştı.[86] Ancak Siyonizm yanlıları da dahil olmak üzere tüm Sefarad basını, Antébi'ye destek çıkmış; onun Yahudi cemaatlerinin refahına önemli katkılar sunmakla kalmayıp, aynı zamanda meşru bir Osmanlıcı çizgiye sahip olduğunu iddia etmişti. Ayrıca Sefarad basını, Yahudi karşıtı ateistlerin ve tahrikçilerin gazetesi olduğunu iddia ettikleri *ha-Tsvi* gazetesine de dava açmıştı.[87]

Antébi ideolojik ve siyasi olarak ihtiyatlı bir antisiyonist olmasına rağmen, ironik bir biçimde Siyonist harekete önemli katkılar sunmuştu. Kendisinin de dediği gibi, "ütopyacı Siyonizme bel bağlamadan, tüm zamanımı, yeteneklerimi, yararlı her şeyi Yahudi faaliyetlerine vakfettim."[88] AO meslek okulları müdürlüğü konumunun ve Kudüs Ticaret Odası ve Filistin Ticari Cemiyetindeki faaliyetlerinin yanı sıra, Antébi toprak satışlarında aracılık görevi üstlenmişti. Çatışma olduğu zamanlarda, Yahudi kolonileriyle Arap köyleri arasında arabuluculuk ediyordu; Yahudileri

---

84 Antébi'den Franck'e, 17 Kasım 1908, AAIU, Israel-VIII.E.25.
85 Antébi'den Henri Franck'e, 4 Ağustos 1908. AAIU, Israel-VIII.E.25.
86 A.S. Yahuda'dan Wolffsohn'a, 16 Haziran 1909, CZA L1/29, *ha-Tsvi* temel alınarak, nos. 183-88. Bkz. *ha-Tsvi*, 24 Mayıs 1909, *ha-Tsvi*, 6 Kasım 1908.
87 Haziran 1909, AAIU, Israel-IX.E26. Antébi, Beit ha-'Am'dan "Rus Siyonist-anarşist cemiyeti" olarak bahsetmiştir. Antébi'den AO'ya, 11 Mart 1909. AAIU, Israel-IX.E.26.
88 Antébi'den Dizengoff'a, Haziran 11, 1909. CZA, CM 434/13.

ilgilendiren hususlarda pek çok kez yerli Osmanlı yöneticilerine müdahale etmişti. Yahudi Kolonizasyon Birliği (YKB) için resmi bir görevle, Anglo-Filistin bankası için gayri-resmi olarak çalışmıştı. Filistin Ofisi de, Antébi'ye ilişkin şüphelerine rağmen sık sık Antébi'den yardım talep ederdi.[89]

Kapsamlı Osmanlıcılık faaliyetlerine rağmen, Antébi'nin Siyonistlere yaptığı yardımlar komşuları tarafından ayıplanmasına neden olmuştu. Kendisi de, "Siyonistler tarafından aforoz edilmem, Osmanlı hükümetinin ve Müslüman hemşerilerimin Yahudi faaliyetlerime karşı takındığı tavra benziyor," demişti. Arapça gazete *el-Münâdî* de onu "sömürgecilerin ajanı (*vekîl ricâl el-istʿimr*)"[90] olmakla suçluyordu.

Ama Osmanlıcılık bağlılıklarının hemşerilerinin gözünde şüpheli olmasına neden olan şey, Siyonizme hizmet amacıyla Osmanlı Yahudilerine toprak satılmasıydı. Filistin'deki Siyonist yerleşimin ilk on yıllarında, Siyonist iskân şirketleri, yerli Sefaradların müdahalesi ve yardımıyla sıklıkla toprak satın alabiliyorlardı. Önde gelen Sefarad ve Mağribi Yahudi aileler de, Barons de Rothschild ve de Hirsch'e Yahudi yerleşimi için toprak satın almalarında yardım ediyorlardı. Avraham Moyal, 1885'teki beklenmedik vefatına dek, Rus Siyon Sevenler (Hovevei Zion) Cemiyetinin yerel temsilciliğini yapmıştı. Kardeşi Yosef Moyal de, "Bilu" yerleşimcilerine yardım etmişti; Aharon Chelouche, Haim Amzalek ve Yosef Navon'la birlikte Yahudi toprak alımına "öncülük" etmişti. Bir sonraki nesil Sefarad toprak satıcıları arasında, avukat David Moyal (Yosef'in oğlu), Moşe Matalon, David Yellin ve Yitzhak Levi de yer alıyordu.[91]

1909 yılının ilkbaharında, Osmanlı Adliye Nezaretinden iki memur Filistin'e gönderilmişti. Kudüs'ün yeni valisi Suphi Bey'e, 1904 hükümetinin Filistin'de yaşayanlar da dahil, tüm yabancı Yahudilere toprak satışını yasaklama kararına riayet etmeleri emredilmişti. Antébi, yeni hükümeti, toprak tapularını Osmanlı Yahudileri yerine, adet olduğu üzere, yabancı Yahudiler üzerine yapmakta ısrarcı

---

89 Hartuf kolosininden örnek mektuplar için bkz. (*Ha-Herut*, 28 Mayıs 1909) ve Yitzhak Malchiel Mani'den (*ha-Herut*, 8 Haziran 1909), Antébi'yi alehtarlarına karşı savunmak için. Ayrıca bkz. Avraham Elmaliach'la söyleşi, sayı 2, 23 Şubat 1964, Sözlü Tarih Programı, Hebrew University. Antébi daha sonra kendine karşı çıkan esas kişi Itamar Ben-Avi'nin hapisten salıverilmesini sağlamak için valiyle görüşmüştür. Ben-Avi, *'Im shaḥar azmaʾutenu*, 202. Filistin Ofisinin Antébi'nin zor ama vazgeçilmez bir yandaş olduğu yönündeki görüşleri için bkz. 15 Temmuz mektubu, 1912, CZA'da, L2/26II ve Filistin Ofisi'den Jacobsohn'a, 2 Haziran 1914, CZA'da, L51/96.

90 Antébi'den AO başkanına, 24 Haziran 1909. CZA CM 434/13. *El-Münâdî*, 16 Temmuz 1912.

91 Glass ve Kark, *Sephardi Entrepreneurs in Erez Israel*, 126; Efrati, *Ha-ʿedah ha-Sfaradit bi-Yerushalayim*; Rokeach, *Vetikim Mesaprim* ve Y. Levi, "Dr Yitzhak Levy."

olan Siyonistleri göz ardı etmekle suçluyordu. Suphi Bey de kendi inisiyatifini kullanarak, Osmanlı Yahudilerine toprak satılmasına izin vermeyi sürdürmeye karar verdi. Yeni sadrazam Hilmi Paşa da, eğer Suphi Bey Osmanlı Yahudilerinin haklarını koruyup Romanya'dan ve Rusya'dan Yahudi göçünü durdurabilecek bir plan düşünebilirse, "Osmanlı Yahudilerinin iktisadi kalkınmasını can-ı gönülden destekleriz ve sınırlamaları kaldırırız," demişti. Albert Antébi de, Suphi Beyle birlikte bunu başarabilecek bir plan geliştirmek için çalışmaya başladı.[92]

Ancak mayıs 1910'da, Filistin'deki İngiliz Konsolosu yabancı Yahudilerin toprak alımının engellendiğini bildirmişti. Bir sonraki ay da, Siyonist ofisi Osmanlı Yahudilerinin toprak satın almasının imkânsız olduğunu yazacaktı. 1910 ilkbaharındaki el-Fula toprak satışı ihtilafının ardından, 150 Yafalı Arap Osmanlı hükümetine ve çeşitli gazetelere telgraf çekmiş, Siyonist göçe ve toprak satışına bir son verilmesini talep etmişti. Bir tarihçinin belirttiği gibi, "Osmanlı 'müsveddelerin' Siyonistler adına toprak satın almasına karşı çıkıyorlardı."[93] Daha sonra, yabancı Yahudilere toprak satışının yasaklanması desteklenmişti; Osmanlılaşmış Yahudilere toprak satılmasına da on beş ila yirmi yıl arası Filistin'de ikamet etmeleri koşulu getirilmişti. *Ha-Herut*, bu duruma vatandaşlık üzerinden yanıt verdi:

> Özellikle Erez İsrail'deki Yahudileri etkileyen bu yasak bizi son derece üzmüştür çünkü bu yasağı, halkımıza ve diğer bütün milletlere tıpkı merhametli bir anne gibi her zaman kollarını açmış, açık fikirli Osmanlı hükümeti koymuştur. Bu yasak, bize Hamid döneminde keder vermişti; ancak bu hürriyet ve eşitlik devrinde—[kederimiz ne kadar büyük!] Yasak hakkında söylentiler çıktığında, ilk önce inanmak istemedik. Elimize resmi tebligat geldiğinde bile inanamadık. Her ne kadar inanmak istemesek de, başımıza gelen bu.[94]

1911 yılının ilkbaharında, kuzeydeki pek çok yerel amir, Osmanlı Yahudi vatandaşlardan yabancı Yahudilere toprak nakline ilişkin yasal uyarılar göndermek de dahil olmak üzere, Yahudilere toprak satışını engelleyen mevcut tüm yasakları

---

92 Mandel, *Arabs and Zionism Before World War I*, 62-63 ve Antébi'den AIU'ya, 12 Mart 1909. AAIU, Israel-IX.E.26.

93 Mandel, *Arabs and Zionism Before World War I*, 104 ve 107. Ancak sonraki ay *Ha-Herut* o raporların temelsiz olduğu ve Osmanlıların toprak alımlarını kaydetmek için doğum sertifikalarını getirmeleri yönünde bir not yayımladı. *Ha-Herut*, 6 Temmuz 1910. Albert Antébi 1910-1911 yıllarında yerel halkın Yahudilerle ilgili desteğinin büyük zarar gördüğünden yakınmıştır. "Herkesin gözünde Yahudi, vatana ihanet eden biri, komşularını onların eşyalarına el koymak için yağmalayan bir hain haline geliyordu. Hıristiyanlar bu suçlamalarda sivriliyordu, fakat Müslümanlar da peşinden geliyordu." Mandel'de alıntılanmıştır, *Arabs and Zionism Before World War I*, 121.

94 *Ha-Herut*, 2 Aralık 1910; Ayrıca bkz. 23, 25, 28 Kasım 1910.

sıkılaştırmıştı.[95] 1912'de yerel Kudüs hükümeti, Osmanlı tebaasından olanlar da dahil tüm Yahudilerin o tarihten sonra toprak almasını yasaklamıştı. Yahudi cemaatinin yasak haberine tepkisi sert oldu. Aralarında Yafa'daki Sefarad hahambaşı Ben-Zion 'Uziel'in de bulunduğu Yahudi cemaati Yafa Genel Şehir Meclisi üyeleri (*va'ad ha-'ir ha-klali*), 14 Kasım'da yasağı tartışmak için bir araya gelmiş ve verecekleri yanıt üzerine tartışmışlardı. Konsey üyeleri konumlarının bilincindeydi: Diğer Osmanlı vatandaşlarıyla eşit haklara sahip olmak istiyorlardı; gündemdeki Balkan Savaşı da imparatorluğa olan bağlılıklarını kanıtlamak için önemli bir vesileydi. Ancak yine de "halkımızın onurunu savunmak," "milli haklarımız," "Yahudileri diğer milletlerden ayırmak" ve "diğer milletler gibi sebat etmek"[96] gibi sözler sarf etmişlerdi.

İbranice gazete *Ha-Herut*, yeni yasak hakkında sonradan Kudüs valisi olacak olan Muhdi Beyle yaptıkları iki mülakatı yayımlamıştı. Bu mülakatlarda, yasağın yerel inisiyatifin eseri olduğu, İstanbul'da kararlaştırılmadığı ortaya çıkmıştı. Yasağın Osmanlı Yahudilere uygulanıp uygulanmayacağı sorusu sorulduğunda, Muhdi Bey Siyonist toprak alımlarındaki Sefarad toprak komisyoncularının ve aracıların rolünü işaret ederek yeni politikaya meşru zemin aramıştı. "Yasa, topraklarımıza yerleşmek için gelen yabancı Yahudiler için Osmanlıların kendi adlarına toprak almasını yasaklar [...] son günlerde bu tip olaylar yaşanmaktadır ve bunlar kanuna aykırıdır."[97] Muhdi Bey, gazetenin editörü Ben-'Atar'a topraklarında yabancı Yahudi çalıştırmanın da kanuna aykırı olduğunu söylemişti.

Ben-'Atar ise, bir Osmanlı vatandaşı olan Fehmi el-Naşaşibi'den üç dönem toprak almaya çalışıp Muhdi Bey tarafından engellenen Yusuf el-Yaşar meselesini tartışmak için iki gün sonra tekrar hükümet binasına gelecekti. Ben-'Atar ile Muhdi Bey arasındaki görüşme yer yer hayli gergindi. Ben-'Atar, Elyaşar'ın şehir meclisi üyesi ve önde gelen Osmanlı Yahudilerinden olmasına rağmen onun ve el-Naşaşibi'nin evrak işleri neden geri çevrilmişti? Muhdi Beyin yanıtı şöyleydi:

> Osmanlı olmalarına rağmen, topraklarını yabancılara satacaklara toprak satamayız [...] Yahudiler çiftçi ya da toprak işçisi değiller; hepsi değilse büyük kısmı tüccar, fabrikatör, ambar sahibi, esnaf, ya da farklı görevleri olan yazar ve memurlardan oluşuyor. Toprağa bağlı olma gibi bir hisleri yok. Tam da bu yüzden, toprak satın alıyorlarsa, bunun kendileri için değil buraya

---

95 Bkz. Tabu, 21 Mart 1911, ISA 83, tet/87/6; 4 Haziran 1911, ISA 83, tet/87/5; Akka Mutasarrıf'ından, 5 Haziran 1911, ISA 83, tet/87/5; Tabu, 26 Temmuz 1911, ISA 83, tet/87/6; Tabu, 10 Ağustos 1911, ISA 83, tet/87/6.

96 Bu toplantı ile ilgili bilgi Va'ad ha-'ir ha-klali'den alınmıştır, 27 ve 28 Ekim 1912. TAMA 423-008-076a ve Yodfat, "Va'ad ha-'ir ha-klali li-Yehudei Yafo," 240-47.

97 *Ha-Herut*, 12 Kasım 1912.

sonradan gelen yabancı göçmenler veya yabancı iskan şirketleri için olduğu kesin. Kanuna göre, buraya yerleşme haklarına sahip değiller.[98]

Ancak Ben-'Atar, Osmanlı Yahudilerinden bazılarının amele olduğunu söyleyerek buna itiraz etmişti. Müslümanların ve Hıristiyanların çalışmadıkları halde, toprağa yatırım yapmalarına izin veriliyordu; dahası toprak yasağı Osmanlı Yahudilerinin eşit haklara sahip olmasının önünde engeldi. Sonunda, vali Osmanlı Yahudilerinin avlu ya da ambar satın almasına izin verdiğini açıklamıştı; ancak "o Yahudilerin [...] çiftçilikle bir ilgisi olmaması" gerekiyordu.

14 Kasımda, Yahudi Şehir Konseyi İstanbul'a şu telgrafı göndermişti:

> Şu anda, kalplerimiz vatanın içinde bulunduğu felaket için kan ağlıyor. Vatanın tüm evlatlarının bir araya gelmesi gereken bu zamanda, Osmanlı İmparatorluğu'nun onurunu yüceltmek herkesin görevidir—kardeşler arasında ayrımcılık yapan ve emir komutayla bir grup vatandaşı diğerlerinden ayıran bazı memurlar var ki, onların emirleri meşrutiyet kanununa da ahlakına da aykırıdır [...] Böyle emirler Yahudileri diğerlerinden ayırmakta; daha kötüsü vatandaşlar arasına ayrımcılık yapmaktadır ki bu özellikle böyle bir zamanda son derece sakıncalıdır. Biz, Osmanlı Yahudi vatandaşların haklarına böylesi bir saldırıya karşı çıkıyoruz; bu yasadışı düzenin derhal feshedilmesini talep ediyoruz. Ve ümit ediyoruz ki, birlik ve barış içinde sonsuza dek düşmanlarımızı mağlup edeceğiz, bu da devletimizin gücüne güç katacak.[99]

Nihayet Albert Antébi, hükümetle görüşmeye çağrılmıştı. Muhdi Beyin Yahudi tüccarların toprak alımına katılmasını engelleyen çözümüne karşın, Antébi'nin Kudüs valisine sunduğu öneri Osmanlı Yahudilerinin medeni haklarını, Osmanlı devletine sundukları katkıları ve Filistin'in kalkınması için ne kadar önemli olduklarını ön plana çıkarıyordu.

> Anayasa ve kanunlar, tüm Osmanlılara mutlak eşitlik sağlamaktadır. Hiç kimse, Yahudileri kanunun himayesinden ayrı tutamaz. Bin yılı aşkın süredir bu toprakların yerlilerinden olan bir Osmanlı vatandaşı olarak [...] Kutsal vatanı savunmanın böylesine mühim olduğu bir anda, bu kısıtlayıcı düzenin Osmanlı Yahudilerinin yüreklerinde derin yaralar açtığını söylemek isterim [...] Osmanlıcılığıma yapılan ahlaki hakaretin ötesinde [...] bu yasağın sürdürülmesi, sonrasında üstesinden gelemeyeceğiniz bir mali geri kalmışlık yaratacaktır.[100]

---

98 *Ha-Herut*, 14 Kasım 1912.
99 Yodfat'da alıntılanmıştır, "Va'ad ha-'ir ha-klali li-Yehudei Yafo," 246-47.
100 Antébi'den Kudüs Valisine (taslak), n.d., CZA L2/615.

Antébi'nin önerileri valiyi ikna etmiş olacak ki, sonunda vali ve Muhdi Bey toprak satışının, Siyonist yerleşimlerle çalışmamaları koşuluyla tüm Osmanlı Yahudilerine de açılmasına karar vermişti. Antébi de, onay için yasağın kalkmasından faydalanacak Yahudilerin adlarını verecekti.[101] Yerel yönetimin kabul etmesine rağmen, Arap kamuoyu Osmanlı Yahudilerinin toprak satın almasına karşı çoktan harekete geçmişti. Kasım ayında, *el-Kermil* Karkur ve Beydas köylerinin topraklarının, yerel idari meclisin onayıyla Siyonist Aharan Eisenberg'e satıldığını duyurmuştu. Birkaç hafta sonra, *el-Filistin* satışlara karşı çıkan bir yazı yayımlamış; yazıda "Siyonistler yüzünden, Filistin ileride ikinci Makedonya olacak. Para dertleri olmadığından, birbiri ardında köyler satın alıyorlar [...] Akbabalar daha ne kadar vatanın etini kemirecek? Eğer vatanımız elden gitmişse, ne için yaşıyoruz?"[102] diyerek uyarmıştı.

Bu saldırıya cevaben *ha-Herut* da, Arap Neşriyatı Cemiyetinin kaleme aldığı cevabı yayımlamıştı. Bu cevap, Reuter'in telgraf ağına da gönderilmişti. Aharon Eisenber, "sahte" Osmanlı olmakla suçlanıyordu. *Ha-Herut*, savunmasında şu iddiaları dile getirmişti: "Aharon Eisenberg Beyefendi, şu anda Shtalja'da cephede savaşan, Osmanlı Yahudisi ordu subayı Eisenberg'in babasıdır. Genç subay [...] üstteğmenlik rütbesine erişmiş; kısa bir süre sonra da gazilik nişanıyla şereflendirilmiştir [...] Eğer bu beyefendi ve babası Osmanlı sayılmıyorsa, kime denir Osmanlı?[103]

Ha-Herut, en genç oğullarının vatani görevi üzerinden Eisenberg ailesinin Osmanlı Devleti'ne sunduğu hizmetleri öne çıkarmayı seçmişti. Ancak işin aslı, Eisenberg gerçekten de Siyonist bir yerleşimciydi ve Siyonist hareket için toprak komisyonculuğu yapıyordu—Birinci Dünya Savaşından önceki on yılda adına onlarca dönüm toprak kaydettirmişti.[104] Osmanlı Yahudilerini, yabancı yerleşimciler adına toprak satın almakla suçlayan bir başka makalenin de *el-İttihadü'l-Osmani*'de çıkmasının ardından, Şolom Yellin bir müdafaa yazısı yazmış; yerleşimcilerinin

---

101 Laskier, "Sephardim and the Yishuv in Palestine," 115-16.

102 *El-Kermil*, 27 Kasım ve 7 Aralık 1912. *El-Filastin*'in İbranice çevirisinin *ha-Herut*'da yayımlanan orijinali, 24 Aralık 1912.

103 "Mi bno ha-'Otomani?" *Ha-Herut*, 26 Aralık 1912. "Gazi," düz anlamıyla "savaşçı," daha çok dinsel anlamı olan savaşlar için kullanılır. Ben-Carmi Eisenberg üzerine, bkz. Markovitsky, *Be-kaf ha-kel'a shel ha-ne'emaniyut*.

104 "Mr. Eisenberg ismini Siyonist kongrenin kararıyla Siyonist amaçlar için verdi." Ruppin'den Zionist Zentralburo'ya, 14 Nisan 1912. CZA, Z3/1448. Eisenberg adına kayıtlı topraklar: Kafrurie (4,800 dönüm), Karkur Beidas (11,400 dönüm), CZA, L18/272; Hayfa yakınındaki Karmel'de toprak, CZA L18/7/1; Yafa yakınında 1,932 dönüm, CZA L18/7/1; Talpiot, Caesaria, CZA L51/100'de; Ben Shemen, Hulda, Osmanlı Yahudilerine kayıtlı topraklarda, CZA L5/70. Ayrıca *el-Mufid*'deki (Beyrut) Eisenberg'in toprak alımlarıyla ilgili şikayetlere bakınız. *Ha-Herut*, 5 Şubat 1913 ve *el-Kermil*, CZA Z3/1447.

tümünün Osmanlı vatandaşı olduğunu, dahası Siyonizmin imparatorluğun genel kalkınmasına hizmet edecek insancıl bir hareket olduğunu iddia etmişti. *El-Kermil*'den Neguib Nassar da şöyle yanıt vermişti: "Süleyman Efendi, bu kolonilerdeki köylülerin tümünün Osmanlı tebaası olduğunu söylüyor. Ona inanıyoruz, çünkü pek çoğunun elinde kimliği, çantasında yabancı pasaportu var [...]. [Ancak] askere çağrıldıklarında, içlerinden kaç tanesi Osmanlı kaldı?"[105] Bir başka deyişle, *Osmanlı* terimi yalnızca vatandaşlığın yasal bir nişanı değildi; aynı zamanda medeni görev ve bu görevin ihlaline ilişkin ihtilaflı unsurlar barındırıyordu.

---

105 R. Halidi'de alıntılanmıştır, *Palestinian Identity*, 138. Aslında Yellin'in çalıştığı toprak alım kurumu YKB yerleşmecilerden Osmanlı vatandaşlığı almalarını istiyordu.

YEDİNCİ BÖLÜM

Omletten Yumurta Yapmak

El-Filistin gazetesi ve Aharon Eisenberg meselelerinde gördüğümüz gibi Arapça basın, Yahudilere toprak satılmasına ilişkin farkındalık ve muhalefet oluşmasında öncü rol oynamıştı; Birinci Dünya Savaşının öncesinde de Filistin'in satılması korkusu tekerrür eden bir mesele halini almıştı.[1] Arap basını, Osmanlı Yahudilerini devletin birliğini tehdit etmekle itham eden ve hedef gösteren yazıları yayımlamanın yanı sıra, yerel ve Filistincilik temellerine dayanarak Filistinli Arap toprak vekillerine ve toprak tacirlerine de saldırıyordu. Kudüs gazetesi *el-Münâdî* Yahudileri şu sözlerle itham ediyordu: "Onlar para için babalarından kalan mirası satılığa çıkarırlar; kalleşliklerini suratlarından anlarsın." *El-Filistin*'de yayımlanan ve Salim Mahmud Şahin tarafından gerçekleştirilen toprak satışını kınayan yazıya cevaben, *el-Münâdî* tüm tacirlerin isimlerinin ifşa edilmesini talep ediyordu: "Hainlerin isimlerini bilelim ki, halk yalancıları ve işgalcileri tanıyabilsin." *El-Kermil*'de, Tiberya'daki arsasını Siyonistlere satmaya hazırlandığı iddia edilerek alenen suçlanan Said el-Cezairi, gazete ofisine gelip, "Atalarımızı satmayacağımız gibi, Osmanlı vatan toprağını da asla satmayız,"[2] diyerek kendini savunmuştu.

El-Münâdî ise önleyici bir rol üstlenmişti. Bir yandan halkı topraklarını satmaması için uyarıyor; diğer yandan toprak sahiplerinin ve mülklerinin listelerini yayımlayarak satış yapabilecek olanları önceden utandırıyordu.[3] Diğer gazeteler

---

1 1914'e kadar Yahudiler çeyreği Siyonist harekete ve Yahudi Ulusal Fonu'na ait olmak üzere kuzey ve güney Filistin'de 420,587 dönüm arazi almıştı. Yüzde 54 gibi bir çoğunluğu YKB'ye; Siyonist olmayan Yahudi Yerleşim Kurumu'na aitti. Penslar, *Zionism and Technocracy*, 4.

2 *El-Münâdî*, 12 Ekim 1912 ve 22 Mart 1913. *El-Kermil*, 25 Eylül 1912. Diğer insanlar Siyonistlere toprak sattıkları suçlamalarına karşı Abdülhadi ailesini savunmak için yazıyordu fakat *el-Kermil* ise beyhude yere kendilerini savunmalarını beklemişti. *El-Kermil*, 3 Eylül 1912.

3 *El-Münâdî*, 17 Haziran ve 17 Eylül 1912.

de, Filistin'i "köy köy, kasaba kasaba" satan kâtipleri suçluyordu. Bir gazete doğrudan şöyle diyordu: "Bizi üzen, içinde bulunduğumuz şu kriz durumunda bile, valiler ve vali muavinleri devleti düşmanlara satıyor. Siyonistlerin tüm gayesi, yakında [ortaya çıkacaktır]; Arap milleti hakikati görecektir."[4] 1911'de İtalyan güçlerinin Libya'yı ele geçirmesinin ardından, Osmanlı devletinin Arap vilayetlerini savunmak için elinden geleni yapmadığı yönünde eleştiriler vardı ki, bu eleştiriler basında yer alan yazılarda da açıkça dile getiriliyordu.

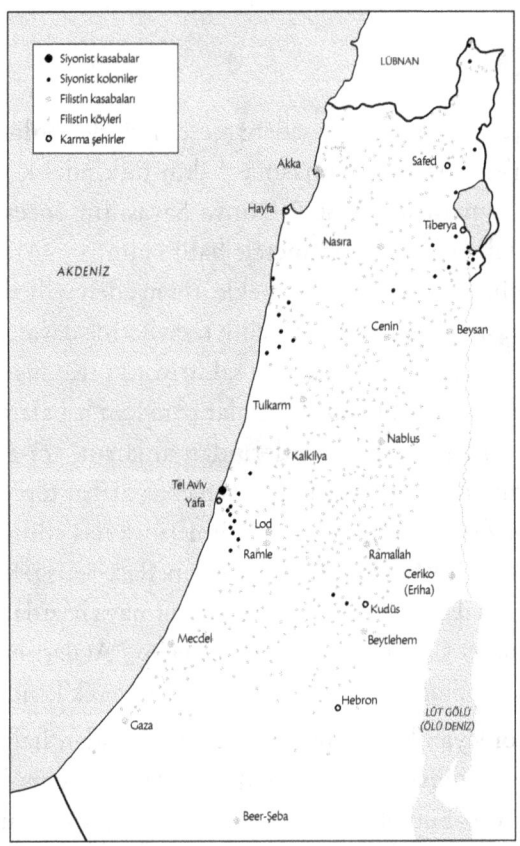

HARİTA 7.1. Filistin'deki Yahudi yerleşimleri ve Siyonist koloniler, 1882–1914. Walid Khalidi'nin izniyle yayımlanmıştır, *Before Their Diaspora: A Photographic History of the Palestinians, 1876–1948*, Institute for Palestine Studies.

---

4   *Ha-Herut*'da alıntılanmıştır, 6 Şubat 1913. Ayrıca bkz. Beyrut'taki *el-Müfîd* editörüne mektup, *ha-Herut'da* çevrilmiştir, 5 Şubat 1913; Muhammad 'Abd al-Rahman al-'Alami'nin eleştirisi Nisan 1914'de yayımlanmıştır, R. Halidi'de alıntılanmıştır, *Palestinian Identity*, 132 ve *el-Kermil*, 7 Eylül; 13 Ekim ve 11 Aralık 1912.

Aslında, toprak satışı meselesinin etrafında oluşan söylem, Osmanlıcılığı, Filistinciliği, Arapçılığı, İslamcılığı ve antikolonyalizmi aynı anda kucaklıyordu. "Filistinli Şahıslardan Osmanlı Meclisine Bildiri"[5] başlıklı, tarihi bilinmeyen bir belgede, bu akımların hepsini bulmak mümkündü. Çağrı "tüm vatandaşlara;" daha çok "Filistin evlatlarına," "vatanın evlatlarına," "milletimize" yönelikti. Mebusların İslami duyarlılıklarına hitap ediyordu (Yahudilere, evini terk edenlere, Allah'ın gazabına, peygambere ve meleklere karşı gelenlere karşı, iyilik buyuran ve kötülükten uzak durmayı emreden Kuran ayetlerine atıfta bulunuyordu). Bildiri, Araplık ve yerellik temellerini esas alıyor; yedinci yüzyılda Filistin'i ilk kez Müslümanlar adına fetheden Ömer bin Hattab; yine Filistin'i Haçlıların elinden kurtaran Selahhadin Eyyubi gibi İslam liderlerinin mirasına sahip çıkmaya çağırıyordu. Bir yandan da, okurlarına "binlerce şehit, kutsal savaşçı atanız bu şehrin surlarına canını verdi," diye seslenerek tarihsel olanı kişiselleştiriyordu. Paralel tehdit açıktı—kuşaklar boyunca Müslümanlar, Araplar ve Filistinlilerin uğruna savaştığı kutsal toprak Filistin, bir kez daha yabancı fethiyle karşı karşıyaydı.[6]

Selahaddin Eyyubi imgesi, 1910 yılında yerel Arap basınında geniş yer bulan, Afula topraklarının satışını kınayan imzasız bir yazıda da tekrar ediliyordu.[7] Osmanlı'nın Avusturya-Macaristan boykotunda gördüğümüz gibi, Selahaddin yalnızca Müslüman bir kahraman değildi; aynı zamanda Arap bir kahramandı. Aslında, Filistin'in satışı meselesi Filistinli Hıristiyanların ve Müslümanların böylesine önemli bir zamanda birbirlerine yaklaşmasını sağlayacaktı. *El-Kermil* de *el-Filistin* de Hıristiyan gazeteleriydi; köşe yazılarında, Siyonizm hakkında, Müslüman ve Hıristiyanların Filistin'de karşı karşıya olduğu tehlikeler hakkında uyarılara yer veriliyordu. Arap basını, Müslüman ve Hıristiyanların toprak satın almak için ortaklıklar kurmalarını öneriyordu. Hıristiyan Araplar da 1910 yılının sonbaharında ortak temsilciler ve telgraflar yoluyla satışları kınamıştı. Ayrıca Hıristiyan ve Müslüman entelektüeller de, aynı kulüp ve cemiyetlere üye oluyor; "eski düzene karşı savaşmak, halkın yeni düzenin ve anayasanın tadını çıkarmasını

---

5 Arab Studies Society (Orient House). The Arab Studies Society arşivcisi Kasım Harb, 1908'de yazıldığına inanıyor, ancak ben iki yıl sonra, 1910 veya 1911'de çıktığını düşünüyorum.

6 Bu yabancı tehdit sadece Siyonistlerden gelmedi, Avrupa ülkelerinden de geldi. İngiliz arkeoloji ekibinin Kubbetü's-Sahra'dan tarihi eser çalmakla suçlanmasının ardından oluşan infial için bkz. Fishman "Palestine Revisited."

7 Daha sonra yazarın eski Nasıra vali yardımcısı ve parlamentonun gelecekteki Şam üyesi Şükrü el-Asali olduğu ortaya çıkmıştır.

sağlamak"⁸ için Müslüman-Hıristiyan bir cemiyet kurma saflarına katılıyordu. Bir başka deyişle, Filistinli Müslümanlar ve Hıristiyanlar pek çok farklı noktadan birbirlerine yaklaşmaktaydı. Siyonizme karşı birleşik bir muhalefet oluşturmak ve Filistin manzarasını değiştirmek bu noktalardan yalnızca birkaçıydı.

Hıristiyan ve Müslüman okurlarına seslenen *el-Kermil* editörü Necib Nassar, onları birbirlerinden ayıracak şahsi çıkarlara ve din kardeşliğine karşı uyarıyordu. Vakit, birlik olma vaktiydi. "Bir zamanlar çiçek açan şehirlerimiz harabeye; meyve veren ovalarımız çöle döndü. Milletim, halkım! Evlatlarınız, torunlarınız ya da onların torunları da bu duruma gelmeden uyanın! Etrafınıza bakın ve biz gerilerken, diğer milletlerin nasıl geliştiğini görün. Toprağınıza gelip sizin sırtınızdan geçinen Siyonistler, kendi milliyetçiliklerini yaşatmayı başardılar."⁹

Filistin'de Araplar ile Yahudiler arasında artan gerilimler, basında yer alanlarla sınırlı değildi; Filistin'deki şehirlerde ve kırsal bölgelerde fiziksel çatışmalar da vuku buluyordu. Bu çatışmalar 1908 devrimi öncesinde de yaşanmaktaydı, ancak devrimden sonra daha görülür bulur olmuşlardı, çatışmaların siyasi mânâsı da daha belirgin hale gelmişti.¹⁰ Arap köylülerle Siyonist kolonyalistler ve muhafızlar arasındaki çatışmalar, 1909'dan sonra da belirli aralıklarla devam etmişti. Bu çatışmaların hırsızlık ve eşkıyalık gibi basit iktisadi nedenlere dayanıyordu. Bir kısmı da bir Yahudi ile bir Müslüman arasında yaşanan ve her iki tarafın da ölümüyle sonuçlanan sarhoş kavgası vakası gibi şahsi nedenlerden kaynaklanıyordu. Ancak şüphesiz ki, nedeni ne olursa olsun tüm çatışmalar, Filistin'deki Siyonizme karşı siyasi mücadelenin bir parçası haline gelmişti.

Şubat 1910'da vuku bulan, bir Yahudi ile bir Müslüman arasındaki sarhoş kavgasında, taraflar olguları dahi olaya ilişkin kendi siyasi yorumlarına uygun hale getirmişti. Olaya ilişkin, üzerinde her iki tarafın da uzlaştığı tek bir husus vardı: Haşim Sakallah adlı Gazzeli bir Müslüman ile Fransız konsolosluğu korumasındaki, Ben-Siyon Levi adlı bir Kuzey Afrika Yahudisi, tartışmaya başladıklarında evden çıkıyorlarmış (birlikte mi, yoksa aynı zamanda mı, bilinmiyor). Tartışma sırasında öfkelenen Levi, silahını çıkarmış, Sakallah'ı ağır yaralamış. Birkaç gün sonra, Sakallah'ın sülalesi Levi'yi öldürerek intikam almış. Daha büyük bir karga-

---

8 *Ha-Herut*, 23 Mayıs 1910; 7 Kasım 1910. Ayrıca bakınız CZA Z3/116'daki rapor ve 21 Eylül 1908, el-Sakakini'deki kayıt, *Kadha ana ya dunya*, 38.

9 *El-Kermil*, 7 Eylül 1912.

10 Filistin'li köylüler ve Siyonist yerleşimciler arasındaki ilk çatışmalar hakkında bir tartışma için bkz. R. Halidi, *Palestinian Identity*. Ayrıca Yafa'daki Purim 1908 kavgası için, bkz. Eliav, *Be-ḥasut Austria*, 339.

şının çıkmasını önlemek için, Levi'nin cenazesine Fransız ve İngiliz konsoloslarıyla birlikte çok sayıda muhafız da katılmıştı.[11]

Yahudi gazetesi *ha-Herut*'a göre, Levi masum bir kurbandı; gazetenin editörleri olayı, Yahudilere eşit haklar ve koruma sağlayacak Osmanlıcılığın iflasının; Yahudilerin de yeteri kadar tepki vermemesini ise birlik olamamalarının ve örgütsüzlüklerinin bir kanıtı olarak görmüştü. Arap gazete *en-Necâh* ise, hazin olayı Yahudilerin ülkede haksız bir üstünlük sağlamak çabalarında yeni bir fasıl olarak yorumlamıştı: "İnsanlar gerçekleri saklamaya çalışıyor, ama biz biliyoruz ki ilk ateş eden Siyonist Levi'dir. Vatanın namusunu korumalıyız. Vatan mezhep ve ibadet farkı gözetmeksizin tüm evlatlarını, tüm halkları, egemenliğini sürdürebilmek ve emellerini gerçekleştirebilmek için tek yürek olmaya çağırıyor [...]. İçimizde, diğer tarafın hedeflerini bilmeyen yok; ancak hepimiz miletin birliği ve vatana hizmet için varız."[12]

Bu yazı, özellikle Yahudi kolonilerinde muhafız olarak görevlendirilmiş (ya da kendisini tayin etmiş) Yahudi yerleşimcilerin uyguladığı şiddete ilişkin kamusal söylemden istifade ediyordu; ancak Siyonist yerleşimcilerin Osmanlı yasal ve toplumsal sınırlarının dışında da faaliyet yürüttüğüne değinen raporlara da atıfta bulunmaktaydı. İbrani emekçilerine yönelik talepler, "ilk İbrani şehri" Tel Aviv'de bulunan Arapların kaçırılmış olduğuna ilişkin söylentiler, çok sayıda özerklik ve ayrılık işaretleri Filistinlileri, hatta bazı Yahudi gözlemcileri rahatsız etmişti.[13] 1913 yılında Daran bölgesindeki otuzdan fazla muhtar ve imam, İstanbul'a bir dilekçe göndermiş; bu dilekçede Ramle ve Gazze köylülerinin Yahudi yerleşimci komşularıyla aralarındaki kaba temaslardan yakınmışlardı. Dilekçeye göre, Yahudi yerleşimciler Arap köylülere eziyet etmekteydi; onları katlediyorlardı, yakında topraklarından da kovacaklardı.[14]

---

11 Ben-Zion Levi ve Haşim Sakallah arasındaki kavga üzerine bkz. *ha-Herut*, 21 ve 23 Şubat 1910; *en-Necâh*, 8 Nisan 1910; H. Calmy'den AO başkanına, 15 Şubat 1910, CZA, CM434/4; H. Calmy'den AO başkanına, 27 Şubat 1910, AAIU, I.C.2. Yerli AO görevlisi, fikrini üstlerine iletmiş; şehirdeki Fransız konsolos yardımcısının katili yakalamak için son derece gayretli olduğunu ve Kudüs başsavcısı Celal Beyin soruşturmayı kusursuz bir tarafsızlıkla yürüttüğünü belirtmişti.

12 *En-Necâh*, 8 Nisan 1910.

13 Siyonist görevliler İbrani emekçileri fikrini tehlikeli buluyorlardı, Yahudi muhafızların kontrol edilmesi gerektiği konusunda anlaşmışlardı. Dyk'den rapor, n.d., CZA L1/70; Ruppin'den Zentralburo'ya, 28 Temmuz 1912, CZA L5/70; Thon'dan Siyonist Eylemler Komitesi'ne, 25 Ağustos 1913, CZA Z3/1450.

14 Bkz. Fishman, "Palestine Revisited," 71.

1911 ilkbaharında Osmanlı meclisinde gerçekleşen Siyonizme ilişkin tartışmada, Kudüs mebusu Ruhi el-Halidi Siyonist kolonilerin özerkliğinin artmasından şüpheyle söz etmişti. "Tuhaf olan şu ki, bu kolonilerde hükümetten tek bir şahıs bulunmuyor. Kendi kendilerini yönetiyorlar; mahkemeleri var, içişlerini halletmek için araçları var. Kesinlikle aralarında tek bir hükümet temsilcisi bulunmuyor: Jandarma, polis, idari vekil; hiçbiri yok. Ve bunların bazısı da, kasaba büyüklüğünde birimler. Hükümeti temsilen tek bir şahıs yok; kendi kendilerine yaşıyorlar!"[15] Bu Siyonist ayrılıkçılık ve özerklik, iki yıl sonra *el-Filistin*'de yer alacak sert bir tenkitte de gündeme gelecekti:

> On yıl öncesine dek, Yahudiler kardeş, yerli bir Osmanlı unsuruydu; diğer unsurlarla uyum içinde yaşıyorlardı. İş ilişkileri kuruyorlar, aynı mahallelerde ikamet ediyorlar, evlatlarını aynı okullara gönderiyorlar, tek bayrak, tek hilal altında yaşıyorlardı. Sonra bu Siyonistler peydah oldu; Alman devrimcilerinden, Rus nihilistlerden, ülkelerinin serserilerinden oluşan bu Siyonistler, şu şiarla ortaya çıktılar: Ey Yahudi! Unutma ki, sen bir milletsin, kendini hep ayrı tutmalısın [...] İlk önce kendileri için özel mahalleler oluşturmaya başladılar; sonra bu mahallelere Müslüman ve Hıristiyanlarla birlikte yaşayan dindaşlarını çağırdılar; onları buğdayla kepeği ayırır gibi ayırdılar. Arapçanın anadil olmasına karşı geldiler; bir süre sonra evlerinde ve sokaklarında Arapça duyulmaz oldu. Sonra okullardaki eğitimi, kendi ölü dilleriyle sınırladılar ki bu dilin, Siyonistlerin silahı olmaktan, yerlilerin okuldan ayağını çekmesini sağlamaktan ve çocukların diğer çocuklarla kaynaşmasını engellemekten başka hiçbir faydası yoktur.[16]

Aynı zamanda, Birinci Dünya Savaşı arifesinde bu denli sert sözlerle anlatılan Yahudilerle Araplar arasındaki çatışmalar önceden belirlenmiş değildi ve bu nedenle bu durum geri dönülemez bir hal almamıştı. Pek çok farklı durumda, Filistinli vatandaşların şehirli "müşterek vatan" projesini benimsediklerini gördük. Benzer bir durum, 1913-14 Arap reform hareketi dönemindeki yoğun hareketlenme sırasında da yaşanmıştı. Bu dönemde, Osmanlı bağlamında ele alınan vatandaşlığa ilişkin zorunluluklar kısa bir süre için Arap bağlamına intikal etmişti. Bir bakıma, Ben-Yehuda'nın devrim yanlısı çağrılarına ("Yahudiler, Osmanlı olunuz!") kulak veren Filistinli Yahudiler, Arap sivil milletine katılmaya çağrılmışlardı. Arap basını "Arap milletinin bir parçası olmak için [...] Hıristiyan cemaatinin yaptığı gibi,

---

15 Agy.'den alıntılanmıştır, 247.
16 *El-Filistin*, 29 Nisan 1914; Public Record Office'te çevrilmiştir. FO 195/2459; Agy.'de alıntılanmıştır.

birbirimizi anlamamıza engel olan bu dil tehdidini ortadan kalkması elzemdir,"[17] diyerek Yahudileri Arapça öğrenmeye çağırıyordu.

Bu çağrılar Yahudi cemaatinde de yankı bulmuştu. 1913 yılı baharında, Yafa'daki İbrani Arapça Öğretmenleri Birliği, Alyans Okulları'nd okulunda, ülkedeki tüm öğretmenleri bir araya getirmek amacıyla toplantı düzenlemişti. Bu toplantı, şehirlerde ve kolonilerde (klasik ya da yaşayan bir dil olarak) Arapça öğretmek için gerekli zaman öğretme metotları ve Arapça öğretmenin nihai amacına (gündelik ihtiyaçları karşılamak veya kültürel kaynaşma) yönelik "oldukça fırtınalı" tartışmalara sahne olmuştu. Ancak aynı zamanda, Filistin'de Yahudilere yönelik yurttaşlığa dayalı görüşler ve milli tasavvurlar arasındaki gerilimi de su yüzüne çıkarmış; Yahudilerin Arap toplumuna asimile edilmesini savunanlarla Arapçayı bir araç olarak görenleri karşı karşıya getirmişti.[18]

Tartışmanın Arap yanlısı tarafında, kendi kültürel-siyasi gündemiyle tek başına duran gazeteci Nissim Malul yer alıyordu. Ona göre, "Filistin ve Suriye'deki antisemitizm, Arapça bilgisinin eksikliğinden kaynaklanıyordu. Kitleleri yönlendiren tam da bu eksiklikti. Birlik gençliğe Arapça öğretecek, böylece onlar da antisemitizme nasıl karşı koyacaklarını öğrenecekti." Buna karşılık 'Abadi Bey, "Arapça konusunda istekli olmak için vatansever olmamıza gerek yok. Bizler öğretmeniz ve eğitime ilişkin konuşmamız gerekir. Hepsi bu!" yanıtını veriyordu. Birlik kendini siyasi bir örgüt olarak tanımlamaktan vazgeçmiş, meslek örgütü olarak hizmet vermeyi sürdürmüştü.

Cesareti kırılmayan Nissim Malul, Haziran 1913'te İbranice gazete *el-Liberal*'den Sefarad Yahudilerine seslenerek Yahudi ve Arapların bir arada yaşamalarına ilişkin görüşlerini ifade etmişti.[19] Malul, ilk makalesinde Arapçanın, hem pedagojik olarak (Arapça diğer dillerden daha zordu, telaffuzuna hâkim olmak hayli meşakkatliydi) hem de dilin Yahudi cemaatiyle ilişkisi açısından, diğer dillerden farklı olduğunu iddia ediyordu. Malul'e göre, eğer Filistin'deki Yahudiler Arapçayı dikkate almaksızın kendi başlarına bir halk olmak istiyorlarsa, bu kendilerini Osmanlı

---

17 Bkz. Siyonist Eylem Komitesi'ne rapor, 28 Mayıs 1914. CZA, L2/31II. Ayrıca bkz. Roi, "Zionist Attitude to the Arabs." Örneğin, Hakkı el-'Azm Yahudi okullarının Arapça ve İbranice'yi birlikte öğretmesini talep etmişti. (Haziran 1914 tarihli makale, *el-Mukattam*). Mandel'de alıntılanmıştır, "Attempts at an Arab-Zionist Entente." *El-Ehram*'ın muhabiri Ibrahim Salim Nacar Yahudi cemaatinin Arapça öğrenmesi ve Arap kültürüyle kaynaşmasını talep etmişti. Yehoshu'a'dan alıntılanmıştır, "Tel Aviv in the Image of the Arab Press," 222.

18 *Ha-Herut*, 20 Nisan 1913.

19 Malul'ün yazıları Ya'kov Rabinowitz'nun kendisine *ha-Poel ha-Tsair*'de yaptığı saldırıya cevaptı. *Ha-Herut*, 17, 18 ve 19 Haziran 1913.

İmparatorluğu'nun geri kalanından ayırmaları, diğer Osmanlılar tarafından bir halk olarak görülmemeleri demekti. Malul, "Eğer, bu toprakların geçmişinde ve geleceğinde kök salmak istiyorsak, bu topraklarda konuşulan dili öğrenmemiz, diğer dillerden daha çok o dilde düşünmemiz gerekmektedir," diyerek uyarıda bulunuyordu. "Gençlere yalnızca, onları bu toprakları terk edip sürgünde yaşamaya ve geleceklerini orada inşa etmeye sevk edecek dilleri öğretmek suçtur [...] Bu toprakların altında yatan atalarımızın yoluna geri dönmek daha hayırlıdır," diyordu.[20]

Malul doğrudan, Yahudilerin, Arapça öğrenmeleri durumunda Araplar tarafından asimile edileceğinden, topluluk kimliğini ve milliyetlerini "kaybedeceğinden" endişe eden Aşkenaz Siyonist eleştirmenlere yanıt veriyordu. Buna karşın Malul şöyle diyordu:

> Arapçaya, Arapça öğretmenlerine ya da onların birliğine karşı gelenler milliyetçiliği tam olarak idrak edememiştir. Bir milliyetçi için kendi dilini bilmesi elzemdir, milli duygularıyla milliyetçi olur, öğrendiği dille değil. Bir milliyetçi icraatlarıyla milliyetçi olur. Eğer Rabinowitz'in dediği gibi, dil olmadan milliyetçilik olmaz dersek, Avrupa'daki Erez İsrail için çalışan, Max Nordau önderliğindeki hayırlı kardeşlerimize de, "İbranice bilmedikleri için milliyetçi değilsiniz," demiş oluruz.[21]

Ancak Malul'a göre, dil ve millet birbirici için kurucu olan şeyler değillerdi.

Malul, yazısının son kısmında okurlarına, Arap dünyasına duyduğu kültürel ve siyasi bağlılığa oldukça ters düşecek bir kanıt sunuyor ve Yahudi halkına duyduğu eşit derece bağlılığın diğerleriyle aynı anda var olduğunu ifade ediyordu. "Haham Yehuda Ha-Levi ve Rambam'ın vârislerinin onların yolundan gitmesini istiyorsak," diyordu Malul, "Arapça öğrenmeli ve tıpkı onlar gibi Araplarla karışmalıyız. Semitik bir millet olma yolunda, milliyetçiliğimizi semitizmde temellendirmeli, Avrupa kültürüyle karışmamalıyız. Ancak Arapça aracılığıyla gerçek İbrani kültürü inşa edebiliriz. Eğer Avrupa'nın temellerini kendi kültürümüze taşırsak, intihar etmiş oluruz."[22]

Malul'un üçüncü yazısının hemen ardından, *el-Liberal*'in editörü Haim Ben-'Atar, Malul'un yazısının sakıncalı bulduğu kısımlarına, özellikle İbranicenin Yahudi milletçiliğindeki merkeziyetine ilişkin görüşlerine yanıt niteliğinde bir yazı kaleme almıştı. Ben-'Atar, "Bu toprakların dili olan Arapçayı öğrenmenin ve evlatlarımıza öğretmenin aciliyetini teslim etmeyen yoktur," diyordu; ancak Arapçanın Filistin

---

20 Agy.
21 Agy.
22 Agy.

Yahudilerinin anadili olan İbranicenin yerini tutması mümkün değildi. Aslında Filistinli Araplar ne Yahudileri asimile etmek, ne de onlarla karışmak istiyordu.

Ben-'Atar, Babil sürgününden bu yana Yahudi tarihinden örnekler vererek, "Semitik bile olsalar başka halklarla karışmak, bizim halkımızın varlığını tehdit eder," diyordu. Dahası Ben-'Atar, Haham Saadia Gaon ve diğerlerinin yaptığı gibi yaşayan bir dilde yazı yazmakla Araplarla karışmak arasında bir fark olduğunu savunuyordu. İbrani dili Yahudi rönesansı için mutlak öneme sahipti; dahası Ben-'Atar'a göre, sürgüne son vermek ve Babil Kulesini yıkmak için İbrani dilinden başka bir yöntem yoktu. Ben-'Atar'a göre, Yahudi cemaati zorunlu bir dil olarak Arapça öğrenirken, kendi kültürünü de ayrı tutmayı başarmalıydı.

Malul'un bu husustaki tavrı, Sefarad cemaatinde bile pek yandaş bulmamıştı. İbrani kamusal alanında etkin olan Sefarad Yahudilerinin geri kalanı içinse, savundukları evrenselciliğin "müşterek anavatan"ı, müşterek bir dil veya millete dayanmıyordu. Malul'a göre, giderek büyüyen Arap hareketinden çıkarılması gereken sonuçlar belliydi: Yahudiler sivil millet içinde yer almak istiyorlarsa, Osmanlıcılığı değil, Arapçılığı savunmalıydı.[23] Malul'un da dediği gibi, Şimon Moyal 1914'te uzun zamandır beklenen Yahudi-Arapça gazete *Savtü'l-Osmaniyye* (Osmanlıcılığın Sesi) nihayet kurduğunda, vatandaşlık temelli Osmanlıcılık hayalinin modası çoktan geçmişti.

Birinci Dünya Savaşı ile Osmanlı hükmünün sona ermesi "halkların ayrışmasına" neden olmuştu; önceden heterojen, çok etnisiteli, çok dinli olan imparatorluk, türdeşleştirici ulus-devletin olumlu yanlarını öne çıkaracak kadar karışmıştı.[24] Filistin'de bu "ayrışma" süreci Siyonist projenin parçası olarak çoktan başlamıştı; Yahudilerin ve Arapların karşılıklı bağımlılığı milliyetçiliğin gereklerini tehdit etmekteydi. Örneğin 1914'te, Siyonist memur Arthur Ruppin, Yafa'daki Yahudilerin Yahudi milli dayanışmasına katılmakta çok istekli olmamalarından yakınıyor; bu tavrın Araplarla birlikte, karma mahallelerde yaşıyor olmalarından kaynaklandığını savunuyordu.[25]

---

23 Malul, adem-i merkeziyetçilik hareketinin bugün bildiğimiz az sayıdaki (belki de tek) üyesinden biridir.

24 Bkz. Rogers Brubaker, "Aftermaths of Empire and the Unmixing of Peoples."

25 Kark'da alıntılanmıştır, *Jaffa*, 109. Elbette Tel Aviv'in Yafa'nın kuzeyinde kuruluşu Levanten Yafa'dan uzakta bir "modern İbrani" şehri yaratmaktı. 1913'de Filistin Ofisi Yahudi tüccarları ve müşterileri merkezi ticaret sokağı Butrus sokağından çekmek için Yafa'da bir Yahudi ticaret merkezi planladı. CZA, L51/4. Yafa ve Tel Aviv ilişkisi üzerine bkz. LeVine *Overthrowing Geography*.

Aynı şekilde, Filistin'de bir "Yahudi milli vatanı" kurulması için İngilizlerin destek vereceğini vaat eden 1917 Balfour Deklarasyonu da "müşterek anavatan" idealinin nihai iflası ve hassas toplumsal dengelerin azınlık olan Yahudi cemaati ve Siyonist hareketin ayrılıkçı İbrani milliyetçiliği lehinde bozulması anlamına geliyordu. 1920'lerde Kudüs Şehir Konseyi ve Osmanlı İdare Konseyi üyesi olan ve vatandaşlık temelli Osmanlıcılık yanlısı sayısız vatansever konuşma yapmış David Yellin bile, Kudüs'te mezhep ve nüfus farklılıklarına göre ayrı belediyeler kurulmasını öneriyordu.[26]

Arap Milleti ve İmparatorluk Boyutu

> "Anayasa" kelimesinin hâlâ cazibesi var; sözcüler hürriyet ve birlik hakkında cafcaflı cümleler kurup nutuklar çekerek kalabalığı harekete geçirebiliyor. Ancak bunun altında, merkezi hükümetin Arap halkına olan muamelesine karşı giderek artan hınç ve adını çokça duydukları hürriyet ve eşitliğin bir hayal ürünü olduğu hissi yatıyor gibi görünüyor.[27]
>
> Stanley Hollis, Beyrut Başkonsolosu

1911'de Beyrut'taki ABD Konsolosluğu, Osmanlı devrimine ve merkezi hükümetine yönelik yerli Arapların tavrıyla ilgili yukarıdaki değerlendirmeyi yapmış; devrimin yetersizliklerine ilişkin kamudaki tatminsizliğin giderek gelişen Arap etnik bilinciyle birlikte arttığını iddia etmişti. O dönemin basınından ve diğer tarihsel kaynaklardan öğrendiğimiz üzere, bu dönemde Arapçı bir hareket ortaya çıkmıştı ve Arap basını gerilimlerin hem kaydını tutmuş hem de tırmanmasına neden olmuştu. Revizyonist tarihçilerin haklı olarak eleştirdiği bir basitleştirmeyle Arapçılık hareketini ve hareketlenmiş Arap basınını Osmanlı İmparatorluğu içerisindeki bir Arap milliyetçiliğinin kanıtı olarak gören daha önceki çalışmaların aksine; yükselen Arapçı duyarlılığı ve Arapçılık hareketini hem daha geniş Osmanlı çokkültürlülük siyaseti hem de vatandaşlık temelli Osmanlıcılığa karşı giderek artan tepkiler bağlamında değerlendirmek önemlidir.

Öncelikle Arapçılık, bir kültürel ve etnik bilincin altını çiziyordu; bunu yaparken imparatorluğun daha geniş bağlamından ve imparatorluktaki diğer etnik

---

26 Müslüman belediyesinin kuzeyde, Yahudi belediyesinin ortada ve Hıristiyan güneyde olmasını önermişti, Eski Şehir ise paylaşımlı bir belediye olacaktı. Ancak mahalleleri belirgin biçimde daha türdeş olmasına rağmen, Yeni Şehir de net sınırlarla bölünmemişti. CZA, A153/1212.

27 Stanley Hollis'den mektup, Beyrut ABD Başkonsolosluğu, 16 Ağustos 1911 (dosya 867.00/349); NACP, Ulusal arşivler mikrofilm dağıtımı M353, makara 4, Türkiye içişleri, İçişleri Bakanlığı merkez dosyaları, kayıt grubu 59.

gruplara dair—rekabet düzeyine varan—farkındalıktan istifade ediyordu. İlk Arap örgütlerinden Osmanlı Arap Kardeşliği Cemiyeti, 1908 yılının sonbaharında İstanbul'da kurulmuştu; anayasayı savunmayı, ırkları bir araya getirmeyi, Arap vilayetlerinde eşitliği sağlamayı, toplu ve bireysel yardımlaşmayı teşvik etmeyi ve Arapça eğitimi yaygınlaştırmayı hedefliyordu. Çok sayıda Arapça gazete de, cemiyetin hedeflerini destekliyordu; bunlar arasında İstanbul'daki gazetenin adaşı, Şam'daki *el-Müfid*, Beyrut'taki *el-İttihadü'l-Osmani* de yer alıyordu. Birkaç ay içinde, Kudüs'te, Hebron'da ve Tiberya'da; aynı zamanda Trablusgarp, Beyrut, Şam, Basra ve Bağdat'ta türeyen çok sayıdaki cemiyetlere ilişkin raporlar gelmeye başlamıştı. Tarihçi Hasan Kayalı, cemiyetin kurucularından pek çoğunun Hamidiye rejiminin mensubu olduğunu; kendilerini Arap çıkarlarının koruyucusu ilan ederek yeni meşrutiyet rejiminde mevkilerini sağlamlaştırmayı umut ettiklerini savunmuştu. İlk birkaç ay içinde, Kardeşlik İTC karşıtı bir tavır edinmişti.[28]

Esasında cemiyet 1909 yılının ilkbaharında, karşı devrimci Muhammed Birliğinin Şam şubesiyle örgüt arasında bağlantı olduğu iddiasıyla, Osmanlı hükümeti tarafından kapatılmıştı. Ancak örgütün faaliyetlerini İTC karşıtı hareketlenmeyle, üyelerini de eski rejimin kalıntılarıyla açıklamak oldukça güç. Osmanlı Arap Kardeşliğinin şubeleri, kültürel faaliyetler yürütüyor; etnik Arap bilincinin aşılanmasında etkin rol oynuyordu. Kudüs'te, vali Faidi Alami, Hıristiyan öğretmen ve gazeteciler Nakhla Zuyark, Halil el-Sakakini ve Hanna el-İsa şubesinin kurucu üyeleri arasında yer alıyordu.[29] Şunu da belirtmeliyiz ki, el-Sakakini de, Osmanlı Arap Kardeşliğine İTC'nin Kudüs koluna tayin edildiği günlerde katılmıştı.

Bir sonraki yıl, İstanbul'da Arap Edebiyatçılar Kulübü kuruldu. Kulüp de Arap Osmanlı Kardeşliği de kendilerini Osmanlı İmparatorluğu'nun bir parçası olarak tanımlıyordu. Her iki grup—ve onlarla ilişkili şahısların pek çoğu, hatta büyük çoğunluğu—için Arap milleti ile Osmanlı milleti birbirleriyle son derece uyumlu ve birbirlerine uygun kimlik formlarıydı. 1911'de bir Kudüs gazetesinde yer alan bir bildiri de, gazilerin ve yetimlerin eğitimi yararına vatan sevgisi üzerine bir oyun sergileyen Edebiyatçılar Kulübünün yerel şubesinden övgüyle söz ediyordu.[30]

---

28 Kayalı, *Arabs and Young Turks*, 68-69.
29 *El-Düstûr*, 11 Ekim 1908; *ha-Tsvi*, 15 Ekim 1908. Halil el-Sakakini kardeşliğin Kudüs el-Sakakini'de kurulduğunu belgelemiştir., *Kadha ana ya dunya*, 21 Ekim 1908, kayıt. Kendisi dahil on kurucu üyeyi sayıyor. Musa Şefik el-Halidi, Vali Faidi el-'Alami, Hanna el-İsa ve Nakhla Zurayk. Ayrıca bu kuruluşlara dair bilgi için bkz. Saab, *Arab Federalists of the Ottoman Empire*,.
30 Bu şube Şükri el-Hüseyni'nin yönetimi altındaydı. *El-Nafîr*, 24 Ekim 1911.

Esasında, önde gelen Osmanlı Arapları kendilerini emperyal projenin kurucu unsurları, hatta mecburi ortakları olarak görüyordu. Bu anlamda, Birinci Dünya Savaşı öncesindeki yıllarda aktif olan Arap entelektüellerini emperyal çokkültürlülük siyasetinin aktörleri olarak görmeliyiz. Devrimin hemen ardındaki yıllarda da pek çok etnik kulüp ve topluluk kurulmuştu; Rum Siyasi Kulübü, Sırp-Osmanlı Kulübü, Ermeni Devrimci Federasyonu, Bulgar Kulübü, Yahudi Gençliği Kulübü, Anadolu Sevdalıları, Arnavutluk Birliği ile Kürt Yardımlaşma ve İlerleme Derneği bunlardan bazılarıydı.[31] Bu örgütlerden bazılarının (mesela Rum, Sırp, Bulgar ve Ermeni kulüplerinin), adem-i merkeziyetçiliğe destek vermekle, gizli silah zula etme ve etnik millileşmeyi teşvik etmekle suçlanması yerledeki yetkililerin şüphe ve endişe duymasına neden olmuştu; pek çoğu ise açıktan bütünleşmeci hedeflere sahipti. Örneğin, Kürt Yardımlaşma ve İlerleme Derneği "ilerlemenin yegâne yolu olarak anayasayı müdafa ederken Kürtlerin Osmanlı Devleti'yle olan bağlarını sağlamlaştırma ve anayasanın faziletlerinin farkında olmayan Kürtlere, halkın saadetinden mesul ve İslamın esaslarına da uygun olduğunu da açıklama"yı amaçlıyordu. Ayrıca topluluk, Kürt-Ermeni ilişkilerini geliştirmek için çalışacağını, farklı Kürt aşiretlerini ve ittifaklarını birleştirmeyi vaat ediyordu.[32]

Dildeki canlanma ve edebi ifadeler, imparatorluğun tüm cemaatlerinde görülebiliyordu. Osmanlıca öğrenmeyi teşvik eden çağrılarla birlikte, farklı etnik dillerdeki yayınlar artmıştı ve bu, pek çok örnekte, imparatorluktaki eşitliğin bir işareti olarak siyasi anlam kazanmıştı. Örneğin Rum ve Ermeni cemaatleri, kendi dillerinin Osmanlıcayla birlikte resmi dil olarak tanınmasını talep etmişti ki bu imparatorluktaki Arapçıların dikkatini çeken bir öneri olmuştu. Ancak İTC, resmi olarak ve devlet düzeyinde dilde çokkültürlülüğe karşıydı. İTC yanlısı gazete *Tanin*'in editörü Hüseyin Cahid'e göre "devletin içinde farklı dillere izin vermek, Babil Kulesi inşa etmek ve adem-i merkeziyetçiliğe göz yummak demektir."[33]

İTC, her ne kadar dil konusundaki statükoyu değiştirmek için çok az adım atmış olsa da, imparatorluktaki farklı unsurları "Türkleştirme" çabasında olduğu yönünde suçlamaların hedefi haline gelmişti. Aslında, Arap dilinin statüsünün müdafası bu dönemde toplumun ilgisini çeken bir mesele haline gelmişti. 1910'da bile, Osmanlıca karşısında Arapçanın statüsüne ilişkin endişeler dile getirilmişti. Filistin gazetesi *en-Necâh*, "bugün pek çok kişi Arapça hakkında endişeleniyor ve yazılar yazıyor [...] Türk kardeşlerimizin, ileri gelenlerimiz ve halk arasında, işyer-

---

31 Kayalı, *Arabs and Young Turks*, 75.
32 Özoğlu, *Kurdish Notables and the Ottoman State*, 78.
33 *Tanin*, 19 Nisan 1910. Kayalı'da aktarılmıştır, *Arabs and Young Turks*, 88.

lerinde, kulüplerde, okullarda ve cemiyetler arasında resmi dili yaygınlaştırarak bu dili yok etmeye çalıştıkları için öfke duyuluyor." Arap ariliğine çekilmek yerine, *en-Necâh* iki dilli bir gazete olarak yayımlanmaya karar vermişti; bu gazete "her iki topluluğa da ortak hizmet edecek—millet ve vatan hizmetindeki bu iki dil de kardeş dil olacaktı."[34]

Dilin Türkleşmesine ilişkin bu şikayetler, devrimin kusurlarına dair diğer şikayetlerle de birleşiyordu. 1911 yazındaki devrimin yıl dönümü anma törenlerindeki ruh hali, Filistin'de bitap düşmüş bir amigonunkini andırıyordu; bir yandan devrim ideallerine bağlılığı sürdürürken diğer yandan reformların eksikliğini eleştiriyordu. Aynı zamanda, vatandaşlık temelli Osmanlıcılığa olan inanç, gayri Müslimler ve Müslümanlar arasında yer alan ve o dönemin basınında geniş yer ve destek bulmuş olan cemaatler arasındaki gerilimlerle sınanıyordu. Örneğin, 1911'de Gazze'deki İTC karargahındaki resmi kutlamalarda, yerli bir din alimi yaptığı konuşmada, "Müslümanların ve tüm İslam krallığının sultanını ve diğer Müslüman güçleri, diğer ırkları reddetmeye" çağırıyordu. Gazetenin haberine göre bu çağrı, Osmanlıcılık misyonu doğrultusunda, Osmanlı İmparatorluğu'na inançların ve ırkların birliği çağrısı yapan, İTC üyesi bir başka din adamının tepkisini çekmişti.[35]

Diğer yandan, Osmanlıcılık ile Arapçılık arasındaki giderek artan gerilimi göz ardı etmek imkansızdı. Yerli gençlerden biri olan Derviş Sakijha, yazdığı mektupta toplumun devrime olan kuvvetli duygusal bağlılığını farklı açılardan ifade etmişti. Anayasanın ilan edildiği "güzel" ve "şen" bayramı ("her soylu Osmanlının göğsüne kazınmış bir gün") metheden Sakijha, sözlerine "yaşasın hürriyet, yaşayan vatan, yaşasın halk" nidalarıyla son veriyor ve "yaşasın Araplar"[36] diye ekliyordu. İki yıl önce, bu mektubun son cümlesi "yaşasın Osmanlı milleti" olabilirdi. Dahası, devrimin yıldönümü için yazılan anma şiirinin başında ve sonunda Araplarla Türkler arasındaki farklılık ve ayrılığa dair ifadelere yer veriliyor; daha önce herkese cazip gelen "Osmanlılar" ifadesinden ısrarla kaçınılıyordu: "Doğunun bu bayramı, her iki millet için, hem Türk hem Araplar için, ne güzel bayramdır."[37]

İmparatorluğun mevcut seyrine ilişkin belirsizliğe rağmen, gazetesinin sayfalarında sıklıkla bu konuya yer veren *el-Filistin*'in editörü Yusuf el-İsa okurlarına Osmanlıcılık ile eleştiri arasındaki makul bir denge olduğunu hatırlatmaya çalışıyordu. "Liberaller/Temmuzun Hür Adamları" başlıklı tenkitte, el-İsa devrimin

---

34 *En-Necâh*, 8 Nisan 1910.
35 *El-Filistin*, 2 Ağustos 1911.
36 *El-Filistin*, 29 Temmuz 1911.
37 "Holiday of the Homeland," Salim Abu el-Akbal el-Yakubi, *el-Filistin*, 26 Temmuz 1911.

yetersizliklerini eleştiriyordu. El-İsa aynı zamanda, kitlelerin aymazlığına ve cehaletine, basında Arapçılık siyaseti yapan, devrimin vârisi olduklarını iddia eden ancak el-İsa'ya göre karşıdevrimci hareketlerde payı olan, çıkarcı riyakârlara karşı da savaş açmıştı. ("Fildişi kulelerinden liberal olduklarını haykıranlar, bu erdemden, kurdun Yakup'un oğlunun kanından uzak olduğu kadar uzaklar. Onları Allah'la ve vicdanlarıyla başbaşa bırakıyorum.")[38]

> Öyleyse Liberaller/Temmuzun Hür Adamları derken kimleri kast ediyoruz? Yaz tatiline giren ve okulları tatil olan binlerce öğrenciyi. Onlara diyoruz ki: Ey yeni nesil, yarın şehrinizi bayraklarla süslenmiş, hükümdarlarınızı şık kıyafetler içinde göreceksiniz. Babanıza veya sizden yaşlı birine bunun nedenini sorun; size günün anayasanın ilan edildiği gün, 24 Temmuz olduğunu söyleyecektir [...] Hürriyetin ve anayasanın tarihini bilmek istiyorsanız, Arap basınını takip edin. Korkarım, anayasanın Şam mebusu [muhalefet lideri] el-'Asali'nin hükmünde olduğunu, arkasında Nabluslu memurların ve Kudüs'ün önde gelenlerinin, Suriye'deki Haret el-Maydan kahramanlarının yattığını okuyacaksınız. Dün şunu okumuştuk: "Herkes üzerindeki ölü toprağını kaldırıp adalet yolunda şehit olanların kanından tatmadığı sürece, bu vatan büyük adamlar yetiştiremez."
>
> Onlara ne dediklerini, adalet uğruna kimin şehit olduğunu sorduğunuzda, İstanbul'da öldürülen bir gazeteci olduğunu söyleyeceklerdir. Bu şehidin kim olduğunu araştırdığınızda ise, kalemini Abdülhamid döneminde vatanın yıkımı için kullanmış [*hirâb el-vatan*] ve [anayasaya] ihanet etmiş bir yazar olduğunu göreceksiniz.[39]

Beklentileri karşılayamayan Osmanlıcılığın ve iktidardaki İTC'nin merkezileşme doğrultusunun eleştirisi, 1912-13'te Arap vilayetlerinde ortaya çıkan iki önemli hareketin merkezinde yer alıyordu. Bu hareketlerden ilki olan Beyrut Reform Komitesi vilayetlerin artırılmış haklarının daha da genişletilmesini istiyordu. Çok geçmeden, BRK hükümet tarafından feshedildi. İkincisi de, Osmanlı İmparatorluğu'nda federalizmi savunmak amacıyla Kahire'de Adem-i Merkeziyet Partisinin kurulması

---

38 Burada kutsal kitaptaki Yusuf'un hikâyesine referans verilmiştir. Yakub'un on iki oğlundan gözde olanı, kıskanç kardeşleri tarafından köle olarak satılmış, kardeşler babalarına onun bir kurt tarafından öldürüldüğünü söylemiştir. Hikâye Kuran'da da anlatılmaktadır ve Müslümanlar, Hıristiyanlar ve Yahudiler tarafından bilinir.

39 Bu, eski sultan, muhafazakar dini alimler ve kimi eleştirmenlere göre muhafazakar Arap ileri gelenleri tarafından başlatılan 1909 darbesine bir referans. *El-Filistin*, 22 Temmuz 1911. El-İsa'nın öfkesinin hedefi olan Şükrü el-'Asali'nin karşı taraftaki Entente Liberale partisiyle sıkı ilişkileri vardı.

oldu. Arapçaya dair kültürel taleplerini, yerel reformlara ilişkin siyasi taleplerle birleştiriyorlardı.[40]

Pek çok açıdan bu hareketler, devrimin öncesinde ve hemen ardından dile getirilen adem-i merkeziyetçilik çağrılarının yeni ifadeleriydi. Ancak Paris'te yaşayan Lübnanlı iki Hıristiyan kardeş, Raşid ve Nakhla Mutran, devrimin hemen ardından Süryanilerin özerkliği için çağrı yapmaları üzerine, Paris Osmanlı Ticari Komitesinin başkanı tarafından şiddetle kınanmışlardı. Kahire'de yaşayan Süryani sürgünler *el-Ahram* gazetesinin, kardeşleri Nadra da *İstanbul* gazetesinin sayfalarında ifşa edilmişlerdi. Manifestoları Şam'da ve Bağdat'ta dolaşmaya başladığında, şehrin yüzlerfce ileri gelenlerini Sadrazam'a ve Meclis'e telgraf çekerek bu gazeteleri kınamış, imparatorluğa olan bağlılıklarını yinelemişlerdi.[41]

1911-12'e gelindiğinde ise, imparatorluğun manzarası önemli ölçüde değişmişti. Mutran kardeşlerin daha önceki "idari bağımsızlık" (*istiklâl idârî*) önerisinden çok da uzak olmayan fikirler tartışmaya açılıyordu. İmparatorluğun Arap vilayetlerinde idari reform yapılmasına yönelik önerilerinin kökeninde, yarım kalan Osmanlıcılığa yönelik şikayetler ve İTC eleştirisinin yer aldığı aşikârdı; ancak bu şikayetlerin ve eleştirilerin imparatorlukta yürütülen etnik siyasetten kaynaklandığı da unutulmamalıdır. Araplar, imparatorlukta yer alan başka grupların vatandaşlık hakkı mücadelesini örnek alıyor, takip ediyordu. Örneğin, Hayfa merkezli gazete *el-Kermil*, Arap reform hareketini Arnavutların adem-i merkeziyetçilik ve kültürel özerklik yönündeki kazanımları bağlamında değerlendiriyordu. Necib Nassar, Arnavutların askerliklerini yerelde yapmaya, hükümet yetkililerin Arnavutça bilmesine ve temel eğitimin Arnavutça yapılmasına yönelik taleplerini doğal karşılıyordu. Nassar'a göre, her ne kadar Türk etnik unsurlar, siyasi ve askeri katkılarından ötürü imparatorluğun ana direği olsa da, diğer etnik gruplar da önemli roller oynamaktaydı ve kendi milli geleneklerini yaşatmak için mutlak hürriyete sahip olmaları gerekiyordu. İTC'nin kabul edemediği gerçek buydu.[42] Eğer Nassar'ın gözünde Arnavutlar, imparatorluk dahilinde haklarını talep eden sadık ve vatansever etnik gruplar için bir model olsaydı, Balkan milliyetçileri onun hakaretlerinden nasiplerini alırdı. Arnavutlar reform talep etmektense, yüzlerini dış güçlere dönmüş, imparatorluktan ayrılacaklarını düşündürtmüşlerdi. Ancak Nassar, İTC hükümetini de imparatorluğu felaketin eşiğine getirmekle suçluyor;

---

40 Bazı talepleri için bkz. "We Want to Live," *el-Müfîd*, 17 Aralık 1912, CZA A19/3'da aktarılmıştır. Yabancı desteğin alınması gerekip gerekmediğine dair iki organizasyonun da farklı yaklaşımları vardı.
41 Tauber, "Four Syrian Manifestos."
42 *El-Kermil*, 24 Ağustos 1912 ve 28 Ağustos 1912.

Balkan meselesinin çözümünün imparatorluğun içinden geçeceği reform hareketine bağlıyordu. Nassar'a göre, mevcut Osmanlı hükümeti Arapları ve diğer vilayetleri yalnızca mülk olarak görüyor; İTC'nin sömürgeleştirme ve etnik milliyetçilik siyasetinin "Osmanlı milleti" (*ümmetü'l-Osmani*) anlayışının sonunu getirdiğini savunuyordu. Dönemin Dahiliye Nazırı Talat Paşa'dan, İTC yanlısı *Tanin* gazetesinde yayımlanan bir makalede "Yemen fatihi" olarak söz edilmesi de bu eğilimin bir kanıtı olarak görülüyordu. Nassar okurlarına şöyle sesleniyordu: "Yani, Yemen'in de Osmanlı olduğunu kabul etmiyorlar mı?"[43]

Yine de *el-Kermil*, sonuna kadar vatansever bir Osmanlı gazetesi olmayı sürdürdü. Nassar, okurlardan gelen sayısız vatansever şiir ve mektuba yer verdi. Bunlardan biri olan Nasıralı Mikha'il Jirjis Wehbe de gönderdiği şiirde Osmanlı kahramanlarını övüyor, yabancı işgalini kınıyor, imparatorlukta bir arada yaşayan etnik grupları "aziz vatan için" "el ele yürüyen kardeşler" olarak nitelendiriyordu. *El-Kermil*, bir diğer makalede de Akka'da bir ortaokulda öğretmenlik yapan, öğrencilerini spor ve askeri eğitime sevk eden subay Labib Efendinin çabalarını methediyordu. Gazete, eğer her subay, okullarda benzer bir faaliyet sürdürmeye gönüllü olsaydı, "güçlü bir millet olabilirdik" diyordu. Ayrıca Nassar, Filistin'e gelmiş ya da Filistin üzerinden seyahat eden farklı muhalif isimlerin vatanseverliğini vurgulamaya özen gösteriyor; Nablus'ta Filistin'in İngilizler tarafından işgal edilmesi için komşu Mısır'daki İngiliz subaylarıyla görüştüğü iddia edilen Abdülhadi ailesinin mensuplarını kınıyordu.[44]

Malumu ilan edecek olursak, kültürel Arapçılık ve Arap vilayetlerinde reform çağrısı yapmanın Arap milliyetçiliğiyle aynı şey olmadığını da söyleyebiliriz.[45] Esasında Filistinliler ve—muhalif dahi olsalar—bazı Araplar, imparatorluktan ayrılmayı savunan Araplar karşısında kendilerini sadık birer Osmanlı olarak görüyorlardı. "İlk" Arap milliyetçisi olarak kabul edilen Necib Azoury'nin kaderi bu

---

43 *El-Kermil*, 28 Ağustos 1912; 14 Eylül 1912; 5 Ekim 1912; December 11, 1912.

44 *El-Kermil*, 24 Ağustos 1912; 25 Eylül 1912; 13 Ekim 1912; 6 Kasım 1912. Nassar Kurd 'Ali'yi özgürlük ve reform yolunun "*mücahidi* (kutsal savaşçı)" olarak adlandırıyordu. *El-Kermil*, 21 Eylül 1912; Arap Edebiyat Topluluğu'nun lideri "azimli bir vatansever" olarak adlandırdı, 16 Kasım 1912.

45 Gerçekte, bazı araştırmacılar "Birinci Dünya Savaşı öncesinde Arap milliyetçiliğinin ayrılıkçı ve Osmanlı karşıtı bir ideoloji olarak görenlerin çok az olduğunu göstermiştir. Bkz. Dawn, *From Ottomanism to Arabism*; Haddad, "Nationalism in the Ottoman Empire;" Blake, "Training Arab-Ottoman Bureaucrats" ve Kayalı, *Arabs and Young Turks*. Arapların kendi kaderini tayin hakkını ve imparatorluktan ayrılmayı savunan gerçekten milliyetçi sayılabilecek sadece iki gizli örgüt (el-Fatat ve el-'Ahd) vardı ancak onların da alanı çok sınırlıydı. Dawn'ın araştırmasına göre, 1914'den önce 126 kişiden daha azı Arap milliyetçiliğini açık olarak savunmuştu. Bunlardan yüzde 80'i Şamlıydı.

hususta ibret verici. Lübnanlı bir Hıristiyan olan Azoury, Kudüs'teki bir Osmanlı yerel idaresinde çalışıyordu. Şaibeli durumlar neticesinde resmi görevinden ayrıldıktan sonra, 1905'te Paris'ten Osmanlı İmparatorluğu'ndaki tüm halklara seslenerek, imparatorluktan ayrılıp bağımsız devletler kurma çağrısı yapan bir el ilanı yayımlamıştı. Azoury devrimden sonra Kudüs'e dönmüş, Osmanlı mebusluğu için adaylığını koymuş, ancak halktan destek görememiş ve kısa bir sure sonra tarih sahnesinden silinmişti.

Bir diğer mebus adayı Said Ebu Hadra'nın seçim kampanyası, imparatorluğun son dönemlerinde bağlılık ve tenkitin Arap Osmanlıcılığını nasıl şekillendirdiğine dair önemli ipuçları sağlıyor. 1912 yılının ilkbaharında, Gazzeli ve seçkin Müslüman bir ailenin genç mensuplarından Ebu Hadra, Filistin tarihinin muhtemelen ilk seçim kampanyası ilanını yayımlamıştı. Filistinli hemşerilerini, Osmanlı meclisine gitmek için kendisini seçmeye ikna etmeye çalışıyordu. Meclise Kudüs'ten giden üç milletvekilinin yalnızca bir tanesi, Ruhi el-Halidi İttihatçı olarak seçime giriyordu. Diğer iki mebus, Said el-Hüseyni ve Hafız es-Said ise seçime muhalefet partisi, "Entente Liberale" saflarında katılıyordu. Buna karşılık İTC iki adaya daha çıkarmıştı: Kudüs'ün ileri gelenlerinden Osman el-Naşaşibi ve Gazze müftüsü Ahmed Arif el-Hüseyni. 1912 yılı seçim dönemi, Arap basınında yayınların ve hareketlenmenin arttığı bir döneme denk gelmişti. Ancak bu başka çalışmalarda da ele alındığından, biz Ebu Hadra'nın seçim kampanyasının ortaya çıkardığı imparatorluk vatandaşlığı diline bakacağız.[46]

Ebu Hadra, hazırladığı broşür modern siyaset ve etkin imparatorluk vatandaşlığı anlayışını özetlemişti. Öncelikle, vatandaşlık seçilmiş memurla kurucu arasında, amaçların, araçların ve sonuçların şeffaflığına dayanan bir diyalog gerektirmekteydi. Bu da, adayların halkın taleplerini öğrenmek ve yanlış anlaşmaya mahal vermemek için onlarla anlaşmak zorunda olduğu anlamına geliyordu. Bu anlamıyla Ebu Hadra'nın broşürü, seçilecek memurlarla ve sözde kurucular arasında karşılıklı anlaşmaya dayalı bir toplumsal sözleşmenin taslağıydı.

Seçmenlerine seslenerek şöyle diyordu: "'Bize ne vaat ediyorsunuz?' Muhterem seçmenler, eminim hepinizin aklından bu soru geçiyordur. 'Bize, Filistin halkına (ahālī el-Filistin) ve Kudüs vilayeti yerlilerine ne vaat ediyorsunuz?'" Bu sorulara yanıt olarak Ebu Hadra, hem genel ıslahatlar hakkındaki hem de ıslahatlara ilişkin süreçte yerele söz vermek için on maddelik planını özetliyordu. Vergi reformu,

---

46 "Appeal," Sa'id Abu Khadra', Kudüs 1912, Arab Studies Society. Genel seçim üzerine bkz. Kayalı, "Elections and the Electoral Process," R. Halidi, "The 1912 Election Campaign" ve Yazbak, "Elections in Palestine."

Yafa'ya liman ve Kudüs'e tramvay yapılmasına ilişkin kamu işleri, dini vakıfların haklarının anayasanın ilgili hükmü gereğince (111. Madde) korunması, yeni çıkarılmış sansür yasalarının tashihi Ebu Hadra'nın dikkate aldığı, Filistin basınını da uzun zamandan beri meşgul eden hususlardı. Ebu Hadra seçim sistemini de eleştiriyordu. Doğrudan seçimleri ve hem köylülerin hem de bütün olarak vatanın hayrına olması sebebiyle toprak reformunu savunuyor; Arapçanın üstünlüğünü korurken Osmanlı Türkçesinin medeni vazifelerine de riayet ederek dil sorununda bir uzlaşma önerisinde bulunuyordu.

Her ne kadar Ebu Hadra meclis seçimlerini kaybetmiş olsa da adaylığı, sırasıyla Yafa ve Kudüs'teki en önemli Arapça gazeteler olan *el-Filistin* ve *el-Münâdî* tarafından desteklenmişti. Ebu Hadra, 1908 devriminin meşrutiyet liberalizminin vaatleri ve kurumlarıyla girdiği ilişkide Osmanlı ıslahatçı sınıfların dilini ve mantığını benimserken Osmanlı imparatorluk projesine olan bağlılığını da kanıtlıyordu. Aynı zamanda, meseleleri imparatorluğun karar alma yönelimleriyle ele alıyor; basın, kamu işleri ve icar gibi önemli hususlarda imparatorluğun Filistin'in ve Filistinlilerin yerel idaresine daha çok müdahil olmasını açıktan talep ediyordu. Kısaca, Ebu Hadra ne körü körüne bir imparatorluk taraftarıydı; ne de ayrılıkçı bir milletçiydi. Daha ziyade, müdahil ve hakları artırılmış bir imparatorluk vatandaşıydı. Kendi ifadesiyle:

> Kardeşlerim, size şu kadarını söyleyeyim ki, Filistin Osmanlı İmparatorluğu'nun üzerinde hak iddia ettiği topraklardan biridir. Bu imparatorluk yaşamaya devam ettiği müddetçe, eğer beni mebusunuz olarak seçerseniz, bu toprakların istikrar ve itibarı, zenginliklerinin korunması benim için en önemli şey olacaktır... Kanundan şaşarlarsa ve imparatorluğun unsurlarını [*tatrîk el-anâsır*] Türkleştirmeye kalkarlarsa, İttihatçıların yüzüne "hainsiniz" diye haykırmaktan bir an bile geri durmayacağım. Eğer Bulgarlar, Sırplar, Rumlar ya da Araplar için olsun imparatorluktaki farklı unsurlara yönelik bağımsızlık [*istiklâl anâsır el-memleket*], temayülü sezersem, liberallerin bayağılığını da yüzlerine vurmaktan çekinmeyeceğim. Osmanlı İmparatorluğu'nun, Allah korusun dağılacaksa bir bütün olarak dağılması, sonsuza kadar ayakta kalacaksa da bir bütün olarak kalması için Meclis'teki bütün meslektaşlarıma din, namus ve vatan sevgisi adına birlik olmaları için yalvarıyorum.[47]

Bu sadık-eleştirel rol, daha önce de gördüğümüz gibi, başkaları tarafından da benimsenmişti. Örneğin *el-Filistin*'in editörü Yusuf el-İsa, "Arapçı ıslahatçılar"a o kadar karşıydı ki, gazetesinde 1913 Paris Kongresine yer vermeyi reddetmişti. Aynı yıl, *er-Reyül Am* gazetesi de Dürzi Emir Şekib Arslan'ın yazdığı bir dizi özerklik

---

47 "Appeal," 3-4.

karşıtı makale yayımlamıştı. Arslan adem-i merkeziyetçileri ve milliyetçileri şöyle azarlıyordu: "Adem-i merkeziyetçilik, ebediyete kadar cehennemde kalmak demektir. Liberallerin partisi saray kurduğunu sanarken, aslında kendi mezarını kazıyor."[48]

Arslan ve İTC'nin ağır eleştirilerine rağmen, ne Beyrut Reform Komitesi ne de Adem-i Merkeziyet Partisi Arapların bağımsız olmasını ya da imparatorluktan özerk hale gelmelerini savunuyordu. Hatta Haziran 1903'te Paris'te toplanan Arap Kongresi bile, yer yer ağır bir tenkit dili kullanılmasına rağmen imparatorluğun bütünlüğünü savunmuştu. Arap Kongresi'ne katılanlar açıkça "Arap milleti" ya da "Süryani vatanı" adına konuşuyordu; ancak bu konuşmalar, Osmanlı İmparatorluğu içindeki Arapların hakları ve siyasi ıslahatlara temel olarak adem-i merkeziyetçilik bağlamında gerçekleşiyordu.[49] Genel davette yazıldığı gibi, "Osmanlı devletine adem-i merkeziyetçiliğin yaşamımızın kaçınılmaz bir gereği olduğunu; yaşama hakkımızın da tüm hakların en kutsalı olduğunu açıklayacağız. Araplar bu imparatorluğun bir parçasıdır; savaşta ortağıdır; siyasette, hükümette ortağıdır; ama kendi toprakları üzerinde sadece kendileriyle ortaktır."[50]

Paris Kongresinin katılımcıları neredeyse her fırsatta, adem-i merkeziyetçilik bağlamında Arapların Osmanlı İmparatorluğu'ndaki gündelik hayata ve yönetime etkin katılımının önemini vurgulamaktaydı. Kongre, Arapçanın Osmanlı meclisi tarafından imparatorluğun resmi dili olarak tanınmasına, Arap askerlerin bulundukları bölgelerde askerlik hizmetine çağrılmaları gerektiğine karar vermiş; Cebel-i Lübnan ve Beyrut vilayetlerinin sahip olduğu imtiyazları desteklemişti. İlaveten, kongre Osmanlı Ermenilerinin adem-i merkeziyetçilik taleplerine olumlu yaklaştıklarını da ifade etmişti. Kongre başkanı, Hama'nın eski mebuslarından Abdülhamid el-Zahravi de, "Ermeni kardeşlerimizin durumu da bizimki gibidir: Onlar da bizler gibi göç etmiş, bizler gibi düşünmekte, bizimkine benzer talepleri dile getirmektedir. Zaferimiz, onların da zaferidir. Bizler adem-i merkeziyetçilik taleplerimizde bir olmak istiyoruz."[51]

Paris Kongresi, Ortadoğu'dan ve Amerika'daki Arap diasporasından da sayısız destek telgrafı almıştı. Filistin'den gelen yedi telgraf, Filistinlilerin Arap ıslahat hareketine dair öne çıkardıkları ve gizledikleri açısından ayrıca önem taşımaktadır. Telgrafların üçü Filistin'in kuzeyinden; bunlardan biri de "Arap unsurunun

---

48 Cleveland'dan aktarılmıştır, *Islam Against the West*, 25.
49 Kevserani, der., *Vesâik el-mu'temer el-Arabi ül-evvel 1913*. Kongre ayrıca Suriye'ye ve Suriye'den olan göçle de ilgileniyordu.
50 *El-mu'temer el-Arabi ül-evvel* (1913 broşürü), agy.'de yeniden yayımlanmıştır, 10.
51 Agy., 117.

soylu ilerleme davasını ve Osmanlı İmparatorluğu içindeki hak mücadelelerini" destekleyen Cenin bölgesinden geliyordu. Yirmi köyün muhtarı tarafından imzalanmıştı; imzacıların biri mahalle muhtarı, üçü Hıristiyan, dördü Müslüman muteberlerdendi (Müslüman imzacıların ikisinin, Abdülhadi ailesine mensup olduğu düşünüldüğünde, köylerin Abdülhadi hamiliğinde olarak kaydedilmesi hiç de şaşırtıcı değil). Nablus'tan çekilmiş bir telgraf ise "Abdülhadi" ve üç kişi tarafından imzalanmıştı. Kuzeyden gelen üçüncü telgraf Hayfa'dan çekilmişti ve "Özelde Arap halkının, genelde ise Osmanlıların amme menfaati" için yürüttükleri mücadeleyi destekliyordu. Elli altı imzacıdan otuz ikisi Hıristiyandı (*el-Kermil*'in editörü Necib Nassar da dahil olmak üzere).

Filistin'den gelen diğer telgrafların tümü Yafa'dan çekilmişti; biri Müslüman Yardımlaşma Derneğinden, diğeri de "Yafa Gençliği" adındaki bir kültür kulübünden geliyordu. İki tanesi de, (Muhterem Locası da dahil olmak üzere Barkai locasına bağlı pek çok Mason ile, Sezar 'Araktingi ve eski mebus adayı Said Ebu Hadra gibi) şahıslar tarafından imzalanmıştı. Diğer bir deyişle, hem Hayfa'daki Hıristiyanlar hem de Abdülhadi'nin geniş ailesi içinde çok sayıda destekleyen olmasına rağmen, Paris Kongresinin kayıtlarına bakarak Filistin'in Arap reform hareketine büyük ve geniş katılımlı bir destek sunduğunu ya da destekleyenlerin emperyal reformların ötesinde bir talebinin olduğunu söylemek çok zor.

Paris Kongresi'nin akabindeki aylarda, uzun yıllar boyunca Mısır'da yaşamış Süryani-Lübnanlı sürgün cemaatine mensup, tanınmış şahısların da bulunduğu Kahire'deki Adem-i Merkeziyet Partisinin merkez komitesi daha fazla taraftar bulmayı amaçlamış; "Arap milletine" açık bir çağrı yaparak, bu çağrıda Osmanlı hükümetinin taleplerine yönelik tavrını belli etmişti. Çağrıda, bir önceki otoriter rejimin yüz yıllar süren kötü yönetimine maruz kalmış olmasına rağmen, "Osmanlı hilali altında yaşayan Arap milletinin, Devlet-i Aliyeye sağlam bağlarla bağlı, topluma en sadık Osmanlı halkı olduğu bilinmektedir," deniyordu. Çağrı, daha adil katılım, yerel idari işler ve eğitim işlerine denetim getirilmesini talep ediyordu: "Bugün Avrupa ve Amerika'daki bütün gelişmiş devletlerde mevcut olan öz yönetim biçimi, idari adem-i merkeziyetçiliktir."[52]

Komiteye göre, reform talepleri yalnızca Arap halkının değil, herkesin yararına olacaktı. Geniş kapsamlı idari reformlar, hem Osmanlı hükümeti ile Arap halkı arasındaki akdin yenilenmesini sağlayacak; hem de Arapların "aziz Türk kardeşleriyle" güven tazeleyip ilişkilerini geliştirmelerini sağlayacaktı. Hem im-

---

52 Decentralization Party (Hizb al-lāmarkaziyya), *Bayan lil umma al-'Arabiyya min hizb al-lamarkaziyya*, 5.

paratorluğun birliğine olan bağlılıklarının hem de reform isteklerinin altının çizen komite, meşrutiyet rejimine dahil her siyasi parti gibi kendilerinin de yasal yollarla gerçekleşecek reformlar talep ettiğini vurguluyordu. Neticede, geride kalan Osmanlı halkları arasında rekabet ve çekişmenin arttığı bir dönemde, idari reformlar imparatorluğu kurtarmak, ilerleme ve gelişme yolunda ilerlemesini sağlamak için elzem olarak görülüyordu.

Komitenin pratik talepleri, genel konsey, idari konsey, eğitim konseyi ve dini vakıf konseyleri (madde 4) gibi mevcut yerel kurumları temel alıyordu; ancak aynı zamanda özerkliği ve konseylerin kararlarının bağlayıcı doğasını (madde 5) kuvvetlendirmeyi; seçimleri ve komitelere atanmayı standart hale getirmeyi (madde 7, 10 ve 11); yerel yönetimde şeffaflığın sağlanması ve denetleme hakkının korunmasını (madde 6, 8 ve 9) da hedefliyordu. Ayrıca komitenin programı, toprak icra sisteminin ıslah edilmesini ve Bedevi aşiretlerinin katılımının sağlama alınmasını (madde 13) talep ediyordu. Her vilayetin Osmanlıca ve vilayet halkının çoğunluğunun konuştuğu dil olmak üzere, iki resmi dile sahip olmasını talep ederken (madde 14), eğitimin vilayetin dilinde yapılmasını şart koşuyor (madde 15); zorunlu askerlik görevinin barış dönemlerinde asker adayının doğup büyüdüğü vilayette görülmesini talep ediyordu.

Hem eğitimin ve müfredatın yerel eğitim konseyine bırakılmasına ilişkin temel taleplerinde hem de her vilayetin iki resmi dilinin olmasına yönelik talebinde, Ademi Merkeziyet Partisi, Paris Kongresinin kültürel Arapçılığa ilişkin önerilerini tekrarlamıştı. Paris Kongresi, hükümet konseylerinde ve elçiliklerde Arap temsiline kota getirilmesi hususunda ısrar etmiş; Arap vilayetlerine Arapça bilen memurların atanmasını talep etmişti. Ancak her iki taraf da, merkezi hükümetin dış ilişkilerinde güvenlik rolü yürütmeyi sürdürmüş; ayrılıkçı ve milliyetçi sayılabilecek herhangi bir talep dile getirmemişti.[53]

İlk başta İTC hükümeti Arapların pek çok talibini makul bulmuş; uzlaşmaya yönelik pek çok adım atmıştı. Ancak birkaç ay içinde, İTC geri bastı ve Arapların neredeyse tüm reform taleplerini hiçe sayan bir ferman ilan edildi. Bunun üzerine Ademi Merkeziyetçi Parti, sadrazama bir telgraf daha çekti ve taleplerini duymalarını ümit ettiklerini yazdı. Arapların taleplerinin karşılanmaması durumuna dair söyledikleri ise tehditvariydi.

---

53 Tauber, Ademi Merkeziyet Partisi içindeki bazı liderlerin İngiliz ve Fransız görevlilerle temas içinde olduğunu gösterdi. Fakat bunun yabancı güçlerin daha geniş desteğine dönüştüğüne dair kanıt yoktur. Tauber, "Haelmerkaziut."

Bir tek Arap yoktur ki, kendini Osmanlı bayrağını korumaya, devletin bekasına ve Türk kardeşleriyle tek bir bayrak altında yaşamaya adamamış olsun [...] Aynı şekilde, hayatını, varoluşunu ve bu bayrak altında kendisini kralın kölesi [...] ya da sömürgeci işgalciler arasında bir yabancı gibi görmeye gönlü elveren tek bir Arap bulamazsınız. Aklı başında her Arap, hayatının ancak bu imparatorlukta Türklerle birlikte yaşamak olduğunu bilir. Arap'ın yeri, kardeşinin ve yoldaşının yanıdır. Ne şeri hukukta ne emperyal hukukta, kimse kimseden faydalanmaz; her iki halkın insanları da bilgisine ve emeğine göre değerlendirilir [...] Ancak kardeşlerimiz bunu anlamamakta ısrarcı olurlarsa [...]. Araplar hayatlarını isterler onun için savaşmayı bilirler.[54]

Savaştan Savaşa

1913'te dil, hâlâ reform ve adem-i merkeziyet meselesiyken, sonrasındaki iki yıl içinde her şey toptan değişecekti. 1912 yılının kışında patlak veren Balkan Savaşı, Arap vilayetlerine vatanseverliklerini ve Osmanlı İmparatorluğu'na bağlı kalma vaatlerinin gerçekliğini kanıtlamakları için bir fırsat sundu. *El-Kermil* hem savaşa hem de Filistinlilerin savaşa yönelik tepkilerine geniş yer verdi. Savaş fermanının ilan edilmesinin ardından, Hayfa ve Akka'da büyük bir kalabalık toplandı; vatansever şiirler okundu; teşvik edici konuşmalar yapıldı. Sonrasındaki haftalarda, gazetede sayısız vatansever yazılar ve şiirler yayımlandı; (Hayfa'dan giden kırk beş kişi de dahil olmak üzere) cepheye giden gönüllüler hakkında tebliğler coşkuyla dinlendi ve dualar okundu; bağış toplamak için yapılan gösteriler de yoğun ilgi gördü.[55]

Ancak Balkanlar'daki çatışmaların sonlarına doğru, Hıristiyanların imparatorluk topraklarına artık dahil olmaması ve imparatorluğun, demografik olarak altı yüz yıllık tarihinde hiç olmadığı kadar türdeş (en çok Müslüman) kalmış olması sebebiyle, imparatorluğun demografisi büyük ölçüde değişmişti. Balkan Savaşının etkisi büyüktü: Devrime ve pek çok lidere ev sahipliği yapan Selanik'i kaybetmenin travması, İstanbul'un fethine kadarki dönemde imparatorluğun başkenti olmuş Edirne'nin geçici kaybıyla birlikte dayanılmaz bir hal almıştı. Aynı zamanda, Hıristiyanları Yunanistan ve Bulgaristan'ın imparatorluğu mağlup etmesini sağlayacak Beşinci Kol olarak görenler için, Müslümanların ve Hıristiyanlığın birliği anlamına gelen Osmanlıcılığın bir hayal olduğu kanıtlanmış oldu.[56]

---

54 Ademi Merkeziyet Partisi, *Bayan lil umma al-'Arabiyya*, 19-20.

55 *El-Kermil*, 28 Eylül 1912; 2 Ekim 1912; 5 Ekim 1912; 9 Ekim 1912; 17 Ekim 1912; 20 Ekim 1912; 30 Ekim 1912; 6 Kasım 1912.

56 Edib, *House with Wisteria* ve Ginio, "Mobilizing the Ottoman Nation During the Balkan Wars."

Bu gelişmenin sonucunda, İTC ve imparatorluktaki diğer gruplar Osmanlı emperyal kimlik ve dayanışmanın kaynağı olarak İslami söylemi benimsemeye başladılar. Bu geçiş, 1913-14 mebus seçimleri sırasında, kutsal toprakların emanetçisi Mekke şerifi İTC'ye oy toplamak için Arap vilayetlerinde dolaştırılmaya başlandığında açıkça görülmüştü.[57] İTC'nin Birinci Dünya Savaşına Almanya ve Avusturya-Macaristan tarafında girme kararı da, savaş gayretlerinin cihada ya da kutsal bir savaşa dönüşmesine neden olmuştu. Nihayetinde, Osmanlı hükümeti savaşı bahane ederek, Avrupa ile imparatorluk ve yabancı himayelerle Osmanlı vatandaşları arasında, uzun zamandan beri devam eden eşitsizliğin kaynağı olan kapitülasyonları kaldırdı.

Osmanlı İmparatorluğu'nun Birinci Dünya Savaşına girişi ilk başlarda vatansever faaliyetlerde bir artış ve hareketlenme yarattıysa da, savaş boyunca Osmanlı'nın geriye kalan unsurlarını kopma noktasına getiren pek çok etken ortaya çıkmıştı. Birincisi, Arap vilayetlerinden gelen çok sayıda asker Osmanlı ordusuna üç yüz bin er kazandırmıştı. Bu, imparatorluğun toplam askeri gücünün üçte birini sağlamıştı fakat pek çok haneyi de geçimini sağlayanlardan mahrum bırakmıştı. Savaşın getirdiği yoksunluklar—kıtlık, çekirge istilası, yoksulluk—tüm imparatorlukta büyük sıkıntılara neden oluyordu ki bu sıkıntılar imparatorluk dağıldıktan çok sonra bile Arap vilayetlerinin ortak hafızasında yer etmeye devam edecekti. Savaş zamanı ihraçları ve tevkifleri içeren sıkıyönetim döneminin demir yumruğu Cemal Paşanın yönetimi, yerli halkı daha da yabancılaştırmıştı.[58]

Bu dönemde iki Filistinli, Osmanlı idaresi altında kolonizasyon ve zapt etme hissinin giderek hâkim olduğu savaş yıllarına ilişkin izlenimlerini paylaşmıştı. Daha önce de sözünü ettiğimiz Hıristiyan eğitimci Halil el-Sakakini, yol yapımı, temizlik, yerel hükümet ve ordu için çeşitli vasıfsız işlerde kullanmak için Hıristiyan yerlileri silah altına alan amele taburlarından şikayet ediyordu. El-Sakakini şöyle diyordu:

> Bugün çok sayıda Hıristiyan, Beytüllahim ve Beit Yala'da çöp toplayıcılık yapmak üzere işe alındı. Her birinin eline birer süpürge, faraş ve kova tutuşturuldu; kasabanın sokaklarına yollandılar. Askerler evlerin önünden geçerken "çöplerinizi atın" diye bağırıyordu. Beyt-ül Lahim'de kadınlar pencerelerinden bakıp, bu sahneyi görünce ağlıyordu. Hiç şüphe yok ki, bu

---

57 Kayalı, *Arabs and Young Turks*.

58 Bin iki yüz Beyrutlu Cemal Paşa idaresinde Anadolu ve Kudüs'e sürüldü. Cleveland, *Islam Against the West*, 33. Filistin'de yaşayan on bin "düşman yabancı" İskenderiye'ye gönderildi ve Yafa-Tel Aviv ve Kudüs'ten yüz Osmanlı Yahudisi ve Hıristiyan Şam ve Anadolu'ya sürüldü. Birkaç bin Yahudi savaşın başlamasından sonraki aylarda Osmanlılaştı. Elmaliach, *Erez Israel ve-Suriya be-milḥemet ha-Olam ha-rishona*.

en büyük aşağılanmadır. Roma ve Asurlular devrindeki kölelik günlerimize geri döndük.[59]

Benzer bir hissiyat, el-Sakakini'nin Kudüs'teki ordu karargâhında görev yapan, genç Müslüman bir er olan eski öğrencisi İhsan et-Tercüman tarafından da dile getirilmişti. Tercüman'a göre, "Biz bu devletle, ancak Türk tebaa ile aynı muameleyi gördüğümüz zaman geçerli olabilecek bir anlaşma yaptık. Ancak devlet bize kolonileştirilmiş bir mülk muamelesi yapmayı tercih etti. Bu ortaklığı bozma vakti gelmiştir."[60]

Yalnızca birkaç ay sonra, Beyrut'un kuzeyindeki Aley kasabasında kurulan Osmanlı askeri mahkemesinde onlarca Arap entelektüeli ölüme makhum edildi. "Vatana ihanetle" suçlanıyorlardı; kanıt olarak da Beyrut'taki Fransız Konsolosluğundan el konulan, iddiaya göre sanık askerlerin Osmanlılardan bağımsızlıklarını ilan etmek için Fransızlar'dan yardım istediğini gösteren birkaç belge gösteriliyordu.[61] Ölüme mahkum edilenlerin çoğu kaçmayı başardı; bir kısmı halihazırda ülke dışındaydı. Ancak on bir tanesi Beyrut şehir merkezinde idam edildi; bir sonraki yıl da yirmi tanesi Beyrut ve Şam'da idam sehpasına çıkarılacaktı. İdam edilenler arasında, adem-i merkeziyetçi hareketin içinde faal olan gazeteciler de vardı: *el-İttihadü'l-Osmani*'nin editörü Şeyh Ahmed Tabbara; *el-Müfid*'in editörü Abdülgani el-Uraysi ve Şam mebuslarından Şükrü el-Asali. Bunlara ek olarak dört Filistinli de idam edildi.

Tercüman ve diğerlerine göre, idam edilenler yeni bir dava yolunda, Arap milleti için şehit olmuşlardı. Eğer Arapların pek çoğu, vatandaşlık temelli Osmanlıcılık projesine inançlarından veya Osmanlı devlet ve hanedanına bağlılıklarından ötürü sadık Osmanlılarsa da, savaş bu hissiyatları geri dönüşü olmayacak şekilde değiştirmişti.

---

59 Tamari'de aktarılmıştır, "Great War and the Erasure of Palestine's Ottoman Past," 116. Savaş sırasında Kudüs'le ilgili bir çalışma için bkz. Jacobson, "From Empire to Empire."
60 28 Nisan 1915; Tamari'de aktarılmıştır, "Great War and the Erasure of Palestine's Ottoman Past," 123.
61 "Gizli planları" içinde, Mısır'daki khedivate'yi İngiliz kontrolündeki bir halifelikle değiştirme, Akdeniz'in doğu kıyısını Fransızlara karşı çevirmek ve Suriye içinde Müslüman bağımsızlığını ilan etmek de vardı. Le Commandement de la IVme Armée, *La vérité sur la question syrienne*.

Sonuç

9 Aralık 1918'de Kudüs valisi Hüseyin Haşim El-Hüseyni şehri İngiliz General Edmund Allenby'in yaklaşan askerlerine teslim ederek, Filistin üzerindeki dört yüzyıllık Osmanlı hâkimiyetini beklenmedik bir şekilde bitirmiş oldu. Teslimiyet koşulları Kudüs Anglikan piskoposunun ofisinde imzalandı. Piskoposun Kudüs doğumlu kızının Büyük Britanya'nın Kutsal Toprakları alarak yerine getirdiği kutsal görevle ilgili derin hisleri vardı: "Türklerin hâkimiyeti kanser gibi ve Filistin son anda kurtarıldı."[1] Elbette, sonradan anlaşılacağı üzere, Filistin üstündeki İngiliz hâkimiyetinin de cennet gibi olmadığını biliyoruz. Öyle ki 30 yıl sonra İngilizlerin yönetimdeki ileri düzey görevlisi, emperyal bagajını toplayıp, tabiri caizse arkasında iç savaşın alevleriyle sarmalanmış ve közleri bugün hâlâ yanmaya devam eden bir Filistin bırakarak ayrılacaktı.

Bu kitap Osmanlı Filistini'nin emperyal sömürü, geri kalmışlık ve bitmeyen öfkenin simgesi olarak görülmesini değiştirmeyi amaçlamaktadır. Bu görünümün tersine yüzyıl başında Filistin, Müslümanlar, Hıristiyanlar ve Yahudilerin arasında ortak bir vatan ve imparatorluğa ideolojik bağlılıkla desteklenen, emperyal reform ve siyasal katılımın dinamik ve canlı sürecini geçirmekteydi. Öyle ki 1914'teki imparatorluğun 1908'in baş döndürücü günlerinde tasavvur edilenleri başaramaması ne yetersiz devrimci gayretten ne de zayıf ideolojik bağlılıktan kaynaklanmaktaydı. Bilakis, emperyal vizyona meydan okuyan ve bir dizi savaş, toprak kayıpları ve gayri müslimlerin rolü üzerine kaygılarla birleştiğinde onu daha da sıkıştıran derin yapısal sorunların olduğunu görmekteyiz. Başka bir ifadeyle, Osmanlı devrimini takip eden yıllarda koşullar değiştikçe, devrimci projenin kapsamı, yaşayabilirliği ve arzu edilirliği de değişti.

Ben, geç Osmanlı siyasal kültürünü betimleyen şeyin rakip etno-milliyetçi ayrılıkçı yolların bir savaşı değil mutlak olarak uzlaşmaz emperyal vatandaşlık söylemleri olduğunu düşünüyorum. Sosyal bilimciler Gershon Shafir ve Yoav Peled'in gösterdiği gibi farklı vatandaşlık söylemlerinin ve pratiklerinin tek bir

---

1 Blyth, *When We Lived in Jerusalem*, 88.

devlet kurgusunda nasıl bir arada var olduğuna bakmak verimli ve aydınlatıcı bir yaklaşım olabilir.² Osmanlılar yeni liberal ve cumhuriyetçi paradigmaların çeşitli talep ve beklentilerini var olan kurumsal yapı ile ve etnik-dini grupların değişen politik gücü ile uzlaştırmaya çalıştılar. Çoğu kez bu farklı vatandaşlık anlayış ve kolaylıkla uyum gösterecek gibi değildi.

Bir taraftan, vatandaşlığın liberal temeli her Osmanlı vatandaşına dini ve etnik grubuna bakılmaksızın politik haklar vermek ve devleti vatandaşlara isnat edilen özelliklere dayanarak tarafsız bir arabulucu olarak ortaya koymaktı. Başka bir deyişle Osmanlı vatandaşlığı ve buna bağlı oy verme ve askerlik gibi haklar ve sorumluluklar her bir Osmanlı vatandaşına sunulmaktaydı. Kişisel özgürlüklere kapsamlı bir bakış gibi, vatandaşlığın liberal ideallerinin bazı öğeleri devrimci dönemde değer kazanmıştı.³ Ancak, Osmanlı liberalizminin temelinde diğer cemaatlerin siyasi ve kamusal rollerini silmenin yatması, bu var olan Osmanlı toplumsal-siyasal düzeni için dikkate değer bir zorluk da çıkardı. Osmanlı paşası Hilmi Paşanın siyasetlerini özetleyen şu sözleri bu görüşü destekler niteliktedir: "her anlamıyla milli bir siyaset... ne Rumlar, ne Bulgarlar, ne de Arnavutlar, yalnızca Osmanlılarla."⁴ "Kardeşlik" ya da "halkların kaynaşması" olarak görülen Osmanlı liberalizmi, aynı zamanda dini ve etnik-dilsel cemaatlerin özgünlüğünün yok olmasını, hatta bu özgünlüklerin yok edilmesini temel alıyordu.

Aslında liberal vatandaşlığın cemaatçi [communitarian] eleştirisi, yurttaşlık lehine etnik kimliğin silinmesini temel almaktadır. Cemaatçiler, bireylerin çeşitli özelliklerinden arınmış evrensel liberal vatandaşlardan çok, güçlü bir cemaat hissine sahip olduklarını ve bu cemaatlere içkin olduklarını savunurlar:

Özlem ve duygularının sadece nesnesi değil öznesi olan kimliklerini, bir ölçüde parçası oldukları cemaat tarafından tanımlanmış olarak algılarlar."⁵ Görmüş olduğumuz gibi, Osmanlı liberal vatandaşlık projesinin cemaatçi eleştirisi iki doğrultuda ilerlemiştir. İlk olarak, dini tüzel kuruluşların kurumsallaşmış rolünün kaybı eleştirilmişti. Devrimden önce *millet*, beşikten mezara kadar doğum kaydı, kişisel yaşamın idaresi (doğum, evlilik, boşanma ve ölüm), vergilerin toplanması, askerlik ve diğer yükümlülüklerin yerine getirilmesi gibi işlerde bireysel özne ile emperyal devlet arasındaki esas aracı rolü oynamıştı. Dini liderliğin emperyal

---

2 Shafir ve Peled, *Israeli Citizenship*.
3 Örneğin, bkz. el-Bustânî, *'İbre ve zikra* içindeki liste.
4 Alıntı, Abbott, *Turkey in Transition*, 102.
5 Işın ve Wood, der. *Citizenship and Identity*, 8. Liberal vatandaşlığın cemaatçi eleştirisi için, bkz. Faulks, *Citizenship*.

kararları, uygulama ve temsil etme gibi siyasi rolleri, yeni liberal emperyal vatandaşlık mefhumuyla doğrudan etkilenmişti. Hıristiyan mezheplerin patrikleri ya da Yahudi cemaatlerinin hahambaşıları gibi, bu siyasi iktidar tekelinden uzun süredir faydalanmakta olan liderler, yeni düzende eski mevkilerini kaybetmemek için mücadele ediyorlardı. Rum Ortodoks patriki Joachim şöyle diyordu: "XI. Konstantin'den (son Bizans imparatoru) bu yana sahip olduğumuz dini özerkliğin zerresinden feragat edemeyiz, etmeyeceğiz."[6]

Dünyevi iktidarın kaybedilmesinin yanı sıra, etnik-dini bir topluluğa ait olmanın olumlu yanları da Osmanlı liberal vatandaşlığı projesinin eleştirisinde öne çıkarılan unsurlardı. Bireyler ve gruplar, bireysel vatandaşlık mefhumu öne çıktıkça bir zamanlar cemaat olarak sahip oldukları ayrıcalıklı konumlarını kaybedecekti. Nihayetinde, on dokuzuncu yüzyıl Tanzimat reformları, toplu yaşamın kuvvetli odakları olan loncaları ve Sûfiyâne kardeşliği zayıflatırken; *millet*i kuvvetlendirmiştir. Sonuç olarak, Osmanlı kardeşliği ideolojisinin samimiyetinden ve gücünden, dinler arası derin toplumsal ağların varlığından bağımsız olarak, Osmanlı Hıristiyanları, Müslümanları ve Yahudileri, dindaşlarına karşı kuvvetli bir yakınlık hissettiler; liberal Osmanlı projesini de genellikle kendi cemaatlerinin merceğinden değerlendirdiler.

Dahası, siyaset teorisyeni Jeff Spinner'ın da belirttiği gibi, cemaatçi eleştiri kısmen, liberal devletin tarafsız olduğu varsayımına karşın çoğunlukla belli bir grubun üyelerinin denetiminde, gerçekliğinin göz ardı edildiği eleştirisine dayanmaktadır.[7] Bu doğrultuda, daha geniş Müslüman cemaat içindeki bazı kesimler, meşrutiyet rejimini ve ona içkin Osmanlı liberal vatandaşlık görüşünü, *"millet-i hâkim"* konumlarını tehdit eden bir unsur olarak gördüler; siyasi ve dini liderliğin eşitliğin şeri hukukla uyumunu vurgulama çabalarına rağmen, liberal vatandaşlık projesine gayri Müslimlere yönelik (*neo-zimmi*) siyasal sınırlar koydular. Aynı şekilde, devrimden sonra Araplar, Kürtler, Türkler ve diğer gruplar arasında kültürel ve etnik bağların artması da, etnik topluluk kimliklerinin de Osmanlı emperyal kimliğinin bir parçası olarak şekillendiğini göstermektedir.

Osmanlı vatandaşlığının ve ona ilişkin cemaatçi eleştirinin karmaşık liberal tabanının yanı sıra, Osmanlı emperyal vatandaşlık projesi kuvvetli cumhuriyetçi vatandaşlık anlayışı üzerine kurulmuştu ve bu anlayış siyaseti hem bir cemaat ilişkisi hem de genel iyilik arayışı olarak görüyordu. Evrensel, vatandaşlığa dayalı Osmanlı

---

6 *Daily Telegraph* ile mülakat, 31 Ekim 1908. Ilıcak,"Unknown 'Freedom' Tales of Ottoman Greeks," 28.

7 Spinner, *Boundaries of Citizenship*.

milleti, refahına katkı sağlayan tüm üyeleri tarafından güçlendirilmekteydi. Bu amaçla, 1909'da Osmanlı meclisi, gayri Müslimlerin sahip oldukları askerlik muafiyetini kaldırarak herkesin askere alınmasına karar vermişti. Kamusal söylem herkesin askere alınmasını hem imparatorluğu iç ve tehditlere karşı savunmanın yükünü paylaşmak için hem de imparatorluktaki gayri Müslim cemaatler tarafından tecrübe edilen çok sayıdaki imtiyazlara son verme açısından benimsemişti. Ayrıca herkesin askere alınması, bir toplum mühendisliği aracı olarak, imparatorluğun çokdilli cemaatlerini Osmanlılaştıracak ortaklaştırıcı bir deneyim olarak da görülüyordu.

(Emperyal) Kamu yararına katkıların eşit olmadığına dair ve bazı şahısların—daha kötüsü, grupların—(başta askerlik olmak üzere) bir bütün olarak millete olan sorumluluklarını yerine getirmediklerine ilişkin bir farkındalık, giderek daha yüksek sesle dile getiriliyordu. Cumhuriyetçi emperyal vatandaşlık söylemi, farklı grupları, Osmanlı milletine sundukları katkıya göreli Osmanlılık seviyelerine göre rekabet etmeye sevk ediyordu.

Osmanlı İmparatorluğu'ndaki farklı etnik-dini gruplar arasındaki çekişmenin artması sebebiyle, imparatorluk tarihine ilişkin çalışmaların büyük kısmı, imparatorluğun büyük parçalara ayrılmasını içerideki etnik-milli parçalanmayla açıklamaktadır. Ancak "milleti" "türdeş bir kökene ait olan bir kavim, *völkish*"[8] olarak gören etnik vatandaşlık söylemi hayli sınırlıydı; milleti *hem* etnik *hem de* şehirli vatandaşlardan ibaret görüyordu. İmparatorluktaki etnik ve dini grupların büyük çoğunluğu için, etnik-dini kimlikler Osmanlı emperyal vatandaşlığa karşı ya da onun dışında değil; onun bağlamı içerisinde ifade edilmişti.

İmparatorluktaki en "problemli" gruplar olan Ermeniler ve Rum Ortodokslar arasında bile, tarihsel kayıtlar tarih yazımının kendisinden bile daha tartışmalıydı. Örneğin, önde gelen Ermeni hareketlerinden, Ermeni Devrimci Federasyonu (EDF), ya da bir diğer adıyla Taşnak, 1912'ye kadar İTC'ye epey yakındı. İTC merkezleri ve EDF İstanbul Bürosunun ortak kararı ittifaklarını açıklamaya yetiyordu: "Kutsal Osmanlı toprağını ayrılmadan ve bölünmeden korumak, iki örgütün işbirliğinin hedefidir. Her iki örgüt de, despotik rejimden kalma, Ermenilerin bağımsızlık için mücadele ettiğine ilişkin yalan hikâyeleri defetmek için uğraşacaklardır." İki tarafın yolları ayrıldığında, Taşnak'ın kararı İTC'nin Ermenilerin toprak reformu ya da adli eşitlik gibi vatandaşlık taleplerine razı olmak istemedikleri ya da razı olamayacakları sonucuna dayanıyordu.[9] Aynı şekilde, Rum Ortodoks Hıristiyan nüfusa

---

8 Shafir ve Peled, *Being Israeli*, 6.
9 Kaligian, "Armenian Revolutionary Federation," 73.

ait unsurlar da, Yunan milliyetçiliğinin *megalo idea*'sının ilhakçılığıyla Osmanlı vatanseverliği ve emperyal vatandaşlığı iddiaları arasında ikiye bölünmüştü.[10]

Bu anlamda, çokkültürlü vatandaşlık teorilerini incelemek inanılmaz derecede aydınlatıcı olabilir. Will Kymlicka, liberal vatandaşlık teorisi içinde grup haklarına yer açmış; özyönetim, çoketniklilik ve özel temsil haklarını bu doğrultuda düşünmüştür.[11] Tüm bu talepler, geç dönem Osmanlı İmparatorluğu'nda, Osmanlı emperyal vatandaşlığına içkin alternatif bir vatandaşlık söylemi olarak ifade edilmişti: "İktidarın devlet içindeki azınlıklara devrini" öngören özyönetim hakları, 1908 devrimi öncesinde gelişmiş Osmanlı adem-i merkeziyetçilik hareketlerinden ilham alıyordu. 1912-13'e geldiğimizde, bu haklar Arnavutluk ve Arap reform grupları tarafından savunulacaktı. Kültürel özerklik, dil ve eğitim hakları gibi çoketniklilik hakları, imparatorluğun son dönemlerinde öne çıkan taleplerdi; liberalizmin cemaatçi eleştirisine de zemin oluşturuyorlardı. Son olarak gördüğümüz gibi, Rum Ortodokslar gibi bazı gruplar, meclis gibi emperyal kurumlarda azınlıkların temsil edilmesini sağlama alacak özel temsil hakları talep etmişti.[12] Bir başka deyişle, İTC imparatorluğun farklı dini ve etnik gruplarının özgün taleplerinden şikayet ediyordu ancak bu taleplerin hiçbiri imparatorluk karşıtı değildi. Daha ziyade, çokkültürlü bir Osmanlı emperyal vatandaşlık söylemini temsil ediyorlardı. Çokkültürlü vatandaşlık talepleri yirmi birinci yüzyıl Avrupasında ve Kuzey Amerikasında hâlâ ciddi sorunlara neden olurken, geç dönem Osmanlı İmparatorluğu'nun bu sorunlara karşı hazırlıksız olmasına ve nihayetinden bu sorunları tam anlamıyla çözememesine şaşırmamak gerekir.

•

1908'den on küsür yıl sonra, Osmanlı liberal devrimi acısıyla tatlısıyla anılan, uzak bir hatıraydı: Yeni siyasi otoriterizm dalgası askeri idareye uç vermiş; etnik çekişmeler katliamla ve nüfus mübadelesiyle sonuçlanmış ve imparatorluk üç kıtada hayli maliyetli savaşlarda çarpışmıştı, bunların sonuncusunu sağ salim atlamamıştı. Birinci Dünya Savaşından sonra kurulan devletlerde gelişen milliyetçi projeler, Osmanlının tarihine ilişkin, saptırmaya varan bir duyarsızlığın gelişmesine katkı sunmuştu. Yakın tarihli bir çalışmada iddia edildiği gibi, savaşın en büyük etkisi Arapların Osmanlı tarihine olan yabancılıklarının pekişmesidir; "bugün Arapçada

---

10 Kechriotis, "Greeks of Izmir at the End of the Empire."
11 Kymlicka, *Multicultural Citizenship*.
12 Faulks, *Citizenship*, 89.

'Türklerin zamanından kalma' sözü, görece barış ve sükûnetle geçen dört yüzyılın kazanımlarının [...] tiranlıkla geçen dört sefil yıl içinde silinmesinin ifadesidir."[13]

Osmanlı İmparatorluğu'nun son dönemindeki bu önemli anı anlamaya çalışmak, tarihsel olarak kaçınılmaz olduğu iddia edilen imparatorluktan ulusa geçişe dair soruları da beraberinde getirmektedir. Osmanlı İmparatorluğu varlığının son on yılında sonunun gelmesini bekleyen bir imparatorluk olmaktan ziyade, siyasi reformlar ve entelektüel heyecanla örülü dinamik bir dönemden geçmişti. İmparatorluklarla tebaaları arasındaki ilişkiler haksızlık, baskı ve işbirliğiyle sınırlanamaz; bu ilişkiler tarihsel olarak olumsal ve dinamik olarak görülmelidir. Pek çok durumda, aidiyet bağları basit tayinlerden çok daha "kalın"dır.[14]

Ancak yine de, hürriyet, siyasi haklar, oy verme hakkı ve vatandaş aidiyeti gibi önemli kavramları öne çıkaran bu emperyal reform, Avrupa'nın çizdiği "Oryantal despotluk"a bulanmış, bu nedenle Batılı aydınlanmaya muhtaç İslam dünyası resmiyle örtüşmüyordu. Birinci Dünya Savaşı sonrasında Wilson'un kendi kaderini tayin hakkı ilkesine dayandığı iddiasıyla, Suriye ve Lübnan'ı Fransa'ya, Ürdün, Irak ve Filistin'i İngiltere'ye hediye eden Milletler Cemiyeti mandası, bu resmi tamamlıyordu: Mandalar, "kendi ayakları üzerinde durabilene kadar, Mandacı güçlerin idari tavsiye ve yardımına muhtaçtır."[15] Açıkça görülüyor ki, Ortadoğudaki kendi siyasi rollerini koruma amacını güden Batılı mandacı güçler, Osmanlı hâkimiyetinin son on yılındaki gelişmeleri yok saymanın, hatta tam tersine çevirmenin çıkarlarına hizmet edeceğini düşünmüşlerdir. Hızla, yirmi birinci yüzyıla gelecek olursak: Bugün Irak'ta Amerika eliyle yapılan rejim değişikliği ve işgal öyle bir resmedilmektedir ki, sanki bu olmasa Bağdat'ta milletvekili seçimlerinin yapılması; kamusal alanda "özgürlüğün" tanımının tartışılması ya da siyasi ve toplumsal reformların benimsenmesi hiçbir zaman mümkün olmayacaktı—oysa tüm bunlar yüz yıl öncesinde gerçekleşmişti.

Ayrıca Birinci Dünya Savaşı sonrasında, Osmanlıların vatandaşlığa dayalı, karışık siyasi örgütlenmesi ihtimali, Lord Curzon'un "halkların ayrışması"na ve kolonyal güçlerin Ortadoğu'da "geleneksel" aşiret ve mezhep farklılıklarını teşvik etmesine kurban gitmiştir. Filistin'de, İngilizlerin Yahudi Milli Evi (tüm vatandaşların devleti olarak Filistin'e karşıt olarak) Siyonizmle Filistin milliyetçiliği arasındaki çatışmayı körüklemiştir. Geçtiğimiz yüzyıl boyunca, etnik "ayrışma" eski Osmanlı

---

13 Tamari, "Great War and the Erasure of Palestine's Ottoman Past," 107.

14 Bu anlayış, Reinhold Neibuhr tarafından milletlerde olduğu gibi imparatorluklarda da "hâkimiyet" ve "topluluk"ların varlığıyla ifade edilmektedir. Niebuhr, *Structure of Nations and Empires*.

15 Milletler Cemiyeti Antlaşması'nın 22. Maddesi.

dünyasında kanlı bir tarih yazmıştır: Milletler Cemiyeti destekli 1923'teki Lozan Antlaşması'nın yol açtığı, Osmanlı Hıristiyanlarının Yunanistan'a ve Müslümanların yeni Türkiye Cumhuriyetine zorunlu göçünü; 1948 ve 1967 boyunca İsrail-Arap savaşlarını; hâlâ devam etmekte olan Kıbrıs üzerindeki Yunan-Türk gerilimini ve bugün Irak'ın parçalanmasını meşrulaştırmaktadır.

Dahası, vatandaşlık üzerine mücadeleler Osmanlı sonrasında yirminci yüzyılda da devam etmiş; Osmanlı vatandaşlık projesinin sınırları ve bu proje üzerindeki mücadelelerin önemli veçheleri Ortadoğu'daki kolonyal ve postkolonyal vâris devletlerde de görülmektedir: "Vatandaş" kollektivitelerinin imkânı, dini ve etnik grupların bu kollektivitelerle ilişkisi; oy kullanma ve siyasi temsilin doğası; siyasi meşruiyet ve hareketlenmenin seküler ve dini kaynakları arasındaki ilişki gibi. Tüm bu nedenlerden ötürü müşterek vatandaşlık projesinin ve müşterek vatanın tarihi, her ne kadar kısa sürmüş ve tamamlanmamış olsa da, içinden geçtiğimiz tarihsel ana daha uygun olamazdı.

Kaynakça

Arşivler

Arap Çalışmaları Topluluğu (Orient House) (Kudüs)
Alliance Israélite Universelle Arşivi (Paris)
Başbakanlık Osmanlı Arşivi (İstanbul)
Bibliothèque Nationale Manuscripts Division, Richelieu (Paris)
Central Archive for the History of the Jewish People (Kudüs)
Central Zionist Archives (Kudüs)
Centre de Documentation du Grand Orient de France et de la Franc-Maçonnerie Européenne (Paris)
İslam Araştırmaları ve Mirasını Geliştirme Enstitüsü (Abu Dis, Kudüs)
İsrail Devlet Arşivleri (Kudüs)
Kudüs Belediye Arşivleri (Kudüs)
Yahudi Ulusal ve Üniversite Kütüphanesi Elyazmaları Bölümü (Kudüs)
Halidi Kütüphanesi (Kudüs)
Ministère des Affaires Étrangères de France, Quai d'Orsay (Paris)
Ulusal Arşivler (College Park)
Çağdaş Yahudilik Enstitüsü Sözlü Tarih Programı, Hebrew Üniversitesi (Kudüs)
Tel Aviv Belediye Arşivi (Tel Aviv)
Türkiye Büyük Locası (İstanbul)
Yeshiva Üniversitesi Arşivleri, İsrail Afiş Koleksiyonu (New York)

Gazeteler

Ed-Düstûr (İstanbul)
El-Filistin (Yafa)
Ha-Haşkafa (Kudüs)
Havatselet (Kudüs)
Ha-Herut (Kudüs)
El-Hilâl (Kahire)
El-İttihadü'l-Osmani (Beyrut)
El-Kermil (Hayfa)
El-Liberal (Kudüs)

Luah Erez-Israel (Kudüs)

El-Menâr (Kahire)

El-Münâdî (Kudüs)

El-Muktataf (Kahire)

En-Nafîr el-Osmani (Kudüs)

En-Necâh (Kudüs)

New York Times

Ha-Olam (Köln)

El-Paradizo (Kudüs)

Ha-Poel ha-Tsair (Hayfa)

El-Kudüs (Kudüs)

Kudüs-ü Şerif (Kudüs)

Savtü'l-Osmaniyye (Hayfa)

Takvim-i Vekâyi (İstanbul)

La Tribuna Libera (Selanik)

Ha-Tsvi (Kudüs)

Diğer Eserler

Abbott, G.F. *Turkey in Transition*. Londra: Edward Arnold, 1909.

Abedi, Mehdi ve Michael M.J. Fischer. "Thinking a Public Sphere in Arabic and Persian." *Public Culture* 6 (1993): 219-30.

Abu Manneh, Butrus. "Arab Intellectuals' Reaction to the Young Turk Revolution.," *Rethinking Late Ottoman Palestine: The Young Turk Rule, 1908-1918* içinde, der. Yuval Ben-Bassat ve Eyal Ginio. Londra: I. B. Tauris, Yayına hazırlanıyor.

—— "The Christians Between Ottomanism and Syrian Nationalism: The Ideas of Butrus al-Bustani." *International Journal of Middle East Studies* 11, Sayı 3 (1980): 287-304.

—— "The Islamic Roots of the Gülhane Rescript." *Die Welt des Islams* 34, Sayı 2 (1994): 173-203.

—— "The Later Tanzimat and the Ottoman Legacy in the Near Eastern El-Necâtor States.," *Transformed Landscapes: Essays on Palestine and the Middle East in Honor of Walid Halidi* içinde, der. Camille Mansour ve Leila Fawaz, 61-81. Kahire: American University in Cairo Press, 2009.

Adıvar, Halide Edib. *Memoirs of Halide Edip*. New York: Arno Press, 1972.

Aflalo, F. G. *Regilding the Crescent*. Londra: Martin Secker, 1911.

Agmon, Iris. *Family and Court: Legal Culture and Modernity in Late Ottoman Palestine*. Syracuse, NY: Syracuse University Press, 2006.

Aharonsohn, Alexander. *With the Turks in Palestine*. Boston: Houghton Mifflin, 1916.

Ahmad, Feroz. "Unionist Relations with the Greek, Armenian, and Jewish Communities of the Ottoman Empire, 1908-1914.," *Christians and Jews in the Ottoman Empire* içinde, der. Benjamin Braude ve Bernard Lewis, 1: 401-34. New York: Holmes and Meiers, 1982.

——— "Vanguard of a Nascent Bourgeoisie: The Social and Economic Policy of the Young Turks, 1908-1918." *Türkiye'nin Sosyal ve Ekonomik Tarihi (1071-1920)* içinde, der. Osman Okyar ve Halil İnalcık, 329-50. Ankara: Meteksan, 1980.

——— *The Young Turks: The Committee of Union and Progress in Turkish Politics, 1908-14.* Oxford: Oxford University Press, 1969.

Akşin, Sina. *Jön Türkler ve İttihat ve Terakki*, 4. baskı. İstanbul: İmge Kitabevi, 2006.

Alami, Musa. *Palestine Is My Country*. New York: Praeger, 1969.

Alexandris, Alexis. "The Greek Census of Anatolia and Thrace, 1910-12: A Contribution to Ottoman Historical Geography.," *Ottoman Greeks in the Age of Nationalism: Politics, Economy, and Society in the Nineteenth Century* içinde, der. Dimitri Gondicas ve Charles Issawi, 45-76. Princeton, NJ: Darwin Press, 1999.

Ali Haydar Midhat Bey. *The Life of Midhat Pasha*. Londra: John Murray, 1903.

Alsberg, P.A. "Ha-she'ela he-'Aravit be-mediniyut ha-hanhala ha-Ziyonit lifnei milḥemet ha-Olam ha-rishona" (Birinci Dünya Savaşından Önce Siyonist Liderlik Politikasındaki Arap Sorunu). *Shivat Zion* 4 (1954), 161-209.

Anderson, Benedict. *Imagined Communities*. Londra: Verso, 1991.

Anduze, Éric. "La franc-maçonnerie coloniale au Maghreb et au Moyen Orient (1876-1924): Un partenaire colonial et un facteur d'èducation politique dans la genèse des mouvements nationalistes et révolutionnaires." Doktora Tezi, Universités des sciences humanes de Strasbourg, 1996.

——— "La franc-maçonnerie égyptienne (1882-1908)." *Chroniques d'Histoire Maçonnique*, Sayı 50 (1999): 69-88.

Antébi, Elizabeth. *L'homme du Sérail*. Paris: Nil Éditions, 1996.

Arendt, Hannah. *On Revolution*. New York: Viking Press, 1963.

El-Arif, Arif. *El-Mufassal fî tarih el-Kuds*. Cilt 1. Kudüs: el-Ma'rif, 1961.

Arjomand, Said. *Shadow of God*. Şikago: University of Chicago Press, 1984.

Arnon, Adar. "Mifkedei ha-ukhlusiya bi-Yerushalayim be-shalhei ha-tkufa ha-'Otomanit" (Osmanlı dönemi sonunda Kudüs'teki Nüfus Sayımı). *Katedra* 6 (1977): 95-107.

——— "The Quarters of Jerusalem in the Ottoman Period." *Middle Eastern Studies* 28, Sayı 1 (1992): 1-65.

Avcı, Yasemin. *Değişim sürecinde bir Osmanlı Kenti: Kudüs (1890-1914)*, Ankara: Phoenix, 2004.

'Avadat, Yakub. *Min 'ulema' el-fikr vel-adab*. Kudüs: Darü'l-Usra, 1992.

Ayalon, Ami. *Language and Change in the Arab Middle East: The Evolution of Modern Political Discourse*. New York: Oxford University Press, 1987.

———"O tmura ne'ora: Dmut ha-mahapekha be-'einei he-'Aravim" (O Münevver Değişim: Arapların Gözünde Devrimin Görüntüsü). *Zmanim* 30 (1989): 151-59.

———"Political Journalism and Its Audience in Egypt, 1875-1914." *Culture and History* 16 (1995): 100-121.

———*The Press in the Arab Middle East*. Oxford: Oxford University Press, 1995.

———*Reading Palestine: Printing and Literacy, 1900-1948*. Austin: University of Texas Press, 2004.

Ayyad, Abdelaziz A. *Arab Nationalism and the Palestinians, 1850-1939*. Kudüs: PASSIA, 1999.

Barkey, Karen ve Mark Von Hagen, der. *After Empire: Multi-Ethnic Societies and Nation-Building: The Soviet Union and the Russian, Ottoman, and Hapsburg Empires*. Boulder, CO: Westview Press, 1997.

Bartal, Israel. "On Dokuzuncu Yüzyılda Kudüs'teki Yahudi Toplumunun Çoketnisiteli Doğası Üzerine" (İbranice). *Pe'amim* 57 (1993): 114-24.

Barth, Fredrik. "Enduring and Emerging Issues in the Analysis of Ethnicity." *The Anthropology of Ethnicity: Beyond "Ethnic Groups and Boundaries"* içinde, der. Hans Vermeulen ve Cora Govers, 11-32. Lahey: Het Spinhuis, 1994.

Beinin, Joel. *The Dispersion of Egyptian Jewry: Culture, Politics, and the Formation of a Modern Diaspora*. Berkeley: University of California, 1998.

———"The Jewish Business Elite in 20th Century Egypt: Pillars of the National Economy or Compradors?" *Bulletin of the Royal Institute for Inter-Faith Studies* 1, Sayı 2 (1999): 113-38.

Ben-Arieh, Yehoshua. *Jerusalem in the 19th Century: The Old City*. New York: St. Martin's Press, 1984.

———*Jerusalem in the 19th Century: Emergence of the New City*. Kudüs: Yad Ben-Zvi, 1986.

Ben-Avi, Itamar. *'Im shaḥar atzma'utenu* (In the Dawn of Our Independence). Tel Aviv: Magen Press, 1961.

Benbassa, Esther. *Ha-Yahadut ha-'Otomanit bayn hitma'arevut la-Ẓiyonut, 1908-1920* (Ottoman Jewry Between Westernization and Zionism, 1908-1920). Kudüs: Shazar Center, 1996.

———"Les 'Jeunes Turcs' et les Juifs, 1908-1914." *Mélanges offerts à Louis Bazin par ses disciples, collègues et amis* içinde, der. Jean-Louis Bacqué-Grammont ve Rémy Dor, 311-19. Paris: L'Harmattan, 1992.

———"Zionism and Local Politics in Oriental Jewish Communities" (İbranice). *Pe'amim* 73 (1997): 36-40.

———"Zionism in the Ottoman Empire at the End of the 19th and Beginning of the 20th Century." *Studies in Zionism* 11, Sayı 2 (1990): 127-40.

Ben-Gurion, David. "Ereẓ-Israel ba-tkufah ha-'Otomanit: Mosdot ha-mishpat" (Osmanlı Döneminde İsrail Toprakları: Yasal Kurumlar). *Ereẓ-Israel ba-'avar u-ve-hove* içinde, der. Yitzhak Ben-Zvi. New York, 1918.

Ben-Hanania, Yehoshuʻa [Yaʻkov Yehoshuʻa]. "Dr. Shimʻon Moyal ve-ha-beʻaya ha-Yehudit-ha-ʻAravit" (Dr. Shimon Moyal ve Yahudi-Arap Sorunu). *Hed ha-Mizraḥ*, 10 Ekim 1944.

———"Ha-soferet Ester Moyal u-tkufatah" (Yazar Esther Moyal ve Dönemi). *Hed ha-Mizraḥ*, 17 Eylül 1944.

Berkes, Niyazi. *Secularism in Turkey*. Montreal: McGill University Press, 1964.

Bertram, Sir Anton ve Harry Charles Luke. *Report of the Commission Appointed by the Government of Palestine to Inquire into the Affairs of the Orthodox Patriarchate of Jerusalem*. Londra: Oxford University Press, 1921.

Bessemer, Paul. "Ottoman Jewry and the 1908 Revolution." *İkinci meşrutiyet'in ilânının 100üncü yılı*, der. Bahattin Öztuncay. İstanbul: Sadberk Hanım Müzesi, 2008.

Betzalel, Yitzhak. "On the Journal 'ha-Herut' (1909-1917) and on Haim Ben 'Atar as Its Editor" (İbranice). *Peʻamim* 40 (1989): 121-47.

———"Prolegomena to Sephardi and Oriental Zionism" (İbranice). *Peʻamim* 73 (1997): 5-35.

Blake, Corinne Lee. "Training Arab-Ottoman Bureaucrats: Syrian graduates of the Mülkiye Mektebi, 1890-1920." Doktora tezi, Princeton University, 1991.

Blyth, Estelle. *When We Lived in Jerusalem*. Londra: John Murray, 1927.

Boura, Catherine. "The Greek Millet in Turkish Politics: Greeks in the Ottoman Parliament (1908-18)." *Ottoman Greeks in the Age of Nationalism: Politics, Economy, and Society in the Nineteenth Century* içinde, der. Dimitri Gondicas ve Charles Issawi, 193-206. Princeton, NJ: Darwin Press, 1999.

Bozkurt, Gülnihal. Gayrimüslim Osmanlı Vatandaşlarının Hukuki Durumu *(1839-1914)*. Ankara: Türk Tarih Kurumu, 1996.

Braude, Benjamin ve Bernard Lewis, der. *Christians and Jews in the Ottoman Empire: The Functioning of a Plural Society*. Cilt 1-2. New York: Holmes and Meier, 1982.

Brown, L. Carl, der. *Imperial Legacy: The Ottoman Imprint on the Balkans and the Middle East*. New York: Columbia University Press, 1996.

Brubaker, Rogers. "Aftermaths of Empire and the Unmixing of Peoples." *After Empire: Multi-Ethnic Societies and Nation-Building: The Soviet Unionand the Russian, Ottoman, and Hapsburg Empires* içinde, der. Karen Barkey ve Mark Von Hagen, 155-80. Boulder, CO: Westview Press, 1997.

———"Ethnicity Without Groups." *Archives Européennes de Sociologie* 43, Sayı 2 (2002): 163-89.

———*Nationalism Reframed: Nationhood and the National Question in the New Europe*. Cambridge: Cambridge University Press, 1996.

Brummett, Palmira. *Image and Imperialism in the Ottoman Revolutionary Press, 1908-1911*. Albany: State University of New York Press, 2000.

Büssow, Johann. "Children of the Revolution: Youth in Palestinian Public Life, 1908-1914." *Rethinking Late Ottoman Palestine: The Young Turk Rule, 1908-1918* içinde, der. Yuval Ben-Bassat ve Eyal Ginio. Londra: I. B. Tauris, Yayına hazırlanıyor.

El-Bustânî, Süleyman. *'İbre ve zikra, ed-Devletü'l-'Osmâniyye kable'd-düstûr ve ba'dehû*. Beyrut: el-Ekber, 1908.

Butenschon, Nils A. "State, Power, and Citizenship in the Middle East: A Theoretical Introduction." *Citizenship and the State in the Middle East: Approaches and Applications* içinde, der. Nils A. Butenschon, Uri Davis, vd., 3-27. Syracuse, NY: Syracuse University Press, 2000.

Buxton, Charles Roden. *Turkey in Revolution*. Londra: T. Fisher Unwin, 1909.

Calhoun, Craig. "Imagining Solidarity: Cosmopolitanism, Constitutional Patriotism, and the Public Sphere." *Public Culture* 14, Sayı 1 (2002): 147-71.

——— *Nationalism*. Minneapolis: University of Minnesota Press, 1997.

Campos, Michelle U. "Between 'Beloved Ottomania' and 'The Land of Israel': The Struggle over Ottomanism and Zionism Among Palestine's Sephardi Jews, 1908-13." *International Journal of Middle East Studies* 37, Sayı 4 (Kasım 2005): 461-83.

——— "Freemasonry in Ottoman Palestine." *Jerusalem Quarterly File* 22-23 (Sonbahar-Kış 2005): 37-62.

——— "Remembering Jewish-Arab Contact and Conflict." *Reapproaching Borders: New Perspectives on the Study of Israel/Palestine* içinde, der. Mark LeVine ve Sandy Sufian, 41-65. Lanham, MD: Rowman and Littlefield, 2007.

——— "The 'Voice of the People' (*Lisan al-Sha'b*): The Press and the Public Sphere in Revolutionary Palestine." *Publics, Politics, and Participation: Locating the Public Sphere in the Middle East and North Africa* içinde, der. Seteney Shami. New York: SSRC Books and Columbia University Press, 2010.

Canefe, Nergis. "Turkish Nationalism and Ethno-Symbolic Analysis: The Rules of Exception." *Nations and Nationalism* 8, Sayı 2 (2002): 133-55.

Chatterjee, Partha. *The Nation and Its Fragments: Colonial and Postcolonial Histories*. Princeton, NJ: Princeton University Press, 1993.

Chelouche, Gila. *Z'aZ'aei beit Aharon Chelouche, 1838-1971* (Descendants from the House of Aharon Chelouche, 1838-1971). Tel Aviv: G. Chelouche, 1970-71.

Chelouche, Yosef Eliyahu. *Parshat Hayai, 1870-1930* (My Life, 1870-1930). Tel Aviv: Stroud, 1930.

Cleveland, William L. *Islam Against the West: Shakib Arslan and the Campaign for Islamic Nationalism*. Austin: University of Texas, 1985.

——— *The Making of an Arab Nationalist: Ottomanism and Arabism in the Life and Thought of Sati' al-Husri*. Princeton, NJ: Princeton University Press, 1971.

Cohen, Amnon. *Yehudim be-veit ha-mishpat ha-Muslimi: Hevrah, kalkala veirgun kehilati bi-Yerushalayim he-'Otomanit*. Kudüs: Yad Ben-Zvi, 2003.

Cohen, Julia Philipps. "Fashioning Imperial Citizens: Sephardi Jews and the Ottoman State, 1856-1912." Doktora tezi, Stanford University, 2008.

Cohen, Mark. *Under Crescent and Cross*. Princeton, NJ: Princeton University Press, 1995.

Cole, Juan. *Colonialism and Revolution in the Middle East*. Princeton, NJ: Princeton University Press, 1993.

Combes, André. "Le Grand Orient de France en Palestine." *Chroniques d'Histoire Maçonnique*, Sayı 52 (2001): 31-46.

Commins, David Dean. *Islamic Reform: Politics and Social Change in Late Ottoman Syria*. New York: Oxford University Press, 1990.

────── "Constitution de l'empire Ottoman octroyée par Sa Majeste Imperiale le Sultan le 7 Zilhidjé 1293." İstanbul: Levant Herald, 1908.

Çelik, Zeynep. *The Remaking of Istanbul: Portrait of an Ottoman City in the Nineteenth Century*. Berkeley: University of California Press, 1993.

Çetinkaya, Yusuf Doğan. "Economic Boycott as a Political Weapon: The 1908 Boycott in the Ottoman Empire." Yüksek Lisans Tezi, Boğaziçi Üniversitesi, 2002.

Derveze, Muhammed İzzet. *Müzekkirât Muhammed İzzet Derveze: Sicil hafil bi-masirat el-hareka el-'Arabiyye vel-kadayya el-Filistiniyye hilal karn min el-zaman, 1887-1984*. Beyrut: Darü'l-garb el-İslami, 1993.

Davison, Roderic H. *Reform in the Ottoman Empire, 1856-1876*. Princeton, NJ: Princeton University Press, 1963.

────── "Turkish Attitudes Concerning Christian-Muslim Equality in the Nineteenth Century." *American Historical Review* 55, Sayı 4 (1954): 844-64.

Dawn, C. Ernest. *From Ottomanism to Arabism: Essays on the Origins of Arab Nationalism*. Urbana, IL: University of Illinois Press, 1973.

────── "The Origins of Arab Nationalism." *The Origins of Arab Nationalism* içinde, der. Rashid Halidi, Lisa Anderson, vd., 3-30. New York: Columbia University Press, 1991.

de Benoist, Alain. "The Idea of Empire." *Telos*, sayılar 98-99 (Kış 1993-Bahar 1994): 81-98.

Deák, István. *Beyond Nationalism: A Social and Political History of the Habsburg Officer Corps, 1848-1918*. New York: Oxford University Press, 1990.

Hizb el-lâmerkeziyya), *Beyân lil-umme el-'Arabiyya min Hizb el-lâmerkeziyya*. Kahire: Hizb el-lâmerkeziyya, 1913.

Deguilheim, Randi. "State Civil Education in Late Ottoman Damascus." *The Syrian Land: Process of Integration and Fragmentation: Bilad al-Sham from the 18th to the 20th century* içinde, der. Thomas Philipp ve Birgit Schaebler, 221-50. Stuttgart: Franz Steiner Verlag, 1998.

Denais, Joseph. *La Turquie nouvelle et l'ancien régime*. Paris: Marcel Rivière, Librairie des Sciences Politiques et Sociales, 1909.

Deringil, Selim. "From Ottoman to Turk: Self-Image and Social Engineering in Turkey." *Making Majorities: Constituting the Nation in Japan, Korea, China, Malaysia, Fiji,*

Turkey, and the United States içinde, der. Dru C. Gladney, 217-26. Stanford, CA: Stanford University Press, 1998.

———"Some Aspects of Muslim Immigration into the Ottoman Empire in the Late 19th Century." *Al-Abhath* 38 (1990): 37-41.

———"'They Live in a State of Nomadism and Savagery': The Late Ottoman Empire and the Post-Colonial Debate." *Comparative Studies in Society and History* 45, Sayı 2 (2003): 311-42.

———*The Well-Protected Domains: Ideology and the Legitimation of Power in the Ottoman Empire, 1876-1909.* Londra: I. B. Tauris, 1998.

Devereaux, Robert. *The First Ottoman Constitutional Period: A Study of the Midhat Constitution and Parliament.* Baltimore: Johns Hopkins University Press, 1963.

Doganalp-Votzi, Heidemarie. "The State and Its Subjects According to the 1876 Ottoman Constitution: Some Lexicographic Aspects." *Aspects of the Political Language in Turkey (19th-20th Centuries)* içinde, der. Hans-Lukas Kieser, 61-70. İstanbul: Isis Press, 2002.

Doumani, Beshara. "Rediscovering Ottoman Palestine: Writing Palestinians into History." *Journal of Palestine Studies* 21, Sayı 2 (1992): 5-28.

Dumont, Paul. "La franc-maçonnerie dans l'empire Ottoman: La loge grecque Prométhée à Jannina." *Les villes dans l'empire Ottoman: Activités et sociétés* içinde, der. Daniel Panzac, 105-12. Paris: Presses du CNRS, 1991.

———"La franc-maçonnerie d'obédience française à Salonique au début du XXe siècle." *Turcica* 16 (1984): 65-94.

———"La franc-maçonnerie ottomane et les 'Idées Françaises' à l'époque des Tanzimat." *Revue du Monde Musulman et de la Méditerranée* 52-53, nos. 2-3 (1989): 150-59.

———"Jews, Muslims, and Cholera: Intercommunal Relations in Baghdad at the End of the 19th Century." *The Jews of the Ottoman Empire* içinde, der. Avigdor Levy, 353-72. Princeton, NJ: Darwin Press, 1994.

Efrati, Natan. *Ha-'edah ha-Sfaradit bi-Yerushalayim, 1840-1917* (The Sephardi Community in Jerusalem, 1840-1917). Kudüs: Mossad Bialik, 1999.

Eickelman, Dale F. ve Armando Salvatore. "Muslim Publics." *Public Islam and the Common Good* içinde, der. Armando Salvatore ve Dale F. Eickelman, 3-27. Leiden: Brill, 2004.

Ekrem, Selma. *Unveiled: The Autobiography of a Turkish Girl.* New York: Ives Washburn, 1930.

El'azar, Ya'kov. *Hazarot be-Yerushalayim ha-'atika* (Courtyards in Old Jerusalem). Kudüs: Galor.

Eldem, Edhem, Daniel Goffman, and Bruce Masters. *The Ottoman City Between East and West: Aleppo, Izmir, and Istanbul.* New York: Cambridge University Press, 1999.

Eliachar, Elie. *Living with Jews.* Londra: Weidenfeld and Nicolson, 1983.

Eliav, Mordechai. *Be-hasut mamlekhet Austria, 1849-1917* (Under Protection of the Austrian Empire, 1849-1917). Kudüs: Yad Ben-Zvi, 1985.

——— *Britain and the Holy Land, 1838-1914: Selected Documents from the British Consulate in Jerusalem*. Kudüs: Yad Ben-Zvi, 1997.

——— *Die Juden Palästinas in der deutschen Politik: Dokumente aus dem Archiv des deutschen Konsulats in Jerusalem, 1842-1914* (The Jews of Palestine in German Policy: Documents from the Archive of the German Consulate in Jerusalem, 1842-1914). Tel Aviv: Ha-kibbutz ha-meuhad, 1973.

——— *Österreich und das heilige Land: Ausgewählte Konsulatsdokumente aus Jerusalem, 1849-1917* (Austria and the Holy Land: Selected Consular Documents from Jerusalem, 1849-1917). Viyana: Österreichischen Akademie der Wissenschaften, 2000.

Elkayam, Mordechai. *Yafo-Neve Zedek* (Jaffa-Neveh Tzedek). Tel Aviv: Misrad ha-BitaZon, 1990.

Elmaliach, Avraham. *Erez Israel ve-Suriya be-milhemet ha-Olam ha-rishona* (The Land of Israel and Syria During the First World War). Cilt 1 ve 2. Kudüs: Ha-Solel, 1927.

——— "Me-hayei ha-Sfaradim" (From the Life of the Sephardim). *Ha-Shiloah*, Sayı 24 (1910): 260-69, 348-59.

Emin, Ahmed. *The Development of Modern Turkey as Measured by Its Press*. New York: AMS Press, 1968.

Emiroğlu, Kudret. *Anadolu'da devrim günleri: İkinci meşrutiyet'in ilânı, Temmuz-Ağustos 1908*. Ankara: İmge Kitabevi, 1999.

Ener, Mine. "Prohibitions on Begging and Loitering in Nineteenth-Century Egypt." *Die Welt des Islams* 39, Sayı 3 (1999): 319-39.

Erdem, Hakan. "Recruitment for the 'Victorious Soldiers of Muhammad' in the Arab Provinces, 1826-1828." *Histories of the Modern Middle East: New Directions* içinde, der. Israel Gershoni, Hakan Erdem ve Ursula Woköck, 189-206. Boulder, CO: Lynne Rienner, 2002.

Ergut, Ferdan. "Policing the Poor in the Late Ottoman Empire." *Middle Eastern Studies* 38, Sayı 2 (2002): 149-64.

——— "The State and Civil Rights in the Late Ottoman Empire." *Journal of Mediterranean Studies* 13, Sayı 1 (2003): 53-74.

Esherick, Joseph W., Hasan Kayalı ve Eric Van Young, der. *Empire to Nation: Historical Perspectives on the Making of the Modern World*. Lanham, MD: Rowman and Littlefield, 2006.

Fargo, Mumtaz Ayoub. "Arab-Turkish Relations from the Emergence of Arab Nationalism to the Arab Revolt, 1848-1916." Doktora tezi, University of Utah, 1969.

Farhi, David. "Documents on the Attitude of the Ottoman Government Towards the Jewish Settlement in Palestine After the Revolution of the Young Turks, 1908-09." *Studies on Palestine in the Ottoman Period* içinde, der. Moshe Ma'oz, 190-210. Kudüs: Magnes Press, 1975.

Faulks, Keith. *Citizenship*. Londra: Routledge, 2000.

Fawaz, Leila. *Merchants and Migrants in 19th Century Beirut*. Cambridge, MA: Harvard University Press, 1983.

Figes, Orlando ve Boris Kolonitskii. *Interpreting the Russian Revolution: The Language and Symbols of 1917*. New Haven, CT: Yale University Press, 1999.

Findley, Carter Vaughn. "The Advent of Ideology in the Islamic Middle East." *Studia Islamica* 55 (1982): 143-69.

——— "The Advent of Ideology in the Islamic Middle East (Part II)." *Studia Islamica* 56 (1982): 147-80.

——— "Economic Bases of Revolution and Repression in the Late Ottoman Empire." *Comparative Studies in Society and History* 28, Sayı (1986): 81-106.

Fishman, Louis. "Palestine Revisited: Reassessing the Jewish and Arab National Movements, 1908-14." Doktora tezi, University of Chicago, 2007.

Formisano, Ronald P. "The Concept of Political Culture." *Journal of Interdisciplinary History* 31, Sayı 3 (2001): 393-426.

Fortna, Benjamin C. *Imperial Classroom: Islam, the State, and Education in the Late Ottoman Empire*. New York: Oxford University Press, 2002.

Frankel, Jonathan. "The 'Yizkor' Book of 1911: A Note on National Myths in the Second Aliya." *Religion, Ideology and Nationalism in Europe and America: Essays Presented in Honor of Yehoshua Arieli* içinde, der. Moshe Zimmerman, 355-84. Kudüs Graph Chen Press, 1986.

Fresco, David. *Le Sionisme*. İstanbul: Fresco, 1909.

Frierson, Elizabeth B. "Gender, Consumption and Patriotism: The Emergence of an Ottoman Public Sphere." *Public Islam and the Common Good* içinde, der. Armando Salvatore ve Dale F. Eickelman, 99-126. Leiden: Brill, 2004.

——— "Unimagined Communities: State, Press, and Gender in the Hamidian Era." Doktora tezi, Princeton University, 1996.

——— "Unimagined Communities: Women and Education in the Late-Ottoman Empire, 1876-1909." *Critical Matrix* 9, Sayı 2 (1995): 55-90.

Frumkin, Gad. *Derekh shofet bi-Yerushalayim* (The Way of a Judge in Jerusalem). Tel Aviv: Dvir, 1954.

Gellner, Ernest. *Nations and Nationalism*. Ithaca, NY: Cornell University Press, 1983.

Gelvin, James L. *Divided Loyalties: Nationalism and Mass Politics in Syria at the Close of Empire*. Berkeley: University of California Press, 1998.

Gerber, Haim. *Ottoman Rule in Jerusalem, 1890-1914*. Berlin: K. Schwarz, 1995.

Gilbar, Gad, der. *Ottoman Palestine in the 19th Century*. Leiden: Brill, 1990.

Ginio, Eyal. "Mobilizing the Ottoman Nation During the Balkan Wars (1912-1913): Awakening from the Ottoman Dream." *War in History* 12, Sayı 2 (2005): 156-77.

Glass, Joseph ve Ruth Kark. *Sephardi Entrepreneurs in Erez Israel: The Amzalak Family, 1816-1918.* Kudüs: Magnes Press, 1991.

Göçek, Fatma Müge. "Decline of the Ottoman Empire and the Emergence of Greek, Armenian, Turkish, and Arab Nationalisms." *Social Constructions of Nationalism in the Middle East* içinde, der. Fatma Müge Göçek, 15-83. Albany: State University of New York Press, 2002.

Goodwin, Jeff. "State-Centered Approaches to Social Revolutions." *Theorizing Revolutions* içinde, der. John Foran, 11-37. Londra: Routledge, 1997.

Gorni, Yosef. *Zionism and the Arabs, 1882-1948: A Study of Ideology.* New York: Oxford University Press, 1987.

Grand Orient de France. Suprême conseil pour la France et les possessions françaises. *Instruction pour le première grade symbolique (apprenti).* Paris: Secretariat General du FBDML, 1893.

Grand Orient Ottoman. *Instruction pour le premier grade symbolique: Apprenti.* Konstantinopolis, 1910.

——— *Règlement général du Grand Orient Ottoman pour les ateliers du 1er au 3me degré.* Konstantinopolis, 1910.

Greene, Molly, ed. *Minorities in the Ottoman Empire.* Princeton, NJ: Markus Weiner, 2005.

[Grégoire], Aristarchi Bey. *Législation Ottomane.* Konstantinopolis: Fréres Nicolaïdes, 1873.

Groiss, Arnon. "Religious Particularism and National Integration: Changing Perceptions of the Political Self-Identity Among the Greek-Orthodox Christians of Greater Syria, 1840-1914." Doktora tezi, Princeton University, 1986.

Gülsoy, Ufuk. *Osmanlı Gayrimüslimlerinin askerlik serüveni.* İstanbul: Simurg, 2000.

Habermas, Jürgen. "Citizenship and National Identity." *The Condition of Citizenship* içinde, der. Bart van Steenbergen, 20-35. Londra: Sage, 1994.

——— "The Public Sphere." *Jurgen Habermas on Society and Politics: A Reader* içinde, der. Steven Seidman, 231-36. Boston: Beacon Press, 1989.

Haddad, Mahmoud. "Iraq Before World War I: A Case of Anti-European Arab Ottomanism." *The Origins of Arab Nationalism* içinde, der. Rashid Halidi, Lisa Anderson, vd., 120-50. New York: Columbia University Press, 1991.

Haddad, William W. "Nationalism in the Ottoman Empire." *Nationalism in a Non-National State: The Dissolution of the Ottoman Empire* içinde, der. William W. Haddad ve William Ochsenwald, 3-24. Columbus: Ohio State University Press, 1977.

Halide Edib *House with Wisteria: Memoirs of Halidé Edib.* Charlottesville, VA: Leopolis Press, 2003.

El-Halidi, Muhammad Ruhi. *(Esbâb) el-İnkılâb el-Osmani ve-Turkiyye el-fetâ.* Kahire: el-Menar, 1908.

Halper, Jeff. *Between Redemption and Revival: The Jewish Yishuv of Jerusalem in the Nineteenth Century.* Boulder, CO: Westview Press, 1991.

Hanania, Mary. "Jurji Habib Hanania: History of the Earliest Press in Palestine, 1908-14." *Jerusalem Quarterly*, Sayı 32 (2007): 51-69.

Hanioğlu, M. Şükrü. *A Brief History of the Late Ottoman Empire*. Princeton, NJ: Princeton University Press, 2008.

——— "Jews in the Young Turk Movement to the 1908 Revolution." *Jews of the Ottoman Empire* içinde, der. Avigdor Levy, 519-26. Princeton, NJ: Darwin Press, 1994.

——— "Notes on the Young Turks and the Freemasons, 1875-1908." *Middle Eastern Studies* 25, Sayı 2 (1989), 186-97.

——— *Preparation for a Revolution: The Young Turks, 1902-1908*. New York: Oxford University Press, 2001.

——— *The Young Turks in Opposition*. New York: Oxford University Press, 1995.

Hanssen, Jens. *Fin de Siècle Beirut: The Making of an Ottoman Provincial Capital*. Oxford: Oxford University Press, 2006.

Harshav, Benjamin. *Language in Time of Revolution*. Berkeley: University of California Press, 1993.

Ha-Va'ad le-hoZa'at kitvei David Yellin. *Kitvei David Yellin*. Cilt 1-2. Kudüs: Reuven Mass, 1972.

Heinzelmann, Tobias. "Die Konstruktion eines osmanischen Patriotismus und die Entwicklung des Begriffs *Vatan* in der ersten hälfte des 19. Jahrhunderts." *Aspects of the Political Language in Turkey (19th-20th Centuries)* içinde, der. Hans-Lukas Kieser, 41-51. İstanbul: Isis Press, 2002.

Heater, Derek. *What Is Citizenship?* Cambridge: Polity Press, 1999.

Hivert-Messeca, Yves. "France, laïcité et maçonnerie dans l'empire Ottoman: La loge 'Prométhée' à l'Orient de Janina (Epire)." *Chroniques d'Histoire Maçonnique* 45 (1992): 119-29.

Hobsbawm, Eric. *Nations and Nationalism Since 1780: Programme, Myth, Reality*. İkinci Baskı. Cambridge: Cambridge University Press, 1992.

Hoexter, Miriam, Shmuel N. Eisenstadt ve Nehemia Levtzion, der. *The Public Sphere in Muslim Societies*. Albany: State University of New York Press, 2002.

Hourani, Albert. *Arabic Thought in the Liberal Age, 1798-1939*. Londra: Oxford University Press, 1962.

Hunt, Lynn. *Politics, Culture, and Class in the French Revolution*. Twentieth anniversary ed. Berkeley: University of California Press, 2004.

Hûrî, Yûsuf. *El-Sahâfe el-'Arabiyye fî Filistin, 1876-1948*. 2. Baskı. Beyrut: Institute for Palestine Studies, 1986.

Ilıcak, H. Şükrü. "Unknown 'Freedom' Tales of Ottoman Greeks." *İkinci meşrutiyet'in ilânının 100üncü yılı* içinde, der. Bahattin Öztuncay. İstanbul: Vehbi Koç Vakfı, 2008.

Instituto de cultura Juan Gil-abert. *Exposición: La masonería española, 1728-1939*. Alicante: Instituto de cultura Juan Gil-abert, 1989.

Iordachi, Constantin. "The Ottoman Empire." *What Is a Nation? Europe, 1879-1914* içinde, der. Timothy Baycroft ve Mark Hewitson, 120-51. Oxford: Oxford University Press, 2006.

Işın, Engin F. "Citizenship After Orientalism: Ottoman Citizenship." *Citizenship in a Global World: European Questions and Turkish Experiences* içinde, der. E. Fuat Keyman ve Ahmet İçduygu, 31-51. Londra: Routledge, 2005.

Işın, Engin F. ve Patricia K. Wood, der. *Citizenship and Identity.* Londra: Sage, 1999.

Issawi, Charles. "The Transformation of the Economic Position of the Millets in the 19th Century." *Christians and Jews in the Ottoman Empire: The Functioning of a Plural Society* içinde, der. Benjamin Braude ve Bernard Lewis, Cilt 1, 261-85. New York: Holmes and Meier, 1982.

İslamoğlu, Abdullah. *İkinci meşrutiyet döneminde siyasal muhalefet, 1908-13.* İstanbul: Gökkubbe, 2004.

Jacobson, Abigail. "From Empire to Empire: Jerusalem in the Transition from Ottoman to British Rule, 1912-1920." Doktora tezi, University of Chicago, 2006.

——— "Sephardim, Ashkenazim, and the 'Arab Question' in Pre-First World War Palestine: A Reading of Three Zionist Newspapers." *Middle Eastern Studies* 39, Sayı 2 (2003): 105-30.

Jankowski, James ve Israel Gershoni, der. *Rethinking Nationalism in the Arab Middle East.* New York: Columbia University Press, 1997.

Jessua, Is. *Grand Orient (Gr: Loge) de Turquie: Exposé historique sommaire de la maçonnerie en Turquie.* Constantinople: Francaise L. Mourkides, 1922.

Kabadayı, M. Erdem. "Inventory for the Ottoman Empire/Turkey, 1500-2000." Yayımlanmamış makale, History Department, Bilgi Üniversitesi, İstanbul.

Kaligian, Dikran Mesob. "The Armenian Revolutionary Federation Under Ottoman Constitutional Rule, 1908-14." Doktora tezi, Boston College, 1993.

Kalvarisky, H. M. "Relations Between Jews and Arabs Before the War." *Sheifoteinu* 2, nos. 2-3 (1930): 50-55.

Kansu, Aykut. *Politics in Post-Revolutionary Turkey, 1908-1913.* Leiden: Brill, 2000.

——— *The Revolution of 1908 in Turkey.* Leiden: Brill, 1997.

——— "Some Remarks on the 1908 Revolution" (Yadigâr-ı Hürriyet: Orlando Carlo Calumeno Koleksiyonu'ndan Meşrutiyet Kartpostalları ve Madalyaları). *Souvenir of El-Liberal: Postcards and Medals from the Collection of Orlando Carlo Calumeno* içinde, der. Osman Köker, 10-37. İstanbul: Birzamanlar Yayıncılık, 2008.

Kappeler, Andreas. *The Russian Empire: A Multiethnic History.* Harlow, İngiltere: Pearson Education, 2001.

Karateke, Hakan T. "Legitimizing the Ottoman Sultanate: A Framework for Historical Analysis." *Legitimizing the Order: The Ottoman Rhetoric of State Power* içinde, der. Hakan T. Karateke ve Maurus Reinkowski, 13-54. Leiden: Brill, 2005.

―――― "Opium for the Subjects? Religiosity as a Legitimizing Factor for the Ottoman Sultan." *Legitimizing the Order: The Ottoman Rhetoric of State Power* içinde, der. Hakan T. Karateke ve Maurus Reinkowski, 111-29. Leiden: Brill, 2005.

―――― "Padişahım çok yaşa!" *Osmanlı Devletinin Son Yüzyılında Merasimler.* İstanbul: Kitap Yayınevi, 2004.

Kark, Ruth. *Jaffa: A City in Evolution, 1799-1917.* Kudüs: Yad Ben-Zvi, 1990.

―――― "The Jerusalem Municipality at the End of Ottoman Rule." *Asian and African Studies* 14 (1980): 117-41.

―――― *Jerusalem Neighborhoods: Planning and By-Laws, 1855-1930.* Kudüs: Magnes Press, 1991.

―――― "Pe'ilut 'iriyat Yerushalayim be-sof ha-tkufah ha-'Otomanit" (Osmanlı Döneminin Sonunda Kudüs Belediyesinin Faaliyetleri). *Katedra* 6 (1977): 74-94.

Karpat, Kemal H. *Ottoman Population, 1830-1914: Demographic and Social Characteristics.* Madison: University of Wisconsin Press, 1985.

―――― *The Politicization of Islam: Reconstructing Identity, State, Faith, and Community in the Late Ottoman State.* New York: Oxford University Press, 2001.

―――― *Studies on Ottoman Social and Political History.* Leiden: Brill, 2002.

Kasaba, Reşat. "Dreams of Empire, Dreams of Nations." *Empire to Nation: Historical Perspectives on the Making of the Modern World* içinde, der. Joseph Esherick, Hasan Kayalı, vd., 198-225. Boulder, CO: Rowman and Littlefield, 2006.

―――― "Economic Foundations of a Civil Society: Greeks in the Trade of Western Anatolia, 1840-1876." *Ottoman Greeks in the Age of Nationalism: Politics, Economy, and Society in the Nineteenth Century* içinde, der. Dimitri Gondicas and Charles Issawi, 77-87. Princeton, NJ: Darwin Press, 1999.

Kasmieh, Khairieh. "Ruhi al-Halidi, 1864-1913: A Symbol of the Cultural Movement in Palestine Towards the End of the Ottoman Rule." *The Syrian Land in the 18th and 19th Century: The Common and the Specific in the Historical Experience* içinde, der. Thomas Philipp, 123-46. Stuttgart: Franz Steiner Verlag, 1992.

Kayalı, Hasan. *Arabs and Young Turks: Ottomanism, Arabism and Islamism in the Ottoman Empire, 1908-18.* Berkeley: University of California, 1997.

―――― "Elections and the Electoral Process in the Ottoman Empire, 1896-1919." *International Journal of Middle East Studies* 27 (1995): 265-86.

―――― "Jewish Representation in the Ottoman Parliaments." *Jews of the Ottoman Empire* içinde, der. Avigdor Levy, 507-18. Princeton, NJ: Darwin Press, 1994.

Kazakiye, Halil İbrahim. *Tarih el-kinîsa er-resuliyye el-Orşelîmiyye.* Kudüs: El-Muktataf vel-Muktasim, 1924.

Kechriotis, Vangelis Constantinos. "The Greeks of Izmir at the End of the Empire: A Non-Muslim Ottoman Community Between Autonomy and Patriotism." Doktora tezi, Leiden University, 2005.

Kedourie, Elie. *The Chatham House Version and Other Middle-Eastern Studies*. New York: Praeger, 1970.

———"Young Turks, Freemasons, and Jews." *Middle Eastern Studies* 7, Sayı 1 (1971): 89-104.

Kern, Karen M. "Rethinking Ottoman Frontier Politics: Marriage and Citizenship in the Province of Iraq." *Arab Studies Journal* 15, Sayı 1 (2007): 8-29.

Kevserani, Vecih, der. *Vesâik el-mu'temer el-Arabi el-evvel 1913: Kitabü'l-mü'temer vel-mürâselât el-diblomasiyye el-Faransiyye el-müteallika bihi*. Beyrut: Darü'l-hadaese, 1980.

Khalid, Adeeb. "Ottoman Islamism between the Ümmet and the Nation." *Archivum Ottomanicum* 19 (2001): 197-211.

Khalidi, Rashid. "The 1912 Election Campaign in the Cities of Bilad al-Sham." *International Journal of Middle Eastern Studies* 16 (1984): 461-74.

———"Ottomanism and Arabism in Syria Before 1914: A Reassessment." *The Origins of Arab Nationalism* içinde, der. Rashid Halidi, Lisa Anderson, Muhammad Muslih ve Reeva S. Simon, 50-69. New York: Columbia University Press, 1991.

———*Palestinian Identity: The Construction of Modern National Consciousness*. New York: Columbia University Press, 1997.

———"The Press as a Source for Modern Arab Political History: 'Abd al-Ghani al-'Uraisi and *al-Mufid*." *Arab Studies Quarterly* 3, Sayı 1 (1981): 22-42.

———"Society and Ideology in Late Ottoman Syria: Class, Education, Profession, and Confession." *Problems of the Modern Middle East in Historical Perspective: Essays in Honor of Albert Hourani* içinde, der. John P. Spagnolo, 119-32. Ithaca, NY: Reading, 1992.

Khalidi, Walid. *Before Their Diaspora: A Photographic History of the Palestinians, 1876-1948*. Washington, DC: Institute for Palestine Studies, 1991.

Khuri, Ra'if. *Modern Arab Thought: Channels of the French Revolution to the Arab East*. Princeton, NJ: Kingston Press, 1983.

Khuri, Shihada ve Niqola Khuri. *Hulâsat tarih kenîsat Orşelîm el-Ortodoksiyye*. Kudüs: Beytü'l-Makdis, 1925.

Kimmerling, Baruch. "Be'ayot konzeptualiot ba-historiografia shel erez u-vashnei 'amim" (İki Halkın Ülkesinin Tarihyazımında Kavramsal Problemler). *Erez ahat u-shnei 'amim ba* (Bir Ülke İki Halk) içinde, der. Danny Ya'kobi, 11-22. Kudüs: Magnes Press, 1999.

King, Jeremy. *Budweisers into Czechs and Germans: A Local History of Bohemian Politics, 1848-1948*. Princeton, NJ: Princeton University Press, 2002.

Kırlı, Cengiz. "Coffeehouses: Public Opinion in the Nineteenth-Century Ottoman Empire." *Public Islam and the Common Good*, der. Armando Salvatore ve Dale F. Eickelman, 75-97. Leiden: Brill, 2004.

―――"The Struggle over Space: Coffeehouses of Ottoman Istanbul, 1780-1845." Doktora tezi, State University of New York, Binghamton, 2000.

Knight, E. F. *Turkey: The Awakening of Turkey; The Turkish Revolution of 1908*. Boston: J. B. Millet, 1910.

Köker, Osman. *Yadigâr-ı hürriyet: Orlando Carlo Calumeno Koleksiyonu'ndan Meşrutiyet Kartpostalları ve Madalyaları*. İstanbul: Birzamanlar Yayıncılık, 2008.

Kolatt, Israel. "The Organization of the Jewish Population." *Studies on Palestine in the Ottoman period* içinde, der. Moshe Ma'oz, 211-45. Kudüs: Magnes Press, 1975.

Kreiser, Klaus. "Ein Freiheitsdenkmal für Istanbul." *Istanbul: Vom imperialen Herrschersitz zur Megapolis* içinde, der. Yavuz Köse, 183-201. Münih: Martin Meidenbauer, 2006.

Krikorian, Mesrob K. *Armenians in the Service of the Ottoman Empire, 1860-1908*. Londra: Routledge ve Keagan Paul, 1977.

Kudsi-Zadeh, A. Albert. "Afghani and Freemasonry in Egypt." *Journal of the American Oriental Society* 92 (1972): 25-35.

Kuran, Ahmet Bedevi. *İnkılap Tarihimiz ve Jön Türkler*. İstanbul: Kaynak, 2000.

Kurzman, Charles. *Democracy Denied, 1905-1915: Intellectuals and the Fate of Democracy*. Cambridge, MA: Harvard University Press, 2008.

―――der. *Modernist Islam, 1840-1940: A Sourcebook*. New York: Oxford University Press, 2002.

Kushner, David. "Ha-dor ha-aharon le-shilton ha-'Othmanim be-Ereẓ Israel, 1882-1914" (Ereẓ-Israel'de son nesil Osmanlı yönetimi, 1882-1914). *Toldot ha-yishuv ha-Yehudi be-Ereẓ Israel me'az ha-'aliya ha-rishona: Ha-tkufah ha-'Otomanit* (Birinci Aliya'dan İsrail ülkesindeki Yahudi cemaati: Osmanlı dönemi) içinde, der. Israel Kolatt, 1-74. Kudüs: Mossad Bialik, 1989.

―――*Moshel hayiti bi-Yerushalayim: Ha-'ir ve-ha-mehoz be-'eynav shel 'Ali Ekrem Bey, 1906-1908* (Kudüs'te bir vali: Ali Ekrem Beyin gözünden şehir ve taşra, 1906-1908). Kudüs: Yad Ben-Zvi, 1995.

Kutlu, Sacit. *Didâr-ı Hürriyet: Kartapostallarla İkinci Meşrutiyet, 1908-13*. İstanbul: Bilgi Üniversitesi, 2004.

―――"Ideological Currents of the Second Constitutional Era." *İkinci Meşrutiyet'in İlânının 100üncü Yılı* içinde, der. Bahattin Öztuncay. İstanbul: Sadberk Hanım Müzesi, 2008.

Kymlicka, Will. *Multicultural Citizenship*. New York: Oxford University Press, 1995.

Landau, Jacob. "The Educational Impact of Western Culture on Traditional Society in 19th Century Palestine." *Jews, Arabs, Turks* içinde, der. Jacob Landau, 60-67. Kudüs: Magnes Press, 1993.

―――"Farmasuniyya." *The Encyclopedia of Islam*. New ed. Supplement, 1982.

―――"He'arot 'al yehasam shel ha-Turkim ha-Ze'irim la-Ziyonut" (Jön Türklerin Siyonizme dair Tutumları). *Ha-Ziyonut* 9 (1984): 195-205.

―――"Muslim Opposition to Freemasonry." *Die Welt des Islams* 36, Sayı 2 (1996), 186-203.

———"The Young Turks and Zionism: Some Comments." *Jews, Arabs, Turks* içinde, der. Jacob Landau, 167-77. Kudüs: Magnes Press, 1993.

Laskier, Michael. "Avraham Albert 'Antébi: Prakim be-fo'alo bi-shnot 1897-1914" (Avraham Albert 'Antébi: 1897-1914 Yıllarında Yaptıklarından Bölümler). *Pe'amim* 21 (1984): 50-82.

———"The Sephardim and the Yishuv in Palestine: The Role of Avraham Albert Antébi, 1897-1916." *Shofar* 10, Sayı 3 (1992): 113-26.

Le Commandement de la IVme Armée. *La vérité sur la question syrienne*. İstanbul: Tanine, 1916.

Levi, Nissim. *Prakim be toldot ha-refuah be-erez Israel, 1799-1948*. Tel Aviv: Ha-Kibbutz ha-Meuhad, 1998.

Levi, Yitzhak. *Dr Yitzhak Levi: The Man and His Work from His Arrival in the Country to the Beginning of World War I*. Kudüs: Institute for Contemporary Jewry, 1984.

LeVine, Mark. *Overthrowing Geography: Jaffa, Tel Aviv, and the Struggle for Palestine, 1880-1948*. Berkeley: University of California Press, 2005.

———"Overthrowing Geography, Re-Imagining Identities: A History of Jaffa and Tel Aviv, 1880 to the Present." Doktora Tezi, New York University, 1999.

Levy, Avigdor, der. *Jews of the Ottoman Empire*. Princeton, NJ: Princeton University Press, 1994.

Lewis, Bernard. "The Idea of Freedom in Modern Islamic Political Thought." *Islam in History: Ideas, Men and Events in the Middle East* içinde, der. Bernard Lewis, 323-336. Londra: Alcove Press, 1973.

Lieven, Dominic. *Empire: The Russian Empire and Its Rivals*. New Haven, CT: Yale University Press, 2000.

Lockman, Zachary. *Comrades and Enemies: Arab and Jewish Workers in Palestine, 1906-48*. Berkeley: University of California Press, 1996.

———"Railway Workers and Relational History: Arabs and Jews in British-Ruled Palestine." *Comparative Studies in Society and History* 35, Sayı 3 (1993): 601-27.

Luntz, Avraham Moshe. *Luah Erez Israel* (Erez Israel Almanağı). Kudüs: Avraham Moshe Luntz, 1909.

Lybyer, Albert H. "The Turkish Parliament." *Proceedings of the American Political Science Association* 7, Sayı 7 (1910): 65-77.

El-Medeni, Ziyad Abdülaziz. *Medinet el-Kudüs ve-ceverha fi avahir el-'ahd el-Osmani, 1831-1918*. Amman: Ziyad Abdülaziz El-Medeni, 2004.

Mah, Harold. "Phantasies of the Public Sphere: Rethinking the Habermas of Historians." *Journal of Modern History* 72 (2000): 153-82.

Makdisi, Ussama. "After 1860: Debating Religion, Reform, and Nationalism in the Ottoman Empire." *International Journal of Middle East Studies* 34, Sayı 4 (2002): 601-17.

───── "Corrupting the Sublime Sultanate: The Revolt of Tanyus Shahin in Nineteenth Century Ottoman Lebanon." *Comparative Studies in Society and History* 42, sayı 1 (2000): 180-208.

───── *The Culture of Sectarianism: Community, History, and Violence in Nineteenth-Century Ottoman Lebanon*. Berkeley: University of California Press, 2000.

Makedonski, Stojan. "La révolution Jeune-Turque et les premières élections parlementaires de 1908 en Macedoine et en Thrace orientale." *Études Balkaniques* 10, sayı 4 (1974): 133-46.

Malak, Hanna 'Isa. *Ta'ifet er-Rum el-Ortodoksi 'abr et-tarih*. Kudüs: Hanna Malak, 2000.

Malul, Nissim. "Ha-'itonut ha-'Aravit" (Arap Basını). *Ha-Shiloah* 31 (1913): 364-74, 439-50.

───── *Kitab Suriya ve-Masr: mecmu'at makalat udricet fi cerîdet en-Nasır el-Beyruti ve-jama't hidma lil-devle vel-vatan el-Osmani*. Beyrut: En-Nasır.

Mandel, Neville. *The Arabs and Zionism Before World War I*. Berkeley: University of California Press, 1976.

───── "Attempts at an Arab-Zionist Entente, 1913-1914." *Middle Eastern Studies* 1 (1965): 238-67.

───── "Ottoman Policy and Restrictions on Jewish Settlement in Palestine, 1881-1908." *Middle Eastern Studies* 10, sayı 3 (1974): 312-32.

───── "Ottoman Practice as Regards Jewish Settlement in Palestine, 1881-1908." *Middle Eastern Studies* 11, sayı 1 (1975): 33-46.

───── *Turks, Arabs and Jewish Immigration into Palestine, 1882-1914*. St. Antony's Papers, 17. *Middle Eastern Affairs* 4 (1965).

Mango, Andrew. *Atatürk: The Biography of the Founder of Modern Turkey*. Woodstock, NY: Overlook Press, 2002.

Manna', 'Adil. *Ulemâ Filistin fi avahir el-'ahd el-Osmani, 1880-1918*. Beyrut: Muassasat el-diraset el-Filistiniyye, 1995.

───── *Tarih Filistin fi avahir el-'ahd al-Osmani, 1700-1918 (kira' cedide)*. Beyrut: Mu'assasat el-diraset el-Filistiniyye, 1999.

Ma'oz, Moshe, der. *Palestine During the Ottoman Period: Documents from Archives and Collections in Israel*. Kudüs: Hebrew University Press, 1970.

Mardin, Şerif. *The Genesis of Young Ottoman Thought: A Study in the Modernization of Turkish Political Ideas*. Princeton, NJ: Princeton University Press, 1962.

───── "Some Consideration on the Building of an Ottoman Public Identity in the Nineteenth Century." *Converting Cultures: Religion, Ideology and Transformations of Modernity* içinde, der. Dennis Washburn ve A. Kevin Reinhart, 167-82. Leiden: Brill, 2007.

Margulies, Roni ve Yanakis Manakis. *Manastır'da İlân-ı Hürriyet, 1908-1909*. İstanbul: Yapı Kredi Yayınları, 1997.

Markovitsky, Ya'kov. *Be-kaf ha-kel'a shel ha-ne'emaniyut: Bnei ha-yishuv ba-Zava ha-Turki, 1908-18*. Ramat Efal: Yad Tabenkin, 1995.

Massad, Joseph A. *Colonial Effects: The Making of National Identity in Jordan*. New York: Columbia University Press, 2001.

Masters, Bruce. *Christians and Jews in the Ottoman Arab World: The Roots of Sectarianism*. New York: Cambridge University Press, 2001.

Mazower, Mark. *Salonica, City of Ghosts: Christians, Muslims, and Jews, 1430-1950*. New York: Vintage Books, 2004.

McCarthy, Justin. *The Population of Palestine: Population History and Statistics of the Late Ottoman Period and the Mandate*. New York: Columbia University Press, 1990.

McCullagh, Francis. *The Fall of Abd-ul-hamid*. Londra: Methuen, 1910.

Migdal, Joel S. "Mental Maps and Virtual Checkpoints: Struggles to Construct and Maintain State and Social Boundaries." *Boundaries and Belonging: States and Societies in the Struggle to Shape Identities and Local Practices* içinde, der. Joel S. Migdal, 3-23. New York: Cambridge University Press, 2004.

Miller, Alexei ve Alfred J. Rieber, der. *Imperial Rule*. Budapeşte: Central European University, 2004.

Morris, Robert. *Freemasonry in the Holy Land; or, Handmarks of Hiram's Builders*. Şikago: Knight and Leonard, 1876.

Mosse, George. *Fallen Soldiers: Reshaping the Memory of the World Wars*. Oxford: Oxford University Press, 1991.

Musallam, Ekrem, der. *Yevmiyat Halil el-Sakakini*. Cilt 1. Ramallah: Khalil Sakakini Culture Centre and the Institute of Jerusalem Studies, 2003.

Muslih, Muhammad. *The Origins of Palestinian Nationalism*. New York: Columbia University Press, 1988.

Nabavi, Negin. "Spreading the Word: Iran's First Constitutional Press and the Shaping of a 'New Era.'" *Critique: Critical Middle Eastern Studies* 14, sayı 3 (2005): 307-21.

Namık Kemal, *Vatan Yahut Silistre*. Tertip eden Mustafa Nihat Özön. İstanbul: Remzi Kitabevi, 1943.

El-Namura, Mahmud Taleb. *El-Filistiniyun ve-mu'assassat el-hükm el-mahali bayn el-hükm ez-zati vel-ihtilal ve-hak takrir el-masir min el-'ahd el-'Osmani ila el-intifada*. Dura (Filistin): Mahmud el-Namura, 1994.

Nathans, Benjamin. "Habermas's Public Sphere in the Era of the French Revolution." *French Historical Studies* 16, Sayı 3 (1990): 620-44.

Niebuhr, Reinhold. *The Structure of Nations and Empires: A Study of the Recurring Patterns and Problems of the Political Order in Relation to the Unique Problems of the Nuclear Age*. New York: Charles Scribner's Sons, 1959.

Odo, Georges. "Les réseaux coloniaux ou la 'magie des Blancs.'" *L'Histoire*, Sayı 256, Özel Sayı, *Les Francs-Maçons* (2001): 46-49.

Olson, Robert. "The Young Turks and the Jews: A Historiographical Revision." *Turcica* 18 (1986): 219-35.

Ortaylı, İlber. "Ottomanism and Zionism During the Second Constitutional Period, 1908-1915." *Jews of the Ottoman Empire* içinde, der. Avigdor Levy, 527-36. Princeton, NJ: Darwin Press, 1994.

Osmanağaoğlu, Cihan. *Tanzimat dönemi itibarıyla Osmanlı tabiiyyetinin (vatandaşlığının) gelişimi*. İstanbul: Legal, 2004.

―――― *Osmanlı Mebusları*, 1324-1328. İstanbul: Ahmet İhsân, 1908.

Ozouf, Mona. *Festivals and the French Revolution*. Cambridge, MA: Harvard University Press, 1988.

Özbeck, Nadir. "Philanthropic Activity, Ottoman Patriotism, and the Hamidian Regime, 1876-1909." *International Journal of Middle East Studies* 37 (2005): 59-81.

Ökay, Cüneyd. *Meşrutiyet çocukları*. İstanbul: Bordo Kitaplar, 2000.

Özoğlu, Hakan. *Kurdish Notables and the Ottoman State: Evolving Identities, Competing Loyalties, and Shifting Boundaries*. Albany: State University of New York Press, 2004.

Öztuncay, Bahattin. *İkinci Meşrutiyet'in İlânının 100üncü Yılı*. İstanbul: Sadberk Hanım Müzesi, 2008.

Pandey, Gyanendra. "Can a Muslim Be an Indian?" *Comparative Studies in Society and History* 41 (1999): 608-629.

Pears, Sir Edwin. *Forty Years in Constantinople*. 1916. Yeniden basım, Freeport, NY: Books for Libraries Press, 1971.

Penslar, Derek J. *Zionism and Technocracy: The Engineering of Jewish Settlement in Palestine, 1870-1918*. Bloomington: Indiana University Press, 1991.

Petrov, Milen V. "Everyday Forms of Compliance: Subaltern Commentaries on Ottoman Reform, 1864-1868." *Comparative Studies in Society and History* (2004): 730-59.

Polus, P. "Kalkalat Yerushalayim 'erev milhemet ha-Olam" (The Economy of Jerusalem on the Eve of the World War). *Bulletin lishkat ha-mishar Yerushalayim* (1964): 45-48.

Porath, Yehoshua. *The Palestinian Arab Nationalist Movement*. Londra: Frank Cass, 1977.

Kanun intihab meclis el-nevvâb el-Osmani. Cilt 5.

Al-Qattan, Najwa. "Litigants and Neighbors: The Communal Topography of Ottoman Damascus." *Comparative Studies in Society and History* 44, sayı 3 (2002): 511-33.

Quataert, Donald. "The Economic Climate of the 'Young Turk Revolution' in 1908." *Journal of Modern History* 51, sayı 3 (1979): 1147-61.

―――― "The Ottoman Boycott Against Austria-Hungary." *Social Disintegration and Popular Resistance in the Ottoman Empire, 1881-1908: Reactions to European Economic Penetration* içinde, der. Donald Quataert, 121-45. New York: New York University Press, 1983.

────── *Social Disintegration and Popular Resistance in the Ottoman Empire, 1881-1908: Reactions to European Economic Penetration*. New York: New York University Press, 1983.

Rahme, Joseph G. "Namık Kemal's Constitutional Ottomanism and Non-Muslims." *Islam and Christian-Muslim Relations* 10, Sayı 1 (1999): 23-39.

Ram, Hanna. *Ha-yishuv ha-Yehudi be-Yafo: mi-kehila Sfaradit le-merkaz Zioni, 1839-1939*. Kudüs HoZa'at Carmel, 1996.

Ramsauer, Ernest Edmonson, Jr. *The Young Turks: Prelude to the Revolution of 1908*. Princeton, NJ: Princeton University Press, 1957.

Ramsay, Sir W[illiam] M[itchell]. *The Revolution in Constantinople and Turkey: A Diary*. Londra: Hodder and Stoughton, 1909.

Rebhan, Helga. *Geschichte und Funktion einiger politischer Termini im Arabischen des 19. Jahrhunderts (1798-1882)*. Wiesbaden: Otto Harrassowitz, 1986.

Reinkowski, Maurus. "Late Ottoman Rule over Palestine: Its Evaluation in Arab, Turkish and Israeli Histories, 1970-90." *Middle Eastern Studies* 35 (1999): 66-97.

Rodrigue, Aron. *French Jews, Turkish Jews: The Alliance Israélite Universelle and the Politics of Jewish Schooling in Turkey, 1860-1925*. Bloomington: Indiana University Press, 1990.

────── *Images of Sephardi and Eastern Jewries in Transition: The Teachers of the Alliance Israélite Universelle, 1860-1939*. Seattle: University of Washington Press, 1993.

────── "Interview with Nancy Reynolds." *Stanford Humanities Review* 5, Sayı 1 (1996): 81-92.

────── "The Mass Destruction of Armenians and Jews in the 20th Century in Historical Perspective." *Der Völkermord an den Armeniern und die Shoah* içinde, der. Hans-Lukas Kieser ve Dominik J. Schaller, 303-16. Zurich: Chronos Verlag, 2002.

Rogan, Eugene. *Frontiers of the State in the Late Ottoman Empire: Transjordan, 1850-1921*. Cambridge: Cambridge University Press, 1999.

Roi, Ya'kov. "Nisyonoteihem shel ha-mosdot ha-Ẓiyonim lehashpi'a 'al ha-'itonut he-'Aravit be-Ereẓ Israel ba-shanim, 1908-1914." *Zion* 3-4 (1967): 201-27.

────── "The Zionist Attitude to the Arabs, 1908-1914." *Middle Eastern Studies* 4, sayı 3 (1968): 198-242.

Rokeach, Yitzhak. *Vetikim Mesaprim*. Ramat Gan: HoZa'at Mezada, 1972.

Romero, Elena. *La creación literaria en lengua sefardí*. Madrid: Editorial MAPFRE, 1992.

Rubin, Avi. "Behcet ve Tamimi Beyrut Vilayetinde: Yirminci Yüzyılın iki Osmanlı gezgininin dünya görüşlerine yolculuk" (İbranice). Yüksek Lisans Tezi, Ben Gurion University of the Negev, 2000.

Saab, Hassan. *The Arab Federalists of the Ottoman Empire*. Amsterdam: Djambatan, 1958.

Sabah, Lucien. "La loge Moriah à l'Or: De Jérusalem, 1913-14." *Chroniques d'Histoire Maçonnique* 35 (1985): 65-78.

Sabato, Hilda. "On Political Citizenship in Nineteenth-Century Latin America." *American Historical Review* 106, Sayı 4 (2001): 1290-1315.

Safwat, Najdat Safwat. *Freemasonry in the Arab World*. Londra: Arab Research Centre, 1980.

El-Sakakini, Halil. *El-Nahda el-Ortodoksiyye fi Filistin*. Kudüs: n.p., 1913.

——— *Kadha ana ya dunya*. Kudüs: al-Matbaʻa al-tijariyya, 1955.

——— *Kazeh ani, rabotai!* Kudüs: Keter, 1990.

Salam, Nawaf A. "The Emergence of Citizenship in Islamdom." *Arab Law Quarterly* 12, sayı 2 (1997): 125-47.

Saliba, Najib Elias. "Wilayat Suriyya, 1876-1909." Doktora Tezi, University of Michigan, 1971.

Salibi, Kamal S. "Beirut Under the Young Turks, as Depicted in the Political Memoirs of Salim ʻAli Salam (1868-1938)." *Les Arabes par leurs Archives (XVIe-XXe siècles)* içinde, der. Jacques Berque ve Dominique Chevallier, 193-216. Paris: Éditions du Centre National de la Recherche Scientifique, 1976.

Salnâme-i devlet-i âliye-i Osmâniye. İstanbul: Ahmed İhsan, 1908.

Salzmann, Ariel. "Citizens in Search of a State: The Limits of Political Participation in the Late Ottoman Empire." *Extending Citizenship, Reconfiguring States* içinde, der. Michael ve Charles Tilly Hanagan, 37-66. Lanham, MD: Rowman and Littlefield, 1999.

Schmelz, Uziel O. "Population Characteristics of Jerusalem and Hebron Regions According to Ottoman Census of 1905." *Ottoman Palestine in the 19th Century* içinde, der. Gad Gilbar, 15-68. Leiden: Brill, 1990.

———"The Population of Jerusalem's Urban Neighborhoods According to the Ottoman Census of 1905." *Aspects of Ottoman History* içinde, der. Amy Singer ve Amnon Cohen, 93-113. Kudüs: Magnes Press, 1994.

Sciaky, Leon. *Farewell to Salonica: Portrait of an Era*. New York: Current Books, 1946.

Seikaly, Samir. "Christian Contributions to the Nahda in Palestine Prior to World War I." *Bulletin of the Royal Institute for Inter-Faith Studies* 2, Sayı 2 (2000): 49-61.

———"Damascene Intellectual Life in the Opening Years of the 20th Century: Muhammad Kurd ʻAli and *al-Muqtabas*." *Intellectual Life in the Arab East 1890-1939* içinde, der. Marwan R. Buheiry, 129-53. Beyrut: American University of Beirut Press, 1981.

Selbin, Eric. "Revolution in the Real World: Bringing Agency Back In." *Theorizing Revolutions* içinde, der. John Foran, 118-32. Londra: Routledge, 1997.

Shabani, Omid A Payrow. "Who's Afraid of Constitutional Patriotism? The Binding Source of Citizenship in Constitutional States." *Social Theory and Practice* 28, Sayı 3 (2002): 419-43.

Shafir, Gershon. *Land, Labor, and the Origins of the Israeli-Palestinian Conflict, 1882-1914*. Berkeley: University of California Press, 1996.

Shafir, Gershon ve Yoav Peled. *Being Israeli: The Dynamics of Multiple Citizenship*. Cambridge: Cambridge University Press, 2002.

Sharabi, Hisham. *Arab Intellectuals and the West: The Formative Years, 1875-1914*. Baltimore: Johns Hopkins University Press, 1970.

Shar'abi, Rachel. *Ha-yishuv ha-Sfaradi bi-Yerushalayim be-shalhei ha-tkufah ha-'Otomanit*. Tel Aviv: Misrad ha-Bitahon, 1989.

Shareef, Malek Ali. "Urban Administration in the Late Ottoman Period: The Beirut Municipality as a Case Study, 1867-1908." Yüksek Lisans tezi, American University in Beirut, 1998.

Shaw, Stanford. "The Population of Istanbul in the 19th Century." *International Journal of Middle East Studies* 10, sayı 2 (1979) : 265-77.

Shilo, Margalit. *Nisyonot be-hityashvut: Ha-misrad ha-Arz-Israeli, 1908-14*. Kudüs: Yad Ben-Zvi, 1988.

Shilony, Zvi. *Ha-keren ha-kayemet le-Israel ve-ha-hityashvut ha-Ziyonit, 1903-14*. Kudüs: Yad Ben-Zvi, 1990.

Singer, Brian C. J. "Cultural Versus Contractual Nations: Rethinking Their Opposition." *History and Theory* 35, sayı 3 (1996): 309-37.

Smith, Anthony D. *National Identity*. Londra: Penguin Books, 1991.

——— "The 'Sacred' Dimensions of Nationalism." *Millennium: Journal of International Studies* 29, sayı 3 (2000): 791-814.

Société commerciale de Palestine à Jerusalem. *Statuts de la Société commerciale de Palestine à Jerusalem*. Kudüs: A. M. Luncz, 1908.

Sofuoğlu, Ebubekir. *Osmanlı devletinde islahatlar ve I. meşrutiyet*. İstanbul: Gökkubbe, 2004.

Sohrabi, Nader. "Global Waves, Local Actors: What the Young Turks Knew About Other Revolutions and Why It Mattered." *Comparative Studies in Society and History* 44, sayı 1 (2002): 45-79.

"Historicizing Revolutions: Constitutional Revolutions in the Ottoman Empire, Iran, and Russia, 1905-8." *American Journal of Sociology* 100, sayı 6 (1995): 1383-1447.

Sorek, Tamir. *Arab Soccer in a Jewish State: The Integrative Enclave*. Cambridge: Cambridge University Press, 2007.

Sosevsky, Chana. "Attitudes of Zionist Intellectuals to the Arab Population in Palestine as Expressed in the Literature Before the Young Turk Revolution of 1908." Doktora tezi, New York University, 1980.

Spinner, Jeff. *The Boundaries of Citizenship: Race, Ethnicity, and Nationality in the Liberal State*. Baltimore: Johns Hopkins University Press, 1994. Stein, Sarah Abrevaya. "The Creation of Yiddish and Judeo-Spanish Newspaper Cultures in the Russian and Ottoman Empires." Doktora tezi, Stanford University, 1999.

——— *Making Jews Modern: The Yiddish and Ladino Press in the Russian and Ottoman Empires*. Bloomington: Indiana University Press, 2003.

────── "The Permeable Boundaries of Ottoman Jewry." *Boundaries and Belonging: States and Societies in the Struggle to Shape Identities and Local Practices* içinde, der. Joel S. Migdal, 49-70. Cambridge: Cambridge University Press, 2004.

Steinwedel, Charles. "To Make a Difference: The Category of Ethnicity in Late Imperial Russian Politics, 1861-1917." *Russian Modernity: Politics, Knowledge, Practices* içinde, der. David L. Hoffman ve Yanni Kotsonis, 67-86. New York: St. Martin's Press, 1999.

Stillman, Norman. *Sephardi Responses to Modernity*. Camberwell, Victoria, Avustralya: Harwood Academic Publishers, 1995.

Stoddard, Philip Hendrick. "The Ottoman Government and the Arabs, 1911-1918: A Preliminary Study of the Teşkilatı Mahsusa." Doktora tezi, Princeton University, 1963.

Strauss, Johann. "Ottomanisme et 'Ottomanité': Le Témoignage Linguistique." *Aspects of the Political Language in Turkey (19th-20th Centuries)* içinde, der. Hans-Lukas Kieser, 15-39. İstanbul: Isis Press, 2002.

────── "Who Read What in the Ottoman Empire (19th-20th Centuries)?" *Arabic Middle Eatern Literatures* 6, sayı 1 (2003): 39-76.

Strohmeier, Martin. "Muslim Education in the Vilayet of Beirut, 1880-1918." *Decision Making and Change in the Ottoman Empire* içinde, der. Cesar E. Farah, 215-41. Kirkville, MO: Thomas Jefferson University Press, 1993.

Suny, Ronald Grigor. "Religion, Ethnicity, and Nationalism: Armenians, Turks, and the End of the Ottoman Empire." *In God's Name: Genocide and Religion in the Twentieth Century* içinde, der. Omer Bartov ve Phyllis Mack, 23-61. New York: Berghahn Books, 2001.

Tamari, Salim. "The Great War and the Erasure of Palestine's Ottoman Past." *Transformed Landscapes: Essays on Palestine and the Middle East in Honor of Walid Halidi* içinde, der. Camille Mansour ve Leila Fawaz, 105-35. Kahire: American University in Cairo Press, 2009.

────── "Ishaq al-Shami and the Predicament of the Arab Jew in Palestine." *Jerusalem Quarterly* 21 (2004): 10-26.

────── "Jerusalem's Ottoman Modernity: The Times and Lives of Wasif Jawhariyyeh." *Jerusalem Quarterly File* 9 (2000): 5-27.

────── der. *Jerusalem 1948: The Arab Neighborhoods and Their Fate in the War*. Kudüs: Institute for Jerusalem Studies, 1999.

Tamari, Salim ve Issam Nassar, der. *El-Kudüs el-'Osmaniyye fil-müzekkirât el-Cevheriyye: el-kitab el-evvel min müzekkirât el-musiki vasif cevheriyye, 1904-1917*. Cilt 1. Beyrut: Mu'assasat al-dirasat al-Filastiniyya, 2003.

Tauber, Eli'ezer. "Ha-elmarkaziut: Ha-miflaga ha-Surit ha-rishona." *Ha-mizrah he-hadash* 39 (1997-98): 55-66.

────── "Four Syrian Manifestos After the Young Turk Revolution." *Turcica* 19 (1987): 195-213.

———"The Press and the Journalist as a Vehicle in Spreading National Ideas in Syria in the Late Ottoman Period." *Die Welt des Islams* 30 (1990): 163-77.

Tavakoli-Targhi, Mohamad. "From Patriotism to Matriotism: A Tropological Study of Iranian Nationalism, 1870-1909." *International Journal of Middle East Studies* 34, sayı 2 (2002): 217-38.

———"Refashioning Iran: Language and Culture During the Constitutional Revolution." *Iranian Studies* 23, sayı 1 (1990): 77-101.

Al-Tawarnah, Muhammad Salem. "1864-1914 Döneminde Kada Yafa" (Arapça). Doktora Tezi, University of Jordan, 1997.

Tevfik, Ebuzziya. *Yeni Osmanlılar: İmparatorluğun son dönemindeki Genç Türkler*. İstanbul: Pegasus, 2006.

Tidhar, David. *Barkai: Album ha-yovel.*

———*Be-madim ve-lo be-madim*. Tel Aviv: Yadidim, 1937.

———der. *Enziklopedia le-ḥaluẓei ha-yishuv u-vonav*. Tel Aviv: Sifriat Rishonim, 1947.

———*Sefer he-aẓim: 60 shana le-hivasdah shel ha-lishka*. Tel Aviv: Lishkat Barkai, 1966.

Todorova, Maria. *Imagining the Balkans*. New York: Oxford University Press, 1997.

Töre, Enver. *II. Meşrutiyet tiyatrosu: Yazarlar-piyeseler*. İstanbul: Duyap, 2006.

Tsimhoni, Daphne. "The British Mandate and the Arab Christians in Palestine, 1920-25." Doktora Tezi, School for African and Oriental Studies, University of London, 1976.

———"The Greek Orthodox Patriarchate of Jerusalem During the Formative Years of the British Mandate." *Asian and African Studies* 2 (1978): 77-121.

Tunaya, Tarık Zafer. *Hürriyetin ilânı: İkinci meşrutiyet'in siyasi hayatına bakışlar*. İstanbul: Bilgi Üniversitesi, 2004.

Tunçay, Mete. *II. Meşrutiyet'in ilk yılı: 23 Temmuz 1908-23 Temmuz 1909*. İstanbul: Yapı Kredi, 2008.

Turner, Bryan S. "Contemporary Problems in the Theory of Citizenship." *Citizenship and Social Theory* içinde, der. Bryan S. Turner, 1-18. Londra: Sage, 1993.

———"Islam, Civil Society, and Citizenship: Reflections on the Sociology of Citizenship and Islamic Studies." *Citizenship and the State in the Middle East: Approaches and Applications* içinde, der. Nils A. Butenschon, Uri Davis ve Manuel Hassassian, 28-48. Syracuse, NY: Syracuse University Press, 2000.

Unowsky, Daniel. "Reasserting Empire: Habsburg Imperial Celebrations After the Revolutions of 1848-9." *Staging the Past: The Politics of Commemoration in Habsburg Central Europe, 1848 to the Present* içinde, der. Maria Bucur ve Nancy M. Wingfield, 13-45. West Lafayette, IN: Purdue University Press, 2001.

van Steenbergen, Bart, der. *The Condition of Citizenship*. Londra: Sage, 1994.

Vester, Bertha Spafford. *Our Jerusalem: An American Family in the Holy City, 1881-1949*. Kudüs: Ariel Publishing House, 1988.

Vogel, Ursula ve Michael Moran, der. *The Frontiers of Citizenship*. Londra: MacMillan, 1991.

Wallerstein, Immanuel. "Citizens All? Citizens Some! The Making of the Citizen." *Comparative Studies in Society and History* (2003): 650-79.

Wasserman, Stanley ve Katherine Faust. *Social Network Analysis: Methods and Applications.* Cambridge: Cambridge University Press, 1994.

Watenpaugh, Keith David. *Being Modern in the Middle East: Revolution, Nationalism, Colonialism, and the Arab Middle Class.* Princeton, NJ: Princeton University Press, 2006.

―――― "Bourgeois Modernity, Historical Memory, and Imperialism: The Emergence of an Urban Middle Class in the Late Ottoman and Inter-War Middle East, Aleppo, 1908-1939." Doktora tezi, University of California, Los Angeles, 1999.

Weeks, Theodore R. *Nation and State in Late Imperial Russia: Nationalism and Russification on the Western Frontier, 1863-1914.* DeKalb: Northern Illinois University Press, 1996.

Weiner, Chana. "Ha-mediniyut ha-Ziyonit be-Turkiya 'ad 1914." *Toldot ha-yishuv ha-Yehudi be-Erez Israel me'az ha-'aliya ha-rishona: Ha-tkufah ha-'Otomanit, helek 1* içinde, der. Israel Kolatt, 257-349. Kudüs: Mossad Bialik, 2000.

―――― *Who's Who: Alumni Association, AUB, 1870-1923.* Beyrut: American Press, 1924.

Wild, Stefan. "Ottomanism Versus Arabism: The Case of Farid Kassab (1884-1970)." *Die Welt des Islams* 28 (1988): 607-27.

Wissa, Karim. "Freemasonry in Egypt from Bonaparte to Zaghloul." *Turcica* 24 (1992): 109-32.

Worringer, Renee. "'Sick Man of Europe' or 'Japan of the Near East'? Constructing Ottoman Modernity in the Hamidian and Young Turk Eras." *International Journal of Middle East Studies* 36 (2004): 207-30.

Wortman, Richard S. *Scenarios of Power: Myth and Ceremony in Russian Monarchy.* Princeton, NJ: Princeton University Press, 1995.

Yahuda, Avraham Shalom. "Le-zikhron David Yellin." *'Ever ve-'Arav: Osef mekhkarim ve-ma'amarim, shirat he-'Aravim, zikhronot u-reshamim* içinde. New York: Ha-Histadrut ha-'Ivrit be-Amerika/Shulsinger, 1946.

Yalçın, Alemdar. *II. Meşrutiyet'te tiyatro edebiyatı tarihi.* Ankara: Gazi Üniversitesi Yayınları, 1985.

Yazbak, Mahmud. "Elections in Palestine During the Late Ottoman Period." *Rethinking Late Ottoman Palestine: The Young-Turk Rule, 1908-1918* içinde, der. Yuval Ben-Bassat ve Eyal Ginio. Londra: I.B. Tauris, Yayına hazırlanıyor.

―――― *Haifa in the Late Ottoman Period, 1864-1914: A Muslim Town in Transition.* Leiden: Brill, 1998.

―――― "Jewish-Muslim Social and Economic Relations in Haifa (1870-1914), According to Sijill Registers." *Aspects of Ottoman History* içinde, der. Amy Singer ve Amnon Cohen, 114-23. Kudüs: Magnes Press, 1994.

Yehoshu'a, Ya'kov. "El-Cera'id el-'Arabiyye allati sudirat fi Filastin: 1908-1918." *El-Şark* 2, Sayı 8 (1972): 18-21.

—— "El-sahafa el-'Arabiyye fi Yafa, 1908-1914." *El-Şark* 3, Sayı 7 (1973): 36-38.

—— *Ha-bayt ve-ha-rehov bi-Yerushalayim ha-yeshana* (Eski Kudüs'te Ev ve Sokak). Kudüs: Reuven Mass, 1966.

—— *Neighborhood Relations in the Turkish Period*. Yayımlanmamış broşür.

—— "Sahifata *el-Terakki* ve-*Filistin*." *El-Şark* 3, sayı 8 (1973): 37-42.

—— *Tarih el-sihafa el-'Arabiyye fi Filistin fil-'ahd el-'Osmani, 1908-1918*. Kudüs: Matb'a el-ma'rif, 1978.

—— "Tel Aviv in the Image of the Arab Press in the Five Years After Its Founding, 1909-14" (İbranice). *Ha-Mizrah he-hadash* 19, sayı 4 (1969): 218-22.

—— "Yeḥasam shel ha-'itonaim ve-ha-sofrim he-'Aravim le-teḥiata shel ha-safa ha-'Ivrit be-dorenu." *Ba-ma'aracha: Bitaon ha-zibur ha-Sefaradi ve-'edot ha-Mizraḥ*, sayı 279 (1974).

—— *Yerushalayim tmol shilshom*. 2 Cilt. Kudüs: Reuven Mass, 1979.

Yellin, S. *Les Capitulations et la juridiction consulaire*. Beyrut: Selim E. Mann, 1909.

—— *Une page d'histoire Turque: Conference tenue en decembre 1908*, 1911.

Yellin, Yehoshu'a bar David. *Zichronot le-ben Yerushalayim*. Kudüs: Zion Press-Ruhold Brothers, 1923.

Yerolympos, Alexandra. "Conscience citadine et intérét municipal à Salonique à la fin du XIXe siècle." *Vivre dans l'empire Ottoman: Sociabilités et relations intercommunautaires (XVIIIe-XXe siècles)* içinde, der. François Georgeon ve Paul Dumont, 123-44. Paris: L'Harmattan, 1997.

Yodfat, Arieh. "Va'ad ha-'ir ha-klali li-Yehudei Yafo u-p'eulotav ba-shanim 1912-1915." *Vatikin: Mehkarim be-toldot ha-yishuv* içinde, der. H.Z. Hirschberg, 233-55. Ramat Gan: Bar Ilan University Press, 1975.

Young, Iris Marion. "Polity and Group Difference: A Critique of the Ideal of Universal Citizenship." *Theorizing Citizenship* içinde, der. Ronald Beiner, 175-208. Albany: State University of New York Press, 1995.

Zachs, Fruma. *The Making of a Syrian Identity: Intellectuals and Merchants in Nineteenth Century Beirut*. Leiden: Brill, 2005.

Zachs, Fruma ve Basilius Bawardi. "Ottomanism and Syrian Patriotism in Salim al-Bustani's Thought." *Ottoman Reform and Muslim Regeneration* içinde, der. Itzhack Weismann ve Fruma Zachs, 111-26. Londra: I.B. Tauris, 2005.

Zandi-Sayek, Sibel. "Orchestrating Difference, Performing Identity: Urban Space and Public Rituals in 19th c. Izmir." *Hybrid Urbanism: On the Identity Discourse and the Built Environment* içinde, der. Nazar al-Sayyad, 42-66. Westport, CT: Praeger, 2001.

Zarcone, Thierry. "Freemasonry and Related Trends in Muslim Reformist Thought in the Turko-Persian Area." Yayımlanmamış makale.

———— *Mystiques, philosophes et Francs-maçons en Islam: Rıza Tevfik, penseur Ottoman (1868-1949)*. Paris: Librairie d'Amérique et d'Orient Jean Maisonneuve, 1993.

Zecharia, Shabtai. *Kudüs Mahalleleri Yafa Caddesi, Binalar ve Çevre* (İbranice). Kudüs: Shabtai Zecharia, 1998.

Zürcher, Erik Jan. "Between Death and Desertion: The Experience of the Ottoman Soldiers in World War I." *Turcica* 28 (1996): 235-58.

Dizin

1876 Anayasası 40,102,245
1908 devrimi 49,74,91,94,167,205,207, 226,229,241,250,260,278,292,303

A

Abdülhadi 119,175,275,290,294
Abdülhamid, II. 38,40,52,59,84,92,160, 245
Ahmet Midhat Efendi 94
Akka 69,72,91,118,121,172,174,197,206, 213,270,290,296
Almanya 20,82,125,131,135,263,297
ameliye 138-9
Anderson, Benedict 83-4,172
Antébi, Albert 71,74,105-7,122,124,144, 146,149,179,181,184,187,195-6, 199,211-2,214,216,220-1,244-5,254, 267-9,271-2
antisemitizm 149,195-7,199,201,258
Araktingi 232-7,239,294
Arapça 11-2,33-4,36,46,54,67,70,80,86-8, 91,95,98,101,104-5,122,142,149, 152,157,164,167,169,174,178-9,188, 194-201,204,220-3,234-5,238-9, 244-5,268,275,280-6,292,295
Arap Kongresi 293
Arap milliyetçiliği 284, 290
Asâkir-i Mansûre-i Muhammediyye 92,94
askeri muafiyet vergisi 108,138-9,180
Aşkenazlar 28,30-1,121,178,189-90,199, 201,230,243,246,248,265,282
Avusturya-Macaristan 17,20,82-3,124-9, 131-5,141,215,277,297
Aya Sofya 111

B

Balkan Savaşı 176,270,296
basın
   açık mektup 18,117,174,262
   Arap basını 196,260,277, 284,288, 291
   çokdilli basın 18,36,163,176
   dolaşım oranları 166,167-70
   hiciv 52,57,165,181-2,187
   kadın basını 76,91
   Kahire basını 61
   Kudüs basını 16,47,64
   özgürlüğü 14,38,46,60
   sansür 33,48,60,167,232,292
   Yahudi basını 72,109,113,181,186, 188-9,192,199
Berlin Antlaşması 94,124
Beyrut 15,24,33-36,43-5,53,60-1,65-6,72, 75,86,90,95-7,100,106-7,113,117-20, 124-6,131,133-4,136,142,157,163, 166,197,200,226-7,231,238,241, 254,272,276,284-5,288,293,298
Birinci Dünya Savaşı 14,19,36,83,102,108, 138,166-7,196,200,221-3,226,232, 239,241,250,272,275,280,283,286, 290,297,303-4
Birleşik Devletler 41,87
Bosna-Hersek 17,39,124-5,134
Brezilya 41,59
Bulgaristan 20,39,124-5,236,296
Bustânî 48,59-60,63-4,87,95-6,142,300

C-Ç

cemaatler arası rekabet 176-99
Cenin 175,294

Cezairi, Selim 143-4,275
Cezayir 39,80
Chelouche, Yosef Eliyahu 28-9,31,200,223, 232,268
Çin 13,125

D
devrim
  ilerleme ve kalkınma vizyonu 211,221
  karşıtları 64,67,163,285
  kutlamaları 16,41-2,44,47,58,67,72,96, 98,108,117,158-9,245,287
  "özgürlük, kardeşlik, eşitlik" sloganı 33,44,170-1,196
Derveze, İzzet 33,44,47,118,134
dil sorunu 105,235,292
Dürziler 20,87,292
El-Düstûr 285,307
Düyun-u Umumiye 39

E
Ebu Hadra 205,230,291-2,294
Edib İshak 38,87-8
eğitim 12-3,31,36,39,69,77-8,105-7,110, 119,122,152,165-9,231-8
İslami eğitim 61-2
milli eğitim 89-91
Ermenice 54,77,80,87,101,164-5
Ermeniler 12,21-2,40,41,61,68,77,87,95, 96,98,101,103,109,113-5,129,138, 145,157,171,176,185,206,224,228, 243,256,259,286,293,302

F
El-Filistin 71,108,173,174,208,210,275, 280,287-8
Fransızca 11,54,98,104,128,142,149,165, 195,204,221,234-5,238-9,257,261, 263,265

Fransız Devrimi 49
Fresco, David 260-7
Frumkin, Gad 33,122,148,243

G
Gazze 121-2,124,126,149,172,205-6,223, 230,279,287,291
Genç Osmanlılar 37,85-6,93
grup içi evlilik 30,80,112

H
Halide Edip 41,73
el-Halidi, Ruhi 14,36,61-4,90-1,107-8,144, 146,149-52,154-5,164,166,169,174, 194,214,230-1,273,276,278,280, 285,291
Ha-Haşkafa 43,51,66-7,74,95,97-8,105, 119,122,136,138-40,178,248-9
Hayfa 26-7,74,81,113,121,124,133,174, 197,206,213,226,265,272,289,294
ha-Herut 68,83,105,109,113,123-4,138, 159,169-72,175,176-200,207-10,213, 216-7,221,241,243-50,253-72,276, 278-9,281
Hıristiyanlar 16,20,22-5,29,31,34,68,71, 81,85,87,93-4,96-8,124,129,138-40, 146-7,153,157,168,180,187,190,193, 198,212,216,221,223,229,269,278, 288,294,296,299,301
el-Hilâl 100,120,152,159,160
hür masonluk 223-7,229,231-2,235,239

I-İ
Irak 167,304-5
İbranice 11,33,42,48,50-1,67,95,98,104, 122,138,164-5,167,169,172,174, 176,178-9,181,187,190,192,195,198, 200-1,203,210,244-6,249,253-5,257, 259-60,270,272,281-2

İran 13,15,38,49,51,58,63,75,80,86,88, 90,99,110,125,167,225

İslam hukuku 65,112

İslami modernizm 51,63

El-İttihadü'l-Osmani 40,118,163,272,285

İttihat ve Terakki Cemiyeti (İTC) 11-2,40, 42,55-6,59,63,65,72-4,102,104,106, 108-15,119-25,128,130,132-3,142, 158-9,163,172,225,230,245,252, 258,266,285-91,293,295,297,302-3

J

Jacobsohn, Viktor 192,198,247,250-3,258, 262-3,266,268

Japonya 125

Jön Türkler 11,38,85,86,95,165,216

K

Kahire 36,40,51,60-1,64-5,77,88,95-6,98, 101,119,166,200,225,245,288-9,294

kamu sağlığı 83,206-8,214,231

kamu yararı 15,103,118,131-2,142,151,157, 160

kapitülasyonlar 81,83,85,93,249

el-Kermil 167,169,174,175,184,193,196-8, 272,275-8,289,290,294

Kıbrıs 39,90,131,305

Kıptiler 87

Kırım Savaşı 39

kolonyalizm 125,225

el-Kudüs 29,47,51-2,59,67,72,99-100,109, 118,152,-3,155-9,161,171-2,208,210

Kudüs
  basın 16,64,182,
  meclis seçimleri 140-9
  nüfus 137,214
  oy kullanma hakkı 138-9
  şehir meclisi 222,248

Kuran 38-9,62-3,65,67,78,88,159,160-1, 277,288

L

Ladino 11,51,87,159,164-5,167,170,176, 178-9,181-2,194,241,244,253,257-8, 260,262

liberal Osmanlılar 119,301

Lozan Antlaşması 305

M

Mahmud, II. 84

Makedonya 40,67,90,272

meclis seçimleri 135,249,292

Mehmet Reşat 54,161,178

Mekke 41,62,67,143,186,297

el-Menâr 41,51-3,57-61,63-5,75-7,95,96, 100-1,104,107,110,119-20,158,160

Mısır 33,35,37-9,49,75,78,87-8,126,129, 134,5,167,169,193,225,230,232, 235,245,254,256,290,294,298

Mithat Paşa 38,53

Muallim Naci 88

N

Namık Kemal 37-8,41,46,51,54,85-6,100, 103

Necib Nassar 175,197,278,289,294

O

Osmanlıca 11,36,86,87,91,104-5,165,176, 178-9,188,192,196-7,201,204,244-5, 257,265,266,286,295

Osmanlıcılık 13-4,18-9,79,83-7,91-3,100, 102-3,109-10,120,124,135,151,156, 164,170,176-7,184-5,191,193,194, 211,221,239,241-2,244,246-7,253, 255-8,268,277,28-4,287,289,298

Osmanlı entelektüelleri 86-7

Osmanlılaşma 90,92,104-5,108,138,170, 179,205,302

Osmanlı Yahudileri 26,87,181,193,241, 244,246,252,254,257,260,-1,264-6, 269,271-2,297

oy verme hakkı 138-9,141,146,151

P-R

Paris Kongresi 293-5

Romanya 20,39,255,269

Rumca 104,152,157,164-5,167,196

Rusya 20,38,51,80,83,124-5,188,247,255, 269

S

el-Sakakini, Halil 29,34,69,71,106-8,122-4,126-7,144,146,278,285,297-8

Savtü'l-Osmaniyye 170, 283

Sefaradlar 29,72,242,244,246,253,257

Selanik 15,22-3,35,40-2,82,121,124-5,133, 154,156,166-7,221,226,228,253-4, 256-8,262,265,296

Sırbistan 39

Siyonist hareket 124,220,242,246,249-55, 257-8,260-3,267,272,275

Siyonizm 18,122,130,175,193-4,196,199, 241-2,246,250-67,273,277,304

    antisiyonizm 194,196-7,199,201,242, 257,262-3,265,267

Sudan 41,169

Suriye 49,68-9,73-4,126,133,168,172,189, 197,230,254,264,281,288,293,298, 304

Süryaniler 87,289,293-4

Ş

Şam 35-6,46-7,60,66,73,75,87,91,118,125, 141,143,177,189,197,254,267,277, 285,288-9,297-8

şehitlik 12,86,101-2

şeriat 59,63,75,161

şeyhülislam 59,96,160

T

Tâbiiyet-i Osmaniye Kanunnamesi 79,83, 93

Takvim-i Vekâyi 84,137,185

Talat Paşa 226,290

Tanin 109-12,125,163,168,286,290

Tanzimat 13,36-8,75,79,80,91,93,111,205

    Tanzimat reformları 84,301

temettü 138-9

Tunus 39

Türkiye 34,39,51-2,54,61,67,82,102,144, 159,169,178,183,191,209,211,213, 216,226,236,247,-8,252,256-7, 260-3,265-6,284,305,307

V

vatanseverlik 85-8,93,100,102,123,127, 189

vergi mükellefi 135-8,153

Y

Yahudi İspanyolcası 29,51,87

yayıncılık 165-6

Yellin, David 11-3,29,31-2,34-5,72,83,99, 105,122,144,146-7,153-5,161,179, 206-7,211,227,248,268,272,273,284

Yellin, Şlomo 11,13,72,99

Yunanca 54,70,87,142

Yunanistan 20,37,68-9,78,79,81,135,236, 296,305

Z

Zekeriya, Yuri 69,122,142,146

zorunlu askerlik 18,109,185

www.ingramcontent.com/pod-product-compliance
Lightning Source LLC
Chambersburg PA
CBHW080222170426
43192CB00015B/2719